我妻榮著

新訂 擔保物權法

（民法講義Ⅲ）

岩波書店刊行

新訂版の上梓に際して

民法講義Ⅲ担保物権法の新訂版を世に送る。民法総則の新訂版を上梓してからまもなくとりかかったのだが、すでに三年以上の歳月を経た。一年もあれば充分と考えていた予想は全く裏切られた。その間に、胃潰瘍で手術をし、幸にも順調な恢復をしたが、いささか気を許して無理をしたために、手術後七ヵ月でもう一度入院した。その度毎に印刷半ばの仕事を棚上げし、健康の恢復を待って病後の身体をいたわりながら執筆や校正を続けたのだが、二度にわたる大きな中絶の影響は被いかくしえない。校正の最後まで苦心したつもりだが、調子の統一は乱れがちである。だが、これをとり除くためには、おそらく大部分を書き改めなければなるまい。心残りのかずかずに目をつぶりながらあえて上梓することにした。

＊＊＊

終戦の後、民法講義の復活を企てたとき、債権総論と担保物権法とは戦後の法律制度の変革の影響を直接に受けることの最も少ない部分と考えて、ほとんどそのままの姿で復活した。ところがどうであろう。今日では、財産法の部門では変化の最も多い部門となりつつある。新しい法令が制定されたのも少なくはないが、それよりも、金融界の慣行が複雑となり、担保物権の対象とすべき素材がおびただしいものとなっている。

第一に、債務者の全財産の上の一般的な優先権を認める法令が増し、それと一脈の関連のある企業担保法が成立したこと。

第二に、根抵当、抵当権の処分、共同抵当などが極端にまで利用されるようになったこと。

第三に、譲渡担保の理論が判例・学説の協力によって精緻を極めるに到ったこと。

第四に、有価証券担保が、株券、手形、引渡証券のそれぞれについてある程度までの特色を示しながら、異常な発達を遂げたこと。

昭和十一年に、私がこの本を初めて書いたときには、近代抵当権の特色を明らかにして、わが国の抵当制度ないし物的担保制度の立ち遅れを指摘しながら、立法と解釈とでその間隔を短縮するように努力することをもってその基調とした。もちろん、その反流ともいうべきものがその当時にも存在したことを見逃したわけではない。一般先取特権ないしは一般的優先権の制度が容易に消滅しないどころか復活の気運さえ見えないではないこと、用益権の保護という理想が新たに登場して価値権との調和点を見出すことがいよいよ困難となること、金融資本による全産業の支配に対する社会的規制が要望されることなどを指摘して、この本流と反流の調和に近代担保物権制度の理想を求めるべきことを強調したのであった。

＊＊＊

右の観察は方向を誤っていない、と今でも信じている。しかし、戦後の復版以後に新しく生じた素材として私が右に指摘したことは、この本流と反流のさらに一層の激化ともいえる。第一の一般的優先権制度の拡大と企業担保法は、反流の巨頭ともいうべきものであるが、第二から第四までは、これに反して、本流の目覚しい進軍である。しかし、そこにも、仔細にみれば、伝統的な抵当制度に対して、有価証券や集合動産という特殊な動産の担保が対立している。しかも、この対立者は、あるところでは第一の反流と連合して、近代抵当権の本城ともいうべき、目的物の特定性、公示性、優先性、個別的対抗性などに譲歩を求めようとしているかに見える。

私は、近代担保物権制度の進軍は、ついには企業自体を担保化するに至るであろうが、その時には、資本家、労働者、中小企業者、その他この企業に関係する多くの社会層の人々の利益のために企業を維持すべしという理論が正面に押し出され、近代抵当権の諸特質もこれと調和するための譲歩を求められるだろうと考えていたのだが、会社更生法にはこの思想の萌芽はすでに相当の成長を示しているように見えないではない。ともあれ、担保物権制度を資本主義経済の進展を支える法律制度の一環として理解することは、近代抵当制度の本流と反流の調和を発見しようとする枠の中ではとうてい処理することができないものになっている。担保的な作用を営む人的・物的のすべての制度を総合し、企業の維持・発展という理想と関連させながら、これに新たな構成を与えることを試みなければならない時となっているように思われる。

本書において、私は、これらの問題を念頭におきながら、重要な幾つかの点では従来の説を大胆に改め、また広い視野に立つべきところではできるだけの示唆を与えることに努めた。しかし全体の仕組みとしてはなお初版以来の構想の上に立っている。新しい構成を試みることは若い学徒の努力に期待する他はないであろう。

***

本書の校正と事項索引も、司法試験委員で多忙を極める学習院大学教授遠藤浩君にお願いする他はなかった。条文索引は、東京教育大学博士コースの川田昇君が作ってくれたが、同君は事項索引作成の準備作業もしてくれた。なお、岩波書店編集部の竹田行之君と朝蜘圭一郎君は、病後の私を慰め、励ましながら、ともかくも最後の校正まで漕ぎつけさせて下さった。その他、この本の出刊の遅延を嘆きながらも私の健康を案じて注意と激励の言葉を下さった方が少なくない。いまなお病後の恢復に努める身でこの本を上梓するに当り、これらの諸君の厚意に対して、心からの感謝の辞を捧げないではいられない。

なお、私は、財団法人松本烝治記念財団と財団法人河上記念財団の研究補助費を受け、立教大学教授四宮和夫君を主任とする譲渡担保研究班と、都立大学助教授清水誠君を主任とする根抵当研究班とを作り、それぞれ十数人のメンバーで数年の間研究・討議を続けてきた。そこでの研究がこの本の理論に多くの影響を与えていることはいうまでもない。ここに両財団に対して心からの感謝の意を表したいと思う。

昭和四十三年十月校正を終る日

我妻　栄

第三刷について　根抵当に関する新立法は、昭和四六年六月三日法律第九九号「民法の一部を改正する法律」として公布された。旧刷は、法制審議会民法部会でほぼ成案に達した改正要綱に従って執筆した。新法はこの要綱と基本的な構想では全く一致しているが、解釈論として書いたことにはおのずから限界があった。そこで第三刷で新法に基づき、根抵当の大部分を書き改め（四七五頁―五五二頁）、関連する個所を補正した。

序

本書は既刊の民法総則(民法講義Ⅰ)及び物権法(民法講義Ⅱ)の続編、民法各部について講義用テキスト・ブックを作ろうとする私の計画の第三の仕事である。

担保物権法は企業資金の獲得並に金銭資本の投下を媒介する物的担保制度に関する法規を包含するものであるが、この企業資金の獲得並に金銭資本の投下ということの資本主義経済機構に於ける役割は、最初から極めて重要なものであったのみならず、資本主義の発達に伴って益々その重要性を増すものである。然るに、我民法の担保物権の規定はこの近代資本主義に於ける立役者をしてその役割を充分に演出せしむるには甚しく不充分なものである。ここに於てか、この立役者を活躍せしめんとする経済的要請は、民法制定以来財団抵当制度をはじめとして証券抵当・動産抵当等幾多の新制度を創設せしめ、担保物権法をして民法中最も豊富な特別法の一群に侍かれる部分たらしめた。しかもこの目覚しき立法をもってしても、右の経済的要請はなお満足せず、更に判例の活躍を促がして、根抵当・譲渡担保等の制度を確立せしむるに至った。しかして、学説も亦この間に処し、立法と判例の進展に応じ、物的担保制度をしてその本来の使命を果さしむるに適当な解釈理論を構成することに努力してきた。かくの如き事情の下に、私は本書に於て、民法の制度とその後の立法及び判例による進展とを綜合的に観察し、現行担保物権制度の理論的構成の全貌を闡明することに努力する。同時に又、近時の学説を導いてこの立法と判例との進展に順応せしめた原理、即ちあらゆる財貨を担保化しこれを資金獲得・資本投下の媒介として遺憾なからしむるが如き担保物権理論を構成することをもって、本書の基調をなす指導原理とする。

然し、担保物権理論の右の如き近代的進展に対しては、これを阻止し或いはこれが反流となる思想もないのではない。その第一は特殊の債権について法律上当然の優先権を認むる制度の拡張の気運である。担保物権の近代的理論は、約定担保権の価値を維持せんがために従来特殊の債権について認められていた法定の優先権を強く排斥し、総ての債権をして平等の原則に従わしめんとした。その結果、先取特権その他これに類似する制度は各国の法制に於て甚しく貶却せられた。然るに近時に至り、国家が特殊の債権関係に対して積極的干渉を試みる傾向の次第に増加するに及び、この一度極度に排斥せられた法定の優先権は種々の立場から改めて取上げられ、その適用の範囲を拡張せられんとしている。今や、自由なる取引による約定担保権の価値を確保せんとする理想と、特殊の債権の保護を目的とする先取特権制度拡張の理想とが、互に譲らざる気勢をもって対立するに至らんとしている。かくして、この両理想をしてそれぞれの妥当する範囲を守らしめ、もって両者の協調を保つことが今後の担保物権理論に於ける新たなる指導原理の一でなければならない。

次に、反流の第二は用益権の確保の理想である。近代物的担保制度は、目的物の用益権を債務者の許に止めこれをして収益せしめ自らは目的物の交換価値のみを把握する担保形態、即ち抵当権と譲渡担保とにその重点を置く。これ財貨の担保的利用と用益的利用とを併行せしめ財貨をして二重の作用を営ましめんとする意図に基くものである。然し、この担保形態をもってしても両利用関係の調和の保たれるのは担保物権が静止の状態に在る間に限る。担保物権が一度活動し目的物を競売に付してその交換価値の実現を企図するときは、担保物権設定以後に目的物の上に築き上げられた用益関係は悉く覆えされる。かくては担保的利用と用益的利用との併存協調が保たれたりとはいい難い。この間に処し、民法は短期賃貸借の保護、滌除、法定地上権等の一聯の制度を設けて調停を試みんとする。然し何れもその使命を果すに充分な能力を持たない。かくして、価値権と用益権との理想的調和を図ることも亦今後の担保物権理論に於ける新たなる指導原理の一でなければならない。

最後に、反流の第三は物的担保制度発達の結果金銭資本の進軍を助長しあらゆる企業をして金銭資本の重圧に苦しむに至らしむることを憂え、この傾向を阻止せんとする理想の擡頭せることである。誠に、農耕地の債務過重を導き、土地所有権の集中を促がし、中小商工業の独立を脅かし、更に産業資本をして金融資本の頤使する所たらしめた資本主義近時の状勢については、物的担保制度の発達にもその責を分かつべきものの存することは疑なき所である。勿論この反流の根本的解決は資本主義自体の解決に触れねばならぬことであって、単に物的担保制度の運用のみによって解決しうるものではあるまい。然し、担保物権制度の近代的進展は資本主義に於ける右の如き状勢を導く一動因だったことを明かにして置くことは、ただに物的担保制度の遠き将来の帰趨を考える場合にこれより示唆を受ける所多きのみならず、今後の担保物権理論の構成に当っても多少の指導的意義をみいだしうるものであろう。

私は、本書に於て、これ等の点にも意を致し、これ等の新たなる指導原理をして前述せる本書の基調たる指導原理と調和せしむることに努力したつもりである。もとよりそれは極めて断片的・暗示的に述べられたている。

に過ぎないであろう。然し、担保物権法研究の今後の指導原理がここに存することだけは疑なき所と確信し

私の研究室に抵当権を研究している少壮学徒が二人ある。一人は法学士藤本秀麿君で、他は同福島正夫君である。藤本君は独逸・瑞西の近代抵当権理論の研究に専念しほぼ完成の域に達したが、一身上の都合で研究を中絶して仕官の途についた。福島君は我国に於ける近代物的担保制度発達の研究を課題としながら、差当り民法施行後の抵当権判例法の研究に没頭している。その研究の一部はかつて私と討議の結果法律時報誌上に共同の名前で発表した。本書の成るに当っては、直接間接に両君との共同研究に負う所が少くない。ここに両君に対して感謝の辞を呈すると共に、両君の研究の一日も早く完成せんことを祈る。なお本書の校正と巻末の索引とは法学士松山貞夫君、同福島正夫君、同緒方彰一君並に岩波書店渡部良吉君の協力によって出来たものである。ここに四君に対して心から感謝の意を表する。

昭和十一年十一月

東京帝国大学法学部
研究室にて

我妻 栄

略　語

一、大(刑)判昭和六・一・一七民(刑)六頁……大審院民事部(刑事部)昭和六年一月一七日判決、大審院民事(刑事)判例集(大正一〇年以前は民事(刑事)判決録)六頁(同年度の通し頁で引用する)所載

最高判昭和四一・四・二八民九〇〇頁……最高裁判所昭和四一年四月二八日判決、最高裁判所民事判例集九〇〇頁(同年度の通し頁で引用する)所載

東京地判……東京地方裁判所判決

大阪高判……大阪高等裁判所判決

判民五五事件戒能……判例民事法、当該判決年度五五事件戒能教授評釈

一、梅または梅要義…梅博士著　民法要義　巻之二物権編　　末弘……末弘博士著　債権総論(現代法学全集)

富井……富井博士著　民法原論　第二巻物権　　石田……石田博士著　担保物権法論

横田……横田博士著　物権法　　近藤……近藤教授著　物権法論

中島……中島博士著　民法釈義　巻ノ二　　田島……田島教授著　担保物権法

三瀦……三瀦博士著　全訂担保物権法　　柚木……柚木教授著　担保物権法(有斐閣版法律学全集19)

一、注釈民法……有斐閣コンメンタール叢書(8)(9)(執筆者の名をカッコで示す)

判例コンメンタール……我妻編著判例コンメンタール叢書Ⅲ(条文の註記番号で示す)

総則・物権・債総・債各……拙著(新訂)民法総則・物権法・(新訂)債権総論・債権各論(上・中一・中二)(民法講義 Ⅰ・Ⅱ・Ⅳ・V_1・V_2・V_3)

一、外国の学説については単に研究の手引となるために左の数著を掲げるに止める。その指示した場所についてさらに文献を求められたい。

Oertmann,……Kommentar zum bürgerlichen Gesetzbuch. 5. Aufl., 1928

Oftinger,……Kommentar zum Schweizerischen Zivilgesetzbuch. 2. Aufl., 1952

Planiol,……Traité de droit civil, d'après le Traité de Planiol par Ripert et Boulanger. tome Ⅲ, 1958

Staudinger,……Kommentar zum bürgerlichen Gesetzbuch. Sachenrecht. 11. Aufl., 1963

目　次

第一章　担保物権総論

第一節　物的担保制度概説

第一　物的担保制度の社会的作用

〔一〕　一　物的担保制度は債権の経済的価値を確保することをもってその出発点とする。債権は、債務者に対して一定の給付をなすべきことを請求する権利である。債務者が信義を重んじて任意に給付をすれば、債権者は、債権の効力として、これを受領し自分の財産とすることを是認され、債権はその目的を達する。しかし、債務者が任意に給付をしないときは、債権者は、その債権の効力として、さらに債務者の一般財産に対して執行をなし、これをもって債権の弁済に充てうるのが通例である。債権は、この債務者の一般財産をもってその最後の守りとなし、その経済的価値の有無は一にかかって債務者の一般財産の多寡に存する。そこで、民法は、債権者代位権(四二三条)と債権者取消権(四二四条)との二つの制度をもって、債務者の一般財産が不当に減少することを防止しようとする。この意味において、すべての債権は原則として債務者の一般財産によって担保されるということができる(債総〔七七〕以下参照)。旧民法債権担保編第一条第一項に「債務者ノ総財産ハ動産ト不動産ト現在ノモノト将来ノモノトヲ問ハズ其債権者ノ共同ノ担保ナリ。但法律ノ規定又ハ人ノ処分ニテ差押ヲ禁ジタル者ハ此限ニ在ラズ」と規定したのは、よくそのことを示している。

〔三〕 二　しかし、債務者の一般財産に対する債権の効力は、原則として、平等である(債権者平等の原則)。債権成立の時の前後や、債権の種類を問わないのを原則とする。前記の旧民法債権担保編第一条は、その第二項に「債務者ノ財産ガ総テノ義務ヲ弁済スルニ足ラザル場合ニ於テハ、其価額ハ債権ノ目的、原因、体様ノ如何ト日附ノ前後トニ拘ハラズ其債権額ノ割合ニ応ジテ之ヲ各債権者ニ分与ス。但其債権者ノ間ニ優先ノ正当ナル原因アルトキハ此限ニ在ラズ」と定める。

この債権者平等の原則は、近世法が、一面、債権者間の自由競争を尊重するとともに、他面、約定物的担保の価値を確実にするために確立した原則である。けだし、公示の原則のない債権の効力をその成立の時の前後によって区別し、あるいは債権者間に法律上当然優先的地位を与えられる特権者を認めることは、自由競争を主眼とする債権取引の安全を害するだけでなく、特定の財産について質権または抵当権などによって優先的地位を取得した者を脅かすことになり、近代取引の要請に反するからである。しかし、その結果、一つの債権が成立した時には債務者の一般財産が充分にこれを担保しえた場合でも、――その後に債権は無制限に成立することができ、しかもそのすべてが平等の立場で債務者の一般財産による担保を要求するために――債権はその後に成立する他の債権のためにその経済的価値を奪われるおそれがある(債総〔一八〇〕参照)。そこで、特定の債権についてとくにその経済的価値を確保しようとするときは、その債権のために、債権者平等の原則に支配される債務者の一般財産による担保以上の何ものかを確保しなければならないことになる。真の意味における担保制度の必要なゆえんがここに存するのである。

〔三〕 三 この意味の担保制度には、人的担保と物的担保の二つの制度がある。前者は、債務者以外の者の一般財産をもって担保するものであって、保証と連帯とがその最も主要なものである。後者は、債務者またはその他の者の一定の財産によって担保するものであって、わが民法の担保物権と担保のためにする目的物の譲渡とがその最も主要なものである。人的担保制度は、担保する者の一般財産の状態によってその担保としての価値を左右されるものであるから、債権の経済的価値は、なお専ら担保者の人的要素に依存する。これに反し、物的担保は、物の有する特定の価値によって担保されるものであるから、その所有者の人的要素に依存するところが少ない。これ信用の授受が地方的拘束を離れ未知の人の間にもさかんに行なわれるようになるにつれ、物的担保制度が次第に人的担保制度を圧倒するようになった理由である。もちろん、今日でも、物的担保の目的とするに適した財産を所有しない人々に対する金融は、人的担保の手段に訴える他なく、しかして、これらの人々に対する金融について国家が積極的に援助しようとする傾向が次第に顕著となるに際しては、人的担保制度に種々の改善を試み、その作用を伸長させることを怠ってはならない。農村負債整理組合法における組合員の保証責任と無限責任（同法一四条参照）、サラリーマンや中小商工業者への金融についてかつて銀行が考案した種々の人的担保制度、とりわけ勧業銀行の十人連帯申込みによる無抵当貸付制度（旧日本勧銀法一五条四項参照）などはその例である。そして、それらの制度が一層整備されて、信用保証協会の保証とこれを強化する中小企業信用保険法となったことは、注目に値する（債総〔六二九〕、債各（中一）〔五〇七〕参照）。しかし、それにも拘わらず、人的担保は、結局において、債務者と担保者との間に協同連帯の思想的紐帯が存在することを前提し、かつ担保者の財産状態に対する債権者の調査監視を不可欠とするものであるが、今日の経済事情は、そのいずれをも極めて困難な要件とする。人的担保が、いかにこれを改良しても、その作用においてとうてい物的担保に匹敵しえない理由もここに存する。

〔四〕 **四**　物的担保制度は、結局は物によって債権の経済的価値を確保する制度であるが、その確保する手段のいかんによって、さらにこれを三つの態様に分けることができる。

(1)三つの態様とは、(i)債務者からその主観的価値の多い物をとり上げ、これによって心理的圧迫を加えて債務の弁済を促がすもの、(ii)収益財をとり上げ、債権者がみずから収益して、これを債権の弁済に充当するもの、(iii)目的物に対して何ら物質的支配を加えず、担保提供者の収益とその物の交換価値によって優先的弁済を受けるものである。

(イ)第一のものは、債務者にとって主観的価値の大きいものほど担保としての作用を営むに適する。交換価値の絶無なものでも妨げない。封建時代の諸大名の間の人質などがその例であるが、いわゆる「栄誉の質入れ」も、債務者に心理的圧迫を加えて約束を履行させようとする点で、類似の思想を含むものである。わが民法の制度としては、留置権は専らこの手段に訴えるものであり、質権はこれを中心としさらに第三の手段を併有するものである。交換価値のない物を質権の目的とすることを許さないからである(三四三条参照)。もっとも、質屋は、主観的利用価値の大きいものほど多額の貸出をするのが事実である。のみならず、卒業証書なども質にとる例があるといわれている(必ず受け出すと考えられるから)。

(ロ)第二のものは、債権者によっても充分に収益をあげうるものでさえあれば、目的物自体が交換価値をもたない場合にも成立しうる。不動産自体の売買を禁ずる時代にも、この担保は可能である。不動産の年季売買はこれにあたる。そしてこの種の担保では、収益が元本の利息を超過するときは、目的物は、みずから担保の拘束を脱して所有者の許に帰還するけれども、両者が均しいときは、元本を弁済しない限り、拘束は永久に継続する。わが民法の認める制度としては、不動産質(三五六条参照)および買戻(五七九条以下)がこれにあたる。いずれも目的物自体が交換価値を有することを前提とし、かつ収益と利息とは原則として均しいものとされる(三五八条・三五九条・五七九条参照)。ただし、いわゆる恩給担保は、恩給受領権は譲渡性のないものであるにも拘わらず、とくに認められる収益質である。以前には、特別の規定がなかったので、脱法行為として行なわれたが、後に、特定の公的金融機関が担保にとって融資することを認めたものである(現在では国民金融公庫がこれを行なう(総則〔三〇三〕参照))。

(ハ)第三のものは、目的物の利用を担保提供者の許に止め、まずその収益によって元利を支払わせようとするものであるから、これもまた、目的物自体が交換価値を有しない場合にも成立しうる(目的物の強制管理によってのみ弁済を確保することになる)。しかし、債務者が収益で支払わないときは目的物自体の交換価値をもって優先弁済に充てうる権利を保留するときに最もよくその作用を発揮することはいうまでもない。民法の認める制度としては先取特権および抵当権はこれに該当する。いずれも、最後には、目的物の交換価値をもって元利を担保する。

〔五〕 (2)物的担保制度の右に述べた三つの態様を今日の経済状態から観察するときは、まず、第二のものは、今日甚しくその機能を失なった。けだし、金融業の独立は、融資者(債権者)みずから目的物を収益することを極めて困難ならしめるからである。つぎに、第一のものは、債務者の心理に依存するだけ、人的要素の残りを止めて、物的担保の特質を発揮しえないだけでなく、担保のために財貨の使用価値を犠牲とすることになるから、生産用具の担保化には全く無力である。結局、第三のものが今日の経済事情に最もよく適合する。抵当権が物的担保制度として驚異的発達をとげたのは決して偶然ではない(詳細は質権の作用に関連して詳述する(〔一三六〕以下))。

〔六〕 五　抵当権は、近代物的担保制度の王座を占めて、債権担保の作用を最もよく達成しただけでなく、近代法の発達に伴ない、さらに新生面を展開しようとしている。それは、抵当権が債権の担保という唯一の目的に奉仕する従たる地位から脱却し、財貨の有する交換価値を把握してこれを金融取引市場に上場せしめて投資の媒介を務める独立の制度たらんとすることである。債権の担保という作用から考察するときは、抵当権は、その存在において、被担保債権と生死をともにし、その効力において、債務者の一般財産に対する執行と並んで債権の満足をはかるべきものである。しかし、財貨の有する交換価値に対する投資手段として考察するときは、抵当権は、専ら財貨の有する客観的な交換価値によって優先的にその投下資本を回収しうることを本体とし、財貨の収益から投下資本の対価(利息)の支払をうれば充分なものであって(実際上は財貨の所有者が支払うのであるが、これを抵当権の他に存する債権の利息とする必要がない)、それ以上に、特定の人に対して債権を有し、これによってその一般財産に対して執行をなす必要もなく、いわんやその債権の消滅や瑕疵によって影響を受くべきものではない。しかして、近代の抵当権は、実にかような法律的性格を獲得する方向に向ってその進歩を重ねてきた。これ学者が近代抵当権の本体をもって一の価値権(Wertrecht)であるというゆえんである。もっとも、わが民法の抵当権は、この近代抵当権の水準にはなお遠く及ばないものである。しかし、抵当制度の改善は、わが国においても相当に目覚しいものがあり、そしてその改善は、抵当権をして独立の価値権への途を進ましめようとするものということができる(近代抵当権の特質として後に詳述する(〔三二〇〕以下))。

第二　物的担保制度の法律的構成

〔七〕　一　物的担保制度には、ずっと以前から、担保のために目的たる権利自体を移転するものと、担保のために構成された特殊の制限物権を設定するものとの二つの法律形態がある。

(1)しかしそのいずれにおいても、詳細な内容は各地各様の沿革を有して、永い発達の歴史をたどったものである。一言にしていえば、欧洲大陸においては、最初はローマ法系とゲルマン法系とがそれぞれ別異の発達をとげ、後にローマ法が優勢となるに及び、その制度が大陸を風靡したが、やがて第十八世紀初頭のプロイセンの立法などを先駆として、次第にドイツ、スイスにおける近代的物的担保制度を確立した。なおその発達の間に、ゲルマン法系に起源する公示及び公信の両原則が重要な作用をしたことは注目に値する。両法系ともに、最初は、権利移転の構成をとったが（ローマ法のfi-duciaが顕著）、早くから制限物権制度を発達させ、今日においては、物的担保制度は所有権とは別な制限物権として構成され、客体は原則として特定の財産に限り、かつその存在については厳格な公示の原則が要求されている。古い沿革を有する一般抵当権・法定抵当権・先取特権などを排斥することが発展の中心的課題であったが、ドイツとスイスでは完成したのに反し、フランスでは、公示のない担保物権や客体の特定しない担保物権がなお少なくない。わが国の制度としては先取特権がこの観点から吟味さるべきものである（〔五九〕・〔七〇〕以下・〔三二一〕・〔三二二〕など参照）。

右に対し、イギリス、アメリカの法系では、権利移転の形態をとる制度を著しく発達させたことが特色である。すなわち、動産には制限物権たる質権も存したが、すべての財産に共通する最も重要な物的担保制度たる mortgage は権利移転の形式をとった。そして、その内容は、近時にいたるまで、エクイティによって大いに進展させられた。しかし、この法律構成をもってしては、最近の不動産担保取引にはついに応じきれない点があるので、イギリスの一九二五年の法律(Law of Property Act)によって、根本的変革を受け、不動産の mortgage は制限物権たる構成をとることになった。かようにして、制限物権の設定と担保のためにする権利の移転との両制度は、不動産・動産両者に分野を分けて、物的担保制度の作用を営む状態である。

最後に、わが国の物的担保制度にも、以前から、制限物権の構成をとるものと権利移転の形式をとるものとの両者が併存して作用を分けていた。しかし、民法は大陸法を輸入した結果、物的担保制度は制限物権たる担保物権として構成され、権利の移転によるものは、僅かに、買戻(五七九条)にその痕跡を止めるに過ぎない。

〔八〕 (2) しかるに、近時金融取引市場の要請は、欧洲大陸においても、わが国においても、民法の認める制限物権としての担保制度だけでは狭隘を訴えるようになった。その根本の理由は、民法が動産的生産用具を抵当化――目的物を債権者に引渡さずに担保化――する途を閉ざしていることである。そして経済界の必要は、法律制度の柵を破って、その目的を達する手段を考案した。右のような動産も、これを譲渡し、しかもこれを引続き借用することは自由であるから、目的物を担保のために譲渡して弁済するまでこれを借用するという手段を利用したのである。これすなわち売渡抵当ないしは譲渡担保(Sicherungsübereignung)と呼ばれるものである。ここにおいてか、大陸及びわが国の制限物権を中心とする物的担保制度は、動産その他新たな財産の抵当化という分野において、所有権移転の形式をとる物的担保制度によって補充されることになり、英米法と大陸法は改めて対比研究の対象とされなければならないことになったのである

（〔一五六〕及び譲渡担保の章〔一八八三〕・〔一〇〇八〕など）参照）。

〔九〕　(3)物的担保制度の法律構成として、目的たる権利自体を移転する構成をとるものと、制限物権設定の構成をとるものとでは、その経済的目的を達成させるために必要な法律的規律の焦点を異にする。前者においては、担保という経済的目的からみれば、所有権その他権利自体という過ぎたるものを与えるのであるから、担保権者はその法律的地位を経済的目的以上に濫用するおそれがある。従って、この制度の下においては、物的担保権者の権利を対内的にも対外的にも担保の目的に制限しようとすることが制度の中心問題を構成する。これに反し、後者においては、物的担保権者の権利は担保の目的のために構成されているから、これを担保の目的以上に濫用するおそれはない。かえって物的担保の目的を完全に達成しうるためにどのような効力を付与すべきかが制度の中心問題となり、その効力の差異によって担保物権の種類を生ずることになる。

〔一〇〕　二　物的担保制度は、さらに、債権との関連の有無によって区別することができる。

(1)いうまでもなく、物的担保を文字どおり債権を担保する制度と解するときは、債権と関連のない物的担保制度ということは意味をなさない。しかし、物的担保制度を物によって担保された融資の制度と解するときは、債権と関係のないものも存在しうる。ことに前段に述べた権利自体の移転による物的担保にはこの性質のものが少なくない。たとえば、土地によって資本の融通をえようとする者があるとしよう。この土地を売り、代金として資金を取得する。一定の期間内に代金を返済すれば再び土地をとり戻すことができるが、その期間内にとり戻さなければ、永久に買主のものになる。しかし、融資者は、目的物から収益しうるだけで、積極的に代金の返還ないし買戻すべきことを請求する権利(債権)をもたない。目的物が滅失すれば、融資者の損失に終る。その代り、目的物の価格が融資額を越える場合でも融資者は精算して返還する義務は負わないのを常とする。大体かような法律構成の下に債権を伴なわない物的担保制度も充分に可能である。わが民法の買戻は実にこの一類型である。実際社会に行なわれる譲渡担保ないし売渡抵当がこの種の構成をとることも絶無とはいえないであろう。

〔一一〕　(2)右の二つの類型は、担保制度という立場からみるときは、債権と関連あるものをより合理的だといわねばならない。

(イ)なぜなら、目的物の価格が融資の元利を越える場合にも精算しない、ということはもとよりのこと、融資者が目的物の滅失によって損失を被ることも、担保の目的からみれば不合理に相違ないからである。このことは、買戻が特殊の場合にだけその作用を発揮することができ、一般的な担保制度としての機能を営まなくなっている理由であり、また、譲渡担保ないし売渡抵当は、多くの場合、右のような構成をとらず、債権と関連あるものと解されている理由である(譲渡担保の章に詳述(八六四)以下)。

(ロ)しかし、さらに注意すべきことは、抵当権が近代的発達の結果、独立の価値たる法律的性格を与えられるに及び、再び債権と関連のない物的担保制度が現われようとしていることである。もちろん、近代抵当権における債権との絶縁は、右に述べた売買の形式を採る物的担保制度における債権との無関連とは根本的に異なるものがある。かれにあっては、債権と無関係に把握されるものは、目的物の全部であるのに反し、これにあっては、目的物の有する交換価値に限る。そしてこの差異のために、かれは担保制度として不合理なものとされるのに反し、これはその合理性を誇りうるのである。しかし、それにも拘わらず、融資者は、債権者の立場に立って債務者の一般財産に依存するのではないという点においては、両者に共通するものがある。ここにわれわれは、広義の物的担保制度は債権との関連がなくともその経済的目的を達するものであることを理解するとともに、各地に発達した物的担保制度を理解するに当って誤りのないように注意する必要がある。

第二節　担保物権の種類及び法源

〔一二〕 一　民法は、担保物権として、留置権・先取特権・質権及び抵当権の四つの種類を認めた。この他に、物的担保制度の一つとして買戻を加えるのが適当であることは前述した(〔一〇〕末尾参照)。しかし、民法施行の後、担保物権制度が特別法によって進展したことは実に驚異に値する。民法の各分野の中でこれほど多くの特別法のあるところは他にはない。しかも、この特別法による担保制度の拡張をもってしても経済界の要請を充たすことができず、別に判例法の活躍によって譲渡担保(売渡抵当)制度が確立した。

〔一三〕 二　民法の認めるもののうち、留置権及び先取特権は、法律がとくに保護しようとする債権について、法律上当然に生ずるものであって、その作用は専ら債権者平等の原則を制限することである。これに対し、質権及び抵当権は、信用を授受しようとする当事者の契約によって生ずるものであって、投資の仲介たる作用をなすものである。法律的取扱いにおいても前二者と後二者とは区別して考察すべき点が多い。

〔一四〕 三　民法以外の法律による担保物権の主要なるものは左のとおりである。

(イ)留置権　商法の認める留置権は、名称は同じだが、その成立要件も、効力も、民法の留置権とは異なることに注意すべきである。普通に商事の留置権と呼ばれる(〔三〇〕参照)。

(ロ)先取特権　国家公共団体の租税その他の徴収金の先取特権(国税徴収法八条以下、地方税法一四条以下)、船舶債権者の先取特権(商八四二条)、海難救助者の先取特権(商八一〇条)、立木地代の先取特権(明治四三年法五六号)、借地法による地代の先取特権(借地法一二条・一四条)、農業経営資金貸付の先取特権(農業動産信用法四条以下)。さらに、一定の債権者のために債務者の特定の財産の上に認めた優先権、すなわち生命保険金受取人などの有する会社の一定の積立金の上の優先権(保険業法三二条・三三条)、貯蓄銀行の預金者などの有する銀行の供託物の上の優先権(貯蓄銀行法一〇条)などは、先取特権と同一の思想に立つ制度としてみのがしえない(近時のものまで含めて〔六二〕以下に詳述)。

(ハ)質権　商法の認める商事の質権(商五一五条)、質屋取締法による質権、公益質屋法による質権は、いずれも民法の質権と本質を同じくするが、その効力には多少の差異がある。

(ニ)抵当権　船舶抵当(商八四八条)、漁業権の抵当(漁業法二四条)、採掘権の抵当(鉱業法一三条但書)、各種の財団抵当(工場抵当法・鉱業抵当法・鉄道抵当法・軌道抵当法・運河法・漁業財団抵当法・道路交通事業抵当法・港湾運送事業法・観光施設財団抵当法などによって認められる)、立木抵当(立木法によって認められる)、抵当証券(抵当証券法によって認められる)、農業用動産(農業動産信用法一二条以下)、その他、自動車(自動車抵当法)、航空機(航空機抵当法)、建設機械(建設機械抵当法)などの上の動産抵当、担保附社債におけるいわゆるオープン・エンド・モルゲージ(open end mortgage)(昭和八年担保附社債信託法の改正によって認められる)など、すこぶる多彩である(主要なものについては特殊の抵当権として抵当権の章の終りにやや詳細に述べる)。

以上を通覧するに、特別法による担保物権の分野の拡張は、抵当権を第一となし、先取特権がこれに次ぐ。元来、抵当権は、約定担保権として投資の媒介をなすものであるのに対し、先取特権は、法定担保権として特殊の債権の保護を目的とする。先取特権は、その存在そのものが債権者間の平等を破り物的担保取引の安全を脅かすものとして、抵当権とは両立しない性質のものである。にも拘わらず、この両者の範囲が、民法以外の法律によって、ともに拡張されつつあることは、現代における法律政策の一面を物語るものとして暗示に富む現象である(先取特権の章に詳述する〔五九〕以下)。

〔一五〕 **四** 判例法の認める譲渡担保(売渡抵当)は、その経済的作用において重要な分野を占めるだけでなく、その法律的構成においても、今や判例法上ほぼ確立した形態を与えられている。学者も、従来は別の制度に関連してこれを説くのを常としていたが、今日では、これに担保物権の一種類として独立の地位を認めるようになった。のみならず、物権と債権とを峻別する民法理論の下で構成される譲渡担保理論では、その経済的作用を合理的に営ませることが困難なので、特別の立法を提唱する声が高くなっている。

第三節 担保物権の性質

第一 担保物権の特質

〔一六〕 **一** 民法の認める四つの種類の担保物権は、法律上当然発生し特定の債権を保護することを唯一の目的とする留置権・先取特権と、当事者間の契約によって成立し信用授受の媒介となり物資の担保化を目的とする質権・抵当権との二群に分かれ、両者の間にはある程度の差異が存在する。ことにその経済的作用を中心として法律的性質を理解するに当っては、両者は別個に考察するのが便宜である。本書においては、この点を考慮し、総論としてこれまで述べてきたところも、できるだけ簡略にして、各章に述べるところとの連絡を指示する程度に止めたつもりである。本節で性質を述べるについても、この方針の下に略説する。

〔一七〕 二　民法の担保物権には、担保権者が担保設定者から、目的物の引渡を受けるものと、これを受けないものとがある。前者は、目的物の占有を奪って設定者に心理的圧迫を加えて弁済を促がす効力（留置的効力）を有するものであり、後者は、目的物の使用収益を設定者の許に留め単に目的物の有する交換価値から優先的に弁済を受ける効力（優先弁済を受ける効力）を有するものである。留置権は前の効力だけを有し、先取特権と抵当権は後の効力だけを有し、質権は両効力を併有する（〔四〕参照）。

〔一八〕 三　民法の担保物権は、債権の担保を唯一の目的として存在する。従って、債権のないところに担保物権だけが存在することは不可能である。これを担保物権の附従性という。しかし、この附従性は、結局は、担保物権の存在目的から導かれる法律的性質に過ぎない。だから、留置権及び先取特権のように特定の債権の保護を存在目的とする担保物権にあっては、その適用は厳格になる。これに反し、質権及び抵当権のように信用の授受の媒介となることを存在目的とする担保物権にあっては、その適用が緩和される。すなわち、ここでは、将来の債権のために現実の質権や抵当権の成立することが認められる。ドイツ民法はこのことを明言したが、明文のないわが民法でも、同様の理論が認められている。ただし、この理論は、いわゆる根抵当の性質と関連して論議されている重要な問題だから、後に詳述する（〔七二〕以下）。さらにまた、抵当権が債権担保という従たる性質を脱却して独立の価値権たる地位に昇格するときは、債権に附従する性質を棄てるにいたることはいうまでもない。もっとも、わが民法の抵当権はいまだこの水準には達せず、解釈論で補うことも困難である。

〔一九〕 **四** 担保物権は、債権に随って移転し、債権とともに負担に服する。これを担保物権の随伴性という。留置権及び先取特権は特定の債権を保護する担保物権であるから、債権が同一性を失なわない限り、債権者が変っても、その影響を受けずにこれに追随すべきである。また、質権と抵当権とは、債権の経済的価値を増すためにとくに附加されたものであるから、債権の取引に当っては、正にこれに随うべきである。以上が随伴性の一般的な根拠である。しかしこれを各種の担保物権に適用するに当っては、特殊の問題を生じ、ことに留置権については学説も分かれている。

〔二〇〕 **五** 民法の担保物権は制限物権として構成されるものであることは前述のとおりである（〔七〕）。しかして民法の担保物権は他物権である。自分の所有物の上に担保物権を有する現象は、混同の例外として認められるだけである（一七九条一項・二項参照）。ところが、ドイツ及びスイスの民法は、抵当権について、所有権に吸収されない独自の存在を与えたため、所有者抵当権(Eigentümerhypothek)なるものを生じた。従って、そこでは、抵当権は他物権ではなくなる。しかし、民法は、抵当権にかような地位を与えず、僅かに抵当証券法において問題となるに止まる。

〔二一〕 **六** 民法の四つの種類の担保物権の本質を共通に理解するに当り、これを債権者平等の原則を破る物権的制度とみる見解と、目的物の交換価値に対する排他的支配権すなわち価値権とみる見解とがある。しかし、民法の四つの種類はそれぞれ異なる内容を有し、その本質の統一的把握は困難である。すなわち、前の見解は、先取特権の説明に最も適切であり、留置権と質権の留置的効力を説くにもなおこれを維持しうるであろうが、近代抵当権の本質を説くには全く不適当である。物的担保制度の出発点に止まる憾がある。これに反し、後の見解は、近代抵当権の特質に基づいて構成されたものだけあって、抵当権の本質の説明に優れており、質権についても、有価証券質などを説くには適しているであろうが留置的効力を説くことは不可能であり、さらに一般先取特権を説くにも適合しない。近代抵当権の到達点をもって現行担保物権のすべてを律しようとする無理がある。

思うに、留置権と先取特権とは、特定の債権の保護を目的とする意味において債権者平等の原則に対する制限である。ただし、先取特権は、一定の財産を優先的弁済に充てる支配権（競売権）を有し、直接に債権者平等の原則を破るものであるのに反し、留置権は、目的物を占有し物質的に支配して弁済を促がす権利を有するに過ぎず、債権者平等の原則を破ることは間接的である（留置権者が競売権を有するかどうかは争いがあるが、これを認めても優先弁済力は認められないのだから、この理論は動かない）。しかるに、質権及び抵当権は、目的物の有する交換価値を排他的に把握するものであって、その意味において価値権ということができる。ただし、質権は、留置的効力に依存する限り、価値権としての独立性が不明瞭である。ただ近時重要な作用をなす株式・債券などの上の質権は、留置的効力に頼らず、専ら目的物の交換価値に依存するものであるから、そこに質権が価値権としての独立性を明瞭にしつつある現象を見ることができる。また、抵当権は最もよく価値権の本質を備えるものであるが、債権に附従する性格を止揚しない限り、その独自の価値権たる性格は完全なものといえない。ただ近代抵当権の特質の進展において、われわれはその独自性の完成への傾向を見ることができる。現行担保物権の性格は、この流動性の中にその本質を理解しうるだけである。それ以上の総合は不能に近く、また必要でもない。

第二　担保物権の常有性

〔二二〕一　担保物権の通常有する性質として、不可分性と物上代位性とが挙げられる。しかし、不可分性は四種の担保物権に共通するものであるが、物上代位性は、留置権にはなく、他の三種にだけ存在する。そしていずれも当事者の特約によってこれを排斥することができる。常有性といわれる理由である。

〔二三〕二　不可分性　担保物権はいずれも、被担保債権の全部の弁済があるまで、目的物の全部の上にその効力を及ぼす。債権の一部弁済があっても目的物の一部が担保物権の拘束を脱するものではない。民法は、留置権について規定を設け（二九六条）、これを他の三者に準用している（三〇五条・三五〇条・三七二条）。担保物権の効力を強大ならしめることを目的とするものである。なお、目的物の全部の上に及ぼす効力の内容は、それぞれの担保物権によって異なることはいうまでもない。

〔二四〕三　物上代位性　先取特権・質権及び抵当権は、その目的物が滅失毀損して保険金・損害賠償請求権などに変じ、収用されて補償金に変じ、売却されて代金に変じ、あるいは賃貸されて賃料を生ずるような場合には、この保険金・損害賠償請求権・補償金・代金・賃借料などの上に効力を及ぼす。これを物上代位性という。担保目的物に代るもの（Surrogat）の上に効力を及ぼす趣旨である。右の三種の担保物権は、目的物の交換価値を把握し、これをもって優先弁済に充てる権利である。目的物の物質を支配する権利ではない。従って、目的物が何らかの理由でその交換価値を具体化したときは、担保物権がこの上にその効力を及ぼすことはむしろ当然といわなければならない。そして、単に目的物を留置するだけでその交換価値によって優先弁済を受ける効力のない留置権に物上代位性のないこともこれによるのである。民法はこの性質を先取特権について規定し(三〇四条)、これを質権及び抵当権に準用した(三五〇条・三七二条)。しかし、物上代位性は、その本質においてはこの三者に共通のものなることは疑いないが、この三者は目的物に対する追及力や物質的支配力を異にするために、物上代位性の有する作用的意義は三者について異ならざるをえない。民法のように三者共通の条文をもって規定することは他に例をみない立法である。旧民法に散在していた規定(旧民債担一三三条・二〇一条・二〇九条二項・二五八条三項・二九二条第六・第七など)を総合したものであり、旧民法はイタリア民法第一九五一条にならったものだといわれるが、その内容は異なっている。いずれにしても、民法の解釈に当っては疑問が少なくない。のみならず、債権・株式などの質入れにおける物上代位性はかなり異なる適用を示すべきである。各種の担保物権について詳論すべき重要な問題である。

第二章　留置権

第一節　総説

〔二五〕　**第一**　留置権の意義とその社会的作用

一　留置権は、他人の物の占有者がその物に関して生じた債権をもっている場合に、その債権の弁済を受けるまでその物を留置する権利であるが（二九五条）、その物の返還を求めようとする債務者を間接に強制して債務の弁済を担保する作用を営む。他人の物を修繕した者が修繕代金の支払を受けるまでその物を留置し、賃借人が賃借物に加えた必要費の償還を受けるまで（六〇八条参照）賃借物を留置することができるなどは、いずれも留置権の作用である。かような権利が認められる結果、修繕を頼んだ者は代金を支払わずにはその物をとり戻すことができず、また、賃貸人は必要費を償還せずには賃借人を立退かせることができないから、修繕代金請求権や必要費償還請求権はその効力を確実にされる。のみならず、他の債権者が修繕の目的物または賃借物について競売ないし強制執行をすることがあっても、留置権者はその競落人に対してもなお、弁済を受けるまでその留置物の引渡を拒みうるから（〔四九〕―〔五一〕参照）、ある意味において優先的に弁済を受けることにもなる（みずから競売することができるかどうかについては〔五五〕参照）。これが、留置権が担保物権の一種として、特殊の債権を担保する効力を有するということの意義である。

〔二六〕 二　留置権は法律上当然生ずる担保物権である。

(1)法律がかような制度を認めたのは、公平の原則に基づく。すなわち、他人の物を占有する者が、その物に関する債権を有する場合には、その債権の弁済を受けるまでその物の返還を拒絶しうるものとして、その債権の効力を強めることが公平の原則に適するとみたのである。

〔二七〕 (2)留置権と極めて似ている制度に双務契約における同時履行の抗弁権（五三三条）がある。例えば売買という双務契約においては、売主は代金の提供あるまで目的物の引渡を拒絶することができ、また、買主は目的物の提供あるまで代金の支払を拒絶することができる。この同時履行の抗弁権もまた公平の原則に立脚する。故に、留置権も同時履行の抗弁権も、ともに、債務者が同時に債権を有する場合に、自分の有する債権の弁済を受けるまで自分の債務の履行を拒絶することが公平の原則に適するという事情があるときに、法律の認めた一種の履行拒絶の権能である。ただ、同時履行の抗弁権にあっては、その債務と債権とが一個の双務契約から生じて、互に対価関係をなして対立するものであることが、公平の原則を作用させた根拠であるのに反して、留置権にあっては、一個の物についてその返還債務とその物から生じた債権とが対立するものであることが、公平の原則を作用させた根拠である。

もっとも、同時履行の抗弁権は、特定の債務者の有する単なる拒絶権能として独立の権利たる地位を有しないのに反し、留置権は、独立の物権として目的物を支配し、その拒絶権能はこの物権の作用としてこれから流出するものである。しかし、この差異は、わが民法が留置権を法律的に構成するに当って、単に物の引渡債務に着眼するに止まらず、進んで他人の物の占有を中核とし、この物に関して生じた債権の弁済あるまでこの物の占有を継続しうる権能となし、これに独立の権利たる性質を付与したことによるものである。両制度がともに公平の原則に立脚する姉妹制度であることは、このいわば第二次的な法律的構成によって否定されるものではない。

〔二八〕 **三** わが民法の留置権は、右に述べたように、他人の物の占有を中核とした一個独立の物権である。

(1) しかし、近世法における留置権の法律構成は極めて区々である。

(イ) 元来、近世法の留置権はローマ法の悪意の抗弁ないし詐欺の抗弁(exceptio doli)といわれたものから生じたものである。ローマ法においては、債権者が、その債務者に対してみずからも債務を負担するにも拘わらず、これを弁済せずに自分の債権の履行を求めることが信義の原則に反するとみられる種々の場合に、債務者に対して、この抗弁権によってその義務の履行を拒絶することを許した。近世法は、おおむね、このローマ法の散在的に認めたものを統一して一個の制度を樹立することに務めたのであるが、その態度は立法例によって一致しない。第十八世紀の大陸法としては、オーストリア民法はこの制度を認めなかったが、その他はおおむねこれを認めた。プロイセン民法(第一章第二〇節五三〇条以下)はとりわけ詳細である。

(ロ) ドイツ民法は、これを Zurückbehaltungsrecht (§§ 273, 274) とし、あくまでも同一債権関係から生じた二つの債権の間の拒絶権能として、債権編の総則の中に規定する。従って、学者はこれを債権的拒絶権能として、同時履行の抗弁権(同法三二〇条)を包含する広い概念と解している(Oertmann, I b z. § 273)。

(ハ) これに反し、スイス民法は、これを Retentionsrecht (Art. 895-898) とし、その旧商法上の商人の留置権と合せて独立の権利となし、動産質権の章の中に規定し、普通の質権とほぼ同一の効力を認める。従って、一種の法定質権とみられている(Oftinger, Art. 895 No. 13–23)。

(ニ)しかるに、フランス民法は、最もローマ法の伝統に近く、統一的の規定を設けず、ただ種々の場合に債務者の拒絶権能を認める(Art. 867, 1612, 1613, 1673, 1749, 1948, etc.)。そして、学者は、一般に、これらの規定から根本原理を抽出して、一個独立の権利としての留置権(droit de rétention)を認める。しかし、これを物権とすべきや否やは、必ずしも学説が一致しない。主として第三者に対する効力が争われるのだが、物権(droit réel)ということの意味もまた争いを紛糾させている(Planiol, t. 3 no. 38 et suiv.)。

(ホ)わが民法は、旧民法(旧民債担第二部物上担保の最初の章(九二条―九六条)に留置権を規定する)の制度を踏襲したものであるが、旧民法はフランスの学説に倣ったものであろうと思われる。

〔二九〕 (2)以上のように、諸国の現行民法は、その法律構成において極めて区々である。しかし、規定の内容にいたっては、必ずしも氷炭あい容れないものではない。例えば、ドイツ民法も、物の返還義務者の有する留置権については、特別の考慮をしているから(§§ 273 Abs. 2, 1000)、わが民法において留置権を生ずる場合には、同法においてもこれを生ずる。のみならず、この拒絶権は物権的請求権に対しても行使しうると一般に解されている(Oertmann, ibid.)。また、スイス民法がこれを法定質権とすることは、これに対して極めて強大な効力を認めることになるには相違ないが(競売権は当然認められ、ことに追及権を有する)、これは各国法が別に規定する商人間の留置権(次段参照)と統一したこととも関連することである。しかも同法が債務者の所有に属しない物について留置権を認めないことは、その物権性を弱めるものとして注目に値する。わが民法においても、これを独立の担保物権とするとはいえ、占有を失なえば消滅する（追及権なし）ものである点では極めて弱い物権であるのみならず、その競売権の有無は大いに争われ、かつ債務者の所有に属しない物については留置権は成立しないと主張する学者さえあるのであって、担保物権としてもいわば例外的存在である。そして、フランス民法の解釈として留置権の物権性を主張する学者も、その効力が一般の物権に比して弱いものであることを認めることにおいては、わが民法におけると同一である（Planiol, op. cit. no. 45）。要するに、留置権は、物権としても、担保物権としても、いわば一の変態的性質を有するものであることは、上述の沿革からみて、かえってその本質を示すものといいうるのである。

〔三〇〕 **四**　商事の留置権

(1)商法第五二一条は、商人間の留置権について規定する。その内容は、債権者たる商人が、債務者たる商人の債務を履行するまで、その債務者の所有物であって自分の占有するものを留置することができるということだから、民法上の留置権の内容と全く同一である。しかし、その債権と物との間には民法の留置権のような牽連を必要とせず、ただ債権の成立と物の占有の取得とが両者のために商行為たる行為から生ずるものでなければならないとする点において、大きな差異がある。この商人間の留置権は、中世イタリアの商人団体の慣習法に起因するものであって、民法の留置権とは全く別な沿革に基づく制度である。商人は同一人との間に継続して取引をなし、相互に債権債務を負担するのが常であるが、その継続する取引関係の間に一方が取得する債権は、その者の占有する他方の所有物によって担保されるものとすることは、商人間の信用を維持し、安全確実な取引関係を持続させるに適する。これこの制度を招来した理由である。

従ってここでは、競売権を含む一種の質権とすることが制度の本来の使命を果させるに適当だと考えられる。わが旧商法が商人間の留置権について競売権を認めたのはこの趣旨であろう（質権に準じた効力を認む（三九二条））。しかし、現行商法は、商人間の留置権についてその成立原因を規定するだけで、その効力については何も定めていない。従って、現行商法上の留置権の効力は、すべて民法上の留置権と共通のものとされる。ところが、破産法は、突如として、両者の間に重大な差異を認めた。すなわち、民法上の留置権は破産財団に対してその効力を失なうものとされるのに反し、商法上の留置権は、特別の先取特権と同一視され、別除権を与えられる（破九三条）。さらに、会社更生法も、破産法の趣旨を受けて、商法上の留置権を更生担保権とした（会社更生一二三条）。このことは、民商両法上の留置権はその沿革と作用とを異にするため、その効力においても差異を認めらるべきことを示すものである。

(2)商法は、右の一般的な留置権（商人間の留置権）の他に、特殊の商事関係について留置権が成立することを定めている。代理商の本人のために占有する物または有価証券の上の留置権（商五一条）、問屋及び準問屋の委託物の上の同様の留置権（商五五七条・五五八条）、運送取扱人及び陸上運送人の委託者に対する一定の債権についての運送品の上の留置権（商五六二条・五八九条）などがその例である（商七五三条二項の海上運送による船主の引渡拒絶権も留置権かどうかについては争いがある。否定すべきであろう）。

〔三一〕前記の破産法（九三条）及び会社更生法（一二三条）は、「商法による」留置権といっているから、両法によって特別の効力を認められる留置権は商法第五二一条の留置権だけでなく、右に列挙したものも含まれると解すべきことは当然であろう。なお、商法による留置権のこれ以外の効力については、民法の留置権の規定によるのが解釈論としては一応是認される態度であろうが、なお一層根本的な研究が必要なように思われる（小町谷「商事留置権に関する二三の疑点」海商法研究五巻所収）。

第二　留置権の法律的性質

〔三一〕　一　留置権は、他人の物の占有者が、その物の引渡を拒絶することをもってその本体的な効力とするものであるが、民法はこれを単なる拒絶権能とせずに、その占有物の上の独立の物権としたので、その結果としてつぎのような性質を有する。

(イ)債権の弁済を受けるまでは、何人に対してもその物を留置することができる。すなわち、債務者だけでなく、その物の譲受人、競落人などに対しても同様である（〔四九〕参照）。

(ロ)留置権は、債務者以外の者の所有物の上にも成立する。例えば、賃借人・受寄者などが自分の名で修繕を依頼したときなどにも、修繕代金債権者は、その物の上に留置権を取得し、所有者に対しても対抗することができる。ただし、この通説には反対説がある（〔四二〕参照）。

(ハ)占有を失なえば留置権は消滅する（三〇二条、なお三五二条参照）。すなわち、留置権の目的物の所有権が移転されても留置権は影響を受けないことは右に述べたとおりだが、占有を失なうと、所有者に移動がなくとも、留置権は消滅する。留置することが本体的効力であることからいえば、当然のことだが、この意味においていわゆる追及力はないこととなり、物権としては例外的なものとされるわけである。

(ニ)わが民法の留置権は、動産のみならず、不動産の上にも成立する。しかし、不動産の上に成立する場合にも登記を対抗要件としない。不動産物権の一例外である（物権〔一〇〕三ロ参照）。債権者の占有中にある目的物と特殊の関係のある債権の担保を目的とし、かつ占有の喪失とともに消滅するものであるから、必ずしも不動産物権公示の理想を乱すものではないとみたのである（物権〔六一〕—〔六五〕参照）。

〔三三〕 **二**　留置権は、担保物権の一種として、つぎのような性質を有する。

（イ）他物権である（〔二〇〕参照）。

（ロ）債権に附従する。現実の債権のないところに留置権だけを認める必要は全くない（〔一八〕参照）。

（ハ）債権に随伴すると解する（〔一九〕参照）。けだし債権が譲渡されても、その目的物に関して生じたるものであるという性質（牽連関係）は失なわれないからである（通説といえるだろうが、反対説（三潴八七頁など）も有力である。なお注釈民法(8)（田中整爾）一七頁参照）。ただし、留置権は目的物の占有なしには存在しえないのだから、債権とともに目的物の占有も移転されなければならない。そして、譲渡人がこの占有移転によってその負担する物の返還債務を履行しえなくなったときは、それによって債務不履行の責任を負うべきは当然である。

（ニ）不可分性がある（二九六条）。すなわち、債権の全部の弁済を受けるまでは目的物の全部を留置することができる（〔二三〕参照）。

（ホ）他の担保物権のように競売権を含むかどうかは大いに争われる点である（後述〔五五〕）。しかし、留置権は目的物を留置することによって担保的作用を発揮する権利であって、目的物の交換価値から優先弁済を受けることを作用とするものではない。従って、競売権だけは認めるにしても、売得金から優先弁済を受ける権利を認めるべきではない。そして、民法が留置権について物上代位性を認めず（〔二四〕参照）、また破産法が民法上の留置権について別除権を認めない（破九三条、〔三〇〕参照）のは、いずれも、留置権の優先弁済権のない性質に適するものである。

第二節　留置権の成立

〔三四〕 **第一**　留置権の当然成立とその作用的な意義

留置権は法律上当然に生ずる(〔二三〕・〔二二〕)。ただし、当事者間の特約によって留置権の発生を止めることは妨げないと解すべきである。債権者が債務者を圧迫して予め留置権を放棄させて暴利行為の手段とするおそれなどはないからである。

次章に述べる先取特権は、実際に主張されることが少ないのであろう。判例に現われる事件は極めて稀である。これに反し、留置権は、しばしば判例に現われる。しかも、その主要な部分が借地借家の関係であることは、注目に値する。借地人・借家人から留置権が主張される主要な例は、第一には、借地人または借家人が賃借物に必要費または有益費を投じたことを理由とするものであるが、その債権の範囲としては、主として、賃貸借の終了した後に費した費用の償還請求権が問題となる(〔四四〕に説く)。また、留置する目的物と留置の内容に関しては、造作のために費した費用の償還請求権で家屋を留置することができるか(〔六三〕bに説く)、借家に加えた修繕費の償還請求権で家屋を留置するときに居住することは許されるか、敷地の改良費の償還請求権で土地の明渡を拒絶する場合に、建物をどのように保管すべきであるか(〔四七〕に説く)などが問題とされる。

第二には、賃貸借の目的物が第三者に譲渡された場合に、譲受人に対して賃借権を対抗しようとする趣旨——売買は賃貸借を破るという理論を修正したような結果を実現しようとする趣旨——を含むものである。そのうちにも、旧賃貸人に対する債務不履行を理由とする損害賠償請求権によって譲受人の明渡請求を拒もうとするもの、賃借権自体によって同一の目的を達しようとするもの(〔四〇〕に説く)などがある。これを肯定するときは、一定の要件の下に不動産賃借権に対抗力を認める現時の法制の下では、その要件を不要にする意味をもつであろう。留置権の成立要件や効力として、それぞれの関係の個所に述べる。

〔三五〕

第二　留置権の成立要件

留置権は、(i)「他人ノ物ノ占有者ガ」、(ii)「其物ニ関シテ生ジタル債権ヲ有スル」場合に成立するが、(iii)その占有が「不法行為ニ因リテ始マリタル場合」であってはならない。なお、(iv)その債権が弁済期にあるときでなければ、留置権は成立しない(二九五条)。

一　「其物ニ関シテ生ジタル債権」

留置権の成立についての最も重要な要件だが、その意味は必ずしも明瞭でない。旧民法は、「其物ノ譲渡ニ因リ、或ハ其物ノ保存ノ費用ニ因リ、或ハ其物ヨリ生ジタル損害賠償ニ因リテ其物ニ関シ又ハ其占有ニ索連シテ生ジタルトキ」といった(旧民債担九二条)。現行法はこれを網羅的にしようとして「其物ニ関シテ」だけにしたものである(民法修正案理由書二九五条の説明)。学説は、(i)債権が目的物自体から生じたものであること、または(ii)債権が物の返還請求権と同一の法律関係または同一の生活関係から生じたものであることを要すと説いている。右の旧民法の具体的な規定を抽象化しかつ多少の拡張を試みたものであって、適当なものと思われるが、具体的な場合の判断は、留置権という制度の存在理由たる公平の原則と、これを引渡拒絶を内容とする物権としたわが民法の態度とを標準として行なうべきである（判例コンメンタール（三藤）二九五条〔4〕（一一頁以下）に関係判例が詳細に引用されている）

(1) その物自体から生じた債権

物自体から生ずる債権という表現もいささか明瞭を欠くが、（i）その物に費した費用の償還請求権や、（ii）その物から受けた損害の賠償を請求する債権である（前記旧民法の規定参照）。比喩的にいえば、物自体が、占有者から受けた費用を償還し、他人に加えた損害を賠償する責任を負担しているので、それを弁済してもらわなければ占有者の許を離れることができない、という思想を含む。

〔三六〕 (イ) その物に加えた費用の償還請求権

（a）他人の物を占有する者が、その物に加えた必要費や有益費をいかなる場合に、いかなる範囲で、償還を請求しうるかは、それぞれの場合についての民法その他の法律で定まる。占有者と本権に基づいてその物の返還を請求する者との間の関係についての第一九六条は重要な一例であるが（物権〔五九九〕以下参照）、賃貸借に関する第六〇八条は、さらに一層適用が多い（債各（中一）〔六四二〕以下参照）。そして、かような占有者または賃借人の費用償還請求権について留置権を生ずることについては、学説・判例に異説はなく、実際の例もすこぶる多い。もっとも、費用償還請求権の有無またはその範囲に関連して留置権の存在が争われる事例もすこぶる多い。けだし、これらの規定の解釈については、種々の問題があり、ことに賃貸借にあっては、賃借料や権利金についての特別の約定などによって、改良費の負担についても第六〇八条を修正していると認めるべき場合も稀ではないからである。しかし、それは、それぞれの場合について検討されるべき問題であって、留置権の問題ではない。とにかく、留置権は、物の占有者がその物に加えた費用の償還を請求することができる場合に成立する。

（b）しかし、物を改良するために費用を加えた場合に、改良せられたのが物の一部分であるときに、その物に関してといえるかどうかは、留置権成立の要件の問題である。例えば、借家人が家屋の外装に新建材を張りつけて改良した場合に――その賃貸借契約においては一定金額の償還請求権があると仮定して――家屋の外装という物の一部に関する改良ではあるが、留置権の関係では、家屋に関して生じたものとみて、建物全体を留置することができると解して妨げないであろう。店舗の賃借人が模様替えをした場合も同様であろう。しからば、ショーウィンドーその他のいわゆる造作をつけた場合はどうであろうか。判例は――借家人が借家法（五条）によって造作買取請求権を行使して、造作代金の支払まで家屋を留置すると主張した事案についてではあるが――造作代金は造作に関して生じたものであって、建物に関して生じたものでないという（大判昭和六・一・一七民六頁（判民二事件我妻評釈、民法判例評釈Ⅲ所収）。なお大判昭和七・九・三〇民一八五九頁は同時履行の関係に立つことを否定する。同様の趣旨を含む（判民一四五事件我妻評釈、同上Ⅱ所収））。最高裁もこれを踏襲する（最高判昭和二九・一・一四民一六頁、最高判昭和三二・一・二四裁判集民二五号七一頁等）。おそらく、「造作」は買取請求権の目的とされ独立の存在を有するから、右に例示した建物の外部の新装や店舗の模様替えとは異なる、という理由であろう。しかし、造作買取請求権を認めたのは、造作の附加によって建物全体の価値が増すからであり、建物から分離するときはその造作の価値が激減するからである。公平の原則からいっても、建物に関して生じた債権として、建物の留置を認めるのが至当であると信ずる（右の判決の我妻評釈参照、ただし学説は多少分かれている（注釈民法(8)（田中整爾）二一六頁以下参照））。

〔三七〕（ロ）その物によって受ける損害の賠償請求権

例えば、物の受寄者は、寄託物の性質または瑕疵から生じた損害の賠償を、原則として、寄託者に対して請求することができる(六六一条)。その損害賠償請求権は、他人の物を占有する者が、その物に関して生じた債権を取得する例である。その他いかなる場合にかような債権を生ずるかは、それぞれの関係について定めるべきである。

〔三八〕 (2) 物の返還請求権と同一の法律関係または同一の生活関係から生じた債権

(イ) 他人の物を占有する者の債権とその物の返還を請求する権利とが同一の法律関係から生ずるとは、例えば、運送人の運送料金請求権と運送品受取人の運送品引渡請求権が運送契約から生じ、自動車修理会社の修理代金請求権と修理委託者の修理された自動車の引渡請求権が修理委託契約から生じ、物の占有者がその物を売却して買主に対して取得する代金請求権と所有権を取得した買主の目的物引渡請求権が売買契約から生ずるなどがその例である。これらの場合には、留置権を取得する債権は、その物を修繕して物質的に価値を増し、運送して場所的な関係による価値を増し、または、その物の有する価値を相手方に与えることによって生ずるものであるから、前段に述べたその物自体から生ずる債権と、思想として共通したものを含んでいる。ただ、かれにあっては、その物の価値を増すことまたはその物によって生ずる損害の賠償をすることを目的とする契約関係が存在しないために、物の価値を増すことまたは物によって損害を被ること自体がその費用償還請求権または損害賠償請求権の発生原因とされるのに反し、これにあっては、価値の増加を補償させることが、目的物の引渡を請求する相手方に対する債権として発生し、相手方の引渡請求権と併存して一個の契約関係を構成している。従って、物自体から生じた債権といわずに、同一の契約関係から生じた債権というのである。しかし、実質的にみるときは、物の引渡を請求する者は、その物に加えられた価値の増加に対して、補償を与えなければならない——価値を増加させた者は、その補償を得るまでは引渡を拒むことができる——という思想を含むのである。

なお、売買契約が履行された後に、何らかの理由で取消されまたは解除された場合はもとよりのこと、無効であることが判明した場合にも、売主が目的物の返還を請求するときは、買主は支払った代金の返還を受けるまでその物の引渡を拒絶することができる。すなわち、かような場合の代金返還請求権は、返還すべき物に関して生じた債権であることは疑いない。判例は、右のような場合における両当事者の返還請求権について、同時履行の抗弁権を認めようとしているのは極めて妥当な態度であるが(債各(上)〔一三〇〕参照)、右の関係について留置権が成立するのと対比されるべきである。

〔三九〕 **(ロ)** 他人の物を占有する者の債権とその物の返還を請求する権利とが同一の生活関係から生ずる例としては、二人の者が互に傘を取り違えて持ち帰った場合などが挙げられる。取り違えたことによって自分の受けた損害を、自分に返還を請求する相手方の占有するものの返還によって補償されるまでは、そのものの返還を拒絶することができる趣旨を含むというべきである。

なお、全然無効な売買ないしは売買契約が全く成立しなかったのに有効に成立したと誤信して目的物の交付と代金の支払が済まされた場合なども、法律的にみれば、同一の生活関係というべきかもしれないが、同一の契約関係とみるのがむしろ妥当であろう。いずれにしても、この区別は厳格にいう必要はあるまい。

〔四〇〕 **(ハ)** 問題となるのは、不動産の賃貸人が賃貸目的物を第三者に譲渡した場合である。前に一言したように、建物保護法、借家法、農地法などによって、賃借権が対抗力をもつ場合には、問題は生じない。そうでなく、対抗力のない場合が問題である。賃借人は賃貸人に対して履行不能による損害賠償請求権を取得することは明らかだが、この債権を賃借物に関して生じた債権として、譲受人に対し、その弁済あるまで引渡を拒絶することができるであろうか。さらに、賃貸人に対する賃借権そのものを、賃借物に関して生じた債権として、その弁済あるまで——すなわち賃貸借の終了するまで——譲受人の明渡請求を拒絶することができるであろうか。

判例は、以前から、損害賠償請求権についても(大判大正九・一〇・一六民一五三〇頁)、賃借権自体についても(大判大正一一・八・二一民四九八頁、判民七四事件我妻評釈(民法判例評釈I所収)参照)、否定する。最高裁も、前者について同様の判示をした(最高判昭和三四・九・三民一三五七頁、判民七四事件我妻評釈(法協七八巻三号、民法判例評釈I所収))。しかるに、学説には、反対が少なくない。賃貸人が目的物を譲渡する行為は、一方において、賃借人に対して債務不履行となり、他方において、譲受人に所有権、従ってこれに基づく返還請求権を与えるのだから、賃借人の損害賠償請求権と譲受人の返還請求権とは一個の法律関係から生じたものであり、密接な牽連を有する、という理由である(柚木評釈民商四二巻三五八頁等)。

だが、私は判例の理論を支持する。留置権の成立要件として前段までに述べた牽連関係とは、結局において、留置権を取得する者と相手方との間に、物の占有者がその物の価値を増しまたはその物から損害を被ったので、その物の返還を請求する者に対して利得の償還または損害の賠償を受けるまで引渡を拒絶して、間接に弁済を促がす関係が存在することである。同一の生活関係の例として挙げられる二人の者が互に傘を取り違えて持ち帰った場合にも、相手の傘を持ち帰ることによって自分の被った損害、すなわち自分の傘が相手方の占有に帰した損害が補償されるまでは相手の請求を拒絶するという関係が存在する。しかるに、賃借不動産の譲渡という右の例では、賃借人は、賃借物によって損害を被ったのではなく、賃貸人の背信行為によって損害を被ったのである。また、賃貸人は、第三者に譲渡した時に、目的物の返還を請求しうる関係には立っていない。だから、返還を拒絶することによって損害賠償債務の履行を間接に強制するという関係は生じない。要するに、賃貸人と賃借人との間に留置権を成立させるだけの関係は存在しない。留置権は第三者に対抗することができる。しかし、右の事例では、留置権そのものが成立しないのだから、第三者に対する効力は問題にならない。もっとも、賃借目的物の譲受人の許でいきなり留置権が成立する、というのが反対説の考えであろう。しかし、譲受人には損害賠償義務はないから、これに対して留置権を主張するとすれば、それは賃貸人に対して生じた留置権を第三者に対して主張するという関係でなければならない。

さらに他面からいえば、たとい賃貸人に対する履行不能による損害賠償の請求とはいえ、間接には不動産賃借権の第三者に対する対抗力の問題である。もっと大きな立場から解決されなければならない（我妻前掲評釈参照。なお判例コンメンタール（三藤）二九五条〔4〕ハ（二一五頁）参照）。

〔四一〕　(二)以上の同一の法律関係ないし生活関係は一個の関係であることを要するか、あるいは同種の関係で足りるか。例えば別個の契約によって三度委任を受けた場合にも、全部の報酬請求権のために、最後の委任による占有物を留置することができるか。一個の関係に限ると解すべきものと思う（反対三潴五六頁以下）。けだし、その物と直接の牽連関係のない債権のために留置権を認めることは、物の占有を中核として構成されているわが民法の留置権の性質に適さないものだからである。

〔四二〕 二 「他人ノ物ノ占有者ガ」債権を有すること（二九五条一項）

(1)他人の物というのは、留置権の生ずる債権の債務者の所有物であることを必要とするか。成立要件としていうのであるから、寄託者が第三者の所有物を寄託して受寄者がその物によって損害を被ったとき、他人の所有の自動車の修繕を委託された場合などに、寄託者が損害を賠償しないときまたは修繕委託者が修繕代金を支払わないときに、それらの請求権について留置権が生ずるかどうかの問題である（成立した後の問題と異なることにつき〔四九〕参照）。成立要件としてもなお債務者の所有物であることを必要としないと解すべきものと思う（同旨、柚木二一一頁）。ただし、反対説がある（梅三〇四頁、薬師寺・留置権論六〇頁以下、石田六五六頁等）。債務者の所有物でない場合に留置権を認めるのはかえって公平に反する、という理由である。スイス民法（八九五条一項・三項）の明文及びフランス民法の解釈（定義として常に債務者の所有物という（Planiol, t. 3 no. 33））はともにこの説と同一である。有力な説とは考えるが、わが民法がとくに物に関して生ずる債権であることを要件とし、商法（五二一条）のように債務者所有の物であることを必要とする旨を明言していないのは、物について生じた債権である以上、所有者が誰であるかを問わず、その物を留置することによってその債権を担保することが公平に適するとしたものと解するのが妥当であろう。

〔四三〕 (2)債権と物の占有との間の牽連の必要の有無も問題とされる。債権は、物の占有中または占有とともに生じたものであることを必要とするかどうかである。否定するのが通説であり、それが正しいと思う。従って、例えば、債権者が債務者の許で修繕し、後に何かの事情で占有するようになった場合にも留置権は成立する。

〔四四〕 (3)占有が「不法行為ニ因リテ始マリタル場合」でないこと(二九五条二項)

(イ)例えば、窃盗が盗品に必要費を加えても留置権を取得しない。公平の原則に立脚する制度として当然であろう。

(ロ)ただ、注意すべきは、判例がこれを拡張して、正当に始まった占有がその継続中に不法なもの(不法占拠)となった場合には、その後に生じた債権については留置権は成立しないとすることである。その結果、賃貸借が終了したにもかかわらず、正当な理由なしに立退かない者が、賃借物に必要費や有益費を加えても、その償還請求権については、留置権は成立しない(大判大正一〇・一二・二三民二一七五頁(判民一八九事件末弘評釈)、大判昭和一三・四・一六判決全集五輯九号九頁)。公平の理想に立脚する留置権の性質からいって、一応是認することができる(前掲末弘評釈をはじめ支持する説が多い)。しかし、継続的な契約関係に基づく占有が何時から不法占拠となるかは、各場合の事情に即して慎重に決すべきものであるのみならず、これを広く解して、いやしくも権原のないことを知って占有する者はすべて不法占拠者であるとするときは、第一九六条が悪意の占有者についても留置権の成立を認めることと矛盾するに至るであろう。賃借人にとくに不信行為がある場合にだけ適用するのが正当と思われる(旧版の説を修正する。なお、判例コンメンタール(三藤)二九五条〔7〕(四五頁以下)参照)。

ただし、さらに注意すべきことは、賃貸借の継続中に支出した費用の償還請求権に基づいて留置権を行使している間に支出した費用についての償還請求権については、留置権は成立する。けだし、留置権に基づいてなす占有は不法な占有ではなく、かつ、留置権者は留置物に加えた一定の費用については、その償還を請求することができるからである(二九九条)。判例もこれを認め、受寄者が寄託終了後に不払保管料に基づいて留置している場合には、その期間中の保管費用についても留置権が成立するという（大判昭和九・六・二七民一一八六頁）。

〔四五〕 **三** 債権が弁済期にあること（二九五条一項但書）

先取特権・質権・抵当権は、いずれも目的物の交換価値を把握してこれを弁済にあてることができる権利だから、被担保債権が弁済期にあることは、弁済にあてる権利を行使する要件に過ぎない。担保物権はもっと前から成立して目的物を支配している。これに反し、留置権は、目的物の引渡を請求する者に対してこれを拒絶することだけを内容とするものだから、被担保債権が弁済期にないときは、拒絶することができず、従って留置権そのものが存在しないことになるのである。その結果として、債務者に期限を許与することは留置権を成立させないことになる（一九六条二項但書（物権〔六〇三〕）・六〇八条二項但書（債各（中一）〔六四五〕）参照）。

第三節　留置権の効力

第一　留置権者の留置する権利

〔四六〕 **一** 留置する権利の内容と効力

(1) 留置の内容

(イ) 目的物が動産であるときは、「留置スル」という意味についてかくべつ問題はない。後に述べるように、留置権者はこれを善良な管理者の注意をもって占有すべきであって、債務者の承諾なしに、みずから使用したり、他人に賃貸したりすることができないが、その物の保存に必要な使用（乗用の馬を毎日乗ることは保存に必要な使用の例とされる）

だけはできる（二九八条参照）ということについても、疑問の余地はない。

〔四七〕（ロ）問題となるのは不動産である。例えば、借家人が、賃貸借の継続中に費した屋根の修理費（必要費）の償還請求権に基づいて、賃貸借関係終了後に借家を「留置」する場合に、従前のとおりに居住することは許されず、空家として管理人をおいて管理すべきなのであろうか。また、宅地の上に住宅を建設している借地人が敷地の地盛りをした費用（有益費）の償還請求権に基づいて、借地関係終了後に借地を「留置」するとは、いかなる内容であろうか。

（ⅰ）右の借家の事例について、判例は以前に借家人が居住することは許されないとして家主の留置権消滅の請求（二九八条三項）を認めた（大判昭和五・九・三〇新聞三一九五号一四頁）。しかし、後にこれを改め、居住することは保存に必要な使用だ（二九八条二項但書）という理由で、留置権の内容としてこれを認容した（大判昭和一〇・五・一三民八七六頁（判民五三事件我妻評釈、民法判例評釈Ⅰ所収）。この後同旨の判決は多数ある）。

（ⅱ）しかし、借地の事例については、地上の建物を第三者に賃貸することは、必要な使用の範囲を越えて許されないものとする（大判昭和一〇・一二・二四新聞三九三九号一七頁。もっとも、大判昭和一六・四・三〇法学一〇巻一〇九七頁は反対のようにもみえる）。家屋を第三者に賃貸するときは、それを立退かせることは事実上容易でなく、留置権によって担保される債務が弁済されても直ちに明渡すことができなくなるおそれがあることを理由とする。

私は、従来、右の判例の態度に不満をもった。借家の事例の結論はもちろん正しい。しかし、居住することが保存に必要な使用だとすることは、こじつけの感があり、その範囲が狭くなるおそれがある。借地の事例はその欠陥の現われだと考えたのである。そして、不動産の「留置」は、原則として、従前の占有状態（使用状態）を継続することであってさしつかえない、といい、これによって使用価値を収めることについては、不当利得としてこれを返還させれば公平を失することはないと解した（前掲評釈参照）。しかし、今は右の説に制限を加えて、留置権によって担保される債権が弁済その他の理由で消滅したときには遅滞なく引渡すことができる態勢を作りながら、従前の使用状態を継続することができる、と説こうと思う。しかるときは、明渡すべき土地の上の家屋を第三者に賃貸しておくことは、原則として許されないことになろうが、自分で居住することは、――家屋の移転ないしは取毀しに要する日時にもよるが――原則として許される。いいかえれば、建物を取り毀して更地として待機しなければならないものではない。

（iii）不動産ではないが、類似の事例として、木造帆船の留置に関する事例がある。木造帆船の売買契約が解除された後に、買主が解除前に支出した修繕費の償還請求権に基づいて留置権を行使する場合に、従前の通り運送業務に従事させて遠距離を航行させ運賃収益を得ることが留置権の内容となるかどうかの問題である。最高裁は、「航行の危険性等からみて、留置権者に許された留置物の保存に必要な限度を逸脱した不法のもの」と認めて、留置権消滅の請求を認容した（最高判昭和三〇・三・四民二二九頁）。考え方の根本には賛成してよいが、修繕費の額、その船の状態、さらにその距離（事案では和歌山から大阪・神戸・山口あたりまで）にもよるであろうが、いささか厳格に過ぎるように思われないでもない。港に繋留して管理人を入れておくより他に方法がないようになっては、留置権の趣旨に反することに留意すべきである。

〔四八〕 （ハ）留置の内容が留置権者の目的物の使用を含む場合にも、留置権者が無償で使用することは公平に反する。借家人が費した修繕費用の償還を受けるまで家屋の引渡を拒むことができるのは、占有を相手方に移さないで自分の許に留めておく、という外形的支配の面で是認されたことであって、自分の許でそれを使用価値を収めることまで是認されるのではない。従って、その使用価値の収益は、不当利得となり、これを返還すべきものと解することが公平に合する。判例もこれを認めている（大判昭和一三・四・一九民七五八頁（ただし後の〔五〇〕参照）、大判昭和一五・一一・一八新聞四五二八号九頁、大判昭和一五・五・一三評論二九巻民訴二三九頁など多数）。そして、留置権の主張を受けた家屋所有者は、その対価請求権をもって自分の負担する留置権の被担保債務と相殺することができることはいうまでもない。もっとも留置権の主張を受ける者が留置物の所有権を取得した第三者であるときには問題がある（〔五〇〕参照）。

〔四九〕　(2) 留置権はすべての人に対して行使することができる。目的物の譲受人はもとより、競落人に対しても、債務の弁済があるまで引渡を拒むことができる。ただし、国税または地方税の滞納処分の場合には、換価代金から留置権者に弁済する（国徴二一条、地税一四条の一五（〔四六二〕c参照））。

(イ) 留置権の成立要件として、他人の物の上に成立するかどうかについては、学説にも、立法例にも、異説があることは前に述べた（〔四二〕）。しかし、一度成立した後には、その物の譲受人に対しても留置権を主張しうることは、留置権が物権であることから当然である。自動車の修繕代金について留置権を取得した者は、自動車の譲受人から所有権に基づいて引渡を求められても、修繕代金の弁済あるまで引渡を拒むことができる。借家の修理費用で留置権を行使する者は、家屋の譲受人から所有権に基づいて引渡を求められたときにも――売買が賃貸借を破る場合なら賃借権を有することを理由として所有権に基づく引渡請求を拒むことはできないが――修理代金の償還を理由とする留置権によって引渡を拒むことはできる。

右の場合に、自動車の譲受人または家屋の譲受人は、それぞれ修繕代金債務や修理代金債務を負担するのではないから（債務の引受があればもちろん別）、留置権者はその弁済を請求することはできない。しかもなお、それらの債務の弁済があるまで引渡を拒絶することができる。ただし、譲受人は第三者の弁済をして引渡を求めることができることはいうまでもない。なお、譲受人が留置物に関して留置権者に対して取得する債権をもって譲渡人の債務と相殺しうるかどうかについては次段末尾に述べる。

〔五〇〕（ロ）留置権の目的物が不動産であるときは、抵当権者または一般債権者は、これを競売するのに何の支障もない。そして、競落人は、留置権によって担保される債務を弁済しなければ不動産の引渡を求めることができない。これによって留置権者は、結局、優先弁済を受けると同一の利益を得ることになる。

右に関連して問題となるのは、留置権者が目的不動産を留置する内容としてその不動産を利用するために、競落人がこれに対して不当利得返還請求権を取得するときに、この債権をもって留置権によって担保される債権と相殺することができるかどうかである。判例は、民訴第六四九条第三項は競落人に留置権によって担保される債権を弁済する債務を負担させたものと解し、これを任意競売に準用して、右の相殺を肯定した（大判昭和一三・四・一九民七五八頁（判民五〇事件山田評釈））。しかし、民訴の規定を右のように解することにも、これを競売法に準用することにも、疑問がある。けだし、民訴の規定は、留置権によって担保される債権額に関係なく債務を引き受けると解することは競落人に不利益であって、目的物の価額を限度とした物的責任を負うにすぎない（物上保証人と同様の地位）と解するのが正当である。また、競売法には、別に規定があって、「競買人ハ留置権者……ニ弁済スルニ非ザレバ競売ノ目的物ヲ受取ルコトヲ得ズ」と定めている（競二条三項）。これを無視して民訴の強制競売の規定を準用することは無理であろう。むしろ、留置権の対抗を受ける目的物の所有権を取得する者は、競落人に限らず、譲受人も、留置権によって担保される債権について、これを弁済する債務を負わない（留置権者は留置権によって担保される債権を請求して一般財産に執行することはできない）が、目的物の価額を限度とする物的責任を負うものと解し、この責任と留置権者に対する不当利得返還請求権とを相殺することができるという相殺理論を構成するのが正当な途であろうと思う（債総〔四六六〕cは抵当不動産の第三取得者についてこの理を述べる。山田前掲評釈は判民昭和八年度一九七事件山田評釈を引用してこの理論を強調する）。

〔五一〕　（ハ）留置権の目的物が動産である場合には、一般債権者の競売について疑問がある。第一に、留置権者は執行官に目的物の引渡を拒むことができ（民訴五六七条参照）、執行官がそれにも拘わらず競売をなすときは、いわゆる執行の方法に関する異議（民訴五四四条）のみならず、第三者の異議の訴（民訴五四九条）をも提起して、これを妨げることができる。従って、留置権者が目的物を執行官に任意に引渡したときにだけ競売をすることができることになろう。しかし、第二に、かような場合には、留置権はこれによって全然効力を失なうとみるべきか、執行官は常に留置権者の占有代理人となるとみるべきか、あるいは執行官がその目的物を引続き留置権者に占有させるときにだけ（民訴五六六条・五六七条参照）留置権は存続するとみるべきか。立法の際に委員の間で説が分かれ、民訴の規定で解決すべきことを予期して結論に達しなかったものであるが（法典調査会・民法議事速記録一二巻一二二頁参照）、今日まで立法による解決ははかられず、民訴学者の説も一致しないようである（なお新国税徴収法の態度につき〔四六二〕c参照）。

〔五二〕　(3) 効力の内容

（イ）留置権は、一種の拒絶権であるから、これを行使しない限り、効力を生じない。従って、裁判所もこれを考慮に入れない（最高判昭和二七・一一・二七民一〇六二頁）。

（ロ）原告の引渡請求に対して被告が留置権を主張しても、請求者の敗訴となるのではなく、引換に引渡すべき旨の判決をなすべきである。けだし、留置権の目的はこれで十分に達せられるからである（現時の通説であって、

判例も同旨（大判昭和二・六・二九新聞二七三〇号六頁、最高判昭和三三・三・一三民五二四頁、最高判昭和三三・六・六民一三八四頁等）。

〔五三〕 **二**　目的物を留置することに関連する権利義務

(1)留置物の果実を収取してこれによって優先弁済を受ける権利を有する（二九七条一項）。**(イ)**果実には、天然果実のみならず法定果実も含まれる。従って、賃借料を収受して優先弁済に充てることができる。ただし、目的物を賃貸するのは、従前のとおりに賃貸することが許される場合は別として（〔四七〕参照）、一般には、所有者の同意を必要とする。同意なしに賃貸すれば消滅を請求されるおそれがある（二九八条二項・三項）。興味があるのは、みずから使用する場合である。この場合には、使用の対価は不当利得として返還すべきこと前記のとおりであるが（〔四八〕）、この対価はこれを優先的に被担保債権に充当することができる（大判大正七・一〇・二九新聞一四九八号二一頁）。**(ロ)**弁済に充当するためには、金銭以外のものは換価すべきである。この換価は、留置権の効力として、競売法によることができるものと解する。**(ハ)**優先弁済は、まず利息に充当し、次いで元本に充当することを要する（二九七条二項）。**(ニ)**留置物の保存に必要な範囲内においてこれを使用することができる（二九八条二項但書）。不動産について問題があることは前述した（〔四七〕）。

〔五四〕 (2)必要費・有益費の償還請求権

留置権者は、留置物について加えた必要費と有益費とを所有者から償還させることができる。ただし、必要費は、支出した金額であるが（二九九条一項）、有益費については制限がある。その価格の増加が現存する場合に限り、所有者の選択に従い、その支出した金額または増加額に限る。しかもこの有益費の償還については、裁判所は、所有者の請求によって、相当の期限を許与することができる（二九九条二項）。そのときはこの有益費については留置権を行使することができない（〔四五〕参照）。

〔五五〕 **第二**　留置権は競売権を含むか

留置権者が競売権を有するかどうかは最も問題である。民法は、留置権に対して優先弁済権を認めない。そのことは第二九五条と第三〇三条・第三四二条・第三六九条の文句を対比しても明瞭である。しかるに競売法（三条・二二条）は、動産についても不動産についても、留置権者を競売権者の中に加えている。この間の関係をどのように解すべきであろうか。少数の説は、競売法による競売権はあくまでも実体法上認められた優先弁済権を行使する場合の権利であるとなし、従って、優先弁済権のない留置権者は競売権を有するわけはないという。その結果、競売法の規定はほとんど無用のものとなる（中島五九三頁、末弘一〇二頁、薬師寺前掲二五頁以下）。もっとも、かような理論に立っても、留置物の果実の競売（〔五三〕ロ参照）と、商法第七五三条・七五七条の場合とにはこれを認めることになろう。これに反して、大多数の学説は、競売法の文字を尊重して競売権を認め、ただ、留置権者は、優先弁済権のない結果として、他の債権者の配当加入があれば平等の割合で弁済を受けることができるだけだとする。いいかえれば、留置権者が競売をするときは、競売法第二条第三項の適用はなくなり、普通の配当手続によって弁済を受けることになると解する。

思うに、目的物の留置を本体とするわが民法の留置権について競売権を認めることはいささか過ぎたるものであるから、否定説にも充分の理由があるが、留置権者が長く修繕代金や運送賃の弁済を受けない場合にも単に留置しうるに過ぎないとすることの不便を考え（債権の消滅時効は進行する〔三〇〇条〕）、ことに、わが民法の沿革上競売権を認められた商法上の留置権の効力を民法上のものと統一したものであることを考えるときは、右の肯定する多数説を至当となすであろう。もっとも、立法論としては、商法上の留置権についてだけ競売権を認めるのが適当であろうか（破九三条、〔三二〇〕参照）。

〔五六〕

第三　留置権者の義務

留置権者は善良なる管理者の注意をもって目的物を占有することを要する（二九八条一項）。

（イ）所有者の承諾をえないで留置物を使用したり（保存に必要な使用は妨げない）、賃貸したり、またはこれを担保に供することはできない（二九八条二項）。法文には債務者の承諾といっているが、債務者以外の者の所有物の上に成立することもあり（〔四二〕参照）、ことに、譲受人や競落人に対抗することもあるのだから（〔四九〕参照）、所有者と解すべきである（最高判昭和四〇・七・一五民一二七五頁（第三取得者の消滅請求））。

（ロ）これらの規定に違反したときは、所有者は、留置権の消滅を請求することができる（二九八条三項）。この請求は形成権であって、所有者の留置権者に対する意思表示によって留置権消滅の効果を生ずるものと解すべきである（通説）。従って、留置権者に義務違反があっても、所有者が消滅を請求しないときは、留置権は存続し、その間に費した費用の償還請求権についてさらに留置権が成立する（最高判昭和三三・一一・一七民五五頁）。しかし、一度違反行為があれば、その行為の終了した後でも、また損害を生じたかどうかを問わず、消滅請求ができるとされる（最高判昭和三八・五・三一民五七〇頁）。理論としては正当であろうが、違反行為の有無は、留置権が公平の原則に基づく制度であることを念頭において判断されるべきである。なお留置権の内容として従前の占有状態の継続として使用することは原則として義務違反とならないことは前述した(四七)。

第四節 留置権の消滅

〔五七〕 一 留置権に特殊な消滅原因はつぎの如くである。

(イ)占有の喪失(三〇二条) 物の留置を本体とする権利だからである。ただし、賃貸または質入れをした場合には、直接占有を失なうが、間接占有(代理人による占有)をしているのだから、ここにいう占有の喪失ではない。従って、留置権は消滅しない。このことは、所有者の承諾なしに賃貸または質入れをしたときも同様である。すなわち、この場合にも、賃貸または質入れだけでは留置権は消滅せず、所有者が消滅の意思表示をしてはじめて消滅する(二九八条三項)。だから第三〇二条但書が「第二九八条第二項ノ規定ニ依リ賃貸又ハ質入ヲ為シタル場合ハ此限に在ラズ」といっているのは、承諾をえてした場合に限るような誤解を招くおそれがあって、正当ではない。

(ロ)相当の担保を供すること(三〇一条) (a)留置権によって担保される債権の額は、目的物の価格に比較して僅少な場合が多い。かような場合には債権額相当の担保を供して留置権を消滅させることができるものとすることが公平に適する。(b)法文には債務者とあるが、債務者と所有者と異なるときは、所有者にもこの権利があるものと解してよいであろう。(c)担保の種類は問わないが、留置権者が承諾しなければ、保証にせよ担保物権にせよ、担保は成立しないから、留置権者が承諾しないときは、適当な担保を提供して消滅の意思表示をすることになろう。

(ハ)留置権者の義務違反　所有者の消滅の請求によって消滅することは前に述べた(二九八条・〔二五六〕)。

(ニ)破産　民法の留置権は破産財団に対してはその効力を失なう(破九三条)。

〔五八〕 二　留置権は担保物権の一種であるから、被担保債権の消滅によって消滅することはいうまでもないが、これに関連して注意すべきことは、「留置権ノ行使ハ債権ノ消滅時効ノ進行ヲ妨ゲズ」(三〇〇条)とされることである。ここにいう留置権の行使とは、目的物を留置することであるが、債権者が物を留置していることが、被担保債権の弁済がないために引渡を拒絶しているのだとみることができるとしても、それによって被担保債権そのものを行使しているとはいえない。だから、債権の不行使という状態は存在する(総則〔四八七〕参照)。従って、留置権者が目的物を留置していても、被担保債権の消滅時効は進行する。

第三〇〇条の趣旨が右のようなものだとすると、債務者または所有者の引渡請求の訴訟において留置権者が留置権の存在を主張して引渡を拒否したような場合は、別異に解さねばならない。けだし、かような場合には、留置権の基礎となる被担保債権の存在が裁判上で主張されるのであるから、裁判所はその存否を確かめて、もし存在すれば引換給付の判決をしなければならないことになる(〔五一二〕参照)。従って、留置権者が単に目的物を留置している場合とは異なる。最高裁は、これを訴訟上で抗弁として債権の存在が主張された場合の一例とみて、訴訟の繋属中は中断の効力を有し、訴訟の終結後六ヵ月内に訴の提起その他の強力な手段をとることによってこの中断の効力を維持することができるとした(最高判(大法廷)昭和三八・一〇・三〇民一二五二頁)。極めて正当である(総則〔四五五〕b・〔四六三〕・〔四六四〕参照)。

第三章　先取特権

第一節　総　説

第一　先取特権の意義とその社会的作用

〔五九〕 一　先取特権は、法律に定める特殊の債権を有する者が、先取特権の種類により、債務者の総財産、特定の動産または特定の不動産につき、他の債権者に優先してその債権の弁済を受けうる担保物権である。

例えば、一人の債権者が債務者の詐害行為を取消しその取戻したものを他の債権者に分ける場合には(四二四条・四二五条(債総〔二八二〕b・〔二九三〕参照))、たとい債権者全部を満足させることができずこれを按分比例で分配するときでも、その取消権の行使に要した費用は、その全額を、取戻したものからまず弁済を受けることができる(共益費用の一般先取特権)。また、雇人の主人の家が破産した場合には、すべての債権者が僅少の割合の配当しか受けえないときでも、雇人は主人の財産の中からその給料をまず弁済して貰うことができる(雇人給料の一般先取特権)。また、家主が延滞家賃債権を有するときは、借家人がその借家に備附けた家具調度を競売した代金から他の債権者に優先して弁済を受けることができる(不動産賃貸の動産先取特権)。さらにまた、家屋の建築工事をした請負人がその請負代金債権の支払を受けえないときは、その家屋を競売した代金から、他の債権者に優先して弁済を受けることができる（不動産工事の不動産先取特権）。

そして、右のいずれの場合にも、他の債権者が執行をなし、または債務者が破産したときに優先弁済を受けることができるだけでなく、自分の先取特権に基づいてみずからその目的物を競売し、他の債権者が配当加入を申出でてもこれをしりぞけて、優先弁済を受けることができる。先取特権は、後に述べるように、債務者の所有から離れた物の上には効力を及ぼしえないのを原則とし（不動産につき登記あるときは別）、しかも債務者がこれを譲渡する場合に先取特権者はこれを阻止する権利をもたない。従って、この点では、その担保物権としての効力は薄弱である。しかし、みずから競売法によって競売をなし、優先弁済の実を挙げうる点において、担保物権として基本的な効力を有するものといわねばならない。

〔六〇〕 **二** 民法がかような制度を設けた理由は何であろうか。

一言にしていえば、特殊の債権は、他の債権者と平等の立場で――従って債務者の財産が不足なときには債権額に応じて按分比例で――弁済させるべきものではなく、とくに優先して弁済させるべき客観的な理由があるとすることである。しかし、その客観的な理由は必ずしも同一ではない。右に挙げた例のうち、共益費用の先取特権は、疑いもなく、公平を旨としている。そして、不動産工事の先取特権も、その工事費によってその不動産の価値が生じたのだから、同じく公平の原則に立脚する。これに反し、雇人給料の先取特権は、没落しようとする主人の家のために給料も貰わずに働いた者の少額な賃料債権が、主人のおそらく何億かに上る借財のために顧みられなくなることを防ごうとする賃金保護の社会的考慮を主眼とする。さらにまた、不動産賃貸の先取特権は、家主と借家人とが暗黙の間に、借家人の持ち込む家具調度に信頼もし、信頼もさせた間柄であることを考え、これに担保的効力を認めた、いわば、当事者の意思の推測に立脚するものである。もっとも、右に公平の原則といい、社会的考慮といい、はたまた当事者の意思の推測というのも、制度の中心的存在理由についていっているに過ぎない。一つの制度が他の理由をもあわせて有することも少なくない。例えば、不動産賃貸の先取特権では、債務者が家屋を使用することができたればこそ家具調度も利用しえたのだという、公平の原則も含まれているであろう。また、これによって賃貸人を保護して間接に住宅の供給を増そうとする住宅政策的な配慮もないとはいえない。しかし、結局、この公平の原則と、社会的考慮と、意思の推測と、特殊な産業保護と、そしてこれ等のものの種々な組合せとが、先取特権制度の存在理由である。右に挙げたのは民法の定める十五種に及ぶ先取特権中の四種に過ぎないが、この理はその他のものにも適応する。

〔六一〕　**三**　先取特権の右のような存在理由は、今日の法制の下でいかに批判されるべきであろうか。

先取特権の存在が他の債権者にとって苦痛であることはいうまでもない。ことに、先取特権は、留置権と異なり、それによって担保される債権と担保物とは必ずしも緊密な場所的関係を持たない。従って、他の債権者は、意外なところから先取特権者が出現することによって、不測の損失を被ることもないではない。そして、このことは、近代物的担保制度の極度に嫌悪するところである（〔七〕・〔三二一〕参照）。果せるかな、近代法は、先取特権制度の採用に甚しく慎重である。すなわち、

（a）ローマ法においては、わが民法の先取特権とほぼ同型の各種の優先弁済権が認められていたが、その後次第に整序された。

(b)ドイツ民法は、債務者の総財産の上の優先弁済権のみならず不動産の上の優先弁済権をも廃止し、ただ特定の動産の上の優先弁済権を散在的に認めたに過ぎない。しかもこれを法定質権(gesetzliches Pfandrecht)となし、債権と目的物との場所的関係を考慮して公示の原則をできるだけ守ろうとしている。すなわち、使用賃借人・動産請負人などの法定質権は自分の占有する物の上にのみ成立する(ド民五九〇条・六四七条)。賃貸人・使用賃貸人・旅店主人などのそれは、債務者によって間接占有をなす物の上にのみ成立する(ド民五五九条・五八五条・七〇四条)。僅かに海運に関する特別法上のそれが全然占有のない物の上に成立することを認められるに過ぎない。

(c)これに反し、スイス民法はドイツ民法の法定質権に該当するものを留置権(Retentionsrecht)として認める(ス債二七二条・四五一条・四九一条等)他に、不動産の上にも法定抵当権ともいうべきもの(gesetzliches Grundpfandrecht)を独立の一制度として認めている(ス民八三六条―八四一条)。しかし、この権利も、租税その他の公法的債権について登記なしに成立してすべての債権に優先する(ス民八三六条参照)例外を除いては、登記によって成立し、その順位ももっぱら登記によるから、他の債権者を害するおそれはない。不動産の売主、共同相続人、家産共有者、建築手工業者及び請負人などについて認められているのがその例である。

(d)ドイツ、スイスの両民法に対してローマ法の伝統に忠実なのは、ここでもフランス民法である。同法は抵当権の一形態として先取特権(privilèges)を認め、債務者の総財産の上のものと、特定の動産の上のものと、特定の不動産の上のものとの三種に分けて詳細な規定をする(フ民二〇九五条以下)。しかも、公示の原則を無視してまで先取特権の効力を強大にする態度をとっている。

（e）しかして、わが民法は、旧民法以来フランス民法のこの態度に倣い、ただ不動産について公示の原則をやや尊重しているものである。従って、わが民法の先取特権のうち、一般先取特権はフランス民法に存してドイツ、スイス両民法にない制度であり、動産の先取特権は、その二、三のものはドイツ、スイス両民法に類似の制度があるが、主としてフランス民法に近いものであり、そして、不動産の先取特権は、フランス民法に倣う他、スイス民法に類似の制度をみるものである。近代法における物的担保制度進展の過程からみてやや遅れた態度であることは否定しえないであろう。

〔六三〕 **四**　しかしながら、さらに近時の立法の傾向をみれば、先取特権は、必ずしも衰滅の道をたどらないことを発見する。

(1)まず直接に民法・商法に関係するものを見る。

（イ）民法に関しては、制定後まもなく、特殊の植林地の賃貸借について、地代債権のために立木の上に先取特権を認める特別法（明治四三年法五六号「立木ノ先取特権ニ関スル法律」）が制定された。その後になっても、借地法は、地主の地代債権のために、その土地の上の建物について、強力な先取特権を認め（借地一三条・一四条）、罹災都市借地借家臨時処理法（昭和二一年法一三号）は、罹災建物の敷地または換地を強制的に賃貸させられた地主の地代債権及びその借地権を強制的に譲渡させられた従前の借地権者の譲渡の対価のために、借地権者がその土地に所有する建物の上に先取特権を認めた（同法八条）。接収不動産に関する借地借家臨時処理法にも同様の趣旨のものがある（同法七条・一二条）。また、農業動産信用法は、一定の農業経営貸付資金のために、その資金と関連のある農業用具または生産物の上に先取特権を生ぜしめた（同法四条一一条）。さらに近時に至って、自動車損害賠償保障法（昭和三〇年法九七号）は、自家保障者に対する損害賠償請求権のために、自家保障者の総財産の上に先取特権を認め（同法六〇条）、建物の区分所有等に関する法律（昭和三八年法六九号）は、建物の区分所有者が共用部分または建物の敷地について他の区分所有者に対して取得する債権のために、債務者の区分所有権及び建物に備えつけた動産の上に先取特権を認めている（同法六条）。

（ロ）商法に関しては、いわゆる船舶債権者や海難救助者のために、船舶や属具の上に先取特権を認め（商八一〇条・八四二条―八四七条）、会社または有限会社とその使用人との間の雇傭契約関係に基づく債権について、会社または有限会社の総財産の上に先取特権を認めている（商二九五条（昭和一三年の改正で追加）、有限会社法四六条二項）。

〔六三〕 (2)ついで、直接に民商法に関係する分野を離れ、かつ、先取特権と明言しなくとも優先弁済権を認めるものを求めれば、その種類はすこぶる多い。主要なものを摘記しよう（注釈民法(8)（甲斐）一六六頁以下に詳細な表がある）。

（a）貯蓄銀行法は、預金者は銀行が強制的に積立てさせられる一定の財産の上に優先弁済権を有するものとなし（同法一〇条）、保険業法は、生命保険契約者や保険金請求者のために、同様の積立金及び会社の総財産の上に優先弁済権を認める（同法三二条二項・三三条）。なお、企業者に一定の金額の供託を義務づけ、その者に対する一定の債権者にその供託金の上の優先弁済権を認めるものには、石炭鉱業経営による被害者の損害賠償請求権（鉱業法一一八条）、証券取引所の会員に証券取引を委託した者の会員に対する証券取引による債権（証券取引法九七条四項）、信託業法の認める受益者の信託業者に対する債権（信託業法八条）などがある。

（b）また、会社の総財産の上に優先弁済権を認めるものには、前段に述べた自動車損害賠償保障法の認める自家保障者に対する債権、右に述べた生命保険金請求権などの他に、特殊の会社・公団・公庫・事業団などについて、その発行する債券のために、発行法人の全財産の上に優先権を認める例は戦後に至ってとくに顕著となった。このことについては、後に企業担保との関連において再説する（〔八三六〕以下）。

（c）のみならず、健康保険、国民健康保険、労働者災害補償保険、厚生年金保険、失業保険などの政府の管掌する社会保険の保険料は、国税滞納処分の例により、優先権を与えられている（健保一一条ノ三、国健保八〇条三項、労災三三条、厚保八八条、失保三七条）。

（d）もしそれ、国税、地方税などの税金に至っては、租税債権優先の原則と称せられ、すべての私債権に優先する（国税徴収法八条—二六条、地方税法一四条—一四条ノ二〇）。そして、地方団体の徴収金（地方自治法二三一条ノ三）、土地改良区の賦課金（土地改良法三九条六項）、水害予防組合の組合費（水害予防組合法五六条）など、公共的性質を有する多くの債権は、これに準ずるものとされる。

〔六四〕 (3)以上の特殊の先取特権ないしは優先弁済権のうち、直接に民法に関するものは、後にやや詳細に述べるが、ここにその全体について存在理由を概観してみよう。しかるときは、これらの権利の認められる立法上の理由は決してただ一つなわけではない。立木先取特権においては、地主を保護してこの特殊の形態における植林事業の発展を企図することが主眼であろう。しかるに、借地法上の地主の先取特権は、同じく地主保護であっても、借地法によって借地権の強化をはかった代償たる意義が多分に含まれているとみなければならない。また、罹災都市借地借家臨時処理法の先取特権は、一方で罹災居住者を保護する代償とし、他方で地主及び従前の借地人を保護し、もっぱら両者間の公平をはかる趣旨である。しかして農業経営貸付資金の先取特権は、疑いもなく、農業金融促進の試みであり、自動車損害賠償保障法の先取特権は、自動車事故の被害者の補償を確保しようとする趣旨である。また、建物の区分所有等に関する法律は、一棟の建物を区分して所有する多数の者の間の協力を促進し公平をはかることを目的とする。さらに、商法の認める会社使用人の先取特権は、被傭者の生活資金を確保しようとするものであり、船舶債権者の先取特権は、主として公平をはかろうとするものであろう。また、貯蓄銀行預金者や生命保険金請求者の優先弁済権は、自分でその地位を守ることのできない弱小債権者保護の立場に立っている。証券取引委託者の優先弁済権にも、同様の趣旨が含まれているのであろう。しかし、さらにこれらの諸立法理由を概括していえば、国家が特殊の経済関係における債権債務に積極的干渉を試み、その間の関係に特殊の規律をしようとする意図の現われだということができるであろう。

債権者平等の原則を確保して、優先的地位は当事者の特約による約定担保制度の利用にまかせようとする近代法の態度は、債権債務の間における自由主義の表現である。しかして、先取特権制度は、実に国家的干渉によるこの主義の修正である。しからば、金融関係における国家的干渉の進展が先取特権制度の増大を導くことになっても、あえて不思議とするにたらないであろう。法定の優先弁済権を極度に嫌悪したドイツが、一九〇九年には、建設債権担保法(Gesetz über die Sicherung der Bauforderungen)によって、建築手工業者及び建築材料供給者のために建設抵当権(Bauhypothek, Baugeldhypothek)(登記して抵当権となること前述のスイス民法の法定抵当権に同じ。ただ一種の仮登記によって効力を建築着手前に遡らせうる。〔七六〕参照)を認めるに至ったこともこの間の事情を説明する。また、フランスが特別の立法と判例とによって先取特権制度の拡張をはかる(ただし一九五五年の法律で法定抵当権としたものもある。Planiol, t.3 no. 858 et suiv.)ことも、観点を変えてこれをみれば、必ずしも時代の進展に逆行するともいえないものがある。

〔六五〕 (4)しかし、このように先取特権は必ずしも時代遅れの制度とはいえないとしても、先取特権ないし優先弁済権制度の増大が一般債権者を害し物的担保権の保有者にも損害を与えるおそれがあるという事実は、あくまでも事実であって、軽々に無視することは許されない。そして、一般債権者を保護し、物的担保制度を確保することも現代法の重大な任務であることを忘れてはならない。要するに、先取特権制度は、この現代法の矛盾の中に立ってその使命を達成することに務めなければならない。けだし、この矛盾は、一面、金融の自由と安全とを企図しつつ、他面、弱小債権者保護を企図すべき現代法の根本的悩みの一表現に過ぎないものだからである（〔六九〕―〔八八〕参照）。

しからば、その目的のためにいかなる手段があるのであろうか。もとよりここに述べうる限りではない。ただ一言注意したいことは、債務者の総財産の上に先取特権ないし優先権を認めることは、立法としてすこぶる容易であるが、弊害が多い割合に効果が少ないことである。効果が少ない、というのは、債務者の総財産そのものが貧弱なときは、優先権も無に帰するからである。債務者に一定の財産を供託させまたは少なくとも区別して保管する義務を負わせてその履行を監視し、その供託金や特別財産の上に優先権を認めるのでなければ充分な効果を期し難いであろう（〔六三〕に掲げた諸制度について検討せよ）。のみならず、債務者の総財産の上に優先権を認めることは、その債務者に融資をしまたは生産に必要な物を供給した他の債権者を害し、破綻に近づいた会社の再建を困難にする弊害のあることも否定しえない。会社更生法の修正案が法制審議会で検討されたときに、従業員の退職金やいわゆる社内預金、さらに、下請負をしている中小企業者の請負代金債権などをどの程度に優先的にとり扱うべきかが論議の一焦点となった。これらの債権を優遇すべしとする社会政策的理由は、すべての人の認めるところであるが、その程度が過ぎると、他の債権者の協力を困難にして会社の更生を不可能にする。右に述べた事情を示す一例であろう（結局両方の主張の妥協で一部改正が行なわれたが（昭和四二年法八八号）、詳述を避ける〔一七八〕参照）。さらに、過去の事例をかえりみると、かつて工場労働者の積立金などについて会社財産の上に優先権を認める制度がしばしば論議されたが、その結果として、退職積立金及退職手当法（昭和一一年法四二号）が制定された。この法律は、事業主をして、各労働者の名義でその者の賃金の百分の二を積立てる「退職積立金」と、当該事業の全労働賃金の総額の百分の二以上を事業主の名義で積立てる「退職手当積立金」の積立を義務づけ、この両積立金は差押えることのできないものとした。しかし、同時に、一定の要件の下に、国債を供託して積立金の運用を認め、その場合には、労働者はこの国債の上に優先弁済権をもつものとした。他の債権者の利益との調整に相当周到な注意が払われた。しかも、この法律の機能は、やがて、政府の管掌する厚生年金保険制度によって代わられることになった（旧厚生年金保険法の昭和一九年の改正による）。制度の進展について考えさせられるものがある。

第二　先取特権の法律的性質

〔六六〕 **一**　先取特権は、特殊の債権を有する者が、その債務者の財産から優先的弁済を受けることを本体とする権利である。一般先取特権においては、客体に対する支配力が少なく、特殊の債権そのものの効力であるような観が強いが、動産の先取特権においても、客体を占有すべき権利はなく、その支配力は弱い。ただ不動産の先取特権は、登記をしてすべての第三者に対抗することができるから、独立の物権としての色彩が鮮かである。つぎにその法律的性質を列記する。

（イ）先取特権は法律上当然に生ずる。当事者は予めその成立を排斥することができるか。当事者の意思の推測を立法理由とするもの（賃貸人の先取特権など）においては許されるべきことは疑いないが、その他のものについてはやや疑問である。しかし、とくに弱小な債権者の保護を理由とするもの（民法上のものでは、雇人給料のそれと農工業労役者の賃金のそれ）の他はこれを許すと解すべきであろうか。けだし、公平の原則に基づくもの（共益費用のそれと保存費用のそれなど）も、公益の理由に基づくもの（葬式費用のそれと日用品供給のそれなど）も、当事者の意思を排斥するほど強い理由を有するものとは思われないからである。ちなみに、スイス民法はわが不動産工事の先取特権に該当するものについて予め排斥することを許さない旨を明言する（同法八三七条二項）。しかし、わが民法について同様に解すべき理由はないと思う（〔七六〕・〔七七〕参照）。

(ロ)目的物を競売し、その代金から優先的弁済を受けることができる（三〇三条、競三二条）。この意味において目的物を直接に支配する力を有する。民法が一般先取特権をも物権としたことは、ただこのことを理由として首肯することができる。いいかえれば、一般先取特権に競売権がなければ、破産その他の配当において優先的取扱いを受ける債権たるに過ぎないことになろう。

(ハ)動産及び不動産の上の先取特権においては目的物が一定の物に特定するが、一般先取特権においては、債務者の総財産を目的とするから（三〇六条）、目的物の特定性がないだけでなく、物に限ることもなく、すべての有形無形の財産を目的とする。

(ニ)債務者以外の者の所有物の上には成立しない。もっとも第三一九条は第三者の物の上に成立する場合があることを規定しているが、一種の公信の原則を適用したものである（〔一〇〇〕参照）。

(ホ)目的物たる動産が第三取得者に引渡されたときは、もはや先取特権の効力は及ばなくなり（三三三条）、しかも、先取特権者はこの譲渡・引渡を阻止する権利をもたないから、先取特権の目的動産に対する追及的効力は絶無である。ドイツ民法の法定質権には多少の追及力がある（下民五六〇条・五六一条）。ただし、先取特権が不動産の上に成立し、かつこれについて登記があるときは、その不動産が何人の所有に帰しても先取特権は消滅しないから、法定抵当権の性質を帯びて効力は強大となる。

（ヘ）同一の物の上に成立した数個の先取特権の相互の間の順位及び先取特権と他の物権との間の効力の優劣は法律によって一定しており、その権利の成立または登記の順序によらない（後述〔一一五〕―〔一二三〕）から、排他性及び優先的効力がない（物権〔一八〕―〔二〇〕参照）。

〔六七〕 **二** 先取特権は担保物権の一種としてつぎのような性質を有する。

（イ）他物権である（〔一〇〕参照）。

（ロ）債権に附従する。特殊の債権の保護であるから、現実の債権のないところに先取特権だけを認める必要は全くない（〔一八〕参照）。

（ハ）債権に随伴する（〔一九〕参照）。けだし、特殊の債権の保護を目的とする制度であるから、たといその債権が譲渡されても、その債権は先取特権をもって保護されるべき性質を失なうものではないからである。

（ニ）不可分性がある（三〇五条・二九六条）。すなわち、債権の全部の弁済を受けるまでは目的物の全部について競売することができ、また目的物の価格の全部から優先弁済を受けることができる。被担保債権が半分消滅すれば目的物に対する支配力が半分に減ずるというものではない（〔二三〕参照）。

〔六八〕 **（ホ）**物上代位性がある（三〇四条）。先取特権は目的物の交換価値を対象とする権利として、質権・抵当権と同じく、物上代位性がある（〔二四〕参照）。しかし、三種の先取特権の効力には右に述べたような差異があるので、物上代位の有する作用も三種の先取特権にとって同一ではない。

(a)一般の先取特権は、特定の目的物はなく、債務者の総財産の上に成立するのであるから、物上代位の観念をいれる余地がない。もちろん、債務者の財産の中のある物が滅失して保険金となるときは、一般先取特権はこの保険金の上にも効力を及ぼす。けれども、それは保険金請求権が総財産の一部を構成するからである。従ってまた、他の先取特権の場合のように払渡される前に差押える必要はなく、払渡された金銭の上にも効力を及ぼす。第三〇四条は動産・不動産両先取特権だけに適用されるものである。

(b)目的物に代るもののうち、

(i)売却による代金は動産・不動産両先取特権に適用される。しかし、不動産先取特権は目的物が売却されてもなお消滅しないから、先取特権者は代金から優先弁済を受けずに目的物に追及することもできるのに反し、動産の先取特権はこの追及権をもたないから(三三三条)、もっぱら代金によって弁済を受ける他はない。物上代位に売買代金を加えるのはこの場合に最も意義がある。

(ii)賃貸による賃借料は、理論上は動産・不動産両先取特権に適用されるが、動産先取特権については実際上行なわれることが困難であろう。目的物の上の物権の対価(例えば地上権の地代)は不動産先取特権に限ることはいうまでもない。

(iii)滅失または毀損による保険金・損害賠償請求権などは、動産・不動産両先取特権に適用がある。そして公法的な収用・使用・買収などは、滅失・毀損に含まれる(収用一〇四条、農地五二条三項、森林三七条等参照)。なお、請負人に建築材料を供給した者が、その代金について目的物の上に有する先取特権(三二二条)によって、請負人の報酬請求権の上に物上代位権を行使することができるかどうか争われたことがある。判例は、請負代金は材料のみで生じたものではないという理由でこれを否定し（大判大正二・七・五民六〇九頁）、学説は分かれている。しかし、請負代金には実質的に材料代金が含まれているのだから、肯定することが公平を旨とするこの制度の趣旨に適するであろう。

（c）物上代位は、以上の原因によって生ずる請求権の上に効力を及ぼすのであって、現実の金銭の上に効力を及ぼすのではない。けだし、債務者に支払われた金銭の上に効力が及ぶとなすときは、債務者の一般財産の上に優先権を認めることになり、制度の趣旨に反し、他の債権者を害するからである。従って、物上代位権が行使されるためには、請求権が支払によって消滅することなく、特定的存在を持続しなければならない。これ目的物に代るものが支払われる前に請求権として差押えられることを必要とする理由である。この立法の理由からみるときは、差押自体が必要なのであって、とくに先取特権者自身が差押えることを必要とするものではない。しかるに、判例は、先取特権者がみずから差押えることを必要とすると解し、これに従う学者も多い。実際上抵当権について争われることであるから、そこに詳論する（四二二以下）。

第二節　先取特権の種類

第一款　序　説

第一　民法の認める先取特権の概観

〔六九〕一　民法の先取特権の規定は極めて複雑であって、しかも、その規定の文字はフランス民法と旧民法とに倣う結果、論理的鮮明を欠くものも少なくない。ここに、これを概観し、その要点を指示しよう。

まず、民法の認めるものは、二種に大別される。一は、債務者の総財産を目的とするもの（一般の先取特権）で、他は特定の財産を目的とするもの（特別の先取特権）である。後者はさらに、特定の動産を目的とするもの（動産の先取特権）と特定の不動産を目的とするもの（不動産の先取特権）とに分けられる。

第一種（一般の先取特権）に属するものは、共益費用・雇人給料・葬式費用・日用品供給に関する四種。いずれもその債権自体に特殊性をもつ。

第二種（動産の先取特権）に属するものは、不動産賃貸・旅店宿泊・旅客または荷物の運輸・公吏の職務上の過失・動産の保存・動産の売買・種苗または肥料の供給・農工業の労役に関する八種。いずれも目的動産と特別の関係にある債権について認めている。

第三種（不動産の先取特権）に属するものは、不動産の保存・不動産の工事・不動産の売買に関する三種。目的不動産と特別の関係にある債権について認めるものであること第二種と同様である。

〔七〇〕二　以上十五種の先取特権を、公示の原則を中心としてその要点を観察すればつぎのようである。

(1)一般先取特権は、その客体となる債務者の総財産の中の動産について一般債権者に優先するだけでなく、不動産についても、登記なしに一般債権者に優先することに主要な意義がある（三二九条二項・三三六条参照）。

〔七一〕(2)動産の先取特権においては、先取特権者が目的物を自分で、または、占有代理人によって、占有する場合もある。不動産賃貸・旅店宿泊・運輸の各先取特権は原則としてそうである。しかしそうでない場合もある。売買・種苗または肥料供給の先取特権はその例である。従って、これらのものが悉く一般債権者に優先することに主要な意義がある。第三取得者は、引渡を受けることによって先取特権を排斥するから（三三三条参照）、損失を被るおそれはほとんどない。しかし、不動産賃貸・旅店宿泊及び運輸の三種の先取特権においては、即時取得の原則を準用して、第三者の所有物の上にも先取特権を成立させるから（三一九条参照）、その結果は相当に重大であろう。

〔七二〕 (3)不動産の先取特権は、登記を要件とする点において、公示の原則に忠実なようにみえる（三三七条・三三八条・三四〇条参照）。しかし、不動産保存及び不動産工事の先取特権は既存の抵当権に優先するから（三三九条参照）、実質においては、公示の原則の重大な例外をなす。

〔七三〕 **三** 十五種の先取特権の実際における作用はどうであろうか。

(1)民法は、一般先取特権として共益費用の先取特権、特別先取特権として動産及び不動産それぞれの保存の先取特権を規定している（三〇六条一号・三一一条五号・三二五条一号）。立法者は、これらのものの中には強制執行・競売または破産手続に関する費用のようなものを包含させる趣旨であったと推測される（梅三三二頁・三六八頁・三七七頁・四一五頁参照）。今日においても、執行官はその取得すべき手数料を共益費用と呼ぶ慣行があるようである。しかし、この点にはそれぞれ特別の規定があるから（競一五条・三三条二項・四六条二項、民訴五五四条・五六四条・五七八条、破四七条一号・三号・四号等）、とくに民法に関して論議する必要はない。ただ、これに含まれない共益費用、例えば債権者代位権及び債権者取消権行使の費用、清算法人の清算人の報酬など、及び事実上の保存行為に要した費用などについては、民法の先取特権が作用することになる。もっとも、これらについて実際上どれほどの実益があるものか、判明しない。

〔七四〕 (2)一般先取特権の中の雇人給料と日用品供給の両先取特権はしばしば問題となる。これらの先取特権者がみずから競売をする事例はまれであるが、一般債権者が執行する際に、これを知って優先的配当を要求する事例は、日常頻繁に生ずる。そして、このことは、配当要求をするために債務名義を必要としないわが法制の建前と結合して、執行をなす一般債権者にとって相当の苦痛となる。これらの先取特権、ことに雇人給料の先取特権の存在意義は充分に理解することができる。その数額が五十円を最高とすることは甚しい時代錯誤であるとして、昭和二四年の改正(法一二五号)で、その順位を葬式費用の先取特権に優先するものと改めるとともに、数額の制限を撤去したことも、充分に首肯しうることである。しかし、比較的少額な債権者の執行に際し、これらのものが容易に優先権を主張しうることの弊害もまた見のがすべきではない。立法上考慮を要するものがあろう。

〔七五〕 (3)動産の先取特権の中では、不動産賃貸の先取特権がほとんど唯一の作用あるものと思われる。しかして、この先取特権は、即時取得の原理に倣い、第三者の所有物の上にも成立しうるものとされるのであり(三一九条)、かつ判例は、その目的物の範囲を広く解し、借家の中の宝石・有価証券・商品などにも及ぶものとするのであるから(〔九八〕参照)、その効力はすこぶる強大である。月賦販売者・商品供給者などとの衝突は相当に問題となろう。しかも、不動産賃貸人の優先権は沿革の遠いものであって、各国の立法例に認めるものである(〔六一〕参照)のみならず、わが国においては、借地法及び罹災都市借地借家臨時処理法は土地の賃貸人のためにその先取特権を借地上の建物にまで拡張した(〔八三〕・〔八四〕参照)。

〔七六〕 (4)不動産の先取特権においては、不動産工事の先取特権が問題である。

（イ）ドイツ、スイス、フランスいずれの民法においても、建物は土地の一部を構成し独立の不動産ではない（総則〔二四八〕参照）。従って、十九世紀の末葉から、資力の乏しい者が投機的に土地を購入し、建設業者をしてその上に建物を築造せしめ、これを売却・賃貸する企業が盛んに行なわれるようになったときには、この企業者に信用を与えた建築材料の供給者や建築業者はしばしば甚しい損害を被った。けだし、この資力の乏しい企業者が失敗するときは、建物は土地の一部としてその上の物権ことに抵当権によって吸収され、かれらのためには何物も残らない状態となったからである。そこで、ドイツにおいては、建築業者問題(Bauhandwerkerfrage)として論議の対象となり、結局、前述した一九〇九年の特別法が制定され、ついでスイス民法をしてこれを民法の中にとり入れさせたものである。ドイツにおける論議の中心点は、いうまでもなく、建築資金供給者や建築業者のための法定抵当権に優先的地位を与えることは、近代抵当権の根本原則を動揺させるおそれがあるということであった。そしてドイツとスイスにおける立法的解決は、一種の法定抵当権を認めることにあったけれども、それは、正確にいえば、抵当権設定の請求権を認めるに止まり、真実の抵当権は登記によって生じ、その順位は――ドイツにおいては仮登記の時まで遡ること前述の通りであるが、とにかく――登記に依存するのである。従って、不動産担保制度における登記主義の大原則は、結局その地位を脅やかされなかったわけである。しかしそれだけまた、ドイツ、スイスの立法は、建築資本の保護という目的を達するには不充分だったのではないかと想像される（この間の消息はHedemann. Fortschritte des Zivilrechts, Bd. II, 1, S. 107 ff., 268 ff. に詳細である）。これに反し、フランス民法においては、建築業者のために不動産上の先取特権を認め、この先取特権は常に抵当権に優先する原則をとる（フ民二〇九五条）。しかして、右の先取特権には厳格な謄記(inscription)を要求し、かつ先取特権の及ぶ範囲は工事による増価額に限るものとなすこと、わが民法とほぼ同様である（フ民二一〇三条四号・五号・二一一〇条）。しかし、多くの学者は、謄記の時期に関し、わが民法の如く、工事着手前に謄記しないものを全然無効ないし対抗力なきものとせず、着手後の謄記は抵当権として爾後の抵当権にはなお優先しうるものとする（Planiol, t. 3 no. 845）。この態度は、理論としては大きな欠陥のないもののように考えられるが、フランスの社会で果して立法本来の使命を全うするものか、私はこれをつまびらかにしない。

〔七七〕（ロ）わが民法は、この間の問題について大体フランス民法に倣うのであるが、特殊の事情は、この制度の実際的作用を妨げている。それは建築請負人らが、工事着手前に予算を立てて登記するということが実際には甚だ行ない難いことである。しかも、後述（〔一三三〕）するように、工事着手後に登記するものは、先取特権としての対抗力は絶無だと解されているので、建築業者が工事進行中に注文者の財政の苦しいことを知って自分の地位を守ろうとしても、先取特権はかれらにとって何の武器ともならない。民法は、建築業者の先取特権に対して既存の抵当権に優先する効力を認める点においては、その与えるところ甚しく大であるが、その要件として着手前の登記を要求することにおいて、その求めるところさらに過大なものであって、結局、かれらはほとんど少しも与えられるところのない状態である。立法上再考を要するものではあるまいか。

もっとも、わが民法は、ドイツ、スイス、フランスなどの民法とは異なり、建物は独立の不動産であるから、土地の上の抵当権の犠牲とはならない。のみならず、建物の所有権は、完成した後に注文者に引渡されるまでは、なお請負業者の所有に留まるのを原則とする（物権〔八三〕ロ・債各（中二）〔八九八〕参照）。この点において、わが建築業者の立場は、ドイツ、スイスにおけるそれと比すべくもない有利なものであることもまた疑いない。

なお、公共施設の整備に関連する市街地の改造に関する法律(昭和三六年法一〇九号)は、市街地改造事業の施行者は、改造事業によって建築施設を取得する者から清算金を徴収すべき場合には、その請求権のためにその建築施設の部分の上に先取特権を取得するものと定める(同法四九条)。そして、予め予算額を登記することによってその効力を保存するものとすることは民法と同一である。しかし、改造事業施行者の経済的地位は、この制度をして実効あるものとすることができるであろうか。疑問がないでもない。

〔七八〕 (5)民法は、賃金保護の立場から二種の先取特権を認めている。一つは、雇人給料の一般先取特権(三〇六条二号)、二つは、農工業労役者の農業的果実または工業的製作品の上の動産先取特権(三一一条八号)。しかし、前者においては、一面、その最高額が僅少であったために真に賃金保護の実を挙げえなかったとともに、他面、少額債権者の執行妨害のために濫用されるおそれも絶無ではないこと前記のとおりであるが、その後、順位を昇格させ、金額の最高限を撤去する改正が加えられたが、事情がさまで好転したとは考えられない(〔七四〕)。また後者は、一般債権者が農業的果実や工業的製作品のみの上に執行する実例の少ないためか、実際上行使されることも稀なようである。いずれにしても、賃金の保護は、今や民法の認める先取特権などによってはその目的を達しえない事情にあるというべきであろう。ただし、商法が、昭和一三年の改正で、会社と使用人の間の雇傭関係に基づく債権について会社の総財産の上に先取特権を認め(商二九五条)、有限会社法でもこれに倣った(同法四六条二項)ことは、相当の効果を収めるであろう。けだし、保護される債権の範囲に制限がないだけでなく、会社の総財産の上の優先権として、会社財産の整理・清算の場合には相当の偉力を発揮すると思われるからである（破三九条参照）。なお、会社更生法の改正について前に一言したこと（〔六五〕参照）は、右の一般先取特権の拡張という趣旨を含むものである（昭和四二年の改正による同法一一九条の二参照）。

〔七九〕　(6)つぎに、民法には、産業保護の立場を兼ねて先取特権を認めたと推測すべきものがある。種苗または肥料供給の先取特権（三一一条七号）がこれである。しかし、農業金融の行詰りは、種苗商や肥料商に先取特権を与えることによってはいささかも打開しうるものではあるまい。これはただ、国家の積極的助力による資金融通の手段として利用するときに、はじめてその作用を発揮させうるものであろう。農業動産信用法が新たに認めた先取特権は、実にこの点を狙ったものである（〔八五〕参照）。

〔八〇〕　(7)最後に、民法は売主のためにその売買代金について先取特権を認めた（三一一条六号・三二五条三号）。しかし、売主が代金債権を確保するためには、動産の売買においては、所有権の留保または委託販売などの制度に訴えるのが常であり、また不動産の売買においては、抵当権の設定を最も普通な手段とする。民法の先取特権はどれほどの作用を営むか、疑問である。

第二　民法以外の法律による、民法と密接な関係のある先取特権

〔八一〕

一　租税その他公共的債権の優先権

国家公共団体の租税その他の徴収金は、一般に優先権をもっている。国税の一般的優先権（国税徴収法八条以下）、地方公共団体の徴収金の優先権（地方税法一四条以下）が最も顕著であるが、これらの徴税主体に委託して徴収することを認められる公共組合の経費・過怠金などについても、前に一言したように、優先権を認められる例が多い（地方自治法二三一条ノ三、土地改良法三九条六項・一二九条三項、健康保険法一一条ノ三、国民健康保険法八〇条三項など〔六三〕参照）。立法の理由はとくに述べるまでもあるまい。

租税その他の公共的債権が優先的にとり扱われることは、債権の性質からいっても、ある程度は是認しうるであろう。ことに、納税人の資力や納税意思に疑問を生じたときに担保を提供させるという方法は、実行困難であるばかりでなく、ほとんど効果はないであろう。従って、一般債権者に対してだけでなく、物的担保に対しても優先する効力を認めることは止むをえないであろう。しかし、明治三〇年に施行された国税徴収法（法二一号）は、私債権の物的担保をあまりにも無視し、金融取引の安定を害したので非難の対象とされた（我妻・福島「抵当権判例法」（我妻・民法研究Ⅳ2所収）第二章第二節は租税債権がいかに横暴であったかを示す）。

そこで、政府は、審議会を設けて審議を重ね、新たな国税徴収法（昭和三四年法一四七号）を制定して旧法に代えた。この法律は、租税債権の優先権の範囲を縮限して私債権との調整をはかったことに意味があるのだが、それだけでなく、根抵当、譲渡担保、仮登記を伴なう条件附売買など、民法としてもこれについて特別の立法を必要としている新らしい形式の物的担保との関係をも規定したことにおいて、民法の領域でも無視することのできない重要なものを含んでいる。便宜上抵当権の章に一括して詳説する（〔四五二〕以下）。

〔八二〕 **二** 特殊な立木地代の先取特権（明治四三年法五六号「立木ノ先取特権ニ関スル法律」）

借地林業において、樹木の伐採期に、伐採樹木の価格の一定の割合を地代として支払う場合には、土地所有者は、その地代につき、立木の上に先取特権を有する。この先取特権は、共益費用（民三二九条二項但書）を除き、他のすべての権利（第三取得者を含む）に優先する。わが国の一定の地方（吉野地方に多い）の林業慣習には、他人の土地（多くは部落有地）を借りて林業をなし、地代は、一部を前払いし（「立木一代限土地売買代金」という）、残部を伐採樹木の価格の一定の割合として後払いする（歩口金・歩一金・山役金などという）ものがある。この後払い地代の確保のために認められたのがこの先取特権である。

〔八三〕　三　借地法及び罹災都市借地借家臨時処理法の認める先取特権

(1)借地法の認める地代の先取特権

(イ)借地法のいわゆる借地権(地上権と賃借権とを含む(同法一条))を設定した地主は、弁済期の到来した最後の二年分の地代(借賃を含む)について、借地権者がその土地の上に所有する建物の上に先取特権を有する(借地一三条一項)。民法は、地代債権のためには、その土地またはその利用のためにする建物に備附けた動産等の上に先取特権を認めるに過ぎない(三一三条、〔九七〕以下参照)。それに反し、借地法は建物自体の上に先取特権を認めたことに意義がある。これによって、民法のいわゆる不動産の先取特権の一種が加わったわけである。

(ロ)この先取特権は、借地権すなわち地上権または賃借権の登記をなすことによってその効力を保存するものとされる(借地一三条二項)。このことは、地代先取特権の公示に役立つ(地代額なども登記される)のみならず、これによって借地権に対抗力を取得させる(一七七条・六〇五条、物権〔三七五〕参照)から、地主と借地人との利害が巧みに調和される。

(ハ)この先取特権の効力は、国税徴収法によって徴収することのできる請求権、民法の定める共益費用・不動産保存及び不動産工事の先取特権には当然に後れるものであり、また、建物の上の質権または抵当権に対する効力においては、これらの権利の登記と右の借地権の登記との前後に従って決せられるものであるから、他の債権者に対する影響は比較的少ないであろう。

〔八四〕　(2)罹災都市借地借家臨時処理法の認める先取特権

(イ)戦災を受けまたは疎開させられた建物の借家人が、同法の規定に基づき、地主からその敷地の賃借権を取得し(二条)、またはその敷地の従前の借地人からその借地権の譲渡を受けた場合(三条)に、その地主または借地人の地代または対価の債権のために、賃借権取得者または借地権譲受人がその敷地の上に所有する――多くは新築した――建物の上に存在する(同法八条一項)。

(ロ)地代についてはその額の支払時期などを、対価についてはその未払いである旨を、登記することによって、先取特権の効力を保存する(同条二項)。

(ハ)先取特権としての効力は借地法上のものと同一である(同条三項)。

〔八五〕 **四　農業経営資金貸付の先取特権**

(1)農業金融の行詰りを打開しようとして制定された農業動産信用法(昭和八年法三〇号)の認めるものである。この法律は、その当時、農山漁村の窮乏を救うため、あるいは農村の負債を整理し、あるいは農業の経営を助長し、あるいは農産物の価格を維持する目的をもってなされた多くの立法及び国家的施設の一環として、もっぱら農業経営資金の融通の便宜のために生れたものである。その骨子とするところは、国家が、信用組合その他国家のとくに指定する信用施設に対して低利の資金を供給し、これをして農業経営者に対して一定の農業経営資金を貸与させ、その担保として、一定の動産の上に当然に先取特権を成立せしめ、かつ、同じく動産の上に抵当権を設定することを認めたものである。動産の上に抵当権を認めたことは、その法律構成において画期的な進展であるが、そのことは後に譲る(〔一五〇〕・〔八五〇〕参照)。ここにはこの法律の認める先取特権の特色を述べる。

(2)つぎの諸点において特色を示す。

(イ)この法律の定める先取特権を取得するものは、農業協同組合・信用組合その他勅令をもって定める法人たる金融施設に限る（同法三条）。

（ロ）先取特権を取得する債権は、右の金融施設が、農業すなわち「耕作、養畜又ハ養蚕ノ業務及之ニ附随スル業務」（同法一条）の経営者に貸与した一定の資金に限るのを原則とする。ただし、農事実行組合・養蚕実行組合などへの貸付について多少の例外がある（同法四条二項）。

（ハ）資金貸付の目的は、農業用動産、すなわち「農業ノ経営ノ用ニ供スル動産」であって「勅令ヲ以テ」定められるもの（同法二条）、または農業生産物の保存、農業用動産の購入、種苗または肥料の購入、蚕種または桑葉の購入、薪炭原木の購入、命令をもって定める水産養殖用の種苗または餌料の購入に限る（同法四条一項一号―六号）。そして、それぞれの目的による貸付資金につき、その先取特権の目的となる動産の範囲が詳細に定められている（同法五条―一〇条）。一言にしていえば、この資金をもって保存または購入した動産、及びこれによって生産または養殖した動産である。かような思想に立脚した類似の先取特権は、民法の中にも存在する（三二一条五号―七号参照）。しかし、本法が民法と異なる要点は、単にその適用の範囲を広げただけでなく、民法においては、直接に保存をなし、売却をなし、または種苗・肥料の供給をした者の債権について先取特権を認めるものであるのに反し、本法は、債務者がかような保存をなし、または購入をするための資金の貸与の債権についてこれを認めている点である。いいかえれば、民法は農業経営者に物を掛売する商人のために先取特権を認めるのに対し、本法は、農業経営者に資金を貸与する者のために先取特権を留保し、商人には現金を支払って購入することをえさせようとする点にある。そしてそこに本法の新たな経済的意義が存するものであることは、改めていうまでもあるまい。

(ニ)本法の先取特権の順位も法律によって一定されている(一一条)。

〔八六〕 五　自動車損害賠償保障法の先取特権

(イ)同法に定める自動車運行者に対する自動車損害賠償請求権(同法三条)について先取特権を認める。元来、この法律は、運行の用に供する自動車はすべて強制的に損害賠償責任保険をつけるべきものとし、被害者は保険金で賠償を受けることができる建前をとっているのであるが、多数の車両を有し経理の基礎の確実な者は、とくに運輸大臣の許可をえて、自家保障をすることができる(同法五五条・五六条)。その場合には、自家保障者は、毎事業年度に一定の金額を損害賠償支払準備金として積立て、特別に管理しなければならないものとされるのだが(同法五七条—五九条)、第三者に対する関係でこれを特別財産とせずに、自動車損害賠償請求権を有するものは、自家保障者の総財産の上に先取特権をもつものとしている(同法六〇条一項)。

(ロ)右の先取特権の順位は、民法第三〇六条第一号に掲げるもの(共益費用の一般先取特権)につぎ、商法第二九五条第一項及び有限会社法第四六条第二項の定めるもの(会社使用人の一般先取特権)に先だつ(同法六〇条二項)。

(ハ)なお、同法は、保険会社、組合、自家保障者などが、政府の営む自動車損害賠償保障事業のために納付すべき賦課金などについて優先権を認めているが(同法七八条—八一条)、これは政府の管掌する各種の社会保険の保険料などと同一の思想に基づくものである。

〔八七〕 六　建物の区分所有等に関する法律の先取特権

(イ)一棟の建物を各室または数室一組のものに区分し、それぞれ別個の者の所有に属させる現象が多くなったので、右の法律(昭和三七年法六九号)は、そのような関係を建物の「区分所有」と呼び、それに関する法律関係を明確にするために制定されたものであるが、その中で一種の先取特権を認めている(同法六条。なおこの法律の概略については、物権法巻末補註(八)参照)。

(ロ)この先取特権をもつ債権は、区分所有者が、その建物の共用部分またはその敷地について他の区分所有者に対して取得する債権、例えば共用部分の修理費の支出または地代の立替払いについて取得する債権などである。

(ハ)この先取特権の目的物は、債務者の区分所有権及び建物に備えつけた動産であるが、前者は、建物の専有部分だけでなく、共用部分に関する権利及び専有部分を所有するための建物の敷地に関する権利を含むものであるから、用益権を伴なった一種の建物不動産である。また後者については、第三一九条を準用して、即時取得による拡張が行なわれる(〔一〇〇〕参照)。

(ニ)この先取特権の順位及び効力は、共益費用の先取特権と同一である。

〔八八〕　**七**　鉱業法は、石炭または亜炭鉱業の稼業による損害を被った者の損害賠償請求権のために特別の優先弁済権を認める。

(イ)鉱業法はいわゆる鉱害について無過失賠償責任を定めたが(同法一〇九条)、石炭・亜炭の掘採にあっては、地表の陥没による損害は掘採の後数年を経て生ずるのが常である。そこで、石炭・亜炭の掘採をする鉱業権者・租鉱権者は、損害賠償を担保するために、前年中に掘採した石炭または亜炭の数量に応じて、毎年一定額の金銭もしくは相当する国債を供託すべきものとし(同法一一七条)、被害者は、その供託された金銭・有価証券について、「他の債権者に優先して弁済を受ける権利を有する」ものとしたのである（同法一一八条）。損害の現われるときには、鉱業権者が交替していたり、あるいは廃山となっていることもある事情を考慮し、賠償義務を負う鉱業権者側の公平をはかるとともに、賠償の確実を期した特異の制度として注目に値する。

(ロ)優先権の実行に関する手続は政令（昭和三二年政令一一二号鉱害賠償供託金配当令）で定められているが、一言にしていうと、通商産業局長が配当表を作って配当する。すなわち、鉱害賠償義務者が、廃業・休業または行方不明などによって賠償義務を履行することが著しく困難であると認められる場合に、賠償請求権者が供託金に対する優先権の実行を所轄の通商産業局長に申立てる。局長は一応の調査をした後に、公示をなし、他の賠償請求権者が一定の期間内に申出るよう催告する。しかる後に、申立人・申出人らに鉱害についての証拠を提出させ、それを審査した上で配当表を作成し、それに従って配当する。

第二款　一般の先取特権

第一　共益費用の先取特権（三〇六条一号）

〔八九〕　一　被担保債権

(イ)各債権者の共同の利益のためにした、債務者の財産の保存・清算または配当に関する費用の請求権である（三〇七条一項）。(i)保存とは、財産の事実上の保存行為をなし、または、債務者に代位して時効中断を行なったり（四二三条）、詐害行為を取消したり（四二四条）、その他債務者の財産の現状を維持することである。(ii)清算とは、債務者の財産の換価、債権の取立、債務の支払、財産目録の調製などをすることであって、清算人・

管財人・執行官などの債権に多い。(iii)配当とは、債権を調査して配当表を作り、配当を実現することであって、これも執行官・管理人などの債権に多い。

(ロ)ただし、これらの行為が総債権者の中の一部の者にとってだけ利益となるときは、利益を受けた債権者に対してだけ優先権を主張することができる(三〇七条二項)。例えば、抵当不動産の売却行為を詐害行為として取消しても、その費用について抵当権者に優先することはできない。抵当権者の利益とはならないからである。なお、この先取特権の立法理由は公平の原則である。その作用についてはすでに述べた(〔七三〕参照)。

〔九〇〕 **二**　先取特権の客体

この先取特権の目的物は債務者の総財産である(三〇六条)。動産と不動産とを問わず、また有体物に限らず、債権その他の財産のすべてを含む。ただし、法律上執行の目的とならないものはおのずから除外される。なお、この場合にも総財産は一個のものとみられるのではなく、すべての財産のそれぞれの上に先取特権が成立するものとみる。従って、その中の不動産については個々的に登記が許されるのである(三三六条、不登一条参照)。

第二　雇人給料の先取特権(三〇六条二号)

〔九一〕 **一**　被担保債権

この先取特権を有する債権は、債務者の雇人が受けるべき最後の六ヵ月、すなわち、執行をなしまたは配当に加入した時から遡って六ヵ月の給料請求権である(三〇八条)。五十円を最高限度とされていたが(旧三〇九条)、昭和二四年に削除された事情は前述した(〔七四〕)。なお、この雇人は僕婢・園丁・番頭・手代などの家族的労務者に限るか、会社・商店の事務員などを含むかは、かつて争われた点であるが(大判昭和三・六・二民四一三頁は一七四条に関する事案につき三〇九条もともに「従属関係存在シ継続シテ使用セラレルモノ」に限るという。その趣旨は事務員を含まないものであろう）、昭和一三年の商法改正で「身元保証金ノ返還ヲ目的トスル債権其ノ他会社ト使用人トノ間ノ雇傭関係ニ基キ生ジタル債権ヲ有スル者」（商二九五条）のために会社の総財産の上に先取特権が認められたから、問題は解決したといってよいであろう（〔七八〕参照）。

なお、この先取特権の立法の趣旨が社会政策的理由を主とするものであることやその作用は前述した（〔七四〕・〔七八〕）。

〔九二〕 **二** 先取特権の客体

この先取特権の目的物は前段の共益費用の一般先取特権と同一である（〔九〇〕参照）。

第三 葬式費用の先取特権（三〇六条三号）

〔九三〕 **一** 被担保債権

この先取特権を有する債権は、債務者の身分に応じてした葬式の費用（三〇九条一項）、または債務者がその扶養すべき親族（八七七条以下参照）の身分に応じてした葬式の費用（三〇九条二項）の請求権である。この先取特権の立法理由は、貧者でも葬式を営むことができるようにしようとする公益上の要請に基づく。

〔九四〕 **二** 先取特権の客体

この先取特権の目的物は共益費用の一般先取特権と同一だが、「債務者の総財産」という債務者については注意を要する。第三〇九条第二項の、扶養すべき親族の葬式の費用、例えば子が父の葬式をした場合の先取特権は、子の総財産の上に成立することは疑いないが、同条第一項の「債務者ノ身分ニ応ジテ為シタル葬式ノ費用」については、死者の遺産の上に成立すると解すべきであろう。しかるときは、遺産の破産、限定承認、財産分離など、遺産について特別の清算が行なわれるときに実効を現わすことになる。

第四　日用品供給の先取特権（三〇六条四号）

〔九五〕 一　被担保債権

この先取特権を有する債権は、債務者またはその扶養すべき同居の親族及びその僕婢の生活に必要な最後の六ヵ月間（起算点は三〇八条に同じ。〔九一〕参照）の飲食品及び薪炭油の代金である（三一〇条）。同居の親族及び僕婢の中には内縁の妻が入るとするのが判例である（大判大正一一・六・三民二八〇頁）が、内縁のもつ特殊の意味から是認すべきであって、食客を養う場合などに拡張すべきではあるまい。

〔九六〕 二　先取特権の客体

この先取特権の目的物は前段までに述べた三種の一般先取特権と同一である（〔九〇〕参照）。

第三款　動産の先取特権

第一　不動産賃貸の先取特権（三一一条一号）

〔九七〕 一　被担保債権

（イ）「不動産ノ借賃其他賃貸借関係ヨリ生ジタル賃借人ノ債務」について認められる先取特権である（三一二条）。（i）借賃は、広い意味で、地上権・永小作権の地代・小作料にも適用される（二六六条二項・二七三条、物権〔四三〇〕・〔四六六〕参照）。また、（ii）賃貸借関係から生ずる賃借人の債務とは、例えば、賃借人が目的物を毀損したことによる損害賠償債務などである。当事者間の意思の推測を主たる立法理由とすることは前述した（〔六〇〕）。なおこの制度の作用（〔七五〕）や、借地法及び罹災都市借地借家臨時処理法がこれを拡張して不動産の上に効力を及ぼさせたこともすでに述べた（〔八三〕・〔八四〕）。

（ロ）通常の場合には、右の請求権の全額について先取特権を行使することができるが、債務者の財産の総清算の場合、例えば破産・法人の解散・限定相続などの場合には制限される。すなわち、賃借料支払の標準期間、例えば一ヵ月を単位とし、総清算の時に満了しない期間を当期、その前の一期間（前月）を前期、後の一期間（翌月）を次期として、借賃その他の債務はこの三期分、損害賠償債務は前期と当期において生じたものだけについて先取特権を行なうことができる（三一五条）。他の債権者の利益と調整して、賃貸人だけに厚くなることを避けようとする趣旨である。

（ハ）賃貸人が敷金を受取った場合には、敷金をもって弁済を受けない債権の部分についてだけ先取特権を有する（三一六条）。敷金の性質については学説が分かれているが、判例及び多数説は、賃借人が一定の金額を賃貸人に譲渡し、賃貸借終了の際に延滞賃料その他の債務があるときはこれから当然に控除された残額、すなわち敷金の残りだけの返還請求権を取得するもの、略言すれば一種の停止条件附返還債務を伴なう金銭所有権の移転と解している（債各（中一）〔八六〕以下参照）。従って、賃貸借が終了するときは、賃貸人は敷金を控除した残額、すなわち敷金で不足な部分の請求権を有するに過ぎないから、先取特権もこの部分についてのみ存在することはいうまでもない。しかし、賃貸借の継続中にも、借賃その他の債務の延滞を生じたときには、それについて先取特権を行使することができるが、その場合にも、先取特権は敷金を控除した残額についてだけ成立する。例えば、借家人の一般債権者が借家人が借家に備附けた家具を差押えた場合には、家主は延滞賃借料で配当加入ができるが、優先弁済を主張しうるのは敷金を控除した残額についてである。なお、かような場合に家主が差押の後に敷金を返還しても、その金額だけ先取特権が拡大するのではないとされることは注意を要する（大判昭和一二・七・八民一一三二頁）。

〔九八〕　二　先取特権の客体　この先取特権の目的物は、

(1)いずれも債務者の動産であるが、(a)土地の賃貸人の先取特権においては、(i)賃借地またはその利用のためにする建物に備附けた動産、例えば賃借小作地に備附けた農具、納家に備附けた家具など、(ii)その土地の利用に供した動産、例えば、賃借小作地または納家以外の場所におく農具など、(iii)及び賃借人の占有にあるその土地の果実、例えばその土地からの収穫物である（三一三条一項）。また、(b)建物の賃貸人の先取特権においては、賃借人がその建物に備附けた動産である（三一三条二項）。建物に「備附ケタル動産」ということの意義に関しては説が分かれている。判例は、最も広い意味に解し、いやしくもある期間継続して存置するために建物に持込んだものは悉く含むとなし、宝石・金銭・有価証券（大判大正三・七・四民五八七頁）及び商品（大判昭和八・四・八新聞三五五三号七頁）などにも先取特権の効力を及ぼさせる。しかし大多数の学者は、これに反対し、建物の常用に供する（八七条参照）というよりは広い観念であるが、なお建物の使用に関連して常置するものに限るという。これによれば、畳・建具などだけでなく一切の家具・調度及び機械（大判昭和一八・三・六民一四七頁（インキ練機の事例））・器具・営業用什器などを含むが、居住者の個人的所持品や建物の使用と何らの関連のない金銭・有価証券などは含まれないことになる。多数説の見解が正当である。けだし、この制度の中心的立法理由たる当事者の意思の推測からみてこの説を正当とするだけでなく、たといこの制度に、その目的物が建物を利用しえたことの代償を認めようとする趣旨が含まれるものとしても、判例のような広い見解を肯定する充分の理由とはなるまい。ただし、ドイツ民法(同法五五九条)は「持ち込まれたる物」(eingebrachte Sache)と規定するので、わが判例のように解する学者が多い(Oertmann, 3 z, § 559)。フランス民法(同法二一〇二条一号)は「備附けの家具」(les meubles qui garnissent sa maison)というにも拘わらず、沿革を重んじてドイツ民法のように広く解する説が多い(Planiol, t. 3 no. 1103)。

〔九九〕 (2) この先取特権の目的物は二方面で拡張されている。

(イ) 賃借権の譲渡または転貸の場合においては、賃貸人の先取特権は、譲受人または転借人の動産及び譲渡人または転貸人が受けるべき金額に及ぶ(三一四条)。(a) 後者すなわち譲渡人または転貸人が賃借権の譲受人または転借人から受けるべき金額に及ぶことは、物上代位の思想の現われであるから、至当なものである。なお、この場合には、第三〇四条の趣旨に従い、支払前に差押えられることを要すると解されている。(b) これに反し、前者すなわち賃借権の譲受人及び転借人の所有の動産の上に先取特権を及ぼさせることは果して妥当であろうか。賃借権の譲渡または転貸に際しては、それまで先取特権の目的であった賃借物備附けの動産が譲渡されることが多く、これによって先取特権の効力が追及しなくなるとすること(三三三条参照)は賃貸人の先取特権を無意味にするおそれがある、というのが本条の立法理由だといわれる。しかし、賃貸人の保護が厚きに過ぎるものではあるまいか。なお、賃借権の譲受人または転借人が賃貸人に対して新たに負担する債務について先取特権が生ずることは当然であって、本条はこれに関するものではなく、前主の負担する債務のために後主の所有動産が担保となることを定めたものであることは明らかであろう。

〔一〇〇〕 (ロ) 即時取得の規定の準用によって他人の物の上に先取特権が成立する(三一九条(一九五条の準用は無意味))。

賃借人が他人の物を備附けた場合、例えば月賦で買ってまだ売主の所有権が留保されている家具を借家に備附けた場合に、賃貸人がその備附けの当時に善意無過失であったとき、すなわち賃借人の所有物と信じかつそう信ずるについて過失がないときは、その家具の上に先取特権が成立する。ただし、備附け以後に生じた債権についてだけ先取特権を生ずると解すべきものと思う。この種の先取特権は、当事者の意思の推測に基づくものであるから（〔六〇〕参照）、あたかも質入れについて即時取得の規定が適用されると同様にとり扱うのが適当だという趣旨である。

〔一〇一〕 **第二**　旅店宿泊の先取特権（三一一条二号・三一七条）

一　被担保債権　この先取特権を有する債権は旅客・その従者及び牛馬の宿泊料並びに飲食料の請求権である。立法理由は不動産賃貸人の先取特権と同様である。

二　先取特権の客体　この先取特権の目的物は旅店に存する債務者の手荷物であるが、即時取得の規定の準用がある（三一九条）。なお債権者はこの目的物の上に、先取特権の他に、留置権を有するのが常であろう。

〔一〇二〕 **第三**　運輸の先取特権（三一一条三号・三一八条）

一　被担保債権　この先取特権を有する債権は、旅客または荷物の運送賃及び附随の費用すなわち荷造費などの請求権である。立法理由は、前二者と同じく、意思の推測を主とする。

二　先取特権の客体　この先取特権の目的物は運送人の所持内に存する債務者の荷物であるが、即時取得の規定の準用あること前者と同様である（三一九条）。運送人は同時に留置権を有するのを常とすることも前者と同様である。

第四　公吏の職務上の過失の先取特権（三一一条四号・三二〇条）

〔一〇三〕 一　この先取特権は、動産の先取特権の一種とされるが、他のものとその性質を異にする。この制度の適用ある一例を示せば、私人が公証人の職務上の過失によってこれに対して損害賠償請求権を取得するときに公証人が法務局・地方法務局に納付しておいた身元保証金（公証人法二九条参照）から優先的弁済を受けることである。従って、この先取特権は、特定の動産を目的とするのではなく、保証金返還請求権を目的とするものである。同様の趣旨のものは、証券取引所の会員に証券売買取引を委託した者が会員の証券取引所に預託する信認金の上に優先弁済権を有する制度に現われている（証券取引法九七条）。その立法理由は、とくに私人と接触の多い官公吏の職務上の過失によって損害を被る私人を保護しようとする社会的理由である。

〔一〇四〕 二　民法がかような制度を設けたのは、官公吏がその職務上の過失に基づいて私人に損害を加えても、国家・公共団体はもとより、その官公吏も、原則として損害賠償の責任を負わない、という原理の上に立ち、とくに官公吏の損害賠償責任を認める場合に私人を保護しようとするものである。しかるに新憲法は、すべての公務員の不法行為につき、国家・公共団体が直接に賠償責任を負う旨を明らかにしたから（一七条）、民法のこの制度は全くその存在意義を失なったものといわなければならない。もちろん、国家・公共団体が、特殊の官公吏をして、身元保証金の納付その他の担保の提供をさせることは、現在でも行なわれ、今後もその例をみるであろう。しかし、それは主として、国家・公共団体が当該官公吏から直接に損害を被った場合の損害賠償請求権と、国家・公共団体が私人に対して賠償をした場合の、当該官公吏に対する求償権とを確保する作用を営むことになるであろう。

〔一〇五〕 **三**　この先取特権を有する債権は、特別の法令によって保証金を納付させられる官公吏の職務上の過失によって生じた、私人の損害賠償請求権である。本条の公吏は官吏を排斥する厳格な意味ではなく、広く官公吏及びこれに準ずべきものを含むと解して妨げない。しかし、特別の法令によって保証金を納付すべきものは、右の公証人(公証人法一九条)の他にはその例がないようである。

〔一〇六〕 **四**　目的物は保証金返還請求権である。保証金の性質は、敷金と同じく、停止条件附返還債務を伴なう金銭所有権の移転とみるべきものである(〔九七〕八参照)。従って、私人が損害を被るときにも、停止条件は成就し、納付者は現実の保証金返還請求権を取得し、先取特権者はこの請求権の上に先取特権を行使することになる。故に、その権利行使の要件としては、その支払い前に差押えられることを要するものと解すべきである。

なお、右の保証金を納付させた国家または市町村が、納付した者が例えば公金を費消することによって、損害を被った場合には、同じく保証金から優先的弁済を受けることは当然である。しかし、これは、賃貸人が敷金によって優先的弁済を受けるのと同じく、保証金返還義務をそれだけ免かれるという法律構成によるのであるから、先取特権その他特別の担保権を認める必要はない。

第五　動産保存の先取特権(三二一条五号・三二一条)

〔一〇七〕 **一**　被担保債権　　この先取特権を有する債権は、(i)動産自体の保存費用、または、(ii)動産に関する権利を保存し、追認し、または実行させるために要した費用の請求権である。動産に関する権利の保存とは、例えば、債務者の所有物が第三者によって時効取得されようとするのを中断するなどであり、権利の追認とは、例えば、債務者の所有物を占有する第三者をして債務者の所有権を承認させるなどであり、権利の実行とは、例えば、右の第三者から債務者に返還させるなどである。保存・追認・実行という文字は旧民法債権担保編第一五五条第二項を踏襲したものだが、正確に対立する語ではない。結局、第一項は動産の物質的保存、第二項は権利的保存の意味に解してよいであろう。その立法理由は、共益費用の一般先取特権(〔九八〕)と同じく、公平の原則である。

二　この先取特権の客体　目的物はこの保存された動産である。なおこの債権者が同時に留置権を有することも少なくあるまい。

〔一〇八〕

第六　動産売買の先取特権(三一一条六号・三二二条)

一　被担保債権　この先取特権を有する債権は、動産の売買代価及びその利息である。立法理由は公平の原則である。その作用についてはすでに述べた(〔一〇八〕)。なお、売買代金債務の弁済のために振出された約束手形債務を公正証書で準消費貸借とするときは先取特権は消滅するとされるが(大判昭和一一・一〇・二民一七五六頁(判民一一九事件田中(耕)評釈))、手形上の権利の抽象性に関する重要な問題を含む(田中評釈は判旨に疑問を投ずる。商法学者中の少数説だが、私は田中説に賛成したい)。

二　この先取特権の客体　目的物は、代金を支払わない買主に所有権だけ移転した売買目的物である。引渡の有無を問わないが、実益のあるのは引渡の済んだ後である。引渡さない間は、売主は留置権と同時履行の抗弁権とを有する(留置権につき〔三二八〕参照)。

〔一〇九〕

第七　種苗または肥料供給の先取特権(三一一条七号・三二三条)

一　被担保債権　この先取特権を有する債権は、(i)種苗もしくは肥料の代価及びその利息、または、(ii)蚕種もしくは蚕の飼養に供した桑葉の代価及びその利息である。主として公平の観念に基づくものであるが、農業経営における資金の欠乏を救う意図も含まれないではない。しかし、その作用の少ないことについても(〔七九〕参照)、またこれと関連する農業動産信用法の先取特権についても(〔八五〕)、すでに述べた。

二　この先取特権の客体　　目的物は、その種苗もしくは肥料を用いた後一年内にこれを用いた土地から生じた果実(収穫物)、または、その蚕種もしくは桑葉から生じた物である。

〔一二〇〕 **第八**　農工業労役の先取特権(三二一条八号・三二四条)

一　被担保債権　　この先取特権を有する債権は、農業労役者については最後の一年間、工業労役者については最後の三ヵ月間の賃金である。立法理由は公平の観念と、あわせて賃金保護の社会的立場とである。しかし、その作用の少ないことは前述のとおりである(〔七八〕)。

二　この先取特権の客体　　目的物は、その労役によって生じた農業収穫物または工業製作物である。

第四款　不動産の先取特権

〔一二一〕 **第一**　不動産保存の先取特権(三二五条一号・三二六条)

一　被担保債権　　この先取特権を有する債権は、(i)不動産自体の保存費用、または、(ii)不動産に関する権利の保存・追認もしくは実行のために要した費用の請求権である。その意味は動産保存の先取特権におけると同一である(〔一〇七〕参照)。また、その立法理由も、動産保存の先取特権と同じく公平の原則である。

二　この先取特権の客体　　目的物はその保存された不動産である。

第二　不動産工事の先取特権(三二五条二号・三二七条)

〔一二二〕 **一　被担保債権**　この先取特権を有する債権は、(i)大工・左官・棟梁などの工匠、(ii)測量・製図・建築などをする技師、(iii)及び請負人が、債務者の不動産に関してした工事の費用請求権である(三二七条一項)。立法の理由は、主として公平の原則である。その作用は、前に述べたとおり、それほど大きなものではない。ただし、市街地改造事業の施行者の取得する先取特権にはいささか特殊の事情があるように思われることも前述した(〔七七〕参照)。

本条の適用に関して「工事」の観念がしばしば問題となる。後述するように、この先取特権は、工事着手前に費用の予算額を登記すべきものであるが(三三八条参照)、それは実際上極めて実行の困難なことである。従って、工事着手の後に、不動産保存の先取特権という名目で登記をしようとする例がある。この方は保存行為の完了した後に登記すればよいからである(三三七条参照)。しかし、予め登記することを要件とすることの当否はしばらくおき(〔七六〕・〔七七〕・〔一二一〕参照)、保存の先取特権と工事の先取特権とを区別している以上、保存自体を目的とする工事でない以上、完成まで一連の工事であって、上棟までを工事費とし、その後を保存費とするなどは許されない(大判明治四三・一〇・一八民六九九頁)。

〔一二三〕 **二　この先取特権の客体**　目的物はその不動産であるが、先取特権は工事に因って生じた不動産の価額の増加が現存する場合に限り、そして、その増価額についてのみ存在する。従って、建物の増築工事をしてなお一個の建物と認められる場合には、その全部を競売することができるが、優先弁済はその増築部分の価格について受けることができるだけである。増価額の存否及び数額は、配当のときに、裁判所の選任する鑑定人に評価させて定める(三三八条二項)。

〔一一四〕 **第三**　不動産売買の先取特権（三二五条三号・三二八条）

一　被担保債権　この先取特権を有する債権は、不動産の売買代価及びその利息である。立法理由は動産売買の先取特権と同じく公平の原則である。

二　この先取特権の客体　目的物はその不動産である（〔一〇八〕二参照）。

第三節　先取特権の効力

第一　先取特権の順位

〔一一五〕 **一**　先取特権の順位の意義

同一の目的物の上に数個の先取特権が競合した場合における優先弁済の効力の順序を先取特権の順位という。排他性を本質とする物権の一般理論によれば、先取特権の順位はその成立の時の順序によるべきである。しかし、民法はこの理論に従わず、各種の先取特権の順位を別に定めた。けだし、特別の債権に先取特権を与えてこれを保護する必要の程度は、先取特権の種類によって同一ではないので、その必要の強弱に応じて先取特権の順位を一定することが、先取特権制度の存在意義を徹底させることになるからである（注釈民法(8)（西原）一八九頁以下に三種の先取特権のそれぞれについて、民法以外の法律によるものをも含めた順位表がある）。

〔一一六〕 **二**　一般先取特権相互の間の順位

第三〇六条に掲げた順序である（三二九条一項）。すなわち、債務者の総財産を配当するに当っては、まず共益費用に弁済し、ついで、雇人給料、葬式費用、日用品供給の債権という順序に従う。共益費用に第一順位を与えたのは、公平の原則の要求に従ったのであるが、第二順位以下は、保護の必要の強弱をこの順序とすることが適当だとみたのである。

〔一一七〕 **三** 一般の先取特権と特別の先取特権との間

特別の先取特権が一般の先取特権に優先する(三二九条二項本文)。例えば、借家人の雇人はその家具については、賃貸人に後れる。一般先取特権は他の財産についても優先力があるからである。ただし、共益費用の先取特権は、その利益を受けた総債権者に対して優先する(三二九条二項但書)。例えば、借家人の家具の換価配当の費用は賃貸人の債権に優先する。

〔一一八〕 **四** 動産の特別先取特権相互の間

(1)三つの群に分け、つぎの順序に従うのを原則とする(三三〇条一項)。

(a)第一順位は、第三一一条第一号ないし第三号に定める三種、すなわち、不動産賃貸の先取特権・旅店宿泊の先取特権及び運輸の先取特権である。

(b)第二順位は、第三一一条第五号に定める一種、すなわち、動産保存の先取特権である。なお同一の動産について数人の保存者があるときは、保存の時の前後を基準とし、後の者が前の者に優先する。前の保存者も後の保存者の保存行為によって利益を受けるからである。

(c)第三順位は、第三一一条第六号ないし第八号に定める三種、すなわち、動産売買の先取特権・種苗または肥料供給の先取特権及び農工業労役の先取特権である。

右の三順位は、当事者の意思の推測に基づくものを第一とし、とくに強い公平の原則に立つものを第二とし、公平の原則の要求のややこれに劣るものを第三としたのであろう。なお公吏の職務上の過失の先取特権は他のものと競合することはない。

〔一一九〕 (2)右の原則には三つの例外がある。

(a)第一順位の先取特権者が、債権取得の当時に、第二または第三の順位の先取特権者のあることを知っているとき、例えば、借家人が備附けた家具が、前に修繕されていまだ修繕料を支払っていないことまたは買受けた代金が未払いであることを賃貸人が知っているときなどには、その賃貸人はこれに対して優先権を行なうことができない(三三〇条二項前段)。優先権を行なうことができないという意味は、同順位となることと解する説もあるが、順位が後れると解するのが立法の趣旨に適するであろう。

(b)第一順位者のために物を保存した者、例えば、借家人の備附けた家具の上に賃貸人の先取特権が成立した後にその家具を保存した者があるときは、賃貸人はその保存者に対して優先権を行なうことができない(三三〇条二項後段)。その保存が賃貸人の利益に帰すれば充分であり、賃貸人の委託を受けてしたものであることを要しない。賃貸人の善意悪意も問題とならない。

(c)農業上の果実については全然別に順位を定める。すなわち、第一に農業の労役者、第二に種苗または肥料の供給者、第三に土地の賃貸人である(三三〇条三項)。

〔一二〇〕 **五**　不動産の特別先取特権相互の間

第三二五条に掲げた順序である(三三一条一項)。すなわち、不動産保存の先取特権・不動産工事の先取特権・不動産売買の先取特権の順である。その不動産の価値を維持するについて、関係の一層深いものを優先させる趣旨である。なお、同一の不動産について逐次の売買があったとき、例えば甲の家屋を乙が買い、代金未払いのままで丙に転売したような場合には、売主相互の間の順位は売買の時の前後による（三三一条二項）。すなわち、甲が乙に優先する。なお動産の転売については規定はないが、第三三三条によって最初の譲渡人の先取特権は消滅するから競合することはほとんどないであろう。また、保存または工事の先取特権が数個あるときは、その順位は後のものが優先すると解すべきであろう。旧民法には、その旨が規定されている（旧民債担一八七条一項第一）。もっとも、保存費用は、不動産の価格に比して僅少であろうし、工事費用は増価額に限るのだから（三二七条）、数個のものが競合しても、費用の全部が完済されない場合はまれであろう（梅四〇一頁参照）。

〔一三一〕 **六**　同一順位の先取特権が同一目的物の上に競合するとき、例えば、日用品供給者や農工業労役者が多数あるときには、各その債権額の割合に応じて弁済を受ける（三三二条）。

〔一三二〕 **第二**　先取特権と他の担保物権との関係

一　留置権との関係

留置権は優先弁済力をもたないものであるから、正確な意味では、先取特権と競合することはない。しかし、留置権者は、競落人から引渡を請求された場合にも、被担保債権の弁済あるまで引渡を拒絶することによって、事実上優先的に弁済を受ける結果となる（競二条三項、〔四九〕—〔五一〕参照）。

二　動産質権と先取特権との競合

動産質権は動産先取特権の第一順位のもの（三三〇条一項第一）と同一の順位に立つものとされる（三三四条）。従って、第一順位の先取特権が例外的に第二または第三順位のものに後れる事情（三三〇条二項）があるときは、質権も同様にこれに後れると解すべきである。例えば、代金の未払いであることを知って質にとった質権者の優先権は、代金債権者の先取特権に後れる。

質権にかような地位を与えたのは、第一順位のものは意思の推測に基づくものであるから、質権はこれと同一にとり扱うことが至当だとみたのである（〔一一八〕参照）。

三　不動産質権と先取特権との競合

不動産質権には抵当権の規定が全面的に準用されるから（三六一条）、先取特権と競合する場合についても、抵当権と先取特権とが競合する場合と全然同一にとり扱う。

〔一三三〕　四　抵当権と先取特権との競合

(1)抵当権と不動産の特別先取特権とが競合する場合のうち、

(イ)不動産保存の先取特権または不動産工事の先取特権と競合するときは、これらの先取特権は、その適法に登記されたものであるとき、すなわち、後述するように（〔一二三〕）、保存費は保存行為完了後直ちに（三三七条）、工事費は工事着手前に（三三八条）、登記されたものであるときは、常に抵当権に優先する（三三九条）。例えば、抵当家屋について保存工事または増築工事をするときにも、右の要件の下に、抵当権に優先する。保存費及び工事費は、増価額に限るのだから（三二七条二項）、既存の抵当権者もこれによって利益を受けるものであるというのが立法の理由である。しかし、果して抵当権者を害するおそれがないか、甚しく疑問である。

(ロ)不動産売買の先取特権との競合については特別の規定がないから、一般原則に従い、登記の前後によると解すべきである。

(2)抵当権と不動産の上の一般先取特権とが競合するときは、抵当権に登記がない限り、一般先取特権は、登記がなくとも、これに優先する（〔一二九〕参照）。両者に登記があるときは、一般原則に従って、登記の前後による。

第三　先取特権と第三取得者との関係

〔一三四〕　一　動産の上の先取特権

一般先取特権が動産の上に及ぶ場合であると、動産の上の特別の先取特権であるとを問わず、動産の上の先取特権は、債務者がこれを「第三取得者ニ引渡シタル後ハ其動産ニ付キ之ヲ行フコトヲ得ズ」（三三三条）。

（a）第三取得者とは、譲受人であって、賃借人や質権者などを含まない（大判昭和一六・六・一八新聞四七一一号二五頁（賃借人が賃借権を適法に譲渡し、機械を新賃借人に賃貸している事例））。また、賃貸借が解除されても、債務者の所有に属する限りは先取特権は消滅しない（大判昭和一八・三・六民一四七頁（解除後の新賃借人に保管させている事例））。

（b）「引渡す」とは占有改定を含むかどうかについて少数の反対説がある（末弘一三〇頁、田島七五頁等）が、多数説及び判例（大判大正六・七・二六民一二〇三頁）は、含む、すなわち、占有改定があっても引渡となり、先取特権を行使することができなくなるという。例えば、借家人が備附けた機械を譲渡担保として引続き使用している場合などにも、家主の先取特権は、その機械については行使しえなくなる。判例・多数説を正当と思う。けだし、本条は、公示のない動産先取特権の追及力を制限する趣旨であるから、第三取得者がその所有権について対抗力を備えた以上、先取特権がこれに及ばないとするのが至当だからである。もっとも、右の例で賃貸人が譲渡担保設定の後にもなお善意であるときには、その時から後に取得する賃料債権については、第三一九条の適用によって、先取特権を取得すると解すべきであろう（前掲大正六年の判決は傍論としてこの理を認めるようである（判例コンメンタール（清水）三一九条脚註1参照））。

〔一三五〕**二**　不動産の上の先取特権

一般先取特権が不動産の上に及ぶ場合には、登記がなければ、第三取得者に対抗することはできない。第三三六条但書の文字はやや不明であるが、沿革上かような趣旨を含むことは疑いない（旧民債担一九〇条、修正案理由書三三六条参照）。フランス民法もこれと同様である（同法二一〇六条参照）。また、不動産の特別先取特権は、一定の登記がなければその効力を保存しえないものであり（三三七条・三三九条・三四〇条〔一三一〕参照）、第三取得者との関係はこの登記の前後によることは疑いない。

第四　先取特権の一般的効力とその行使の要件

〔一三六〕**一**　先取特権の一般的な効力は、競売法によって、みずから目的物を競売し、優先的弁済を受けることである（三〇三条、競三条・二二条）。

(1)動産の上の先取特権は、債権者が目的物を占有する場合は格別、そうでない場合は、占有者が任意に目的物を差出さない限り、競売をすることができないという説が多い。判例もそのようである。すなわち、債務者が占有を有するかどうかに関係なく競売の委任だけは受理すべきだというが、債務者が任意に差出さなければその時にこれに応ずる処置を講ずればよいという前提である（大判昭和一一・五・二六民九一五頁）。しかし、民法は先取特権に優先弁済権を認めているのだから、先取特権の効力として差押えて競売することができると解すべきものと思う（判民昭和一一年度六一事件の内田評釈参照。もっとも問題は、動産質権、債権質権、不動産質権・抵当権のそれぞれに基づく執行の根拠を何に求めるかに関連する。研究を要する）。

〔一二七〕 (2)なお、他の担保物権者が競売をなし、または一般債権者が強制執行をなすときは、先取特権者は、その順位と効力とに応じて、売得金について優先弁済を受けることができ(競二条二項、民訴六四九条二項・五六五条)、また債務者が破産したときは、一般先取特権は財団から優先的弁済を受け(破三九条)、特別先取特権者は別除権をもつ(破九二条)。そして、これらの効力を主張するためには、他の担保物権におけると同じく、債務者が遅滞にあることを要することはいうまでもない。

〔一二八〕 (3)先取特権には抵当権の規定が一般的に準用される(三四一条)。目的物に対する占有を要件としない担保物権である点で両者は近似しているからである。第三七〇条・第三七四条・第三七八条—第三八七条などが準用される主要なものであろう。

〔一二九〕 二 一般の先取特権の効力について二個の特則がある。

(1)一般先取特権は、不動産について登記をしなくとも、これをもって、「特別担保ヲ有セザル債権者」に対抗することができる(三三六条本文)。例えば、一般債権者が不動産に強制執行をするときには、一般先取特権者は登記なしに優先権を主張することができる。一般先取特権は、その債権額が少ないのが普通であり、また登記をすることは実際上極めて困難であることを考えたのである。「特別担保」例えば抵当権を有する者がこれについて登記をしているときは、一般先取特権者がこれに対抗しえないことは明らかであるが(三三六条但書)、この者が登記をしていないときについては、法文は明瞭を欠く。しかしなお一般先取特権をもってこれに対抗しうると解することが一般先取特権の立法趣旨に適するであろう。

〔一三〇〕 (2)一般先取特権は、配当を受けるに当り債務者の財産の種類に従って一定の順序を守るべき制限をつけられている。すなわち、第一に、不動産以外の財産について弁済を受け、それだけでは弁済を受けえない不足部分についてだけ、不動産から弁済を受けることができる（三三五条一項）。第二に、不動産から弁済を受けるについても、まず特別担保の目的となっていないものについて弁済を受け、最後に特別担保の目的となっている不動産について弁済を受けることができる（三三五条二項）。この順序を誤まり、例えば、債務者の動産が配当されたにも拘わらずこれに配当加入をなすことを怠るときは、その制裁として、右の配当加入をすれば弁済を受けることができた限度においては、登記をした第三者（抵当権者または第三取得者などで、一般債権者を含まない）に対してその先取特権を行使することはできない（三三五条三項）。

以上の制限は、一般先取特権によって他の債権者を害することを防ごうとする趣旨であろう。しかし、一般先取特権は、前段に述べたように、いかなる場合にも登記なしには登記ある第三者に対抗しえないものなのであるから、本条の実益ある場合は稀であろう。一般先取特権が登記によって抵当権に優先しまたは第三取得者に対抗しうるときなどに適用をみるのであろうか。一般先取特権は登記なしにすべての者に優先するフランス民法（同法二一〇七条）なら本条のような制限は実益があるが、わが民法では疑問である（梅四一三頁参照）。

〔一三一〕 **三**　不動産先取特権は、特殊の時期において登記をすることが要求される。

(1)登記をなすべき時期及び登記事項

(イ)不動産保存の先取特権は、保存行為完了の後「直チニ」――遅滞なくの意に解されている（通説）、――その債権額（三三七条、不登一一五条）、

(ロ)不動産工事の先取特権は、工事を始める前に、費用の予算額（三三八条一項本文、不登一一五条）、

（ハ）不動産売買の先取特権は、売買契約と同時に――売買による所有権移転の登記とともに――いまだ代価またはその利息の弁済がない旨（三四〇条、不登一一五条）。

〔一三三〕 ⑵登記を要する理由　右のような厳格な要件を設けた趣旨は、法律上当然生ずる不動産担保権はなるべく速かにこれを登記簿に記載させて不動産取引の安全をそこなわないためである。ことに、不動産保存及び不動産工事の両先取特権は、前に登記されている抵当権にも優先するのであるから（三三九条）、速かに登記をさせ、抵当権者に対し優先権者が出現したことを知らせるのが適当である。この趣旨からいえば、工事着手後に工事の先取特権の登記をしてもその登記は無効だとすること（大判大正六・二・九民二四四頁、大判昭和九・五・二一新聞三七〇三号一〇頁）も、さらに、保存の先取特権の登記を更正登記によって工事の先取特権と改めることを許さないとすること（大判大正四・一二・二三民二一七三頁）も、ともに正当な態度というべきである。けだし、そうでなければ、ほぼでき上った完成前の家屋に抵当権を設定した者が、その後の工事費の登記によって優先されることになり、その弊害は忍びえないものであろう。しかし、その反面、請負人などにとって実益の少ない制度となっていることは前述のとおりである（〔一七〕）。なお、着手前に工事の先取特権の登記をした建物の建築を終ったときは、その建物の所有者は遅滞なく新築の登記をなすべきであるから（不登一三九条）、所有者がこの登記をしないときは、先取特権者はその登記の申請をなすべき旨を請求することができる（大判昭和一二・一二・一四民一八四三頁（判民一三〇事件野田）――工事請負人に資金を貸与し、先取特権附工事代金請求権を担保にとった者から、請負人に代位しての請求）。なお、この登記は着手前に登記をした登記用紙になされるものであり（不登一三六条―一四〇条参照）、別の登記用紙にした登記は無効とされるのだが（大判昭和二・六・一〇新聞二七三〇号一五頁）、往々にして守られず、建物の二重登記を生ずる原因の一つとなっている。

〔一三三〕 (3)登記の効力　不動産の保存、工事及び売買の先取特権についての右の登記は、不動産先取特権の「効力ヲ保存ス」る要件とされる（三三七条・三三八条一項本文・三四〇条）。いかなる趣旨であろうか。この要件を具備した登記をしない以上、先取特権は効力を生じない意味か、あるいは、一般の原則（一七七条）に従い第三者に対抗しえない意味か。前説をむしろ多数説とするが、後説（末弘一三三頁、石田七六四頁等）を正当とするであろう。けだし、民法はこの場合に「効力ヲ保存ス」という特別の文字を用いているが、不動産物権の登記に関する一般理論の例外とみるほど実質的な理由を発見しえないからである。ただし、両説の実際上の差異は、適法な登記なくして競売権を行使しうるかどうかの点に存する。優先権はいずれにしても認めえないのであるから、その差異はさまで重大ではない。ちなみに旧民法（債担一八四条）は遅れた登記にも抵当権としての多少の効力を認めている。フランス民法においても、着手前の登記を要件としながらも、遅れた登記にも、なおその後の抵当権に対抗する効力を認めるのが通説であることは前述のとおりである（〔七六〕・〔一一二〕）。立法論として参考に値する。

〔一三四〕 (4)登記された先取特権の効力の内容　適法に登記された不動産保存及び不動産工事の先取特権は、既存の抵当権にも優先する。ただし、登記された予算額を限度とする。また、不動産売買の先取特権は登記の順序による。これらのことはすでに述べた（〔一二三〕1）。

〔一三五〕

第四節　先取特権の消滅

先取特権は、物権共通の消滅原因、及び、担保物権共通の消滅原因によって消滅する他、不動産を目的とする先取特権は、抵当権の規定が準用される(三四一条)結果として、代価弁済(三七七条〔五五九〕以下)または滌除(三七八条以下〔五六二〕以下)によって消滅する。なお動産を目的とする先取特権は、その目的物が第三取得者に引渡されることによって消滅することは前述のとおりである(〔一二四〕)。

第四章　質　権

第一節　総　説

第一　質権の意義とその社会的作用

〔二三六〕 一　質権は、債権者がその債権の担保として債務者または第三者（物上保証人）から受け取った物を債務が弁済されるまで留置して、債務の弁済を間接に強制するとともに、弁済されない場合にはその物の価額によって優先的弁済を受けることのできる担保物権である（三四二条参照）。

(1)質権は、留置権・先取特権のように法律上当然に生ずるものではなく、抵当権と同じく、物的担保を設定しようとする当事者間の契約によって成立するものである。従って、抵当権とともに物的担保を授受しようとする経済的要請に答えることをもってその作用とする。そして質権と抵当権との根本的な差異は、質権にあっては目的物の占有を担保設定者から奪うのに反し、抵当権にあってはこれを引続き占有させる点に存する（三四二条・三四四条・三六九条参照）。質権が目的物を質権設定者の占有から奪うことは、法律的には質権の存在を公示する作用（公示の作用）をなすものであり、経済的には設定者に目的物を利用しえない苦痛を与えてその弁済を間接に強制する作用（留置的作用）をなすものである。そして質権のこの二個の作用は、抵当権に対する質権の長所ともなり短所ともなる。

〔一三七〕 (2)しかし、質権が右の二個の作用を有するということは、動産質権については文字どおりに適用されるが、その他のものの上の質権については多くの修正を必要とする。すなわち公示方法においては、登記・登録その他一定の帳簿の記載を必要とするものが少なくない。また留置的効力においては、一面、質権者が目的物を使用収益する権利をも有する場合があるとともに（不動産質はその一例）、他面、目的物を留置しても設定者に対してほとんど何の苦痛を与えないものもある。主要な財産について、質権のこの両作用がいかに現われるかを検討し、かつそれぞれについて抵当権との対比を試みよう。まず、主要な財産について現行法上質権または抵当権の成立が可能かどうか表示すれば左の如くである。

(イ)動産

	質権（能否）	質権（公示方法）	質権（留置的作用）	抵当権
a 普通の動産	可能	引渡	有り	不能
b 証券に化現する商品	可能	証券の引渡	有り、ただし意味やや異なる	不能
c 不動産の従物 / d 特別法上の財団の構成物	分離すれば可能だが経済的価値を損ずる			不動産とともにすれば可能
e 農業用動産	登記しないものは可能（普通の動産と同じ）			登記したものは可能
f 自動車	運行の用に供するものは不能			可能
g 航空機	右に同じ			可能
h 建設機械	登記しないものは可能（普通の動産に同じ）			登記したものは可能

(ロ)不動産 a 土地・建物	可　能	登　記	収益を伴なう	可　能
b 立木法による立木	不　能			可　能
(ハ)特別法上の財団	不　能			可　能
(ニ)地上権・永小作権・採石権	可　能	登　記	収益を伴なう	可　能
(ホ)漁業権・採掘権	不　能			可　能
(ヘ)登記船舶	不　能			可　能
(ト)無体財産権	可　能	登　録	収益を伴なうことと否とあり	不　能
(チ)債権・株式等	可　能	場合によって異なる	ほとんどなし	不　能

〔一三八〕 二　公示方法を中心とする質権と抵当権との対比

(1)質権の公示方法としての占有の一般的な意義　近代法は、公示されない物的担保の存在を嫌い、すべての担保物権について公示の原則を貫こうとする。この立場からみるときは、質権において設定者からその目的物の占有を奪うことは、そのこと自体ある程度まで質権の存在を公示するから、その設定は寛大にこれを認めることができる。これに反し、抵当権においては、目的物は依然として設定者の占有・利用に止まるから、抵当権の存在は外形に現われない。そこで、近代法は抵当権について特別の公示方法を考案した。国家の管理する公簿の記載すなわち登記・登録である。ここにおいてか、質権は占有移転の可能な財産について広く設定しうるのに反して、抵当権は国家がとくに登記また登録の制度を設けた財産についてのみ設定が可能である。

以上は公示の原則に関し質権と抵当権とについて普通に説かれるところであり、一応正当な対比である。しかし、この占有移転を基礎とする質権設定の可能が大きいということは、仔細にこれを検討すると、今日の法制においては案外その意義の少ないことを発見する。

〔一三九〕 (2) 占有の観念化との関係　すべての動産は、その占有の移転が可能であり、そしてこれを公示方法として質権の設定が認められていることは、疑いもなく、質権の大きな強みであり、抵当権の追随を許さない点である。しかし、この動産質権の公示方法たる占有の有する意義についても、近世法における公示方法としての占有が甚しく観念化していることに関連して、注意すべきものがある。民法は目的物の占有移転をもって動産質権の成立要件となし(三四四条)、その占有移転は占有改定では足りないものとなし(三四五条)、しかして、占有の継続をもって質権の対抗要件とする(三五二条)。このことは、沿革的には確かに、質権設定者の許に依然として所持され何ら外形上の移動を伴なわない占有移転をもって質権公示の方法とすることは一般債権者を害するから不適当だ、という趣旨であった。しかし、近世法は、他方においては、質権よりも一層強大な所有権の移転の公示方法としてさえ占有改定をもって足りるとし、また占有の継続などは問題としないのであるから(物権〔一一六〕参照)、質権の公示方法としてだけ右のような厳格な態度をとることは、その理論的体系としては一貫しないものを含むといわなければならない。そして今日の民法理論として、占有改定による動産の譲渡担保を有効と認めざるをえないことは、これから生じた破綻の一顕現ともいうことができる(〔九四九〕以下、物権〔六三〕参照)。これらの理論を統一的にみるときは、動産質権において占有を重要なものとし、ことに占有改定を禁ずることは、公示方法としてよりも、むしろ次段に述べる留置的作用の手段として今日その重要な意義を有する、とさえいうことができるように思われる。

〔一四〇〕 (3)流通過程にある商品　動産質権の設定のために目的物の占有を移転して公示方法とすることは、設定者が引続き目的物を占有するかあるいは少なくともこの上に物質的支配力を保留する必要がある場合には、甚しい障害となる。従って、ここでは、占有移転に代る公示方法が考案されなければならない。その第一の方法は、商品を証券（倉庫証券・貨物引換証・船荷証券）に化現せしめ、この証券の占有をもって商品自体の占有に代える制度である。商法はこれについて詳細な規定を設けている（商五七一条・五七三条・五七五条・五八四条・五九八条・六〇四条・六二〇条・六二七条・七六七条・七七六条参照）。近世法がこの制度を創案したことは、商品の資本主義的な大量取引に促がされた一大発明である。もっとも、法律理論としては、証券の占有は商品自体の占有と同視されるのであるから、公示方法の立場からみるときは、証券による質権の設定はなお占有の作用というべきであろう。しかし、その証券は、単に公示方法として機能するだけでなく、留置的作用において一層重要な作用を発揮するものであって、そこに商品を化現する証券の近代的な意義がある。後に詳述する。

〔一四一〕 (4)企業施設としての動産　動産質権の設定者が公示方法として目的物の占有を移転することを不便として、占有に代る公示方法として考案された第二の制度は、企業施設を構成する動産の登記または登録である。さらに具体的にいえば、三個の方向を指摘することができる。

第一は、企業施設の基礎となっている個々の不動産（土地・建物）を基盤とし、それに附属する動産を一体としてその不動産の運命に従わしめる方向である（従物理論の進展）。工場抵当（〔八一四〕以下、とりわけ〔八三〇〕以下に詳述する）にその適例をみる。

第二は、特定の企業施設を構成する多くの不動産と動産を一個の不動産ないしは物とみて、抵当権の客体とする方向である（集合物理論の進展）。財団抵当（〔八一四〕以下に詳述する）がその例である。

第三は、個々の動産について登記または登録の制度を設けて、抵当権の設定を可能とする方向である（動産の不動産化）。最初に一定の農業用動産についてその途が開かれたのであるが、その後、自動車、航空機、建設機械と拡張された（〔八四七〕以下に詳述する）。ただし、個々の動産の担保化のために登記を公示方法とする制度を設けたに止まり、動産だけから成る企業施設を一体として把握することは、なお実現されていない。

なお、運行の用に供する自動車及び日本国籍を有する航空機は質権の目的とすることを禁じられていることは、質権の領域を狭くするものとして注目に値する（自動車抵当法二〇条、航空機抵当法二三条）。これは、運行の用に供されている自動車と日本国籍を有する航空機はすべて登録されていなければならないものとし、運行者・管理者の責任を明らかにしようとする趣旨であるが、質権者による運行や管理を禁じようとする広い意味での政策的配慮に基づくものであることは、後に述べる登記船舶などと同様である（〔一四三〕参照）。

〔一四二〕 (5)不動産・不動産物権　土地・建物・地上権・永小作権・採石権などの上の質権は、目的不動産の占有を質権者に移転し、あるいは質権者をして目的不動産物権を行使させるものであるから、外形上の変動を伴なう。しかし、近世法は、不動産物権の公示方法は悉く登記によらしめ、占有に依存しないのを原則とするから、不動産及び不動産物権においても、登記が対抗要件とされ、占有は公示の役をつとめない（〔二四八〕参照）。

〔一四三〕 (6)質権者の用益を許さない不動産　立木法による立木及び特別法上の財団は、とくに抵当権設定の可能性を認めるために独立性を与えられたものであるから、占有をもって公示方法としないだけでなく、質権の設定自体を許さないものである（立木法二条、工場抵当法一四条二項、鉄道抵当法二条参照）。かように政策的立場から質権の設定を許さないものの例として、なお他に漁業権及び採掘権がある（漁業法二四条、鉱業法一三条参照）。これらの権利の上の質権も、理論としては可能であることは地上権・永小作権などと同様である。法律がとくにこれを禁じたのは、質権の設定によってこれらの権利の実施を質権者の手に移すことは不当だという政策上の理由に基づく。収益質の性質を有する質権には、かような政策的な理由からその設定を禁止されるもののあることは注意を要する。登記船舶に質権の設定を許さないこともこれと同様の趣旨によるものである（商八四八条・八五〇条）。

〔一四四〕　(7)無体財産権　特許権・実用新案権・意匠権・商標権・著作権・出版権などのいわゆる無体財産権については、特別法によって質権設定の可能性が認められている（特許法九五条、実用新案法二〇条、意匠法三五条、商標法三四条、著作権法一五条・二八条ノ九参照）。しかし、これらの権利については目的物の引渡ということは意味をなさず、その上の質権は登録を公示方法とする。従って、質権者にこれらの権利の実施を認めない場合には、質といっても抵当と差はないことになる。

〔一四五〕　(8)債権・債券・株式　最後に、各種の債権及び株式が質権の目的となって抵当権の目的とならないことは、現代における質権の作用に新たに極めて重要な意義を加えるものである。しかしこの種の権利質における公示方法は一様ではない。これらの権利が無記名式・選択無記名式または指図式の有価証券に化現しているときは、その証券の占有移転または裏書交付を公示方法とするから、なお目的物の占有移転をもって公示方法とするということもできるであろう。しかし、有価証券に化現してもその記名式のもの（記名社債がその適例（商三〇一条二項九号・三〇六条・三〇七条参照））及び有価証券に化現しないもの（指名債権がその適例（三六四条一項参照））は、帳簿の記載または債務者への通知もしくはその承諾というような、占有とは別の公示方法をとる。従って、民法はこれらの権利の上の質権の設定についてはその権利に伴なう証書の引渡をもって効力発生の要件としているが(三三六)、この有形的なものの占有移転は、この種の権利質のすべてに通ずる公示方法として独立の意義を有するものではないといわねばならない。

〔一四六〕 (9)要約　これを要するに、占有の移転が質権の公示方法として意義を有するのは、普通の動産及び無記名式または指図式の有価証券化した商品と権利とに限る。不動産・不動産物権・財団などにおいてはもちろんのこと、帳簿上の表象を可能とする財産権(無体財産権・記名社債など)においても、登記・登録が公示方法とされる。ことに企業用動産において登記・登録が占有に代ろうとしていることは注目に値する。

三　留置的作用を中心とする質権と抵当権との対比

〔一四七〕 (1)質権における留置的効力の重要性　質権では、設定者から目的物の占有を奪いこれに心理的圧迫を加えて間接にその弁済を促がすことが、担保の目的を達する主要な手段となっている。従って、占有を奪われることを苦痛とする物についてほど、質権はその作用を発揮することができる。これに反し、抵当権は設定者をして目的物の利用を継続させるのだから、設定者に格別の苦痛を感じさせないが、設定者をして目的物を利用させその収益によって元利の弁済をなさしめようとする場合には、質権によっては企図しえない作用を営むことになる。この質権の長所と短所は各種の財産についていかに作用するであろうか。

〔一四八〕 (2)生活の用具　家具・調度・衣服・装身具・骨董品などの生活用具が質権の目的物として最も適当なものであることは説くまでもあるまい。質権は、その設定の極めて容易であることと相まって、この範囲において絶大な社会的作用を営む。かくして、質権が、主として消費信用における庶民金融制度の王座を占めることは全く抵当権の追随を許さない領域であって、法律においては、質屋営業法（昭和二五年法一八五号（明治二八年の質屋取締法をしばしば改正した後にこれに代えたもの））によってこの庶民金融制度を規律し、かつ公益質屋法（昭和二年法三五号）によってこの制度の運用を助長している。

〔一四九〕　(3)流通過程にある商品　同じく動産であっても、製造業者または商人の所有する商品については、質権の作用は大いに異なる。これらの商品も普通の方法によってこれを質入れすることはもちろん可能である。しかし、それでは、所有者が販売または運送するのに支障を生ずるだけでなく、大量的に質入れすることは質権者にとっても不便である。そこで、これらの商品を倉庫営業者の倉庫に寄託し、または海陸の運送業者によって運送させ、これらの者にその商品を表象する証券（倉庫証券・貨物引換証・船荷証券）を発行させ、この証券によってその商品を質入れする制度が考案せられていること、前に一言したとおりである。これらの場合には、証券を占有せずには商品を処分しえないから、証券の占有は商品に代る作用をなし、商品は証券を通じて極めて簡易に質入れされる。しかも、その商品の所有者またはその買主は商品の占有を取得するためには必ずまず商品によって担保されている債権を弁済して証券を入手しなければならないから、質権はなお留置的作用を営むということができる。しかし、この場合には、前段に述べた生活用具たる動産の質入れの場合のように、目的物の担保的利用のためにその物質的利用を犠牲にする必要はなく、商品所有者は、その商品について、一面これを担保的に利用すると同時に、他面これを売却・送付するという商品としての物質的利用をなすことをうるのであるから、質権はその作用においてむしろ抵当権に近づいてくる。そして、証券による質入れのかような作用は、商品が商人にとって特別の物質的利用価値を有せず専ら交換価値の特殊な具現者として存在することに基づくものである。従って、われわれはここに、その法律的形式においてのみならず経済的作用においても特異性を有する質権の存在することを見いだす。資本主義的商品取引の隆盛に促がされて生じた新たなものである。このことは、いわゆる荷為替による国際的商品取引において典型的な姿を示す。もっとも、右に述べたことは、その基本的な姿であって、銀行間の国際的金融取引網はこの制度をさらに一層軽便なものにしようとして、種々の新たな慣行を生じつつある。後にその概略を述べることにする(〔二三四〕以下参照)。

〔一五〇〕 (4)企業施設としての動産　生産用具たる動産は、これを質権者に引渡して質権を設定しては、生産者は生産することができなくなる。従って、動産たる生産用具を有する者が、これを担保化して流動資本をえようとする場合には、質権は全く無力である。ここには抵当権の進出を求めなければならない。しかし、従来は、かような動産が特殊の大きな財団に取り込まれる場合にだけ、特別法によって財団抵当権の目的とすることが認められたに止まり、農業用動産または中小商工業者の動産的生産用具を抵当権の目的とする途は杜絶されていた。かような状態の時に、前述した農業動産信用法(昭和八年法三〇号)が制定され、一定の農業用動産の上に抵当権を設定することが可能とされたことは、実にわが国の担保制度における画期的な進歩といわなければならない。そして、すでに述べたように、戦後になって、この制度は、自動車、航空機、建設機械に拡張された。かようにして、特殊のものとはいえ、生産設備のうちの重要なものについて、留置的効力に頼らない担保化の途が開かれたことは、注目すべきことである。しかし、このこととは別に、中小企業者の動産の集合からなる企業設備を一体として把握しこれを抵当化する途は、中小企業者が金融をえる手段としてその必要が強調されているにも拘わらず、なお実現されていない。また、自動車・航空機などの特殊の動産は、その抵当化をはかるとともに質権設定の途を閉ざしている場合があることは前述した（〔一四二〕末尾）。

〔一五一〕(5)不動産・不動産物権　不動産（土地・建物）及び不動産物権（地上権・永小作権・採石権）は抵当権の目的とすることもでき、質権の目的とすることもできる。質権では、質権者が目的物を使用収益しその収益をもって被担保債権の利息に充当するのを原則とする（三五六条―三五九条参照）。従って、ここでは、一見すると、留置的作用はさらに収益を伴ない、その効力を倍加するような感を抱かせる。しかし、実際からいえば、かような質は、金融を与える者が――昔の地主がそうであったように――不動産を収益する能力を有する場合には適当なものであろうが、今日のように、金融業者が独立した時にあっては、甚しく不便である。銀行が農耕地を質にとってこれから収益することがいかに不便であるかを想像すれば、容易に理解することができるであろう。これ、不動産質が次第にその経済的作用を失なっているゆえんである。

〔一五二〕(6)質権者の用益を許さない不動産　のみならず、質権者が事実上用益することが便宜かどうかに拘わらず、行政上の取締その他の政策的理由で、権利者自身が用益すべきものとして、質権の設定を禁じられる財産のあることも前述のとおりである。その例として、企業財団・漁業権・採掘権・登記船舶などが挙げられる。これらの財産は、前段に述べた土地、ことに農地などと違って、質権者が管理人や経営代理人によってこれらの権利を実行して収益を上げることは、必ずしも不可能ではあるまい。財団には、抵当権実行の方法として強制管理が認められているものもある。しかし、実際からいって、これらの財産の上に質権を設定することが禁じられても、金融取引の上に別段不都合を生じていると考えられない。

〔一五三〕 (7)無体財産権　特許権・著作権などのいわゆる無体財産権については、権利の行使を質権者に委ねるもの(収益質)とこれを設定者の許に留保するもの(実質上の抵当権)との両者を認めることができると解すべきことは後述のとおりである(〔三〇八〕)。しかし、金融業の独立は、この種の財産権についても収益を不便となし、専ら実質上の抵当権に該当する質権を選ぶのを普通とするようである。

〔一五四〕 (8)債権・債券・株式　債権・株式などの財産権、ことにその有価証券化したものは、質権として今日極めて重要な作用を営むことは多言を要しない。しかし、注意すべきことには、これらの質にあっては、質権の留置的作用が発揮される余地はほとんどない。けだし、これらの財産権は、物質的な利用価値を有せず、すべての人にとって一様な客観的交換価値を有するに過ぎず、従ってその権利者にとっても特別な主観的価値を持たないため、これを質にとってその処分を禁止しても、権利者に対してほとんど心理的圧迫を加えることができないからである。これらの質権にあっては、目的物の交換価値によって優先弁済をえることだけがその経済的作用である。これらの質権が――株式の上の質権が配当を取得する権利をもつ場合のように――収益質の性質をもつときにも、このことに変りはない。そしてかような質権の生じたことは、交換価値だけあって特殊な使用価値のない債権・株式というような財産が取引界において主要な地位を占めるに至ったことに基因するものであって、近世資本主義の所産に他ならない。

〔一五五〕 (9)要約　要するに、質権は、本来は留置的作用をもってその本体とした。この作用を中心として考えるときは、これを奪うことによって苦痛を与えることのできるものでさえあれば、交換価値のないものでも質権の目的となりうる(〔四〕参照)。もっとも、民法は交換価値のないものを質権の目的とすることを許さないから(三四三条)、民法上の質権は、留置的作用に加えて交換価値による優先弁済をもその作用となすものといわなければならないであろう。だが、それにしても、質権が抵当権に対して有する本来の作用的特色は、あくまでもその留置的効力にありといっても過言ではない。ところが経済事情の変遷により、この留置的作用を中心とする質権本来の面目を発揮するものは、僅かに、衣服・調度・装身具・骨董品などによる消費信用の部門に限ることになった。不動産及び生産用具においては質権はもはやその作用を営みえない。そして、大量的な商品質及び有価証券質という主として目的物の交換価値を中心とする特殊の質権が新たに登場して、優先弁済を中心とする質権をして新たな作用を営ましめている。これを要約すれば、生活用具の質に現われる庶民金融としての本来的な作用、及び商品質・有価証券質としての新たな作用、この両者に、抵当権の追随を許さない質権の本領が存在する。そして、この範囲は、あたかも、公示方法としての占有が質権について重要な意義を有する範囲と、大体において符節を合わせるものであることを知る。

〔一五六〕 **四　譲渡担保の存在意義**　最後に、われわれは、上述したところから、質権と抵当権との両制度をもってしてもなお適当な担保化の途のない財産のあることもこれを知ることができる。いまだ抵当権を設定することを認められない動産的生産用具及び商人の手許にある商品がその主要なものである。しかし、この他にも、確固たる財産権としての存在を取得しないいわば形成の途上にある財産権にその例をみる。のれん・客観的意義における企業(総則〔二四〇〕参照)・電話加入権(〔二七九〕参照)などがその顕著なものである。そしてここにいわゆる譲渡担保制度の活躍する領域が存するものであることはすでに一言したとおりである(〔八〕・〔九〕)。なお注意すべきことは、譲渡担保が質権または抵当権の設定が認められている財産についても進出していることである。有価証券の担保にすこぶる多い。そこでは、質か譲渡担保か不明な場合も少なくない（〔一〇〇六〕以下に説く）。また、不動産について、抵当権を設定しながら不履行を条件とする代物弁済契約をして仮登記をする場合にも、譲渡担保に類似した一面が見られる（〔四四四〕以下に説く）。

第二　質権の法律的性質

〔一五七〕　一　質権は、債務の弁済あるまで目的物を留置し、弁済のないときは目的物の交換価値によって優先弁済を受けることのできる約定担保物権である。

(1)質権は、元来は、動産について認められた権利（動産質）だが、ついで不動産について認められ（不動産質）、さらに債権や株式についても認められるようになった（権利質）ものである。

（a）ところが、占有の移転によって公示の作用と留置的効果とを発揮するという動産質権の最も重要な特色は、不動産質においても、権利質においても、文字どおりには現われないこと、すでに詳説したとおりである（〔一四二〕・〔一四五〕・〔一五二〕・〔一五四〕）。そこで、この三種の質権はそれぞれ別種の権利であると考える説がむしろ多かった。ことに、債権質については――物権の目的物は物であるべきはずなのに、これは権利であるという理由からも――動産質とは別異の性質を有するものと考える説が有力に主張された。わが民法が、権利質について、質権総則の規定を準用すると定めたこと（三六二条二項）は、そうした思想に影響されたものと推測される（〔一六六〕参照）。

〔一五八〕　（b）しかし、質権の本質を、最初に述べたように、目的物の有する交換価値を優先的に把握する権利と理解するときは、三種の質権は、この点において全く同一であって、ただその公示方法や留置的作用において異なった形態を示すに過ぎないというべきである。なぜなら、質権の目的物が物(動産・不動産)である場合にも、質権は、その物を物質として支配するのではなく、その交換価値を支配するものである。いいかえれば、ある物が物権の客体であることを理論的にみれば、その物の有する生活利益が全面的に帰属するのが、所有権であり、使用・収益という一面的な関係で帰属するのが用益物権であるのに対して、交換価値(担保価値)という一面的な関係で帰属するのが質権なのである。そうだとすると、質権の目的物が債権や株式である場合にも、右の関係は全く同一だといわねばならない。もっとも、債権や株主権の上の所有権という観念は不必要である。債権または株主権の有する生活利益、すなわち債務者の給付、株主権の内容をなす株式が、ある人に全面的に帰属することは、とりもなおさず債権または株主権に他ならない。しかし、これらの生活利益が、使用・収益という一面的な関係で帰属するときは、債務者の給付や株式の上の用益物権が成立する。わが民法にはその例はないが、ドイツ民法の権利の上の用益権(Niessbrauch an Rechten)はこれにあたる。そして、給付や株式が交換価値という一面的な関係で帰属する場合には、それは権利質なのである。

〔一五九〕　(c)要するに、物権は有体物を直接かつ排他的に支配する権利だ、と素朴な意味でいわれることは、正確にいえば、客体が一定の関係において直接かつ排他的に権利者に帰属することを意味する。そして、所有権及びわが民法上の用益物権のようにこの一定の関係が必然的に客体の物質的支配を伴なうものにあっては、右の素朴な表現は破綻を示さない。すなわち、ドイツ民法のように権利の上の Niessbrauch を物権とする法制では、用益物権の概念構成においても破綻を示したはずであるが、わが民法の用益物権ではそうではなかった。しかし、担保物権のように、権利者に帰属するこの一定の関係が客体の有する交換価値であって、必ずしもその物質的支配を伴なわないものにあっては、右の素朴な表現はこれを理論的に吟味することを要する。しかるときは、すべての物権は客体たる生活利益を一定の関係において直接かつ排他的に支配することをその本質となし、質権においてはその関係が交換価値の一定の形態における直接かつ排他的な把握であることにその特色を示すものであることを理解することができる。そしてこの本質においては、有体物の上の質権と権利の上の質権との間に少しも本質的な差異のないことを明らかにすることができる（我妻「権利の上の所有権という観念について」（民法研究Ⅲ所収）参照）。

〔一六〇〕 (2)質権は目的物の引渡を受け（三四四条）、かつこれを被担保債権の弁済あるまで留置する権能を伴なう（三四二条）点において抵当権と異なる。この権能は、債務者に心理的圧迫を加えて間接にその弁済を促がすこと（留置的作用）をその本来の作用となすものであるが、この作用は質権の目的物が何であるかによって意義を異にするものであることは前述のとおりである（〔一四七〕—〔一五五〕）。この留置的作用の差異は、そこにも述べたように、質権と目的物の占有との関係に大きな差異を生ずる。

(イ)動産及び不動産の上の質権、すなわちいわゆる物質質権は、目的物の占有を取得しかつこれを継続することを内容とする。従ってまた、目的物に対する占有すべき権利を包含する。もっともこの権利は動産質権において重大な制限を受けるが、そのことは後述する（〔一八二〕・〔二〇三〕）。

なお、物質質権に共通な占有も、その内容は同一ではない。すなわち、不動産質権の占有は目的物の収益権限を伴なうのに反し、動産質権は原則としてこれを伴なわない。ただし、設定者は、いずれの場合にも、目的物の使用権能を失なう。その結果、動産質においては、目的物の使用価値は、原則として、社会の現役を退くことになる。

(ロ)権利質のうちでも、不動産物権のように財貨の物質的利用を内容とする権利の上の質権にあっては、質権と目的物の占有との関係は前者と全く同一である。

(ハ)これに反し、収益を内容としても財貨の物質的利用を伴なわない権利、例えば無体財産権の上の質権にあっては、留置的効力は専ら目的たる権利の行使・収益となって現われる。従って、ここでは目的物の引渡、その占有の継続、占有すべき権利などは一切問題とはならない。

(ニ)さらに、収益を内容とせず権利の行使が直ちに権利の消滅となる権利、例えば債権の上の質権にあっては、留置的効力は単に設定者に対して権利の行使(消滅を生ずる行為)を禁ずる効力となって現われるに過ぎない。もっとも、民法は、これらの権利に証書が伴なっているときは、これを引渡すべきものとするから(三六三条)、この証書の占有については物質質権の目的物に対する占有と類似した取扱いをなすべきであるが、留置的効力として独立の意義のないことは前述のとおりである。

〔一六一〕 (3)質権は目的物の交換価値によって優先弁済を受ける権能を包含する。ただし、この優先弁済を受ける方法は質権の種類によって異なる。原則としては、目的物を競売してその売得金から優先弁済を受けるのであるが、流質が認められる場合には、目的物をもって直ちに弁済に充てることができ(三四九条の反対解釈から生ずる場合)、また、債権質においては、客体たる債権を直ちに取立てて弁済に充てることができ(三六七条)、さらにまた、不動産質においてはその収益をもって利息に充当することができる（三五八条・三五九条）。しかし、これらのいずれの場合にも、当事者は目的物の交換価値を算定しこれをもって債権に充当するものであるから、質権はなお客体の有する交換価値によって優先弁済を受けるものだといってさしつかえない。

〔一六二〕 (4)質権は当事者の意思に基づいて成立する担保物権である。この点において抵当権と同一であって、留置権・先取特権と異なる。

二　質権は、担保物権の一種として、次のような性質を有する。

〔一六三〕 (1)他物権である。すなわち、権利自体を担保の目的で取得するのではなく、他人に帰属する権利の上の制限的な権利である（〔七〕・〔一〇〕参照）。もっとも、自分の有する物または権利の上に質権が成立することもありうるが、それは混同の例外として認められる特殊の場合に限る（物権〔二四二〕・〔二四三〕参照）。

〔一六四〕 (2)債権に附従する。

(イ)質権は、他の担保物権と同じく、債権を担保することを目的とする権利であるから、債権の存在しないところ、すなわち存在目的のないところには、存在しえない。これを、前に一言したように（〔一八〕）、担保物権の附従性という。附従性は、この意味では、すべての担保物権、いな保証や譲渡担保をも含めて、すべての担保制度に共通の性質といえる。しかし、その内容は必ずしも同一ではない。一言にしていえば、留置権・先取特権のような法定担保物権については、厳格な内容をもつに反し、質権・抵当権などの約定担保物権については、次第に緩和される傾向を示す。なぜなら、法定担保物権にあっては、特定の債権の効力を強めその弁済を確保するために法律がその成立を認めるものだから、その債権が成立しない場合には、担保物権の成立を認める必要はなく、またその債権が消滅したときは、その担保物権も消滅するのが当然である。これに反し、約定担保物権においては、債権が現実に成立しなくとも、その成立の可能性がある場合に予め担保物権を設定しておく必要も生ずるであろうし、また被担保債権が消滅しても、これを担保した担保物権だけは存続させて、つぎに生ずる他の債権に流用することが便宜だとされる場合もあろう。ことに、担保物権の優先的効力は、成立の(そして対抗要件を備えた)時期の前後によって定まるのだから、右のような場合に、予め設定して対抗要件を備えておくことは、予め優先権を保留することであり、消滅させないで存続させることは、優先権を保留することである。このことを理解すれば、附従性を緩和することの実益がいかに大きなものであるかを容易に知ることができるであろう。そして、この金融取引上の需要に応じ、質権及び抵当権についての附従性は次第に緩和されてきた。つぎに、質権・抵当権の(i)成立、(ii)存続、(iii)消滅、(iv)優先弁済の取得の四つの方面から吟味する。

〔一六五〕 (ロ)第一は、成立における附従性である。

(a)消費貸借契約が締結され、貸付債権(被担保債権)が現実に発生した後に――少なくとも発生と同時に――担保物権を設定するのが常態であろう。しかし、現実に発生しなくとも、発生する可能性があれば、設定することができるという理論は、相当早くから承認された。すなわち、ドイツ普通法時代に、論争の結果、一般に承認され、ドイツ民法(同法一一一三条二項・一二〇四条二項)、スイス民法(同法八二四条一項)ともに、――右の理論を被担保債権の性質の方から捉えて――期限附債権(債権の成立そのものが期限附であるもの(総則〔四二一〕参照))または条件附債権のためにも、質権・抵当権を設定することができると定めている。

〔二六六〕 (b)わが民法には規定がない。しかし、現在の通説・判例ともにこれを認めている。すなわち、条件附債権及び期限附債権のためにも、現実の(条件附でも期限附でもない)質権・抵当権を設定することができると解されている。ただし、ここに到達するには、多少の曲折を経た。

(i)第一に、この理論は、消費貸借の要物性(五八七条)と関連した。その結果、条件附ないし将来の債権というのは、被担保債権が数日の後に成立する場合に限るように解された。もっとも、これは主として抵当権について論ぜられたことであるが、質権についても同様の問題を生ずるのだから、便宜上ここに述べる。

不動産を担保にして金を借りるときには、まず借用証書——多くは公正証書——を作成し、抵当権設定契約をなし、登記を済まし、しかる後に金円の交付を受けるのが社会の実情である。かような場合に、消費貸借は金円を交付した時に効力を生ずるという理論を貫けば、金円の交付を受けたと記載する公正証書は事実に吻合しないものとなり、抵当権は債権がないのに設定・登記されたことになる。そこで、もし債権が現実に発生していなければ抵当権は成立しないとして抵当権を無効とすれば、実際取引にとって由々しい大事となる。判例は、この間の実状に即し、早くから、右のような抵当権を有効と判示した(大判明治三八・一二・六民一六五三頁、大判大正二・五・八民三一二頁等)。その際に抵当権を有効とする結論を支持するために判例の用いた理論は、必ずしも明瞭ではないが、その真意とするところは、消費貸借はその構成要素の全部が備わるまでは効力を生じない——従って金円の授受がなければ、貸金返還請求権は生じない——が、すでに貸借契約がなされた以上、契約としては成立し、ただその効力の発生を金円の交付にかからしめるに止まる、そして消費貸借が成立する以上、抵当権は有効に設定することができる、というのであった(債各(中一)〔五二一〕・〔五二二〕参照)。しかし、判例は、この理論を適用するに当っては、抵当権の設定と金円の交付との間に僅かに数日——実際取引上は一連の行為としてなされる登記と金円交付との間の差——を隔てるものに限り、真の意味における将来の債権のための抵当権の設定を認めないような態度をとった。すなわち、大正一三年の一判決が抵当権の設定と金円の交付との間に二ヵ月半の隔たりのあるものを無効とし、かようなものは根抵当の登記をなすべきだといったのは、その現われである（大判大正一三・七・一七新聞二三〇三号七頁）。しかし、その後態度を改め、数ヵ月の隔たりのあるものを有効となし（大判昭和五・一一・一九裁判例四巻民一一一頁（四ヵ月を隔つ））、さらに、建築資金四千円の貸借を約定し二千円を直ちに交付し、残金は将来必要に応じて交付すべしという、明瞭に将来の債権の担保を目的として設定・登記された抵当権の効力を認めるに至った（大判昭和七・六・一新聞三四四五号一六頁）。そして、その後同趣旨を判示する判決はすこぶる多い。

〔一六七〕（ii）つぎに、条件附または期限附の債権のために設定された質権・抵当権は同じく条件附または期限附であるかどうかが問題とされた。そして、むしろ多くの説は、これを肯定し、その根拠を第一二九条に求めた。条件附ないし期限附債権も「一般ノ規定ニ従ヒ之ヲ……担保スルコトヲ得」るのだから、そのために質権や抵当権を設定し、設定の時を基準として、その順位（優先的効力を生ずる時期）を定めることができるのだ、と説く（富井四六〇頁、石坂「根抵当論」民法研究四巻二八八頁。なお末弘一四二頁、我妻・民法Iなどもこの説に近い）。その限りにおいては正当であろう。しかし、問題は、その場合の対抗要件である。もっとも、質権の対抗要件は、いずれにしても占有の移転であるから、質権者が条件附債権のために質権を設定させて目的物の占有を取得し、条件が成就する後までその占有を継続するときは、その占有は、はじめは条件附質権の対抗要件となり、条件が成就した後は現実の質権の対抗要件となると解しても、何らの不便も不都合もない（対抗要件を必要としない保証では、この点は一層問題とする価値が少ないものであることにつき債総〔六四三〕参照）。これに反し、抵当権の場合は問題である。なぜなら、条件附抵当権の対抗要件は仮登記でなければならない、とするときは、まず仮登記をなし、条件が成就した後に本登記をしなければならないことになる。もちろん、かように解しても、抵当権の順位は仮登記の時に遡るから、優先的効力の確保には支障を生じない。しかし、そのような煩雑な手続を要求する必要が果してあるかどうか問題なのである。判例は、保証人が、主たる債務者に対して将来取得することあるべき求償権のために予め抵当権を設定して本登記をした事例につき、被担保債権は条件附に発生するものだから、その旨を登記すべく、それをしなかったときは、そのことを第三者に対抗しえないが、当事者間では無効ではないのだから、当事者は更正登記手続によって更正すべき義務があるという(大判昭和一四・五・五新聞四四三七号九頁)。不動産登記法第一一七条によって、被担保債権が条件附であることを登記すべしというだけで、仮登記をなすべきものとはいっていない。また、更正登記によって更正することを認めるのだから、――更正するまでは第三者に対抗しえないということの意味は必ずしも明らかでないが――抵当権の順位に影響しないことはいうまでもあるまい。そうだとすると、条件附債権のために設定された抵当権も現実に成立していると解するのが判例の態度だといってよいであろう(なお抵当権について再説するところ〔二三五八〕参照)。

〔一六八〕 (c)つぎに問題となるのは、条件附債権が被担保債権となることができるためには、その条件の成就が法律的に保障されていることを必要とするかどうかである。例えば、右に掲げた判例の事案のように、四千円を貸与する契約を締結して抵当権を設定し、半額を交付し、残額は後日借主の需要を生じたときに交付するという場合には、被担保債権のうちの二千円は金円が交付されることを停止条件として発生するわけだが、貸主はこれを交付する債務を負っている。また、保証人が、求償権のために主たる債務者をして抵当権を設定させる場合には、求償権の成立する条件は、保証人が主たる債務者に代って弁済することであるが、保証人は保証債務を負うから、少なくとも間接に、条件を成就させる義務を負うといえる。ところが、銀行から設備資金の融通を受ける場合の契約などには、銀行に融資の義務を負担させないものも稀ではない。すなわち、例えば企業設備の拡張工事のための融資の契約において、融資総額を一応定めて抵当権を設定し、工事の進捗に従って何年かに分けて交付する約定ではあるが、銀行は貸与する債務を負担するのではなく、当該企業の経営状態や金融事情を勘案し好意をもって融資に努めるだけだ、というのである。かような場合には、被担保債権の成立するための条件が成就する可能性は、相当に大きいには相違ないが、法律的に保障されてはいない。同様の事例は、占有保全の訴についても生ずる。すなわち、占有者は、その占有を妨害されるおそれがある場合に、占有保全の訴によって、「妨害ノ予防又ハ損害賠償ノ担保ヲ請求スルコトヲ得」るが(一九九条)、その損害賠償請求権の担保は質権・抵当権でもよいと解されている(物権〔六一七〕参照)。そこで、この損害賠償請求権のために質権・抵当権が設定されたとすると、この被担保債権の成立するための条件が成就する可能性は――裁判所が占有妨害のおそれがあると認定した場合だから――相当に大きいだろうが、しかもなお、法律的に保障されているわけではない。

かように、条件附債権といっても、その成立の可能性には大小の程度の差があるので、質権・抵当権の成立の要件たる附従性を満足させるにはどの程度の確実性をもつべきかが論じられた。そして、ここでも、次第に緩和された。もっとも、この議論は、主として、つぎに述べる根担保(根質・根抵当)について、現在でも論じられていることであるが、その前提として、将来生ずる特定の債権が被担保債権である場合にも考えられることである。私は、根担保については、成立についての、右に述べてきたような意味での、附従性を全く不必要とする理論をとるべきだと考えるが、それは後に述べることにして、ここに特定の債権が被担保債権である場合についていえば、普通の意味での条件附債権であれば充分であるとする。すなわち、とくに条件成就の可能性が法律的に保障されている必要もなく、その成立の確実性がとくに大きいことも必要ではない。いやしくも条件附債権とみられるものであれば、そのために質権・抵当権を設定することができる。そして、条件不成就に確定したとき――被担保債権が成立する可能性がなくなったとき――にこの質権・抵当権は消滅する。

〔一六九〕 (八) 第二は、存続における附従性である。

質権・抵当権がある特定の債権のために設定された場合に、その存続中に質権・抵当権を被担保債権から切離して処分することができるかどうかの問題を存続における附従性とみることができる。例えば、質権者が、手許の資金に不足を感じたときに質物を親質屋(親金融業者)に転質する例はしばしばみられるところであるが、そのような場合にも、質権ないしは質物が被担保債権と一しょにして質入れされるとみるべきか、それとも、何らかの意味で被担保債権から切離して質入れされるとみることができるか。理論として異なるだけでなく、いずれの理論をとるかによって、実際的にも差異を生ずる。結論をいえば、ここでも、附従性が緩和される傾向を示しているが、どの程度まで切離して処分されるのか、いいかえると、切離して処分された後において被担保債権と質権・抵当権のそれぞれに生ずる変動が相互に影響し合うかどうかは、わが民法の解釈としても、すこぶる困難な問題である。後に詳述する（質権につき〔一二四〕以下、抵当権につき〔五八五〕以下）。

〔一七〇〕　（三）第三は、消滅における附従性である。

特定の被担保債権のために質権・抵当権が設定された場合に、その被担保債権が消滅すれば質権・抵当権も消滅するのが本則でなければならない。けだし、被担保債権消滅の原因が弁済その他債権が満足したことであれば、質権・抵当権は目的を終ったのであり、またその消滅の原因が不可抗力による履行不能または時効などのような被担保債権の満足以外の事由であれば、質権・抵当権は存在目的を失なうからである。

しかし、金融取引の実際からいえば、そこで質権・抵当権を消滅させないで、債務者がこれを保留し、同一の債権者または第三者に改めてこれを与えることによって利用することができるものとすることは、すこぶる便宜な場合がある。けだし、質権・抵当権が一定の目的物について把握した担保価値には順位があり、右のように同一の質権・抵当権を数度にわたって利用しうるものとすることは、一度利用した上位の順位を保留しうることを意味するからである。

そして、この意味における附従性も、各国の立法例の進展をみると、次第に緩和されているといえる。しかし、わが民法では、この点で附従性を緩和することには、大きな支障がある。それは、第一には、先順位の質権・抵当権が消滅すれば、後順位の質権・抵当権の順位が当然に上昇する、とされることであり、第二には、被担保債権が消滅した後にこれを再度利用するまでの間、債務者（設定者）が自分の所有物の上に自分で質権・抵当権をもつという、所有者質権・所有者抵当権の制度を認めないことである。

右の関係は、抵当権について考えると一層明瞭である。債務者Sの所有物の上に甲が順位一番、乙が順位二番の抵当権をもっているときに、Sが甲に対する債務を弁済すると、たとい登記はそのままになっていても、乙の二番抵当権が一番に上昇する。従って、Sが、その後に、甲から同額の借金をして一番抵当権をこれに与えようとしても、乙がすでに一番のところに上昇しているのだから、これをおし退けることはできない。登記の流用として問題とされることだから、後に再説する（〔三四七〕以下）。なお、抵当権が一つしかない場合に、その消滅後に債務者Sの一般債権者がその不動産を差押えたときに、すでに消滅した抵当権を利用して差押債権者を退けえないことも重ねて説くまでもあるまい。

右のことは、質権においても同様である。質権に第一順位、第二順位と数個の質権が成立している例は少ないが、その存在する場合には、第一順位の質権者に弁済した後に、その者から再び金を借り両者の合意で一番質権を与えることにしても、一番に上昇した第二順位の質権者をおし退けることはできない。一般債権者が差押えた場合も同様である。

さらにまた、民法は、抵当権またはその順位の譲渡という制度を認めている（三七五条）。しかし、それがどの程度まで附従性の緩和を承認したものと解すべきかは、すこぶる厄介な問題であるが、ここにその結論だけ述べれば、それほど大きな意味があると解することはできない。詳細は後述する（〔六〇二〕以下参照）。

〔一七一〕 (ホ)第四は、優先弁済を受けるについての附従性である。

質権・抵当権が目的物の担保価値から優先弁済を受けるためには、被担保債権が存在し、それについて弁済を受けることができる状態に達していなければならない。いいかえれば、質権・抵当権によって目的物から取得する優先弁済の内容は、専ら被担保債権によって決定される。質権・抵当権の成立のときに条件附債権であった被担保債権も、優先弁済を受けるためには、現実に発生していなければならない。この意味での附従性はこれをとり除くことはできない。これをとり除いては、質権・抵当権は債権を担保する権利たる性質を失ない、目的物の交換価値を直接に支配する独立の権利となってしまう。従って、これは附従性の最小限度のものである。

〔一七二〕 (ヘ)根質・根抵当における附従性

銀行その他の金融機関と融資を受ける商人の間、メーカーと卸商の間、卸商と小売商の間などで、継続的な取引から生ずる増減変動する多数の債権を一定額まで担保するために設定される担保を根質または根抵当と呼ぶ。ドイツ民法は極度額抵当権(Höchstbetragshypothek)としてこの制度を認めている(同法一一九〇条)が、わが民法には根質・根抵当のいずれについても規定がなかったので、その性質について説がわかれていた。私は、これを、右に述べた最小限度の附従性をもつだけで、成立、存続、消滅のいずれにおいても附従性を必要としない特殊の質権・抵当権であり、慣習法によってその有効性を認められるものとするのが正しいと解した。ところが昭和四六年(法九九号)に根抵当についての規定が設けられた。大体において私の理論に一致するものだが、新規定に即して後に改めて解く(〔六九九〕以下)。本章に述べることは、とくにことわらない限り、特定の債権のための質権であって根質を含まない。

〔一七三〕 (3)債権に随伴する。けだし、質権は特定の債権を担保するものであるから、債権が、相続、会社の合併、債権の譲渡などによって、その同一性を失なわないで承継されるときは、質権もまたこれに随って承継されるものと解することは、質権の性質に合するのみならず、債権が当事者の意思によって移転されるときには、その当事者の普通の意思にも適合する。けだし、当事者は担保を伴ない経済上価値の多い債権として取引するものだからである。ただし、当事者はとくに質権を随伴させないことはできる。その場合には質権は消滅する。また質権の移転について、質権の目的物の種類に応じて定められている対抗要件を必要とすることは、いうまでもない。なお、物上保証人の設定した質権も同様に随伴する。債権譲渡は、債務引受と異なり（債総〔八二三〕参照）、債務内容に影響するところが少ないからである（ド民四〇一条、ス債一七〇条はこの趣旨（第四刷で訂正））。

〔一七四〕 (4) 不可分性がある。民法は、四つの種類の担保物権に共通する性質として、留置権について規定（二九六条）を設け、これを質権にも準用している（三五〇条）こと、前述のとおりである（〔二二〕）が、質権に適用される場合に問題となる具体的なことは、後に動産質について述べる（〔二一九〕）。

〔一七五〕 (5) 物上代位性がある。民法は、留置権を除く三種の担保物権に共通する性質として、先取特権について規定（三〇四条）を設け、これを質権にも準用している（三五〇条）こと、前述のとおりである（〔二四〕・〔六八〕）。しかし、この物上代位性を質権に適用するには、質権の種類によって種々の特殊の問題を生ずる。後にそれぞれの質権について、質権の効力の及ぶ目的物の範囲という立場から詳説する（〔一九四〕以下（動産質）・〔二五五〕（不動産質）・〔二八二〕4（債権質）・〔二九九〕（株式質））。

〔一七六〕 **三**　民法は質権の章を総則・動産質・不動産質・権利質の四節に分け、第一節の総則において後の三種の質権に共通の規定を掲げ、後の三節においてそれぞれの質権の特則を定める形式をとっている。しかし、質権は動産質について発達した制度なので、総則の規定も動産質には文字どおりに適用されるが、権利質についてはもとよりのこと、不動産質についても、多少の修正を必要とするものがあり、ことにその具体的な適用においては異なるところが少なくない。本書においては、三種の質権を分けて説き、全般に通ずる理論は最初の動産質において詳説することにする。

なお、不動産質権には、抵当権の規定が一般に準用され(三六一条)、権利質には、総則の規定の他、動産質及び不動産質の規定も準用される(三六二条二項)。注意を要する。前者は、不動産質権と抵当権とは、その目的物の占有を移転すると否との点においては重大な差異を有するが、ともに不動産の上の担保物権である点において共通の取扱いをするのが適当な場合が多いことによるものであり、後者は、権利質については、通則の規定に従う他、権利の種類によっては他の二種の質権の規定にも従う必要のあることによるものである。

第二節　動　産　質

第一款　動産質権の設定

第一　動産質権設定契約

〔一七七〕 (1)動産質権は、当事者間の契約(質権設定契約)によって設定される。

当事者は、質権を取得する者と目的たる動産に質権を設定する者(質権設定者)とである。

(イ)質権を取得する者、すなわち質権者は、被担保債権の債権者に限る。債権者以外の者が質権だけを有するという関係は、民法では認めない。担保附社債信託法が、多数の社債権者のために、信託会社が物上担保権をもつことを認めるのはその例外である(同法一条・四条参照)。

〔一七八〕 (ロ)質権設定者は、債務者には限らない。第三者でもよい(三四二条参照)。他人の債務のために自分の財産の上に質権を設定する者を物上保証人という。なお、記名株式に白紙委任状を添付し質入れを承諾して貸与した者はその求償権について物上保証人と同視される(大判昭和一三・四・一四民七〇三頁、大判昭和一三・七・二三民一四六八頁)。

物上保証人は自分で債務を負担するものではない。従って、債権者はこれに対して給付の訴を提起したり、一般財産に対して執行することはできない。この点で保証人と異なる。しかし、他人の債務のために自分の財産の上に物的担保(質権・抵当権)を負う者であって、その債務者に対する地位は保証人に似ている。物上保証人がみずから進んで——利害の関係ある第三者として——弁済をし(四七四条参照)、または質権の実行によって質物を失なったとき、すなわちその出捐によって債務を消滅させたときは、保証人と同じく、債務者に対して求償権を取得する。そして、その範囲は、物上保証人が債務者の依頼を受けて物上保証人となったのかどうかなどによって異なるべきことは、保証人におけると同一である。従って、民法は保証債務に関する詳細な規定をこれに準用することにしている(三五一条・四五九条—四六四条)。

(ハ)質権の設定は処分行為であるから、債務者が設定するにも、物上保証人が設定するにも、その目的物について処分する権利(所有権等)または権能(代理権・管理権等)を有することを必要とする。

〔一七九〕 (2)動産質権設定契約は要物契約である。

(イ)質権設定の意思表示(合意)だけでは質権設定契約は効力を生ぜず、「目的物ノ引渡ヲ為ス」ことを必要とする(三四四条)。第一七六条の大原則に対する例外である(物権〔七九〕参照)。ちなみに、営業質屋は質札または通帳を交付する義務があるけれども(質屋営業法一六条)、これは質権設定契約の効力発生要件ではない。

（a）質権設定契約の効力発生に必要な引渡は、しかしながら、現実の引渡に限らず、簡易の引渡はもちろんのこと、指図による占有移転でもよい（通説）。すなわち、第三者が質権設定者のために代理人として占有する物を爾後質権者のために占有することにして（一八四条参照）、質権を設定することもできる。このことは、倉庫に寄託しまたは運送人に運送させている商品の質入れ（〔二三四〕以下参照）について重要な意義を有することは後に述べる。なお、これに関連して問題となるのは、賃貸中の動産または不動産を質入れする場合である。賃貸人たる地位を質権者に移転しこの者をして賃料を収取せしめるときは質権は成立するが、質権設定者が質入れ後にも賃貸人たる地位を保有し賃料を収取するときは、質権は成立しないというべきであろう。けだし、後の場合には、質権の留置的作用を発揮させえないのみならず、指図による占有移転も成立しないと解すべきだからである（旧版の説を改める。なお不動産質について述べるところ（〔二四七〕a）参照）。

（b）右に反し、占有改定は許されない（三四五条）。この点において、所有権移転の対抗要件よりも厳格である（物権〔一一六八〕参照）。かように質権の設定に占有改定を許さないものとすることは、他の立法例でも均しく採用される主義である。ドイツ民法（一二〇五条―一二〇六条）、スイス民法（八八四条・八八八条二項）、フランス民法（二〇七六条）いずれもそうである。その立法の理由は、質権公示の理想の貫徹と留置的効力の確保である。しかし、今日の私法理論においては、後者に重点があると解すべきこと、前に述べたとおりである（〔一二九〕）。

〔一八〇〕（ロ）質権が設定された後に目的物を質権設定者に返還することは、質権にいかなる影響を及ぼすかは、争われる問題である。ドイツ民法（一二五三条一項）、スイス民法（八八八条二項）はこれによって質権は消滅するものと規定するが、わが国の多数説及び判例はこれと異なり、占有改定を禁ずるのは質権の成立に限る理論であるとなし、その成立の後においては、これによって動産質権はその対抗力を失なうに過ぎない（三五二条参照）という。そしてこの理論を推して、不動産質権においては――登記をもって対抗要件とするから――何らの影響もないと説く（三潴二九一頁、石田四五二頁、田島一一八頁等）。判例も、不動産質権者が引渡を受けて質権を設定し、登記をした後に設定者に返還した事例について、同様の理を説く（大判大正五・一二・二五民二五〇九頁）。しかし、占有改定を禁ずることの今日における立法理由をその留置的効力を確保することにあると解する以上、質権者がみずからこの留置的効力を放棄するときは、質権はこれによって消滅するとなすのが正当であると考える（同旨柚木九〇頁）。

〔一八一〕 (3)動産質権設定契約は従たる契約である。すなわち、被担保債権またはこれを生ずる契約ないしは法律関係を主たる法律関係とし、それが存在することを前提として成立する（総則〔二七九〕参照）。この主たる法律関係が次第に緩和して考えられるようになっていることは前述したが、しかもなお、当事者の間で予期された被担保債権が条件附にも成立しないときは、質権設定契約も成立しない（〔一六五〕―〔一六八〕参照）。

第二　動産質権の対抗要件

動産質権は占有の取得をもってその成立要件とする（〔一七九〕参照）だけでなく、占有の継続をもって第三者に対する対抗要件とする（三五二条）。従って、

〔一八二〕 (1)質権の目的物が第三者の占有に帰した場合において、

(イ)質権者が目的物を賃貸し、または修繕などの目的で第三者に保管させたのであるときは、質権者はなお間接の占有を保有するから、質権の対抗力に影響を及ぼさない。質権設定者の承諾をえないでした場合も同様である（三五〇条・二九八条〔五六〕参照）。

（ロ）第三者に奪われた場合には、質権は第三者に対抗する効力を失なうから、質権者は質権に基づいて第三者にその返還を請求することができない。ただ、奪われるまで有した占有の効力として、占有回収の訴（二〇〇条）によって、その回復を請求することのできる場合に、これに基づいて返還を請求することができるだけである。

（ハ）第三者に詐取された場合（物権〔六一九〕参照）または質権者が遺失した場合には、占有回収の訴はできないから、質権者は、結局、質物の占有を回復する手段をもたないことになる。民法は「動産質権者ガ質物ノ占有ヲ奪ハレタルトキハ占有回収ノ訴ニ依リテノミ其質物ヲ回復スルコトヲ得」と定める（三五三条）ので、この条文だけをみると、詐取された場合や遺失した場合は、質権そのものに基づいて返還請求ができるように思われないでもないが、これらの場合には、質権は第三者に対抗する効力を失なっているのだから、質権そのものを主張することができない、といわねばならない。このことは、物権の性質からいうと大きな制限である。民法がかような理論を採ったのは、占有のない動産質権の効力を強大にすることは他の債権者を害するおそれがあると考えたものであろう（民法修正案理由書三四九条参照）。しかし、それでは動産質権の物権性を著しく減殺することになり、決して正当な態度とはいえない。ドイツ民法は、わが民法第三五三条のような規定がないだけでなく、質権の侵害については所有権の侵害と同様の物上請求権を生ずるものと定めている（同法一二二七条）。

〔一八三〕 (2)右に反し、質権の目的物が、第三者でなく、質権設定者の占有に帰した場合において、

（イ）質権者がみずから返還したのであれば、質権は消滅すると解すべきこと前述のとおりである（〔一八〇〕）。

（ロ）そうでない場合には、占有の帰した理由を問わず、質権者は、この者に対して質権を対抗すること

ができるから、質権に基づいて返還を請求することができる。なお、債務者と設定者が異なるときは、この関係では、債務者を設定者と同視してよいと考える。

〔一八四〕 **第三**　動産質権の目的となりうるもの

譲渡することのできる動産はすべて動産質権の目的とすることができる（三四三条、〔一三七〕の表参照）。譲渡することのできない動産は質権の目的とすることはできないが、禁制物（総則〔一二四〕3参照）の他にはその例は見当らない。もっとも、譲渡に一定の制限を伴なう物は、質入れにも同一の制限を伴なう。宗教法人の所有に属する一定の宝物（一定の公告をしないと質権設定は無効（宗教法人法二三条・二四条参照））、国宝その他の重要文化財（質権者に引渡すことは管理として制限される（文化財保護法三〇条以下））などがその例である。なお、差押を禁止される動産（民訴五七〇条参照）は、必ずしも譲渡を禁止されるものではない。けだし、差押禁止は所有者の意思に基づかずに債権の引当とすることを禁ずる趣旨であるから、所有者の意思に基づいても処分しえないこと（譲渡禁止）とは、必ずしも、その範囲を同じくするものではないからである。さらに、自動車、航空機、登記船舶など、政策的な立場から質権の設定が禁じられるものがあることは前述した（〔一四二〕・〔一四三〕）。

第四　動産質権を設定することのできる債権

〔一八五〕 **一**　質権によって担保することのできる債権（被担保債権）の目的には制限がない。すなわち、金銭を目的とする債権に限らず、特定物の給付または一定の行為を目的とする債権についても、質権は、その留置的効力によって、債務者を心理的に強制して債務を履行させる作用をなす。もっとも質権がその優先弁済の効力を実現するためには、債権の目的が金額によって定まることが必要であるが、すべての債権はその不履行によって金銭による損害賠償債権に変ずるのが原則だから(四一七条、債総〔七九〕参照)、動産質権は、結局、すべての目的の債権についてその優先弁済の作用をも発揮することができる。予めその額を定めておく必要もない。

二　質権によって担保される債権は、現に存在するものでなければならない。しかし、

〔一八六〕 (1)現実の債権として存在することを必要とせず、将来の債権、すなわち、期限附債権または条件附債権として存在するだけでもよい、とされることは、すでに詳述した(〔一六五〕―〔一六八〕)。結論をくり返えしていえば、普通に条件附債権と考えられるものが存在すれば、そのために質権を設定することができる。

〔一八七〕 (2)将来生ずる多数の債権について、一定の基準を定めてその範囲内のものを一括して担保する、いわゆる根質については、成立のために基本的な法律関係と呼ばれるものの存在を必要としないと解すべきことも前に一言した(〔一一七〕)。その詳細は後に譲るが、将来発生する債権のための質権に関して、普通の質を設定すべきか、根質を設定すべきかの疑問を生ずる場合がある。この問題は、結局、根質・根抵当の特質をどこに求めるかに関連する。私は、後に述べるように、増減変動する債権を一括して担保することを建前とする点にその特質を認めるべきものと考えるから、単に債権の額が不確定なもの、例えば、特定の侵害行為から将来生ずる損害の賠償を請求する債権、保証人の求償権、さらには、銀行が一定の金額を限度として分割的に融資する場合——前に融資した額の一部が弁済されても後にそれだけ多く融資するのではない場合——の債権、などのために設定される担保権は、普通の質権・抵当権であって、根質・根抵当ではない(〔七一三〕以下・〔七二六〕以下参照)。

もっとも、このことは、質権、とりわけ動産質権では、実際上は、それほど重要な意義をもたない。な

ぜなら、根抵当では、根抵当であることと担保される極度額とを登記しなければならないのに反し、質権、とりわけ動産質権では、普通の質でも根質でも、成立要件にも対抗要件にも差異はなく、極度額を定めることさえ要件ではないとされる（大判大正六・一〇・三民一六三九頁）からである。むろん、理論的に考えれば、被担保債権が一度弁済されて後に同様の債権が生じたような場合には、根質設定の合意があったときでなければ、次順位質権の上昇を退けることができず、またその間に一般債権者が差押えれば、これに優先することもできなくなる（〔一七〇〕参照）。しかし、実際上、さような関係を生ずることは稀であろう。

第二款　動産質権の効力

第一　動産質権の担保する債権の範囲

〔一八八〕 一　動産質権は、他の質権と同じく、被担保債権の「元本、利息、違約金、質権実行ノ費用、質物保存ノ費用及ビ債務ノ不履行又ハ質物ノ隠レタル瑕疵ニ因リテ生ジタル損害ノ賠償ヲ担保」する（三四六条本文）。

(1)この範囲は、抵当権に比較すると、相当に広い（三七四条参照）。質権は、抵当権と異なり、第三者と利害の衝突をきたすことが少ないからである。すなわち、動産質では、後順位の質権を生ずることは稀であり、また質物の所有権が第三取得者に譲渡される例も少ない。ことに質権者が直接に占有している目的物は、その担保価値の全部が質権者に把握されていると考えられるのが常である。

〔一八九〕 (2)なお、右のうち、（a）利息には、重利を含むことに疑問はない。

（b）違約金は、賠償額の予定であるものもそうでないものも含まれる（四二〇条三項参照）。

(c)質権実行の費用については、競売法でその手続を軽易にしている(競一五条参照)。なお、質物を評価して弁済に充てうる特別の場合(三五四条)の鑑定人の評価の費用も実行費用に含まれる。さらにこの他にも、質権者が質権実行の費用の償還を請求しうる場合には、質権によって担保することができる(抵当権についても問題となることにつき〔三七八〕参照)。

(d)質物保存の費用は、質権者が質物の保存のために支出した必要費または有益費であって、質権設定者からその償還を請求しうるものである(三五〇条・二九九条参照)。

(e)債務不履行による損害賠償というのは、履行遅滞のために遅延賠償を支払うべき場合が主要なものである。抵当権の効力がこの点において重要な制限を受けること(三七四条)に対比して、質権の特色を理解すべきである。

(f)質物の隠れた瑕疵によって生じた損害の賠償とは、質物に質権者が容易に発見しえない瑕疵があって、そのために損害を被り、質権設定者にその賠償を請求しうることを前提とするものであるが、そのような場合には、質権設定者は無過失責任を負うと解すべきであろう。けだし、質権設定契約は一種の有償契約であり、売買の瑕疵担保の規定が準用されるからである(五五九条・五七〇条)。

〔一九〇〕(3)右の質権の担保する範囲は、当事者がとくに契約しなくとも当然に及ぶ、という趣旨だが、当事者が反対の特約をすることはさしつかえない(三四六条但書)。そして、その場合にも、登記を対抗要件とする不動産質では別だが、その他の質、ことに動産質では、特約を公示する必要もない。要するに、動産質権の担保する範囲は、被担保債権を中心として、当事者の意思で——とくにそのための公示を必要とせずに——定まるのである。

〔一九一〕 二　動産質権は、被担保債権の全部につき、目的物全部の上に効力を及ぼす。すなわち不可分性を有する（三五〇条・二九六条）。

その具体的な適用を示せば、質権者は、元本または利息その他前段に述べた、その質権の担保する債権の一部だけが残存する場合にも、目的物の全部を留置し、かつその全部を競売する権利を有する。目的物が分割しうるものであるときは、任意の一部を競売することもできる。債務者は債権の一部を弁済しても、それに相当する割合で目的物の返還を請求したり、競売を阻止したりすることはできない（商六二二条は例外）。ただし、当事者の特約によって右と異なる定めをすることはできる。

第二　動産質権の効力の及ぶ目的物の範囲

〔一九二〕 **一**　動産質権の効力は、設定契約によって質権の目的物とされたものの全部に及ぶ。

(1)主物を質入れする効果が従物に及ぶかどうかは、従物が引渡されたかどうかで定まる。羽織を質に入れても、紐をはずして引渡さないときは、質権の効力は紐には及ばない。

(2)質権が成立した後の目的物の増減変更については、質権は、その目的物の上の所有権と同様の範囲において目的物を拘束するものと解してよい。

〔一九三〕 **(イ)**すなわち、実際上は極めて稀ではあろうが、目的物について添付が生じたときは、質権設定者の取得する所有権・持分権・償還請求権などの上に質権の効力が及ぶ（二四三条—二四八条参照）。ただし、最後の場合には、物上代位の規定によって差押えなければならない（三五〇条・三〇四条）。

(ロ)目的物から生ずる果実については——これも動産質では実際上稀なことではあろうが——留置権の

規定が準用されるから、動産質権はこれについてもその効力を及ぼす（三五〇条・二九七条・二九八条）。そして、この準用は、天然果実のみならず、質権者が質物所有者の同意をえて使用または賃貸する場合の法定果実についてもこれを認めてよい（〔五三〕参照）。なお、質権設定者が賃貸人たる地位を保有しながら質入れすることはできないと解すべきことは前述のとおりだから（〔一七九〕末段）、この賃料請求権についての代位の問題は生じない（旧版の説を改める）。

〔一九四〕 **二　物上代位**

質権は本来の目的物のみならずその代表物の上にも効力を及ぼす。いわゆる物上代位性である（三五〇条・三〇四条）。前にも述べたように、民法がこの性質を留置権を除く他の三種の担保物権の共通の性質と考えたことは正当であるが、先取特権について規定を設け、他はこれを準用する形式をとったことは、適当でない。そのためにいろいろの疑問を生ずるが、詳細は抵当権について述べることとし（〔四〇九〕以下）、ここでは問題点を指摘するに止める。

(1) 代位の目的となるものは、質物に代るものであるが、

〔一九五〕 (イ) 売却による代金は実際上その意義が少ない。なぜなら、――質入れされた動産が売却されるということが実際上稀であるだけでなく、売却されたとしても――質権は目的物の売却によって消滅しないから、質権者は、代金を差押えて弁済にあてなくとも、目的物に追及して質権を実行することができるからである。その点では、不動産先取特権と同一である（〔六八〕b i参照）。

なお、質物が物上保証人の所有に属する場合には、右の代金は物上保証人が取得するのであって債務者が取得するのではないが、これについてなお物上代位権を行使しうることはいうまでもない。質物の第三

取得者の所有に帰した後にこの者が売却する場合も同様である。第三〇四条に「債務者ガ受クベキ」というのは、先取特権が一般に債務者の財産を客体とするからである。しかし、不動産先取特権の第三取得者の売却についても、すでに債務者という文字は適合しなかったはずである(なお〔四二一〕参照)。

〔一九六〕 (ロ)滅失・毀損による保険金・損害賠償請求権などについては、実際上の利益も多いであろう。その点は特別先取特権と同様である(〔一六八〕b iii参照)。なお、ここでもこの請求権者は債務者に限らないことは、売却の場合と同様である。

〔一九七〕 (ハ)賃貸による賃借料については、質権においては適用をみないと解すべきである。けだし、(a)質権設定者は、目的物を賃貸する権利を失なう。前に述べたように、賃貸人たる地位を保有しながら質入れすることはできない(〔一七九〕末段)。また、質権設定後に返還を受けて賃貸することは、質権を消滅させる(〔二〇八〕)。また、(b)質入れされた後に、質権者が設定者の承諾をえて賃貸しその賃貸料を優先弁済にあてる場合(三五〇条・二九七条・二九八条二項参照)には――これも物上代位の思想に立脚するといえるとしても――質権者がみずから賃貸人として賃料を取立てて弁済に充てるのであるから、本来の物上代位と異なり、差押を必要としない。

〔一九八〕 (2)代位の目的物は請求権であって、現実の金銭でないこと、及び、その行使の要件たる差押が問題となること、いずれも先取特権におけると同様である(〔一六八〕c参照)。抵当権の章に詳説する(〔四二二〕以下)。

第三　動産質権者の目的物を留置する権利

〔一九九〕 **一**　動産質権者は、その質権によって担保される債権の全部の弁済を受けるまで目的物を留置(目的物の占有を継続)することができる(三四七条本文、三五〇条による二九六条の準用)。

(1)この権利が質権をして抵当権の及ばない独自の存在意義を持たせるものであり、質権のうちでも動産質において最もよくその作用を発揮するものであることはすでに繰り返し述べたとおりである(〔一一五〕等)。

〔二〇〇〕(2)質権者の質物を留置する権利は、質物の譲受人に対抗して、譲受人の所有権に基づく返還請求を拒否しうるだけでなく、質権設定者の一般債権者及び質物に対する他の担保権者にも対抗することができる。すなわち、他の債権者や担保権者によって競売される場合にも、優先的に配当を受ける権利となるのではなく、競落人に対してこの権利を主張して弁済を促がすものであること、留置権におけると同様である。ただし、質権者の占有する質物を他の債権者が競売することはついては、留置権におけると同様の問題を生ずる(〔五一〕参照)。もっとも、質権は、留置権と異なり、優先弁済を受ける権利を含むから、質権者が質権を保留して執行官に目的物を引渡した場合には、質権者はその物の競売代金から優先弁済を受けることができると解する余地が多いように思われる。

なお、被担保債務を弁済しないで質物の返還を請求するときは、留置権におけると異なり、引換給付の判決をなすべきではなく、原告敗訴の判決をなすべきものとされる(大判大正九・三・二九民四一一頁(ただし傍論)。なお〔五二〕ロ参照)。

〔二〇一〕(3)動産質権者の目的物を留置する権利は、留置権と異なり、その質権に対して優先権を有する債権者には対抗しえない(三四七条但書)。例えば、先順位の質権者、質物について動産保存の先取特権を有する債権者(三三四条・三三〇条二項(〔一二二〕〔二二一参照))などが競売をするときは、留置することをえず、質権者は、ただその売得金について、その順位と効力とに応ずる配当を受けることができるだけである。なお、動産質権者の留置する権利を対抗しえない債権者が競売しようとする場合には、質権者は、執行官に対して質物の引渡を拒むことができない、と解すべきものと思うが、民訴の解釈としては疑問とされている（民訴五六六条・五六七条・五四九条参照）。

なお、質権に優先する他の担保権と劣後する他の担保権とが存在する場合に、劣後する担保権の実行として競売が行なわれたときに、質権の効力はどうなるかは問題だが、主として不動産質について生ずるのだから、そこに述べる（〔二一五八〕）。

〔二〇二〕 **二** 動産質権者が目的物を留置する権利を有することに関連して、留置権の規定が準用される（三五〇条による二九七条―二九九条の準用）。その結果、

(イ)果実を収取して優先的弁済に充当することができる（二九七条の準用）。この場合には動産質は収益質の作用をも営むことになるが、実際上その例は少ないであろう。

(ロ)必要費及び有益費の返還を請求することができる（二九九条の準用）。

(ハ)目的物の保存に必要な場合には、質権設定者の承諾なしに使用することができる（二九八条二項但書の準用）。

〔二〇三〕 **三** 動産質権者の有する目的物を留置する権利は、占有することを正当ならしめる権利であるから、いわゆる「占有すべき権利」（本権）である（物権〔五三七〕4参照）。従って、質権者が占有を失なったときは、質権に基づいてその返還を請求することができるはずである。しかし、動産質権は、前述のように、事実上占有を継続することをもって第三者に対する対抗要件とされるから（三五二条）、占有を喪失するときは、質権に包含される「占有すべき権利」も第三者に対する対抗力を失ない、質権者は質権に基づいて返還を請求することはできなくなるのである（〔一八二〕参照）。

第四 動産質権者の優先弁済を受ける権利

〔二〇四〕 **一** 動産質権者は、目的物から優先弁済を受けることができる(三四二条)。

(1)優先弁済を受ける要件 この権利を行使する要件としては、被担保債権の目的が金銭となり、かつ履行遅滞を生ずることを要する。他の担保物権と全く同様である。

〔二〇五〕 (2)優先弁済を受ける方法 この権利を行使する方法には一定の制限がある。すなわち、(a)競売法によって換価しその代金から弁済を受けるのが本則であることは他の質権と同様だが(競三条・二二条)、(b)動産質だけは、正当の理由がある場合に限り、裁判所に請求し、その選任する鑑定人の評価に従い、質物をもって直ちに弁済に充てる便法が認められる(三五四条、非訟八三条ノ二)。正当の理由とは、質物の価格が低く、競売手続が費用だおれとなる場合が主なものであるが、公定相場があって競売する必要がないときなどもそうである。そして、(c)右のような法律の定める方法によらずに、当事者の契約によって、質物を弁済に代えて質権者の所有となしまたはこれを任意に評価して弁済に充てることは、被担保債権の弁済期が到来した後にその契約をなす場合に限って許される(三四九条の反対解釈)。いいかえると、弁済期到来前の契約をもって任意に優先弁済の方法を定めること(流質契約)は許されない。重要な点だから後に改めて説く(〔二一〇〕以下)。

〔二〇六〕 **二** 他の債権との間の優先権の順序 動産質権の目的物を他の一般債権者が差押えることには、前に述べたような問題があり(〔二〇〇〕・〔五一一〕参照)、また、同一の動産の上に数個の質権が成立することも、実際問題としては、その例は多くない。しかし、理論として、その順位や効力がつぎのようになることは明らかである。

(イ)一般債権者に対しては、常に優先することは問題ない。

(ロ)数個の動産質権が競合するときは、その順位は設定の前後による(三五五条)。動産質権の設定には引渡

(占有の移転)を必要とするのだから(三四四条・三四五条)、設定の前後は、結局、引渡の前後で定まる。例えば、同一人を占有代理人とし、指図による占有移転によって順次に数個の質権を設定するときは、占有代理人に対する指図の意思表示(一八四条参照)の順序によって質権の順位が定まる。

(八)動産質権と先取特権とが競合する場合における効力の優劣は前述した(〔一二二〕)。

〔二〇七〕 **三** 他の債権者の執行の場合　質権者はみずから競売をしなくとも、一般債権者が目的物に対して執行をなし、または他の担保物権者が目的物を競売に付した場合には、競落人に対して留置的効力を主張して優先弁済の実を挙げ、または競売代金からその順位と効力とに従って優先的弁済を受けることは、前述したとおりである(〔二〇〇〕・〔二〇二〕)。また質権設定者が破産するときは、質権者は別除権を有する(破九二条)。

〔二〇八〕 **四** 債務者の一般財産からの請求　質権者は質物から弁済を受ける権利を有するけれども、

(1)そのために被担保債権の債務者の一般財産から弁済を受ける権利は影響を受けない。従って、債務名義をえて一般財産に対して執行することは妨げない。ただし、質屋営業法の適用を受ける営業質屋の質権は、慣習上一種の物的有限責任と解されているから、質権者は、たとい質物の価格が被担保債権を完済するに足りない場合にも、債務者の一般財産に対して執行することはできない。なお、質屋営業法は、災害その他質屋及び質置主双方の責に帰することのできない事由によって質屋が質物の占有を失なった場合においては、質屋は、その質権で担保される債権を失なうと定める(同法二〇条二項)。物的有限責任を前提する規定とみることができる。

〔二〇九〕 (2)質権者は、債務者の一般財産から弁済を受けるについても、まず質物から弁済を受け不足部分について一般財産から請求することができるというのではない。従って質物を競売しないでまず債務者の一般財産に対して執行しても、債務者はもとよりのこと、一般債権者も、これに対して異議を述べることはできない。ドイツ民事訴訟法第七七七条は、質物の価値が充分なときは債務者は異議を述べることができると定める。わが民法も抵当権については制限を加える（三九四条〔四四三〕参照）。

第五　流質契約の禁止

〔三一〇〕　一　流質契約の意義とその禁止

質権設定者は、質権設定契約の約款または弁済期前の契約をもって、質権者に弁済に代えて質物の所有権を取得させ、または法律に定める方法によらずに質物を処分させることを約束することはできない（三四九条）。これを流質契約の禁止という。つまり、質物から優先弁済を受けるためには、法律の定める方法によるべきであって、当事者の任意の協定によることを許さない、という趣旨である（〔二〇五〕参照）。その理由は、窮迫な状態にある債務者が、僅少な金額の融通を受けるために高価な質物を提供し、暴利行為の犠牲となるのを防止しようとするのである。なお、弁済期到来後の約束を自由に許したのは、この時には債務者はもはやその窮状を利用される地位におらないからである。従って、債務者が欲するときは質物をもって代物弁済とすることができるという約款は、債務者を不当に拘束するおそれはないから、弁済期前の契約で定めた場合にも有効である（大判明治三七・四・五民四三一頁）。

流質契約（lex commissoria）はローマ法以来禁止されたが、フランス（二〇七八条）、ドイツ（一二二九条）、スイス（八九四条）、いずれの民法もこの主義を承継している。わが民法は、立案の際に、旧民法（債担一一三条）を改めて流質契約を放任しようとしたが、審議に当って論争を生じ、結局これを禁止することとなったものである。しかし、後述するように、動産の譲渡担保を有効とするときは、流質契約禁止の趣旨は、実際上これを貫くことができない。むしろ、個々の流質契約について検討し、当該の事情が暴利行為となるものである場合に、その理由によって、これを無効となし、流質契約を一律に無効とする態度を改めることが妥当ではなかろうかと思われる。

〔三一〕 **二　流質契約が許される場合**

流質契約の禁止は、民法の原則であるが、他の法律では、特殊の質についてこの契約を認容する場合があることを注意すべきである。左の如くである。

(1) 被担保債権が商行為によって生じたものであるとき　商法は、商行為によって生じた債権を担保するために設定される質権については、流質契約を許す（商五一五条）。商行為の当事者は、経済的地位がそれほど懸絶するものではなく、またその間には自由取引を尊重するのが適当だと認めたのである。この商法の規定は、流質の特約を許すだけで、商事上の質権は当然流質的内容をもつというのではない。従って、特約のないときは、法律に従って換価すべきである（大判昭和八・一〇・七新聞三六二二号九頁（質物たるミシンと時計を質権者が任意に処分した行為を不法行為とするもの））。ただし、後に述べるように、白紙委任状附記名株式の質入れには流質を認める商慣習があるとされた（〔三〇一〕参照）。

〔三二〕 (2) 営業質屋の質　質屋営業法（昭和二五年法一五八号（従前の質屋取締法に代る））は、その適用を受ける営業質屋は当然流質権を有するものと定める（同法一九条）。慣習を尊重するとともに、少額金融を目的とする営業質屋に流質を許さないで競売を要求することは、費用倒れとなってその機能を害することを慮ったのであろう。そこで、質屋営業法は、質屋営業そのものを許可営業とし（都道府県公安委員会の許可（同法二条―六条））、その営業に関しても、保管設備や帳簿について相当に周到な監督をするとともに（同法七条―一五条）、質入れ契約についても、利率、利息の計算方法、流質期限その他の重要事項を店頭に掲示させ（同法一七条）、質物の滅失毀損の効果を定める（同法二〇条）など、庶民金融における営業質屋の機能が正しく行なわれるように配慮している。

〔二一三〕 (3)公益質屋の質　公益質屋は、公益質屋法（昭和二年法三五号）により、市町村または社会福祉法人が営むものであるが、公益質屋法も、公益質屋は流質契約をなしうるものと定める（同法八条参照）。しかし、同法は、さらに、質流れ品は原則として競争入札によってこれを売却し（同法一一条）、その代金から元金・利息及び手数料の額を控除してなお残余あるときはこれを質置主に返還すべきものとする（同法一三条）から、同法の流質期限は単に被担保債権の弁済期を意味するに止まる。従って真の意味の流質契約は公益質屋もまたこれをなしえずと解するのが正当である。

第六　動産質権者の転質権

〔二一四〕 一　転質の性質

(イ)「質権者ハ其権利ノ存続期間内ニ於テ自己ノ責任ヲ以テ質物ヲ転質ト為スコトヲ得。此場合ニ於テハ転質ヲ為サザレバ生ゼザルベキ不可抗力ニ因ル損失ニ付テモ亦其責ニ任ズ」（三四八条）。これいわゆる転質権である。質権者が一度質物に固定させた資金を、被担保債権の弁済期以前に再び流動させることを可能にしようとする趣旨であって、実際に重要な作用を営むものである。甲が乙に一〇〇万円貸与し、その担保として宝石を質にとった場合に、甲が丙から八〇万円の融資を受け、その担保として右の宝石を転質する例について説明すれば、甲が宝石について把握した一〇〇万円の担保価値のうちの八〇万円を、乙に対する一〇〇万円の被担保債権から分離して、丙に優先的に把握させるのが転質である、とみるべきものと考えるが、学説はすこぶる多岐に分かれている（我妻・聯合部判決巡歴第二三話参照）。

〔二一五〕　（ロ）第一に、質権者甲は、質権設定者乙の承諾なしには転質することができない、とする説がある。第三五〇条によって第二九八条が準用されていることを理由とする。判例は、以前に、承諾のない転質は、常に横領罪となると判示した（大刑判明治四四・三・二〇刑四二〇頁）。この説に立脚するものである。しかし、後にこれを改めた（大刑連決大正一四・七・一四刑四八四頁）。学説としても、今日この説を採るものはない。当然であろう。けだし、それでは、転質をして充分にその作用を営ましめることができない。設定者の承諾があるときに転質（承諾転質）をなしうることはいうまでもないが、承諾がなくとも、なお一定の要件と責任の下に転質をなしうるとすることが第三四八条の趣旨である。なお、承諾転質に対して、第三四八条により承諾なしにする転質を責任転質ともいう。承諾転質については後に述べる（〔二二四〕以下）。さらにまた、質権者が質物であることを秘してこれを質入れするときは、相手方は即時取得の規定の適用によって、第一の質権とは無関係の質権を取得することはいうまでもない（質権者の責任を生ずることはもちろんである）。しかしこれは、いかなる意味においても転質ではない。

〔二一六〕　（ハ）承諾なしに質入れするのが第三四八条の転質であるとする学説は、大別して二となる。一は、転質をもって常に被担保債権とともに質権が転質権の目的となるものだと説く。右の例でいえば、甲が宝石を丙に転質するのは、原質の被担保債権、すなわち甲の乙に対する一〇〇万円の貸金債権を、丙の甲に対する八〇万円の債権の担保とし、その上に質権（債権質）を設定するのであって、原質は随伴性の結果として転質の目的となる、と説くことになる。これに対し、他の説は、被担保債権と分離して質権だけが転質権の目的となるのだと説く。右の例でいえば、原質は、甲の乙に対する一〇〇万円の債権から分離して、丙の甲に対する八〇万円の債権のために質入れされるのであって、一〇〇万円の債権は転質権の目的とはならない、と説くことになる。前説は、質権の附従性に重きをおき、質権は被担保債権と離れて独立に処分することができないものであるという前提に立つ。今日においても有力な学説である（中島九〇六頁、石田五三五頁・一九七頁、柚木二〇三頁等）。

思うに、債権は、債務者の承諾なしにこれを質入れすることができることはいうまでもない。また、被担保債権が質入れされるときは、これを担保する質権もまたその債権質の目的となることは、質権の随伴性からいって当然である。また取引界においては、被担保債権という人的信用関係を考慮に入れて質権附債権が質入れされる事例も決して稀ではないであろう。その場合の理論構成はこの説の説くとおりであることはいうまでもない。しかし、それでは、第三四八条は何ら独立の意味をもたないことになる。問題は、実際取引において、被担保債権の人的信用関係を考慮に入れることなく、もっぱらその質物について把握された担保価値の再度の利用だけを取引の目的とした場合にも、強いてこれを前者と同視し、被担保債権の質入れであって、質権の質入れは附随的のものだ、としなければならない理論なるものが果して存在するかどうかの点にある。そうだとすると、これを肯定し、独立の転質を認めないことは、あまりにも担保物権の附従性に膠着し、主客を顚倒するきらいがあるであろう。むしろ、率直に、当事者は、質権によって把握された担保価値だけを被担保債権と切離して質入れすることもでき、これが真の転質である、と説くことが実際に適した理論ではなかろうか。もちろん、かようにいっても、把握された担保価値の質入れである以上、被担保債権の額、弁済期などはその把握された担保価値の数量、現実化の時期などを決定する要件となり、従って原質の被担保債権が転質の要件や効果に対して影響を及ぼすことは否定しえない。しかし、それにも拘わらず、原質権の被担保債権自体は転質権の目的とはならず、従って転質権者はこの債権を取立てること、すなわちこの債権に基づいて、原質の被担保債権の債務者の一般財産に対して執行することができないのであるから、被担保債権から切離した質権のみの質入れと解することの実際の差異はなお存するのである（〔二三一〕・〔五九六〕参照）。

〔二一七〕（二）質権の附従性を緩和し、転質をもって被担保債権と離れた質権だけの質入れだとする説にも、さらに諸種の分派がある。

（a）あるいは、質権が解除条件附に転質権者に移転するものと説く（梅四四四頁、富井四七六頁、三瀦三八二頁）。すなわち、前例でいうと、甲の有する原質が、甲が丙に対して負担する八〇万円の転質の被担保債権が弁済その他の事由で消滅することを解除条件として、甲から丙に移転し、八〇万円の債権が消滅すれば甲に復帰すると説く。

（b）あるいは、質権自体を質入れするものと説き（田島一三四頁等）、

（c）あるいは、質物を質入れするものと説く（横田七二七頁、末弘一四七頁）。判例もこの説を採ると解してよいであろう（前掲大刑連決大正一四・七・一四刑四八四頁）。

思うに、最後の説が、端的な表現であって、正鵠を失なわないものである。ただ、その説明はいささか粗雑である。すでに述べたように、質権の目的ないし主体は、目的物が有体物である場合にも、無体の権利である場合にも、そのものの有する交換価値である（〔一五八〕）。そうだとすると、転質は、原質権によって把握

された担保価値を転質権者をして優先的に把握させるものと説くべきことは、むしろ当然のことであろう。転質の被担保債権が消滅すれば、原質の把握した担保価値は、転質の拘束を脱し、原質権者の許において転質なき状態に復帰することも当然である。解除条件附移転という事実に反した技巧を用いる必要はない。

〔三一八〕　二　転質の要件

(イ)転質権の被担保債権額は原質権の被担保債権額を超過しないこと　もっとも、丙が甲に対して実際に取得した債権の額が原質の被担保債権額を越えるときは、越えない範囲内で転質が成立すると解すれば、厳密な意味での成立要件ではなくなる(転抵当についての〔五八八〕参照)。なお、転質の性質を、被担保債権から切離して原質の目的物を質入れすることだと解するときは、原質の被担保債権額によって制限されないはずだという批判がある。しかし、右に述べたように、原質によって把握した担保価値の質入れという意味に解すれば、この批判は当らない。

(ロ)転質権の存続期間は原質権の存続期間内であること(三四八条)　この要件は、不動産質にはすこぶる適切である(三六〇条(二)〔五一二〕参照)のに反し、質権の存続期間という観念を用いない動産質権にはあまり適切でない。しかし、不動産質権でこの要件が作用する実際上の意味は、要するに、原質権が弁済によって消滅したときに、転質権がなお存続し原質権の設定者が不動産を回復することができなくては不都合だということであろう。そうだとすると、動産質権では、転質の被担保債権の弁済期が原質の被担保債権の弁済期と同時かそれ以前であるか、少なくとも期限の利益を放棄して弁済することができるものであることを要するということになるであろう。もっとも、原質設定者の供託権を認めるときは、問題はさらに簡単になることは、転抵当について述べる(〔五八九〕・〔六〇〇〕)。

(ハ)占有の移転その他質権設定の一般的要件を備えること　転質もまた一の質権であることから明らかであろう。

〔三二九〕 三　転質の効果

(1)転質した者の責任　転質権設定者(原質権者)は、転質をしなければ生じなかった不可抗力による損失についても賠償責任を負う(三四八条後段)。例えば転質権者の倉庫が地震で崩れて質物が毀損したが、原質権者の倉庫は崩壊しなかったような場合には、賠償責任を負う。民法はこの重い責任を課しつつ承諾なしに転質をする権能を認めたのである。ただし、営業質屋は別として、一般の質権にあっては、質権者は被担保債権を失なわないことはいうまでもない。

〔三三〇〕 (2)転質権の実行　転質権者が質権を実行するためには、転質の被担保債権の弁済期が到来するだけでなく、原質の被担保債権についても弁済期が到来することを要する。けだし、原質権が把握した担保価値についてこれを現実化する要件が備わらない以上、この同一担保価値を把握する転質権もまたこれを現実化することができないのは当然だからである(大判昭和一六・七・八新聞四七一八号二八頁)。転質権の実行によってえた売得金は、まず転質権者の優先弁済に充て、残余を原質権者の優先弁済に充てるべきことはもちろんである。そして、質物の売得金が転質権者に弁済されることは、同時に、原質権の被担保債権の弁済ともなることは当然であろう。

〔三三一〕 (3)転質の原質に対する拘束　転質権を設定することによって、原質権者は、自分の把握した担保価値を消滅させない拘束を受ける。

私は、従来、右の拘束は転質権者に与えた担保価値の額の範囲に限ると解し、従って、原質の被担保債権額が転質の被担保債権額を超過する場合には、その超過額を請求して弁済を受けることができ、また質物の競売をすることができるとした。この見解は、転抵当に関する判例の理論を支持し、転質においても同様に解したものであった。しかし、今は、転抵当権についても説を改め、右のような場合にも、原質権者は、競売を実行することはできず、また、その被担保債権の全額について供託すべき旨を請求することができるに止まると解する（転抵当について詳述するところ（〔五九六〕）参照）。

〔二二二〕　(4) 転質の原質被担保債権に及ぼす効果

(イ) 転質は原質の被担保債権そのものを拘束するものではないが、転質の結果として、原質の担保価値が転質権者の支配に移り、転質設定者がこれを消滅させてはならない拘束を受けることは、間接に原質の被担保債権にも影響を及ぼす。すなわち、転質設定者は、原質の被担保債権の弁済を受けることができない、いいかえれば、受けても、転質権者に対抗することができない、と解すべきである。しかし、この効果を無条件に認めることは、原質の被担保債権の債務者に不測の損害を被らせるおそれがある。そこで、この間の利害を調整するために、原質権の被担保債権自体が質入れされた場合に準じ、転質設定者（原質権者）から債務者に転質権設定の通知をなすかまたは債務者がこれを承諾することをもって右の効果を債務者に対抗する要件とするのが至当である。民法第三七六条は、抵当権の処分について、同様の趣旨を定めるものと解すべきことは後に述べる（〔五九二〕・〔五九七〕）。

（ロ）右のように解する結果として、原質の被担保債権の債務者は弁済期が来ても弁済することができない不利益な立場におかれる。これを救済するために、債権質権における第三債務者に準じ、供託をして原質を消滅させることができると解するのが妥当であろう。なお、原質権者も弁済を受けることはできないが、被担保債権全額を供託すべきことを請求することはできると解してよいであろう。そして、いずれの場合にも、転質権は消滅するが、転質権者は、供託金請求権の上に優先権を保有する（〔二八五〕b参照）。

〔二三三〕 (5)転質権の消滅

（a）転質権は、転質の被担保債権の消滅によって消滅する。その場合には、原質は転質の制限を免れて以前の状態に復帰する。これを説明するために、転質をもって解除条件附移転と解する必要のないことは前述した（〔二一七〕）。

（b）転質設定者が転質の被担保債権を弁済して転質権を消滅させるためには、その債権額が原質の被担保債権額より大きいときにも、全額を弁済しなければならないと解すべきである。けだし、かような場合には、一種の一部担保が設定されたものとみるべきだからである（一部抵当について述べるところ（〔三六三〕）と同様である）。

（c）転質は、また、原質の消滅によって消滅する。前記のように、転質設定者は原質そのものを処分しまたは原質の被担保債権を消滅させる権限を制限されるから、原質の消滅は、多くの場合、原質の被担保債務の供託によって生ずるであろう（〔二三二〕ロ参照）。

〔二三四〕 四　承諾転質

(1)質権者が、質権設定者の承諾をえて、自分の債務のために、その質物の上に質権を設定することを承諾転質と呼ぶ。承諾なしで、第三四八条により、その要件と責任の下に設定される転質(責任転質)に対する呼称である。かような転質が有効であることは、第三五〇条によって準用される留置権に関する第二九八条第二項の規定の反対解釈をするまでもなく、当然のことであって、その要件や効力も承諾の内容によって定まる。

承諾転質の性質は、責任転質と同様に解してよいであろう。けだし、原質権設定者の承諾は、原質権者が質物について把握した担保価値を、転質権者に優先的に把握させることについての承諾と解すべきだからである。ただし、原質権者が転質することのできる担保価値は、原質によって把握した担保価値の範囲内でなければならないという責任転質についての重要な制限は、ここでは、原質権設定者と原質権者との間の債権的な効力をもつだけで、転質権者を拘束しない点に大きな差異がある。

〔二三五〕 (2)承諾転質の要件　原質権の被担保債権の額を越えて、すなわち、一〇〇万円の債権のために質入れされた宝石を一二〇万円に転質しても、転質権は有効に成立する。弁済期も原質権の被担保債権によって影響されない。責任転質と異なる最も重要な点である(〔二二八〕参照)。なお、動産質権の設定のための要件たる占有の移転をすることはいうまでもない。

〔二三六〕 (3)承諾転質の効果

(イ)転質権実行の要件は、専ら、転質権の被担保債権について定められる。原質権実行の要件が満たされない場合でもよい。

(ロ)原質権者が原質権を実行することができるかどうかの問題は、転質権設定契約の内容による、というべきであろうが、一般には、実行する権利を放棄したものと解すべきであろう。ことに、動産の転質では、質物を転質権者に引渡す関係上、原質権者が原質権を実行することは事実上困難になるが、そのことは、右の放棄を推測させる理由ともなるであろう。

（ハ）以上のように、転質は、原質から独立し、原質の影響を受けないが、そのことはまた逆に、原質権者と原質権設定者との間の関係も、転質によって影響されないことを意味する。すなわち、原質権者は、その被担保債権の弁済を受けることは自由である。債務者も弁済ないしは供託の権利を失なわない。それによって、原質権は消滅する。しかし、その効果は、転質権者に対抗することはできない。すなわち、転質権が消滅するのではなく、原質権者の質物を返還する債務を生ずるだけである。原質権設定者が転質の被担保債権を、第三者として、弁済する場合にも、転質権者から質物の返還を請求しうるためには、自分の債務額を弁済しただけでは足りず、転質権の被担保債権の全額を弁済しなければならないことも、いうまでもあるまい。

かように、原質権設定者の地位は不利益となる。転質することを承諾するのは、かような不利益を甘受する内容をもつと解するわけであるが、場合によっては、暴利行為となることもありうるであろう。

第七　動産質権のその侵害に対する効力

〔二三七〕一　動産質権は目的物を留置しその交換価値から優先弁済を受けることを内容とする物権であるから、この内容が侵害されたときは、すべての人に対して、侵害の排除を請求する物権的請求権を生じ（物権〔三二〕以下参照）、また侵害者に対して損害の賠償を請求する権利を生ずる（七〇九条）。ただし、この理論の適用において種々の問題を生ずる。これを抵当権の侵害と比較するときは、第一に、占有を移転するかどうかの差異から、侵害を生ずる可能性の差異を生ずる。抵当権ではその可能性が多く、質権では少ない。第二に、動産質権特有の問題であるが、占有の継続を第三者に対する対抗要件とするために(三五二条)、侵奪者が質権設定者であるか第三者であるかによって、これに対する返還請求権の成否に差異を生ずる。抵当権にあっては、厳格な意味での返還請求権は生ぜず、生ずるのは妨害排除請求権であるが、それについては、侵害者が抵当権設定者であるか、第三者であるかによって、差異を生じない(〔五七八〕参照)。

なお、動産質権設定者が質権の目的物をそのまま第三者に譲渡し、またはこの上に後順位の質権を設定することが質権の侵害とはならないことはいうまでもない。けだし質権はこれによって何らの影響を受けないからである。

〔二二八〕　**二**　動産質権侵害の効果

(1)物権的請求権　質権は目的物を占有すべき権利を含むから、その侵害に対しては、物権的請求権を生ずる。ただし、動産質権で主として問題となる質物返還請求権については、前に述べたように、

(**イ**)侵奪者が第三者である場合には、動産質権者は、これに対し、占有回収の訴で返還を請求することができるだけである(〔一八二〕・〔二〇三〕参照)。

(**ロ**)侵害者が質権設定者である場合には、動産質権は、これに対して、なお対抗力を失なわないから、質権者は、質権に基づいて返還を請求することができる(〔一八三〕参照)。ただし、質権者が質権設定者に任意に返還した場合には、質権が消滅すると解すべきことは前述した(〔二一八〕)。

〔三二九〕 (2) 損害賠償請求権

(イ) 質権設定者たる債務者が質物を毀滅したときは、(a)期限の利益を失なうから(一三七条二号)、質権者は、残存物があれば、直ちにこれを競売に付することができる。また被担保債権全額の履行を請求することができる。物上保証人が質物を毀滅したときは、その者に対する関係でだけ、期限の利益喪失の効果を生ずると解すべきであろう。しかるときは、質権を実行することはできるが、被担保債権の請求はできないことになる。しかし、(b)右のような措置をとらずに、損害賠償の請求をなしうるかどうかはやや疑問である。物上保証人に対しては、つぎに述べる第三者に対すると同様に解すべきであるが、債務者に対しては、被担保債権の請求以外にこれを認める実益はないように思われる。(c)なお、質権者が特約なしに増担保の請求ができるかどうかは、抵当権におけると同様である(〔五八四〕参照)。

(ロ) 第三者が質物を毀滅したときは、質権の侵害を理由として、損害賠償の請求をすることができる。賠償させることのできる額は、毀滅によって交換価値が減少し、被担保債権の十分な弁済を受けることができなくなった額である。被担保債権額を限度とすることはいうまでもないが、債務者の財産に執行して弁済を受けえない額を確定する必要はなく、従ってまた、弁済期をまつ必要もない、と解されている。この点は抵当権の侵害と同様であるから、そこに詳説する(〔五八二〕)。

第八　動産質権者の義務

動産質権者は、(i)目的物を保管し、かつ、(ii)質権消滅の場合にこれを質権設定者に返還する義務を負う。

〔二三〇〕　一　保管義務の内容については、留置権の規定が準用される(三五〇条による二九八条の準用)。すなわち、

(イ)善良なる管理者の注意をもって保管をなし、承諾なしに質物を使用・賃貸または担保に供することができないのを原則とする。ただし、留置権者と異なり、その責任において転質することができること、前述のとおりである(三四八条〔一五二〕)。

(ロ)質権者がこれに違反するときは、質権設定者は質権の消滅を請求することができる。

〔二三一〕　二　質権消滅の場合に目的物を質権設定者に返還すべき義務

(イ)この義務は、質権設定契約の内容から、すなわち、設定当事者の意思に基づいて、生ずるものである。ドイツ民法は明言で定める(同法一二二三条)が、当然のことであろう。従って、質権設定者が、第三者の所有物の上に、その者の承諾をえて、質権を設定した場合にも、質権者は設定者に返還すべきである。もっとも、所有者は、別に所有物返還請求権を有し、質権の拘束が消滅すれば、この権利を行使して自分に返還すべき旨を請求することができる(大判昭和一〇・五・三一民一〇三七頁)。この昭和一〇年の判決は興味ある事例に関する。乙が丙から無記名有価証券を借りて、工事請負の保証金として甲に質入れし、その返還請求権の上に、丁のために債権質を設定した。工事が終了して甲の質権が消滅した後に、所有者丙が甲に対して返還を請求する場合に、丁はその債権質によってそれを妨げることができるか、というのである。判決は丁の主張を却けて、丙の返還請求を認めた。丙は甲への質入れだけを承諾したのだから、その範囲でその所有物返還請求は阻止されるが、承諾のない丁への質入れによっては阻止されない、というのが根本の理由である。その限りでは正当であると思う。もっとも、丁の善意取得を認める余地がないか、さらには、そもそも乙丙間の無

記名有価証券の貸借は消費貸借とみるべきではないか（債各（中一）〔五一六〕参照）、など問題は多くの点に触れる（右の判決の我妻評釈、判民六三事件（我妻・民法判例評釈Ⅰ所収）参照）。

（ロ）被担保債権が消滅しない間に質権設定者が質物の返還を請求するときは、留置権におけるように引換えに返還すべき旨の判決をなす（〔五二二〕ロ参照）のではなく、原告敗訴の判決をなすべきである（大判大正九・三・二九民四一一頁）。けだし、目的物について優先弁済を受ける権利をも含んでいる担保権たる質権の性質に合うだけでなく、設定当事者の意思にも適するからである（通説）。

第三款　動産質権の消滅

〔二三二〕 一　動産質権の消滅原因としては、（i）物権共通の消滅原因、（ii）担保物権共通の消滅原因、（iii）質権または動産質権に特有の消滅原因が考えられる。

(1)物権の一般的な消滅原因のうちでは、債務者または第三者が質物を時効取得するときの効果について、抵当権について民法が定めるような制限（三九七条）がないことは、当然であろう。

(2)担保物権に共通の消滅原因として最も重要なことは、被担保債権の消滅である。これに関しては、被担保債権の時効消滅について、留置権に関する第三〇〇条が準用されるから（三五〇条による）、「質権ノ行使ハ債権ノ消滅時効ノ進行ヲ妨ゲズ」となることを注意すべきである。この規定は、質権者が質物を占有しているだけでは、たとい被担保債権の弁済がないから留置しているのだとしても（三四七条参照）、被担保債権そのものの行使ではないから、被担保債権についての消滅時効は進行する、という趣旨である。従って、質権設定者や質物の所有者から返還を請求され、これに対し、質権者が、質権の存在、すなわち被担保債権の存在を主張した場合などは、この規定の予想するところではない。このことについては、留置権に関し、最高裁の見解が示されたことは前述した(〔五八〕)。質権についても同様に解すべきことはいうまでもない。

(3)質権または動産質権に特有な消滅原因としては、(イ)目的物を設定者に返還すること(〔一八〇〕参照)、(ロ)質権者の保管義務違反を理由とする消滅請求(三五〇条による二九八条の準用(〔一三〇〕)参照)などを注意すべきである。

〔二三三〕 **二**　動産質権消滅の効果　動産質権が消滅したときは、質権者は、質権設定契約の効果として、目的物を設定者に返還すべき義務があることは前述のとおりである(〔二二一〕)。

第四款　証券によって表象される動産の質入れと荷為替

第一　証券によって表象される動産の質入れ

〔二三四〕 **一**　倉庫証券(預証券と質入れ証券、または倉荷証券)・貨物引換証・船荷証券などによって表象される商品は、証券によって質入れすることができ、今日の商取引において重要な作用を営む(〔一四〇〕・〔一四九〕参照)。その詳細は商法の研究に属するから、ここには動産質としての特異性を指摘するに止める。

なお、かような商品の質入れの性質については、商法学者の間に見解が分かれている。(i)第一には、証券の表象する商品の引渡請求権の質入れ(債権質)か、商品そのものの質入れ(動産質)かが争われる。つぎに、(ii)動産質と解する説のうちにも、質権の設定と対抗力について証券にどのような作用を与えるべきかについて見解が一致しない。私は、動産質と解し、かつ、証券が商品の占有(間接占有)を代表するのではなく、物の占有に代わる作用をするものとみる（我妻・近代法における債権の優越的地位〔四〇〕、物権〔二二三〕。なお、学説の要領のよい概観を与えるものとして、西原・商行為法（法律学全集所収）三二〇頁以下参照）。おわりに、(iii)証券によって商品を担保とする際の当事者の合意内容は、質権の設定に限らず、譲渡担保の場合もあり、しかも、両者は外観上では差異がない。そして、後者の方がむしろ多いといわれている。これらの点は、後に譲渡担保の章で触れることにする（〔一〇六〕以下）。

〔二三五〕 二 証券による商品質権の設定

(1) この種の質権は、普通には、(i)倉庫に寄託して倉庫証券（預証券と質入れ証券の二券または倉荷証券一券）の発行をえた商品（商五九八条・六二七条参照）については、寄託者と銀行、(ii)陸上運送に託して貨物引換証の発行をえた商品（商五七一条参照）については、荷送人と銀行、(iii)船舶による運送を委託して船荷証券の発行をえた商品（商七六七条—七六九条参照）については、同じく荷送人と銀行との間の質権設定の合意によって設定されるのであるが、さらに、証券の裏書・交付が必要である。これらの証券は、その証券によって表象する商品を受取ることのできる者（適法なる所持人）に引渡されると、商品そのものの上に行使する権利（所有権・質権など）の取得については、商品そのものの引渡と同一の効力（いわゆる物権的効力）を有するものとされる（貨物引換証についての商五七五条が、倉庫証券（六〇四条・六二七条）、船荷証券（七七六条）に準用されている）から、これらの証券の裏書・交付は、右の質権設定の合意に伴なうことによって、民法の原則（三四四条）どおり、商品の上の質権が成立するのである。

なお、右の証券は、いずれも指図によって移転されるものであるが（商六〇三条・五七四条・七七六条）、その裏書・交付がいかなる方式によるかは、証券そのものが何人を受取人として発行されたかとも関連して、一律ではない。要するに、商品の上に質権を取得する者が商品を受領する権限をもつような方式である。ただ注意すべきことは、質権を設定する旨を附記する必要がないとされることである。その結果、譲渡担保権を設定した場合との区別がつかなくなる。

〔二三六〕(2) これらの質権の対抗要件はやや疑問であるが、一種の動産質権と解する以上、民法の動産質権の規定（三五二条・三五三条）を適用すべきである。しかるに、これらの制度においては、商品の上の占有の作用は、右に述べたように、証券によって代わられているのであるから、質権者が証券の事実的支配を失なわない限り、質権の対抗力を失なわないものと解するのが至当であろう。すなわち、証券が質権者に白地裏書されたときは、証券の占有の喪失は質権の対抗力を消滅させるが、質権者の氏名を示して裏書されたときは、単なる証券の占有の喪失は事実的支配を消滅させず、質権はなお対抗力を失なわない。なお、以上と異なり、商品が当該の受寄者（倉庫業者）・運送業者などの企業組織の圏外に逸失すること（例えば盗まれること）は、証券によってすでに対抗力を有する質権の効力に影響がないと解するのが至当だと思う。けだし、これらの証券の有する担保価値は、特定の商品を中核としながらも、これを組織の中に収めている倉庫業者・陸海の運送業者が証券に示した文言についての信用によって定まるものというべきだからである。ただし、この点については商法学者の間に争いがあり、判例理論も必ずしも明確でない。その上、問題はこれらの証券の性質に関することであって、直接に質権に関する問題ではないから、詳説を避ける。

〔二三七〕三　被担保債権

(1) 被担保債権の態様は場合によって異なるが、倉庫証券に預証券と質入れ証券の二券が発行されたときは（商五九八条・六二七条参照）、被担保債権は質入れ証券の上に示され（商六〇六条参照）、その債務は、預証券によって寄託物の所有権を取得する者(買主)が、寄託物を限りとして(物的有限責任)これを負担する(商六〇七条)。従って、商品所有者は、質入れ証券を銀行に交付して金融を得た上で買主を探し、代金から被担保債権額を控除した差額を受領して、これに預証券を交付する。買主は、銀行に被担保債権を弁済して質入れ証券を受戻し、両証券を一緒にして商品を入手することができる(商六二〇条)。商品の所有者は、商品をして、担保と売却の二つの作用を営ましめることができる。すこぶる合理的な制度だが、わが国ではあまり歓迎されず、ほとんどすべての場合に、倉荷証券だけが発行される状態である。

〔二三八〕 (2)倉荷証券・貨物引換証及び船荷証券による質入れにおいては、被担保債権は、当事者、すなわち証券によって金融をえようとする者と銀行との間で、別に契約によって定められ、外形的な存在は示されない。もっとも、後の二つの場合、とりわけ最後の船荷証券では、為替手形と結合して荷為替となる。そこでは、被担保債権は手形に示される。

〔二三九〕 **四** 証券による質入れと商品の処分権

証券によって商品を質入れすることが質権設定者の目的物についての処分権にいかなる拘束力を及ぼすかは、右に述べたところから、明らかであろう。

(イ)倉庫証券について二券の発行があったときは、質入れは質入れ証券によるから、設定者は預証券によって商品を処分する権利を失なわない(商六〇三条・六二一条参照)。ただ、その商品は質権の負担を伴なうものであることが明瞭にされるだけである(商六〇六条二項参照)。

(ロ)倉荷証券だけが発行された場合及び貨物引換証と船荷証券にあっては、質権設定者は質入れによって証券の占有を失ない、従って商品の処分権を失なう（商五七三条・六〇四条・六二七条・七七六条等参照）。その結果、質入れするときは、商品を売却することが困難となるが、貨物引換証や船荷証券を質入れするのは、多くの場合、すでに売却した代金を買主が支払うまで銀行から融通してもらうための担保として利用するのであるから、担保のために目的物の利用を犠牲にするものとはいえないこと、前述のとおりである（〔一一九〕）。

〔二四〇〕 **五**　証券による質権の実行方法　証券による商品の上の質権によって優先弁済を受ける方法としては、証券そのものを処分して弁済にあててもよく、また証券によって質権者みずから商品の引渡を受けてこれを処分してもよい。商品の上の質権者が競売するために引渡を請求しうることはいうまでもあるまい。注意すべきは、この場合にも、特約のない限り、民法の定める方法によらなければならないが（〔二二一〕参照）、譲渡担保である場合には、また別に解釈しなければならない、ということである（後に譲渡担保の章に述べる（〔一〇一一〕））。

第二　荷為替

〔二四一〕 **一**　荷為替とは、遠隔の土地の間の売買で、売主が買主から代金を取り立てるために振出した為替手形に、売買の目的たる商品を表象する運送証券（貨物引換証・船荷証券）を添付したものである。例えば、甲地（横浜）のA商社が乙地（シアトル）のB商社から特定の機械を購入したとする。B商社は、A商社を支払人とする、代金その他A商社から請求すべき金額の為替手形を振出し、別に商品をN海運業者のM船に、乙地で船積みし、甲地までの運送を委託し、多くの場合自分を荷受人として、船荷証券の発行を受ける。しかる後に、乙地におけるB商社の取引銀行Cに右の為替手形と船荷証券を裏書・交付して、手形を割引いてもらう。C銀行は、この荷為替を甲地の自分の支店または取引銀行Dに送付し、D銀行は、手形の支払人・買主A商社に手形を呈示し、その支払いを求める。A商社は、手形すなわち代金額を支払って船荷証券を入手し、M船ないしN海運業者の倉庫から商品の引渡を受ける。

ところで、船荷証券に表象された売買目的物たる商品が担保の作用を発揮するのは、いうまでもなく、買主A商社が為替手形の支払いを拒むときである。その場合に、D銀行またはC銀行は、手形上の権利として、売主B商社に対して償還を請求することができることはいうまでもないが、さらに、その船荷証券を換価してその代金から優先的に弁済を受けることができるのである。

〔二四二〕 **二** 荷為替の詳細を説くことは、本書の目的から逸脱する。この形態の質権の特質を考える上に参考となる要点を指摘するに止める。

(1) 右の取引では、二つの取引関係が併存する。

(イ) 一つは、売主B商社と買主A商社との間の売買契約である。(a)目的物の所有権はいつA商社に移転するか。売買契約が成立して目的物が特定したとき(遅くも船積みのとき)か、それとも、A商社が船荷証券を入手したときか。船荷証券の荷受人が銀行である場合と買主A商社である場合とで異なるか。

(b)売買代金は、いつ支払われたとみるべきか。A商社が為替手形を支払ったときか、それとも、B商社が割引を受けたときか、あるいは、A商社が為替手形の引受をしたときか。

〔二四三〕 **(ロ)** もう一つの取引は、売主B商社と銀行との契約関係である。一般的な約定書(荷為替約定書)によって予め詳細な内容が定められているのが常であるが、運送証券の交付が手形上の権利の担保となることについても、そこに規定されている。(a)だが、その約款内容は、商品の上に質権を取得するのか、商品を譲渡担保にするのか、明瞭でない場合が多い。そのとき、両者のいずれと推定すべきであろうか。

（b）銀行の取得する担保権が、質権か譲渡担保権か、そのいずれであるかによって、銀行の取得する権限にどのような差異を生ずるであろうか。換価方法に差異があると考えられることは、為替手形を伴なわない場合と同様であろうが（〔二四〇〕参照）、手形を伴なうことにより、質権の場合には、まず振出人B商社に対して償還請求をすることが質権実行の要件であるのに反し、譲渡担保の場合には、そのような要件はない、と解すべきであろうか。

〔二四四〕 (2)前に述べた荷為替の仕組は、原型ともいうべき単純な例である。国際的商品取引が複雑となるに及び、その仕組はいよいよ複雑となっている。その最も初歩的段階ともいうべきものは、A商社がB商社から商品を購入するについての信用を強化する方法である。いいかえると、B商社の振出すA商社を支払人とする為替手形は、たとい船荷証券を添付しても、A商社の信用がなければ、C銀行は割引をためらうであろう。それでは、AB間の売買契約の成立は困難である。そこで、A商社は、甲地の取引銀行Eに依頼し、購入しようとする商品の代金支払について、いわゆる商業信用状（荷為替信用状）を発行してもらい、これをB商社に送付して売買契約の成立を容易にする。B商社は、代金について、買主A商社ではなく、右のE銀行を支払人とする手形を振出して自分の取引銀行に割引を依頼すれば、Eの信用によって割引は成立するであろう。かような取引は、手形の人的信用と商品の物的信用と、さらに銀行の人的信用との三者の結合の上に成立するということができる。しかも、この第三の要素は、国際的取引が広汎となり、経済的発達の度合に較差のある地域の間において売買取引が行なわれるようになるに従って、ますます重要性を増し、それにつれて一層複雑な様相を示してくる。そのとき、商品の担保という実体が何らかの影響を受けないものか、検討の余地があろう。

〔二四五〕 (3)売主B商社は、為替手形を振出して、乙地のC銀行に交付するが、割引を受けるのではなく、取立の委任をするだけの場合もある。そのときにも、船荷証券を交付し、買主A商社が手形を支払ったときに証券を引渡するのだが、かような取引では、C銀行はB商社に融資をせず、従って商品の上の担保権を取得するのではない。B商社の履行補助者となるだけである。証券による商品の担保と区別しなければならない。

第三節 不動産質

第一款 不動産質権の設定

〔二四六〕 一 不動産質権設定契約

不動産質権には抵当権の規定が一般に準用されるが(三六一条〔一七六〕参照)、その設定に関して準用される規定は少ない。不動産質権の設定は、登記に関係する点を除いては、動産質権の設定と大体同一である。

(1)当事者 不動産質権設定契約の当事者は、被担保債権の債権者と質権設定者とであって、後者は第三者(物上保証人)でもよいことは、すべて、動産質権と同様である(〔一七七〕・〔一七八〕参照)。

(2)要物契約 不動産質権設定契約は要物契約である。すなわち不動産の引渡をもってその効力発生要件とする（三四四条の通則による）。

〔二四七〕　（a）その引渡は現実の引渡に限らず、簡易の引渡はもちろんのこと、指図による占有移転でもよい。ただし、前に述べたように、賃貸中の不動産を質入れするためには、賃貸人の地位を質権者に移転すべきであって、これをなさずに設定者が依然として賃貸人として賃料収取権を有する場合には、質権は成立しないといわねばならない（〔一七九〕a参照（旧版の説を改める））。もっとも、賃貸中の不動産の質入れには、原則として賃貸人の地位の移転の合意を伴なうと解するのが適当である。判例も、賃貸中の家屋に質権を設定する場合には、賃貸人の地位を移転することが多いことを認める（大判昭和九・六・二民九三一頁（質権者からの家賃請求、判民七四事件来栖賛成））が、賃貸人の地位を移転しない場合に質権の成立を否定するかどうかは不明である。つぎに述べるように、質権が成立した後は設定者に返還しても妨げない、とする判例からすれば、むしろ成立を認めるであろうと推測される。

（b）占有改定は成立要件を充たさない（三四五条の通則による）。成立した後に設定者に返還した場合はどうであろうか。判例は、動産質権にあっては対抗力を失なう（三五二条）が、不動産質権では、対抗要件は登記だから、質権の効力には何等の影響を及ぼさないという（大判大正五・一二・二五民二五〇九頁）。支持する学説がむしろ多数だが、質権は消滅すると解するのが正当だと思う。そうでないと、抵当権との差がなくなるであろう（〔一八〇〕参照）。

〔二四八〕　(3)対抗要件　不動産質権は不動産物権だから、対抗要件は登記である（一七七条、不登一条・一一六条）。不動産質権設定の合意だけして登記をなし、しかる後に引渡をしても、登記の時に遡って効力をもつものではないとするのは正当である（大判明治四二・一一・八民八六七頁、引渡前に強制管理が開始した事例）が、引渡の時から後は完全な効力を生ずると解してよいであろう。

〔二四九〕　二　不動産質権の目的と被担保債権

(1)不動産質権の目的となりうるものは、土地及び建物である。立木法による立木(立木法二条一項)、工場財団(工場抵当法一四条一項)・鉱業財団(鉱業抵当法三条)・漁業財団(漁業財団抵当法六条)などは、一個の不動産とみなされる。しかし、これらは所有権及び抵当権の成立を認めるためにとくに一個の不動産とみなされているのだから、不動産質権の目的とはなりえない(〔一四三〕・〔一五二〕参照)。また、農地・採草放牧地の質入れには都道府県知事の許可を要する(農地法三条)。

〔二五〇〕 (2)不動産質権を設定しうる債権

(イ)債権の目的に制限のないことは、動産質権と同一であるが、登記をするためには、債権の価格を定めなければならない(不登一二〇条参照)。また、被担保債権が外国の通貨で定められている場合には、日本の通貨で表示した担保限度額を定めなければならない(不登一二一条)。けだし、目的不動産について後順位の担保物権が成立しまたは第三取得者が生ずるなど、第三者に影響するところが多いことを慮ったものである(〔一八五〕参照)。

(ロ)被担保債権が現在の確定したものでなくともよいこと、いいかえれば、条件附債権または将来の債権のために不動産質権を設定しうることも、動産質におけると同一である(〔一八六〕参照)。根担保として不動産質権を設定することも、実際上その例はまれであろうが、理論上これを否認すべき理由はないであろう(〔一八七〕参照)。ただ、債権が発生しないうちは利息を請求することはできないから、不動産質権者がその間に取得した収益は、特約のない場合には、返還すべきである。

〔二五一〕 **三**　不動産質権の存続期間

(1)不動産質権の設定に関し、他の質権に存在しない制限がある。それは不動産質権の存続期間の制限である。すなわち不動産質権の存続期間は一〇年を超えることができず、もしこれより長い期間を定めたときはその期間を一〇年に短縮する(三六〇条一項)。もっともこの期間は更新することができるが、更新の時から一〇年を超えることは許されない(三六〇条二項)。民法施行前からの不動産質権は、更新しない限り、施行後一〇年で消滅する(民施三〇条・三四条・三六条(大判大正元・一二・二〇民一〇七二頁)。当事者間で期間を定めなかったときは、設定の時から一〇年で消滅する(大判大正六・九・一九民一四八三頁)。そして、登記を抹消しなくとも、第三者に対抗することができる(大判大正六・一一・三民一八七五頁(物権〔一二〇〕c参照))。

〔二五二〕　(2)不動産質権の存続期間に制限を定めたのは、不動産の用益権、とりわけ耕作権能を長く所有者以外の者の手に委ねることは不動産の効用を完了するゆえんでない、とする民法の思想の一顕現である。永小作権の存続期間や買戻の期間を制限した(二七八条・五八〇条)のと同一の思想である。しかし、さればといって、質権者は、存続期間が経過すれば設定者に返還すべきだが、競売権は失なわない、と解すべきではなく、優先弁済を受ける権利もともに消滅すると解さねばならない。質権そのものに存続期間が定められているのだからである(大決大正七・一・一八民一頁(期間経過後の競売申立を認めず))。

〔二五三〕　(3)不動産質権の存続期間の他に被担保債権について弁済期を定めたときは、両者の関係は疑問である。

(イ)民法施行前において不動産質が原則として流質によって清算されたときには、質権の存続期間の他に弁済期という独立の観念はなかったように思われる。すなわち、存続期間を一〇年とすれば、この期間が経過することによって流質的効果を生ずるが、質置主は、それまでの間に、期限の利益を放棄して、何時でも受け戻すことができる。もし別に期限(弁済期)ともみられるものが、仮りに五年と定められれば、五年間は受け戻すことができない、すなわち質取主に収益させなければならない、という期限の意味をもつ。従って、質権の存続期間より長い期限(弁済期)を定めることは意味をなさないことになる(中田薫「日本中世の不動産質」

（中田・法制史論集Ⅱ所収）参照）。

（ロ）ところが、民法は、不動産質の存続期間について、その経過によって目的不動産が質権者の所有に帰し被担保債権は消滅するという流質的効果を認めることをせず、質権だけは消滅し、被担保債権は無担保債権として存続するものと定めた。一〇年間収益すればおそらく利息以上に相当の利得のあることを考えたものであろう（梅要義三六〇条の註参照）。その結果、弁済期が別に定められたときに、

（a）弁済期が不動産質権の存続期間経過後に到来する場合には、債務者に期限の利益を喪失する事由が生ずれば（例えば債務者が破産すれば）、質権者は、目的物による優先弁済権を行使することができるが、そうでない限り、質権者は、目的物から優先弁済を受ける機会をもたない。

（b）弁済期が存続期間の終了よりも早く到来する場合、例えば、被担保債権の弁済期が五年後で不動産質権の存続期間が六年というようなときには、合理的に処理される。すなわち、弁済期の到来によって、債務者は弁済して質物を受け戻すことができるようになる。また質権者は、債務者の遅滞を理由に競売権を行使しうるようになるが、存続期間の満了までにこの権利を行使しないときは、無担保債権となる。弁済期の到来する前は、債務者にとっては期限の利益を放棄して受け戻す権利の有無が問題となり、質権者にとっては、期限の利益喪失を理由として競売権を行使しうるかどうかが問題となる。

（c）弁済期と存続期間の終了が同時に到来するという、民法施行前には最も普通の例と考えられた場合には、解決はいささか困難になる。しかし、その時期の到来したときに質権者が遅滞なく競売の申立をすれば、質権の消滅を阻止しうると解することが、当事者の意思に合し、民法の立法趣旨にも反しないであ

ろうと思われる。

(d)質権の存続期間も被担保債権の弁済期も定められなかった場合には、質権の存続期間は一〇年となり、被担保債権の弁済期は、法律によって、短い期間に到来するから(四一二条・五九一条)、右の(b)と同一に処理される。

第二款　不動産質権の効力

〔二五四〕一　不動産質権の被担保債権の範囲と効力の及ぶ目的物の範囲

不動産質権は、目的不動産の収益をなすことを本体とする収益質の性質を有するものであるから(〔一五一〕参照)、その効力に関しては、動産質権と異なる点が多い。そして、不動産の上の担保物権であることから、かえって抵当権の規定の準用されるものが少なくない。

(1)被担保債権の範囲　不動産質権の担保する債権の範囲は第三四六条の通則に従うから、大体動産質と同様である(〔一八八〕―〔一九〇〕参照)。ただし、

(a)利息は、特約がある場合にだけ請求しうるのであるが(三五八条・三五九条)、その特約は登記しなければ第三者に対抗することはできない(不登一一六条)。のみならず、登記のある場合にも、抵当権に関する第三七四条の準用による制限を受けると解するのが正当であろう。

(b)なお、利息の他にも、元本はもちろん、違約金、賠償額、債権につけられた条件などがあるときは、それらの事項を登記すべきであるが、第三四六条但書の「別段ノ定」も登記しなければならない(不登一一六条)。

(c)不動産質権にも、いわゆる不可分性があることはいうまでもない。すなわち、被担保債権が少しでも残っておれば、不動産を全部留置して収益することができる（〔二九一〕参照）。

〔二五五〕 (2)不動産質権の効力の及ぶ目的物の範囲

(イ)不動産質権の効力の及ぶ目的物の範囲は、(a)抵当権の規定（三七〇条）の準用によって定まる。原則として当然に効力の及ぶ範囲を制限した場合には、これを登記すべきことも、抵当権におけると同様である（不登一一六条参照）。(b)ただし、抵当権の効力は目的物から生ずる天然果実には及ばない（三七一条参照）のに反し、不動産質権は目的物の収益権を包含するから（三五六条）、質権者は、みずから天然果実を収取しまたは第三者に収益させて法定果実を収取することができる。これらの点において不動産質権は動産質権と大いに異なる（〔一九三〕参照）。

(ロ)不動産質権についても、物上代位性が認められるのは当然である（三五〇条・三〇四条）。そして、その理論においては動産質と異ならないといえるであろうが、不動産質権は、動産質権と異なり、目的物の収益権を含むから、賃貸料については、実際上の作用を異にする。すなわち、不動産質権者は質権の効力として、質権設定者の承諾なしに、自由に目的物を賃貸することができ、これをなすときは、物上代位の規定によって差押をするまでもなく、みずから賃料を収取することができる。のみならず、質権設定者が賃貸中の不動産をそのまま質入れする場合には、賃貸借関係を質権者に移転し質権者の名で賃料を請求しうるようにすべし、と解するときは（〔二四七〕参照）、賃貸料については物上代位をする余地はないことになる。

二　不動産質権者の目的物を使用収益する権利

〔二五六〕 (1)用益権の内容　不動産質権者は、設定行為で別段の定め（登記を要する（不登一一六条））をしない限り、目的不動産をその用方に従って使用収益することができる(三五六条・三五九条)。

(イ)みずから使用収益することができるのみならず、その質権の存続期間内において、第三者に賃貸することも、制限物権を設定することもできると解すべきである。問題となるのは、この場合の賃貸借または用益物権の効力、とりわけ存続期間である。不動産質権の効力として認められるものだから、不動産質権の存続期間の満了、被担保債権の弁済、他の債権者による執行など、すべての理由による不動産質権の消滅によって、これらの権利も消滅すると解するのが正当であろう。抵当権や買戻権の実行によって覆える賃貸借に関する規定(三九五条・五八一条)を類推すべき理由はあるまい。

(ロ)使用収益による利得は、設定行為で別段の定め(登記を要する(不登一一六条))をしない限り、利息に相当するものとみられるのであるから(三五八条・三五九条)、動産質権者が果実を収取する場合のように金額を計算して利息に充当する必要はない(三五〇条・二九七条〔二〇二〕参照)。

〔二五七〕 (2)用益権の留置的作用　不動産質権者の使用収益権は、不動産質をして収益質たる性質をもたせるものであるが、他面においては、質権の本体たる目的物を留置する権利としての意義を有することはいうまでもない(三四七条、〔一九九〕・〔一五二〕参照)。

(イ)しかも、この権利は、登記をもって対抗要件とするから、占有の喪失とともに第三者に対する対抗力を失なう動産質権のように薄弱なものではない(〔二〇三〕参照)。従って、実際上の例は稀であろうが、不動産質権者が目的物の占有を失なったときは、質権を理由として明渡を請求することができる。ただし、登記がなければ留置的効力も第三者に対抗しえないことはいうまでもない(最高判昭和三一・八・三〇裁判集民二三号三一頁)。

〔二五八〕 (ロ)この留置権は、他の権利者による競売における競落人に対しても主張することができ、不動産質権者は、これによって優先弁済の実を挙げることができる。このことは、質権の通則によるのだから、理論としては、動産質におけると同様だが、実際の適用が多い。すなわち、

(a)不動産質の目的物は、他の担保権者はもとより、一般債権者も、競売することは容易であって、動産質権におけるような問題はない(〔二〇一〕・〔二五二〕参照)。そして、その場合は、競落人には、不動産質権者に被担保債権を弁済して、目的物の引渡を受ける(三四七条本文、競二条三項、民訴六四九条四項参照)。

(b)ただし、この質権者の留置する権利は、その質権に対して優先権を有する債権者には対抗しえない旨の通則の規定(三四七条但書)の適用も、不動産質においては、明瞭に現われる。すなわち、例えば、一番抵当権のつぎに不動産質権があり、そのつぎに二番抵当権が存在する場合に、一番抵当権者の申立によって競売されるときは、質権者は競落人に対して引渡を拒むことはできない(競二条三項参照)。かような場合には、不動産質権は、競売によって消滅し、順位に従って弁済を受けることになる(大判大正一四・六・一二民三五四頁)。

(c)これに関し、問題となるのは、右の例で二番抵当権者の申立によって競売が行なわれる場合である。同一不動産の上に数個の抵当権がある場合の競売は、すべての抵当権のための清算が行なわれるものとみるのが至当であるとの立場から、最先順位の抵当権、すなわち右の例の一番抵当権に基づく競売と同一の効力を認め、不動産質権は消滅すると解する説が有力に主張されるが(兼子一・増補強制執行法二四〇頁など)、判例は、競売を申立てた債権者を基準とし、これに優先する質権及びその質権に優先する抵当権などは消滅せずに競落人が引き受けると解している(大判昭和一四・一一・二八民一三四七頁(競落人に移転してから一番抵当権による競売があり、その競落人から前の競売の競落人への引渡請求))。判例を支持する。その方

が競売法の規定に適するからである（右の判決の我妻評釈判民八六事件（我妻・民法判例評釈Ⅲ所収））。かように解するときは、一番抵当権者は、続けて不動産質権を設定することによって、後順位の抵当権者の申立てる競売によって清算を強いられることを防ぐことができるようであるが（右の事例では一番抵当権者と質権者は同一人）、設定者に用益権を返還すれば不動産質権は消滅すると解すれば（〔二四七〕）、右の目的は達せられないであろう。なお、この問題は、数個の抵当権の中間に用益物権が介在する場合にも生ずる。抵当権の章に再説する（〔五〇二〕・〔五〇三〕）。

〔二五九〕 (3)不動産質権者の目的物管理義務　不動産質権の使用収益権に関連して、質権者は、原則として、（a）管理費用を支払い、その他不動産の負担、すなわち租税・農業会費などを負担しなければならない（三五七条）。かつ、（b）被担保債権の利息を請求することはできない（三五八条）ものとされる。これは目的不動産の使用収益によってえられる純益は被担保債権の利息に相当するのが普通だという経済観念に立脚するものである。同様の思想は買戻の規定にも現われている（五七九条末段参照）。（c）しかしこの二点も、設定行為によって別段の定めをすることができる（三五九条、不登一一六条）。利息を請求しうる特約のみならず、収益をもって元本に充当する特約をも認むべきであろう。

〔二六〇〕 三　不動産質権による優先弁済を受ける権利

(1)不動産質権者の優先弁済を受ける権利に関しては、動産質権と異なる点が二、三ある。（a）不動産質権には抵当権の規定が準用されるから（三六一条）、競売をするには、第三取得者に通知しなければならないと解すべきこと（三八一条・三八七条）が、最も注意すべきことである。その他には、（b）動産質権のような簡易な換価方法（三五四条）は認められないこと、（c）数個の不動産質権が競合するとき及び抵当権と競合するときは、優先権の順序は、登記の前後によること(三六一条・三七三条)、(d)先取特権と競合するときは、抵当権と先取特権の競合と同一にとり扱うこと(〔二一二〕三参照)、などを注意すればたりる。

〔二六一〕 (2)流質契約の禁止は、質権の通則(三四九条)によって、不動産質権についても認められる。抵当権については抵当直流の特約を認めることが判例・通説である(〔四四〇〕参照)が、不動産質権に類推すべきではない。もっとも、民法は、他に買戻の制度を認め(五七九条以下)、ここでは流質と同一の結果を是認するのであるから(五八三条参照)、不動産の担保において流質の特約を禁ずる趣旨は、民法自体においても貫かれているのではない。

四 不動産質権者のその他の権利義務

〔二六二〕 (1)転質権 不動産質権者も転質権を有する(三四八条)。転質権を設定するときは、目的物を引き渡す他、対抗要件として、不動産質権の設定の場合と同様の登記をする(不登一一六条)。なお、不動産転質の性質・要件・効果などには、動産質権について述べたところと異なるものがない(〔二二四〕以下参照)。第三四八条が質権の「存続期間内ニ於テ」という意味は、不動産質権ではすこぶる適切であるが、当事者がさらに被担保債権について弁済期を定めたときは、それとの関係も考慮しなければならない(〔二二八〕ロ・〔二五三〕参照)。

〔二六三〕 (2)侵害に対する効力 不動産質権のその侵害に対する効力に関しても、理論としては、動産質権におけると異なるところが少ない(〔二二七〕以下参照)。僅かに、第三者の不当な占有に対して、不動産質権者は、質権自体に基づいてその返還(明渡)を請求しうる点を異にする(〔二五七〕参照)。ただし、不動産質権の目的たる不動産についていかなる行為をすることが不動産質権に対する侵害となるかについては、抵当権に関する理論が参考となるであろう(〔五七七〕に説く)。

〔二六四〕 (3)保管に伴なう義務　不動産質権者の義務も、(イ)質権設定契約の効果として目的物を返還すべき義務を負うことは、動産質権におけると異なるところはなく(〔二三一〕参照)、ただ、(ロ)目的物を保管する義務の内容について少しく異なる。すなわち、不動産質権者は、動産質権者と異なり、当然に、目的物を使用収益しまたこれを賃貸することができる(〔二五六〕・〔二三〇〕参照)。

第三款　不動産質権の消滅

〔二六五〕 不動産質権の消滅に関して、(a)動産質権と異なる点としては、不動産質権には抵当権の規定が準用される結果(三六一条)、代価弁済(三七七条〔五五九〕以下)及び滌除(三七八条—三八六条〔五六二〕以下)がその消滅原因となることを注意すべきである。また、(b)その特有の消滅原因としては、存続期間の満了を挙げるべきである(〔二五二〕参照)。

第四節　権　利　質

第一款　序　説

〔二六六〕 一　譲渡しうる財産権は、有体物と同じく、質権の目的となりうるものであり(三六二条一項)、その法律的性質においても他の質権と本質を同じくするものであることはすでに述べた(〔一五七〕—〔一五九〕)。すなわちそこで詳述したように、権利質は権利の条件附移転だと説く説もあるが、そのような技巧を用いる必要はない。ただし、元来有体物について発達した質権の規定を権利質に適用するに当っては、多少の修正を必要とする。民法が権利質について質権総則・動産質及び不動産質の規定を準用すべきものと定めたのは（三六二条二項）、この理由によるものと解してよい。もっとも民法が「準用」という文字を用いたことを理由として、権利質は他の質と本質を異にすると論ずる者もあるが、あまりに形式的な論であって問題とするに足らない。

〔二六七〕 **二** 権利質の目的として主要なものは、不動産物権・無体財産権・債権及び株式であるが、その目的物を留置する作用は、それぞれの上の質権について同一ではない（〔一六〇〕参照）。のみならず、右の最後の二種、債権と株式の上の質権においては、その留置的効力は威力を有しないものであるが、もっぱら交換価値を目標とする点において、却って重要な作用を営むものであることは前述した（〔一一五〕四）。

〔二六八〕 **三** 無記名債権は動産とみなされ（八六条三項）、無記名株式は、ある意味でこれに準ぜられる。従って、これらのものの上の質権は、その本質においては権利質であるが、民法の取扱いにおいては動産質に準ずべきである。ことにその権利が証券に化現し権利の事実上の支配が証券の占有によって実現される関係、すなわち占有を中心とする関係（効力発生要件・対抗要件・留置的効力など）については動産質と全然同一にとり扱うべきである。しかしこれらのものも、その証券という物質（紙片）自体に担保価値があるのではなく、証券に化現した権利のために担保価値をもつのであるから、質権の支配する交換価値を中心とする関係（物上代位・優先弁済を受ける方法など）については、化現された権利の上の質権に準ずべきである（総則〔二五二〕以下参照）。ただし本節の説明には動産とみなされるものについての詳説をさける。

〔二六九〕 **四** 有価証券の質は、譲渡担保と識別することの困難な場合が少なくない。すなわち、乙が甲から百万円の融資を受けて、その所有する多数の株券、社債、手形などを交付するときに、甲乙間の合意が質権の設定か、譲渡担保か、容易に判明しない。普通の動産では、そのようなことは稀である。むろん、普通の動産でも、担保の目的で担保権者に引渡すときは、質権の設定か譲渡担保か、区別は必ずしも容易ではない。しかし、普通の動産の譲渡担保は、多くの場合、目的物の占有を担保権設定者の占有に留め、担保権者に引渡すのはむしろ例外的である。これに反し、有価証券の担保にあっては、例外なく、これを担保権者に交付(引渡)する。譲渡担保との区別が困難となる理由の一つはここに存する。

もっとも、記名の有価証券は、無記名のものと違って、交付するにしても、担保(質権設定)の目的であることを記載(裏書)することによって譲渡と区別する途が開かれているものが多く、それについては、——譲渡担保もまた譲渡の方式に従うべきであるから——譲渡担保と質権のいずれが合意されたか、識別を容易にすることが可能である。しかし、実際取引界では、そのような証券についても、その旨の裏書をしない例がむしろ多い。これまた、譲渡担保との区別を困難にする理由である。

なお、証券によって表象される動産の質入れ、ことに荷為替にあっても、証券の交付を質権の設定とみるべきか、譲渡担保とみるべきか、その識別が困難であることを前に一言したが(二三四以下)、右に述べたと同一の事情によるものである。

以上のような事情を生じた根本の理由は、有価証券が、普通の動産と違って、特別の使用価値を持たないことに帰すべきであろう。すなわち、普通の動産では、担保の目的とする場合にも、占有を誰の許に留めるか、誰の許に移転するか、いかに保管するかなど、要するに、占有の所在と態様とは、実際上相当に重要な意義を有するのに反し、有価証券にあっては、これらのことはほとんど特別の意義をもたない。このことが、目的物の占有の帰属と態様とによって、普通の動産では質と譲渡担保との識別が比較的容易であるとともに、立法論としても、その区別を廃することの当否は簡単にはいえないのに反し、有価証券ではその区別がすこぶる困難であるとともに、この区別を維持して質と譲渡担保の二つの制度を並存させる必要があるかどうか立法論として疑われるゆえでもある。しかし、これらの詳細をここに述べることは適当ではない。この節には、質権の設定であることの明瞭な場合を前提して、一応の理論を述べ、譲渡担保との関連は最後の章に述べることにする(〔一〇六〇〕)。

第二款　債　権　質

第一項　債権質権の設定

〔二七〇〕　一　債権質設定の要物性

(1)債権質権の設定契約についてとくに問題となるのは、その要物性である。

(イ)民法は債権質権設定契約の効力発生要件として、債権証書すなわち借用証文・預金通帳・指図債権証券その他債権の存在を証する書類を質権者に交付すべきものとした(三六三条)。質権の目的となる権利に何らかの有形物を伴なうときは、これを質権者に交付させて質権設定契約の要物性を貫こうとする趣旨であろう。

(ロ)債権証書のない債権は、契約だけで、その上に質権が成立する。問題となるのは、債権証書の作成が予期されるもの（例えば損害保険金請求権）について、その作成前に質権が設定される場合である。その証書が当該債権を化現するもの（有価証券）であるときは、右の質権設定の合意は、質権設定の予約に過ぎない。これに反し、有価証券でないときには、証券の作成がいかに慣行上当然に予期されるものであっても、現実に質権を設定する意思をもって合意をするときは、質権の成立を認めねばならないであろう。そして、後日証券が作成されたときはこれを質権者に交付する旨の特約を伴なうと解すべきである。ただし、質権設定者が、特約に反して証券を交付せず、これを他の債権者に交付して重ねて質権を設定したような場合には、両質権者間の優劣は、専ら質権設定の対抗要件、すなわち、確定日附のある証書の有無・日附の前後によって決すべきである。第二の質権者は、第三債務者の異議なき承諾をえても、それによって保護されることはない（債総〔七五九〕c参照）。なお、損害保険金請求権は質権の目的として重要な作用を営むものであるが、多くは抵当権の目的物の損害保険金請求権であるから、詳細は後に述べる（〔四一五〕以下）。

〔二七一〕　(2)民法が債権質権設定契約の要件とした債権証書の交付ということの有する意義は、しかしながら、指図債権とその他の債権とでは甚しく異なる。

(イ)指図債権においては、証券の交付は、質権設定者から指図債権を処分する権能を奪い、かつ質権の成立を公示する作用をなすことは無記名債権におけると同一であるのみならず、その交付の目的が債権の譲渡か、取立か、あるいはまた質入れかを証券に記載することによって、質権が成立したことを完全に公示することができる点においては、無記名債権に優る（手形法一一条・一八条・一九条参照）。従って、指図債権の質入れは、質入れ裏書・交付をなすことによってのみその効力を生じ、かつ第三者に対抗しうる効力を有するものとみるのが至当である。手形債権の質入れとしてはかく解すべきことは疑いないが、ドイツ民法第一二九二条はすべての指図債権についてかように規定する。正当な態度だと思う。もっとも民法のこの点に関する規定は明瞭を欠き、一見すると、指図債権の質入れは証券に何らの記載をすることなくただこれを交付することによって効力を生じ、証券に質入れの裏書（記載）をなすことは質権の対抗要件と解すべきもののようである（三六三条・三六六条参照）。しかし、そのように解することは、指図債権の性質に反し、質権の性質にも適切でないから、第三六三条と第三六六条とを結合して、右のように解するのが正当であろう。なお、かように解するときは、証書を設定者に返還することが質権を消滅させるという第三四五条の解釈理論（〔二八〇〕参照）は、証書を裏書によって返還する場合にだけ適用されることになる（〔二三六〕参照）。

〔二七二〕 **（ロ）**指図債権以外の債権（ただし動産とみなされるものを除く）においては、証書の交付は質権設定者から債権を処分する権能を奪うものではなく、また質権の成立を公示するに充分なものでもない。だから、ここでは、動産質権に関する占有改定禁止の規定（三四五条）の準用はなく、従ってまた、証書の返還は質権の消滅を招来するものではないと解するのが正当であろう。ドイツ民法は、譲渡に証券の交付を要する権利については質入れにもその交付を要すとなし、占有改定を禁じ、証書の返還によって質権は消滅すると定めるけれども、譲渡に証券の交付を必要としない権利については、証券の交付をもって質権の効力発生要件とも対抗要件ともしていない（同法一二七四条一項・一二七八条・一二八〇条・三九八条参照）。

〔二七三〕 **（ハ）**土地の賃借権は、地主の承諾ある場合には、質権の目的とすることができ（六一二条参照）、その方法は指名債権の質入れの方法によるべく、すなわち、債務者たる賃貸人に通知するかその承諾をえれば十分であって、賃借地の占有を移転する必要がないとされる（大判昭和九・三・三一新聞三六八五号七頁）。賃借権の上の抵当を認めたと同様の結果となることは注目に値するものであるが、土地所有者が賃貸している土地に質権を設定する場合には、賃貸人たる地位を質権者に移譲しなければならないと解すること（〔一七九〕a・〔二四七〕a参照）に対比すれば、この判例理論は賛成することはできない。かような場合にも目的物の用益を質権者に移譲することが必要だと解すべきである。

〔三七四〕　**二　債権質権の対抗要件**

債権質権の設定に関して重要なのは、その対抗要件であるが、目的たる債権の種類によってその方法を異にする。

(1) 指名債権　対抗要件は、あたかもこの債権の譲渡と同様に、質権の設定を第三債務者（質入れ債権の債務者）に通知するかまたは第三債務者が質入れを承諾することである（三六四条一項）。甲の乙銀行に対する一〇〇万円の定期預金債権を、甲が丙から融資をえた八〇万円の債務のために質入れする場合には、質権設定者甲から、第三債務者乙銀行に対し、丙に質入れした旨の通知をするか、または乙銀行の承諾をえるのである。債権を質入れしても債権そのものの帰属に変更（譲渡）を生ずるのではないが、その債権の有する交換価値が第三者（丙）の支配に帰属し、その債務者（乙）はこの把握された交換価値を破壊しないように拘束を受けるものであるから、公示の方法としては、これを譲渡と同一にとり扱うのが適当だというのが右の立法理由である。従って、その通知・承諾の形式及び効力は、全部これを譲渡におけると同様にとり扱うべきである（つぎに挙げる判決はいずれもこの前提に立つ）。すなわち、

（イ）通知は質権設定者（質入れ債権の債権者）から第三債務者に対してこれをなす（大判大正一一・六・一七民三三二頁（通説））。また、承諾は第三債務者から質権設定者または質権者のいずれかに対してこれをなす。

（ロ）通知は、常に、通知のあった時における状態で質入れ債権を拘束する（四六八条二項参照（大判大正七・一二・二五民二四三三頁））。これに反し、承諾は、異議を止めないでなされたときは、抗弁権を伴なわない債権として質権の拘束に服する（四六八条一項参照）と解すべきである（大判昭和一八・三・三一新聞四八四四号四頁（債総〔七五三〕・〔七五七〕参照））。

（ハ）通知・承諾ともに、確定日附のある証書（民施五条参照）をもってするのでなければ、第三債務者以外の第三者に対抗することはできないと解すべきである（大判大正八・八・二五民一五一三頁、大判昭和一〇・一・一二裁判例（九）民一頁（四六七条二項、債総〔七六二〕以下参照））。

〔二七五〕

(2) 記名社債　記名社債の質入れの対抗要件は、社債の譲渡に関する規定（商三〇七条）に従い、会社の帳簿（社債原簿）に質権の設定を記入することである（三六五条）。無記名社債は、動産として（八六条三項）、動産質権の規定に従うべきことはもちろんである。なお、社債等登録法（昭和一七年法一一号）によって、債券の発行に代えて一定の登録機関に登録する制度が設けられたが、この登録をした記名社債の質入れは、その登録と社債原簿にその旨の記載をなすことを対抗要件とする（同法五条二項）。また、登録をした無記名社債は、その登録だけを対抗要件とする（同法五条一項）。

(3) 記名国債　記名国債については、特別法すなわち、「記名ノ国債ヲ目的トスル質権ノ設定ニ関スル法律」（明治三七年法一七号）によって、第三六四条第一項の適用が排斥されるから、普通の動産の質と同じく、証券の占有の継続をもって対抗要件となすと解すべきである（三五二条）。ただし、登録国債は、同じく特別法、「国債ニ関スル法律」（明治三九年法三四号、同法三条）によって、登録をもって対抗要件とする。

(4)指図債権　指図債権の質入れは、その証書(指図証券)に質権設定の記載をしてこれを質権者に交付することを効力発生要件にしてかつ対抗要件と解すべきこと前述のとおりである(〔二七一〕イ)。

(5)記名式所持人払債権　記名式所持人払債権の質入れは証券の占有の継続をもって対抗要件とすること無記名債権と同様である(商五一九条、小切手法五条二項参照)。判例(大判大正九・四・一二民五二七頁)であり、通説も支持している(債総〔七九〕参照)。

(6)無記名債権　無記名債権の質入れは、しばしば繰り返したように、動産の質入れと同様である(八六条三項・三五二条〔二六八〕)。

〔二七六〕 三　債権質権を設定しうる債権

債権質権の目的となりうるものは譲渡することのできる債権である(三六二条一項)。問題となる主要なものを左に掲げる(債総〔七一三〕以下参照)。

(イ)債権は原則として譲渡しうるものであるから(四六六条一項参照)、原則として質権の目的となりうる。しかし、法律が処分を禁止し、または担保に供することを禁じている債権もその例は少なくない。かような債権は債権質権の目的とすることはできない。扶養を受ける権利は処分を禁じられる債権の例であり(八八一条参照)、恩給を受ける権利は、譲渡することだけでなく担保の目的とすることも明文で禁じられている(恩給法一一条一項本文)例である。もっとも、後者は、特別の要件の下に担保とすることを認めた(一項に但書を追加した)ことは注目すべきことである(債総〔七三五〕、総則〔三〇三〕3参照)。なお、差押を禁止される債権(民訴六一八条参照)の質入れ可能性は、差押を禁止される動産と同じである(〔一八四〕参照。なお債総〔七三五〕をも見よ)。

(ロ)債務者の承諾をえてのみ譲渡することのできる債権、例えば賃借権(六一二条)は、同じくその承諾をえてのみ質権の目的とすることができる（〔二七三〕参照）。

（ハ）譲渡禁止の特約ある債権については、質権者が善意である場合には、質権は有効に成立する（四六六条二項、大判大正一三・六・一二民二七二頁、大判昭和一七・九・七新聞四七九九号一二頁。なお債総〔七三三〕参照）。

〔二七七〕（ニ）質権者自身に対する債権についても、債権質権が成立しうることは、一般の場合と異ならない。銀行が定期預金の上に質権を取得し、また保険会社が保険金の上に質権を取得して、預金者または保険加入者に金融を与えることは普通に行なわれる。判例もこれを認める（大判昭和一一・二・二五新聞三九五九号一二頁、大判昭和一一・七・三一新聞四〇七七号一四頁（確定日附ある質権設定契約書があれば対抗要件として十分である））。けだし、債権が譲渡性を有するときは、その債権（正確にいえばその客体たる給付）が一個の財産的価値あるものとして、ある程度まで、債権者及び債務者の人格から独立した存在を取得するものであるから、債務者自身もこの上に質権を取得しうることは少しも異とするにたらない。そして、自分の財産から一定の金額を優先弁済として受けうることは、経済的に重要な意義を有する。右の預金者、または保険加入者が破産した場合などを考えれば、容易に理解しうるであろう。もっとも、かような質権の実行は、多くの場合、相殺の方法によってその実を挙げることになろう。しかしそのために質権の本質が左右されるものではない（債総〔四六二〕参照）。けだし、それは債権質実行の方法についての特約とみて少しもさしつかえはないからである（右の大判昭和一一・七・三一はこのことを示す。なおかような特約の有効なことにつき〔二八六〕参照）。

ただし、賃貸人が敷金によって優先的に弁済を受ける権利は、敷金返還請求権の上の質権と解すべきものでないことは、別の機会に述べた（〔九七〕八、債各（中二）〔六八六〕以下）。また、株式会社が自己株式を質に取ることを制限されるのは（商二一〇条参照）、——株式は質権の目的とする関係では、ある程度まで債権と同視されるのだが（〔二六八〕・〔二九五〕）

——政策的な理由に基づく（〔二九四〕1末尾参照）。

〔二七八〕（ホ）商人の売掛代金を個々的に質入れすることはもとより可能であるが、売掛代金帳記載の多数の債権を一括して、ことに営業の継続によって日々増減する状態において、質入れすることは、その対抗要件を具備させる方法において実際上不能に近い。譲渡担保の手段によることも、債権譲渡の対抗要件として質入れと同様のことを必要とするから、同じく不能に近い。中小商工業者の金融手段として考慮すべき問題とされていることだが、譲渡担保の章に述べる（〔九八〇〕・〔一〇〇二〕以下）。

〔二七九〕（ヘ）電話加入権は一種の債権——以前は電話官庁、現在では日本電信電話公社に対して、特定の施設をなし労務を供すべきことを請求する債権——とされ、その譲渡性も、原則として、認められている。そこで判例は、債務者（当時の電話官庁）に対する通知によってこの権利を差押えることができるものとした。そして、この判例理論を推すときは、同じく電話官庁に対する通知またはその承諾によって質権を設定しうると解すべきだとする説が行なわれた。もっとも、至急開通電話は所轄逓信局の許可なしには開通後五年間は譲渡しえない（電話至急開通規則一六条・一七条）とされたときには、質権の設定も許可がない限り右の期間内はできないと解された。しかし、電話加入権は、電話加入者名簿の名義書換をもって所有者変更の公示方法とするものであり、かつ官庁に対する通知のような一時的なものをもって質権のような継続的な権利関係の公示とすることは決して適当なものではない。電話加入権を目的とする金融手段としては、よろしく、加入者名簿への記入をもって公示方法となし、この名簿を登記簿・登録簿のように一般人に閲覧させるような制度を認むべきだと主張された（旧版〔五七一〕三へ参照）。しかし、一方では、電話加入権の無制限な譲渡には弊害が伴なうので、譲渡を規制し、かつその質入れを禁じ(公衆電話通信法三八条)、他方では、「電話加入権質に関する臨時特例法」(昭和三三年法一三八号)によって、国民金融公庫・中小企業金融公庫・信用協同組合その他一定の公共的金融施設に限り、電話加入権の上に質権を取得することができるものとし(同法一条・二条)、電話取扱局に備える原簿の登録を対抗要件とし、流質を禁じ(同法四条)、その質権の実行手続についても詳細な規定を設けた(同法一〇条以下)。従って、現在では、電話加入権を譲渡担保とする必要はほとんどない。強いてこれをしても無効とすべきものと思われる。

〔二八〇〕**四** 債権質権を設定することのできる被担保債権については、動産質について述べたところに加えるものがない。実際の取引では、有価証券たる債権が、銀行と商人との間において根担保の目的とされることや、身元保証のための質権すなわち、将来の特定の債権の担保の目的とされることは、動産質に比較してはるかに多い。しかし、理論として特別のものはない(〔一八五〕―〔一八七〕参照)。

第二項 債権質権の効力

〔二八一〕**一** 債権質権の担保する債権の範囲

第三四六条によってその範囲が定まる。理論において、動産質権に適用する場合と異なるところがない。債権質権の実行のための債権の取立の費用なども同条の「質権実行ノ費用」の中に含まれる。

〔二八二〕**二** 債権質権の効力の及ぶ目的物(質入れ債権)の範囲

債権質権の効力は、質入れされた債権の元本の全部とこれに伴なう利息債権及び人的・物的の担保のすべてに及ぶ。質入れ債権が利息その他の態様に変更を加えられても――その変更には質権者の承諾を要する場合があることは別として(〔二八三〕参照)――同一性を失なわない限り、質権の効力に影響がないことはいうまでもないが、これに関連して問題となるのは、定期預金債権である。定期預金の弁済期は政策的立場から一律に限定されているものであるから、これを質入れした当事者の意思は、期限満了とともに書き換え継続して質権の効力を維持する趣旨と解するのが合理的である（最高判昭和四〇・一〇・七民一七〇五頁（預金名義を仮名から実名に変えても質権は存続する）。なお、相殺についても同様の問題があることにつき債総〔四八三〕iv参照）。

(1)不可分性の作用　被担保債権額が質入れ債権額より小さいときでも、質権としての拘束力は質入れ債権の全部に及ぶことは、質権の不可分性（三五〇条・二九六条）から当然である。

(2)利息債権に及ぼす効果　質入れ債権が利息附であるときは、質権の効力は、原則として、利息債権の上に及ぶ（八七条二項（総則〔二五五〕参照））。そして、質権者は、元本債権についてと同一の条件の下に、利息を直接に取立てて優先弁済に充当することができる（三六七条一項・二項・三五〇条・二九七条）。問題となるのは、債権質権者がこの利息を取立てないときであるが、質入れ債権の債権者は債務者をして利息を供託させる他はないと解すべきであろう。ドイツ民法（一二八九条）は、債権質権者が利息を取立てる旨の通知をしない限り、債権者は一定の範囲の利息を取立てることができるものと定める。すこぶる実際的であるが、民法の解釈として同様の理論を認めることは困難であろう。なお質入れ債権の利息はある意味では質物の賃貸料に比すべきものであるが、物上代位におけるように差押える必要のないことはいうまでもない（三五〇条・三〇四条、〔一二九七〕参照）。

(3)担保権に及ぼす効果　質入れ債権が保証債務または担保物権を伴なっているときは、債権質権の効力がこれらの上に及ぶことは、これらのものの随伴性から当然である。ただし、質権・抵当権の上に質権の効力が及ぶ場合には、目的物の引渡または登記をもって、それぞれ効力発生要件または対抗要件となすものと解するのが至当であろう。もっともドイツ民法の解釈としては、質権については目的物の引渡を要せず、登記抵当については登記を要すと解されている（Biermann, 2 z. § 1280）。

(4) 物上代位性　債権質権に物上代位の規定（三〇四条）が適用されることは、理論上当然であるのみならず、質入れ債権の侵害による損害賠償請求権、有価証券たる債権の滅失による保険金などについては、実際上その適用をみることも考えられる。

〔二八三〕 三　債権質権の質入れ債権に及ぼす拘束力と証書を留置する権利

(1) 質入れ債権に及ぼす拘束力　債権が質入れされるときは、これによってどのような拘束を受けるかに関し、ドイツ民法は、質権者の同意なしにはその債権を消滅または変更させることはできないと定める（同法一二七六条）。わが民法には規定がない。しかし、質権は、その目的たる債権について、その支配する交換価値を破壊する行為をなすことを禁ずる力があること、あたかも債権の差押に同じ、と解すべきである（債総〔三八九〕以下参照）。従って、第四八一条第一項を類推し、質入れ債権の債権者及び債務者のなす、その債権の取立・弁済・免除・相殺・更改その他質入れ債権を消滅・変更させる一切の行為は、これを質権者に対抗しえないとなすべきである（通説・判例〔大判大正五・九・五民一六七〇頁、大判大正七・一二・二五民二四三三頁（ともに第三債務者の相殺に関する）、大判大正一五・三・一八民一八五頁（判民二二事件我妻評釈、民法判例評釈II所収、質権設定者の相殺に関する）〕。なお後の〔二八五〕bを見よ）。もっとも、質入れ債権の消滅時効を中断するため、その債権者が債権存在の確認訴訟を提起することはもとより可能である（大判昭和五・六・二七民六一九頁、判民六二事件我妻評釈（民法判例評釈I所収、債権の帰属は変らないから））。のみならず、質入れ債権の債権者が、債務者に対し、催告をして、それから六ヵ月内に給付の訴を提起した場合にも（一五三条参照）、その訴には確認判決を求める趣旨をも含むとみて釈明権を行使すべきものとされる（大判昭和一二・七・七民一一一二頁（判民七八事件山田評釈）。釈明権を行使せずに訴を却けた原判決を破棄差戻）。また質入れ債権に対して一般債権者が執行をすることは妨げない。ただし、執行債権者が質権者に優先されることは言をまたない（〔二八七〕ロ参照）。

〔二八四〕 (2)債権証書を留置する権利　債権質権者は、質権設定のために交付を受けた債権証書の上に占有すべき権利を有し、被担保債権の全部が弁済されるまでこれを留置する権利を有する（三四七条）。そして、単にこの証書の占有を喪失しても、これによって質権の対抗力を失なわない限り、質権に基づいてその返還を請求しうると解すべきである（三五二条・三五三条（〔一二〇三〕・〔二七二〕参照））。

〔二八五〕 **四**　債権質権者の優先弁済を受ける権利

(1)債権質権の実行について二つの方法が認められる。

(イ)債権の直接取立（三六七条一項）　質権者は、自分の名において、質入れ債権の目的物を自分に引渡すべきことを請求することができる。引渡されると、質権者は占有を取得するが、目的物の権利自体は債権者に帰属し質入れ債権は弁済されたことになる。そして、

(a)質入れ債権が金銭債権であるときは、質権者は、取立てた金銭を自分の所有とし、被担保債権の弁済に充当することができる。従ってまた、被担保債権額に相応する部分に限って取立てることができるものとされる（三六七条二項）。

(b)質入れ債権の弁済期が被担保債権の弁済期より前に到来したときは、質権者は、第三債務者をして、その弁済金額を供託（四九四条―四九八条参照）させることができる。供託されたときは、質権はその供託金――正確にいえば、質入れ債権の債権者の有する供託金請求権――の上に存続する（三六七条三項）。質権者が供託を請求しない

ときはどうであろうか。その場合でも、弁済は質権者に対抗することができず、従って、質入れ債権者も供託を請求することができ、第三債務者も債権者の請求を拒絶して供託することができる、と解すべきではあるまいか。ちなみに、ドイツ民法は、質入れ債権はその債権者と質権者が共同してのみ請求することができ、共同しないときは、いずれも供託を請求することができるものと定める（同法一二八一条）。

（c）質入れ債権が金銭以外のものを目的とするときは、質権は質権者が弁済として受けた物の上に存続する（三六七条四項）。従って、不動産の所有権移転を目的とする債権の質入れにおいては、質権者は、第三債務者に対し、不動産を自分に引渡すことのみならず、債権者に目的物の所有権を移転しかつ移転登記をなすべき旨をも請求することができる。そして質権はその不動産の上に存続する（大判昭和六・七・八新聞三三〇六号一二頁、大決昭和七・一・二二民四一頁参照）。

（ロ）民事訴訟法に定める執行方法（三六八条）　この方法は、金銭債権については、取立・転付（民訴六〇〇条—六〇一条）、有価証券については、特殊の換価（民訴五八一条—五八三条）、有体物の引渡請求権については、目的動産・不動産の換価（民訴六一四条—六一七条）、特別の規定のない財産権については、類似の財産権に関する民訴の規定の準用によって適宜に処理すること（民訴六二五条）、である。なお、これらの方法による場合にも、一般債権者と異なり、債務名義を必要としない。

〔二八六〕 (2) 流質契約の禁止　債権質権についても流質契約禁止の規定（三四九条）は適用される（〔二一〇〕以下参照）。従って、例えば、借金の担保として無尽講持口債権の上に質権を設定し、不履行のときはその講加入者の名義を質権者に変更する契約などは無効である（大判昭和六・一一・一四新聞三三四四号一〇頁）。しかし、金銭債権の質入れにおいて質入れ債権の額が被担保債権額を超過しないときは、債権額に従って、弁済に代えてこれを質権者に帰属させる趣旨の契約をしても、これを禁ずべき理由はないであろう。けだし、民法は質権者に直接に取立てて債権額に従って弁済に充当する権能を認めるのであるが(三六七条一項・二項)、右の契約は、結局において、これと同趣旨に帰着するものだからである。

〔二八七〕　(3)他の債権者との競合

(イ)一個の債権を目的とする数個の債権質権が競合するときは、その優先弁済の順位は対抗要件の前後によることはいうまでもない。

(ロ)質権の目的となっている債権でも、他の一般債権者は差押えることはできる。例えば、甲が乙に対する債権を丙に質入れした後にも、甲の債権者丁はこれを差押えて転付命令を取得することもできる。それによって、質入れ債権は丁に帰属し、甲は丁に対する債務を弁済したものとみなされる(民訴六〇一条)。しかし、丙の質権は影響を受けないから、これを実行(乙から請求)することができる。乙は転付債権者丁に弁済しても、質権者丙に対抗することはできない(〔二八三〕参照)。丁は、甲に対して不当利得の返還を請求することができるだけとなる(大判大正一四・七・三民六一三頁(判民一〇〇事件加藤正治評釈参照))。右に反し、差押債権者丁が取立命令をえたときは、第三債務者乙はその請求を拒絶すべきである(〔二八三〕参照)。

また、例えば、甲が乙に対し、AB両不動産のうち、第三者Cの選択する方を贈与させる選択債権を有し、これを丙に質入れした後に、甲の一般債権者丁が差押えたという事例などでも、差押は効力を生ずるが、質権はこれに優先するから、丙はなおCをして選択せしめ、その上に質権を実行することができる(大判昭和一七・九・七新聞四七九九号一二頁)。ただし、右のいずれの場合にも、質権の目的物の価格が丙の被担保債権を弁済して剰余があるときは、剰余部分が差押債権者丁に帰属することは当然であろう。

〔二八八〕 **五　債権質権者の転質権**（三四八条）

(1)債権質権者も第三四八条による転質権を有する。その性質・要件などについては、動産質について述べたところに加えるものがない（三二四以下）。ただし、証券化した債権（債券）や株式（株券）の担保は、設定者の処分承諾書を添付するのが普通であり、従って担保に取った者がこれを自分の債務の担保に利用するのは、いわゆる承諾転質である。債権質について民法の定める転質が行なわれるのは、指名債権、例えば定期預金債権などであって、その例は稀であろう。その場合には、転質権者は、原質権の被担保債権の範囲内で転質権を実行しうるに過ぎないことはいうまでもないが、原質権者は、その被担保債権額が転質の被担保債権より大きい場合（一〇〇万円の定期預金債権を九〇万円の質にとり、八〇万円の転質をしたとき）にも、差額の弁済を受けることはできない。

〔二八九〕 (2)承諾転質　(イ)設定者の処分承諾書をつけて債券や株券を担保にとった担保権者は、これを自分の債務の担保に利用することができる。なお、記名の証券に白紙委任状が添付されているときは、右の意味で処分を承諾したものとみる慣習があるといってよいであろう（そのように判示する下級審判決が少なくない）。のみならず、転質であることを示さず、自分の所有するものとして、担保に入れる場合にも、原質権設定者に損失を被らせない以上、担保に利用すること自体を違法ということはできないであろう。取引界では一般に認められているからである。ただし、以上の、処分承諾書を添付して担保に入れ、さらに、これを担保に利用する場合の担保が、質か譲渡担保かはすこぶる判定に苦しむ問題であるが、それは後に譲り、ここには、そのいずれであっても生ずる問題について述べる。

（ロ）質権者が転質して受け戻すことができずに処分された場合には、この処分によって転質権者の取得する金額は——正式の転質の場合のように原質の被担保債権がそれだけ当然に消滅するのではなく——原質権者はそれだけ原質権設定者に損害賠償をする債務を負担し、原質権設定者は自分の債務との差額を請求することができると解すべきである（大判昭和一四・六・二〇民六八五頁）。問題となるのは、その場合に、原質権者が同種同額の証券（事案では特定の鉄道会社の株券）を調達して保管するときは、証券の価格の変動にかかわらず損害賠償の責任を負わないかどうかである。判例は、特別の事情のない限り責任を負わないという（大判昭和九・三・九民二五六頁）。有力な反対説がある（右の川島評釈（判民二五事件）は転質権者が処分した後に株価が下落すれば転質権者は不当に利益をえるという）が、判例を支持する。けだし、転質権者の処分の当時原質権設定者が別段の手段（例えば損害賠償請求権と自分の債務との相殺）を講じない限り、質権者が調達した証券の価格の変動は原質権設定者の利不利に帰するものとするのが妥当だからである（事案では株価は値下りしたらしい。その前に相殺したという主張もしているが、あまり重要性がおかれていない）。

〔二九〇〕 **六**　債権質権のその侵害に対する効力

債権質は債権自体の上にも、交付を受けた債権証書の上にも、物権的な支配を及ぼすものであるから、そのいずれへの侵害に対しても、妨害の排除（〔二八四〕参照）及び損害の賠償を請求することができる。債権質権設定者はその質入れ債権を変更・消滅させる行為をしても質権者に対抗しえないことは前に述べたとおりであるが（〔二八三〕参照）、債権質権設定行為が対抗要件を備える前にはかような行為もその効力を生ずるから、質権設定者は質物を滅失毀損させた責任を負うべきことになる（〔二二八〕・〔二二九〕参照）。

〔二九一〕 **七**　債権質権者の義務

債権質権者は、交付を受けた債権証書を善良なる管理者の注意をもって保管し、被担保債権が消滅したときにこれを設定者に返還すべきことの他、質権の実行として直接取立をする際にも、善良なる管理者の注意をもってこれをなすべきことなどが、債権質権者の義務の主要なものである。

第三項　債権質権の消滅

〔三九二〕　債権質権の消滅原因としては、債権証書の返還が問題であるが、指図債権においては、設定者への裏書交付は質権を消滅させるけれども、その他の債権においては、証書の返還は質権を消滅させないと解すべきことはすでに述べた（〔二七二〕・〔二七三〕）。

第三款　株式の上の質権

〔三九三〕　**一**　株式は、今日の経済界において極めて重要な商品として取引され、その上の質権は、権利質として、債権質にまさる作用を営む。ところが、これに関する法律の規定はすこぶる不充分であって、民法は対抗要件に関して一項（三六四条二項）を設けただけであり、商法にも充分な規定がなかったので、その設定の方式についても、その効力についても、疑義が多かった。そして、商法の規定が一応整備されたのは、昭和一三年の商法会社編の大改正（昭和一三年法七二号）によってであるが、その後にも、昭和二五年（法一六七号）及び昭和四一年（法八三号）の改正によって修正・補充された。

〔三九四〕　**二**　株式の質入れ可能性

(1)株式は、無記名式のものはもとより譲渡性をもつが、記名式のものも、原則として譲渡性をもつ。ただし、後者については、注目すべき立法の変遷がある。昭和一三年の改正以前は、定款で禁止されない場合には、会社の承諾なしに譲渡しうるとされていた(商旧一四九条)が、昭和一三年の改正で、譲渡の自由を原則とし、定款で制限しうるものと改められ(商二〇四条一項の旧規定)、さらに、昭和二五年の改正で、譲渡の自由は絶対的であって、定款をもってしても、禁止も制限もすることができないものとされた(商二〇四条一項の修正)。ところが、過般、昭和四一年の改正で、再転して、定款の規定で「取締役会ノ承認ヲ要スル旨」の制限を設けうることとなった(商二〇四条一項の再修正)。なお、会社は、法律の定める一定の場合の他は、自己の株式を取得することだけでなく、質にとることも禁じられている(商二一〇条)。しかし、これは主として、会社が質権によって取得する担保価値を維持しようとする立法政策に基づくものであって(果して適当な立法かどうかも疑問だが、詳細は避ける)、株式の質入れ可能性と本質的な関連はない(判例は自己株式の質を無効とするが、学説には反対が多い(大判昭和一六・二・二〇民二四七頁判民一七事件鈴木評釈参照))。

(2)昭和四一年の改正に従って定款で右のような制限を加えられている記名株式の質入れも、しかしながら、譲渡と同じく、無効なのではない。質権は有効に成立し、質権者は優先弁済を受けるために目的たる株式を競売することができる。ただ競落人はそのまま株主となることができず、——あたかも株式の譲受人と同じく——取締役会の承認を得なければならない。そして取締役会は、競落人の株式取得を承認しないときは、その株式を買受ける者を指定しなければならないから(商二〇四条ノ五)、競落人は、結局において、商法に定める基準に従って裁判所の定める売買価格だけは回収することができる(商二〇四条ノ四参照)。

〔二九五〕 三　株式の上の質権設定の方法と対抗要件

(1)無記名株式は、動産と同様にとり扱う(八六条三項、〔二六八〕参照)。すなわち、株券の交付によって成立し(三四四条)、質権者が株券を継続して占有することをもって第三者に対する対抗要件とする(三五二条)。

〔二九六〕 (2)記名株式の質入れは、(イ)株券を交付することによって成立し、質権者が継続して占有することをもって第三者に対する対抗要件とする(商二〇七条)。もっとも、質権設定者の請求によって、会社が、株主名簿に質権者の住所氏名を記載しかつその氏名を株券に記載するときは、質権者は、会社に対して、利益配当を請求するなどの権利を取得する(商二〇九条)。従って、普通に、前者を略式質、後者を登録質と呼ぶ。

右は、昭和一三年の改正によって商法に設けられた規定である。民法は、記名株式について、指図債権の質入れに関する対抗要件の規定を適用しない旨を定めている(三六四条二項)。立法者は、旧民法(債担一〇四条)に従って、記名株式と記名社債の両者につき、会社の帳簿に質権設定の記載をすることをもって対抗要件とした(法典調査会・民法議事速記録一五巻一三四頁以下参照)。しかし、衆議院で修正されて現行法となった。修正の理由は、当時すでに慣行となっていた記名株券に白紙委任状を附けて質権者に交付する方式をもって充分とする趣旨であった(梅要義三六四条の註はこの慣行を弊習とし、修正は第三者の保護に欠けると非難する)。しかし、白紙委任状を附けることは法文の上に現われないのみならず、商法には記名株式の質入れについて規定するところがなかったので、民法第三六三条によって株券の交付を効力発生要件とし、第三五二条の準用によって対抗要件を定める他なしと解された(通説・判例(大判昭和七・九・五民一七三九頁等))。そして、結局、右に述べたように、昭和一三年の商法の改正で、あたかも右の解釈と同様の規定が設けられたのであった。

なお、昭和四一年の商法の改正は、記名株式の譲渡も株券の交付だけで充分なものとするとともに、株主の静的安全を保護するために、株主は会社に申出て、自分の所有する株式のために株券を発行しないことにするかすでに発行された株券を銀行に寄託させることができる、という制度を採用した(商二〇六条ノ二)。その結果、右の制度を利用している株主は、株券を所持しないわけだが、その場合にも、質入れするためには、株券の発行または返還を求めて、これを質権者に交付しなければならない。けだし、記名株式の質入れに株券を交付すること(商二〇七条)は、絶対的な要件だからである。

〔二九七〕　(ロ)記名株式の質権設定の方式及び対抗要件を記名株式の譲渡の方式と対比すると注目すべき差がある。譲渡の方式は、昭和一三年の改正までは、株主名簿の名義書換と株券への名義記載をもって会社その他の第三者に対する対抗要件としたが(商旧一五〇条)、一三年の改正で、会社に対する関係は右のままとし(商二〇六条)、その他の第三者の関係では株券の裏書・交付をもって効力発生要件でもあり対抗要件でもあるものとした(二〇五条)。しかし、実際界では、株主名簿の名義書換はもとより、裏書もしないで、名義書換のための白紙委任状を添付するという従来からの慣行を踏襲した。そこで、昭和二五年の改正で、この慣行を法文化して、当事者間の関係では、株券の裏書交付または譲渡証書と株券の交付のいずれでもよいことにした(商二〇五条の修正)。ところが、昭和四一年の改正では、さらに前進して、株券の交付だけで足りることにした(商二〇五条の再修正)。

記名株式の譲渡の方式の右のような変遷の結果、現在の法律の下では、記名株式の略式質と譲渡とは、ともに株券の交付によってなされ、その間に外形的な差異は全く存在しなくなった。この結果は譲渡の方式が昭和一三年の改正以後に二度も修正されたにもかかわらず、略式質の方式は一度も修正されなかったことによるともいえる。しかし、ひるがえって考えると、株式の担保は、質ではなく、譲渡担保である場合がすこぶる多い。ところが、譲渡担保には裏書交付による場合にも、処分承諾書を添付する場合にも、担保のためにする譲渡であることを識別しうるような外形はなかった。だから、単純な譲渡か、担保のための譲渡かを区別することは、以前から困難であった。そこに、四一年の譲渡方式の改正によって、さらに略式質との区別もつかない結果になった、というのが現実の姿である。

しからば、株式担保の作用を担当する二つの法形式たる質と譲渡担保の相互の間の区別及びこれらのものと単純な譲渡の間の区別をはっきりさせる制度を考案すべきであろうか。それは、要するに、これらの二つの担保形式のそれぞれにどのような効力を認めるべきかの問題と関連して考慮されるべき事項であろうが、株式そのものの効力を説くことを目的としない本書の範囲外である。

〔二九八〕

四　株式の上の質権の効力

(1)株式質権の目的物を支配する範囲　問題となるのは、質権者は配当を受けて優先弁済にあてる権利があるかどうかである。配当が株式の果実であるかどうかは、本質的には問題であろう。また資金を借りて株式を購入し、これを質に入れて、金利と配当の差額を利得しようとする者にとっては、配当を優先弁済にあてることを無条件に是認することはできないかもしれない。しかし、現行法の解釈としては、配当を質物の果実とみて、被担保債権に充当することを認めるのが正当である（三五〇条・二九七条）。従って、

(イ)無記名株式の質権者は、配当を受けて、優先弁済に充てることができる。

(ロ)しかし、記名株式の帰属は、会社に対する関係においては、株主名簿によって一律に決するのが至当であるから、株主名簿に記入する方法のない質権者に給付する義務を会社に課すべきではない、と解されていたが、昭和一三年の改正で、前記のように、登録質という制度を認め、この方式をとった質権者は、会社に対して、利益もしくは利息の配当、残余財産の分配または、一定の場合に会社が株式の代位物とし

て株主に支払うべき金銭の交付を請求し、これを優先弁済にあてることができる旨を定めた（商二〇九条二項）。

〔二九九〕 (2) 株式質権の物上代位性　株式質権は、会社法の規定によって株式の代表物となるものの上にもその効力を及ぼす。この点については、以前からも多少の規定があったが、昭和一三年の改正でこれを拡張整備した（商二〇八条）。そして、昭和二三年及び二五年の改正に際しても、必要な整理をした。これによれば、登録質権者は、民法の規定（三〇四条）によって差押える必要はなく、当然に、会社に対して引渡を請求し、それが株式である場合には、その上に質権を保有する旨が明らかにされている（商二〇九条三項・四項）。

〔三〇〇〕 (3) 株式質権の目的たる株式に対する支配力　株式が質権の目的となるときは、

(イ) 設定者はこの株式を消滅させる行為をすることができないという拘束を受ける。問題となるのは、配当を受ける権利であるが、前述したように、質権者が会社に対して直接に請求する権利を有するときに限り、会社の設定者に対する弁済は効力を生じないと解すべきである。

(ロ) 株主の議決権も多少問題となるが、質権の設定によって影響を受けないと解すべきである（通説）。けだし、質権者は、株式の有する交換価値を把握しているだけであるから、議決権を行使することができないのはいうまでもないのみならず、株式質権の設定者は、有体物自体または有体物の利用を目的とする権利の質入れと異なり、目的たる権利の行使を禁止されなければならないものではないからである（〔二六〇〕参照）。

(ハ) 質権者が株券を占有すべき権利を有することは、債権質の債権証書におけると同様であるが、株券の占有を失なうときは、前述のように質権の対抗力を失なうことは、動産質におけると同様である（商二〇七条二項（〔二九六〕））。

〔三〇一〕 (4) 株式質権の優先弁済を受ける効力

(イ) 株式質権の実行方法は、民事訴訟法の規定する換価だけである(三六八条)。ただし、有価証券として簡易な換価方法が認められている(民訴五八一条・五八二条)。

(ロ) 記名株式の譲渡の方式が裏書交付または譲渡証書附交付であったときには、白紙委任状を添付して担保に入れる慣行が行なわれたこと、前に一言したとおりである。その場合の担保が譲渡担保か質かは区別が困難であることもすでに述べたとおりであるが、質である場合にも、流質の特約を含む(被担保債権が商行為によって生じたものであれば流質特約は有効(商五一五条))ものとされた(大刑判昭和九・四・二八評論二三巻商三六一頁(〔二一一〕参照))。昭和四一年の改正によって記名株式の譲渡も株券の交付で十分なものとされた後は、白紙委任状を添付する慣行は廃絶するであろうが、流質に関する右の関係はどのように解すべきであろうか。記名株式の質権は常に流質の特約を伴なうと解することになるのであろうか。同様のことは、転質についての承諾に関しても問題となる。

〔三〇二〕 **五 団体の一員たる地位の質入れ**

株式の質入れに関連して、他の社員権その他団体の一員たる地位の質入れについて一言する。

(1) 合名会社の社員権(持分)は、他の社員の承諾をえないでは、譲渡することができないものであるから(商七三条)、承諾をうれば質入れすることができ、その場合には、質権者は、これを競売して――もし有効な流質の特約があれば、処分して――その対価を優先弁済にあてることができるであろう。しかし、承諾をえないで質入れした場合にも、質権者は、質権の実行として、持分を差押え、社員を退社させ、その者の取得する会社に対する払戻金を請求して優先弁済にあてることができると解してよいであろう(商九一条、債各(中)(二)〔一二二五〕参照)。

〔三〇三〕 (2)有限会社の社員たる地位(持分)が質入れ可能であることについては、有限会社法に規定がある(同法二三条一項)。その対抗要件は、譲渡と同様に、社員名簿の記載であり(同条二項)、従って、その効力は、株式の登録質と同様にとり扱われる(同法二四条による商法二〇九条の準用)。なお、質権が実行されて社員でない者が競落人となったときは、競落人から会社に対して、持分の取得を承認するよう、また、もし承認しない場合には持分を買受ける者を指定するよう、請求することができるのは、譲渡の制限される株式におけると同様である(同法一九条五項)。

〔三〇四〕 (3)民法の組合の組合員たる地位は、一般的にいって、合名会社や有限会社の社員の地位よりも一層人的色彩が強く、譲渡の制限も一層きびしい(六七六条一項と商七三条、有限会社法一九条を対比せよ。債各(中二)〔一二〇九〕参照)。従って、他の組合員の同意をえて設定された場合にも、競売権を含む質権は成立しない、と解するのが正当であろう(債各(中二)〔一二一〇〕・〔一二二八〕・〔一二三〇〕参照)。もっとも、組合員の財産的な内容をもつ持分を——合名会社の社員の持分の差押に関する規定(商九一条)を類推適用して——差押えることができると解するときは(債各(中二)〔一二二六〕参照)、質権者は、質権の効力として、右の差押をなし、払戻金をもって優先弁済にあてることができることになる。

以上は、民法上の組合に一般的な理論であるが、民法上の組合にも、人的色彩が薄く、専ら財産的な価値をもつものとして、ほとんど自由に取引される特殊のものもないではない(債各(中二)〔一二七二〕以下参照)。そのようなものについては、質権の成立も可能と解してよいであろう。

〔三〇五〕 (4)公益社団法人の社員権は、財産的価値が少なく、譲渡性も認められないものであるから(総則〔二〇五〕参照)、質権の目的となることはできない。中小企業等協同組合などのいわゆる中間的法人(総則〔一四四〕参照)の組合員たる地位(持分)の譲渡性も強く制限されているから(中小企業等協同組合法一七条参照)、質権の目的とすることはできないと解すべきであろう。

第四款　不動産物権の上の質権

〔三〇六〕　一　意義と作用　地上権は、常に（物権〔四一三〕八参照）、永小作権は、原則として（二七二条、物権〔四六〇〕一参照）、質権の目的となりうる。ただし、これらの権利の上の質権が現在においては作用的意義の少ないことは、不動産質と同様である（〔一四二〕参照）。

二　設定と対抗要件　これらの質権の設定は、目的たる権利の客体たる土地の引渡を効力発生要件とし（三四四条）、登記を対抗要件とする（一七七条）ことは不動産質権と同様である。その他、設定に関しては、不動産質権に準じてとり扱えばよい。

三　質権の効力　不動産物権上の質権者は、原則として、目的たる権利を行使して収益をうる権利を有することは、不動産質権と同様である（三六二条二項による三五六条―三五九条の準用）。質権実行の方法は抵当権実行の方法に準ずる（三六一条）。この他、効力に関しても、不動産質権に準じてとり扱えばよい。

第五款　無体財産権の上の質権

〔三〇七〕　一　設定の可能性と方法　特許権（及び専用実施権・普通実施権）・実用新案権・意匠権・商標権が質権の目的となりうること、及びそれぞれの権利について設けられる特殊の帳簿の記載を効力発生要件とすることは、法文上明らかである（特許法九五条―九九条、実用新案法二五条、意匠法三五条、商標法三四条参照）。また著作権・出版権も、質権の目的となりうることは同様であるが、登録は対抗要件とされる(著作権法七七条)。意思表示のみによって効力を生ずる趣旨であろう(三四四条準用の余地はない)。なお、これらの権利には財産的価値の大きいものが多く、それらは質権としての経済的作用も大きいが、公示方法からみれば、登録質であり、さらに作用的にみれば、むしろ抵当権に近い(〔二四四〕・〔二五三〕参照)。

〔三〇八〕 二　質権の効力

(1)質権者は、質権の目的たる特許権を行使して収益することができるかどうか、旧法の解釈として疑問とされ、第二九七条・第二九八条を準用し(三五〇条・三六二条二項)、質権設定者の承諾あるときに限り、かような権利を有し、これによって被担保債権の優先弁済に充てることができると解する説が多かった。ところが、新らしい特許法(昭和三四法一二一号)は、特許権、専用実施権、通常実施権の上の質権者は「契約で別段の定をした場合を除き、当該特許発明の実施をすることができない」と定めた(同法九五条)ので、右の解釈が明文化されることになった。なおこの規定は、実用新案権、意匠権、商標権にも準用されている(これらの法律の前掲条文参照)。かような主義の下では、右の無体財産権の上の質権は、設定者との特約があるときは収益質の性質を有し(〔二四四〕・〔二六〇〕八参照)、特約がないときは、抵当権に類似する性質を有することになる。ちなみに、ドイツ民法は、権利質の設定方法は権利の譲渡の規定に従うべきものとし(同法一二七四条)、権利質権者は、とくに用益権能を与えられたときにだけ用益することができるものと定めるから(同法一二七三条二項末段)、無体財産権の質権者の用益権能は、あたかもわが法制と同一となる(Kohler, Handbuch des deut. Patentrechts, S. 528)。以上に反し、著作権法には、右の点に関する規定はない。新法の制定に際しては同様の規定が設けられることを期待するが、現行法の解釈としても同様にみるべきものと思う。

〔三〇九〕 (2)これらの質権の実行方法は、民事訴訟法の規定する換価である（三六八条、民訴六二五条）。

第五章　抵　当　権

第一節　総　説

第一　抵当権の意義とその社会的作用

〔三一〇〕 一　抵当権は、債権者が債務者または第三者(物上保証人)が債務の担保に供した物を、質権のように提供者から奪うことなく、その使用収益に委しておきながら、債務が弁済されない場合にその物の価額によって優先的弁済を受けることのできる担保物権である(三六九条)。

抵当権は、質権とともに、契約によって生ずる担保物権であって、協力して物的担保の授受という経済的要請に答えようとするものであるが、抵当権は目的物を引続き設定者の占有に留める点に質権との根本的差異を有し、両者の作用における対立は、ことごとくここから生ずるものであることは、すでに質権の章に詳述した(一三六以下)。ここには再説を避けて、要点だけを指摘する(我妻「資本主義と抵当制度の発達」(民法研究Ⅳ所収)参照)。

〔三一一〕 二　抵当権が設定者から占有を奪わないことの一般的な意義　抵当権は、目的物の使用収益を設定者のもとに留める。従って質権のように留置的作用を営まない。しかし、目的物は引続き所有者のもとにおいてその使用価値を発揮することができるから、目的物の所有者は、目的物の使用価値を保留してその交換価値だけを抵当権者に与えることになる。財貨は二重の効用を発揮するということができる。これを抵当権者の方面からいえば、目的物の利用価値は所有者のもとにおいて実現させ、自分は単に目的物の交換価値だけを把握し、これを基礎として利息の吸収をはかることができる。抵当権は目的物の物質的存在から全く離れた価値のみを客体とする権利、すなわち Substanzrecht（物質権）に対する意味での Wertrecht（価値権）の純粋な形態だということができる。

抵当権の右のような特質から、とくにその作用を発揮する財貨はつぎのとおりである。そこに民法施行後の特別法によって拡張されているものの多いことを注意すべきである。

〔三一二〕 (1)不動産・不動産物権　不動産（土地・建物）及び不動産物権（地上権・永小作権）においては、その用途がどうであれ、すべて質権がしりぞけられて、抵当権の独占場となりつつあること、すでに質権の章に述べたとおりである（〔二五二〕参照）。民法が独立の不動産と認めなかった立木を特別法によって独立の不動産と認めたのも、主としてこれに独立の抵当権の客体となりうる能力を与えようとするためである（立木法二条以下参照）。

〔三一三〕 (2)大企業施設　工業・鉱業・漁業・交通業などにおける大規模の企業施設は、これに質権を設定することの不適当なのはもちろんいうまでもないが、抵当権を設定するにしても、単にその中に包含される個々の不動産の上に設定することは、客体が一個の客観的組織体として有する交換価値を把握することにならないだけでなく、そのような抵当権を実行すれば企業を破壊することになるから、決して充分な制度ということはできない。ここにおいてか、右のような企業施設を一体としてその交換価値を把握しようとする立法が、明治三八年わが国の工業の躍進時代からあい次いで企てられてきた。いわゆる財団抵当に関する立法がこれである。工場抵当法(明治三八年法五四号)・鉱業抵当法(明治三八年法五五号)・鉄道抵当法(明治三八年法五三号)・軌道抵当法(明治四二年法二八号)・運河法(大正二年法一六号)・漁業財団抵当法(大正一四年法九号)・自動車交通事業法(昭和六年法五二号)、さらに戦後の道路交通事業抵当法(昭和二七年法二〇四号(自動車交通事業法の財団抵当の部分の後身))・港湾運送事業法(昭和二六年法一六一号)・観光施設財団抵当法(昭和四三年法九一号)と数えてくると、ここに民法をめぐる特別法中最も豊富な内容を有する一領域の存在することが知られる。そして、これらの企業財団の抵当においては、企業者は、その資金を獲得するために、現に運転しつつある企業の物的設備の有する全交換価値を担保化しようとし、また抵当権者は企業の有する全交換価値を把握することによって安全な保障をえて投資をなし、利子の名義において企業利潤の分配にあずかろうとするものであるから、右の財団抵当の作用には資本主義組織の根本機構に触れるものが存在する。

〔三一四〕 (3)企業施設としての動産　企業設備を抵当権の目的とする必要があることは、その企業設備が動産である場合においても同様である。ことに今日の中小商工業者や農業者には、不動産的設備を有しない者が多く、それらの者のために企業設備を担保化する途を開こうとすれば、動産抵当制度に訴えなければならない。ところが、民法は、この途を杜絶した。これが動産の譲渡担保制度といういわば現行法の体系における私生子が生まれた根本の理由である。そして、社会経済上の必要は、判例をしてこの私生子を認知させたけれども、その理論にはなお多くの欠陥を含んでいるので、法律上動産抵当制度を公認し、これに対して嫡出子たる地位を与える必要が痛感されてきた。さきに農業動産信用法(昭和八年法三〇号)が制定され、農業用動産の抵当が認められたことは実にこの要望にこたえるものであった。そして、この動産抵当制度は、戦後になって自動車、航空機、建設機械へと拡張されたが、中小商工業者の動産的企業設備の抵当化はいまだ認められるに至らず、論議の中心となっていること、すでに質権の章に述べたとおりである（〔一五〇〕・〔一五六〕）。

〔三一五〕 (4)担保権者の用益を許さない財産　漁業権・採掘権・登記船舶のように、担保権者をして実施ないしは運用させることの不適当なるものの担保化はもっぱら抵当権によるべきものであることもすでに述べたとおりである（〔一四三〕）。

〔三一六〕 (5)流通性の要請　抵当権は目的物の物質的利用にふれることなく、もっぱら交換価値を把握し、物質的利用による利潤の分配にあずかるものであるから、質権に比してはるかに投資の手段に適する。そして投資の手段たることは、また当然に、投下資本を自由に流動化することの可能性を要求する。いいかえれば、投資の手段たる抵当権はその譲渡の自由を要求する。抵当証券法（昭和六年法一五号）は実に直接この要望に答えようとするものであるが、担保附社債信託法（明治三八年法五二号、その後数次改正）も間接にこの要求を充たすものである（近代抵当権の特質の一として（〔三二九〕）、また証券抵当（〔八五六〕）として説く）。

〔三一七〕 (6)要約　要するに、抵当権は、財貨の利用を従前のとおり利用者の手に留めながら、しかも同時にこれを担保化せんとする要請にこたえる制度であるから、一面からみれば、生産設備の担保化による資金の獲得手段として産業資本主義の運行を維持する重要な役割を演ずるとともに、他面からみれば、目的物と少しも物質的な交渉のない最も純粋な投資手段として、金融資本主義の機構を維持する重要な作用をする。しかもこの両面の作用においてともに質権のとうてい及びえないところである。

〔三一八〕 **三**　抵当権の公示の要請と目的物の限界　抵当権は、目的物の担保価値を排他的に支配する物権であるから、近世法はその存在について厳格な公示の原則を要求する。しかも、抵当権は、目的物に対して何ら物質的・外形的接触を生じないものなのであるから、その公示は、占有に頼ることができない。そこで近世法は、抵当権の公示手段として、公の帳簿の記載すなわち登記または登録の制度を考案した。その結果として、抵当権の成立が可能なためには二個の要件を必要とする。一は、目的物がその一体としての存在にある程度までの恒常性を有し、これを帳簿の記載によって表象させる実体を具備することであり、二は、この実体に基づいて国家が整備した特殊の帳簿（登記簿・登録簿）の管理をすることである。そして、前の要件は、経済事情の推移によって制約されるものであって、民法が施行された後に抵当制度が異常な発達を示したのは、従前は土地と建物だけが右の要件を備えたのが、資本主義の発達に伴ない、次第に各種の企業設備がこの実体を備えるようになったことを物語るものである。われわれはこれを資本主義の発達過程における財貨の不動産化といいうるであろう。これに対し、後の要件は、法律制度の技術的発達に制約されるものであって、財団抵当制度の創設においては一応その成功を示したが、動産抵当制度の創設が極めて難産であるのは、その法律技術になお考究の余地のあることを物語るものである。われわれはここに抵当制度が極めて精緻な法律技術の所産であることを知らなければならない。まことに、資本主義の発達に伴ない停止するところを知らない資金獲得＝資本投下の要望に対して、できるだけ合理的な法律手段を与えようとする法律技術的構成の進歩のうちに、抵当制度発達の契機が存在するのである。

〔三一九〕　**四**　抵当制度発達の功罪　　かようにして、抵当制度は、民法施行の後、幾多の特別法の制定をえてその発達の歩を進めている。しからば、抵当制度発達のおもむくところ、社会経済上にいかなる影響をもたらすものであろうか。

第一、企業経営者はその資金の獲得を容易ならしめられる。社会の企業は、少なくも一応、ために拡張し、ために隆盛におもむくことは争いえないであろう。その限りにおいて、抵当制度の発達を歓迎すべきである。

しかし第二に、抵当権は目的物の物質的利用に干渉しないといっても、それは抵当権の静止する間に限り、一度その把握した価値の現実化のために目的物を競売に付するときは、抵当権の設定後に目的物の上に築き上げられた物質的な用益関係ば、原則として悉く覆滅する。もちろん用益権を余りに強大ならしめることは、価値権の機能を萎微させることになる。わが国の抵当制度にはなおこの欠点の存することも疑いない。従って抵当制度の発達がこの摩擦を消除する方向に向って進みつつあることは争いえない事実である。しかしわれわれは、抵当制度の発達に際しては、価値権と用益権の真の協調を理想とするものであることを常に念頭におかなければならない。

さらに第三に、抵当制度の発達、すなわち投下資本の進軍は、これを他面からみるときは、企業経営者はその物的施設の全部を担保化し多大の資金を獲得する結果、その経営から取得する利潤の大部分を抵当利子として奪われ、しかも一度経営に失敗せんか、抵当権のために企業自体を処分され、企業の主体たる地位を失なわなければならないことを意味する。農耕地の抵当化制度の発達が農耕地をして抵当権の重圧に苦しましめるに至ったことも、さらにまた、企業施設の抵当化制度の発達が産業資本家をして金融資本家によって死命を制せられるに至らしめたことも、ともに否定しえない厳然たる事実である。この弊害はいかにして阻止しうるものであろうか。当面の手段としては、抵当資本に何等か合理的な国家的統制を加えることや、とくに農耕地等に作用する資本はこれを公的資本によって代置するなどの手段が考えられるであろう。しかし、その根本の解決は、資本主義の機構自体にふれるものであって、ここに述べうる限りではない（我妻・近代法における債権の優越的地位（有斐閣学術選書）はかような観点から資本主義の推移と担保制度の発達を考察したものである）。

第二　近代抵当権の特質

〔三三〇〕一　大陸法における近代の抵当制度は、第十八世紀初頭のプロイセンの立法を先駆として、ドイツ、スイス両法において異常の発達をとげた。これに比すれば、フランス法の制度は大いに劣るものがあり、わが国法もまた大体フランス法の水準を出でない。以下において、この進歩した近代抵当権の特質を略述する。わが民法の解釈理論に資するところが多いだけでなく、わが特別法による抵当制度の改善はこの近代抵当権の水準に近づこうとする努力ともみることができるものであって、わが国の抵当制度の地位を理解する助けとなる。

近代抵当権の特質は、目的物の有する特定の担保価値を確実に把握し、これをして投資の手段たる作用を営むに遺憾な点のないようにすることである。元来、物的担保制度としての抵当権は、特定の債権の効力を保障することを中心として構成されたので、その効力は人的信用を基礎とする債権に依存するものであった。これに対し、近代抵当権は、もっぱら財貨の有する交換価値を中心として構成され、人的信用から絶縁した確実な交換価値を把握し、これを投資の客体として金融市場に流通させることを目的とする。しかしてこの目的のために、抵当権の存在が厳格に公示され（公示の原則）、その客体は現存特定の財貨に限定され（特定の原則）、同一の財貨の上の抵当権は各自確定せる順位を保有して相互に相侵すことなく

（順位確定の原則）、さらに、抵当権は公示なき債権の瑕疵によって影響せられることなく（独立の原則）、そして、金融市場に安全迅速に流通しうる能力（流通性の確保）を備えるものである。以下この諸特質を略述する。

〔三一〕 二 公示の原則　抵当権の存在は必ず登記によって公示すべしという原則である。この原則は、抵当権の存在によって一般債権者に不慮の損失を被らしめないことを目的とするだけでなく、抵当権自身が他の公示されていない抵当権その他の優先権の出現によって脅かされないことをも目的とするものである（法定抵当権と関連して先取特権に述べるところ〔七六〕・〔七七〕参照）。もっとも、公示の原則は、近代の物権法において一般的な原則とされるものであるが、その原則そのものが抵当権制度の発達とともに確立されたものであることは、別のところで述べたとおりである（物権〔六二〕参照）。

抵当権公示の原則は、わが民法の下では相当に厳格に守られている。ただ、登記をもって抵当権の成立要件となさず、単なる対抗要件となすことは、複雑な解釈論を導くのみならず、登記のない抵当権による競売を許すことになる点において、反省を要するものがあるだけである。しかるに、民法以外においては、この原則の、例外をなす優先権は必ずしも僅少ならず、とりわけ、国税及び公課金が納税義務者の全財産の上の優先権として一般抵当権の性質を有し、次に述べる特定の原則を破るのみならず、何らの表象を備えずに抵当権にも優先することは、公示の原則をも破るものであって、すこぶる重大な問題を提供している。もっとも、この点については、昭和三四年に、明治三〇年の旧国税徴収法を全面的に改正して大いに改善されたが、なお問題が解消したわけではない（〔四五二〕以下に略述する）。

〔三二二〕 **三**　特定の原則　抵当権は一個または数個の特定・現存する目的物の上にだけ成立することができるという原則である。消極的には、債務者の全財産の上の一般抵当権（Generalhypothek）や特定の債権を保護するために特定の財産の上に法律上当然成立する法定抵当権（gesetzliche Hypothek）などのローマ法以来認められた制度を排斥して、抵当権の把握する価値の存在を確実ならしめようとする目的を有するものであるが、積極的には、抵当権の目的たる価値に客観性を与え、その存在を公示して独立の金融取引の客体となりうる基礎を築こうとする目的を有するものである。

特定の原則もまたわが民法の遵守するところである。ことに一般抵当権に類似する性質を有する一般先取特権の効力を不動産の上に及ぼすに当って抵当権に影響を与えないために慎重な態度を採ることは注目に値する（三三五条・三三六条、〔一二九〕・〔一三〇〕参照）。

〔三二三〕 **四**　順位確定の原則　同一の財貨の上の抵当権はすべて確定した順位（Rang）を保有して相互に侵すことなしという原則であるが、二個の内容に分けることができる。一は、抵当権の順位は登記の前後によって決定せられ、後に登記される抵当権よりも後順位にされることはないという原則であり、二は、一度与えられた順位は、たといその先順位の抵当権が消滅しても、その順位を上昇させられないという原則である。

(1)第一の意味における順位確定の原則は、わが民法の下でも貫かれている（三三七条）。しかし、不動産先取特権中の二つのもの、不動産工事及び不動産保存の先取特権が抵当権に後れて登記されてもなお抵当権に優先すること（三三九条、〔七二〕・〔七六〕・〔一二三〕参照）は、その実質においては、法定抵当権に順位をみだす効果を認めるものであることを注意すべきである。

〔三四〕 (2)第二の意味における順位確定の原則は、わが民法の採用しないものである。わが民法の下においては、例えば、一番抵当権の被担保債権が弁済その他の事由によって消滅すれば、抵当権もまた消滅し、二番抵当権はその順位を上昇させられて一番抵当権となる。このことは、二番抵当権からみれば、元来第二次的な担保価値を把握したもの（二番抵当の利息は一番抵当のそれよりも高率。その他すべての条件は後順位のものほど債務者に不利であるのが通例である）が、その抵当権者の関知しない偶然の事情によってその担保価値内容が増大するという利益を受けるものであって、決して合理的なものではない。と同時に、一番抵当権からみるも、一度把握した担保価値が被担保債権の消滅とともにその任務を終了したものとされるのであるから、抵当権は特定の債権の担保という従たる使命以上の独立の存在を認められないことになり、価値権としての抵当権の独自性がない。実際問題としても、一番抵当権の被担保債権の借り替えなどにおいて不都合を生ずる。けだし、被担保債権の弁済とともに二番抵当権が上昇して一番抵当権となり、借り替えのためには二番抵当権を提供しうるに過ぎないからである。

しかし、この第二の意味における順位確定の原則を認めるためには、従来の抵当権理論に対して二個の修正を加えなければならない。一は、被担保債権がないにも拘わらず抵当権が存立することを認めることであり、二は、所有者みずから自分の所有物の上に抵当権を有すること（所有者抵当権）を承認することである。この二個の新理論は、順位確定の原則の基礎となるだけでなく、近代抵当権の性質のすべてにわたる理論的基礎であるが、いずれもわが民法の認めないものである。前者についての詳細は次段に述べる。後者すなわち所有者抵当権（Eigentümerhypothek）は、ドイツ、スイス、オーストリアなどの民法に認めるものであって、一般的な理論としては、抵当権に対し所有権に吸収されない独自の地位を与え、価値権(Wertrecht)をして物質権(Substanzrecht)に対立する地位を取得させ、所有権の内容的分裂を導く重要な契機を含むとともに(物権〔五〇〕参照)、抵当権理論としても、抵当権をして、単に特定の債権の担保に終始することなく、財貨の交換価値を把握しこれを金融取引市場に流通させる制度たる実体を備えさせる極めて重要なものである。しかしわが民法においては、所有権と抵当権が同一主体に帰するときは混同を生じ抵当権は消滅することを原則とし、極めて僅かな場合にその例外として所有権に吸収されないものとするだけだから、独立の制度として所有者抵当権の存在を認めることは不可能である(一七九条、物権〔二四一〕―〔二四五〕参照)。

〔三二五〕 **五**　独立の原則　抵当権独立の原則は、広い意味では、抵当権が、特定の債権の担保という従たる地位に止まることなく、また目的たる財貨の使用価値のためにその存在を脅かされることなく、財貨の特定の交換価値を把握しこれを金融取引の客体たらしめる制度として独自の地位を確保することである。しかるときは、この中からさらに幾つかの理論が導かれる。

(1)最も重要なのは、抵当権の債権に附従する性質(附従性)を否定する理論である。抵当権をもって特定の債権を担保する使命以上にでないものとすれば、債権が成立しなければ抵当権は成立せず、債権が消滅すれば抵当権もまた消滅するのがむしろ当然であろう。しかし、抵当権に独立の作用を認める以上、かような理論は決して妥当なものではない。実際上からいっても、債権の不成立、消滅、抗弁権の附着などの事由は、物権法におけるように公示の原則に従わない結果、外部からは一切知ることができない。従って、有効に成立し存在を継続する抵当権の効力をこれらの事由によって左右することは、抵当権の価値を脆弱にし、ことに後に述べる抵当権の流通性を害する。ここにおいてか、債権の存在を前提としない抵当権（ドイツ民法の土地債務（Grund-schuld）がこれに該当する）制度を認めるか、または抵当権が債権に附着する瑕疵によって影響を受けることを制限する（ドイツ民法の流通抵当（普通の抵当）は大体この立場に立つ）途をとらなければならない。しかして近代抵当権は種々の態様においてこの性格を与えられている。実に抵当権の附従性の緩和は近代抵当権制度の根底に横たわる理論である。

しかし、わが民法においては、抵当権は附従性をもってその本質とする。僅かに転抵当その他抵当権の処分はその緩和の例とされるが、その程度は極めて少ない（三七五条（〔五八五〕以下参照））。また将来の債権のための抵当権及び根抵当を可能とする判例・学説の努力は、附従性緩和の一顕現であるには相違ないが、これとても、抵当権の独立性の理想からみれば、なおほとんどいうにたらないものである（〔一六四〕以下・〔三五八〕参照）。

〔三六〕 (2)独立の原則はまた、抵当権が目的物を用益する者によって脅かされない地位を要求する。この立場から、目的物の第三取得者の有する滌除権（三七九条（後述〔五五八〕・〔五六二〕以下参照））が問題である。もし抵当権をもって不動産所有者の目的物利用の一手段とみるときは、抵当権を設定した後においてもこれを第三者に有利に売却する便をえさせようとすることは、決して不当ではあるまい。しかし、抵当権をもって客体の物質的存在から独立した価値権とみるときは、滌除制度はこれを脅かす不当な制度といわざるをえない。この制度はフランスからドイツ、スイスに侵入しようとしたが、ドイツではほとんど成功しない間に民法で否認された。スイスではやや成功し、民法起草者はこれを認めようとしたが、審議の際に修正されカントンの法律に委ねられた（ス民八二八条以下）。そして現在では、フランス系のカントンで実際的意義を有するだけだといわれている。わが民法がかように、ドイツ民法の排斥するこの制度をフランス民法にならって認めていることは、民法がドイツ民法の水準に及ばない一例である。しかしわが国においても、抵当証券を発行する場合には滌除権を封じ（抵当証券法二四条（滌除の規定の準用を排斥））、また前記の農業用動産の上の抵当権については滌除を認めない（農業動一二条二項（同上））。また、自足的な規定を有する財団抵当法、自動車抵当法、建設機械抵当法などでも、滌除を認めていない。要するに、わが法制の上でも、滌除制度は排斥されつつあるといえる。

〔三二七〕 (3)独立の原則はまた、後順位抵当権の実行によって弁済を強要されないことを要求する。もし抵当権が特定の債権を担保することだけを目的とするならば、後順位の抵当権者の申立による競売によって弁済されても、優先弁済の地位さえ失なわなければ別に不利益はないというべきであろう。しかし、抵当権が特定の担保価値の取引を目的とする以上、抵当権者自身が、金融取引界の事情からみて、なお投資者たる地位を持続する方が有利だとする場合に、後順位者の意思によって弁済を強要されることは、決して妥当なものではない。ドイツ民法は、抵当権者のこの立場を尊重し、後順位抵当権者の申立によって競売が行なわれても、先順位抵当権は目的物に追従し競落人によって引受けられるものとする（Deckungsprinzip. ZVG. §44, 45, 52）。これに反し、わが国の主義はただに後順位抵当権者による競売だけでなく、すべての事由による競売は、先順位抵当権をも消滅せしめる（競二条（後述〔四二二〕参照））。抵当権の独立的地位を認めるゆえんではない。

〔三二八〕 (4)最後に、抵当権が、特定の担保価値を把握する権利として、債権に附従する性質から脱け出た場合には、特定人（債務者）から元本の弁済を請求する権能を伴なうことはその本質に適しないものである。ことに、抵当権者が、まず目的物の交換価値から弁済を受けることなく、債務者の一般財産に対して執行することを認めることは、債権中心の理論であって、抵当権の独立性を認めるゆえんではない。これを実際的にみるも、特定の交換価値を優先的に把握している抵当権者が債務者の一般財産に対して自由に執行しうるときは、一般債権者の地位は不当に害せられるおそれがあるだけでなく、社会に存在する財貨の担保価値を充分に利用するゆえんでもない。この立場からみるときは、いわゆる債権的基礎なき抵当権(Hypothek ohne Schuldgrund(ドイツ民法のGrundschuldの如き))は最もよく抵当権の独立性に適するものであるが、債権を抵当権の基礎とする場合にも、目的物の交換価値によって満足をえることができない場合にだけ、その範囲に限り、一般財産への執行を認めるのが合理的である。従って、わが民法が単に他の債権者に対する関係においてのみ抵当債権者の一般財産に対する執行権に制限を認めていることは、なおいまだ充分なものではないといわねばならない(三九四条(後述〔四四三〕))。

〔三九〕 **六　流通性の確保**　抵当権が特定の担保価値を把握してこれを金融取引市場に流通させることを作用とするためには、抵当権の流通性が確保されなければならない。実際上からいっても、抵当権によって投資をなす者が、その投下資本を自由に流動化させることができるためには、抵当権を安全迅速に譲渡しうることが不可欠の要件である。しかして、この要請にこたえるために、近代抵当権は二個の制度を利用する。一は、抵当権の流通が公信の原則によって安全を保障されることであり、二は、抵当権が証券に化現して迅速な取引の客体とされることである。

(1)抵当権の流通が近代法において公信の原則によって保護されるのは、物権法における公信の原則の一適用である。しかし、近代法における不動産物権に関する公信の原則、すなわち登記簿に公信力を認めることは、実に抵当権の取引を保護することを契機として発達したものであることは別のところで述べたとおりである(物権〔六八〕以下参照)。この原則が適用されるために、登記簿の記載を信じて抵当権を取得する者は、抵当権自体に附着する瑕疵によっても、また抵当権存立の前提として要求される債権に附着する瑕疵によっても、少しも脅かされることなく、完全なる抵当権を取得する。

わが民法が登記簿に公信力を認めないために、不動産取引が甚しい不安を感ぜざるをえないものであることは別のところで述べたとおりであるが(物権〔七二〕)、その欠陥は抵当権の流通性を阻害する点において最も痛切に感ぜられるものである。抵当証券法はこの欠点に多少の補強工事をほどこすものではあるが、いまだ充分なものではなく、その上に抵当権の証券化を実現することは、いささか砂上の楼閣たる憾なきをえないものである(後述〔八五九〕)。

〔三三〇〕 (2) 抵当権を証券に化現することは、それだけですでに抵当権を登記簿の記載から離脱させてこれを動産化し、その取引の安全性を有価証券理論によって確保することになる。しかし、さらに、抵当目的物の所有者と投資者との間に金融機関が介入し、その取得する抵当権を少額の証券に分割して市場に売出す形式を採るときは、巨大な担保価値を細分し社会に散在する零細な資金の投下を誘致する作用を営むものである。ドイツ、スイスの民法の認める広い意味の抵当証券(Hypothekenbrief, Grundschuldbrief, usw.)は前の形態に属するものであるが(ドイツ民法の Hypothekenbrief は記名式でありその移転は公正証書を要するも、スイス民法のそれは無記名式を許す。ドイツ民法も Grundschuldbrief は無記名式を許す)、ドイツの土地金融組合(Landschaft)や抵当銀行(Hypothekenbank)などは後の作用を実現する制度である。

わが民法は抵当権の証券化を認めなかった。しかし土地金融の行き詰りは、ついに昭和七年、抵当証券法(法一五号)を制定させ、抵当権の証券化を実現し、わが国の抵当制度をして遅ればせながら近代抵当制度の仲間入りをさせた。わが抵当証券法の認める抵当証券はドイツ、スイスのそれとはやや趣を異にするものであるが、そのことは後に述べる（〔八六〇〕）。

これに反し、抵当権を細分して証券に化現し零細な資本の投下を仲介する制度は、いまだわが国には存在しない。かつての日本勧業銀行・府県農工銀行などのいわゆる不動産金融銀行は、一面、主として抵当権によって金融を与え、他面、債券を発行するものではあるが、その抵当権と債券との間には何ら法律的な連絡はなかった（それらの銀行さえ戦後は普通銀行となった）。ただ、会社が不動産を担保として社債（担保附社債）を発行する場合には、証券に化現されるものは債権であるが、この債権は抵当権によって担保されるものであるから、間接ながら、なお抵当権の細分証券化の一態様とみることができるものである（〔八五六〕）。

第三　抵当権の法律的性質

〔三三一〕 一　わが民法の抵当権の性質としては、目的物の交換価値を優先的に支配して債権の弁済に充てる約定担保物権であるというべきである。

(1) 抵当権は目的物の有する交換価値を直接かつ排他的に支配する権利であることは質権と同じである。民法は、不動産をもって抵当権本来の目的となし、不動産物権の上の抵当権はこれに準ずべきものとする（三六九条二項参照）。特別法においても立木（立木法二条一項）・工場財団（工場抵当法一四条一項）・鉱業財団（鉱業抵当法三条）・漁業財団（漁業財団抵当法六条）・道路交通事業財団（道路交通事業抵当法八条）・港湾運送事業財団（港湾運送事業法二六条で工場抵当法準用）・観光施設財団（観光施設財団抵当法八条）などは不動産とみなされる。しかし、抵当権の本体は目的物の担保価値をその占有と分離して支配することにあり、近代法の公示の原則によって帳簿上の表象を有するものであるから、目的物が本来の意義における不動産であることは、その本質の要求するところではない。従って、漁業権（漁業法二三条）、採掘権（鉱業法一一条・一二条）及び採石権（採石法四条三項）は物権とみなされ、鉄道財団（鉄道抵当法二条三項）・軌道財団（「軌道ノ抵当ニ関スル法律」一条）・運河財団（運河法一三条）はいずれも一個の物とみなされるけれども、これらの法律上の形式的取扱いの差異は、その上の抵当権の本質に差異を生ぜしむるものではない。否、不動産であることはもとより、一個の特別の物であることも、抵当権の本質の要求するところではないこと、質権におけると同一である（〔一五七〕—〔一五九〕参照）。戦前から認められる農業動産信用法は個々の動産の上に抵当権の成立を認め、戦後においては、自動車、航空機、建設機械について同一の趣旨の立法がなされたが、それらの抵当権も、本質において、他のものと異なるものでないことはもちろんである。

〔三三二〕　(2)抵当権は、目的物を設定者の占有から奪うことなく、ただ帳簿上の表象（登記・登録）によってその存在を公示する権利である。従って、民法が登記をもって単に抵当権の対抗要件としたため、帳簿上の表象を伴なわない（すなわち対抗力のない）抵当権の成立をも認める解釈論が肯定されるにしても、抵当権の表象たる帳簿による公示の制度が全然認められていないもの（例えば普通の動産、電話加入権、企業等々）については、対抗力なき抵当権もこれを認めるべきではない。

〔三三三〕　(3)抵当権は目的物の交換価値によって優先弁済を受けることをその本体とする。交換価値の具体化の方法は、質権におけるように多様ではない。競売による売得金によって具体化されることが最も普通であり、ただ、任意の売買による代価（代価弁済の場合、後述〔五五九〕以下）、または第三取得者の評価（滌除の場合、後述〔五六一〕以下）によって具体化される例外的な場合があるだけである。ただしいわゆる抵当直流、すなわち目的物をもって直ちに弁済に充てることは、流質と異なり、一般に許されている（〔四四〇〕・〔一六一〕参照）。

〔三三四〕 (4)抵当権は当事者の意思に基づいて成立する担保物権である。この点においては、質権と同一であって、留置権・先取特権と異なる。

〔三三五〕 二 抵当権は担保物権の一種として次のような性質を有する。

(1)他物権である。自分の所有する物または権利の上に抵当権が成立することは混同の例外として認められるだけである(物権〔二四二〕・〔二四三〕参照)。すなわち、近代抵当権の一特質である所有者抵当権(Eigentümerhypothek)はわが民法が制度として認めないものであること前述のとおりである(〔三三二〕四)。

〔三三六〕 (2)債権に附従する。わが民法の抵当権は、特定の債権の弁済を担保することを唯一の目的として存在する。抵当権を特定の被担保債権から絶縁させるという近代抵当権の一特質は、わが民法の採用するに至らないものであること、前述のとおりである(〔三三二〕五)。しかし、抵当権の附従性の緩和という近代法の潮流は、わが民法の学説・判例にも影響を及ぼしている。このことは、質権の章に、抵当権と一緒にして詳述した(〔一六四〕―〔一七二〕)。再説を避け、前に述べた近代抵当権の特質と対比しながら、抵当権についての結論だけを列記する。

(イ)抵当権によって担保しようとする特定の債権が当初から無効であるかまたは遡及的に取消されるときは、その抵当権もまた無効であるかまたは遡及的に効力を失なう。ドイツ民法の下では所有者抵当権となる(同法一一六三条一項一段)(成立における附従性)。ただし、被担保債権がとくに将来成立すべきものとされる場合には、抵当権は現在においてもその存在意義を有するから、現実の抵当権として成立する。もっとも、ドイツ民法学者の多数は、この場合にもまず所有者抵当権が成立すると説く。所有者抵当という制度を認め、かつ債権行為（被担保債権の成立を目的とする契約）と物権行為（抵当権設定の合意）とを峻別するときは、この説は、説明としてすこぶる簡明である。しかし、所有者抵当という制度を認めない法制の下でも、附従性の意義を適当に解釈することによって、かような抵当権を有効と解することができよう。ドイツ民法も、「所有者質権」なるものを認めないにもかかわらず、将来の債権のための質権を認めている。

(ロ)債権が弁済・放棄・混同その他何らかの事由によって消滅すれば、抵当権もまた消滅する。ドイツ民法においては、前二者は所有者抵当権となり（同法一一六三条一項二段・一一六八条一項）、後者は土地債務となる（同法一一七七条一項）（消滅における附従性）。

(ハ)抵当権は被担保債権から分離して処分することができないのを原則とすべきであるが、ここでは、民法は大きな例外を認め、抵当権またはその順位の譲渡を可能とし、さらに抵当権だけを再び担保に供すること（転抵当）を認めている。ただし、これらの規定がどの程度に附従性を緩和したものであるかについては困難な問題にふれる。後に詳述する（〔五八五〕以下）。

(ニ)抵当権に基づいて目的物から優先弁済を受けるためには、被担保債権が現実に存在することを要する（優先弁済を受けるについての附従性）。

(ホ)根抵当の特殊性については後に改めて詳述する（〔七〇二〕以下）。

〔三三七〕 (3)被担保債権に随伴する。その理由については、質権について述べたところと全く同一である（〔一七三〕参照）。物上保証人の設定している抵当権も、質権と同様に随伴する（〔一七三〕参照）。抵当不動産が第三取得者に帰属しているときも同様である。もっとも債権譲渡の当事者間で、抵当権を随伴させないことはできる。その場合には――被担保債権の債権者でなければ抵当権者とはなれないから（担保附社債の信託は特殊の例外である。）、――抵当権は消滅する（第四刷で訂正）。

〔三三八〕 (4)不可分性がある（三七二条・二九六条）。その根本的な理論は質権におけると同一であるが（〔一七四〕に引用するところ及び〔三七九〕参照）、共同抵当（〔六四九〕以下）や転抵当（〔五九六〕）で多少問題となる。

〔三三九〕 (5)物上代位性がある（三七二条・三〇四条）。担保物権の共通の性質であるが、抵当権においてその最も重要な適用を示すものだから、後に詳述する（〔四〇九〕以下）。

第二節　抵当権の設定

第一　抵当権設定契約

〔三四〇〕 (1)抵当権は、当事者間の契約（抵当権設定契約）によって設定される（三六九条一項）。当事者は、抵当権を取得する者と、目的たる不動産その他のものに抵当権を設定する者（抵当権設定者）とである。

(イ)抵当権を取得する者、すなわち抵当権者は、被担保債権の債権者に限る。目的物の所有者がみずから抵当権を創設して金融者にこれを売却する方式は、民法の認めないところである（〔三二四〕参照）。抵当証券を発行する場合にもそうである（後の〔六八二〕）。のみならず、一般に、被担保債権者以外の者が抵当権を信託的に所有することも、担保附社債信託法が例外として認めるだけである（質権について述べるところ〔一七七〕参照）。

〔三四一〕 (ロ)抵当権設定者は、債務者には限らない。

(a)他人の債務のために自分の財産の上に抵当権を設定する者を物上保証人といい、その求償権について保証人の規定が準用されていることは、質権におけると全く同一である(三七二条で三五一条準用〔一七八〕ロ参照)。

〔三四二〕 (b)抵当権の設定は、一の処分行為であるから、債務者が設定するにも、物上保証人が設定するにも、その目的物について、これを処分する権利(所有権等)または権能(代理権・管理権等)を有することが必要である。この点も質権と同様であるが、質権では、即時取得の規定によって相手方が保護されるに反し、抵当権ではその保護はないので、実際上問題を生ずることが多い。もっとも、理論的にみれば、物権的な処分行為や登記に関する一般的な理論の適用に過ぎないのであるから、主要な事例を指摘するに止める。

(i)現在所有していない特定の不動産について、それを取得すれば当然に抵当権が成立するという契約は、有効であって、設定者が取得すれば抵当権は成立する。抵当権を取得した者は登記を請求することができる(大決大正四・一〇・二三民一七五五頁(登記して競売したのに対し後順位者から競売の無効を主張する事例)。物権〔八一〕・〔八二〕ロ参照)。購入した不動産に抵当権を設定する約束で購入資金を借りる場合などにその例が多いであろう。

(ii)設定者が目的不動産の登記名義人であっても真実の所有者ではない場合には、その者の設定行為によっては抵当権は成立しない。このことは、登記簿の記載に公信力のない民法の下においては当然のことであり、真実の所有者が抵当権の無効を主張するときは、たといその者は登記簿の上に全く現われていない者であっても、外形上の抵当権者は、これに対して登記の欠缺を主張することはできない。これらは、第一七七条の解釈の一適用に過ぎないのだが(物権〔一一五〕参照)、実際上争われた事例がすこぶる多い。そして抵当権に伴なうこの欠陥は、競売手続が終了しても補完されないものであって（〔四七六〕参照）、わが国の抵当取引を不安定にしている大きな要素の一つである。

〔三四三〕 (iii)抵当権の設定が代理人によって行なわれ、その代理権限の欠缺が問題となることも少なくないが、ここにとくに述べるべきこともない。表見代理の適用などによって金融取引の安全をはかることに努めるべきことを一言するに止める。

〔三四四〕 (2)抵当権設定契約は諾成契約である。目的物の占有を移転する必要のないことはいうまでもないが、登記は対抗要件であるに過ぎない。立法論として問題であることは後に述べる（〔三五一〕）。

(3)抵当権設定契約は従たる契約である。その意味は、動産質権設定契約について述べたところと全く同一である（〔一八一〕）。根抵当との関係については後に述べる（〔七〇四〕以下）。

第二　抵当権の対抗要件

一　抵当権の対抗要件は登記である。

〔三四五〕 (1)抵当権は登記を対抗要件とする（一七七条、不登一条）。

近世法が不動産物権について登記簿による公示の原則を完成したのは、まず抵当権についてであったことは、前述のとおりであるが（〔三二一〕、なお物権〔六二〕参照）、今日の登記理論においては、抵当権の登記に特有のものはない（物権〔一一二〕以下に登記の有効要件として述べるところ参照）。

(イ)登記すべき事項は（不登一一七条） (i)「債権額」、の他、「登記原因」にその定めがあるときには、(ii)「利息ニ関スル定」、(iii)「債務ノ不履行ニ因リテ生ジタル損害ノ賠償ニ関スル定」、(iv)「債権ニ条件ヲ附シタルトキ」はその旨、(v)「民法第三七〇条但書ノ定」、(vi)「抵当証券発行ノ定」。

(ロ)右の規定は、昭和三九年の改正(法一六八号)によるものであって、それまでは、(i)元本の弁済期、(ii)利息の発生期もしくは支払い時期、(iii)元本もしくは利息の支払い場所、も登記事項であった。

この改正のうち(i)が最も重要であるが、その理由は、一方では、元本の弁済期は、——一回限りの確定期限だけでなく、割賦弁済、分割弁済、期限の利益喪失約款などを含み——すこぶる複雑な内容をもつものが多いこと、他方では、その点の公示はそれほど重要な意味をもたないことによる(香川「不動産登記の一部改正法案の解説」(登記先例解説集四巻三号)参照)。

〔三四六〕 (2)登記簿の記載に誤記や脱漏があり、ことにそれが登記官吏の過誤による事例も稀ではない。そのような場合には、被担保債権の金額の記載が真実と著しく違っていても、登記簿の他の記載によって誤記であることが容易に判明する場合——元金二万八四〇七円、利息は二万円については年九分、八四〇七円については年六分であるのに、利息の方は正確に記載し、元金の方は二万を脱漏して八四〇七円と記載した事例など——には真実のものが効力をもつ(大判大正一四・一二・二一民七二三頁(判民一一七事件平野評釈)—登記を更正するために後順位抵当権者の承諾を訴求する事例)。最も問題となるのは、登記官吏の過誤で、抵当権の登記が抹消されたり、新登記簿に移記する際(不登七六条・七六条ノ二参照)または分筆して転写する際(不登八二条・八三条参照)に遺脱された場合である。判例は大正一二年の連合部判決(大連判大正一二・七・七民四四八頁(我妻・聯合部判決巡歴第一六話))以来、一度正当に登記されて生じた対抗力は、法律の定める消滅事由を生じない限り存続するという理論の下に、抵当権の対抗力は失なわれないと解しているが、この理論には疑問の余地があることは、登記の一般理論として詳述したから(物権〔一二一〕)、繰り返すことを避ける。

〔三四七〕 (3)登記に関し抵当権にやや特有の問題は、いわゆる登記の流用である。

(イ)例えば、乙が甲から一〇〇万円借りて所有の不動産に抵当権を設定し、元利を完済した後に再び甲から同一の条件で一〇〇万円を借りて抵当権を設定した場合に、本来ならば、前の抵当権の登記を抹消し、改めて第二の貸借のために抵当権の登記をなすべきであるが、前の登記が抹消されずに存するときに、これを後の貸借によって生じた債権に流用するのである。のみならず、乙が二度目には丙から借りた場合に、甲の債権と抵当権が丙に譲渡されたような形式、すなわち抵当権の登記に丙への移転の附記登記をすることもある。

純粋に理論的にいえば、かような事例には、二つの場合がありうるであろう。一つは、第一の債権のために設定された抵当権そのものを後の債権に移して利用する場合(抵当権の流用)であり、もう一つは、後の債権のために新たに抵当権を設定し、これについて前の抵当権の登記を利用する場合(登記の流用)である。前の合意が効力を生じないことはいうまでもない。被担保債権が消滅したときに抵当権は消滅したからである。後の合意は、必ずしも無効とはいえない。当事者がいずれの合意をしたかは、もとより各場合について決すべきであるが、特別の事情のない限り、登記の流用の合意とみるべきである。

〔三四八〕 (ロ)登記の流用の効力は、二つの理論の調和によって決すべきである。一つは、被担保債権が消滅して抵当権も消滅するときは、登記は、抹消されなくとも、何の実質的効力もない空虚なものとなるという理論であり、もう一つは、登記は、不動産物権変動の過程を如実に反映する必要はなく、現在の真実の状態を公示すれば足りる、という理論である(物権〔一一二五〕参照)。しかるときは、

（a）抵当権の登記が空虚な時期、すなわち第一の債権が消滅し第二の債権が成立するまでの間に、その不動産に利害関係を取得した第三者（第三取得者・外形上の後順位抵当権者など）に対しては、流用した登記の順位を主張することはできない。その者の後順位となる。

（b）流用された後、すなわち抹消されないでいた登記の内容となる実体的な債権が成立した後に、その不動産について利害関係を取得した第三者に対しては、流用は効力を生ずる。いいかえれば、流用された時に登記されたと同様の効力をもつ。

（c）問題となるのは、最初から存在した後順位抵当権者、第三取得者などである。例えば、甲が一番抵当権を有していた時から丙が二番抵当権をもっていたとする。甲の被担保債権の消滅によって、甲の登記が抹消されなくとも、丙の抵当権は一番に上昇する。その後に甲が二度目の貸借のために前の登記を流用した場合に、丙は再び二番抵当権におし下げられる、というべきであろうか。丙は元来二番抵当であることを甘受したものであり、甲の抵当権の消滅によって順位が上昇するのは、丙の関知しない事由によって生じた利益であって、これを丙のために確保することには合理的な理由はなく、近代抵当権の性質に反する（〔三二四〕参照）。かような理由から、私は、従来かような上昇の利益は無視すべきだと考えた。しかし、今はその見解を改めるべきだと思う。何故なら、わが国の金融取引界では、順位が上昇することについて意外にも強い期待を寄せている。また、順位が上昇すると、債権者と債務者の間にそれを理由として事実上の新たな利害関係を生ずることも稀ではないからである。なお、私の従来の理論だと、関係がすこぶる複雑となる。例えば、最初からの二番抵当権者丙と、消滅後流用前に生じた後順位抵当権者丁と、流用した甲の相互の関係を考えると、甲は丙に優先し丁に後れるが、丁は甲に優先し丙に後れることになる。かような関係の生ずることを避けて簡明に解決しようとすることも、改説の理由の一つである。

〔三四九〕 (ハ)判例の態度は明瞭でない(判例の詳細につき、判例コンメンタール(清水)三六九条〔2〕ホ(二六五頁以下)参照)。

(a)かつては、流用後に生じた第三取得者から流用した債権者に対する抵当権登記の抹消請求を肯定して流用登記の効力を否定したこともある(大判昭和六・八・七民八七五頁(判民九〇事件末弘評釈は反対))が、後には、新たな抵当権のために登記があることを知りうるから第三者は不測の損害を被ることとなし、との理由で対抗力を認め、仮りに第三取得者が、流用登記であって対抗力を生じないことを知りながら、抵当権が存在するものとして廉価に購入し、後日その抵当権の対抗力を否認しようとするならば、それは登記の欠缺を主張する正当な利益を有しないものだと説いた(大判昭和一一・一・一四民八九頁(判民六事件吾妻評釈))。その趣旨は、当事者が流用された登記を無効なものとして取引をした場合には、抵当権は対抗力を生じない、というのであろうか。そうだとすると賛成することはできない。けだし、第一七七条の解釈について、登記の欠缺を主張する正当な利益の有無は、一般的・客観的に定めるべきだからである。しかし、その点はしばらくおき、流用後に生じた第三取得者には原則として対抗しうる、とする判例の態度(前段のbに述べた結論)は注目に値する(吾妻前掲評釈は本書と同旨)。

(b)つぎに、順位の上昇した後順位者の立場についての判例の態度も必ずしも明瞭ではないが、一番抵当権を譲り受けた形式をとった第二の債権者の競売申立に対し、初めから存在した二番抵当権者が一番抵当権の不存在確認を請求した事案について、これを肯定するようである(大判昭和八・一一・七民二六九一頁(判民一八六事件兼子評釈))。もっとも、この判決は、みずから一番抵当権を有することの確認を求めるべきで、相手方の抵当権不存在確認を求める利益なし、とするものであって、その理論には承服しえない。けだし、右の訴には外形上の一番抵当権者の競売申立を阻止しようとする趣旨を含むものだからである（兼子前掲評釈は本書と同旨）。しかし、その点はしばらくおき、順位上昇の利益を無視すべきでないとする前提（前段のcに述べた結論）は注目に値する。

（c）おわりに、抵当権の登記が空虚な間に利害関係を取得した第三者に対する関係（前段aの事例）についての判例は見当らないようだが、流用登記にこれを覆えす効力を認めないことは疑いないであろう。

二　抵当権設定者の登記義務

〔三五〇〕 (1)抵当権を設定した者は、登記をする義務を負う。従って、登記簿が滅失した場合には、——法務大臣の定める一定の期間内に、抵当権者単独で登記の回復を請求しうるのだが（不登二三条・六九条｜七一条参照）、抵当権者がその期間を徒過したときは、——抵当権設定者に対して設定登記の協力を請求することができる（大判昭和三・一〇・一六民七九二頁（抵当権者が回復登記をしないでいる間に第三者が一番抵当権を取得したので、二番抵当権の設定を請求する事案））。

〔三五一〕 (2)しかし、当事者が登記をしない特約をすることは妨げない。判例には、抵当権が完全に（条件附でなく）設定されたにもかかわらず、登記手続だけをある条件が成就したときに履践するという特約は無効といったものがある（大判大正四・六・一六新聞一〇三七号二六頁（そのような特約があっても登記を請求しうるという））が、その後、登記をしないという特約は有効という（大判昭和一一・二・二八法学五巻一〇八七頁（公序良俗に反せずという））。なお、抵当権者に権利証や委任状（抵当権を実行する際にはこれを利用して登記をする）を交付しただけで登記をしない例は稀でない。そのような場合には、原則として、登記に協力すべき旨の請求をすることができず、またその委任状も、約定の条件が充たされなければこれを使用することはできない。ただし、かような制限は、当事者間の債権的な効力をもつだけで、抵当権の譲受人を拘束せず、またそれに違反してなされた登記も――偽造文書によるなどの違法な手続によらない限り――有効とみるべきであろう（物権〔一四〇〕参照）。

〔三五二〕 三 登記のない抵当権の効力

(1)登記のない抵当権も、その存在を疏明して、競売申立をすることができると解されている（通説・判例（大判大正一二・七・二三民五四五頁、根抵当の登記をして、その時に現存した手形債権で競売申立をしたが、根抵当の効力はこの債権に及ばず、従ってその手形債権には登記なし、との前提で競売の効力を認める））。他の債権者に対して優先権を主張することを本質とする抵当権について、対抗力のないものを認めることは、すこぶる不合理の感があるが、解釈論としては、承認しなければなるまい。最高裁もこの解釈を踏襲する（最高判昭和二五・一〇・二四民四八八頁（競売申立をした抵当権の登記の有効・無効が争われた事例で、たとい無効でも競売申立はできるという））。登記簿に抵当権を記載することを喜ばない気持（登記簿が汚れるという感情が相当に強い）と登録税を節約する目的とで、権利証を交付するだけで登記を保留する例は稀でない。もっとも、この場合にも、登記をするための委任状を予め交付しておいて、競売を申立てるときには登記する例が多い。立法論として、抵当権について登記を効力発生要件と改める場合には、それらの慣行を顧慮する必要がある。

〔三五三〕 (2)登記のない抵当権も、これに基づいて競売開始決定がなされその旨の登記がされると、抵当権に登記があった場合と同様に差押の効力を生ずる（前掲大判大正一二・七・二三民五四五頁はこの理を説く）。従って、右の登記があるまでに利害関係を有する第三者例えば第三取得者を生じたときは、競売手続は無効に帰する（登記ある抵当権者を生じたときも同様であろう）が、その登記の後は、第三者も差押の効力を受ける（この差押の効力につき〔四九五〕以下参照）。

第三 抵当権の目的となりうるもの

〔三五四〕 (1)抵当権は帳簿による表象（公示方法）を備えるものについてだけ設定することができる。従って質権ほどその範囲は広くない（〔三二八〕参照）。民法の認めるものは、不動産の他には、地上権と永小作権である（三六九条）。

(イ)土地は、建物とともに、抵当権にとって最も適当な目的物である。(a)譲渡をするのに、官庁の許可を要するなどの制限がある土地については、一般論としては、抵当権設定の合意は許可を条件として効力を生ずると解すべきである。しかるときは、仮登記が許されることになる(不登二条二号)。判例は、処分に大林区署長の許可を必要とする部分林共有持分の上の抵当権は許可を条件として成立するという(大判大正一一・三・六民八五頁〔判民一七事件末弘評釈〕)。もっとも、この事案は、設定者が共有持分を第三者に譲渡する(それによって条件附抵当権は消滅する)のにかような抵当権者が同意を与えることは、連帯保証人の代位しうる担保を喪失したことになるかどうか(五〇四条参照)が争われたものであり、判旨は、これを否定したものであるが、その点は不当である(債総〔三八〕参照)。

(b)さらに進んで考えれば、抵当権は目的物の用益を伴なわない権利だから、用益権を他人に移譲することが制限される場合にも、抵当権の設定を制限する必要はない。ただ、その目的たる権利についての帰属も制限される場合には、競売の際の競落人たりうる者を制限すれば足りる。農地はその例である。質権の設定には知事の許可を要するが、抵当権の設定には必要でない(農地法三条)。もっとも、競落人となるには、一定の制限がある(同法六条以下)だけでなく、一般に知事の許可を要する(同法三条)から、競落許可決定前に条件が充たされなければならない。

借地権の上の建物に抵当権が設定される場合にも、やや類似の関係を生ずる。借地権の譲渡や借地の転貸に地主の承諾を要する場合(六一二条参照)にも、建物の上の抵当権の効力は借地権に及んでいると解して妨げない。しかし、建物が競売されたときに、借地権が競落人に移転することを無条件に認めることはできない。過般の借地法の改正はこの間の関係を妥当に解決しようとしている(借地法九条ノ三、〔四〇五〕参照)。

(ロ)建物については、融資を急ぐ関係上、完成しないうちに抵当権を設定し、建物と認めることができる程度に達したかどうかが、しばしば問題となる。しかし、この問題は物権変動の一般論の適用として詳述したから、再説を避ける(総則〔二五〇〕3・物権〔九九〕参照)。

(ハ)地上権・永小作権　民法は、これらの不動産用益物権の上の抵当権には、不動産の上の抵当権の規定を準用すると規定している(三六九条二項)。本来の抵当権は不動産の上のものに限り、これらは、いわば、準抵当権とみる趣旨であろう。しかし、本質において差がないことは、転質に関連して述べたところから知ることができるであろう(〔二一四〕以下参照)。

なお、実際には、地上権・永小作権の上の抵当権の例は少ないようである。なお、地上権者が地上建物の上に抵当権を設定すると、抵当権の効力はその地上権に及ぶ(そのときに地上権にも別に抵当権を設定した場合の優先権については〔四〇五〕ロ末尾参照)。

〔三五五〕 (2)民法以外の法律で認められるものは、つぎの各種である。民法理論からみて重要なものについて、後にその特殊な点を略説する(〔八〇八〕以下)。

(イ)商法によって、登記した船舶(商八四八条)。

(ロ)特別法によって、(a)立木(立木法二条)、(b)採石権(採石法四条三項(地上権に関する規定を準用))、(c)漁業権のうち一定の種類のもの(漁業法二四条)、(d)採掘権(鉱業法一三条)。

(ハ)各種の財団についての特別法によって、(a)工場財団(工場抵当法(明治三八年法五四号))、(b)鉄道財団(鉄道財団抵当法(明治三八年法五三号))、(c)軌道財団(軌道財団抵当法(明治四二年法二八号))、(d)鉱業財団(鉱業抵当法(明治三八年法五五号))、(e)運河財団(運河法(大正二年法一六号))、(f)漁業財団(漁業財団抵当法(大正一四年法九号))、(g)道路交通事業財団(道路交通事業抵当法(昭和二七年法二〇四号))、(h)港湾運送事業財団(港湾運送事業法(昭和二六年法一六一号))、(i)観光施設財団（観光施設財団抵当法（昭和四三年法九一号））。

（二）特殊の動産に抵当権の設定を認める特別法によって、（a）農業用動産（農業動産信用法（昭和八年法三〇号））、（b）自動車（自動車抵当法（昭和二六年法一八七号））、（c）航空機（航空機抵当法（昭和二八年法六六号））、（d）建設機械（建設機械抵当法（昭和二九年法九六号））。

第四　抵当権を設定することのできる債権

〔三五六〕 一　被担保債権の目的

（イ）抵当権は、もっぱら目的物の交換価値から優先弁済を受けることによって担保の目的を達するものであって、質権のように留置的効力によって債務者の弁済を促がす作用をもたない。しかし、抵当権を実行する際に金銭債権になっていれば、それで充分であって、最初から金銭債権であることを必要としない。ただし「一定ノ金額ヲ目的トセザル債権」であるときは、登記申請書に「債権ノ価格」を記載し、登記の上にこれを表示しなければならない（不登一二〇条）。不動産質権と同一であるが、動産質権と異なる点である。当該の不動産についてすでに把握されている担保価値の数額を公示して、この不動産についてさらに利害関係を取得しようとする者、例えば、後順位の抵当権を取得する者、またはこの不動産を譲り受けようとする者などに正確な判断の資料を与えようとする趣旨である。従って、債権の実際の価格が登記された価格を越える場合にも、その価格を限度として優先権を主張することができるだけと解すべきである。なお、実際の価格が登記された額に及ばないときは、実際の価格によるべきことはいうまでもない。動産質権の被担保債権について右のような制限をしないのは、質権者に占有を移す動産質では、第三者が重ねて質に取りまたはその所有権を取得する例は比較的稀であることと被担保債権の額について公示する適切な方法もないことによる。

〔三五七〕（ロ）右と類似の関係は、被担保債権が外国の通貨で指定されている場合にも生ずる。この場合には、外国の通貨を表示して登記することができるが、「日本ノ通貨ヲ以テ表示シタル担保限度額」をも表示しなければならない（不登一二一条）。抵当権を実行する場合には、日本の通貨に換算した数額によるべきだが（四〇三条参照）、為替相場の関係上登記された数額より多額となる場合にも、限度額以上の優先権を主張することはできない。

〔三五八〕**二**　将来の債権・条件附債権

（イ）将来の一定時期に成立する債権または条件附債権についても現実の（期限附でも条件附でもない）抵当権を設定することができると解すべきことは、質権と共通の問題として、すでに詳説した（質権について、附従性（〔一六五〕以下）、設定しうる債権（〔一八六〕）として述べたところ、及び抵当権の附従性（〔三三六〕）参照）。

その際、根抵当との差異についても述べたが、繰り返していえば、将来の債権ないしは条件附債権であり、その額が法律上もしくは事実上設定当時に確定することのできないものであっても、それが特定の債権であるときは、普通の抵当権を設定すべきであって、根抵当権を設定すべきではない（根抵当権について述べるところ（〔七三三〕以下）も参照せよ）。

〔三五九〕（ロ）これに関連して、実際上しばしば、問題とされるのは、保証人の主たる債務者に対する求償権を担保するための抵当権である。債権者甲、債務者乙、保証人丙とある場合に、丙が保証人として弁済すれば、乙に対して求償権を取得する（四五九条・四六〇条）。その求償権を担保するために、丙が乙もしくはその物上保証人丁の所有不動産の上に抵当権を設定する例が多い。かような抵当権は、根抵当か、普通の抵当か。丙の抵当権の被担保債権は、丙が乙に代って弁済するという条件が成就したときまたは予め求償することができる条件が備わったときに（四五九条・四六〇条参照）成立する。のみならず、その前に乙が一部を弁済することもありうるから、数額も抵当権設定の当時には確定することができない。しかし、この求償権は、特定された法律関係から生ずる特定の債権であるから、そのための抵当は、普通の抵当権であって、根抵当権ではない。登記に当っては、丙の求償権の数額を概算して表示し、これを限度として優先権を認めるべきである。右に反し、乙と丙との間の関係が、乙が甲から（あるいは甲以外の者からも）繰り返して融資を受け、丙はその度毎に保証人となり、乙は多くの場合、みずから弁済して丙に迷惑をかけないが、万一代って弁済する破目に陥らせ求償に応ずることもできなくなったときはこれを担保する、という目的をもって抵当権を設定したのであれば、それは根抵当である。前の場合には、目的とされた特定の保証関係が終了すれば、抵当権は消滅し、甲乙間に同様の貸借関係を生じ丙が再び保証人となっても、抵当権の効力はこれから生ずる求償権には及ばない。これに反し、後の場合には、乙丙間の繰り返し保証人となるという委託関係の存続する間、抵当権も存続して、その間に発生したり消滅したりする求償権を一括して、登記された金額を限度として担保する。

特定の保証関係から生ずる求償権を担保する抵当権は普通抵当であるべきだという右の理論に対しては、登記の実務上も、学説の上でも、反対が少なくない（吉野衛「保証人の求償権を担保する根抵当権」金融法務事情二三三号（昭和三五・三・五）参照）。判例にも、将来の債権を担保する抵当権は根抵当であると説くものもあり（大判大正一三・七・一七新聞二三〇三号七頁（金銭を授受する前に消費貸借について設定する抵当権に関する））、被担保債権が条件附であることを表示すべしとしたものもある（前掲大判昭和一四・五・五新聞四四三七号九頁（〔一六七〕）―求償権に関する））。しかし、最高裁は、求償権について既存の貸金債権であるとして抵当権設定登記をした場合にも、「当事者が真実その設定した抵当権を登記する意思で登記手続を終えた以上」登記は無効ではないという（最高判昭和三三・五・九民九八九頁（設定者からの抹消請求を否定））。その趣旨は、条件附で効力を生ずる抵当権のためになされた普通の抵当権の登記を有効とすることに帰着するといってよいであろう。

思うに、求償権のための抵当権について、準消費貸借を締結するなどの技巧を用いて普通の登記をし、あるいは根抵当の登記をする事例を生ずるのは、一方では、将来の特定の債権のためにも現実の抵当権を設定し普通の抵当権の登記をなすべきものであるとの理論が確認されず、他方では、被担保債権額が確定しないために担保される限度を定めて登記するものはすべて根抵当とすべし、という――私にいわせると根抵当の本質を正当に理解しない――説が行なわれているためであろう。根抵当について立法をする場合には、被担保債権が増減変更することを建前とするものだけを根抵当となし、爾余のもの、ことに右に述べた求償権のための抵当権は普通の抵当権であることを確認することが適当であると思う（〔七三四〕参照）。

〔三六〇〕 **（ハ）**銀行その他の融資者が融資のマキシマムを例えば三〇〇〇万円と定めても一時に全額を交付しない場合に、三つ態様がある。

（a）その一は、三〇〇〇万円を融資する契約を締結し、これを一〇〇〇万円ずつ三度に分割して交付することにする場合である（分割貸付）。かような場合の契約は、諾成的消費貸借とみるべきであって、銀行は分割的に交付する債務を負担し、これについて設定される三〇〇〇万円の抵当権は普通の抵当権であって根抵当権ではない。交付された金額の範囲で優先権を行使しうるに止まる（債各（中一）〔五一二〕・〔五一三〕参照）のみならず、分割交付の中途で一部の弁済があれば抵当権はそれだけ縮限する。

(b)その二は、三〇〇〇万円を極度として融資契約を締結するが、個々の具体的な融資は、債務者の必要に応じて貸し出し、都合に応じて弁済されるものとし、そのために設定される抵当権は常に融資残額を三〇〇〇万円まで担保するという場合である(極度貸付)。この場合の抵当権は根抵当権であることは疑いない。融資者は融資の債権の残額が三〇〇〇万円となるまで貸し出す法律的な債務を負う場合は稀であるが、負わないときでも、金融市場が常態である限り、事実上融資される可能性が多い。

(c)その三は、右の二つの態様の中間にあるものであって、一個の融資契約によって、融資する限度額(三〇〇〇万円)を定め、これを何回かに分割して――例えば三回に分け毎年度の初めに一〇〇〇万円ずつ――交付することを約する点は右の第一のものと同様だが、融資者は分割交付する義務を負担せず、金融市場の事情によっては交付しないこともありうるとする点において右の第二の場合に近いものである。普通に限度貸付と呼ばれる。かような場合に三〇〇〇万円の抵当権を設定することができるか、またそれが普通抵当か根抵当かが問題とされる。しかし、普通抵当として設定すべきものと思う。けだし、

(i)右のような場合にも、三〇〇〇万円の被担保債権は条件附に成立しているのであって、これについて現実の抵当権を設定することができることはすでに述べたとおりである(〔二六七〕・〔二六八〕)。

(ii)のみならず、融資者は一〇〇〇万円を三度合計三〇〇〇万円を交付することを約束しているのであって、中途で債務者が一部の弁済をしても、後にその額だけ多く融資するのではない。従って、一部の弁済があれば抵当権はそれだけ縮限し、仮りに後にその額だけ多く交付されても、抵当権の効力がその部分に及ばないことは第一の場合と同一であり、そして正にこの点に根抵当権と普通抵当権の差異を求めるべ

きことは、しばしば述べたとおりである。

〔三六一〕 (二)ただし、普通抵当の登記と根抵当の登記の関係は次のように解すべきであろう。

(a)根抵当権を設定した場合に、普通抵当の登記――根抵当であることをとくに表示しない登記――をしたときは、根抵当としての対抗力を生じない。登記原因として表示されたことから発生し、設定の時に現実に存在する債権または期限もしくは条件附に存在する債権を担保するだけで、それが消滅した後に成立する債権は担保しない。

(b)普通の抵当権を設定したのに根抵当権としての登記をした場合には、右と異なり、合意された特定の債権についての抵当権としての対抗力を生ずる。けだし、根抵当は設定当時に現存する債権を担保する効力をも有するものであって、この登記は、いわば、大は小を兼ねる作用をする。右の効力を認めても、第三者を不当に害することはない。

〔三六二〕 **三　被担保債権の個数と抵当権の個数**

債権と抵当権の結びつきについて、両者の個数が問題となることがある。一般的にいって、債権の個数は、発生原因と主体の数によって定まり、抵当権の個数は設定行為と目的不動産の数によって定まるといってよいであろう。すなわち、例えば一個の消費貸借から生ずる貸金債権は一個であるが、一方に数人の当事者があるときは、その数だけの債権となる(分割債権・債務となる場合だけでなく、各自全部義務を負う場合もそうである)。また、一個の不動産の上の抵当権も、設定行為ごとに別個の抵当権となるが、数個の不動産の上の抵当権は、一個の債権のために設定された場合にも数個の抵当権である。

（イ）一個の債権のために数個の不動産の上に数個の抵当権が設定された場合には、いわゆる共同抵当として複雑な関係を生ずる（三九二条・三九三条〔六四九〕以下）。

〔三六三〕（ロ）一個の債権の一部、例えば一〇〇万円の貸金債権のうちの八〇万円について、抵当権を設定することは可能である。その場合には、一部保証と同様に、原則として、最後の八〇万円を担保する。すなわち二〇万円までの任意弁済は抵当権に影響なし、と解すべきである。当事者の意思に適するからである（債総〔六四九〕参照）。なお、一部抵当を後に改めて全部の抵当とすることは可能であるが、増加される部分は、第三者に対する関係では、登記を更正する時を基準としてその順位を定めるべきである。もっとも、その間に生じた先順位となる者の同意をうれば、最初の抵当権と同順位となりうることはいうまでもない。

なお、一個の消費貸借によって成立した貸金債権のために抵当権を設定して登記した後に、貸し増しをして元金を増した場合には、実体的には同一の消費貸借の内容の変更であっても、その部分についての登記の第三者に対する効力は、右に述べた一部抵当を全部抵当とする場合と同様である。もっとも、登記の実務では、貸し増しは別個の消費貸借による別個の抵当権として登記すべきものとして、更正登記によることを許さない。従って、もとの抵当権と同順位にするためには、中間者から順位の譲渡を受けなければならない、とされているようである。しかし、この取扱いは疑問である。

〔三六四〕（ハ）一個の発生原因から生じた一個の被担保債権が数人の者に共同に帰属する場合の抵当権との関係はやや疑問であるが、

（a）一個の抵当権附債権が共同相続された場合には、被担保債権も抵当権も、それぞれ共同相続人に合有的に帰属するとみるべきは明らかであろう。もっとも、この合有的帰属の内容については学説上争いがあり、ここに詳論しえないが、抵当権に関する限り、その実行は共同してのみ行なうことができることは疑いないであろう。ただし、根抵当では問題が複雑となるが、それについては後に述べる(〔七六四〕以下)。

(b)第三者による一部弁済の結果一部代位を生じ、抵当権が本来の債権者と一部代位者とに共同に帰属する場合における抵当権の行使については、民法に規定があるが(五〇二条)、この規定に関しては、解釈上争いがある(債総〔三六九〕参照)。しかし、この点はどのように解するにしても、抵当権は、本来の債権者と一部代位者との準共有に属する——右の学説の相違はこの準共有の内容についての見解の相違——とみるべきであろう。なお、この場合の登記は、被担保債権の一部譲渡と同様にとり扱われる(不登一二四条)。

(c)被担保債権の一部が譲渡された場合についても、一部代位と同様に解してよいであろう。登記の取扱いも同一であることは右に述べたとおりである(不登一二四条)。ただし、抵当権の行使については、一部代位の場合のように特別の規定はないから、共有の規定を準用して、共同してのみ行使することができると解すべきである(共有物の処分に準ずる(二六四条・二五一条・二五二条参照))。

(d)もっとも、債権は、一個の発生原因から生じたものでも、異なる主体に分属するときは、それぞれ別個の債権とみるべきこと前述のとおりである。従って、当事者(各債権者・抵当権準共有者と抵当権設定者)が、これに基づいて一個の抵当権を分割することは可能というべきであろう。ただし、登記しなければ第三者に対抗しえないことはいうまでもない。登記は、当事者間に別段の合意がない限り、同順位とすべきであるが、当事者の合意で上下の順位をつけることも可能であると考える。

（e）右に関連してさらに問題となるのは、数個の銀行が共同して融資する場合、例えば五つの銀行が共同して一個の消費貸借の当事者となって、五億円融資する場合などである。右の理論を推及すれば、債権は融資額に応じて五つの銀行に分属するが、抵当権については、一個の抵当権が準共有として五つの銀行に帰属する態様のものとすることもでき（銀行の融資額が平等でなければ、準共有の持分として表示される）、またそれぞれの銀行が同順位の抵当権をもつものとすることもできることになるであろう。もっとも、わが国で普通に行なわれる銀行の協調融資は、共同の事項は銀行間の内部的な申合わせとされるに止まり、消費貸借契約は、それぞれの銀行と融資を受ける者との間に、申合わせに従った同一内容で（ただし弁済期などに多少の違いがある場合も稀でない）締結され、抵当権は別個の同順位の抵当権とされるのが通例のようである。

〔三六五〕　**四　被担保債権の不存在**

普通の抵当権は、特定の被担保債権の存在を前提要件として成立する（成立における附従性）（〔一六五〕―〔一六八〕参照）。従って、その抵当権を設定する際に被担保債権とされたものが成立していないときや後に取消されて無効となるときは、抵当権も効力を生じない。このことは、実際上は、被担保債権が違法で効力を生じない場合に顕著に現われる。例えば、制限外の利息を準消費貸借として、これについて設定された抵当権（大判昭和五・一二・二七評論二〇巻民一二七頁、最高判昭和三〇・七・一五民一〇五八頁（登記を請求しえない））、取引所外の違法な差金取引を委任して保証金代用として設定された抵当権（大判昭和八・三・二九民五一八頁（判民四〇事件有泉評釈）―設定者からの抹消請求、不法原因給付かどうかが争いの中心をなす）などがその例である。

第三節　抵当権の効力

第一款　抵当権の効力の及ぶ範囲

第一　抵当権の担保する債権の範囲

〔三六六〕一　担保される債権の範囲についての制限（三七四条）

(1)民法は、抵当権によって、その被担保債権に附随する利息や損害賠償請求権などがいかなる範囲まで担保されるかについて、質権に関する第三四六条のような網羅的な規定をおかず、第三七四条によって、利息その他の定期金及び損害賠償請求権について、一定の範囲に制限されることを定めるだけである。しかし、その趣旨は、抵当権にあっては、後順位抵当権が設定されたり、一般債権者によって差押えられる事例が多いから、これらの者のために、既存の抵当権によって担保される債権額が予想外に多額となることを防止しようとするものであることを理解することができる（質権についての〔一八八〕参照）。この立場に立って問題となるものを検討する。

〔三六七〕(2)元本　被担保債権の元本が担保されることはいうまでもないが、一部抵当もありうることは前記のとおりである（〔三三六〕〔三三三〕）。いずれにしても、元本ないし担保される一部について登記を必要とする（不登一一七条）。さらに、被担保債権が一定の金銭を目的としないものであるときは、その債権の価格を、また外国の通貨で指定されているときは日本の通貨による限度額を、それぞれ登記しなければならないことも前述した（不登一二〇条・一二一条〔三五六〕・〔三五七〕）。

〔三六八〕 (3)利息　(イ)利息の約束があるときは、その利率を登記しなければならない（不登一一七条）。利息の発生時期や支払時期の登記はいらない（〔三四五〕参照）。

利息について右の登記がなされていても、「其満期ト為リタル最後ノ二年分ニ付テノミ其抵当権ヲ行フコト」ができる（三七四条一項本文）。

(a)制限される範囲　利息について利率が登記されていても、延滞されている利息総額は登記からは推測することはできず、予想外に多額になっていることもありうる。これを二年分に制限することによって第三者の利益と調和させようとするのが立法趣旨であるが、利息という重要なものについてかような制限を加えることの当否は、すこぶる疑問である。「抵当権ヲ行フコト」ができない者の範囲を限定して解釈する必要があるように思われる。

(i)設定者である債務者に対する関係では制限を受けない。すなわち、債務者の設定した抵当権の実行であって、他に後順位抵当権者その他の第三者が関係していないときは、抵当権者は、競売代金から延滞している利息の全額の弁済を受けることができる。

(ii)物上保証人に対する関係も右と同様である。物上保証人は、提供した不動産の価値のすべてによって、被担保債権に附随する一切の債務を担保する責に任ずべきものだからである。

(iii)後順位抵当権者に対する関係では、二年分の制限を受ける。すなわち、最後の二年分を越える利息は優先的に弁済を受けることができず、後の順位の抵当権に劣後する。最後の二年分を越える延滞利息のある抵当権が数個あるときは、超過部分は平等の割合で配当を受けることになる。

(iv)設定者または第三取得者の一般債権者に対する関係でも二年分の制限を受ける。すなわち、設定者の一般債権者が抵当不動産を差押えて競売したときは、抵当権者は、延滞利息については、二年分だけ優先的に弁済を受け、二年分を越える部分については、一般債権者と平等の割合で配分される。

〔三六九〕 (v)問題となるのは第三取得者である。次順位抵当権を設定する者とやや類似した利害関係をもつからである。しかし、設定者と同視して、抵当権者は制限を受けないと解すべきである。けだし、第三取得者は設定者の有する負担をそのまま承継するとみるのが適当であるのみならず、設定者が目的物の担保価値の残余をさらに利用する場合(後順位抵当権の設定)や、一般債権者が残されている担保価値を差押えこれによって弁済を受けようとする場合と、第三取得者が目的物の価値を評価してこれを取得する場合とは、これを区別するのがむしろ合理的だからである。かように解するときは、第三取得者の一般債権者がその抵当不動産を差押えて競売するときは、抵当権者は、競売代金から、元本と二年分の利息を優先的に取得し、残余は差押債権者と平等の割合で分配することになる。もし、抵当権者は第三取得者に対する関係でも二年分の利息に制限されると解するときは、残余は一般債権者だけが取得し、なお残余があるときは第三取得者に返還されることになるであろう。それは合理的ではあるまい(判例コンメンタール(清水)三七四条〔5〕ロa(三四七頁)参照)。

〔三七〇〕 (vi)なお、第三七四条の制限は、右に述べた範囲の第三者に対する関係では優先して弁済を受けることができない、というだけであって、抵当権の効力自体を制限しているのではない。従って、設定者、第三取得者はもとよりのこと、後順位抵当権者その他の第三者が債務者に代って弁済することによって、抵当権を消滅させ、もしくは全部について代位するためには、延滞利息の全部を弁済しなければならない。判例も同趣旨である。すなわち、設定者については当然として(大判昭和一五・九・二八新聞四六二七号九頁)、第三取得者(大判大正四・九・一五民一四六九頁、大判昭和九・一〇・一〇新聞三七七一号七頁(旧版がこれを第三取得者に対する関係で制限されない趣旨と解したのは不正確である))、後順位抵当権者についても(大判昭和一二・三・一七裁判例(一一)民七一頁(後順位抵当権者が先順位抵当権に基づく競売申立を阻止するために供託すべき金額に関する))右の趣旨を明言する。なお、競売申立は延滞利息の全額について時効中断の効力をもつこと(大判大正九・六・二九民九四九頁)や、抵当権設定後の短期賃貸借が抵当権者に損害を及ぼすかどうかを判定する場合には、延滞利息の全額を標準とすべきこと(大判昭和一二・六・一四民八二六頁(判民五八事件川島評釈))などは、もとよりいうまでもあるまい。

〔三七一〕 (b) 担保される利息額　「満期ト為リタル最後ノ二年分」とは、

(i) 競売裁判所が競売代金を支払う時までに延滞されている利息の最後の二年分である。

(ii) 最後の年の分は延滞、その前の年の分は完済、そのまた前の年の分は延滞と飛び飛びに延滞されているときも合計二年分である。

(iii) 利息支払の基準たる期間の中途で二年分を計算するとき——例えば、利息年一割、年末払いという契約で、八月に計算するとき——は、その年の利息は期間に応じて日割計算をなすべきことはいうまでもないが(八九条二項)、その時から遡って二年分だけの延滞があれば、結局二年分の利息の支払いを受けることができる。

(iv) 従って、「最後ノ」二年分というのは、その間に利率が変更されたときにだけ意味をもつ。

〔三七二〕 (c) 重利との関係　重利についてはいかに計算すべきであろうか。登記の実務では、重利の登記を認めないようである（昭和三四・一一・二六法務省民事局長通達）。最後の二年分といってもその延滞額を推測することができないことを理由とする。しかし、実際の滞納額を無視し、元本額を基準として二年間の重利計算をすれば、利息総額を算出することは容易である。これを基準として重利についても認めるのが適当であろう。けだし、重利の特約を有効とする以上、これについて登記を許さずと解する根拠に乏しいからである。判例も「利息ハ金十円ニ付キ一カ月十銭、但利息ノ支払ヲ怠ルトキハ右延滞利息ニ対シ支払期日ノ翌日ヨリ元金ト同率ノ利息ヲ加フベシ」という登記を申請したが、本文だけ登記し但書の部分の登記を認めなかったのに対し、更正登記を請求するのを認許すべしという（大決大正二・六・二一民四六六頁）。重利の特約は登記の申請を却下すべき場合たる「事件ガ登記スベキモノニ非ザルトキ」（不登四九条二号）に該当しないという理由である。しかし、判旨はさらに、かような登記を許しても、延滞利息に利息をつけることは、延滞利息を元本に組み入れることであるが、それについては元本としての登記はなされないのだから対抗力を生じないと説く。主張しうる利息は重利計算にはならない、という趣旨に帰するのであろうか。それでは重利の登記を認めないという方が簡明かもしれない。登記官吏の形式的審査権限でも判定することができるといえないことはないからである。しかし、登記を認めて右に述べる範囲の効力を認めてよいのではなかろうか（判例コンメンタール（清水）三七四条〔2〕（ハ・〔4〕）（三四五頁）は同旨を説く）。

〔三七三〕 （ロ）均等年賦償還債務　（a）単純な割賦払債務、例えば一〇〇万円を一〇万円ずつ一〇年間に完済すべき債務は、元本を分割して支払うのであるから、各期に支払うものは、利息ではない（後に述べる定期金でもない（〔三七五〕参照））。従って、割賦払いすべき債務の全額一〇〇万円と利息（例えば年一割）についての登記がある場合には、割賦支払い期間の中途で目的不動産が競売されたときにも、一二〇万円（元本と二年分の利息）を限度として、現実に発生している債務額（期限の利益を失なうかどうかでその額は違ってくるであろう）について優先的に弁済を受けることができると解してよいであろう。ただし、各期に支払うべき割賦金の延滞について約定利息より高率（例えば年二割）の賠償をなすべき旨が定められてそのことについても登記があるときは、それに従った額（一四〇万円）を限度とすることになろう。

（b）問題は、利息を含め均等年賦償還をする場合である。例えば、一〇〇万円の貸付金について、年利八分、毎年一四万九〇二九円ずつ支払って一〇年間に元利を償還することとし、一〇〇万円の抵当権が登記されているような場合である。かような契約の多くのものは、毎年支払う均一の償還金は、利息に充当すべき額と元本に充当すべき額が正確に計算されている。右の例では、第一年度のものは、利息八万円元本充当六万九〇二九円、第二年度のものは、利息七万四四七七円元本充当七万四五五二円の割合となる。そのことはまた、各期の割賦金を支払った後の元本残高も明瞭であることを示す。従って、競売に当っては、元本残高とそれについての二年分の利息を限度として制限されること、右に述べた場合と同一と解してよいであろう。

（c）さらに、右のような均等年賦償還において完済までに支払うべき一〇年間の年賦金合計一四九万〇二九〇円について登記をする例もある。実質的にみれば、一四九万〇二九〇円の年賦償還貸借で利息を天引きしたことになる。かような場合に年賦償還期間の中途で競売が行なわれるときは、その時までに支払われた金額を一四九万〇二九〇円から控除した残額について弁済を受けることができると解してよいであろう。利息が天引きされたことが登記に示されないときでも、後順位抵当権者や一般債権者は、実質的な関係を挙証して、たとい登記された金額以内であっても、右の残額にさらに二年分の利息を加えることはできない旨を主張することができる、というべきである（判例コンメンタール（清水）三七四条〔1〕（三）四二頁）はさらに一層詳細な計算を示す）

〔三七四〕 **（八）**二年分を越える延滞利息についても弁済期が到来した後に「特別ノ登記」をすれば、その「登記ノ時」から、それについても抵当権を行なうことができる（三七四条一項但書）。

（a）特別の登記は「権利ノ変更ノ登記」としてなされる（不登五六条）。この登記は、もとより、後順位抵当権者の承諾なしにすることができるが、その効力は、登記の時を標準とする。すなわち、二番抵当権を生じた後に右の登記をすれば、その登記した部分は、これに対して優先することができず、その後に設定された三番抵当権以下には優先する（大判昭和三・八・二五新聞二九〇六号一二頁）。もっとも、右の場合に二番抵当権者の承諾をえて登記するときは、その登記は附記登記でなされ（承諾書がないときは主登記による）、順位は主登記と同一となる（不登五六条・七条参照）から、二番抵当権者にも優先する。登記の手続的な理由で第三七四条の規定に反した効果を認めるようであるが、利害関係人の承諾があるのだから、不都合はないであろう。

なお、一般債権者に対しては、その差押の前にした特別の登記は常に優先することはいうまでもあるまい。

（b）「特別ノ登記」は、利息・定期金の満期となったものについてでなければすることができないが、二年分以上の滞納を生じなければ登記できないものではない（大決大正四・六・二四民一〇一八頁（滞納利息二年未満の場合にもそれについての仮登記仮処分申告は認められる））。

（c）「特別ノ登記」は滞納利息として優先権を取得させるものである。元本に組み入れられるのではない。従って、それについてさらに利息を生ずる特約があっても、それについて抵当権を行なうことはできない。もっとも、債権者が一年分以上の滞納利息を催告した上でこれを元本に組み入れた場合（四〇五条参照）に、それについて登記をすることは可能であろう。この登記も「権利ノ変更ノ登記」としてなされるであろうが、前者と異なる内容であることを明瞭にすれば、――あたかも貸し増しの場合と同様に――その時から対抗力を生ずるであろう。

〔三七五〕　(4)定期金　利息以外の定期金を請求する債権――終身定期金(六八九条参照)、有期年金、定期の扶助料、地代、家賃などの債権(総則〔四九二〕参照)――について抵当権が設定された場合には、利息と全く同様の制限を受ける(三七四条一項)。立法の趣旨も同様に解すべきであろうが、立法論としての当否は一層疑問である。例えば、借地権の存続期間を定め、その全期間にわたる地代の総額を算定してこれを被担保債権とし、それについて登記をして優先弁済権を確保することは許されないものであろうか。利息について特別の登記が許されるのはその弁済期が到来して後でなければならない(〔三七四〕b)。利息については、元本が被担保債権の本体をなすのだから、そのような取扱いにも一応の合理性が認められる。これに反し、定期金はそれ自体が被担保債権である。その意味では、割賦払債務のための抵当権に比すべきである(〔三七三〕a参照)。しかるときは、一定期間の定期金全額についての抵当権は将来の特定の債権のための抵当権として設定することができると解すべきではあるまいか。ちなみに、かような抵当権が認められるとしても、それは根抵当ではない。弁済された額だけ抵当権の内容は縮限する。借地権が何らかの事情で期間後に継続された場合、または借地人が期間経過後に地代相当額の賠償を支払うべき場合にも、この抵当権の効力は及ばない(もっとも当事者の意思で根抵当を設定しうることについては〔七三五〕を見よ)。

〔三七六〕　(5)遅延賠償・違約金　(イ)遅延賠償　(a)元本の弁済期に弁済せずに遅延するときは、遅延賠償を支払わなければならない。その額は、特約がなければ、約定利率と同一であるのが普通だが(四一九条一項但書)、特約によって率が高められている例が多い。例えば、弁済期まで(約定利率)は年一割、弁済期後(賠償額の予定)は年二割とする(債総〔一九一〕・〔一九二〕参照)。かような場合には、抵当権を行なううるのは、この予定された率による二年分に限る。なお、遅延が弁済期後二年にならないときは、その前の延滞約定利息と通算して二年分とされる(三七四条二項)。

ちなみに、第三七四条第二項は、民法施行の後まもなく追加されたものである(明治三四年法三六号)。この規定がないときには、抵当権の効力は遅延賠償には及ばないとされた(大判明治三三・五・一九民五巻六四頁、大判明治三八・二・二五民二〇四頁)。

(b)遅延賠償について約定利率より高率とする特約があるときは、「債務ノ不履行ニ因リテ生ジタル損害ノ賠償ニ関スル定」(不登一一七条参照)として登記しなければならない。そうしなければ、その特約を対抗しえない。不動産登記法の右の規定は昭和三五年(法一四号)に追加されたもので、すこぶる適切なことだが、その後「弁済期」を登記事項から削ったので、果して遅滞を生じたかどうかは登記の記載からはわからないようになった(〔三四五〕参照)。しかし、第三者は遅延賠償の高率に従って二年分の延滞を覚悟すれば不測の損害を被るおそれはないであろう。

〔三七七〕 (ロ)違約金　前記のように、質権は違約金を担保すると定められているが(三四六条)、抵当権については規定がない。しかし、

(a)違約金は一般に賠償額の予定と推定される(四二〇条三項)から、その額が元本に対する率で定められているときは、これについて登記がある限り、前段に述べた遅延賠償の予定と同一にとり扱われる。

(b)違約金が一定金額で定められている場合――例えば、一〇〇万円の貸借で、弁済期日を徒過すれば

年二割の遅延利息の他に一時金三〇万円を違約金として支払うという特約ある場合——にも、その旨の登記があれば、抵当権の効力は及ぶ。ただし、かような違約金も、利息制限法の適用に関しては、賠償額の予定とみなされるから（利息制限法四条（債総〔一八五〕・〔一九三〕参照））、それに従ってその額を調整し（年三割までは許される）、しかる上で最後の二年分（六〇万円となる）を計算することになろう。

〔三七八〕　(6)抵当権実行の費用　これについても民法に規定はない（質権の三四六条は規定している）。もっとも、競売手続が完結した場合には、競売裁判所は、競売代金から競売費用（不動産鑑定費用や競売申立登録税なども含まれる）を控除するから（競三三条二項）、その費用はおのずから抵当権によって担保されることになる。実体的にいっても、この取扱いは正当であろう。けだし、競売費用を予め登記することは認められていないけれども、抵当権の実行には必ず必要なものであり、その額もおよそ推測しうるものだからである。

しかし、競売手続が完結して右のような取扱いがなされる場合以外におけるこの理論の適用については疑問がある。例えば、抵当不動産の第三取得者が競売手続中に抵当債務を弁済して競落許可決定の効力を阻止するためにも（大判昭和二・三・九彙報三八巻下民八頁（供託された費用が実際より少なかった事例））、また同じく競売手続中に代位弁済をして抵当権に代位するためにも（大判昭和二・一〇・一〇民五五四頁（判民八二事件杉之原評釈）—代位による抵当権移転の請求を認める））、抵当権者の支出した競売費用を併せて弁済（または供託）しなければならない。なぜなら、これらの費用は抵当権によって担保される債務だから、これを弁済しない以上、抵当権は消滅せずまた全部の代位も生じないからである（〔三七〇〕参照）。けれども、その弁済された費用が第三取得者の代位する抵当権の被担保債権額をそれだけ拡張し、代位の附記登記をする（不登一三四条参照）ときにこの額を表示することによって、すべての第三者に対して対抗する効力を取得するものかどうかはすこぶる疑わしい（右の昭和二・一〇・一〇の判決はこれを認めるもののようであり、杉之原評釈はこれに対し強く反対する）。のみならず、第三取得者が代位した抵当権を実行するときに、その競売費用が競売代金から先取されるとすれば、二度分の実行費用が担保される結果となり、後順位抵当権者の利益は不当に害されるであろう。代位弁済に当って弁済されるべき競売費用は全部代位の効果を生ずるための要件であって、その意味では抵当権によって担保されるが、代位される抵当権の被担保債権の内容となるのではないと解するのが正当であろうと思う。

〔三七九〕 二　不可分性からの効果

抵当権についても不可分性の理論が適用される（三七二条・二九六条）。その基本的な理論においては質権について述べたところと同一である（〔一九二〕参照）。抵当権への適用としては、被担保債権が少しでも残存する以上、抵当権の登記の抹消を請求することができず（大判昭和一五・八・五評論三〇巻民一三頁）、また、前記のように、競売手続中に第三取得者が抵当債権者のために供託した金額が抵当権によって担保される債権額の全部に充たないときは抵当権は消滅せず、従って競落許可決定の効力は阻止されない（前掲大判昭和二・三・九彙報三八巻下民八頁）。また被担保債権の一部が譲渡されるときは、抵当権の準共有を生ずると解されていることも、その一適用といえるであろう（大判大正一〇・一二・二四民二一八二頁（判民一九〇事件平野）―被担保債権の一部の譲受人は抵当権の分割移転を請求しえない）。ただ注意すべきことは、共同抵当における不可分性の制限である。共同抵当、すなわち同一の債権の担保として数個の不動産の上に設定された抵当権は、不可分性の理論を貫くときは、目的たる数個の不動産中の任意の一個から債権の全額の弁済を受けることができるはずであるが、それでは各個の不動産における後順位抵当権にとって不公平な結果を生ずるおそれがあるので、民法はこれに対して一定の制限を加えている（三九二条・三九三条、後述する〔六四九〕以下）。

第二　抵当権の効力の及ぶ目的物の範囲（その一）――附加物

〔三八〇〕 一　序的考察

第三七〇条は、「抵当権ハ、抵当地ノ上ニ存スル建物ヲ除ク外、其目的タル不動産ニ附加シテ之ト一体ヲ成シタル物ニ及ブ」という原則を掲げ、但書で、設定行為で除外した場合と附加して一体とすることが他の債権者を詐害する場合とを除外する。土地の上の抵当権が地上の建物に及ばないことは当然であり、但書で除外する二つの場合も、立法の当否は別として、その意味を理解することができる。問題は、本文の「附加シテ之ト一体ヲ成シタル物」である。

民法の他の制度でこれに類似したものを求むれば、一は、不動産の附合物（「不動産ノ従トシテ之ニ附合シタル物」）（二四二条）であり、二は、従物（不動産の「常用ニ供スル為メ……附属セシメタル」物）（八七条）である。この二者のうち、前者（附合物）は、同条の規定する例外を除き、原則としてその不動産の所有権に吸収されるのだから、その場合にその不動産の上の抵当権もこれに及ぶことは疑いないであろう。これに反し、後者（従物）は、主物たる不動産とは別個独立の存在を有し、主物の所有権に吸収されるのではないから、主物の上の抵当権の効力はこれに及ばずと解すべきもののように思われる。もっとも、「従物ハ主物ノ処分ニ随フ」（八七条二項）とされるのだから、抵当権の設定当時に存在した従物は抵当権の客体となると解する余地はあろう。しかし、この規定を根拠とする限り、設定後に附属させられた従物には及ばない、と解さねばならないことになるであろう。

しかし、幾度も繰り返したように、抵当権は、目的物の占有を設定者に留め、設定者がこれを利用してその効用を発揮しうる状態におきながらその価値を把握するものである。そのために、目的物の範囲が次第に拡張し、財団や客観的意義における企業さえもその客体とされるに至ったところに近代抵当権の一特色が存在するのである。そうだとすると、抵当不動産に附属し、その作用を助ける従物について、抵当権の効力の及ぶ範囲を抵当権設定当時に存在するものに限り、設定後に附属させられるものに及ばないとすることは、極めて不合理である。

　フランス民法は、附加物と従物とをはっきり区別せず、抵当不動産に附加ないし附属させられる物は、ともに、「不動産の上に生ずる改善」として、抵当権はその改善された状態に及ぶと定める（フ民二一一八条一号・二一三三条）。ドイツ民法、スイス民法は、ともに、抵当権は従物に及ぶという特別の規定を設けている（ド民一一二〇条、ス民八〇五条一項）。主物・従物についてわが民法のような区別をする両法の下では、抵当権の効力は従物に及ばないと解される余地があるので、抵当権の特殊性、――抵当権はその存続中、絶えず目的物をその時の現状において支配しているという性質――に基づいて、特別の規定が設けられたと説かれる。従ってその従物が抵当権設定後に附属させられたものを含むことはいうまでもない。

　わが民法は、主物と従物の区別においてはドイツ、スイス両民法に倣ったが、抵当権について、この効力が従物に及ぶ旨の規定を承継していない。そこに不都合を生ずるおそれがある。しかし、第三七〇条は、フランス民法の流れを汲むものであることを考えると、この規定は、第八七条及び第二四二条とは別異の独自の立場から、従物を含むと解釈すべきものと考えられる。のみならず、工場抵当法は、工場財団を組成しない工場抵当について、「工場ニ属スル土地ノ上ニ設定」された抵当権は、「其ノ土地ニ附加シテ之ト一体ヲ成シタル物及其ノ土地ニ備附ケタル機械、器具其ノ他工場ノ用ニ供スル物ニ及ブ」と定め（同法二条一項本文）、工場地の上の抵当権の効力はその土地の従物に及ぶものとする。このことも右の解釈を助けるものというべきである。

要するに、(i)近代抵当権の作用と、(ii)抵当権の特質と、(iii)わが民法の関係条文の沿革と、そして、(iv)工場抵当権の規定とを総合して、第三七〇条に現時における合理的内容を与えるべきものと考える（我妻「抵当権と従物の関係について」（民法研究Ⅳ所収）参照）。

二　抵当不動産の附合物

〔三八一〕　(1)抵当権の効力の附合物に及ぶ範囲

(イ)「不動産ノ従トシテ之ニ附合シタル物」は、原則として独立の存在を失ない、その不動産所有権に吸収される、というのが第二四二条本文の趣旨であるから（二四二条本文、物権〔三三一〕―〔三三三〕参照）、不動産の上の抵当権の効力も当然この附合物の上に及ぶ。附合する時期が抵当権設定の前でも後でも差異はない。いいかえれば、第三七〇条の「附加シテ之ト一体ヲ成シタル物」の中には、附合の時期を問わずすべての附合物が含まれる。

(ロ)しかし、第二四二条は、「権原ニ因リテ其物ヲ附属セシメタル他人ノ権利ヲ妨ゲズ」という例外を定める（二四二条但書）。その不動産を用益する正当な権原を有する他人がその不動産に附合させた物が、社会観念上、独立の物（独立の物権の客体とすることができる物）と認めることもできるときは、その者がその附合物の所有権を保有し、土地所有権に吸収されない、とするのがその趣旨である（物権〔三三二〕・〔三三三〕参照）。そうだとすると、その土地の上の抵当権の効力が右のような附合物に及ぶかどうかは、別個の観点から吟味しなければならない。さらに、前段に述べたように、第二四二条の定める附合物を第三七〇条の「附加物」に含まれると解する立場からは、同条但書の定める二つの例外が附合物についてどのような適用を示すかを吟味する必要がある。土地と建物のそれぞれについて、主要な場合を考察する。

(2)不動産の附合の原則的な場合——第二四二条本文及びこれに準ずべき場合

〔三八二〕 (イ)土地の附合物

(a)稲立毛と立木　土地の附合として最も問題となるのは、稲立毛と立木である。これらのものについての所有権関係は、ここに説くべき限りではないが、略説すれば、他人の土地を用益する権限をもつ者が植付けた稲立毛は、その用益権の第三者に対する対抗力の有無を問わず、常に、その土地の所有権に吸収されることなく、またその土地の差押債権者や二重譲受人に対抗することができるが（大判昭和一七・二・二四民一五一頁（判民一一事件川島）など）、用益権のない者が植付けた稲立毛は、その土地の所有権に吸収され、従ってその土地の差押債権者や二重譲受人に対しても対抗することができない（大判昭和六・一〇・三〇民九八二頁、大判昭和一〇・一〇・一二新聞三九〇四号一一頁、最高判昭和三一・六・一九民六七八頁など）。右に反し、立木は、他人の土地を用益する権限のある者が植栽した場合にも、——その土地の所有権者に対しては用益権者の所有権を主張しうるが——その土地の差押債権者や二重譲受人に対しては、その用益権が第三者に対抗しえないものであれば、別にその立木について明認方法を施してなければ、その所有権を対抗しえない（最高判昭和三五・三・一民三〇七頁、最高判昭和三七・五・二九判例時報三〇三号二七頁）とするのが近時の判例理論である。

右の判例理論は、第二四二条の解釈としても、いわゆる明認方法を公示手段とする物権変動の理論としても、問題を含むものであるが（総則〔二五〇〕5e・〔二六二〕2、判例コンメンタール物権法（遠藤）二四二条〔3〕（四八〇頁）参照）、詳説を避けて抵当権との関係を述べれば、稲立毛は、土地の天然果実とみるべきであるから、抵当権の効力は、当然には及ばない（三七一条）。植付けた者の権限やその対抗力の有無を問わない（後の〔四〇六〕参照）。これに反し、立木は、天然果実ではなく、半独立的な存在を有する定着物とみるべきである（総則〔二五〇〕2参照）。従って、（i）設定者の所有に属する立木は、抵当権設定当時から存するものも設定後に植栽されたものも、次に述べる除外の特約のない限り、抵当権の効力が及ぶ（大判大正一四・一〇・二六民五一七頁（判民八五事件杉之原評釈は結果同説）、大判昭和一三・一二・一三新聞四三六二号一三頁（後の〔三八九〕参照））。（ii）これに対し、第三者の所有に属する立木は、設定当時に存在するものは、その第三者の有する用益権が第三者に対抗しうるものであるかまたは立木について明認方法が施されている場合には、抵当権者に対抗することができるが（物権〔一九三〕参照）、抵当権の設定後に第三者が用益権を取得して植栽する立木は、その用益権が短期賃借権として抵当権に対抗することができる場合にだけ（三九五条・六〇二条一号参照）その立木所有権をもって抵当権に対抗することができる。そうでない限り、明認方法を施しても対抗することはできない（〔四三六〕2参照）。

〔三八三〕（b）稲立毛と立木以外の附合物、例えば土地に据えつけられて土地と一体をなす（定着物）と認められるような機械（総則〔二五〇〕参照）などについては、立木と同様に解すればよい。

〔三八四〕（c）附合ではないが、土地の帳簿上の合併（合筆）について一言する。従前は抵当権の設定されている土地の合筆も認められたので、抵当権が合筆によって生じた一個の土地の全部に及ぶかどうかが問題とされ、判例はこれを否定した（大決昭和五・三・一一新聞三一四二号一四頁、大決昭和六・一二・一二新聞三三六八号七頁など）。実際的にみて至当であろうが、建物の場合と理論においてやや一貫しないものがある（後の〔三八六〕参照）。また一筆の土地の一部の競売手続にも不便がある。昭和三五年の不動産登記法の改正（法一四号）によって、抵当権の登記のある土地の合筆を禁じた（不登八一条ノ三）。従って、抵当権を抹消してからでないと合筆することはできないことになった。至当な態度である。

ちなみに、抵当権の設定されている土地の分筆は可能である。抵当権は分筆された各土地の上に存続して（不登八三条参照）、共同抵当（三九二条）となる。

〔三八五〕 （ロ）建物の附合物

（a）抵当建物の修築によって附合し建物の構成部分と認められる雨戸・戸扉などは、建物の附合物の適例であって、建物の上の抵当権の効力はこれらの附合物に及ぶ（大判昭和五・一二・一八民一一四七頁（判民一一五事件我妻、民法判例評釈Ⅰ所収）—抵当権設定後に附合したもの）。

〔三八六〕 （b）のみならず、増築建物も、抵当権の目的たる建物に従属するものであって、一用紙に登記され、合せて一個の建物とみられるものであるとき（不登一五条参照。以前は一棟一用紙であり、現在は一個一用紙と改められたが、理論には変りがない）は、抵当権は設定後に建てられたこれらの附属建物に及ぶ。判例もこのことを認める（大決大正一〇・七・八民一三一三頁（判民一一二事件我妻、民法判例評釈Ⅰ所収）、大決昭和九・三・八民二四一頁（判民二三事件我妻、同上所収）。ただし、大判昭和九・七・一一裁判例（八）民一七二頁は従属せずとして抵当権の効力の及ぶことを否定した事例）。

〔三八七〕 (3)不動産の附合の例外的な場合——第二四二条但書の場合

不動産の所有者はその不動産の附合物の所有権を取得するのが原則だが、「権原ニ因リテ其物ヲ附属セシメタル他人ノ権利ヲ妨ゲズ」という例外がある（二四二条但書）。その意味についてここに詳説すべきではないのみならず、その適用は前段に述べたところに含まれている。要約すれば、

（イ）土地についていえば、（a）稲立毛のような土地の天然果実とみられるものについては、専ら第三七一条に従う。（b）立木や土地に据えつけられた機械のような独立の物とみることもできる附合物について

は、(i)設定当時に存するものは、それを附属させるための第三者の権利が抵当権者に対抗しうるものかどうかを標準として決すべきであり、(ii)設定後に附属させられたものは、附属させるための権限が例外的に抵当権に対抗しうる場合の他は抵当権の効力が及ぶ。

ちなみに、この例外の適用されるのは、独立の物と認めることもできる附合物に限り、附属させられることによって土地の本質的な構成部分となり、独立の物と認める余地のないもの、例えば地盛りのための砂利、石垣、壕などは抵当権設定当時に存在するものはもとより、その後に附属させられるものも、常に不動産所有権の内容となり、従って、抵当権の効力に服することは、改めていうまでもあるまい(物権〔三三三〕ロ、総則〔二四九〕・〔二五〇〕参照)。

〔三八八〕 (ロ)建物についても、理論は全く同一である。例えば、賃借人が賃借建物に据えつけて使用している八馬力汽罐は、賃貸人が自分の所有として建物とともに抵当権の目的とする合意をしても、抵当権の効力は及ばない(大判大正六・四・一二民六九五頁)。また、抵当権設定後に第三者が附属させるものについては、その第三者の附属させる権限が短期賃借権であってすでに設定されている抵当権に対抗することができるときにだけ、抵当権の効力は及ばない(三九五条参照)。

〔三八九〕 (4)不動産の附加物についての例外の一――第三七〇条但書前段

前述のように、第二四二条の附合物はすべて第三七〇条の附加物に含まれると解するときは、第二四二条但書の適用を受けない附合物についても、第三七〇条但書の適用を考察しなければならない。しかるときは、

(イ)土地の附合物についても、土地の構成部分とならないものであれば、設定行為で抵当権の効力が及ばないものと定めることができる。設定者の所有する立木を除外する場合、すなわち、山林の立木を除外して地盤だけに抵当権を設定する場合などにその例を見る（大判昭和一三・一二・一三新聞四三六二号一三頁はかような事例。ただし次段参照）。なお、この除外の特約は、設定後に附属させられるものについて予めこれをすることもできるであろう。ただし、この特約は登記をしなければならない。その意味については、後に詳説する（〔三九一〕）。

〔三九〇〕 (ロ)建物についても理論は全く同様である。建物に据えつけられている機械などについてこれを除外する特約はありうるであろう。

〔三九一〕 (ハ)抵当権の効力から除外する旨の右のような特約は、これを登記することになっているが（不登一一七条）、登記しなかった場合の効果は疑問である。登記の普通の効力と同じく、対抗することができないと解するときは、設定者は、登記をしなくとも、当事者に対しては除外の特約を主張することができることになろうが、その当事者とは誰であろうか。特約を含む抵当権設定の合意をした抵当権者は当事者となすべきもののようである。しかし、除外の特約について登記がないときは、除外物も含まれるものとして最低競売価額の決定その他の手続が進められるのであるから、その抵当権者の申立による競売における競落人をすべて当事者として除外物の所有権を取得せずと解することは、競落人に酷である。また申立てた抵当権者がみずから競落人となった場合にだけ除外物の所有権を取得しないと解することは、競争締約の性質を有する競売の本質に反するであろう。のみならず、除外する特約を伴なわない後順位の抵当権の存在する場合などには、複雑な関係となる。しかも、翻って考えると、競売のように形式的・画一的な手続によって行なわれる売買において、関係当事者によって物権的な効果に差異を生ずるものとすることは適当ではない。これらの事情を考慮するときは、除外の特約について登記がないときには、抵当権者がみずから競落人となった場合にも、除外物の所有権を取得し、ただその優先弁済権は除外物の価格の上には及ばないと解することが正しいのではないかと考える（大判昭和八・一一・二二民一九五四頁に対する川島評釈（判民二〇八事件）に同旨が説かれる。ただし、事案は従物に関する（〔四〇〇〕参照））。判例の態度は判然としない。立木を除外する特約に登記のない場合に、抵当権者が競売を申立ててみずから競落人となった事例で、立木の所有権取得を認めたものもある（大判昭和一三・一二・一三新聞四三六二号一三頁。もっとも事案としては、特約の存在は必ずしも明らかでないようでもある）。しかし、従物に関する同様の問題については別異の趣旨の判決もある（大判昭和九・七・二民一四八九頁は畳建具を除外する特約に登記のない事例で競落人たる抵当権者は除外の事実を知悉するからその所有権を取得しないという。後の〔四〇〇〕参照）。従って、判例は、除外の特約をした抵当権者及び競落人を当事者とし、抵当権の譲受人などだけを第三者とするものと解する余地もある（判例コンメンタール（清水）三七〇条〔4〕（二九〇頁）参照）。

〔三九二〕 (5)不動産の附加物についての例外の二――第三七〇条但書後段

第三七〇条は「第四二四条ノ規定ニ依リ債権者ガ債務者ノ行為ヲ取消スコトヲ得ル場合」をも、例外とする。実際に生じた事例は見出しえないが、強いて考えれば、負債の多い債務者が、一般財産に属する樹木または大きな機械などを、抵当権の目的となっている土地に移植しまたは据えつけて附合させる場合などがありうるであろう。債務者のかような行為は、一般債権者を詐害するものであるが、法律行為ではないから、第四二四条のように、これを取消すということは意味をなさない。一般債権者は何もしなくとも、抵当権の効力の及ばないことを主張しうる、と解すべきである。

建物についても全く同様である。とくに述べるべきことはない。

三　抵当不動産から分離した附合物

〔三九三〕 (1)抵当不動産に附合して抵当権の効力の及んでいる附合物が抵当不動産から分離して附合物たる状態がなくなった場合には、抵当権の効力はどうなるか。(i)第一に、分離が抵当不動産の通常の使用収益によって生じた場合には、抵当権の効力は分離物に及ばないことはいうまでもない。従って、ここで問題とするのは、分離によって抵当権の効力が侵害される場合に限る。抵当山林の立木の伐採がその適例である。しかし、かような立木の伐採の効果についても、さらに種々の観点から観察される。(ii)すなわち第二に、判例は、抵当権に基づく競売開始決定に差押の効力を認め、その時点以後に生じた分離物に対しても、抵当権の効力は全面的に及ぶものと解している。この見解は正当なものとして学説も一般に支持するが、後に抵当権の実行の項に詳述する(〔四九五〕以下)。従ってここでは競売開始決定の効力に依存せずに抵当権そのものの効力を考察すべきことになる。(iii)第三に、しかし、問題をこの関係に限局しても、抵当権の侵害として、損害賠償の請求、伐採ないしは搬出の禁止の請求(妨害排除・妨害予防などの物上請求権)などをなしうるかどうかが考えられる。そして、最後に、(iv)第四として、分離物について抵当権の本体的効力、すなわち、それを競売して代金から優先弁済を受けることができるかどうかが問題となる。けれども、第三は、抵当権の侵害として後に検討するのが適当であろう(〔五七六〕以下)。結局、ここには、第四の問題について考察する。普通に抵当権の追及力と呼ばれるものである。

〔三九四〕 (2)この問題に関する判例の傾向を略言すると、最初は、動産は抵当権の目的たりえないという理由で、分離物の上には抵当権の効力は一切及ばないとした(大判明治三六・一一・一三民一二二一頁)が、ついで、右に一言したように、競売開始決定に差押の効力を認め（大決大正四・九・八民一四四三頁）、これを基礎として抵当権の効力を拡大した。そして、最後に、競売開始決定を待たずに、抵当権自体による伐採木材の搬出禁止請求（妨害の排除と予防の請求）をなしうるものとするに至った（大判昭和七・四・二〇新聞三四〇七号一五頁（後の〔三九六〕参照）。なお、この間の経緯については、我妻・福島「抵当権判例法」（民法研究Ⅳ2）二八頁以下・一九四頁以下参照）。

〔三九五〕 (3)思うに、抵当権は、一面では、附加物を含めて目的物の全部を支配する物権であるから、分離された物にも支配力は及んでいるというべきである。しかし、他面では、抵当権は登記を対抗要件とする権利だから、結局、分離物が抵当不動産の上に存在し、登記により公示に包まれている限りにおいてだけその上の抵当権の効力を第三者に対抗しうるが、そこから搬出されたときは、もはや第三者に対抗することができなくなる、と解するのが正当と考える。

ちなみに、ドイツ民法（一一二一条）は、附加物が第三者に譲渡されかつ搬出されたときは、抵当権の拘束を脱するが、抵当権者が譲渡または搬出の以前に差押えるときは、抵当権の効力は存続するものとする。本書の右の考えはこれに近い。

右に述べた理論を分説すると次のようになる。

〔三九六〕 (イ)伐採木材が抵当山林の上に存在する間は、たとい第三者に売却されても、抵当権をもってこれに対抗することができる（第三者の即時取得については、従物について述べるところ（〔四〇一〕末尾）参照）。従って、抵当権者はこれについて優先弁済を受けることができるが、その方法はいささか疑問である。山林と一緒にして不動産競売手続によって競売することもできるが、伐採木材だけを動産競売の手続によって競売することも可能――その場合には、抵当権に基づき、債務名義なしで、執行官に委任できる――と解すべきであろう。なお、伐採木材の上に抵当権が及んでいると解する以上、抵当権に基づいてその搬出を禁止することができることは当然である。判例は、右の最後の理論を認めているが(前掲大判昭和七・四・二〇新聞三四〇七号一五頁(設定者が、抵当山林中に積んでおいた伐採木材を搬出しようとするのに対する搬出禁止の請求を肯定))、それについて、果して優先弁済権を有するかどうか、また有するとすれば如何なる方法によるべきものか、判明しない。

〔三九七〕 (ロ)伐採木材が抵当山林から搬出されると、抵当権は消滅しないが、第三者に対する対抗力を失ない、従って、木材が第三者の所有に帰するときは、抵当権は消滅する。あえて第三者が即時取得することを必要としない。学説には、搬出木材の上の抵当権の追及力は第三者の即時取得によってのみ遮断されると解するものが少なくないが、公示を無視するものであって、賛成することができない。工場抵当法は、工場財団を組成しない工場抵当について、工場の上の抵当権の効力は従物の上に及び、その従物が第三者に引渡された後も追及力を失なわず、第三者が即時取得をすることによってのみこれを失なうものと定める(同法五条)。しかし、工場抵当権は、抵当権の登記を申請する際に、その抵当権の効力の及ぶ附合物や従物についてその目録を提出させ、その目録を登記簿の一部とみなしている(同法三条・三五条)のだから、普通の抵当権については同様に解しえないと思う。

なお搬出木材の上に抵当権の効力が及んでいる場合には、それについての競売方法は、抵当権に基づき、動産競売の方法による他はないであろう(〔五七九〕参照)。

〔三九八〕 (ハ)以上の場合と異なり、抵当建物が崩壊して木材となった場合には、抵当権の効力はその上に及ばない。けだし、抵当不動産は本体を失ない、登記は空虚なものと化したのであるから、山林の抵当権と同様に論ずることはできない（この点は判例も同旨（大判大正五・六・二八民一二八一頁—一般債権者が崩壊木材に対して強制執行をしたのに対し、建物抵当権者が優先弁済権を主張して否定された事例））。ただし、学説には物上代位の規定（三〇四条）によって優先弁済権を維持すべしと説くものが少なくない。しかし、物上代位は抵当権の目的物に代わる金銭的価値についてだけこれを認めるべきものと考えるから、この説に賛成しえない（〔四一九〕参照）。

四　抵当不動産の従物

〔三九九〕 (1)第三七〇条の抵当「不動産ニ附加シテ之ト一体ヲ成シタル物」の中には従物が含まれると解すべきである（〔三八〇〕参照）。しかるときは、その関係はすこぶる簡明となり、大体において附合物について述べたところ（〔三八一〕〔三九二〕）と同一にとり扱えばよい。

(イ)すなわち、抵当不動産の従物は、抵当権設定の当時すでに「附属セシメ」られているものだけでなく、その後に「附属セシメ」られたものも抵当権の効力に服する。もっとも、設定当時に存在する従物についても、設定後に生ずる従物についても、これを除外する特約をすることはできる。しかし、その特約を、登記をしなければ、競落人が所有権を取得することを阻止することができない、と解すべきである（〔三九一〕参照）。

〔四〇〇〕 (ロ)判例は、初めは、動産たる従物には抵当権の効力は及ばないとしたが、後に、大正八年の連合部判決（大連判大正八・三・一五民四七三頁（湯屋営業用建物の抵当権が「畳・建具・湯屋営業道具・煙突共一式」に及ぶかどうかの争い。我妻・聯合部判決巡歴第二四話参照））によって、これを改めた。しかし、その根拠を第八七条第二項に求め、その当然の結果として、設定後に生じた従物には及ばないとした（大判昭和五・一二・一八民一一四七頁、判民一一五事件我妻評釈（民法判例評釈Ⅰ所収）—設定後の硝子戸・雨戸・戸扉についての競落人と譲渡担保権者の争い。従物ならば抵当権の効力は及ばないという）。もっとも、抵当権設定後に造られた附属の「茶ノ間」を従物とみながら抵当権の効力が及ぶと判示したものもある（大決大正一〇・七・八民一三一三頁（判民一一二事件我妻評釈、民法判例評釈Ⅰ所収））。また、従物たる畳・建具を除外する特約があっても、競売手続が終了するときは、その効力として競落人は畳・建具の所有権を取得すると判示したものもあり（大判昭和八・一二・二二民二九五四頁（判民二〇八事件川島評釈）——抵当家屋の競落人と競売開始決定後の従物の譲受人との争い）、さらに、同様の事案で、反対に、競落人の所有権取得を否認したものもある（大判昭和九・七・二民一四八九頁（判民一〇七事件川島評釈）——抵当家屋の競落人と従物だけの一般債権者による競売の競落人との争い）。しかも、両事案ともに特約の登記はないらしいが、ともに抵当権者自身が競落人であるから、これらの事情が結論の差を導いたものとは思われない（前の〔三九一〕参照）。要するに従物に関して前記の連合部判決が示した理論のその後の適用は必ずしも明快ではない。従って、そこに設定後の従物の上にも抵当権の効力を及ぼそうとする判例の傾向を看取しようとする解釈を生ずる余地がある（判例コンメンタール（清水）三七〇条〔3〕ロ（二八一頁）は、当事者の意思は設定後の従物を含ませるのが原則だとみる方向に、判例理論を推進すべしという）。

〔四〇一〕 (2) 抵当不動産の従物が従物たる性質を失なった場合におけるその動産に対する抵当権の追及力は、抵当不動産から分離した附合物と大体において同一にとり扱えばよい。従物を対象として再説すれば、

(イ) 主物との間に従物と認められるだけの場所的関係を存置したままで、

(a) 第三者が所有権を取得することは可能である。その場合の対抗要件は占有改定であるのが普通であろう。しかし、この第三者の取得する所有権は、抵当権の拘束を受ける。第三者が現実の引渡を受けて主物との間の場所的関係が消滅したときに抵当権の拘束を脱する。従って抵当権者はその引渡を禁ずることができる。

もっとも、主物との間の場所的関係をそのままにして、第三者が抵当権の拘束を受けない完全な所有権を即時取得（一九二条以下）することができないかどうかは問題となる。しかし、それは占有改定が即時取得の要件

を充たすかどうかの問題であって、判例は否定する。私は肯定するのだが、譲受けた第三者が引渡を受けないうちに抵当権者が引渡を禁止し(妨害の排除と予防)、または抵当権の実行に着手すれば、第三者の取得した所有権は、結局、抵当権の拘束を脱することができない(物権〔二〇八〕参照)。なお右に述べたことは、分離した附合物についても理論は同一であるが、第三者が善意無過失である場合は、実際には稀であろう。

〔四〇二〕　(b)従物が主物と場所的関係を保ちながら抵当権の支配に服している場合には、その従物から優先弁済を受けるには、常に主物とともに競売その他の優先弁済を受ける手段を講ずべきであって、従物だけを換価することは許されないと解すべきである。けだし、従物は主物と一体をなしてのみ社会的・経済的作用を営み、従ってまた抵当権の目的としての担保価値を維持するものであって、抵当権者といえどもこの関係を無視することは許されないというべきだからである。この点においては、抵当山林と伐採木材との関係とはいささか異なるものがある(〔三九六〕参照)。

〔四〇三〕　(ロ)従物が主物から引き離されて従物の要件を充たすだけの場所的関係がなくなれば、その動産の上の抵当権の効力は、第三者に対抗することができなくなる。従って、第三者の所有に帰属しない限りは、抵当権の優先的効力は失なわれないが、第三者の所有に帰すれば、即時取得の規定の適用を待たずに、常に抵当権の効力は及ばなくなる。工場抵当法の規定と別異の解釈をすべきことは前述した(〔三九七〕)。なお抵当権の効力が及ぶ場合に優先弁済を受けるためには、その動産について、分離物の場合と同様、抵当権に基づいて動産の競売を行なう他はないであろう(〔三九七〕末段参照)。このことは、従物が主物と経済的な一体をなして特別の価値を有するものであることからいえば、適当なことではない。抵当権の効力として、従物を主物と場所的関係のある所まで取戻して、一体として競売する途を開くことが望ましい（〔五七九〕参照）。なお、従物の不当な分離が抵当権の侵害となることはいうまでもない。

〔四〇四〕 (3)抵当権の効力が従物に及んでいる場合には、第三者はその従物だけを差押えることはできない。けだし、主物と従物との結合関係の社会的・経済的作用を破壊することは許されないと解すべきだからである（総則〔二五六〕3参照）。工場抵当法第七条第二項はこの趣旨を定めるが、この点については普通の抵当権においても同様に解すべきである。けだし、工場抵当法は、抵当権の登記を申請する際に抵当権の効力の及ぶ従物を記載した目録を提出すべきものとしているので、そのことを理由として、主物から引き離された従物に対する抵当権の追及力については、工場抵当法の規定に従わないこと前述のとおりであるが（〔三九七〕参照）、第三者の差押については、公示とは関係がないので、工場抵当法の右の規定と同様に解しても支障はないからである。なお、第三者が差押えたときは、抵当権者は、第三者異議の訴（民訴五四九条）を提起することができ（大判昭和六・三・二三民一一六頁（判民一五事件我妻、民法判例評釈I所収）―工場抵当法の事例）、また動産執行によりすでに配当を受けた者がある場合には、その者に対し不当利得の返還を請求することができる（大判昭和四・一一・七裁判例（四）民七頁）。

〔四〇五〕 (4)従たる権利　従たる権利も従物に準ずる（総則〔二五五〕参照）。最も問題となるのは、建物の抵当権とその敷地の利用権との関係である。根本の理論としては、建物の抵当権は敷地の利用権に及ぶ。

(イ)しかし、建物と土地とが同一人に帰属する場合には、利用権は、競売によって土地と建物の所有者を異にするときにはじめて顕現する。法定地上権はこれである（三八八条、後に述べる〔五二六〕以下）。

(ロ)これに対し、建物が他人の土地の上に存するものであるときは、競落人は利用権の取得をもって抵当権設定者には対抗しうるが（大判明治三三・三・九民三巻四八頁（地上権）、大判明治三三・一〇・五民九巻二一頁（賃借権））、土地所有者に対抗しうるかどうかは、利用権の譲渡性の有無によって定まる（物権〔三七五〕ハb参照）。すなわち、賃借地上の建物の抵当権の実行による競落人は、賃借権を取得するが、賃貸人に対抗することはできない（大判昭和七・三・七民二八五頁、大判昭和八・一〇・一四新聞三六二二号一二頁）。ただし、昭和四一年の借地法の一部改正によって、競落人は、一定の条件の下に、賃貸人の承諾に代る裁判所の許可を求めることができるものとされたことは注目に値する（借地法九条ノ三）。

なお、建物を所有する地上権者が、建物と地上権そのものとの両方に別々に抵当権を設定した場合には、その優劣は両者の対抗要件の先後によって定まると解すべきであろう。

五　抵当不動産より生ずる果実

〔四〇六〕　(1)天然果実

天然果実には抵当権の効力は及ばない（三七一条一項本文）。けだし目的物の用益権能を設定者の許に止めておくことが抵当権の本質だからである。しかし、抵当権者が抵当権の実行に着手し、目的不動産が差押えられるか（競売申立の登記または競売開始決定の送達（〔四九六〕参照））、または第三取得者が第三八一条に定める抵当権実行の通知を受けた時——ただし、この場合には、通知だけに止まらず、その後一年内に目的不動産が差押えられ競売手続に入ることを要件とするのであるが——以後の天然果実は、抵当権の効力に服し、競落人に帰属するものとされる（三七一条一項但書・二項）。抵当目的物の所有者は抵当権の設定によってその用益権能を失なわないのが本則だとしても、抵当権が実行され目的物が競落人の所有に帰するときは、その時から用益権能を失なうことはいうまでもない。民法はこの用益権能を失なう時期を早め、抵当権の実行着手の時としたのである。けだし抵当権がすでに活動を開始した以上、その後の用益権能をも含めた目的物の交換価値をもって抵当権の内容とするのが妥当だと考えたのである。従って、第三者の植付けた稲立毛も、その第三者の権原が抵当権に対抗しえないものであるときは、設定者の植付けたものと同一にとり扱い、競落人の所有に帰するものといわなければならない（大判大正四・三・三民二二四頁、抵当権の実行着手前の関係については〔三八一〕参照）。

〔四〇七〕 (2) 法定果実

法定果実にも、抵当権の効力が当然には及ばないことは、天然果実と同様である。けだし、抵当権が目的物の用益権能を設定者に留めるというのは、目的物を賃貸する権利をもこれに留めることを意味するからである。ただしかし、賃貸による対価の収受は交換価値の済し崩し的実現をも意味するものであるから、賃料については、物上代位の規定が適用される。それなら、法定果実には第三七一条の適用があるか。否定する判例（大判大正二・六・二一民四八一頁、大判大正六・一・二七民九七頁、大判昭和九・五・八新聞三七〇二号一三頁等）・通説を正当とする。けだし、抵当権者が賃料を優先弁済に充当するためには、不動産の差押または抵当権実行通知の前後を問わず、第三〇四条に従って差押を要件とするのが妥当であり、また、競落人と目的物の所有者（賃貸人）との間では——賃借権が競落人に対抗しうるものであれば——目的物の所有権の移転時期を標準として賃料の帰属を分ける（八九条二項参照）のを至当とするからである。

ただし、右の見解は、抵当権の実行に着手してもそれだけで抵当権の効力が法定果実（賃料）に及ぶのではなく、常に賃料債権の差押を要するというのである。ところが判例は、実行に着手して後には賃料債権を差押えることもできないとするようである。右の大正六年の判決は、競落許可決定後引渡までの間の不動産の管理を目的として選任された管理人（競三二条による民訴六八七条の準用による）は、たとい賃料債権が一般債権者によって差押えられても、これを優先弁済に充当する権能はないという（この時代には三〇四条の要件たる差押は他の債権者がやってもよいというのが判例であった（〔四二三〕参照））。賛成することはできない。競売手続を開始した後は賃料から優先弁済を受けえないとする根拠を見出しえない（我妻・福島「抵当権判例法」（民法研究Ⅳ2）一七九頁参照）。

〔四〇八〕　**六**　抵当地上の建物

土地の上の抵当権がその土地の上の建物に効力を及ぼさないことは、第三七〇条が明言しているが、もとよりいうまでもない。ただし、民法は抵当権設定後その設定者が抵当地上に建物を築造したときは、抵当権者はその建物を土地とともに競売に付することができるものと定める（三八九条（後の〔四九五〕参照））。抵当権の実行を容易にするために、抵当権の換価権（優先弁済権を含まず）の拡張を図ったものであって、注目に値する。なお立木法による立木（立木法二条三項参照）、明認方法を施して留保された立木（総則〔二五〇〕5、物権〔一九三〕参照）にも抵当権の効力の及ばないことは建物と同様である。

第三　抵当権の効力の及ぶ目的物の範囲（その二）――代位物

〔四〇九〕　**一**　序的考察

(1)抵当権は、先取特権及び質権と同じく、目的物の交換価値を把握し、これを優先弁済に充てる権利であるから、目的物が何らかの理由でその交換価値を具体化したときは、抵当権は、その具体化された交換価値（代位物）の上に効力を及ぼす。担保物権の物上代位性と呼ばれるものである（〔一二四〕参照）。民法は、この理論を認めたが、その規定のやり方は、先取特権にこれを規定し（三〇四条）、抵当権については、質権についてと同じように（三五〇条）、その規定を準用する形式をとった（三七二条）。しかし、先取特権・質権・抵当権の三者は、目的物の交換価値を把握して優先弁済に充てるという基本的な点では共通しているが、その優先弁済の効力や実現の方法に差異があるので、物上代位性の具体的な現れにも多少の差異を生ずることを免かれない。民法が先取特権に規定してこれを質権と抵当権に準用する形式をとったことは、立法として適当ではない。のみならず、その実行の要件や効果についても、規定は簡に失し、疑問が少なくない。先取特権・各種の質権・抵当権のそれぞれについて適切な規定を設けることが望ましい。本書では、それぞれの担保物権について特殊な点を略説してきたが（先取特権（〔六八〕）・動産質（〔一九四〕）・不動産質（〔二五五〕）・債権質（〔二八二〕4）・株式質（〔二九九〕））、ここに詳細に述べる。他の担保権についても同一の理論が多い。

〔四一〇〕 (2)担保物権、とりわけ抵当権の物上代位の理論は、抵当不動産が収用・買収など、公の権力によって消滅しまたは制限される場合の補償金・清算金などについて、極めて重要な適用を示す。そのために、これらの公の処分の手続を定める特別法に明文が設けられている例がすこぶる多い。しかもその規定の形式は同一ではない。主要なものが二つある。

(イ)第一の型は、土地収用法（昭和二六年法二一九号）の規定を典型とするものである。「先取特権、質権若しくは抵当権の目的物が収用され、又は使用された場合においては、これらの権利は、その目的物の収用又は使用に因って債務者が受けるべき補償金等又は替地に対しても行うことができる。但し、その払渡又は引渡前に差押をしなければならない」と定める（同法一〇四条）。この規定は旧土地収用法（明治三三年法二九号）第六五条を踏襲するものである（ただし「替地」については規定なし）。なお、右の補償金は、抵当土地の収用に対するもの（同法七二条）、抵当土地の使用に対するもの（同法七三条）、敷地とともに収用される抵当建物に対するもの（同法八〇条）、抵当建物の移転のためのもの（同法七七条）などであり、替地は「補償金の全部又は一部に代えて土地又は土地に関する所有権以外の権利」をもって損失が補償される場合のものである（同法八二条―「替地」で補償することは新法の創設〔四一八〕参照）。

右の規定は、民法第三〇四条と同じ形式であるが、差押をなすべき者について、民法のように「先取特権者（質権者・抵当権者）ハ」と明言していないことが注目される。そして、鉱業法（昭和二五年法二八九号）は、鉱業権者のための土地の使用・収用に関しては、右の土地収用法を全面的に準用している（同法一〇七条（旧法六九条は旧土地収用法に同じ））。また、森林法（昭和二六年法二四九号）は、森林所有者のための土地の使用・収用に関して土地収用法の規定を準用する他（同法六四条）、保安林指定の補償金については別に規定しているが、その形式は、右の土地収用法第一〇四条と全く同一である（同法三七条）。さらに、都市計画法（大正八年法三六号）一八条）、首都圏市街地開発区域整備法（昭和三三年法九八号）一七条）、住宅地区改良法（昭和三五年法八四号）一六条）なども、土地収用法を準用する。なお、公共用地の取得に関する特別措置法（昭和三六年法一五〇号）は、土地収用法の特例として、緊急裁決による仮補償を認めるが、この金額と最終的な補償金額との差額を調整する清算金についても抵当権の効力が及ぶことをとくに規定する。その形式は土地収用法の規定（前記の同法一〇四条）と全く同一である。

〔四一一〕（ロ）第二の型は、耕地整理法（明治四二年法三〇号）を吸収しその規定を踏襲した、土地改良法（昭和二四年法一九五号）の規定を典型とするものである。「土地改良事業を行う者は、換地計画若しくは交換分合計画に定める清算金又は第一一九条ただし書若しくは前条の規定による補償金を支払う場合において、当該土地、物件又は権利につき先取特権、質権又は抵当権があるときは、その補償金又は清算金（当該権利の及ぶべき額として定められたものに限る。）を供託しなければならない。但し、先取特権、質権又は抵当権を有する者から供託をしなくともよい旨の申出があった場合には、この限りでない。前項の先取特権、質権又は抵当権を有する者は、同項の規定により供託された補償金又は清算金に対して、その権利を行うことができる」（同法一二三条）と定める。

土地改良事業（耕地整理）は、所有権を取上げその代位物として補償金を交付する土地収用と異なり、土地の交換分合によって同価値の他の土地と換えることを目的とし、法律的にも、換地をもって従前の土地と同一性のあるものとする（同法五四条の二参照）。従って、改良事業の対象とされる土地の上に存する担保物権は交換分合によって旧所有者に帰属する換地の上に移行するのが本則であって、物上代位の対象となる補償金や清算金を生ずるのは特別の場合の附属的なものであり、土地改良事業者はその抵当権の効力の及ぶ範囲についても、詳細な審査に基づいてこれを指定すべきものとされている（同法五三条参照）。

そして、土地区画整理法（昭和二九年法一一九号）は、土地区画整理事業施行者は、施行地区内の宅地または宅地について存する権利についての清算金または減価補償金を抵当権者その他の担保権者のために供託すべきものと定めるが（同法一一二条）、その形式は、全く土地改良法と同一である。また、公共施設の整備に関連する市街地の改造に関する法律（昭和三六年法一〇九号）も、事業の執行に当って対償として交付すべき種々の金額を供託すべきものとして、抵当権その他の担保権はこの供託金の上に及ぶものと定める（同法三二条・三三条―ただし、「建築施設の部分」の給付を受ける権利については供託を問題とせず、その権利の上に担保権が及ぶものとする〔四一八〕参照）。

終りに注目すべきは、農地改革のための自作農創設特別措置法（昭和二一年法四三号）である。農地の買収は、いうまでもなく、土地の収用に該当するもので、土地改良に該当するものではない。しかし、同法は、買収農地に担保権が存在する場合の取扱いについては、土地改良法と同様に、買収の対価を供託すべきものとした(同法一三条二項・三項)。そして、この法律の廃止後は、未墾地についてこの法律の思想を承継した農地法(昭和二七年法二二九号)が、その規定をも踏襲している(同法五一条二項・五二条三項参照)。そして、漁業法(昭和二四年法二六七号)は、漁業権の消滅処分による対価について同様の規定を設けた(同法三九条一〇項・一一項)。また、鉱業法は、前記のように土地の使用・収用については土地収用法の規定を準用するが、公共の利益のための鉱区の減少・鉱業権の取消などの処分の対価(同法五三条ノ二の七項・八項)、隣接鉱区の増減の決定処分に伴なう対価(同法九八条)については、供託すべきものとする。同様に、採石法(昭和二五年法二九一号)は、採石権の強制的な設定または譲渡、土地の買取などの処分に伴なう対価について同趣旨の規定を設けている(同法二五条)。

二　代位の目的物

(1) 代位物を生ずる各種の原因とその代位物

〔四一二〕

(イ) 抵当不動産の「売却」によって生ずる代金

抵当不動産の売却代金は、抵当不動産の交換価値の具体化したものだから、物上代位の目的となるのは妥当なように、一応は考えられる。しかし、抵当不動産が売却されても、抵当権は消滅せずに追及する。この点は、動産の上の先取特権と全く異なる(〔六八〕b参照)。のみならず、抵当不動産の売却代金のもつ実質的な意味は場合によって同一ではない(〔五五〕)。そして、例えば買主が抵当債務を引受けて不動産価格のこれに超過する額だけを代金とする場合——買主が六〇〇万円の抵当債務を引受けた上で、時価一〇〇〇万円の不動産を四〇〇万円で買うとき——などには、売買代金を抵当権の目的物の代位物というのは必ずしも適当ではない。さらに、代価弁済という制度もある（三七七条（〔五五九〕以下））。かように考えると、抵当権の代位物に目的不動産の売却代金を加えることは無意味に近い。ドイツ民法（一一二三条—一一三〇条）、スイス民法（八〇四条・八〇六条・八二二条）は抵当不動産の賃貸・保険・収用について代位を認めるだけで、売却については認めていない。立法論としては、抵当権については売却代金を削除するのが適当であろう。解釈論としても担保物権が追及力を失なわない場合には、売却代金は物上代位物とならないという説も少なくない（注釈民法(9)三七二条Ⅱ参照）。有力な説ではあるが、解釈としてそこまでいう必要もなさそうである。なお、未墾地の買収の対価は、実質的には収用の補償金であって売却代金でないことは、前述のとおりである（〔四一一〕末段）。水難救護法によって公売された遭難船舶の公売代金なども同様の性質のものである（大判明治四〇・六・一九民六八五頁（公売代金から救助料を控除した残額に船舶抵当権の効力が及ぶ））。また、再競売における不足額請求権について、判例は以前に売却代金についての物上代位を根拠としたことがあったが、今日ではそう解していないことは後に述べる（〔四五〇〕）。

〔四一三〕 (ロ) 抵当不動産の「賃貸」によって生ずる賃料

抵当不動産の賃貸料は、交換価値の済し崩し的な具体化とみるべきだから、物上代位の目的とすることは、理論上不当でなく、実際上も意味がある。かつて、重要鉱物増産法（昭和一三年法三五号（昭和二三年失効））は、鉱業権の上に使用権（現行鉱業法の租鉱権に該当する）を設定すること（当時の法律では認められなかったもの）を認め、その使用料を供託させて抵当権の効力をその上に及ぼさせた。抵当権は、その設定後の賃貸借または用益物権を覆滅する効力を有する。しかし、その場合にも、その賃貸借ないし用益権の存続する限りその対価を優先弁済に充てうるものとすることにも意味がある。また、抵当権は設定者から目的物の用益権能を奪わないことを特質とする。しかし、設定者がその用益権限を他人に与えることによって対価を生じた場合には、抵当権の効力をその上に及ぼしても抵当権の右の性質に反するとはいえないであろう。ドイツ民法、スイス民法ともにこれを認めること前段に一言したとおりである。

抵当不動産の賃貸について授受される一時的対価(権利金)については、反対説が少なくないが、肯定すべきものと思う。ただし、抵当権者がこの上に抵当権の効力を及ぼすときは、その権利の成立を承認したものとして、この権利は抵当権に対抗することができるようになると解するのが適当であろう(後の〔四三三〕参照)。

〔四一四〕 **(ハ)**抵当不動産の上に「設定シタル物権ノ対価」

抵当権設定者が抵当不動産の上に地上権または永小作権を設定した場合の対価(地代・永小作料)である。前段の賃貸における賃借料と全く同様に見るべきである。採石権の強制的設定によって抵当土地の所有者に支払うべき採石料も同様の性質を有する(採石法四条・二五条)。また、採掘権に基づいて設定される租鉱権の対価たる租鉱料も抵当不動産の上に設定した物権の対価である(鉱業法六条・一二条・七一条・七七条参照)。ただし、この制度の前身たる前記の重要鉱物増産法におけるようにこれを供託すべき旨の規定はなく、一般原則に委ねられている(同法五三条ノ二は租鉱権に準用されている(八七条))。

〔四一五〕 **(ニ)**抵当不動産の「滅失又ハ毀損ニ因リテ(債務者ガ)受クベキ金銭其他ノ物」

(a)滅失または毀損によって、抵当不動産の所有者が第三者に対して損害賠償請求権を取得するときは、この損害賠償請求権は物上代位物となる。

〔四一六〕 (b)滅失・毀損は物質的なものに限定する必要はない。抵当不動産の収用による補償金は、この中に含まれるのみならず、実際上重要な作用を有する。類似のものについて特別法に多くの規定があること前述のとおりである。すなわち、土地収用法・都市計画法・首都圏市街地開発区域整備法・住宅地区改良法・公共用地の取得に関する特別措置法、さらに、鉱業法・森林法などの諸特別法による各種の補償金・清算金などはこれに属する(〔四一〇〕参照)。また、土地改良法・土地区画整理法・公共施設の整備に関連する市街地の改造に関する法律・農地法・漁業法・鉱業法・採石法などによる補償金・清算金・その他の対価も、これを支払うべき者は抵当権者のために供託すべきものとされているが、理論的には、物上代位物とみる趣旨であることは疑いない(〔四一二〕参照)。

〔四一七〕

(c) 抵当不動産の損害保険金

抵当不動産の損害保険金については、商法学者の間に多少の異論がある。保険金は保険料の対価であることを理由とする。しかし、抵当権の設定者はその不動産の担保価値を維持する義務があるとするのが、むしろ当事者の普通の意思にも、わが国の慣行にも適する。特約のない限り損害保険をつける義務を課することは無理であろうが、保険をつけた以上、抵当権の効力は保険金に及ぶと解するのが正当である。抵当家屋に火災保険をつけ抵当権が保険金の上に及ぶものと、少なくとも暗黙に合意される例はすこぶる多い。もっとも、かような場合には、抵当権者は、さらに、保険金請求権(保険事故が発生したときに生ずる将来の債権)の上に質権を設定させるのがむしろ普通かもしれない。しかしそれは、後に述べるように、抵当権の物上代位制度についての判例理論はこの制度をすこぶる頼りにならないものとしているからである(〔四二六〕)。なお、抵当不動産の所有者と債務者とが異なる場合には、保険料について内部的な求償関係を生ずることがあるのは別問題である。

〔四一八〕 (ホ)替地　土地収用法は、前に一言したように(〔四一〇〕)、替地(「土地又は土地に関する所有権以外の権利」による補償という制度を認めた(同法八二条)。公共事業のために土地または土地の上の権利を失なう者に対し、一定の要件の下に、金銭の補償に代えて、収用されたものの代りとなる(「照応する」)土地または土地の上の権利を給付しようとするものであって、すこぶる適切な制度である。そして、同法は、この替地を、同法による他の補償金と同様に、物上代位物とみて、抵当権の効力がその上に及ぶものとする。これまた至当な態度であるが、その要件として、補償金と同様に、替地の「引渡前」に差押をしなければならないものと定めることは(同法一〇四条但書)、理解し難いことである(後の〔四二九〕参照)。公共施設の整備に関連する市街地の改造に関する法律による「建築施設の部分」の給付についても同様である(〔四一二〕参照)。

〔四一九〕 (2)代位物は(債務者)が取得する請求権である。

(イ)民法は「債務者」が「受クベキ金銭其他ノ物」に対して担保物権を「行フコトヲ得」と定め、かつその要件として「其払渡又ハ引渡前ニ差押ヲ為スコトヲ要ス」というのだから(三〇四条)、物上代位の目的となるのは、請求権であることは疑いない。抵当建物が崩壊した場合に木材その他の物が物上代位の目的とならないことは、この点からも明らかであろう(〔三九八〕参照)。

〔四二〇〕 (ロ)金銭以外の物として何を意味するかは疑問である。前記のように、特別法には抵当不動産の代りに替地や建築施設を給付する例がある。しかし、後に述べるように引渡前に差押えることを要件としていることは妥当を欠く(〔四二九〕・〔四三〇〕)。

〔四二一〕 (3)物上代位物たる請求権の主体

第三〇四条が「債務者」といっているのは、先取特権についての規定だからであって、抵当権に準用するには、設定者のみならず、第三取得者をも含み、抵当不動産の所有者と解すべきことについては、判例も早くから認めており（大判明治四〇・三・一二民二六五頁（第三取得者の保険金請求権））、学説にも異論はない（〔一九五〕参照）。

三　物上代位の要件

(1) 差押の要否とその形式

〔四二二〕 (イ) 判例　物上代位の要件として、前に詳しく述べたように（〔四〇九〕・〔四一〇〕）、(i)民法は、担保権者が差押えることを要する、といい、(ii)土地収用法や鉱業法などは、担保権者が、と明言せず、さらに、(iii)土地改良法などは、補償金を支払うべきものは、抵当権者が必要なしといわない限り、供託すべきものと定める。(i)と(ii)の場合に担保権者が何時までにいかなる形式で差押をなすことを必要とするか、また、(iii)の場合にも差押を必要とするか、などについて疑問が多く、学説も分かれている（学説の詳細につき注釈民法(9)三七二条Ⅱ4参照）。

判例は、最初、担保権者が他の債権者に先立って差押える必要はない、としたが、後に連合部判決でこれを改め、さらに、(iii)の場合にも差押を必要とする（我妻・聯合部判決巡歴第二五話参照。なお判例の詳細は判例コンメンタール（清水）三七二条〔2〕ロ（三〇三頁）を見よ）。

〔四二三〕 (a)すなわち、鉱業権者丙が債務者乙所有の抵当土地を収用し、抵当権者甲がその補償金請求権を差押えたが、それより四ヵ月ほど前に乙の一般債権者丁が右の補償金請求権を差押え、転付命令も乙と丙に送達されていたので、丙は、乙を受領者と指定して補償金を供託した場合に、抵当権者甲と一般債権者丁といずれが優先的に供託金の支払を受けうるか、という事案について、抵当権者甲に優先権ありと判示した（大判大正四・三・六民三六三頁）。また、電鉄会社丙が債務者乙所有の抵当土地を収用し、補償金を支払うべき場合に、まず三番抵当権者丁が差押えて転付命令を得、九日ほどおくれて一番抵当権者甲が重ねて差押え転付命令を得たので、丙は補償金を供託したという事案で、甲に優先権があると判示した（大判大正四・六・三〇民一一五七頁）。

これらの判決の理由とするところは、(i)抵当権その他の担保物権が目的物の代位物の上に効力を及ぼすのは、権利の性質上当然のことであり、(ii)法律が払渡の前に差押えることを必要としたのは、代位物が弁済によって消滅することを防ぎ特定性を維持することを唯一の目的とする。(iii)したがって、何人の差押によるにせよ、特定性が維持されている以上、担保権者は優先権を失なわない。すでに他の債権者のために転付命令が発せられていても、それは優先権を有する担保権者の債権の範囲内では、これに対抗することはできない。(iv)もっとも、第三債務者が、担保権者が差押をする前に、先行した差押に従って、その差押債権者に弁済すれば、代位物たる請求権は消滅するから、担保権者は、弁済を受領した債権者に対して償還を請求しうるだけになる。

〔四二四〕　(b)しかるに、その後、大正一二年四月七日の連合部判決（民二〇九頁（判民四〇事件鳩山評釈は判旨に反対）、なお我妻・聯合部判決巡歴第二五話参照）で右の理論を覆えした。事案は、乙所有の抵当家屋が焼失し、丙保険会社が保険金を支払うことになり、抵当権者甲（事案では抵当権者が二人いる）がその保険金請求権を差押えて転付命令を得たが、それより一週間ほど前に、乙の一般債権者丁が差押えて転付命令を得ている。丙保険会社は重複して差押の通知を受けたので、丁に支払わず、丁から丙に対する請求の訴（甲と乙は丙の従参加人となる）である。民法によるか鉱業法（土地収用法）によるかの差異はあるが、前記第一の判決（大判大正四・三・六民三六三頁）と全く同様の事案である。

これについて、判旨は、右の理論を改めて、丁の請求を認めたのだが、その理論はこうである。(i)担保物権も物権だから、目的物が滅失するときは、消滅するのが当然であって、民法がその代位物の上に担保物権の効力を及ぼさせたのは、担保物権者を保護しようとする特別の措置である。(ii)したがって、担保権者みずから代位物を差押えその消滅を防止しなければならない。そのことは、民法第三〇四条の明文からも明白である。(iii)担保権者がみずから差押える前に、他の債権者が差押えて転付命令をえたときは、代位物たる請求権は、譲渡された場合と同様に、抵当不動産所有者の帰属を離れるから、物上代位権を行使する余地はなくなる。

なお、他の債権者が先行して転付命令を取得した場合は、代位物たる請求権が譲渡された場合と同様だという右の理論は、抵当不動産の所有者がその不動産の将来の賃貸料債権を譲渡した後に、抵当権者がその所有者(抵当債務者)を差押債務者として差押をしても効力を生じない(譲受けた者に対する弁済を禁ずる効力なし)という適用を示している(大判昭和一七・三・二三法学一一巻一二八八頁)。

〔四三五〕 (c)判例理論は、さらに進展して、物上代位物たる補償金を供託すべしと定める特別法の下でも、担保権者がみずから、最初に差押えなければならないという。事案は、現行の土地改良法と同一の形式の規定をしている特別都市計画法(問題の点は耕地整理法の準用で賄われていた)による区画整理の結果、抵当土地の所有者乙は丙(東京市)から補償金を受けることになったので、この請求権を丁に譲渡して丙に通知した。しかし、丙は抵当土地の補償金は抵当権者の承諾なき限り供託せよという同法の規定に従って補償金を供託した。その後、抵当権者甲は乙の供託金返還請求権を差押えて転付命令を得たので、譲受人丁から甲の差押・転付に対して異議を申立てたというのである。原審は、譲受人は担保権つきの請求権を取得するに過ぎないとして、丁の異議を却けたが、大審院は、これを破棄して異議を認めた。基本的な理論は前記の連合部の判決と同一だが、なお、抵当不動産が物上代位物たる債権の上に効力を及ぼす場合には、公示方法を欠くに至るから、抵当権者みずからこれを差押えて公示して第三者を保護する必要があるという理論を加えている（大決昭和五・九・二三民九一八頁（判民八七事件吾妻評釈は判旨に反対））。なお同様の趣旨は、その後にも繰り返されている（大判昭和一〇・三・一二新聞三八一七号九頁（事案は同一））。

〔四二六〕（ロ）大審院が連合部判決で態度を改めたことを、私はすこぶる遺憾とするものだが、連合部判決の現われる前の判例に対し、当時反対する学説がむしろ多かったのであり、連合部判決以後の態度についても、今日これを支持する説が多いかもしれない。しかし、私は、依然として、従来の態度を維持する。その理由は、物上代位性は担保物権の本質に適するものであり、差押は目的物を特定し債務者の一般財産に混入することを防ぐだけのものと解することである。少しく詳述しよう。なお、前に一言したように、抵当家屋を火災保険に付し、抵当権者がその保険金請求権の上に質権を設定させる慣行が広く行なわれているが、それは判例の右のような態度に対する抵当権者の自衛手段である。この道があることを理由として判例の態度を正当視することはできないのみならず、各種の収用の場合などには、抵当権者は右の自衛手段を講ずることは不可能に近い。

〔四二七〕（a）土地改良法の系統に属するもの、すなわち、補償金・清算金などを支払うべき事業者は、担保権者から「供託をしなくともよい旨の申出があった場合」の他は、その金銭を供託しなければならないという制度の下では、担保権は、当然に、それらの補償金・清算金などに対する請求権の上に及ぶ。それは法律上当然に生ずる債権質権に類似した関係と見てよい。そして、それらの補償金・清算金が供託された後は、

――あたかも債権質権の目的たる債権の弁済金額が供託された場合と同様に（三六七条三項参照）――担保権は供託金返還請求権の上に移行する。従って、これらの請求権を取得した担保不動産の所有者が、事業者が供託する前に、これを譲渡しても、請求権の上の質権は追及力を失なわない。担保不動産所有者の一般債権者が差押えて転付命令を取得した場合も同様である。そして、補償金・清算金などが供託された後の供託物返還請求権についても全く同様に解すべきである。

かように解することに対し、判例は、補償金・清算金などの請求権に担保権が附着することを公示しえないから第三者に不測の損害を及ぼすと懸念しているようである（〔四二五〕所掲の昭和五年の判決参照）。しかし、抵当不動産が土地改良事業や未墾地買収の対象となり、抵当不動産の所有者が補償金・清算金・買収対価などを受けることになった場合に、これらの請求権に抵当権の効力が及んでいることが債務者以外の第三者にわからないとは考ええないことであるが、仮りにわからなかったとしても、もともと担保権の客体となり、債務者の一般財産から逸脱しているものの代位物が担保権者に独占されても、一般債権者はこれに対して異議を述べうるものではあるまい。これを譲り受けた者や差押えて転付命令をうけた者を保護すべき理由は乏しい。問題とすべきは、これらの請求権の債務者に対する公示である。しかし、土地改良事業や未墾地買収事業などを施行する者は、対象となる土地に担保物権が存在することは、登記によって知悉しておるのであり、さればこそ法律も原則として供託すべき旨を命じているのである。何ら懸念することはあるまい。

さらに、供託金の上の優先弁済権をどのようにして実現するかが問題となるかもしれない。しかし、実体法的にいえば、当該不動産の上に存した数個の担保権は、その順位に従って供託物返還請求権の上に、法定債権質権と類似した関係で、移行している。この理論に従って配分の手続を講ずべきである。差押は必要でない。もっとも、差押えることは可能であり、事実行なわれることもあろう。しかし、その場合の多数の担保権者相互の関係は、つぎに述べる補償金請求権自体が物上代位物とされ供託することが要求されていない場合と同様に解すべきである。

要するに、土地改良法系統の立法はすこぶる実情に即したものと考えられる。土地収用法系統の法律でも、これに倣って事業者に供託の義務を課することに改めるべきである。それと同時に、かような供託物について多数の担保権者の存する場合に備えて、明瞭な配分手続を定めることが望ましい。

〔四二八〕 (b)民法の規定及び土地収用法系統に属するもの、すなわち、物上代位物について供託が要求されていないものについては、大正一二年の連合部判決以前の判例理論(四二三参照)を支持する。すなわち、担保物権者は、物上代位物たる請求権を差押えなければならない。しかし、それは、他の一般債権者や後順位担保権者が差押えた後でもよく、転付命令を取得した後でも妨げない。譲渡された後でもよい。ただ、これらの新債権者(転付債権者・譲受債権者)に払渡されるとその請求権は消滅するから、その前でなければならない。

物上代位の法的構造を、以上に述べたように、物の上の担保物権が代位物たる請求権の上の法定債権質権に類似した優先権となるものと見るときは、転付債権者または譲受債権者は、質権つきの請求権を取得することになる。従って、担保物権者は、債権質権の効力としてみずから取立てて優先弁済に充てることができるはずである。例えば、質権の目的となっている債権について転付命令が発せられた後にも、質権者は、第三債務者(質入れ債権の債務者)に対して請求することができる。第三債務者は、転付債権者に弁済しても、これを質権者に対抗することはできない（〔二八七〕ロ参照）。しかし、物上代位について以上の理論を貫くことは、いささか第三債務者に酷になることを免かれないであろう。けだし、債権質の場合には、第三債務者に対する通知またはその承諾によって公示されているから、質権者以外の者に対する弁済はこれを質権者に対抗しえないと解しても不都合はない（〔二七四〕・〔二八三〕参照）。これに反し、物上代位においては、第三債務者に対して特別の通知・承諾はなく、担保物権の存在が登記によって示されているだけである。もっとも、土地収用や土地改良の事業施行者にとっては、前記のように、それだけで充分な公示となる。供託を命ずるのはそのためである。しかし、担保不動産を滅失・毀損して損害賠償責任を負う不法行為者はもとよりのこと、損害保険契約者についても、目的物についての担保物権の登記だけで充分な公示とみて他の者に対する弁済の効力を制限することは、妥当を欠くであろう。そこで、先行する差押・転付または譲渡によって新債権者となった者が担保権者が差押える前に弁済を受けたときは、——準占有者に対する弁済の要件を充たさなくとも、すべて有効な弁済となり——請求権は消滅し、物上代位も目的を失なうと解するのが妥当であろうと思う。

右のような解釈についての難点の一は、他の債権者のために差押・転付命令が発せられた後は、担保物権者が重ねて差押をしようとしても許されないといわれていることであろう（前に挙げた事例では二重になされているが、それは裁判所にわからなかったからだと説明される）。しかし、優先権ある担保権者の申請があるときは、重複しても、差押をなすべきであり、転付命令も優先権の範囲内において効力を生ずると解すべきものと思う。難点の二は、代位物たる請求権が譲渡された後にその譲渡した者を債務者として差押をしても差押の効力を生ぜず、第三債務者の譲受人に対する弁済を禁じえない、ということであろう〔四二四〕（末尾参照）。しかし、譲渡されても弁済されるまでは物上代位権者の優先的効力が維持されると解する以上、右のような差押も効力を生ずるとして妨げない。第三債務者に対しては、優先権は公示される。譲受人に対しては公示されないが、これをとくに保護すべき必要のないことは前述のとおりである。

なお、以上の説明からおのずから明らかなように、損害保険金請求権の上に予め質権が設定された場合には、それと目的不動産の上の抵当権の効力として生ずる法定債権質権との優劣は、対抗要件の先後によって決せられることになる。ただし、抵当権の効力の及ぶ場合には、抵当権者が差押える前に、差押・転付または譲渡によって債権者となった者に対して第三債務者（保険会社）が支払ったときは、その支払いは有効とされると解したのだが、質権が設定された場合には、これらの者に対しても質権者が優先することは当然であろう。

〔四二九〕（c）土地収用法は、替地のような特定の不動産が物上代位物とされる特別の場合にも、その引渡前に差押えることを必要とする。しかし、その理由を発見することができない。土地改良法の換地と同じく、従前の土地と同一性を失なわないものとみなして抵当権を移行させるのが適当であろう。解釈論としては、物上代位権者は当該土地の上に抵当権を取得し、その登記をなしうるが、その前に第三者に登記が移転されれば対抗しえなくなると――登記の一般理論に従って――解するのが適当であろうと考える。

〔四三〇〕（d）民法が金銭「其他ノ物」と定め、その「引渡」前に差押をなすべきことを要求しているうち、特定の不動産については前段に述べるように解釈するときは、「其他ノ物」として何が意味されるかはすこぶる疑問である。賃料として給付される米麦などの代替物が考えうるのであろうか。その場合には金銭と同様に解してよいであろう。

〔四三一〕 (2)差押の方法

(イ)抵当権者は、代位物たる請求権を差押えるためには、債務名義を必要としない(大判昭和一三・五・五民八四二頁(判民五五事件戒能評釈))。

(ロ)差押の後の移付命令は、転付命令でも取立命令でもよい。転付命令の場合には、その物上代位権を行使する抵当権の優先的効力の範囲内において効力を生ずる。また取立命令の場合には、他の差押債権者との間に優先権の順序に従って分配されることになるであろう(債総〔三九六〕参照)。

なお、土地改良法系統の立法のように補償金が供託される場合には、差押の必要がないこと前記のとおりであるが、供託金返還請求権を差押えることも可能であり、その場合には、右に述べるところと全く同様にとり扱ってよい。

〔四三二〕 **四**　物上代位の効果

物上代位の本体的な効果は、抵当権者が代位物によって優先弁済を受けることであるが、附随的に問題となることがある。

(イ)抵当不動産の売却代金に対して物上代位権を行使するときは、代金額が抵当債務額に充たない場合にも、抵当権は消滅し、買主は抵当権の負担を伴なわない不動産を取得する。抵当債務の残額は無担保債務となる。滅失による保険金や収用の補償金についても同様である。

〔四三三〕 (ロ)賃借料や地代・永小作料に対して物上代位権を行使しても、抵当権そのものに影響がないことはいうまでもないが、その権利の対価が一括して支払われる場合(権利金)、これに対して物上代位権を行使したときには、前記のようにその権利は抵当権に対抗しうるものとなる、と解するのが適当であろう(〔四一三〕末段)。

第二款　目的物の用益に対する抵当権の拘束力
(抵当権と用益権との関係)

〔四三四〕　一　概観　抵当権は、目的物の有する担保価値(交換価値)を把握する権利であって、目的物の用益に干渉しないものである。従って、目的物の既存の用益関係が抵当権の設定によって影響を被らないのみならず、抵当権が設定された後において新たに用益関係を設定することも妨げない。しかし、抵当権が実行され目的物が競売されるときは、競落人は、抵当権設定の当時における状態で目的物を全部的に取得する。従って抵当権が設定される以前からの用益関係は、抵当権に対抗する要件を備える以上、競落人にも対抗しうるが、抵当権が設定された後に設定された用益関係は、原則として、覆滅されて競落人に対抗しえないものとなる。のみならず、抵当権はその実行に着手することによって目的物に対する拘束力を一段と強化され、所有者の収益権を奪い、第三取得者の滌除権を制限するなどの効果を生ずるのであるが、判例はさらに競売の開始決定に差押の効力を認めて抵当権の効力を強大にしていることは注目に値する。これらの詳細は、それぞれの個所に説くが、ここに抵当権と目的物の用益との関係を概観しておくことにしよう。

〔四三五〕　二　抵当権設定以前からの用益関係

(1)所有者自身の用益　目的物の所有者がみずから用益していたときは、その上に抵当権を設定しても、目的土地の耕作・建物建設による利用、目的家屋の居住などは、いずれもこれを継続して妨げないが、この関係は、すべて競落人に対抗することができなくなる。ただ家屋建設による土地の利用は、法定地上権の制度によってこれを継続することができる（後の〔五二六〕以下参照）。

(2)第三者の用益　他人に用益させていたときは、この用益関係は、抵当権に対抗する要件を備えていたかどうかによって、その競落人に対抗しうるかどうかが定まる。対抗要件として民法は登記だけを認めていたが（一七七条・六〇五条）、その後、その手段は拡張され、地上権・賃借権による建物の登記（建物保護法一条）、賃借家屋の引渡（借家法一条）、小作地の引渡（農地法一八条）なども含まれることとなったことは、改めて説くまでもあるまい。

〔四三六〕

三　抵当権設定以後に設定された用益関係

(1)所有者自身の用益　目的物の所有者がみずから新たな用益方法を講ずることはもとより妨げない。ただしそれを競落人に対抗しえないことは前段と同様であるのみならず、土地に抵当権を設定して後にその土地に建物を建設しても、法定地上権制度の利益を受けないことは注意すべきことである（後述〔五二九〕及び前述〔四〇八〕）。

(2)第三者の用益　他人に用益させることももとより妨げない。抵当権者はこれを阻止することはできない（大判大正二・一二・一一民一〇一〇頁（違法な斤先掘契約でも、採掘方法が不当でない限り、抵当権者は阻止しえない））。しかし、その用益関係は、たとい登記を備えても、競落人に対抗することはできない（大判明治三六・六・一二民七一九頁、大決大正一二・一・一九民一頁（判民一事件鳩山評釈、六〇二条の期間を越える賃貸借に関する）など）。従って、利用者の地位は甚しく不安であり、抵当不動産の利用は事実上大いに制約される。民法が抵当権設定後に締結された短期賃貸借をとくに保護し、これをもって競落人に対抗しうるものとしたのは、この弊害を軽減しようとする目的からである（三九五条（後述〔五一〇〕））。

(3)目的物の譲渡　目的物を第三者に譲渡することも自由である。しかし、譲受人が競落人に対抗しえないことはいうまでもないから、抵当不動産の譲渡もまた事実上必ずしも自由ではない。もっともこの場合に、目的物の時価から抵当債権額を差引いた残額を代価として売買するときは、買主の不利益は免かれうるであろうが、民法は代価弁済と滌除の両制度を設けて、抵当不動産の売買をさらに容易ならしめようとしている(後述〔五五五〕以下)。

〔四三七〕 **四**　抵当権の実行に着手された後の用益関係

(1)天然果実収取権の消滅　(イ)抵当不動産に第三取得者があるときは、抵当権者が競売を申立てるためには、まずこの第三取得者に対して抵当権実行の通知をしなければならないが、それによって第三取得者の天然果実を収取する権利は消滅し、その後の天然果実は競落人が取得する(三七一条〔四〇六〕参照)。(ロ)第三取得者がない場合には、競売開始決定によって差押の効力を生ずるとともに、設定者の天然果実収取権は、右と同様に、競落人に移る(〔四九七〕参照)。

(2)滌除権の制限　第三取得者に対して抵当権実行の通知がなされると、その第三取得者の滌除権はその後一ヵ月内に行使すべき制限を受ける(三八二条二項)。

〔四三八〕 (3)競売開始決定の効力　判例はさらに、競売が開始されると、これによって、目的物について差押の効力を生ずるものとなし、それから種々の重要な効果を生ずるものとしている。実行を開始した抵当権の効力を強大にしようとする趣旨であって、至当なものである。詳細は後に述べるが主要なものを列記する。

(イ)目的不動産から分離された附加物(伐採木材など)または目的不動産の崩壊物などについても、抵当権は、その優先的効力をもって追及しうるようになることは前に一言したとおりである(〔三九三〕参照)。

(ロ)目的物につき「関係的処分禁止」、すなわち処分をもって抵当権者に対抗しえない効果を生じ、従って、短期賃貸借もこの後に登記するものは第三九五条の適用を受けない(後述〔一五〕)。

〔四三九〕 五 結語　以上を通覧するに、民法は、抵当権と用益権との調和に相当の考慮を払っていることがわかる。とりわけ、法定地上権、短期賃貸借の保護、滌除の三制度はその骨子をなす。しかし、これらの制度は、いまだ充分にその使命を達していない。詳細はそれぞれの個所に説くが、ここに結論だけを述べれば、法定地上権の制度は、判例理論の活躍によって大いに拡張されているけれども、抵当権が設定された後に建物を建設した場合に及びえない欠点があり(前述〔四三六〕1参照)、短期賃貸借の保護は、一面において、保護しようとする賃貸借の範囲が狭きに失し、他面において、故意に抵当権を害しようとして濫用する者に対する鎮圧の力が過小である。滌除は、抵当権の追及力を制限する不当の重圧となる以外に、現在における作用が少ない。しかもなお根本に遡れば、抵当不動産をみずから用益する者が、競売によって、その用益者としての地位を覆滅されることも批判の余地ある問題である。けだし、現代における不動産所有権は、漸次、客体を物質的に利用する内容を失ない、これを他人に物質的に利用させて対価を徴収する機能に転化しようとしているのであり、法律の理想も「所有」に対する「利用」の確保へと向いつつあるときに、不動産所有権の上の抵当権が終局において不動産の「所有」と「利用」の両者を把握する結果となることは、右の法律理想を裏切るものである。不動産所有権の上の抵当権もまたその不動産の対価徴収機能の有する交換価値だけを把握するものとなし、目的物の物質的利用権は抵当権によって破壊されないものとすることが、

「所有」と「利用」の調和を図ろうとする現代法の理想を貫くものであり、また価値権と利用権との間の真の調和を図るゆえんであろうと思われる。現行の制度をして直ちにこの理想に達せしめることは不可能であろう。しかしわれわれはここに現行法解釈の目標と改正の理想とをおくべきである（物権〔八〕・〔一〇〕参照）。

第三款　抵当権の優先弁済を受ける効力

第一項　総　説

第一　優先弁済を受ける権利の概観

〔四四〇〕　一　抵当権は目的物から優先弁済を受けることができる（三六九条一項）。抵当権の効力の本体的なものである。

（イ）この権利を行使する要件として、被担保債権の目的が金銭となり、かつ履行遅滞が生ずることを要するのは、質権におけると同一である（〔二〇四〕参照）。

（ロ）しかし、その行使の方法については、質権のような厳格な制限（三四九条）がないので、弁済期が到来する前になされる当事者間の特約によって、弁済に代えて目的不動産を債権者に帰属させることにしても、また任意の方法で換価することにしても妨げないものと解されている。かような特約は、抵当直流《じきながれ》の契約と呼ばれ、判例は早くからこれを有効とし（大判明治四一・三・二〇民三一三頁（所有権を移転する特約）、大刑判大正四・九・一五刑一三一一頁（抵当権者が任意処分して代金を弁済に充当する特約）など）、最高裁もこれを踏襲する（後に述べる（〔四四五〕））。通説も支持している。もっとも、ドイツ民法（一一四九条）、スイス民法（八一六条二項）はこれを禁じている。この態度は、価値権の独立という理想からみれば至当な態度というべきだが、単に債務者を保護する立場から流質契約禁止の規定を類推適用する必要はない。けだし流質契約を一律に禁止することは、質権についても一般的合理性に乏しいものであり（〔二一〇〕参照）、個々的に暴利行為を無効とすれば足りるからである（債総〔四三四〕参照）。

なお、抵当直流の方法として最も普通に行なわれる代物弁済の予約の形式をとるものについては、後に述べる（〔四四四〕以下）。また、優先弁済を受けるための、法定の、そして最も普通の手続（競売法による競売）については、項を改めて説く（〔四七六〕以下）。

〔四四一〕 **二　他の債権者との競合**　抵当権は他の抵当権または一般債権と競合することが多い。そのときは、

（イ）一般債権者に対しては常に優先することはいうまでもない。

（ロ）他の抵当権と競合するときは、その順位は登記の前後によることは当然であるが（三七三条一項）、同順位のものもある。その場合に配当されるべき競売代金が不足なときは、比例的に分配することになる。また、共同抵当の場合に特殊の問題を生ずることは後述する（〔六四九〕以下）。なお、抵当権者が多数ある場合にそれらの者の間の順位を変更する軽易な手続が認められた（三七三条に二項・三項の追加）ことは注意を要する（〔六〇六〕に順位の譲渡に関連して説く）。

（ハ）不動産質権との競合においても登記の順序による（三六一条・三七三条（〔二六〇〕参照））。

（ニ）不動産先取特権と競合する場合には、右と異なり、一定の要件の下に、登記の順序によらずにこれに優先される（三三九条（〔一一三〕1））。

（ホ）一般先取特権との競合においては、両者に登記があるときは登記の前後によるが、両者に登記がないときは、一般先取特権に優先される（三三六条（〔一一三〕2））。

（ヘ）実際上最も問題となるのは国税及び公課金と抵当権との関係である。旧国税徴収法（明治三〇年法二一号）は、租

税債権の優先性を強調するに過ぎたので、金融取引の安全を害するものと非難されたが、新法（国税徴収法（昭和三四年法一四七号））によって大いに改善された。重要な点は本項の末段（〔四五二〕以下）に述べる。

〔四四二〕 **三**　他の債権者の執行との関係　抵当権の目的物について、一般債権者が強制執行をなし、または後順位の担保物権者が競売をすることは、妨げられない。この競売によって抵当権は消滅するけれども、抵当権者はその競売代金から当然に優先的に弁済される（民訴六四九条二項・六九一条、競二条二項・三三条二項）。従ってこのことは抵当権者にとっては少しも痛痒を感じないことのようだが、決してそうではない。けだし、先順位の担保価値を確保して有利な投資者たる地位を持続しようとする抵当権者にとって、他人の意思によって担保価値の現実化を強いられることは、たといこれによって元利の完済をえるとしても、なお不利益とすべき場合もあるからである。ことに目的物の評価額が優先する抵当債権を完済するに足りないときは、一般債権者の強制執行は許されない（民訴六五六条）にもかかわらず、競売ではこの点を考慮せずに後順位抵当権者の競売申立を許すべきものとされている（〔四八二〕参照）ことは、抵当権者の地位を一層不利とするおそれがないとはいえないであろう。要するに、抵当権をもって投資手段とする思想が民法の中に徹底していない一例証であることは前に一言したとおりである（〔三二七〕）。なお目的物の所有者が破産するときは、抵当権者は別除権を有する（破九二条）。また、会社更生手続が開始したときは、抵当権に基づく競売手続は、原則として、進行を停止するが、抵当権は更生担保権として保護される（会社更生法三七条・六七条・一二三条）。

〔四四三〕 **四**　抵当権の被担保債権の債務者の一般財産に対する効力　抵当債権者は、その被担保債権を抵当目的物の価値によって担保されているが、これとは別に、債権者として、債務者の一般財産に執行することは、

原則として、妨げられない。すなわち、

(イ)抵当不動産を競売して代金から弁済を受けて不足な部分について一般財産に対して執行することは、何らの制限を受けない。

(ロ)抵当権を実行せずに一般財産に対してまず執行することについては、第三九四条の制限がある。

(a)この条文は、単に一般債権者の利益を保護しようとする規定であって、まず一般財産に執行しようとする抵当債権者に対して債務者が異議を唱えうるのではないと解されている。民法の抵当権についての基本的な態度からみて、そう解するのがむしろ当然であり、この条文の第二項は正にその前提に立つものというべきだからである（大判大正一五・一〇・二六民七四一頁（判民一〇〇事件平井〔末延〕評釈）―抵当債権者が債務者の動産に対して執行することは違法でない。債務者からの信用失墜を理由とする損害賠償請求は認められない）。

(b)一般債権者に対する関係においては、抵当不動産によって弁済を受けることのできない不足額についてのみ、債務者の一般財産に対して執行することができる（一項）。従って、これに反する抵当債権者の執行に対しては、一般債権者は異議を唱えうるものと解される。ただし、その異議の方法は疑問である。執行そのものを阻止することはできず、ただ、配当に当って一般債権者から供託すべき旨の請求をなしうるに止まると解するのが至当であろう（平井前掲評釈、判例コンメンタール（清水）三九四条〔2〕（四九二頁）参照）。

(c)抵当債権者が抵当不動産の競売代価から弁済を受ける前に他の財産の競売代価を配当すべき場合においては、抵当債権者は債権全額で配当に加入することができる。ただし、他の債権者の請求があるときは、抵当債権者への配当額は供託しなければならない。そして抵当債権者はまず抵当不動産から弁済を受け残額について配当に加入したと仮定した場合に受けることのできる額を計算して、これを供託金から受けうるに止まる(二項、清水前掲〔4〕(四九三頁)参照)。

かようにして抵当権の存在が債権本来の効力をほとんど制限しないものとされていることもまた、抵当権の独立性を貫かない態度の一顕現であることは、前述のとおりである(〔三二〕九)。

第二 優先弁済を受ける手段としての代物弁済の予約

〔四四四〕 一 抵当直流の特約は有効とされ、またその方法にも種々ありうることは、前に述べたとおりであるが(〔四四〇〕)、この特約を抵当権の内容ないしは効力として登記する方法は認められていないようである(不登一一七条参照)。抵当直流の特約が有効と判示される事件も、抵当権者がこの特約を理由として設定者に対して登記の移転を請求し、あるいは、移転登記に必要な書類を予め交付させておきこれを用いて処分した場合の効力に関するもののように推測される。従って、登記されない抵当直流の効力は第三者に対抗することができず、後順位抵当権者や抵当不動産の第三取得者に対する関係では、競売法による競売によって優先弁済を受けうるだけといわねばならない。

ところが実際界においては、被担保債務の不履行がある場合には、抵当不動産の所有権を抵当権者に移転する合意をなし、これについて仮登記をする方法が広く行なわれるようになった。いわゆる広い意味での代物弁済の予約である。この契約は、形の上では、抵当権の登記とは別個の存在を示すが、抵当権の目的について同一の当事者の間で、抵当権設定契約と同時にまたはこれに附随して(後順位抵当権の生ずる前に)、かような契約がなされるときは、実質的には抵当権の実行方法についての特約であることは疑いない。従って、その効力についても、その実質に従って考慮しなければならない。

〔四四五〕 二　右のような抵当不動産についての代物弁済の予約には、大別して二つの類型がありうる。(i)は債務者が期限に弁済しないときは、抵当権者は弁済に代えて抵当不動産の所有権を取得することができるとするもの(狭義の代物弁済の予約)、(ii)は債務者が期限に弁済しないときは、抵当不動産の所有権は当然に抵当権者に移転し、被担保債務は消滅するとなすもの(停止条件附代物弁済契約)である。ただし、これについての登記はいずれも仮登記(不登二条二号)である。

広い意味の代物弁済に共通な原則からいって、前者が合理的であるだけでなく、抵当権に伴なう特約である場合には、とりわけ前者が妥当である。しかるに、最高裁は、前には、当事者の意思が一応後者のように見える場合にも前者と解すべしと判示した(最高判昭和二八・一一・一二民一二〇〇頁(弁済の猶予を与えても代物弁済の手段に訴える権利を失なわない))にもかかわらず、後に、当事者の意思が後者であることが明瞭な場合には、そのままの効力を認めるべきだと判示した(最高判昭和三六・三・三民三五四頁(被担保債務(手形債務)不履行の後は供託しても目的物を取り戻せない。—ただし事案では仮登記はない))。後者を無効とすべしとまでは主張しないが、その認定は極めて慎重でなければならない。けだし、後者は、抵当権設定者にとってすこぶる不利益であるばかりでなく、つぎに述べるように、担保権の内容として合理性を欠くからである。なお、いずれの代物弁済契約においても、抵当権者が代物を取得して債務関係を清算する場合に、すでに元利の一部の弁済を受けているときには、原則として、不当利得として返還すべきである。けだし、右の代物弁済は、原則として、元金はもとより利息についても弁済されないことを予期するものだからである(最高判昭和四〇・一二・三民二〇七一頁参照)。

〔四四六〕 (1) 狭義の代物弁済の予約

(イ) この場合には、被担保債権の不履行を生ずると、抵当権者は、抵当権に基づいて競売を申立てるか、代物弁済の予約完結の意思表示をするか、いずれかを選択することができる（前掲最高判昭和二八・一一・一二民一二〇〇頁）。一方を選択すれば他方は消滅する。選択されるまでは、債務者は弁済の提供をして予約の効力を失なわせることができる。なお、完結権を行使して仮登記を本登記とするときは（最高判昭和二三・七・二〇民二〇五頁（本登記の後に完結の意思表示をしても登記は有効という。登記の理論から当然））、後順位の抵当権はすべて消滅することはいうまでもない。

〔四四七〕（ロ）同一の不動産に対する他の担保権者が競売を申立て、または、抵当権設定者の一般債権者がその抵当不動産を差押えて競売する場合に、

（a）先順位抵当権者があるときは、代物弁済の予約完結権は仮登記を備えていても消滅に帰することはいうまでもないから（〔五〇二〕後段参照）、抵当権者は、抵当権に基づいて配当を受けることになる。

（b）先順位の抵当権がないときは、抵当権者はなお代物弁済の予約を完結する途をとる権利を失なわないが、競売申立または差押を知った時から遅滞なくこれをしなければ予約完結権を失なうと解すべきものと思う。けだし、競売手続の完結した後まで右の権利が存続し、競落許可決定の効果を覆えしうると解することは、信義に反する不当な権利の主張を認めることになるからである。なお、抵当権設定者は抵当権者に対して選択権の行使を催告することができ（四〇八条の類推）、後順位抵当権者がこれを代位行使することができる（四二三条）と解する余地があるように思われる。

〔四四八〕(2)停止条件附代物弁済契約

（イ）この場合には、被担保債権の不履行を生ずると、抵当不動産の所有権は、当然に、抵当権者に移転するから、債務者はその後に弁済の提供をしても代物弁済の効果を阻止することはできない（前掲最高判昭和三六・三・三民三五

四頁。ただし事案では、完結の意思表示があったとも見られるようである）。また、抵当権者は、被担保債権の不履行を生ずる前に代物弁済契約から生じた権利を放棄しない以上、競売申立をする余地はない。

〔四四九〕 (ロ)同一の不動産に対する他の担保権者が競売を申立て、または、抵当権設定者の一般債権者がその抵当不動産を差押えて競売する場合に、

(a)先順位抵当権があるときは、停止条件附代物弁済契約は、前段に述べた予約と同様に、その効力を失なうが、被担保債権について不履行を生じていないときは、代物弁済契約上の権利を放棄して、抵当権に基づき順位に従った配当を受けることができると解すべきであろう。

(b)先順位抵当権がないときにも、不履行を生じていない場合には、右と同様にして、抵当権に基づいて配当を受けることも不可能ではあるまいが、抵当権者は、競売手続が完結してからでも本登記をして競落の結果を覆えすことができるから、多くはその途を選ぶであろうと思われる。

〔四五〇〕 **三**　代物弁済による優先弁済に伴なう効果

(1)民法は抵当目的物の利用を保護するために、抵当権設定後の短期賃貸借について抵当権に優先する効力を認め（三九五条）、また、土地と建物の両方を所有する者がその一方の上に抵当権を設定し、競売の結果土地と建物の所有者が別になった場合の建物の利用を保護するために、法定地上権を認めている（三八八条）。これらの制度は、代物弁済の予約または停止条件附代物弁済によって抵当権が目的を達する場合には、適用されないことになるであろうか。形式的に見れば、適用を否定すべきである。しかし、実質的に見れば、抵当直流の手段であることは疑いなく、しかもこれを抵当権の効力ないし内容として登記する方法が認められ

ていないとすれば、民法の右の規定の趣旨に従って、適用を肯定すべきものと思う（〔五三七〕など参照。もっとも、これは買戻などにも生ずる問題であって、民法全体にわたって研究されるべきことである（債各（中一）〔四九二〕参照））。

〔四五一〕 (2)代物弁済の予約または停止条件附代物弁済の特約を伴なう抵当債務を弁済した第三者がこれらの特約上の権利を代位するか（五〇〇条）どうかについても、これを肯定すべきである。判例も同一の態度をとる（大判昭和一三・二・一五民一七九頁、最高判昭和四一・一一・一八民一八六一頁）。

第三　租税債権の優先的効力

〔四五二〕 一　国税徴収法の全面改正

(1)国家公共団体の租税その他の徴収金が一般的な優先権を与えられていること、それを規定する基本法たる国税徴収法は明治三〇年に施行されたものであって、その後に発達したわが国の経済事情に適さなくなっているので、昭和三四年に全面改正が行なわれて新しい国税徴収法（昭和三四年法一四七号）となったこと、新法は私債権との調整に多くの苦心を払っていることなどは、すでに述べた（〔一八〕）。ここに、本書に直接の関係ある主要な点を一括して述べることにする（我妻「近代私法と租税の優先的効力」（民法研究Ⅳ所収）参照。なお吉国・荒井・志場共編・国税徴収法精解は関係資料と通達を網羅した詳細周到な解説書であり、ジュリスト一七一号・一七四号・一七五号所掲の座談会「研究会・租税徴収制度答申について」は各関係当事者の立場を示して示唆するところが多い）。

(2)新法の主要な内容を知るために、旧法の欠陥とされた主要な点を指摘すれば、

〔四五三〕 (イ)その最も重要な点は、質権または抵当権の目的となっている財産についても、その質権または抵当権の設定が国税の納期限よりも一年以上前でなければ、国税が優先することである（旧法三条）。このことは、国税の滞納のない債務者に融資して質権または抵当権の設定を受けた債権者も、それから一年間に発生して

納期限の到来する税金に脅かされねばならないことを意味する。

旧法の制定された明治三〇年頃には、わが国の税制の中枢をなすものは、酒税（造石税）と地租であったが、前者は、醸造高決定の時に租税債権が確定し、その後一年内にそれを納付するものであり、後者は、台帳によって毎年確定する租税債権をその後一年内に納付するものであった。従って、納期限より一年以上前に設定された質権または抵当権だけを国税に優先させるという旧法の右の規定は、債務者の納入すべき租税額が具体的に確定する時点を基準として、優劣を定めようとしたものである。ところが、その後の租税制度及び経済事情の変遷の結果、所得税と法人税がわが国の税制の中枢をなすようになったが、これらの租税にあっては、租税債権が抽象的に確定する時期からおおむね二、三ヵ月の間に申告によって租税債権が具体的に確定する。従って、納期限より一年以上前といえば、債務者の納付すべきこれらの税金額は抽象的にも確定せず、何人もこれを予知することはできない時期である。

なお、右の基準日に関連して、質権や抵当権を設定した者には税金の滞納がない場合にも、質権・抵当権の目的物が税金を滞納している第三取得者に移転されると、その者の滞納税金の方が優先して質権・抵当権の追及力が無に帰する（我妻・福島前掲「抵当権判例法」（民法研究Ⅳ2）九〇頁以下参照）。もっともこの点は、戦後に最高裁によって改められた（最高（大法廷）判昭和三二・一・一六民一頁）が、立法として明瞭を欠いていた。また、いわゆる繰上徴収（旧法四条ノ一参照）の場合には、納期の繰上げられた全額が質権・抵当権に優先するものとされたことも担保権者にとっては大きな脅威であった（我妻・福島前掲「抵当権判例法」九四頁参照）。

〔四五四〕（ロ）質権・抵当権以外の担保物権、すなわち先取特権や留置権については規定がなく、租税債権は常に優先すると解されていたことも、妥当ではなかった。

〔四五五〕　(八)旧法制定後に実際界に行なわれるようになった新らしい形態の担保制度について何等の規定のないことは権衡を失する。

その第一は、譲渡担保である。譲渡担保の目的物はこれを設定した債務者の所有を離れるから、この者にいかに租税の滞納があっても、もはやこの財産から徴収することはできなくなる。むろん、詐害行為として取消しうる場合もあろう。譲渡担保の設定によって債務者の取得する価値から徴収すべしとの議論もありうるであろう。しかし、実際問題として、その手続は容易でない。のみならず、税務の計算上は、譲渡担保としての財産の移転については、設定者の譲渡利益は未実現として課税せず、またその財産についての減価償却は設定者について認めている。いわゆる実質課税主義の現れである。そうだとすると、譲渡担保財産を設定者の税金を徴収する対象から全く離脱するものとみることは、他の担保物権との権衡を失し、決して妥当ではないとする意見が相当に強かった。

同様のことは、担保の目的をもつ代物弁済の予約とその仮登記についてもいわれた。けだし、この場合には、仮登記の存在にかかわりなく滞納処分をすることは可能ではあるが、仮登記はそれによって消滅せず、後に本登記に改められると、公売による買受人はその所有権を失なうことになり、結局、徴収の対象から逸出することになるからである。

〔四五六〕　(ニ)租税は、徴税主体みずから強制徴収権を行使する。裁判所によって強制的実現をなしうる私債権と根本的に異なる。そのこと自体は止むをえないとしても、徴税主体の行なう強制換価手続(公売処分)と裁判所の行なう強制手続(強制執行・任意競売)との間に連絡がないことは大きな不都合を伴なうものとされた(我妻・福島前掲「抵当権判例法」二六頁参照)。そしてこの点は、国税徴収法の改正より二年前に「滞納処分と強制執行との手続の調整に関する法律」(昭和三二年法九四号)で是正されることになった。

〔四五七〕
二 租税債権の優先的効力の内容

(1) 一般的優先的効力

「国税は、納税者の総財産について、この章に別段の定がある場合を除き、すべての公課その他の債権に先だって徴収する」(国税徴収法八条)。租税についての一般的優先権の承認であって、この原則においては、新法は、旧法の立場を承継している。しかし、物的担保権に対しては、別段の定めがなされているために、つぎに述べるように劣後する場合が多いのだから、一般的優先権の内容は、納税者の一般債権者に対する優先権たる内容を有することになる。すなわち、民法の一般の先取特権に類似した性格をもつ。一般の先取特権については、債務者の財産の種類によって、その効力に一定の制限がある(三三五条)が、租税債権についても、これに近い配慮がなされている(同法四七条一五〇条)。

私法上の債権は、自由な経済取引によって成立する。一般債権者は、債務者の資力を信頼して無担保の債権を取得するものというべきである。しかるに租税債権は、徴税主体が納税者の資力や納税意思を信頼すると否とに関係なく、画一的に成立する。これについて債権者平等の原則を適用し、物的担保を設定しなければ優先権を取得しない、とすることは、合理的な態度ではあるまい。一般的優先権を認めることは止むをえないであろう。

(2)担保物権との関係

（イ）優劣を定める基準（法定納期限等）　租税債権の一般的優先権を承認すべき根拠として右に述べたことは、さらに進んで、担保物権を伴なう私債権との優劣についてもいいうることである。徴税主体が納税者の資力や納税意思に疑問を感じたときに、納税者の財産中の価値あるものについて物的担保を提供させる権利を有するものとして、担保物権を伴なう私債権との優劣を民法の原則に従って決定することは、おそらく不可能に近く、却って私法秩序の混乱を導くおそれさえないとはいえないであろう。考えうる手近い途は、債務者の納入すべき租税額が確定する時点を基準として、それ以後に設定される質権・抵当権は租税債権に劣後するものとし、確定した租税額は、債権者ができるだけ簡明・確実に知ることができる、ということであろう。旧法の納期限より一年前を時点としたことが非難の的となった重要な理由は、所得税、法人税については無意味なものとなったためであることは前記のとおりである〔四五三〕。

そこで新法は「法定納期限」という観念を定め、これを原則的な基準時点とすることに改めた。法定納期限とは、「国税に関する法律の規定により国税を納付すべき期限」である（同法二条一〇号の定義）。もっとも、特別の場合には、この本来の納期限が動くので、そのときには、本来の納期限を是正する。その重要な一は、法定納期限の後に更正決定を受けたときのように、法定納期限の後に課税額が確定する場合であり、その二は、繰上徴収のときのように、法定納期限以前に課税額が確定する場合である。いずれもその確定する時点を基準時とすることにして、法定納期限を是正し、これを「法定納期限等」と呼ぶ（同法一五条の質権との調整に関する規定に詳細に定める）。要するに、その国税について具体的にその額が確定する時点である。なお、それ以前の国税（前年度分など）に滞納

〔四五八〕

があればそれは当然に優先するから、それについては、国税局長・税務署長・税関長から納税証明書の交付を受けることができるものとされている（国税通則法九五条（国税徴収法旧一八一条に設けられたもの））。

〔四五九〕 **（ロ）質権・抵当権との優劣**

（a）国税の滞納者の財産の上に存在する質権と抵当権は、右の法定納期限等より以前に設定されたものであれば、国税に優先する（同法一五条・一六条）。従って、その財産の価額が、その質権・抵当権の被担保債権額を越えるときは、その財産について滞納処分することはできるけれども、その換価代金を被担保債権に配当し、その残額だけを租税債権に充てることになる。質権・抵当権が法定納期限等より以後に設定されたものであるときは、被担保債権額を考慮せずに滞納処分をし、滞納租税額を先取し、残額を被担保債権に配当する。

なお、抵当権では、その設定時期は明瞭だが、質権のうち登記・登録をしないものについては、明瞭でない。従って、一定の公証的書類（公正証書、登記所または公証人役場の日附ある印章の捺されている私署証書・内容証明郵便）によってこれを証明しなければ優先権を主張しえないものとされている（同法一五条二項）。このことは質権者にとっては相当の負担であろう。もっとも、有価証券質は除外されている（施令四条一項―金融機関の帳簿その他客観的確実性のあるもので足りるであろう）。

〔四六〇〕 （b）根質・根抵当の優先する債権額の範囲

根質・根抵当と租税債権との優劣は、まずその設定された時期が法定納期限等より前でなければ租税債権に劣後することはいうまでもないが、それより前であっても、優先しうる被担保債権額は、国税に基づく差押または交付要求の通知を受けた時の債権額を限度とする（同法一八条一項）。それ以後に取得した債権は、たとい極度額以内でも、租税債権に劣後する。ただし、右の原則が、同じく租税債権に優先する他の債権者を害する場合には、適用されない（同項但書）。公売処分による差押の通知を受けて後、配当までの間に、根抵当権者が被担保債権を増加して公売処分を無意味にすることを阻止する趣旨である（新法の下では修正を要する〔八〇四ノ三〕イ参照）。

なお、根抵当の極度額は、利害関係人（主として後順位抵当権者）の承諾をうれば、同順位で増額することができる（附記登記によるから〔一七四〇〕参照）とされている。しかし、税との優劣を定める基準時点については、右のような増額は、新たな設定とみられることになる（同法一八条二項）。当然であろう。

（ハ）質権・抵当権の目的物の譲渡

質権・抵当権の客体となっている財産が譲渡されると、租税債権との間に二面の関係を生ずる。一は、譲受人の滞納税金との関係であり、二は、譲渡人の滞納税金との関係である。

〔四六一〕（a）旧法の解釈として、その質権・抵当権と譲受人の滞納税金との関係については、その納期限より一年以前に設定されたものである場合にだけ国税に優先するとされ、非難の的となっていたが、戦後に最高裁がこれを改めたことは前述した〔四五三〕。新法は、この趣旨を尊重し、譲渡以前に設定された質権・抵当権はすべて譲受人の国税に優先するものとした（同法一七条一項）。ただし、質権の設定時期が譲渡以前であることを証明するための手段には、法定納期限等以前であることの証明についてと同様の制限がある（同条二項）。

（b）質権・抵当権の目的たる不動産が譲渡されると、債務者たる譲渡人の責任財産ではなくなるから、この者に滞納税金があったとしても、もはやこの財産から徴収することはできなくなるはずである。しかし、そうすると、その質権・抵当権が国税より劣後するものであった場合には、質権者・抵当権者は目的物の譲渡によって利益を受けることになる。例えば、一〇〇万円の価額の不動産の抵当債務七〇万円、これに優先する国税六〇万円であったとすると、抵当不動産が譲渡されないままだと、抵当権者は、この不動産から四〇万円しか弁済を受けえないはずだが、譲渡されると、抵当権の追及力は影響を受けないから、七〇万円全額の弁済を受けることができる。この結果は公平ではない。そこで、新法は、抵当権者が受ける配当額七〇万円と譲渡がなかったとして配当されるはずの四〇万円の差額三〇万円だけは、抵当権者が譲渡後にその不動産の換価処分によって受ける額から国税の弁済に充てることができるものとした。譲渡によって譲渡がなかったときに受けうる額以上の額の弁済を受けることができないようにする趣旨である（国税にとっては不利益となる）。ただし、この趣旨を実現する手段として、徴税制度調査会（国税徴収法改正のために政府に設けられたもの）の答申は転担保権の設定という構成を提案したが、確定法はこれによらず、譲渡後の換価処分によって抵当権者に配当される金額から、一定の要件の下に、国税を徴収することができるものとしている（同法二二条）。

〔四六二〕　(二) 先取特権・留置権との優劣

(a) 無条件で国税に優先する先取特権　不動産保存の先取特権（〔一一二〕）・不動産工事の先取特権（〔一一三〕）・立木地代の先取特権（〔八二〕参照）・商法の海難救助者の先取特権（商八一〇条）・同じく船舶債権者の先取特権（商八四二条）・国際海上物品運送法（昭三二年法一七二号）の船舶先取特権（同法一九条）・国税に優先する債権または国税のために動産を保存した者の先取特権は、その成立の時期を問わず、またその目的物が納税者の譲り受けたものであると否とを問わず、その先取特権の存在する限り、常に国税に優先する（国税徴収法一九条）。これらの先取特権は、目的物の価値を創造・維持することに基づくものであって、その公平の原則による要請は最も強いものだからである。

(b)法定納期限等を基準として国税に優先する先取特権　不動産賃貸の先取特権その他質権と同一順位またはそれに優先する順位の動産の特別先取特権(三一二条―三一九条・三三〇条(ただしaに掲げたものを除く))・不動産売買の先取特権(三二八条)・借地法の土地所有者等の先取特権(同法一三条)・罹災都市借地借家臨時処理法の賃貸人等の先取特権(同法八条)・接収不動産に関する借地借家臨時処理法の賃貸人等の先取特権(同法七条)・登記をした一般の先取特権([一二九]参照)が、納税者の財産の上に、国税の法定納期限等以前から存在しているときは、これらの先取特権は国税に優先する(国税徴収法二〇条)。なお、納税者がこれらの先取特権の目的たる財産を譲り受けた場合にも、国税はこれらに劣後する(同条(この点は一七条と同旨))。譲渡人の国税は追及力をもたない(同法二二条に該当するものはない)。

(c)留置権の優先的効力　納税者の財産が留置権の目的となり留置権者に占有されている場合にも、滞納処分は比較的容易に行なわれるが(同法五八条―六一条参照(民法の関係では困難を伴なうことにつき[五一]を見よ))、換価代金の配当に当っては、最優先的に留置権による被担保債権に配当される(同法二一条)。留置権は競落人に対しても対抗して、結局最も強い優先的効力を有するような実を挙げることができる民法の構想に対応する措置である([四九]参照)。

[四六三] (3)譲渡担保・代物弁済の予約その他の権利の移転による担保の作用を営む制度との関係

(イ)担保の目的でなされる代物弁済の予約との関係

(a)国税六〇〇万円の滞納者乙が、甲から七〇〇万円の融資を受け、不履行の場合にはその所有する価額一〇〇〇万円の不動産を代物弁済として譲渡することを約し、甲のために仮登記をしている。もし、この担保が抵当権の設定なら、その設定の時期が、乙の国税の法定納期限等より前ならば抵当債権に劣後して、それより後ならばこれに優先して、その不動産から国税を徴収することができるわけである。代物弁済の予約の形式をとるときは徴税の対象から逸脱する、となすことは適当ではない（〔四五五〕参照）。かような観点から、新法は、ある程度まで抵当権と類似した取扱いをしようとする。

すなわち、右の仮登記が法定納期限等より後になされたものであるときは、滞納処分の手続中に仮登記を本登記に改めても、甲はその権利を主張して滞納処分の効果を覆えすことはできない（同法二三条）。かえって、公売処分の買受人が買受代金を納付した時に、甲の仮登記についての権利は消滅し（同法一二四条）、その登記は抹消されて買受人の名義に移転登記がなされる（不登二九条（国税徴収法の改正とともに改正された規定））。

注意すべきは、仮登記のなされたのが法定納期限等より前であれば、徴税の関係でも何等特別の取扱いをしないことである。改正に当っての調査会の答申は、担保の目的でされた仮登記を抵当権と同視する態度を一層徹底させ、そのなされた時期が法定納期限等の前であると後であるとを問わず、滞納処分の対象とすることができ、ただ、その配当において、納期限等より前であれば国税に優先し（前に挙げた例では三〇〇万円は税に充当）、後であれば、劣後する、としようとした（後の〔四六九〕参照）。

〔四六四〕 (b)右のような取扱いを受ける仮登記は、「納税者を登記義務者（登録義務者を含む。）として、債務不履行を停止条件とする代物弁済の予約に基づく権利移転の請求権の保全のための仮登記（仮登録を含む。以下同じ。）その他これに類する担保の目的でされている仮登記」であって、「担保の目的でされている仮登記」と総称される（同法二三条）。

担保の目的を有する代物弁済の予約には、厳密にいえば二つの型がある。一つは、不履行を生じたときに、予約権利者が完結の意思を表示して代物弁済の効果を生じさせるものであり、他は、不履行があれば、当然に代物弁済の効果を生ずるものである（〔四四五〕、なお債総〔四三四〕・〔四三五〕参照）。国税徴収法の右の規定に、この両者を含むことは疑いない。

また、抵当権者は、抵当直流の方法として、抵当権に附随して代物弁済の予約をし、それについて仮登記をする例が多いことは前述した（〔四四四〕）が、国税徴収法の右の規定は、この場合にも適用されると解して妨げない。すなわち、抵当権と仮登記と両者とも法定納期限等より前であれば、国税の影響を受けない。両者ともにそれより後であれば、仮登記は効力を失なうが抵当権に基づいて劣後的配当を受けることができる。抵当権の登記だけが法定納期限等より前であるときにも、原則として抵当権による優先的配当を受けうるであろう。もっとも、仮登記が厳格な意味での停止条件附代物弁済であり、滞納処分の時までに条件が成就しているときは抵当権としての配当は受けえないことになるであろう（〔四四八〕・〔四四九〕参照）。

なお国税に劣後する仮登記も、配当の時までに本登記になっていれば（いずれ抹消される登記ではあるが）、国税を先取した残余はその者に交付される（同法一二九条三項、本登記になっていなければ、供託される（同法一三三条三項、同法施行令五〇条））。

〔四六五〕　(c)所有権移転の仮登記は、債権担保の目的をもってなされるとは限らない。他の目的のものも決して少なくはあるまい。そして、そのいずれであるかは、登記の記載から判別することはできない。関係当事者の実質的な取引関係によって定めなければならない。従って、徴税官（税務署長）の認定が誤ることもないとはいえない。この差押は仮登記権利者に通知され（同法一二三条二項、施行令七条）、仮登記権利者はこれに対して異議を述べること（差押の効力を争うこと）ができる。そして、この徴税に関する公権力の行使に対する不服審査や訴訟については相当慎重な処置を講ずべきものとされている（制定当時にあった規定は、その後に国税通則法（昭和三七年法六六号）に移された）。しかし、公権力の、専権的認定が先行するのであるから、仮登記権利者の利益が不当に害せられる懸念もないではない。

〔四六六〕　**（ロ）譲渡担保との関係**

（a）租税滞納者乙が甲から七〇〇万円の融資を受け、価額一〇〇〇万円の事業設備を譲渡担保として甲に移転している場合について、新国税徴収法は、その所有権が甲に帰属するという形式に捉われず、担保であるという実質に従って、抵当権の設定と類似した取扱いをしようとする（〔四五五〕参照）。その取扱いの根本においては、前段の「担保の目的でされた仮登記」と同様である。すなわち、譲渡担保の設定が、乙の国税の法定納期限等より前であるときは、何等特別の取扱いをせず、法定納期限等より後であるときにだけ、その譲渡担保の目的物（事業設備）から、乙の国税を先取する（同法二四条一項・六項）。なお、調査会の答申が、法定納期限等より前に設定された譲渡担保についても抵当権と同一の取扱いをしようとしたことも、「担保の目的でされた仮登記」と同一である（〔四六九〕参照）。

しかし、「担保の目的でされた仮登記」の場合には、目的物は滞納者乙の名義になっているのだから、差押えること自体には障害がないのに反し、譲渡担保の場合には、目的物の所有名義は担保権者甲に移っているのだから、これについて滞納処分をするには、特別の方法を講じなければならない。そこで、新法は、その目的物から徴収しようとする乙の国税について甲を第二次納税義務者であるような取扱いをし（ただし普通の第二次納税義務者のように納税義務を課するのではない）、これに徴税の通知をなし、もし甲が代って納付すれば問題は解決するが（その求償権も譲渡担保で担保されることになろうが、それは私法の理論による）、そうでないときは、公売処分手続を開始する、という手段を用いることにした。公売処分をした場合の換価代金はまず乙の滞納国税に充当され、残額は甲に交付される（甲と乙との間の清算は私法の一般原則にまかされる）。

右は手続の骨子であるが、かような手続をとりうるのは、乙の財産について滞納処分をしても徴収すべき国税金額に不足すると認定される場合に限ること（同法二四条一項）、乙の財産として差押えた後に譲渡担保財産であることが判明したときには（乙の使用に留める譲渡担保ではそうした例は多かろう）、甲を第二次納税義務者としての差押に切り替えなければならないわけだが、そのときは前の差押を後の差押に流用することが認められること（同条四項）、譲渡担保財産から徴収しようとする乙の税金額を甲に通知した後公売処分手続の完結するまでに、乙が甲への債務を弁済して譲渡担保が消滅すれば、名実ともに乙の財産となるから、これについての徴収手続をとらねばならないが、弁済以外の事由、例えば乙の不履行のために、名実ともに確定的に甲の所有となっても、譲渡担保はなお存続するものとして手続が進められること（同条五項）など、詳細な規定がなされている。

（b）譲渡担保の法律的構成には、種々の類型があることは後に詳述するが、右の規定は、すべての類型に適用されると解してよい。すなわち、債権関係を伴なわないいわゆる売渡担保（〔八六四〕参照）にも適用される（同法二四条五項はこのことを前提して規定する）。ただ、この売渡担保が買戻または再売買の予約の形式をとり、これについて仮登記がある場合（債各（中一）〔四九六〕以下参照）について特別の規定が設けられている（同法二五条）。

〔四六七〕 かような場合にも、融資者（買主）甲の名義になっている財産について――その売買が乙の国税の法定納期限等より後であるときは――甲を第二次納税義務者として前段に述べた手続をとることができる。しかし、同時に、乙の買戻権または再売買の予約完結権は、登記を伴なうことによって第三者に対抗する効力を備えかつ譲渡は可能とされるので、独立した財産的価値をもつ。従って、この乙の権利を徴税の対象とすることももとより可能である。詳言すれば、乙が一〇〇〇万円の価値ある不動産を七〇〇万円で甲に譲渡し、七〇〇万円で買戻せるのだとすると、この不動産は、甲の許においては七〇〇万円の価値をもち、乙の許では三〇〇万円の価値をもつ。乙の滞納税金はそのいずれからも徴収しうるわけである。だが両者を別々に公売したのでは、買受人をうることは極めて困難であろう。この不便を避けるために、甲の権利と乙の権利を一括して換価することができるものとされた(同法二五条)。

〔四六八〕 (ハ)国税徴収法が権利移転の形式をとる物的担保たる「担保の目的でされた仮登記」や譲渡担保・買戻・再売買の予約など(〔七〕―〔一一〕参照)について、その形式に捉われず、実質に従って、徴税の対象として質権・抵当権の設定された財産と類似した取扱いをなそうとしたことは、私法の立場からみれば、相当大胆な態度というべきである。われわれはこれをいかに理解すべきであろうか。

(a)権利移転の形式をとる物的担保制度、とりわけ譲渡担保の法律構成と法律効果については、学説・判例は一致せず、立法的解決が要請されている。その解決を待たずに、徴税の面においてある程度の解決をしようとしたことは、私法関係に対する不当の干渉として非難する見解もありうるであろう(柚木「新国税徴収法案に対する私見」金融法務事情二〇〇号など)。しかし、私はこれに賛成しない。税制の面から放置しえない事情も理解することができるのみならず、その内容も大体において正当なものと思う。

〔四六九〕 (b)譲渡担保や担保の目的でされた仮登記に関する国税徴収法の規定は民法の解釈に直接に影響するとみる見解もありうるであろう。しかし、私は必ずしもそうは思わない。前に触れた調査会の答申のように、これらの物的担保の設定される時期が法定納期限等の前であっても、後であっても、すべて担保的な実体においてこれを捉え、前であれば、国税は優先されるが、なおこれを清算することができ、後であれば、国税が優先するものとして清算する、というのであれば、これらのものを担保制度とみる態度が一貫する（〔四六三〕・〔四六六〕参照）。しかし、新法のように、法定納期限等より前に設定されたものには手を触れず、後に設定されたものの効力を否定するだけとすると、法定納期限等に一種の処分禁止の効力を認めたに過ぎない、とみられないでもない。それはともかくとしても、私法関係における譲渡担保と一般債権者との関係を解決しようとするときには、かような態度は少なくとも直接の参考にならないことは明らかであろう。

〔四七〇〕（c）私法関係における学説・判例・立法による問題の解決が遅延している間に、徴税の面で、一部なりとも解決に近づいたことに対しては、私法の領域からも敬意を表すべきであろう。ただ注意すべきことは、私法領域における解決は必ずしも容易でないということである。国税徴収法の規定は、周到慎重にできてはいるが、なお多くの疑問を残している。仮登記が担保の目的をもつかどうかの認定の困難についてはすでに述べたが（〔四六五〕）、再売買の予約などについても同様の問題がないとはいえまい。その他、例えば、手形その他の有価証券などの譲渡担保については、理論的にも、実際的にも困難な問題を含むが、当分の間一般の譲渡担保から除外されることになっている（同法附則五条四項）。普通の譲渡担保にあっても、国税徴収法の予想するよりもはるかに複雑な関係を生ずることは、容易に推測することができる。国税徴収法は、それらの問題をすべて徴税官の裁量にまかせる方針だといっても過言ではない。徴税という行政的な処分としては、それでも支障はあるまい。最も典型的な場合の徴収さえ可能であれば十分であって、多少とも疑義のある場合には、むしろ避ける方が望ましいともいえるかもしれない。これに反し、私法関係における権利関係を規律しようとすれば、はるかに精密な態度を必要とする。私法関係における問題解決の遅延を正当視しようとするのではない。安易な態度で臨むべきでないことを理解しようとするのである。

〔四七一〕　(d)要するに、私法の領域においても、国税徴収の大胆な先駆的試みに反省し、これを参考としながら、詳細な規律を定め、両者を総合的・統一的に理解することに努めるべきである。三ヶ月教授の「強制執行と滞納処分の統一的理解」(新国税徴収法の評価と強制執行法の再検討)(民事訴訟法研究Ⅱ所収)は、この点において、最も参照に値する労作である。強制執行について多年問題とされている多くの点が滞納処分で解決されていることを指摘し、その批判の上に統一的理解の方向を示すものであるが、実体法的関係においても示唆するところが極めて多い。

三　強制執行・任意競売等と公売処分との調整

〔四七二〕　(1)自力執行主義の承認　租税債権も一種の債権であるから、その強制徴収は裁判所の権限に委ねることがむしろ正道かもしれない(ドイツの主義)。しかし、強制執行手続と公売処分手続は、その内容においても、手続を施行する機関の人的・物的の構成においても、相当の差異があるので、多年の慣行を破って直ちにこの主義に移行することには、大きな障害がある。そこで、新国税徴収法も、租税債権についての自力執行主義を承認した上で、その執行方法について適当な規制を加えることで満足した(それらの点に関する批判と反省が前記三ヶ月教授の労作の中心をなす)。ただし、強制執行手続や任意競売手続と滞納処分手続との間に何の連絡もないものとされていた従来の欠陥(我妻・福島前掲「抵当権判例法」(民法研究Ⅳ2)二七頁参照)は、すでに二年前の「滞納処分と強制執行等との手続の調整に関する法律」(昭和三二年法九四号)によって除かれていたので、新国税徴収法はこの存続を前提したわけである。左にこの調整法について述べる。

〔四七三〕 (2)この調整法は、滞納処分による差押がなされている財産に対する強制執行等と、反対に、強制執行等がなされている財産に対する滞納処分との二つの場合を分け、さらに財産が有体動産である場合と不動産または船舶である場合とに細別して規定しているが、細かな手続を除いて大綱を述べる。なお、この法律は強制執行を中心として規定するが、競売法による競売と仮差押についても適用される（同法一条・一一条・一八条・二〇条・二八条・三六条参照）。

(イ)滞納処分による差押のある財産について強制執行や競売申立をすることができ、また反対に、強制執行や競売申立によって差押えられている財産について滞納処分による差押をすることができる（同法三条・一二条・二〇条・二二条・二九条・三六条）。ただし、後になされたものは、自分の手続を進めることはできず、先行した手続による換価金から弁済を受けることになる（同法六条・一七条、租税の方は交付要求をして配当を受ける）。

〔四七四〕 (ロ)先行する差押が解除されるときは、後の差押が手続を進めることができるようになるが（同法四条・一四条・二三条・三一条）、滞納処分による手続から強制執行等による手続への転換の際に動産たる目的物が差押の範囲から逸出しないような配慮がなされる（同法五条）。第三者の占有している動産に対しては、強制執行による差押はできないが（民訴五六七条（〔五一一〕参照））、滞納処分による差押は、一定の要件の下に行ないうるからである（国徴法五八条）。調整法の主要な点の一つである。

〔四七五〕 (ハ)滞納処分によって差押えられた財産を強制執行によって差押えた場合に、滞納処分手続が進行せず、また差押の解除もされない場合には、強制執行手続は手をつかねて待つより他ないことが従来の欠陥とされていた。調整法は、かような場合には、その進行しない理由が税法上の要請によるものである場合だけでなく、格別の理由なく停滞している場合にも——この場合には徴収職員に対する催告を要件として——執行裁判所に対し強制執行続行の決定を求めることができるものとし、その決定あるときは、公売手続を停止させてみずからその手続を進めることができるものとした（同法八条・一七条）。調整法の最も主要な点である。

強制執行等によって差押えられている財産を滞納処分で差押えた場合に、強制執行手続が中止または停止されたときは、同じく執行裁判所の決定（滞納処分続行承認の決定）をえて、滞納処分手続を進める途が開かれている（同法二五条―二七条・三三条）。

第二項　抵当権の実行（競売）

第一　序　説

〔四七六〕 **一**　競売の性質　抵当権実行の最も普通の方法は、競売法による競売であることは前述のとおりである〔四四〇〕。競売法による競売は、任意競売ともいわれ、民事訴訟法による強制競売のように国家の公権力によって財産権を債務者から取り上げて競落人に付与するものではなく、私法上の権利（担保物権）の実行として財産権の移転を行なうものであり、競売手続はこの私権の実行を国家が代って行なうに過ぎないものとされる。従って、競売手続についての瑕疵は、競売手続の終了すなわち競落許可決定の確定によって争うことはできなくなるが、競売手続の基礎たる私法上の権利に瑕疵があるとき、すなわち債権または担保物権が無効であったり消滅したりしていたときは、競売の効果もまたこの瑕疵を帯び、競売手続が確定した後にもその結果を覆えすことができるものとされる（具体的には後述する〔五〇五〕以下）。このことは、競売手続によって財産を取得した者の地位を甚しく不安にし、間接に抵当権の効力を脆弱なものとする。

右の欠陥に対しては、二つの救済策が考えられる。第一の策は、右のような実体上の瑕疵も、競売手続中に異議や抗告などによって主張することができるだけで、それをしないで、またはその効力を認められないで、競売手続が終了したときは、もはやこれを争うことができないという解釈論を採ることである。しかし、抵当権の登記が甚しく軽易な手続でなしうるため登記の記載に真実性を保障することはできず、その上、登記のない抵当権に基づいてさえ競売を許す（抵当権の存在を疎明させるだけ）現行制度の下では、競売手続の出発点は真実な実体関係に基づかない場合が少なくない。のみならず、競売手続そのものは、不誠実な債務者の無数の異議・抗告に妨げられるため、比較的拙速主義に事を処理する必要がある実状である。かような事情の下においては、右のような解釈論は、真実の権利者の静的安全を害するおそれがあるため、容易に採用することはできない。もっとも、判例は、競売の結果を覆えす瑕疵の範囲をできるだけ縮小しようとして努力していることは、極めて正当な態度ということができる。第二の策は、登記をなすには公正証書その他の執行力ないし公の信用ある書類を必要とするとか、あるいは競売法に基づく競売の開始にも債務名義を必要とするとか、とにかく競売手続の出発点をして真実な実体関係に基づかしめるような何らかの方法を講じ、競売の結果に安んじて実体的確定力を与えうるような制度に改める立法論である。競売法は明治三十一年の制定にかかり、その手続規定においても甚しく不備であって、改正を要望する声を聞くこともすでに久しい。右の根本理論についても、何らかの改善が望まれる（大連判大正一一・九・二三民五二五頁についての我妻評釈（判民七八事件、民法判例評釈Ⅰ所収）はこの趣旨を述べる）。

〔四七七〕 **二 適用される法規（民訴の準用）**

(1)競売法の規定は甚しく簡単であって、これだけでは複雑な競売手続を規律するに不充分である。判例は最初、非訟事件手続法を適用すべきものとしたが（大判明治三九・二・二八民四二八頁）、後に改めて、民事訴訟法の強制執行に関する規定を準用すべきものとなし（大決大正二・六・一三民四三六頁（我妻・福島前掲「抵当権判例法」三六頁以下参照））、今日に至っている。競売法の競売の本質が非訟事件であるか訴訟事件であるかは問題であるが、取扱いの便宜ということからみれば、民事訴訟法を準用する態度を是認すべきである。しかし、立法論としては、さらに進んで、担保物権の実行たる競売と一般債権に基づく執行としての競売とをある程度まで共通の規定で律するのが合理的であろうと思われる。改正に当って考えられるべきことである。

もっとも、判例は、民訴の強制執行に関する規定も性質の許さないものは準用されないという。左に準用される規定とされない規定、それぞれの主要なものを列記する。競売の性質を理解する参考となるであろう。

〔四七八〕 (2)準用される主要な規定

(a)民訴第六四五条（二重競売の禁止、記録添付） 競売開始決定がなされた不動産について重ねて他の抵当権者または一般債権者から競売申立があったときは、二重の開始決定をなさず、申立を前の競売手続の記録に添付しておく。この記録添付は、配当要求の効果をもつだけでなく、前の競売手続が取り消されたときは、みずから開始決定を受けたと同一の効果を生ずる（大決大正二・七・一四民六六四頁、大決昭和六・一一・一三新聞三三四一号一三頁等）。ただし、抵当権に基づく競売申立には債務名義は必要でないから、その競売開始決定に対しては、一般債権者は、みずから債務名義を有する場合でなければ、記録添付・配当加入をすることができない（大判昭和八・一一・二二民二七四五頁（判民一九〇事件斎藤））。なお、一般債権者によって差押えられ、ついで抵当権に基づく競売申立があった場合には、競売申立の書類が強制執行手続書類に添付されて手続が進められ、競売の効果は抵当権の効力を基準とする。すなわち、抵当権の設定後に地上権または永小作権設定の登記があっても、これらの権利は消滅する（競売価格は負担のない不動産として決定される）。しかし、かような第三者に対しては抵当権実行の通知（三八一条）はされないことになるが、止むをえないというべきであろう（後の〔四九三〕参照）。

〔四七九〕　(b)民訴第五一九条（承継執行文の付与）　競売手続中に、抵当権の譲渡・相続または被担保債権の弁済による代位などを生じた場合には、承継人の証明に基づいて承継の事実を認めたときは、競売手続を続行する（大決大正一五・四・二九民三四〇頁、大決昭和五・一二・二六民一二一二頁、大決昭和六・一二・一八民一二三一頁等）。

〔四八〇〕　(c)民訴第五四五条（請求異議の訴）　抵当権者が、被担保債権の消滅・抵当権の不存在などの理由で、競売を実行する権利を有しないときは、債務者は請求異議の訴によって執行の停止または取消を求めることができる（大判昭和六・一一・一八民一〇七二頁）。もっとも、判例のこの態度に対しては有力な反対論がある（この判決の菊井評釈（判民一一二事件）及びそこに引用の諸説）。請求異議の訴は債務名義の執行力の排除を目的とする訴であるから、債務名義を必要としない競売申立に準用すべきではない、という理由である。事案は、抵当債務者の相続人が、借用証書、登記ともに偽造であると主張して、「競売手続はこれを許さず」という判決を求めるものである。反対論は、被担保債権ないしは抵当権の不存在という実体権に関する訴を提起してその判決を競売執行機関に提出すれば足りる、というのである。反対論は理論として正当であると思われるが、少なくとも右の事案に関する限り、訴の呼称の問題に過ぎないように思われないでもない（右の実体権に関する訴が五四五条二項の制限を受けないことは当然であろうが）。

〔四八一〕（ｄ）民訴第六七五条（過剰競売の場合の競落の不許）　数個の不動産を競売した場合に、そのうちの一部のものだけで各債権者に弁済しかつ強制執行の費用を償うに充分なときは、他の不動産については競落を許さない。この規定の準用の有無は共同抵当に関して重要な意味をもつから後に述べる（〔六六〇〕）。

〔四八二〕(3) 準用されない主要な規定

（ａ）民訴第六五六条（剰余の見込のない場合の競売の取消）　競売申立をした抵当権に優先するすべての債権に弁済し、競売手続の費用を償って剰余の見込がない（最低競売価額を基準として算定する）ときにも、――強制競売なら、差押債権者にその旨を通知し、一定の手続がとられないときは競売手続は取り消されるのだが――抵当権による競売手続の場合には、右の事情とは無関係に手続は遂行される。各抵当権は目的物を競売する権限を包含するものであること（一般債権者は、特定の財産についてかような権限をもつものではない）、抵当権の実行は目的不動産の上の担保物権全部のための競売であること（この趣旨は他の問題でも示される、例えば〔四四二〕）などを理由とする（大決昭和五・七・一民八三四頁（判民八〇事件加藤正治）、大決昭和六・一一・三〇民一一四三頁（判民一二〇事件菊井））。一応首肯しうる理論であるが、先順位抵当権者の投資者たる地位を顧慮するときは、大いに疑問とする余地がある（〔四四二〕参照）。

〔四八三〕（ｂ）配当手続に関する規定　競売法は配当手続を認めず、競売代価は直ちに各受領権者に交付すべきものとする（競三三条二項）。すなわち、本来の競売手続には、配当手続というものはない（我妻・福島前掲「抵当権判例法」一〇一頁以下参照）。従ってまた、前記のように、債務名義を有しない一般債権者の配当要求を認めないことも当然である（〔四七八〕a末尾）。これに関する規定（民訴六四七条二項など）も準用されない。このことは、競売法の本来の姿からいえば、当然のことであろうが、共同抵当や、根抵当などについて、優先弁済を受ける範囲に関し複雑な判定を必要とする場合には、競売手続の中に配当の基準と数額を確定する段階を設ける必要もあるのではないかと考えられる。

第二　抵当権実行の要件

抵当権を実行するためには、(i)債権が存在して履行遅滞を生じていること、抵当権が存在すること、などが実質的要件であり、(ii)第三取得者に対して抵当権実行の通知をすることが民法の要求する形式的要件である（三八一条）。しかし、前の要件のうちの債権及び抵当権そのものに関する瑕疵は、実体的な権利の有無として、競売手続が完結した後にもその効果を覆えすことになる問題として論議されることだから、後の抵当権実行の効果に関連して述べることとし（〔五〇五〕以下）、ここには、手続面におけること、いいかえれば競売手続の完結によって争うことができなくなる要件に限って述べることにする。

〔四八四〕　一　実質的要件

(1)債権の存在に関連して問題となるのは、履行期未到来の間になされた競売申立の効力である。かような申立は、違法なものとしてしりぞけられるべきであるが、もしそれにも拘らず手続が開始された場合に、競落許可決定の確定までに期限が到来するときは、右の瑕疵は治癒される（大判昭和七・一二・二〇民二三三六頁）。競売の信用を維持しようとする判例の努力の一例である。なお、競売手続が完結する前（競落代金の支払前）に債務が弁済されると、競売の結果も覆えしうるものとなることは、実体的な権利の有無として後述する（〔五〇六〕）。

〔四八五〕　(2)抵当権の存在は、登記によって示されれば簡明であるが、登記がなくとも、合意によって設定されていることが疎明されればよい。仮登記はむろん競売申立の根拠となる。もっとも競売開始決定の登記までに正当な利益を有する第三者が出現すれば、それまでの手続は無効に帰する（〔三五二〕参照）。

〔四八六〕 二　形式的要件

(1) 第三取得者への通知

(イ) 抵当権者が抵当権を実行しようとするときは、まず抵当不動産の第三取得者にその旨を通知しなければならない（三八一条）。そして第三取得者がこの通知を受けた後一ヵ月内に滌除権の行使に着手しないときにはじめて競売の申立をすることができる（三八七条）。これは第三取得者に滌除権を行使する機会を与えようとする趣旨であるが、実際上は、債務者や真実に滌除権を行使する意思のない第三取得者がこの通知の遺漏を理由として競売手続に異議を述べて、手続の遷延をはかる例が少なくない実状である。解釈に当ってはこのことを念頭において、その弊害を軽減することに努めるべきである。

〔四八七〕 (ロ) 第三取得者とは、抵当不動産について所有権・地上権または永小作権を取得した者である（三八一条・三七八条）。

(a) 抵当権者に対抗することのできるものであることを要するから、登記を有するものに限る。問題は、右の第三取得者が仮登記を有するに止まるときにも通知をする必要があるかどうかである。判例は、一時動揺を示したが、結局これを肯定し（大決大正一三・八・二民四六七頁、大決昭和四・七・六民六三八頁（判民九四））、ただ第三取得者が停止条件附に権利を取得しているために仮登記を有するものであるときには、通知を要しないとする（大決昭和八・一二・二八民二七六六頁（判民一九二事件我妻、判例評釈I所収））。この理論の根拠は、通知を必要とする第三取得者と滌除をすることのできる第三取得者とは範囲を同じくすべきだという前提に立ち、仮登記権者も、明文によって滌除権なしとされる停止条件附第三取得者（三八〇条）を除いては滌除権があるとすることである。思うに、後述するように、仮登記権者に滌除権を与えるのは過ぎたものであって、この点は判例に従うことはできない（〔五六六〕参照）。しかし、通知は、単に滌除権行使の機会を与えるに過ぎないものであるから、現に滌除をなしうる者とその範囲を同じくする必要はない。仮登記権者も、通知の後一ヵ月内に本登記を取得して滌除をするなら、それも許されなければならない。従って、抵当権実行の通知は停止条件附権利者の仮登記を除外せず、すべての仮登記権者にこれをなすべきものと解するのが妥当である（同旨舟橋前掲評釈、柚木三三二頁等）。

判例には、その後、仮登記権利の内容が、権利者が一定の期間内に代金を支払うというような、権利者の意思で成就させることの可能なものである場合には、——他に通知を受ける第三取得者がないときに限り——この仮登記権利者にも通知を必要とする、と判示するものがある（大決昭和一五・八・二四民一八三六頁（判民一〇四事件山田）、なおこの決定につき後の〔四九〇〕参照）。しかし、仮登記の内容によって区別すべき理由はないと思う。

〔四八八〕（b）抵当権者が一度通知をした後にさらに第三取得者を生じたときは、これにも通知をなすべきであろうか。第三八二条第三項の文理は必ずしも明白ではない。しかし、かような第三取得者にも通知を必要なものとしては、競売に着手することが極めて困難となるから、一度通知がなされた後は、その第三取得者の権利を承継した者はもちろん、別に第三取得者となった者（地上権者に通知した後に所有権を譲受けた者など）に対しても、通知を必要としない趣旨と解するのが正当であろう。通知を受けた者が一ヵ月内に滌除権を行使しないためにこの権利を失なった後のこの者の権利の承継人に対して通知を必要としないことはいうまでもない（大決昭和四・一一・二〇民八六六頁）。

〔四八九〕（c）通知は競売申立の要件であるから、第三取得者がないために競売の申立をした後に第三取得者を生じても、これに通知をする必要はない。競売申立の登記以前でもそうである（大決昭和七・五・二三民一〇一四頁）。

〔四九〇〕 (d)以上のように解すると、抵当権者が実行の通知をしてから数年も放置し、それから後に実行に着手するような場合には、第三取得者に不利益となるおそれがある。判例は、第三取得者(所有権移転の本登記ある者)に対して実行の通知をして競売を実行し、競落許可決定まで行なわれたが、その決定は取り消され、競売申立も却下され、抵当権者が、前の申立から約三年を経て再び競売申立をしようとしたときに、前の申立の後に第三取得者(右の所有権取得者からの条件附取得者として仮登記ある者)を生じている事例について、前の通知は効力を失なっているから改めて通知を必要とすると判示する(大決昭和一五・八・二四民一八三六頁)。抽象論としては、至当な態度と思うが、改めて通知すべき必要ある場合の範囲は、具体的事情に即して慎重に決すべきである(事案では、競落許可決定が取り消されるなど、抵当権の実行は少なくとも事実上相当長く継続しているといえるのではないか。なおこの点については前の〔四八七〕末段参照)。

〔四九一〕 (ハ)通知は、登記簿に記載されている第三取得者の住所に宛てて発すれば、実際に到達しない場合にも効力を生ずる(大決昭和六・一二・一一民一二一九頁)。抵当権者の負担を軽減しようとする趣旨である。

〔四九二〕 (ニ)通知に遺漏があるとき、または通知後一ヵ月の期間を経過しない間になされた競売申立は、違法であって、これに基づいて競売開始決定をなすべきではない(大決昭和四・七・六民六三八頁)。しかしこの瑕疵は、手続上のものであるから、競落許可決定が確定した後は争うことができない(大判昭和四・一・二三民二三頁)。

〔四九三〕 (ホ)抵当権者が被担保債権について債務名義を有するときは、これに基づいて競売申立をすることができる。その場合にも、第三取得者に対して予め通知をすることが必要であろうか。場合を分けて考えるべきである。(i)第三取得者が地上権・永小作権を有する者である場合には、一般債権者が差押えその後に抵当権に基づく競売申立のある場合との権衡からいっても、通知する必要はないと解すべきであろう(〔四七八〕末段参照)。ただし、古い判例に反対のものがある(大判明治三七・五・一一民六五七頁(地上権者に通知しないときは競売手続は無効))。(ii)これに反し、第三取得者が所有名義を取得している者である場合には、一般債権者として差押えることはできないはずだから、債務名義を有する場合にも、抵当権者としての競売申立であり、従って通知を要すると解すべきであろう。

〔四九四〕 (2)他からの差押がないこと

(イ)他の抵当権者または一般債権者からの競売申立または差押がある不動産については、二重に競売開始決定をせず、民訴第六四五条を準用して記録添付の手続をとることは前述した(〔四七八〕)。

(ロ)国税の滞納処分による差押があるときには、抵当権者が競売申立をしても受理されない慣行が確立していたが、先年「滞納処分と強制執行等との手続の調整に関する法律」(昭和三二年法九四号)によって改められたことは前述した。その内容は、要するに、記録添付の効果をもつだけでなく、一定の場合には、執行裁判所の決定をえてみずから競売手続を進めることもできるということである(〔四七三〕—〔四七五〕)。

第三 競売手続

〔四九五〕 一 競売開始決定とその効力

適法な競売の申立があるときは、管轄裁判所は、(i)競売開始決定をなし、(ii)これを抵当目的物の所有者に送達するとともに、(iii)競売申立の嘱託登記をする(競二五条・二六条)。そして、判例はこの競売開始決定は不動産について差押の効力を生じ、関係的処分禁止を中心とする種々の重要な効果を生ずるものとしている。前に一言したことだが(〔四三八〕)、実体法的にも重要なことだから、重ねて述べる(判例の詳細につき、我妻・福島前掲「抵当権判例法」一一八頁以下参照)。

なお、抵当権を設定した後に、その者が抵当地に建物を建てたときは、抵当権者は、土地と建物をともに競売することができる（三八九条本文）。土地の抵当権は建物の上には及ばないが（三七〇条）、地上の建物と一緒でないと競売が困難なことを慮って設けられた規定である。ただし、優先弁済権は土地の競売代価についてだけ行なうことができる（同条但書（〔四〇八〕参照）。なおかような場合には法定地上権も成立しないことにつき〔五二九〕参照）。

〔四九六〕 **(イ)** 抵当権に基づく競売開始決定について差押の効力を認めたのは、競売手続の始めの時点において当該不動産の権利関係を確定させないと、爾後の手続の進行に支障があるからであるが、その根拠としては、不動産の強制執行手続における競売手続開始決定が債権者のために当該不動産を差押えるものであること（民訴六四四条）の類推と考えてよい（大決大正四・九・八民一四四三頁、大判昭和八・一〇・六民二四七三頁等）。

(ロ) 競売開始決定が差押の効力を生ずる時期は、競売開始決定が送達された時、または競売申立の登記がなされた時のいずれか早い時期とされる（大決昭和二・四・二二民一四七頁）。のみならず、登記の後は、第三者は善意のものとしての保護（民訴六五〇条）を受けることはできない（右の大判昭和八・一〇・六民二四七三頁）。

〔四九七〕 **(ハ)** 競売開始決定に付与される差押の効力とは、要するに、関係的処分禁止の効力と考えてよいが（右の昭和八年の判決の他、大決大正四・一二・一四民二一〇六頁等）、主要な内容を列記する。

(a) 抵当不動産の天然果実に対して抵当権の効力が及ぶようになる。すなわち、第三七一条但書の差押に当る（大判大正四・三・三民二二四頁（稲立毛の事例）、〔四〇六〕参照）。

(b) 抵当権設定後の短期賃貸借は、とくに抵当権に対抗しうるものとされる（三九五条）が、競売開始決定後に締結されるものは、この保護を受けることはできない（大判大正二・一・二四民一一頁（後の〔五一五〕参照））。

(c) 競売開始決定後は、抵当権は、目的不動産から分離した物（物理的変形物）、例えば抵当山林から伐採された木材、抵当建物が崩壊して生じた材木などにも直接の効力を及ぼすものとされる（大判大正五・五・三一民一〇八三頁（伐採木材の事例）、大判大正六・一・二二民一四頁（崩壊建物の事例））。すなわち、競売開始決定後は、右の分離物についても競売をしてその代価から優先弁済を受けることができる。なお、伐採木材に対しては、右の他に、抵当権そのものの効力としても、一定の範囲で効力を及ぼすと解すべきことは前述した（〔三九四〕以下）。

〔四九八〕　**二**　競売期日

競売開始決定をしたときは、裁判所は、さらに、(i)競売期日を定め、(ii)これを公告するとともに、(iii)利害関係人に通知する（競二七条・二九条）。(iv)競売期日は裁判所内その他適当な場所で開くが、その手続は大体において民事訴訟法の強制執行に準じて行なわれる（競三〇条—三二条）。

(イ)通知をなすべき利害関係人（競二七条三項）の範囲については、多くの問題があるが、手続上のことだから省略する（我妻・福島前掲「抵当権判例法」四三頁以下に多くの判例を挙げている）。また、公告、通知などに対する異議は競落許可決定が確定した後には提起しえない（大判大正一五・一一・二五新聞二六四五号一二頁）。なお、通知の瑕疵についての異議は、自分に対する通知に瑕疵のある場合に限って許される（大決昭和八・三・三民二八七頁）。

〔四九九〕　**(ロ)**競落人となりうる者　実体法的にやや注意すべきことは、民法が、第三取得者が競落人となりうる旨を定めたことである（三九〇条）。すでに権利を有する者がさらに競買人となることは、一見しては奇異なようだから、明文を設けたものであろう。しかし、第三取得者は競売によって権利を奪われるものであるから、これを保留する意味において競買人となることができることは、むしろ当然である。抵当権設定者（物上保証人・債務者）なども競落人となりうることはいうまでもない。また抵当権者自身がなる例はすこぶる多い。その場合に抵当権の内容についての特約（例えば三七〇条但書）が当事者の間の特約としてどの程度の効力をもつべきかは前述した（〔三九二〕）。さらに、抵当権の目的物の帰属について法律上の制限のあるもの（例えば農地）についての競落人となりうる条件についても前述した（〔三五四〕）。

〔五〇〇〕 **三　競落許可決定とその形式的効力**

競売手続が進行し、(i)最高価競買人が定まると、執行裁判所は競落許可決定を言い渡す。そしてこの競落許可決定が確定したときは、(ii)競落人は直ちに裁判所に競売代価を支払わなければならない（競三三条一項）。(iii)そしてこれを支払うと、所有権を取得し、かつその不動産の引渡を求めることができる（競三二条二項、民訴六八七条）。(iv)裁判所は、競落人の権利取得につき嘱託登記をなし（競三三条一項）、(v)代価の中から競売の費用を控除し、さらに、(vi)第三取得者が抵当不動産について必要費または有益費を出したときは、第一九六条の規定に従ってこれに償還し、(vii)その後に、担保物権者にその権利の効力と順位とに応じて分配をする（競三三条二項、民三九一条）。かようにして競売手続は完了し、手続上の瑕疵は治癒されて争うことができなくなる。

しかし、幾度も述べたように、かようにして競売手続が完了した後においても、抵当権または被担保債権そのものに瑕疵があった場合には、この瑕疵は手続の完了によっては治癒されず、権利者は、これを理由として、競売の結果を覆えすことができる。そのことは後に譲り、ここには、競落許可決定の手続面の効果の重要な点について略述する。

(イ)競落の効果として、競落人は競売の目的とされた権利を取得する（競二条一項）が、その権利を取得する時期は、競売代価を完済した時とされる（大判大正四・一二・一五民二一一七頁、大判昭和七・二・二九民三九七頁等）。意思表示だけで権利移転の効果を生ずる民法の原則からいえば、例外というべきかもしれないが、競売の効果の確実を期するためには、当然であろう。

〔五〇一〕 (ロ)取得する目的物の範囲は、前に述べた抵当権の効力の及ぶ範囲と同一であって、附加物・従物・従たる権利・抵当権実行通知もしくは差押以後の天然果実などを含む(〔三八〇〕以下参照)。最も重要なのは、建物の競落人が法定地上権を取得する場合があることであるが、それは後に詳述する(〔五二六〕以下)。

〔五〇二〕 (ハ)競落人と目的物の上に存した用益権との関係は、抵当権設定の時を標準として決定する。すなわち、その時にすでに対抗力を備えた用益権は競落人に対抗することができるが、そうでないものはこれに対抗することはできない(〔四三四〕以下参照)。問題となるのは、競売を申立てた抵当権者とそれに優先する抵当権者との間に存在する用益者の地位である。判例は、かような場合にも、最先順位の抵当権を基準として用益権の継続を決定すべしとして、用益権は消滅するという(大判大正七・五・一八民九八八頁)。次段に述べるように、中間に存在するものが不動産質権である場合には質権は消滅しないとする判例といささか一貫しないものを含むようでもあるが、かれにあっては、弁済して消滅させる手段の問題であるのに反し、これにあっては、競落人において消滅させる方法がない場合である。別異に解する根拠があるといえるであろう。もっとも、抵当権が設定された後の用益権の保護が薄きに失することは、また別問題であって、その対策は考えなければならないが(〔四三九〕・〔五一一〕参照)、それを理由に、右の場合にだけその存続を認めるのは、正しい解釈の態度ではあるまい。

所有権移転の請求権の仮登記も右と同様である。すなわち、この仮登記に優先する抵当権が存在する場合には、この仮登記に劣後する抵当権の申立による競売によっても、仮登記は効力を失なう。判例の以前から認める理論であって（大判大正七・五・一八民九八四頁、大判昭和一五・九・三新聞四六二四号七頁など）、最高裁も承継する（最高判昭和四一・三・一〔昭和四〇（オ）一〇八三号〕民三四八頁）。このことは、公売処分において、仮登記に優先する抵当権が公売処分に対抗しえない場合にも同様である（最高判昭和四一・三・一〔昭和三九（オ）六四〇号〕民三三七頁（旧国税徴収法による事案だが、新法でも同じ）、〔四五九〕参照）。

なお、土地の競落人が法定地上権の制限を受ける場合があること、及びとくに短期賃貸借保護の制度があることは、前述のとおりであるが、実際上極めて重要なものであるから、次段以下に改めて詳述する（〔五一〇〕以下・〔五一六〕以下）。

〔五〇三〕 (二)他の担保物権との関係

(a)先取特権と抵当権は、競売の基礎となった先取特権または抵当権に優先するもの（例えば、抵当権に基づく競売の場合の不動産工事の先取特権、三番抵当権に基づく競売の場合の一番抵当権など）もすべて消滅する（競二条二項）。そして、順位に従って競売代金の配当を受ける。

(b)抵当不動産の上の留置権は、競売によって消滅しないが、競落人は留置権によって担保される債務を弁済しなければ目的物を受取ることができないから（競二条三項）、留置権は、結局、最優先的な弁済を受けることになる（〔五〇〕参照）。

(c)質権も、それに劣後する担保権者の申立てた競売によっては消滅せず、競落人は、その質権者及びその質権者に優先する債権者（例えばその不動産保存の先取特権者（三三九条・三六一条））に弁済しなければ、目的物の引渡を受けることができない（競二条三項）。これに関連して問題となるのは、その質権に優先する抵当権が存在する場合である。有力な反対説があるが、この抵当権は消滅せず、いいかえれば、競落人は不動産質権及び抵当権の負担を伴なう不動産を取得する、と解する判例を支持することは前述した（〔二一五八〕c、なお〔五〇二〕参照）。

〔五〇四〕（ホ）競売手続上の関係として、さらに問題となるのは、競落人が代金支払期日に完済しないときである。そのときには、民事訴訟法の規定に従い、職権で再競売に付される（競三二条二項による民訴六八八条一項の準用）。そして、もし再競売の代価が最初の競売の代価より低いときは、最初の競売の競落人は、その不足額と手続の費用とを負担しなければならない（民訴六八八条五項の準用）。この不足額請求の事例は、実際上極めて頻繁に生ずるので、判例はその理論を明らかにするために多大の苦心と動揺をみせたが、今日においては、不足額請求権は、第一次に、再競売の代金によって債権の満足をえない抵当債権者に帰属し、第二次に、目的物の所有者に帰属するものであって、抵当債権者は、自分の権利として、直接に最初の競落人に請求することができるものとされている（大判大正六・八・一一民一四三四頁、大判大正一二・一一・二四民六一〇頁、なお我妻・福島前掲「抵当権判例法」一〇七頁以下）。

第四　債権及び抵当権の瑕疵の競落許可決定に対する影響

〔五〇五〕競売手続が完了して手続上争うことができなくなった場合にも、その競売の基礎となった債権または抵当権そのものに実体法的な瑕疵があるときは、競落人は抵当権の目的たる権利を取得することができず、債務者・抵当権設定者などの関係者は、競売の無効を主張してその返還を求めることができる。競売手続の進行中に異議を述べなかった場合でもよい（大判大正二・六・二六民五一三頁（競落後七年を経て、抵当権設定が偽造文書によると争った事例）、大連判大正一一・九・二三民五二五頁（判民七八事件我妻、民法判例評釈Ⅰ所収）等多数）。このことは、すでに繰り返し述べたことであるが、つぎにその内容を具体的に列記する。

〔五〇六〕(1) 被担保債権の瑕疵

（イ）被担保債権が競売手続の進行中に弁済によって消滅したときにも、抵当権による競売は根拠を失ない、競売手続は続行することができなくなるから、抗告によって手続の進行を阻止しうることはいうまでもないが(大決大正九・七・二六民一〇〇〇頁、大決大正一一・一二・一民八六〇頁等)、手続が終了した後にも、訴によって競落人の権利取得を争うことができる。その手続の進行中というのは、競落許可決定によって定まった競落代金の支払である(大判大正一一・一二・二六民八二二頁、大判昭和三・六・二八民五三三頁、最高判昭和三七・八・二八民一七九九頁等)。裁判所の定める支払及び配当の期日の前になされてもよい(大決昭和一一・二・一九民二二五頁、大決昭和一二・一〇・五民一四九六頁(ただし、いずれも手続上の争いに関する))。また、抵当権者が受領しないときは、供託をしてもよいことはいうまでもない(右の大正一一・一二・二六、昭和三・六・二八の両判決は、ともに供託の事例)。なお、右の昭和三年の判決は、抵当権者が競落し代金を支払った建物がその直後大正一二年の大震災で滅失したが、たまたま債務者が競落人の弁済の前に供託をしていたので、競落人は供託の有効、すなわち競売の無効を主張し、債務者はこれを争って、供託金の返還を受けようとする興味ある事例である。

〔五〇七〕 (ロ)被担保債権が抵当権とともに譲渡され、譲受人の申立によって競売される場合にも、抵当権についての移転登記の他に、債権についても譲渡の対抗要件(通知・承諾)を必要とする。もっとも、この対抗要件は、競売手続に対する異議の裁判があるまでになされればよい(大決昭和六・一二・九民一二〇四頁)。しかし、この対抗要件なしに競売手続が完了したときには、その後でも、競売の結果を覆えすことができる(前掲大連判大正一一・九・二三民五二五頁など多数)。さらに、確定日附によらない通知・承諾に基づいて競売手続が進められた場合でも、別に確定日附ある証書による通知・承諾があるときは、これによる譲受人によって、前の手続による競売の結果は覆えされる(大判昭和九・一一・二四新聞三七八七号九頁(事案は被担保債権の差押・転付命令だが同一に帰するであろう))。

〔五〇八〕 (2)抵当権の瑕疵

（イ）被担保債権が完全なものであっても、抵当権自体に瑕疵がある場合には、競落人は権利を取得することはできない。抵当権の設定が偽造文書によるとき（前掲大正二・六・二六民五一三頁はかような事例）、代理権のない者が設定したとき（大判大正八・二・六民六一頁（抵当権設定行為に一一〇条の表見代理が成立せずとされた事例）、大判昭和六・五・二新聞三二七〇号一二頁も類似の事例）などがその適例である。

〔五〇九〕（ロ）抵当権の目的とされた不動産が、設定者以外の第三者の所有に属するものであったときは、競売はどのような影響を受けるであろうか。判例は、売主の瑕疵担保責任の規定（五六八条）を適用すべきものという（大判大正八・五・三民七二九頁）。債権及び抵当権そのものには瑕疵がないから、目的物についての売買は一応効力を生ずると解するのであろう。正当と思う。

第五　短期賃貸借の保護

〔五一〇〕一　立法の趣旨と制度の作用

(1)第六〇二条の期間を越えない短期の賃貸借は、抵当権の登記の後に登記されたものも、なお抵当権に対抗することができ、従って、競落人に対してもその存続を主張することができるものとされる（三九五条）。抵当不動産の利用が実際上円滑に行なわれることを目的とする制度であることは前述した（〔四三六〕2）。抵当権が、その設定後に成立した用益権によって多少なりとも制限されることは、抵当不動産の価値を、設定当時の評価額より低くするであろうから、抵当権者にとって不利益となる。しかし、競落人の所有に帰してからも存続する賃貸借の内容が合理的なものであれば、価値権と利用権の調和という理想のために、抵当権者もその不利益を忍ばねばなるまい。すなわち、賃貸借の内容が不合理で抵当権者に不当の不利益を及ぼすものである場合にその制限を免かれる途が開かれていることが重要であって、それがある限り、抵当権者に対してある程度の不利益を強いることも止むをえない、ということになろう。第三九五条の但書は、民法制定の際、かような配慮のもとに、これを審議した当時の衆議院で追加されたものである。

〔五一一〕 (2)しかしながら、この制度の実際上の利用の状態をみると、遺憾ながら、立法の目的を達成していない。一方からいえば、保護する賃貸借を第六〇二条の期間を越えない短期のものに限ったことは当をえない。ことに借地法・借家法の立法趣旨と調和しない。のみならず、内容の不合理なものは、抵当権者が解除の裁判を求めることができるとしただけで、裁判所による合理的改造の途を残さなかったことも問題である。しかし、他方からいえば、不合理な賃貸借は、競売手続が終了するまでに、訴によってその解除を求めなければならない、というのも、抵当権者にとってはすこぶる厄介なことである。抵当権者にこの厄介をかけて手続の進行を遷延させる目的で、債務者(抵当権設定者)と賃借人が通謀して賃貸借の登記をする例も稀ではない。

抵当権設定後の価値権と用益権の調和のためには、より根本的な制度が必要なように思われる。

二 抵当権に対抗しうる短期賃貸借の要件(三九五条一項)

〔五一二〕 (1)第六〇二条の定める期間を越えない期間の定めのあること

第六〇二条の定める期間は、(i)山林は一〇年、(ii)山林以外の土地は五年、(iii)建物は三年、(iv)動産は六ヵ月を、それぞれ越えないものであるが、借地法・借家法との関係で問題を生ずる。

(イ)借地法との関係 (a)借地法では、当事者が期間を定めなければ、賃貸借の目的が堅固な建物の所有かどうかによって、六〇年または三〇年に一定され、当事者が期間を定めても、右の区別に従って、三〇年または二〇年未満の期間は許されない。いいかえれば、宅地の賃貸借を五年と定めることは許されない。第三九五条の適用についてどう解すべきであろうか。第三九五条そのものが借地法で三〇年または二〇年(当事者の設定しうる最短期)と変更されたとみることはできないとする判例(大判昭和二・一・三一民六頁(判民二事件我妻、民法判例評釈Ⅰ所収))は正当である。しかし、どう解すべきかについて判例の積極的な見解は明らかでない。借地法の関係では、期間は、右のように、長いものに一定されるが、第三九五条の関係では、五年未満という約旨はそのまま効力を持続し(従って登記も可能)、その限度内で抵当権に対抗しうると解するのが正当であろうと思う。

(b)第三九五条の関係では宅地の賃貸借も五年以下と定めうるとするときは、その更新が問題となる。競売開始決定の後は更新は認められないが、それまでは、借地法第四条の要件を必要とせず、二〇年ないし三〇年まで、当然に更新される、と解すべきであろう。

〔五一三〕 (ロ)借家法との関係　(a)借家法は、一年未満の期間を定めることを許さないだけだから、第三九五条は、大体において、文字どおりの適用をみる。すなわち、三年以下の賃貸借は、借家法で認められ、抵当権に対抗することもできる。そして、一年未満の期間を定めたものは、期間の定めがないものとして次段に述べる効力をもつ。

もっとも、右の場合の期間の更新はやや問題だが、借家法第二条を適用して、原則として更新するものと解してよい。借家契約の更新がある程度まで強制され、その限りでは抵当権に不利となることは否定しえないであろうが、つぎに述べる期間の定めのない場合と同様に、賃貸人の更新拒絶についての正当の事由の有無を判断するに当って、抵当権設定後の賃貸借であることをも判断の一つの要点とすれば足りるであろう。

〔五一四〕（b）期間の定めのない場合　借家の契約には、期間を定めなくとも妨げない。これについて第三九五条の適用をどう解すべきであろうか。第六一七条によって、三ヵ月の猶予期間をおいて自由に解約することができた時代には、判例は、第三九五条の適用に関しては第六〇二条の期間を越えないものとした（大判昭和五・六・二三裁判例(四)七二頁、大判昭和一二・七・一〇民一二〇九頁など）。そして、その後、昭和一六年の借家法改正によって、正当の事由がなければ解約ができなくなってから、下級審の判決は多岐に分かれたが、最高裁（最高判昭和三九・六・一九民七九五頁、ただし傍論（後の〔五一八〕参照））は、第三九五条の適用を認め、解約事由たる正当の事由の判断に当って抵当権に対抗しうるものであることをも考慮すべしという。裁判所に過当の負担を課する嫌いがないでもないが、より適当な途は考えられないようである。

〔五一五〕(2)賃貸借の登記があること（登記に代るものの効力）

（イ）賃貸借に登記のあることが要件とされるが、抵当権の設定登記の後何時までに登記されることが必要であろうか。民法には制限がないが、判例は、競売申立の登記がなされる前にしなければならないという（〔四九七〕b所掲の判決参照）。理論的には、前述のように、競売の開始による差押の効力（関係的処分禁止）の一適用であり（〔四九五〕）、実際的には、短期賃貸借保護の制度の濫用を抑制しようとする判例の努力の現れであって、至当な態度というべきである（以前には反対説があったが、近時の学説は一般に賛成する）。

〔五一六〕（ロ）登記は仮登記でもよい、とするのが判例である。仮登記をする場合の多くは、抵当不動産の所有者の負担する債務の不履行の場合に行使しうる賃貸借設定請求権（不登二条二の一項）ないしは、右の債務の不履行を停止条件とする賃貸借設定請求権(不登二条二の二項)の保全として行なわれる。抵当権者自身が賃借人となるものもあり(大判昭和一〇・四・二五民六九三頁(判民四五事件有泉)―後順位抵当権者がした事例)、抵当権その他の担保権を設定しないものもある(大決昭和一一・六・二五民一五〇三頁(判民九九事件来栖)―競落についての嘱託登記の際にこの仮登記の抹消をしたのは違法だとする事例(〔五一八〕・〔五二四〕参照))。判例は、いずれの場合にも、これを抵当権者に対抗する要件を備えるものとし、その反面、仮登記を備えるものも、その内容が抵当権を害するときは、解除請求ができるものとする(前掲大判昭和一〇・四・二五民六九三頁、大判昭和一二・六・一四民八二六頁など)。学説は一般に支持する。賃貸借の仮登記をするもののうちにも、制度の濫用といいえないものがないとも限らないかもしれない。また、濫用であれば、容易に解除請求が認められるであろう。しかし、形式はともかく、実質においては、抵当権の静止している間は用益せず、抵当権が活動を開始しようとする途端に用益権が生ずることにするようなやり方は、価値権と用益権の調整をはかろうとする制度の目的に矛盾する。のみならず、解除の訴を提起することは、すでに抵当権者にとって大きな負担である。競売開始決定のあるまでに本登記としない以上、賃借権の仮登記は第三九五条の要件を充たさない、すなわち競売に当ってはこれを無視する、と解することが正当であると考える(前掲有泉・来栖両評釈にかような意向が暗示されている)。稀に真実止むをえずに仮登記としているものがあるとしても(不登二条一にそのような場合もありえようか)、よって生ずる弊害は忍ぶべきである。

〔五一七〕 (ハ)民法は、賃貸借の第三者に対抗する要件として、登記しか認めていない(六〇五条)が、その後、賃貸借の登記以外にも、対抗要件としての効力をもつものが認められるようになった。それらのものは、第三九五条の適用に当って登記の代りとしての効力を認めることができるか。

(a)借家法の認める建物の引渡(借家法一条参照)については、判例は肯定し(前掲大判昭和一二・七・九民一一六二頁、大判昭和一二・七・一〇民一二〇九頁)、最高裁もこれを踏襲した（最高判昭和三九・六・一九民七九五頁）。

（b）これに反し、建物保護法の認める借地上の建物の登記（同法一条参照）については、否定した（大判昭和六・七・二一民五八五頁（判民六一事件末弘評釈は判旨に反対）、大判昭和九・五・一一新聞三七〇二号一三頁）。根本の態度において矛盾を免かれない。これについても肯定するのが正当である。

（c）農地法の認める農地または採草放牧地の引渡（農地法一八条参照）についても、借家の引渡と同様にとり扱うべきである。

〔五一八〕 (3)短期賃貸借が抵当権者に対抗しうる場合には、競落人に対して、賃貸借の存続を主張することができるものであることは前述した。その法律的な関係は、競落人が賃貸人の地位を承継する、と解してよい。従って、前主に交付した敷金なども競落人から返還を請求することができる（前掲最高判昭和三九・六・一九民七九五頁（競落人と賃借人と合意解約をし、賃借人から敷金の返還を請求する事例）、〔五一四〕）。競落についての嘱託登記に当っては、対抗しうる賃貸借の登記を抹消すべきでないことはいうまでもない。けだし、「競落人ノ引受ケザル不動産上負担ノ記入」（民訴七〇〇条一項第二参照）ではないからである（大決昭和四・九・二五裁判例(三)民一〇九頁、大決昭和一一・六・二五民一五〇三頁）。

三　有害な短期賃貸借の解除請求

〔五一九〕 (1)解除請求の当事者と方法

「裁判所ハ抵当権者ノ請求ニ因リ其解除ヲ命ズルコトヲ得」と定められているが（三九五条但書）、抵当権者の訴によって、裁判所は、判決で、賃貸借の解除を宣言する（大判昭和一〇・四・一五新聞三八三三号一五頁など）。すなわち、訴は形成の訴であり、相手方は、賃貸借契約の両当事者を共同の被告とする（必要的共同訴訟）（大判大正四・一〇・六民一五九六頁、大判昭和七・九・三〇新聞三四八二号一五頁など）。

〔五二〇〕 (2)解除請求をなすべき時期

(イ)抵当権者がみずから競売申立をなし、または他の抵当権者が競売申立をした後にされる事例が多いが、必ずしもそうする必要はない（〔五二二〕参照）。ただし、弁済期が到来して抵当権の実行が可能となった後であることを必要とすべきであろうと思われるが、その点の判例は必ずしも明瞭ではない。

(ロ)解除の判決なしに競売手続が完了すれば、競落人は賃貸借の負担を伴なう目的物を取得するのだから、解除の判決は、その前になされなければならない。そして、この場合の競売手続の完了とは、競落人が代金を納入して目的物の所有権を取得することである（大判大正四・一〇・六民一五九六頁、大判昭和七・二・二九民三九七頁など）。

(ハ)ちなみに、抵当権者が解除の手続をとらずに競売手続が完了したときは、競落人と賃借人との間の賃貸借関係は、前記の存続期間に関する特別の点は除いて、その他の点では、普通の賃貸借関係と同一になり、問題は決着する。従って、たといそのために競売代金が低廉であったとしても、抵当権者は賃借人や賃貸人に対して損害賠償の責任を問うことはできない（大判昭和八・四・二五民九二四頁（判民六七事件川島評釈は判旨に疑問を提出）、大判昭和九・九・八新聞三七四六号一〇頁などにかような事例が見える）。

〔五二一〕 (3)抵当権に損害を及ぼすかどうかの判定の基準　抵当不動産の上に競落人に対抗することのできる賃貸借が成立したために、競売価格が低下し、抵当権者が被担保債権の弁済として取得しうる額が減少することが、要するに、抵当権者に損害を及ぼす、ということであるが、いろいろの点に問題を生じる。主要なものを列記する（判例の詳細は、我妻・福島前掲「抵当権判例法」二二三頁以下、判例コンメンタール（清水）三九五条〔5〕（五〇〇頁）参照）。

(イ)抵当権者の被担保債権としては、元本と延滞利息全額の合計であって、第三七四条の制限を加えない(大判昭和一二・六・一四民八二六頁)。競売費用を含めることはいうまでもない(大判昭和一二・八・一〇民一三四四頁)。やや問題となるのは、訴を提起した抵当権者への配当を基準とするか、後順位抵当権者への配当をも考慮するかである。抵当権の実行は、その目的物の上に存するすべての抵当権のための一括的清算を行なう趣旨を含むものではあるが、抵当権者に損害を及ぼすかどうかという問題などでは、個別的にとり扱うのが妥当であろう。すなわち、解除を求めている抵当権者への配当予想額を基準とする。それに影響がなければ、後順位者に影響を及ぼしても解除請求は成立しない。なお、被担保債権に保証人があることは考慮する必要はない(大判昭和九・一一・二二新聞三七八六号一四頁)。

〔五三二〕(ロ)損害を及ぼすかどうかを判定する基準となる時点は、結局、当該訴訟の口頭弁論の終結の時となる。競売申立がなされた後にこの訴が提起された場合には、「競売の時」といってもほとんど差異は生じないだろうが、前記のように、競売の申立をしないで解除請求の訴を提起することもできるのだから、その場合には、右のようにいう他はあるまい。いずれにしても、賃貸借の成立の時、ないしはその登記の時ではない。また、抵当権の実行が可能となった時点でもない。その結果、弁済期後に目的物の値下りを生じた場合などには、その間の被担保債権の増大と結びついて、抵当権者を害する状態となることもありえよう。しかし、それは解除の請求を否定する理由とはならない(判決多数)。抵当権者は被担保債権の弁済期が来ても抵当権の実行を強いられるものではなく、また短期賃貸借保護の制度は、賃借人の善意悪意によって適用を異にする制度ではないからである(賃貸人・賃借人の悪意を必要としない)。

〔五二三〕（八）賃料その他賃貸借の内容は重要な意味をもつ。賃貸借の存在そのものが抵当権の目的物の価格を多少とも低下させるのは事実だとしても、害するかどうかは解除を請求する抵当権者への配当額を基準として判定するのだから、賃貸借の存在は必ずしも常に当該抵当権者を害するとはいえない。賃貸借の内容が重要な意義をもつのはそのためである。もっとも、賃貸借の内容は、借地法・借家法・農地法で規整されているので、それほど大きな差異はない。結局、実際上の問題となるのは、賃料の前払いである。これについて、判例は、以前には、賃料前払いは抵当権者に対抗しえないとなし、従って、損害を与えることにならない、と判示していたが、後に、その旨の登記をすれば（不登一三二条（旧一二七条）の「借賃ノ支払時期ノ定」に該当する）抵当権者に対抗しうるとなすと同時に、従って損害を与えるかどうかを判断する重要な要素となるとするに至った（大判大正七・九・二七新聞一四八八号二四頁、大判昭和七・四・二八民八五一頁など多数）。正当である。最高裁もこれを踏襲する（最高判昭和三四・一二・二五民一六五九頁）。

〔五二四〕(4)形成判決によって解除された賃貸借の登記は、抵当権者において、抹消することができるが、抵当権者が単独で抹消するためには（不登二七条参照）、賃借人を被告として（賃貸人を相手に加えるべきではない（大判昭和九・二・一七新聞三六七五号七頁））、登記抹消請求の訴を提起しなければならないとされる。形成判決では登記ができないとする判例理論による（物権〔一三九〕参照）。もっとも、右の訴は、賃貸借の解除を請求する訴と併合して提起することができ、その場合には、裁判所は解除を宣言する判決の確定を条件として抹消登記手続を命ずる判決をすることができる（大判昭和八・八・七新聞三五九三号一三頁）。

〔五二五〕**四**　第六〇二条の期間を越える賃貸借

第六〇二条の期間を越える賃貸借は、抵当権の設定後に締結されたものは、登記をしても、抵当権に対して対抗力をもたないが（〔四三六〕(2)参照）、関連して問題となることがある。

（イ）この長期の賃貸借は全然対抗力がない。第六〇二条の期間内だけ対抗力をもつのではない（大決大正一二・一・一九民一頁、最高判昭和三八・九・一七民九五五頁など）。

（ロ）やや問題となるのは、かような長期賃貸借の登記は、抵当権者において、その抹消を請求することができるかどうかである。否定する判例（大判昭和六・七・一〇民五二四頁（判民五五事件戒能評釈は判旨に賛成））が正当である。形式的にいえば、対抗力のないものは抹消する実益がないことになるが、実質的にいえば、競売が行なわれずに抵当権が消滅すれば、賃借権はそのまま効力をもつからである。結局、競落人から、賃借権を否認して明渡と登記の抹消を求めることになる。

第六　法定地上権

一　立法の趣旨と制度の作用

〔五二六〕 (1)甲が土地とその上の建物とを所有する場合に、土地だけを抵当に入れるときは、競売によって土地を取得する競落人乙は、その建物のために地上権の制限を受ける。また甲が建物だけを抵当に入れるときは、競売によって建物を取得する競落人乙は、その建物のために地上権を取得する（三八八条本文）。かように抵当権実行の結果として当然に生ずる地上権を法定地上権という。立木法にも同様の制度が認められている（同法五条）。法定地上権制度の存在意義は、かような地上にある建物の存在を全うさせようとする国民経済上の必要だと説かれる。制度の根底にそのような思想のあることは疑いない。しかし、もう少し理論的に分析して考察する必要がある。思うに、土地と建物とを別個の物とみるわが国の法律思想の下においては、土地と建物とは常に別個のものとして取引される。しかし建物は、その性質上、土地の利用権を伴なわずには存在しえないものである。従って、建物が取引されるときは、土地の利用権を伴なうものとみるべきであり、また建物のある土地だけが取引されるときは、その建物のための利用権によって制限される土地の取引とみるべきである。そうだとすると、さらに一歩を進めて、土地に建物が建設されると、それによって、土地所有権の内容は、潜在的な関係において、その建物利用のための法益と、その他の法益すなわち利用に対して対価を徴収しかつその利用を妨げない範囲で利用する法益とに分離されるものと考えることができる。もちろん、土地と建物とが同一人に帰属する間は、この潜在的な関係を現実化する必要はない。また当事者の意思によってこの土地または建物の一方を譲渡するときは、当事者は賃借権または地上権を設定することによって――詳言すれば、建物を譲渡するときは、相手方に用益権をつけてやり、土地を譲渡するときは、用益権を自分に保留し――この潜在的な関係を現実化することができるのであるから、とくに法律の干渉を必要としない。これに反し、右の土地または建物の一方が抵当に入れられ、競売の結果所有者を異にする場合には、右の潜在的な利用関係を現実化することが極めて必要であるにも拘わらず、当事者はこれをなす機会を持たない。けだし、抵当権の設定当時においては、土地と建物とは同一人に帰属するため、建物のために利用権を設定することは、民法上不可能であり、また競売によって所有者を異にする際にこれを設定することは、理論的には可能だとしても、事実上不可能に近いからである。ここにおいてか、民法は、右の理論上可能となる瞬間において、右の潜在的な利用関係が法律上現実化するものと定めた。これが法定地上権の理論的根拠である。

〔五二七〕　(2)右の説明からおのずから明らかなように、わが民法上、土地所有者が自分のために地上権または賃借権を設定すること（自己地上権・自己賃借権）が認められるなら、法定地上権はほとんどその必要がないといえる。のみならず、かような制度を認め、地代その他の内容も設定者みずから決定してこれを登記することにすれば、法律関係が極めて明瞭となり、第三八八条の簡に過ぎて明瞭を欠く制度よりもはるかに適切な機能を営むであろうと推測される。法制審議会民法部会関係者から成る借地借家法改正準備会がかつて（昭和三五年七月）発表した借地借家法改正要綱案は「自己借地権」と「自己転借地権」を提案している。すなわち、土地所有者または借地権者は、自分のために借地権（自己借地権）または転借地権（自己転借地権）を設定することができるものとし、その成立または消滅は登記によるものとするのである。

しかし、さらに進んで考えれば、自己借地権・自己転借地権を創設しても、その利用を当事者に一任しただけでは、なお充分でないと懸念されないではない。万全の措置としては、建物はその敷地の所有権ないし利用権と一緒にしなければ処分することができず、また建物のある土地は、建物のために利用権を保留せずには処分しえない、という原則を確立して、登記その他の手続をこの原則に従って運用し、自己借地権・自己転借地権の設定を間接に強制することである。そうすれば、土地や建物の取引関係が極めて明瞭になるだけでなく、例えば同一所有者に属する土地と建物の差押・競売は一括してなされ、所有者がそれを避けようとすれば、競売手続中に自己借地権を設定し、土地と建物を分離することになる。かような構想は、すこぶる実際に適したものであろうと思われる。しかし、これは土地と建物との関係についての民法の根本原則を覆えして新たな制度を作ることを意味し、借地法の領域に止まるものではないとして見送られたのであった。

〔五二八〕 二　法定地上権の成立要件

判例は第三八八条の要件を緩和し、法定地上権の成立する場合を多くしている。用益権の拡張のために価値権に対して相当の譲歩を求めるものであるが、今日の社会情勢からみて、大体において至当な態度といえるであろう。判例理論をも考慮して、法定地上権の成立の要件として、つぎの四つを数えることができる。(i)抵当権設定の当時に土地の上に建物が存在すること、(ii)その両方が抵当権設定の当時に同一の所有者に属すること、(iii)土地と建物の一方または双方の上に抵当権が存在すること、(iv)競売が行なわれて、土地と建物が別異の者に帰属するに至ったこと。

〔五二九〕 (1)抵当権設定の当時に土地の上に建物が存在すること

(イ)更地《さらち》の上の抵当権　抵当権設定の当時に土地の上に建物が存在することが法定地上権成立の要件だということは、いいかえれば、建物のない土地、いわゆる更地に抵当権を設定し、その後に建物を建設した場合には、建物のために法定地上権は成立しないということである（大判大正四・七・一民一三一三頁など）。他の点では要件を緩和する判例もこの一線は厳格に守って譲らない。更地と地上権の制限を受ける土地とでは、その担保価値が甚しく懸絶するから、更地として評価して設定した抵当権が後に地上権によって制限されるものとすることは、用益権による抵当権の不当な圧迫となる、という理由である。わが国における担保価値評価の実状は判例のいうとおりである。ことに、抵当権が設定された後に他人のために用益権を設定しても、第三九五条によって保護される短期賃貸借以外は、悉く抵当権によって覆滅されるのであるから、土地所有者がみずから建物を建設した場合にだけ法定地上権によって抵当権に対抗しうるとすることは彼此権衡を失する。判例に反対する有力な学説も少なくないが（柚木三七七頁、山中判民昭和一一年度一五三事件評釈など）、解釈論としては判旨に賛成するのが適当であろう（三八九条もこの解釈の一助となろうか〔四〇八〕・〔四九五〕参照）。ただし、法定地上権にまつわるこの制限は抵当土地の利用を妨げる一大障害であることは疑いない。抵当権設定以後の用益権が悉く抵当権によって覆滅されるという主義とともに、立法上再考を要する価値権と用益権の不調和である（〔四三九〕参照）。

〔五三〇〕 右の理論に関連して、つぎのような問題を生ずる。

（a）更地の上に抵当権を設定した後に、設定者が、抵当権者から、法定地上権の成立を認めるという諒解をとりつけて建物を建設することがある。しかし、かような諒解があっても、画一的に行なわれる競売の効力を制限して法定地上権の成立を認めることはできない（前掲大判大正四・七・一民一三一三頁、最高判昭和三六・二・一〇民二一九頁）。ただし、抵当権者みずから競落人となった場合には、地上権を設定する義務を負うと解する余地があるであろう（〔三九一〕参照）。

（b）更地の上に一番抵当権を設定した後に建物を建設し、ついでその土地に二番抵当権を設定し、二番抵当権者の申立によって競売された場合にも、建物のために法定地上権は成立しない（大判昭和一一・一二・一五民二二一二頁（判民一五三事件山中評釈は、前記のように、更地に設定された抵当権についても法定地上権の成立を認むべしと論じて判旨に反対））。けだし、競売は目的不動産の上のすべての抵当権のために一括して清算するものだからである（〔四四二〕参照）。

〔五三一〕 （ロ）建物の再築・改築　建物の存在する土地に抵当権を設定した後に建物が滅失して再築された場合、及び建物が朽廃その他の理由で改築された場合にも、法定地上権は成立する。もっとも、この地上権の内容は再築・改築前の建物を標準として決定しなければならない。抵当権はこの建物の存在を担保価値算定の基礎としたものだからである（大判昭和一〇・八・一〇民一五四九頁（判民九八事件我妻、民法判例評釈Ⅰ所収））。

右の理論に関連して、つぎのような問題を生ずる。

〔五三二〕（a）建物の滅失の後にその土地を第三者に賃貸し、第三者が建物を再築した場合はどうであろうか。判例は法定地上権の成立を認めた（大判昭和一三・五・二五民一一〇〇頁（判民六九事件我妻、民法判例評釈Ⅰ所収））。正当である。けだし、建物のある土地に抵当権を設定した後に、建物を第三者に譲渡しその者のために賃借権を設定した場合にも法定地上権の成立を認めるべきことは次段に述べるとおりだとすると、その第三者の所有に移って後に滅失しその者が再築した場合にも成立を肯定すべきであり、しからば、滅失後再築前に土地を賃貸し賃借人によって再築された場合にも肯定すべきは当然だからである。右の判決の事案は、土地所有者（抵当権設定者）の妻が自分の名義で再築し、抵当権設定者も一緒に居住していた場合であり、判旨はそれらの事情をも肯定の理由としているように見えるが、その点は不要である。特別の関係のない者に賃貸した場合も同様に肯定すべきである（我妻前掲評釈参照）。

（b）滅失した建物の再築前に抵当権が実行された場合はどうであろうか。前掲昭和一〇年の判決は「縦令建物ガ滅失スルコトアルモ再築ノ上当該土地ノ利用ヲ継続シ来タリタル以上」という。しかし、土地に抵当権を設定するに当って建物の存続を考慮して評価したことが法定地上権を認める要件だとすると、競売手続の開始までに再築されていることを要件とする必要はあるまい。ただ、滅失のままに放置され、潜在的に取得した法定地上権を放棄したと認めるべき場合、ないしは、いわゆる失効の原則を適用すべき場合（総則〔四三九ノ二〕参照）にだけ法定地上権の成立を否定すべきである。

〔五三三〕(2)抵当権設定の当時に土地と建物とが同一の所有者に帰属すること

抵当権が設定される前に、土地と建物とがすでに別異の所有者に属する場合には、当事者の意思によってその建物のために用益権が設定されているはずだから、法定地上権の成立を認める必要はない(〔五二六〕参照)。そして、かような事情にある土地または建物の一方の上の抵当権は、この用益権の存在を前提として成立する。すなわち、土地の上の抵当権は用益権の制限を受けるものとして成立し(ただし用益権が対抗要件を備えることを必要とする(〔四三五〕参照))、建物の上の抵当権は用益権を伴なうものとして成立する(ただし用益権に譲渡性がなければ競落人は取得しえない(〔四〇五〕参照))。

〔五三四〕 (イ)抵当権設定の当時に同一人に帰属しておれば、その後に一方が第三者に譲渡されても法定地上権は成立する。

(a)抵当地上の建物の譲渡　土地だけに抵当権が設定された後に建物が譲渡されても、土地が競売されたときは、建物の譲受人は、競落人に対して、法定地上権の取得を主張しうる。判例は、以前に反対に解していたが、大正十二年の連合部判決(大連判大正一二・一二・一四民六七六頁(判民一二三事件田中誠二)、我妻・聯合部判決巡歴第二六話参照)以来認めるようになった。法定地上権が抵当権設定の当時に評価の基準とされる潜在的利用関係の現実化であることからいってすこぶる適切な理論である。土地の所有者は、この建物を譲渡するときに土地の上に地上権または賃借権を設定したに相違ない。しかし、この用益権は、抵当権の実行によって覆えされ、建物を譲受けた者はその建物を存続させることができなくなるのだから、別に法定地上権を生じさせる必要があるのである。具体的にいえば、建物譲受人のために存続期間五〇年という強力な地上権を設定してやったとしても、競落の結果、その地上権の登記は嘱託によって抹消される(〔五二四〕参照)。しかし、競落人から土地の明渡を請求されても、法定地上権によって対抗することができる(大判昭和八・一〇・二七民二六五六頁(判民一八二事件山田)はかような事例)。

右に関連して問題となるのは、当事者間で設定された用益関係が賃料の不払などの理由で解除された後に競売が行なわれた場合である。潜在的な法定地上権が土地所有者(賃貸人・抵当権設定者)に復帰し、あたかも建物が抵当権設定者の所有に属する間に滅失したと同様の関係になる(〔五三二〕b参照)、と解するのが正当であろうと考える。

〔五三五〕 (b)建物のある抵当土地だけの譲渡　土地だけに抵当権が設定された後に、右の例と反対に、その土地が譲渡されることもありうる。その場合にも、競売の結果、法定地上権を生ずる(前掲大判昭和八・一〇・二七民二六五六頁は建物が譲渡された後に抵当土地も譲渡され、その後に競売があった事例)。けだし、建物のある場合に土地だけを譲受ける者は、その建物のための用益権によって制限されている土地を取得すると考えるべきだが、右の抵当土地の譲受けの場合には、その用益権は結局において法定地上権となりうることを予期すべきだからである。なお、抵当土地の譲渡の際に、当事者は、用益権を設定するであろうが、それと法定地上権との関係は、前段の場合に準じて考えればよい。

(c)右の二つの場合と異なり、同一人の所有に属する土地とその上の建物のうちの建物にだけ抵当権が設定された後に、土地または建物が譲渡される場合もあろう。いずれの場合にも、建物の競落人はその当時の土地所有者に対して法定地上権を取得する。けだし、建物の上の抵当権は法定地上権を伴なうものとして担保価値を評価したものだからである。なお、土地または建物が譲渡される際に当事者間で設定される用益権については、右の(a)と(b)の場合に準じて考えてよい(大判昭和八・三・二七新聞三五四三号一一頁は土地の譲受人と建物競落人との関係のようである)。

〔五三六〕 (ロ)抵当権設定の当時別異の者に帰属し後に同一人に帰属した場合

(a)借地権者が建物を所有している時に土地の上に抵当権が設定された場合に、借地権が競落人に対抗しうるかどうかは、前記のように、借地権が対抗力を有するかどうかによって定まる。土地所有者が後にその建物を取得しても、借地権は混同の例外として存続し（一七九条一項）、その建物のために法定地上権が成立するのではないと解すべきである。現実に存在する借地権を考慮して評価された抵当権の不利益となるおそれがあるからである。従ってまた、その同一所有者に帰属して後に土地の上に二番抵当権が設定されても、法定地上権は成立しない。けだし、競売の効果は、最強の抵当権すなわち一番抵当権の内容によって定まるからである。

（b）借地権者が建物の上に抵当権を設定した後に土地の所有権を取得した場合には、右と異なり、建物の競落人は法定地上権を取得すると解すべきである。けだし、建物の上の抵当権は敷地利用権の上に効力を及ぼしているのだが、右の場合には、法定地上権の上に拡張するというべきであり、それがまた抵当建物の敷地の所有権を取得する者の合理的な意思とみるべきだからである。古い判例に反対のものがある（大判明治三八・六・二六民一〇二二頁）。しかし、右の場合に、建物所有者が土地所有権を取得した後に建物に二番抵当権を設定すれば、一番抵当権者の申立による競売の競落人も法定地上権を取得することは判例も認めるのだから（大判昭和一四・七・二六民七七二頁（判民五四事件四宮））、新たな抵当権の設定のない場合にも同様に解すべきことはむしろ当然であろう。

右に反し、土地所有者が、借地上の抵当権の設定されている建物を取得した場合はいささか問題である。何故なら、右は建物にみずから抵当権を設定した者が敷地所有権を取得する場合であるのに対し、これは、土地所有者が他人の設定した抵当権の負担ある建物を取得する場合だからである。しかし、建物の存続をはかる法定地上権の立法趣旨からみれば、建物に伴なっていた利用権は混同で消滅し、法定地上権を生ずる状態となると解することが適切であり、抵当建物を取得した土地所有者の意思にも必ずしも反するものではあるまい（後の〔五六三〕参照）。

〔五三七〕（ハ）抵当権設定の当時に、一方の所有権が別異の者に帰属する可能性についての仮登記がある場合

（a）土地と建物が同一所有者甲に帰属しているが、土地について乙が、例えば代物弁済の予約に基づく所有権移転の請求権の仮登記を有するときに、建物だけについて抵当権が設定された場合には、建物の競落人丙は法定地上権をもって乙に対抗しうるであろうか。乙の仮登記が本登記となった後は、丙の主張は認められないというのが最高裁の見解である（最高判昭和四一・一・二一民四二頁（事案では換地処分がからむがこの理論には影響がない））。建物の上の抵当権の設定は、敷地についての（潜在的な）法定地上権の設定を伴なうと考えても、その敷地の所有権移転の仮登記がなされた後の処分だから、本登記となった後はこれに対抗しえない、という理由である。仮登記の一般的な理論としては正にそのとおりである。しかし、その仮登記は、乙が甲に融資した貸付債務の不履行を条件とするものであることを考えると、疑問を抱かざるをえない。乙が抵当権を取得し、その実行方法として所有権移転の仮登記をした場合（〔四四四〕参照）には、抵当権の作用であることを重視して、法定地上権の成立を認めるのが至当であろう（〔四五〇〕参照）。のみならず、乙が抵当権を取得せず、債務不履行を条件とする代物弁済の予約だけをなし、それについて仮登記をしている場合にも、その作用が担保の実現であることを考え、抵当権の規定を類推して法定地上権の成立を認めても、関係当事者の合理的な予期に反することにはならないのではあるまいか（〔四五〇〕参照）。もっとも、土地所有権が乙に移転することを条件として、甲が地上権を取得する旨、いいかえれば、乙の取得する所有権は甲の地上権によって制限される旨の特約をなし、それに

ついて仮登記をすることが認められておれば、担保のための仮登記制度を利用する当事者はこの方法を利用することによって、問題を自主的に解決することができるはずだが、そのような登記は認められていないように思われるので、あえて右のような解釈を提案するのである。

(b)右と反対に、甲所有の土地の上の建物について、乙のために所有権移転の仮登記があるときに、土地について抵当権が設定される場合もあろう。そのときは、土地の競落人丙に対して建物のために法定地上権を主張しうることは明らかであろう。けだし、建物のある土地だけの上に抵当権が設定された場合には、建物が甲の所有に留まっても、乙の所有に移っても、法定地上権は生ずるのであり、仮登記によって乙の所有になった時期が遡るといっても、それは、建物についてのその後の処分を覆えすについて意味があるだけだからである。

〔五三八〕

(二)土地とその上にある建物が同一人に帰属していることについては、登記を必要としないとするのが判例である。すなわち、抵当権設定当時に存在すれば、未登記であっても、なお土地の競落人に対して法定地上権を主張することができる(大判明治四一・五・一一民六七七頁(抵当権者の悪意を要せず))。従って、その未登記建物を第三者が譲り受けて保存登記をした場合も(大判昭和七・一〇・二一民二一七七頁(判民一七三事件我妻、民法判例評釈I所収))、未登記建物について、競売以前に、所有者自身が保存登記をした場合も(大判昭和一四・一二・一九民一五八三頁(判民九九事件内田))、すべて同様である。私は以前に反対したが(前掲昭和七年の判決の評釈)、後に見解を改めて、判例を支持するようになった(支持する学説の多いことにつき内田前掲評釈参照)。土地の上の抵当権の設定は現実に土地をみてこれを評価してなされるのがわが国の現在の実情であること、さらに、建物を建設してその所有権を取得することは、登記をしなくとも第三者に対抗することができると考えるようになったことが、私の改説の理由である(物権〔一〇九〕参照)。

〔五三九〕 (ホ) 共有持分についての適用

土地とその上の建物の一方または双方が共有である場合にも、その土地または建物の上に抵当権を設定するときは、法定地上権の成立について特別の問題は生じない。問題を生ずるのは、共有持分の上に抵当権を設定するときである。けだし、前者は、共有者全員の同意を要する(物権〔三五〇〕参照)に反し、後者は持分権者が単独でできる(物権〔三五五〕参照)からである。最も簡単な例によって考える。

〔五四〇〕 (a) 土地が甲乙の共有、建物が甲の単独所有である場合に、

(i) 甲が土地所有持分の上に抵当権を設定し、丙が競落したときに、甲は、土地の共有者乙丙に対し、建物のために法定地上権を主張することができるか。最高裁は否定する(最高判昭和二九・一二・二三民二三五頁)。建物のある土地の上に抵当権を設定することが、その建物のために、敷地に(潜在的な)地上権を保留することになるとしても、甲乙共有地の上に地上権を設定することは甲単独ではできないはずだ、という理由である。すこぶる疑問である。元来、持分の上に地上権や賃借権を設定することはできないのだから、甲が共有地の上に単独で建物を所有するためには、自分を含めた甲乙共有者との間に土地の利用関係が設定されたとみなければならない。そして、その利用関係が、建物保護法によって抵当権に対抗することのできるものであったかどうかをまず考察すべきであろう。その理は、第三者丙が借地権を有して建物を所有する場合を考えれば、極めて明らかであろう。もっとも、わが国の実際では、土地の共有者の一人がその上に単独で建物を所有する場合には、自分を含めた共有者全員との間に土地の利用関係が設定されるとまで合理的には考

えず、従ってその利用関係について第三者に対する対抗要件を備えることにも考え及ばないのが普通かもしれない。その意味で法定地上権を問題にすることにあえて反対はしない。しかし、それなら、甲の建物所有のための用益権は、甲と乙の関係にもよるであろうが、原則として、すこぶる強力なものであって、法定地上権に顕現しても不当ではない、というのが妥当であろう。右の判旨によると、建物所有者甲の設定した抵当権による競落人丙が他の共有者乙の立場において甲の建物の除去を主張することになる（事案は乙丙間の分割協議が調わず、丙の申立によって土地が競売され、丙の単独所有となった後の争訟である）。その点からも不当である。

（ii）右のように土地は甲乙共有、建物は甲単独所有の場合に、甲が単独所有建物の上に抵当権を設定し、丙が競落したときはどうであろうか。最高裁の理論では、この場合にも丙のために法定地上権の成立を否定することになろう。建物の上に抵当権を設定することは、共有地の上に（潜在的な）地上権を設定することになるという理論は、この場合にも適用されるからである。

しかし、私は、この場合には、本来は、甲がその建物所有のために甲乙共有地の上にもっている利用権の譲渡性の有無を問題とし、原則として譲渡性があるとなすことによって問題を解決すべきだと考える。もっとも、そのような合理的な関係を考えないのが普通であろうから、実際的な解決として法定地上権を問題とすることにもあえて反対しないが、そのときは、右の（i）と同様に、原則として、法定地上権の成立を認めるべきだと思う。

〔五四一〕（b）土地が甲の単独所有、建物が甲乙共有である場合にも同様の問題を生ずる。

（i）甲が建物の共有持分の上に抵当権を設定し、丙が競落したときに、建物の共有者乙丙は土地の単独所有者甲に対して法定地上権を主張しうることは、最高裁の前記の理論によっても、疑いないであろう。けだし、建物の共有持分の上に抵当権を設定することが敷地の上に(潜在的な)地上権を設定することを含むとしても、建物の共有者の一人甲が他の共有者乙の利益のためにこれをしたことになって、その効力を否定すべき理由はないからである。

(ii)右のような所有関係において、甲が単独所有に属する土地の上に抵当権を設定し、丙が競落した場合に、甲乙共有の建物について丙に対して法定地上権を主張しうることも、最高裁の判旨から導くことができるであろう。けだし、この場合にも、建物共有者の一人たる甲が他の共有者乙の利益のために(潜在的な)地上権を設定したことに帰し、かつ土地の競落人丙は、建物の共有者甲のために法定地上権を受忍しなければならないことは、結局他の共有者乙のためにも受忍しなければならないことに帰着するからである。

〔五四二〕　(c)ちなみに一言すれば、建物と敷地のそれぞれの所有・利用権関係が複雑に食い違っている例は、堅固な大建築物についてすこぶる多くなっている。土地は半分ずつ甲乙それぞれの単独所有で、その上の建物が甲乙の共有、あるいは資金を出した丙を加えて甲乙丙の共有という最も簡単なものから、いろいろの組み合わせになり、建物の区分所有となるに至っていよいよ甚しくなる。かような場合には、まず敷地の単独または共同の所有者・利用権者の全員と、建物の単独または共同の所有者・利用権者の全員との間に単一な利用関係が設定されるものとし、ついでそれぞれについて関係者間の内部関係を規律することが複雑な問題を解決する基本的な条件であると私は考えている。しかるに、土地についての権利者と建物についての権利者の中に同一人が混っていると、右のような理論を構成する妨げとなるものとする考えが相当に強いようである。しかし、少なくとも、土地についての権利者と建物についての権利者の一方または双方が複数である場合には、たといその中に同一人が混っていても、それぞれ一体となって土地利用関係の主体となると考えることがむしろ合理的である。持分の上の抵当権と法定地上権についての問題なども、右に述べた考えが徹底しておれば生じないはずのものである。理論としても、登記の実務の上でも、かような考えが承認されるようになることを期待している。

〔五四三〕 (3) 土地と建物の一方または双方の上に抵当権が存在すること

(イ) 第三八八条が「土地又ハ建物ノミ」を抵当の目的とした場合と定めるのは、要するに、競売の結果、土地と建物の所有者が異なるようになる場合を考慮したものである。従って、土地と建物の両方が同時に抵当権の目的となった場合でも、競売の結果それぞれ別異の者が競落人となった場合には、同じく法定地上権の成立を認めなければ、立法の趣旨は貫かれない。判例は、古くから、このことを理由として、第三八八条の文理を拡張して解釈した（以前には反対の学説が多かった）。すなわち、土地と建物がそれぞれ別異の人によって競落された場合（大判明治三八・九・二二民一一九七頁、大判昭和一〇・一一・二九新聞三九二三号七頁）、一度同一人が競落人となっても、一方について、競落許可決定が与えられなかった場合や取り消された場合（大判明治三九・二・一六民二二〇頁、大判昭和六・一〇・二九民九三一頁）、一方についてだけ競売が行なわれた場合（大判明治四三・三・二三民二三三頁、最高判昭和三七・九・四民一八五四頁）などに、いずれも法定地上権が成立する。

〔五四四〕 (ロ) 土地とその上の建物のいずれにも抵当権が設定されていないときに、土地または建物について強制競売が行なわれた場合には、法定地上権は成立しない。

抵当権が存在すれば、その競売は、抵当権に基づかず、一般債権者による強制執行として行なわれたときでも、法定地上権は成立するとされること、次段に述べるとおりだが、抵当権が全然存在しないときは、法定地上権は成立しないとすることが判例であり（大判昭和九・二・二八新聞三六七六号一三頁（強制競売手続中に抵当権が消滅した事例）、大判昭和一一・四・二二（次の最高判で引用されているもの））、最高裁はこれを確認する（最高判昭和三八・六・二五民八〇〇頁（建物が強制競売された事例））。第三八八条は特別の規定だから拡張解釈を許さないということと、建物の競落人は「事前或いは事後の交渉により……借地権等……を取得する途がないではない」ことを理由とする。しかし、この理由は承服し難い。「事後の交渉」で土地利用権を取得することもできるから必要がないというなら、法定地上権制度そのものが不要となろう。だが、法定地上権を、もし自己地上権という制度が認められておればそれを利用するであろうと推測される場合にだけ認める制度だと考えれば、抵当権が設定されていない場合に類推適用することはできないであろう。しかし、法定地上権制度の存在意義をさらに拡張して、およそ同一人が建物と敷地（所有権・利用権）を有する場合には、建物のために敷地の利用権が潜在的に伴なっており、当事者が契約でそれを実現する機会を持たないときには、法律上の効果として顕現するのだ、とみれば、類推適用の根拠を発見することができる。そして、私は、それが正しいと考える。けだし、土地と建物が同一人に帰属する場合にもそれぞれ別個の所有権の客体とみるわが法制の下において、それぞれをしてその経済的目的を達成させることになるからである。国税徴収法が同一の滞納者の所有に属する敷地（所有権・利用権）とその上の建物の一方について公売処分が行なわれて敷地と建物が帰属を異にするに至ったときは、抵当権の存在などを問題とせずに、常に地上権（または敷地賃借権）が生ずるものと定めた（同法一二七条）ことは、すこぶる適切な立法といわねばならない（〔五二七〕参照）。

〔五四五〕 (4)競売が行なわれて、土地と建物が別異の者に帰属するに至ったこと

(イ)抵当権の目的となっている土地または建物が、その抵当権者の申立によって(任意)競売に付されることが、第三八八条の適用される普通の姿であるが、その抵当権者が債務名義に基づいてその抵当不動産について強制競売をした場合にも、要件は充たされる。のみならず、右のような抵当権の存在する不動産について一般債権者が強制執行(強制競売)をした場合にも、法定地上権の成立を認めるのが判例の態度であり(大判大正三・四・一四民二九〇頁)、最高裁はさらにこれを旧国税徴収法による公売処分にも適用した(最高判昭和三七・九・四民一八五四頁)。すこぶる適切な態度であるが、前に述べた、抵当権の設定のない場合にも拡張する理論を構成する端緒を与えるものということもできるように思われる。なお、新国税徴収法は、前記のように、独自の規定をおいたから、問題はその適用によって解決されることになった。

〔五四六〕 (ロ)土地とその上の建物のうち抵当権の目的となっていない方について強制競売が行なわれた場合には、直接には第三八八条の問題とはならないとされるであろう。すなわち、抵当土地の上の建物の競落人は、まず抵当土地の所有者と交渉して土地の利用権を取得すべきであり、後に土地が抵当権によって競売されれば、競落人に対して法定地上権を取得する。あたかも抵当土地の上の建物が譲渡された場合と同じである(〔五三四〕参照)。反対に、抵当建物の敷地が強制競売に付されたときは、建物所有者は、競落人と交渉して土地利用権を取得しなければならない。そして、後に建物が抵当権によって競売されると競落人は法定地上権を取得する(〔五三五〕c参照)。

以上が従来の判例理論の帰結であろう。しかし、競落人との交渉ということが実際上いかに困難である

かを考え、かつ後に法定地上権を生ずることを考慮すれば、第三八八条を右のような場合に拡張して適用することは、判例理論からも導きえないでもあるまい。けだし、抵当権の設定によって潜在的地上権が設定された、ということができるからである。なお、前に述べたように、第三八八条を抵当権の設定されていない場合にも拡張して適用すると解釈すれば、問題はおのずから解決することはいうまでもあるまい。

〔五四七〕　(5)法定地上権の成立は、抵当権設定当事者の特約によって阻止することはできない。すなわち、建物の上に抵当権を設定する際に、競落人のために法定地上権が成立しない旨の特約をしても効力がないのみならず、土地の上に抵当権を設定する際に、建物のために法定地上権を成立させない旨の特約をしても効力を生じない(大判明治四一・五・一一民六七七頁)。後の場合には、建物所有者がみずから取得する法定地上権を予め放棄するものとして効力を認めるべきもののようだが、その場合でも、少なくともその建物の譲受人のためには法定地上権を認めざるをえないであろう。そうだとすると、外観的・画一的にとり扱うべき競売についてそうした個別的な効果の差異を認めることは適当ではない。特約をした当事者間の債権的な効果に止めるべきである(〔五三〇〕・〔三〕〔九二〕参照)。

〔五四八〕　**三　法定地上権の成立時期と対抗要件**

(1)法定地上権は、土地または建物の競売によってその所有権が競落人に移転する時に成立する。けだし、この時点において地上権の成立が可能となるからである。

なお、右の所有権の移転する時期は、任意競売では、競落人が競売代金を支払った時であるが(大判昭和一〇・一一・二九新聞三九二三号七頁〔二五〇〇〕参照)、強制競売においても(民訴六八六条・六八七条参照)、公売処分においても(国税徴収法一一六条)、ほぼ同様である。

〔五四九〕 (2)法定地上権の対抗要件は一般理論に従う。

(イ)競売の結果、地上権の負担を受ける土地所有者と地上権を取得する建物所有者とは、地上権成立の当事者であるから、地上権についての登記が問題とならないことはいうまでもない。そして地上権を取得した者は、土地所有者に対して、地上権の登記をなすべきことを請求することができる。

〔五五〇〕 (ロ)成立についての右のような当事者から建物または土地を譲り受けた者は、当事者ではないから、対抗要件が問題となる。

(a)法定地上権を伴なう建物が譲渡されるときは、原則として、法定地上権も一緒に譲渡されることはいうまでもないが、譲受人が、競売の結果直接に地上権の負担を受ける土地所有者に対して自分の取得した法定地上権を主張するために対抗要件を必要とするかどうかについては、問題がある。

まず、対抗要件を必要とするとしても、地上権の登記に限らず、建物の登記でもよいことは疑いないであろう。けだし、建物保護法がそこまでの効力を有することは、普通の地上権について判例の確定したところであり(大判大正一五・一二・二〇民八七三頁(判民一二二事件我妻、民法判例評釈Ⅲ所収))、法定地上権について別異に解すべき理由はないからである(大判大正三・四・一四民二九〇頁は建物の登記を問題にしなかったが、大判昭和八・一二・二三判決全集(二)二七頁は明瞭にこれを認める)。

そして、そうだとすると、(i)法定地上権が建物の競売によって生じたものである場合には、建物について必ず登記があるのだから、建物について移転登記がなされない間でも、土地所有者は法定地上権そのものを否定しえないことはいうまでもない(我妻前掲評釈参照)。

右に反し、(ii)法定地上権が土地の競売によって生じたときには、建物について登記がないことがありうる。その場合に、競落後にその建物を譲り受けた者は、譲り受け後に保存登記をすることによって、土地の競落人に対して法定地上権を対抗することができるかどうかは問題である。判例は肯定する（大判昭和一二・六・五民七六〇頁（判民五三事件我妻、民法判例評釈I所収））。結論は正当と思うが、理由として、土地所有者は譲受人に対しても地上権の登記請求に応ずべき義務があることを理由とすることは首肯しえない（大判昭和一三・一一・二六新聞四三五五号一二頁、大判昭和一五・二・二〇新聞四五三九号七頁などは同旨を判示するが昭和一二年判決を援用するだけ）。建物の原所有者は登記を必要としないこと、建物の譲受人自身が保存登記をすることも許されること——右の場合にも、まず原所有者が建物の保存登記をした上で移転登記をすれば、土地所有者に対抗しうることは疑いないこと——などから、肯定すべきものと思う（我妻前掲評釈参照）。

〔五五一〕 （b）競売の結果直接に法定地上権を取得した建物所有者も、土地の譲受人に対して地上権を主張するためには、対抗要件を必要とする。そして、この場合にも、建物の登記は地上権の登記に代る効力をもつことはいうまでもないから、（i）法定地上権が建物の競売によって生じたものであるときは、問題を生じないこと、前段と同じである。これに反し、（ii）法定地上権が土地の競売によって生じたものであるときには、建物所有者は土地が譲渡される前に対抗要件を備えることを怠ってはならない。

〔五五二〕 **四　法定地上権の内容**

⑴法定地上権の範囲は、その建物を利用するのに適当な範囲に及ぶ。厳格な意味の敷地に限るのではない（大判大正九・五・五民一〇〇五頁）。また現実の土地の状況によって決すべきであって、登記簿の筆分けなどに拘泥すべきではない。

〔五五三〕 ⑵地代は、当事者の協定によって定まれば問題はないが、協定が調わないときは、裁判所に請求して定めて貰う(三八八条但書)。裁判所の決定する地代は地上権成立の時に遡って効力を生ずる。土地所有者の請求の時から生ずるのでないことはいうまでもない(大判大正五・九・二〇民一八一三頁)。従って、地代を決定した第一審の裁判の確定前になされた地代債権についての転付命令も有効である(最高判昭和四〇・三・一九民四七三頁)。問題なのは、土地に抵当権が設定された後に建物について代物弁済の予約に基づく移転の仮登記がなされ、土地が競売されたときには建物移転の条件が成就していたが、当事者間に争いを生じ本登記となる前に公売処分があり、結局本登記に直されたのは数年後であったような場合に、地代支払義務者は誰かということである。判例は、仮登記が本登記となった以上、仮登記のなされた時に遡って地代支払義務を負担するという(大判昭和一四・一一・二五民一四六一頁(判民九一事件野田))。仮登記の順位保全の効力についてそこまでの実質的な効力を認めるのは正当ではなく、条件が成就して所有権の移転を生じた時まで遡らせるのが正当と考えるが、仮登記の効力一般に関することだから、詳論を避ける(野田前掲評釈は、さらに事実上地上権を行使しえた時からとするようである)。

なお、裁判所が地代を決定するに当っては、附近の地代と形式的に同一にすべきではなく、当該の事情を個別的に考慮すべきである(大判大正一一・六・二八民三五九頁(判民五一事件我妻、民法判例評釈I所収))、その間に事情の変更があれば、その前後を区別してそれぞれ適当な地代を定めるべきこと(大判昭和一六・五・一五民五九六頁(判民四〇事件来栖))は当然であろう(なお判例の詳細につき判例コンメンタール(清水)三八八条〔7〕(四五三頁)参照)。

〔五五四〕 (3)存続期間は、その定めのないものとして第二六八条第二項に従って裁判所が決定する、というのが立法の趣旨であろう。しかし、借地法が施行されている今日では、協議が調わなければ同法第二条によって期間が定まると解するのが適当であろう。

第四款　抵当不動産の第三取得者の地位

〔五五五〕　**第一**　序説

抵当不動産の第三取得者、すなわち、抵当権の設定されている不動産の譲受人の地位はかなり特異性を帯びる。抵当権が単に存在しているだけなら、所有権を取得し、かつこれを用益するのに何等の制限を受けない。のみならず債務者が弁済期に弁済を怠らなければ、抵当権は消滅し、第三取得者は抵当権の存在のために結局少しも痛痒を感じないですむ。しかし、もし債務者が弁済を怠り抵当権が実行されると、その立場は根底から覆えされる。かように、第三取得者の地位の安否は、債務者の弁済の有無にかかり、甚しく不安定である(〔四三六〕2・3・〔五〇〇〕参照)。それなら、抵当不動産はどの程度の価格で取引されるのが合理的であろうか。

(イ)もし抵当不動産の時価が抵当債務を完済してなお剰余があるとき、例えば八〇万円の債務を負担する抵当不動産の時価が一〇〇万円のときは、問題は簡単である。抵当権者・債務者(所有者)・第三取得者の三当事者の協議により、多くの場合、三当事者が登記所に出頭して、売買代金のうちから抵当債務を弁済し、残額を債務者(所有者)が取得し、抵当権の登記を抹消した上で、第三取得者に移転登記をする。もっとも、抵当債務の弁済期が未到来であるためにこれをそのままにして売買する場合もあろう。その場合には、第三取得者は目的不動産の時価から抵当債務額を控除した残額だけを所有者に支払い、その代り抵当債務はこれを、少なくも売買当事者間の関係では、第三取得者が引受けることにする。以上二つの方法がわが国において最も普通に行なわれるものであって、民法はとくにこれについて規定を設けていないけれども、全当事者の関係は極めて円滑に解決される。そしてその場合には、売主の担保責任(五六七条)は生じないと解すべきである(債各〔中一〕〔四三六〕d参照)。

〔五五六〕 **(ロ)**問題となるのは、抵当不動産の時価が抵当債務を完済しえない場合、例えば八〇万円の債務を負担する抵当不動産が値下りして六〇万円ほどの時価の場合である。時価全額で売買しては、第三取得者は甚しい危険に曝される。第三取得者は前記の売買の瑕疵担保の規定(五六七条)で保護されるけれども、かような救済手段がその危険を解消するに足らないことはいうまでもあるまい。しかし、社会の経済関係はすこぶる複雑だから、かような場合にも、あるいは債務者の弁済を信頼し、あるいは抵当権が実行された場合のために担保を供させるなど、いろいろの手段を講じて、時価に近い価格で売買が行なわれることも決して絶無ではあるまい。民法が代価弁済と滌除という二つの制度で第三取得者の地位を保護しようとしたのはかような場合のあることを予定したとみることもできるであろう。

〔五五七〕 **(ハ)**代価弁済は、抵当権者が——競売代価はともすると時価より廉いことを考え、かつ抵当不動産の値上りも望みなしと予想して——実際に行なわれた売買代金六〇万円で満足するときに、この代金を抵当権者に支払って、抵当権を消滅させるものである。抵当権者の意思によって行なわれるものであるから、抵当権に対する圧迫とはならない。のみならず、元来、抵当権者は、代金の上に物上代位権を行使することができるものであって、代価弁済はその手続を簡易にしたような作用をするものである(〔四一二〕参照)。しかしまたそれだけ、第三取得者の地位を安定する作用は少ない。実際上運用されることが少ないゆえんであろう。

〔五五八〕（二）滌除は、代価弁済のように抵当権者の意思によるのではなく、第三取得者がみずから抵当不動産の代価を、例えば五〇万円と評価し、抵当権者に対して、これを受領することによって抵当権を消滅させるように挑戦する制度である。抵当権者は、もとより無条件にこれに屈服する必要はないが、この申出を拒否するためには、直ちに競売（増価競売）を申立て、この競売で右の申出金額より一割以上の高価五五万円以上に競落する者がないときは、みずから一割高く競落する義務を負う。しかもこの増価競売を申立てる際には、代価と費用について担保を供さねばならない。みずから競落しても競売代金は抵当債務に充当するのだから、現金支払の必要がないのに、担保を供せしめることはほとんど意味がないことなどを考えると、滌除は、目的物の値上りをまとうとする抵当権者に対して第三取得者から競売を強い、抵当権の追及力に重大な制限を加えるのみならず、増価競売及び担保供与の負担をもって間接に抵当権者を圧迫して、第三者の決定する担保価格を承認させる結果となり易い。抵当権に対する脅威重圧であることは明らかであろう。民法が現在のドイツ法系にほとんど例のない制度をフランス民法（二一八一条以下）に倣って踏襲していることは、価値権に対して用益権を過重する思想に基づくものといわねばならない。しかも、滌除は、目的不動産の譲受人及び地上権・永小作権の取得者のための制度であるにも拘わらず、実際には譲受人に利用されるだけである。またわが国における用益権として最も主要な賃借人のためには作用しないものである。このことは、滌除の用益権保護の作用を甚しく減殺し、主として抵当権を廉価に消除しようとする目的を有する第三取得者によって利用されることの多い制度たらしめている（我妻・福島前掲「抵当権判例法」二七五頁以下に滌除制度の濫用を示す判決が収められている）。

以上を総合して考察すると、価値権と用益権との調和の理想からみて、滌除は頼むに足らない制度といわねばならない(〔四三九〕参照)。抵当証券法(二四条)及び農業動産信用法(一二条二項)が滌除の規定の適用を排斥することも、自動車抵当法、建設機械抵当法、航空機抵当法などが滌除制度を認めないことも、決して偶然ではない。

第二　代価弁済

〔五五九〕 一　抵当不動産の取引を円滑にしようとする制度であるが、実際上の作用は極めて少ないものであることはすでに述べた(〔五五七〕)。理論も簡単であって、民法も一個条(三七七条)を設けただけである。

〔五六〇〕 二　代価弁済の要件としては、

(イ)第一に、抵当不動産について所有権または地上権を買受けた第三者があること。地上権の売買というのは、定期の地代を支払うのではなく、最初に全期間に対する対価を支払う場合である。永小作権にはかような例がないので、代価弁済の制度の適用をみない(物権〔四二〇〕・〔四六三〕参照)。

(ロ)第二に、抵当権者が請求したこと。

(ハ)第三に、第三取得者がこれに応じて、売買代価を弁済すること。抵当権者は自分の名で受領しうる。

〔五六一〕 三　効果として、(イ)中心的なものは、抵当権がその第三取得者のために消滅することである。地上権の売買のときは、地上権は抵当権に対抗しうるものとなるが、抵当権そのものは消滅しない。

(ロ)買主は、抵当権者に支払った範囲で、代金債務を免かれる。

(ハ)債務者は、買主が抵当権者に支払った範囲で債務を免かれる。

(ニ)代価弁済によって抵当債務が完済されないときは、残額は抵当権を伴なわない債務として残存する。

第三　滌除

〔五六二〕 一　滌除は、抵当不動産の第三取得者の地位を保護し、抵当不動産の取引を円滑にしようとする制度であるが、その実際上の作用においては、抵当権に対する不当な脅威圧迫となる場合が多いものであること、前述のとおりである（〔五五八〕参照）。

二　滌除権者

滌除をすることのできる者は、（i）抵当不動産について所有権・地上権または永小作権を取得した者でなければならないが（三七八条）、（ii）これらの者でも、主たる債務者、保証人及びそれらの者の承継人であるものは除かれる（三七九条）。なお、（iii）その対抗要件や、（iv）第三取得者となる時期についても問題がある。

〔五六三〕 (1)第三取得者であること（三七八条）

(イ)抵当不動産の所有権を取得した者の中には、借地法第一〇条による買取請求権の行使による買主も含まれる。すなわち、借地権者乙が建物の上に丙のために抵当権を設定した後、これを丁に譲渡したが、土地所有者（賃貸人）甲が賃借権の譲渡に承諾を与えないために、丁が甲に対して建物の買取を請求した、という場合には、甲は抵当権のついた建物を取得し、丙を相手にして滌除することができる（最高判昭和三九・二・四民二三三頁（甲から丁に対して明渡を請求し、丁は買取請求をなし、代金の支払まで引渡を拒絶するのに対し、甲は五七七条を理由に支払を拒絶する。判旨はこれを肯定））。右の場合に、甲が滌除をせず、丙の抵当権が実行されたときは、法定地上権を生ずると解すべきことは前述した（〔五三六〕b後段）。もっとも、右の判決の事案では、乙は適法な転借地人で、これを丁に譲渡し、賃貸人（甲の一）・転貸人（甲の二）ともに承諾せず、建物譲受人丁が転貸人に対して買取請求権を行使した事例だから、甲の二が滌除せずに建物が競売されたときは、法定地上権の成立を認めることはできない。建物とともに転借地権が存続し（混同によって消滅せず）、競売とともに建物の競落人に移転すると解することが妥当であろうと思う。

なお、抵当不動産の所有権の他に抵当権そのものをも譲り受けた者も、その抵当権が混同の例外として存続する場合には、滌除することができる（大判昭和八・三・一八新聞三六三四号一七頁（一番から四番までの抵当権のある工場財団の第三取得者が、一番・二番両抵当権をも譲受けた後に滌除をした事例））。

〔五六四〕（ロ）抵当土地の上に地上権・永小作権を取得した者。代価弁済に永小作権の売買を加えなかったのは（三七七条参照）、永小作権の対価を一括して売買する例はないからである。これに対し、滌除は、第三取得者が任意に評価して定める金額によるのだから、定期に永小作料を支払う永小作権者も滌除を行なうことができる。地上権についても同様であって、存続期間中の地代を一括して支払う場合に限るのではない（〔五六〇〕イ参照）。

〔五六五〕(2) 抵当不動産について所有権・地上権・永小作権を取得した者でも、つぎの者は滌除権がない（三七九条、三八〇条）。

（イ）主たる債務者・保証人及びそれらの者の承継人は滌除をすることはできない（三七九条）。みずから債務を負担する者は、たとい第三取得者たる地位を取得しても、これに滌除権を認めるべきではないからである。主たる債務者、といっているのは、保証人という語がつぎにくるからであろう。被担保債権の債務者の意味であって、保証人のある場合に限るのでないことはいうまでもない。承継人は、一般承継人だけでなく、被担保債務または保証債務の特定承継人（債務の引受人）を含む。

（ロ）停止条件附第三取得者は、条件の成否未定の間は滌除をすることはできない（三八〇条）。例えば、抵当不動産を目的とする代物弁済の予約をして、その請求権について仮登記をしている者は、予約を完結する条件が成就しない間は、滌除をすることはできない。第三取得者たる地位を現実に取得するに至らない者には滌除をなさしめるべきではないからである。ただし、条件が成就すれば、仮登記のままで滌除をなしうるかどうかはつぎに述べる。

〔五六六〕　(3)第三取得者の対抗要件

抵当権附不動産の買主が滌除の手続の終るまで代金の支払を拒絶するためには(五七七条)、移転登記を必要としないことはいうまでもない(前掲最高判昭和三九・二・四民二三三頁(〔五六三〕)は、「売主に対して」滌除権を取得するには登記不要という)。問題となるのは、抵当権者に対して滌除権を行使するために、仮登記で足りるか、本登記を要するかである。この問題は、抵当権を実行するための要件としての通知をなすべき第三八一条の第三者の範囲と関連して、学説が分かれていることは前述した(〔四八七〕)。そこで述べたように、立法の趣旨と制度の作用からみて、第三八一条の通知をなすべき第三取得者の範囲と、第三七八条の滌除をなしうる第三取得者の範囲とを別異に解するのが妥当と考える。詳言すれば、滌除をなしうるためには、滌除の通知をなす時までに本登記をしなければならない。取得した権利が停止条件附であるための仮登記については、条件が成就していなければならないだけでなく、本登記にする必要がある。その他の理由による仮登記も本登記にしなければならない。滌除という抵当権の重圧となる制度を利用する者に対しては、そこまでの外形的な確実性を要求するのが適当だからである。これに反し、抵当権実行の要件としての通知は、仮登記を有するだけの第三取得者にもこれをなし、本登記として滌除をする機会を与えるのが妥当である。

右の点に関する判例の態度は必ずしも一貫しないが、大体において、滌除をすることができない、とする立場から、できるとする立場に推移しているといえるようである。しかし、仮登記を有する者が実際に滌除をなし、その効力が論議された事例は見当らず、いずれも、他の事項との関連において示された見解である（判例コンメンタール（清水）三七八条〔2〕チ（四〇〇頁）参照）。すなわち、

〔五六七〕 （イ）第三八一条に関し、仮登記権者にも通知をする必要があるという結論を導く前提として、仮登記権者も滌除をなしうると論ずる判決が最も多い。しかし、この点は、そのような前提をとらずに通知を要すと解すべきことは、繰り返して述べた（〔四八七〕）。

右に関連して問題となるのは、仮登記権者に通知して一ヵ月を経過しない間に競売を申立てた場合である。判例は、ここでも、仮登記権者も滌除をなしうることを理由に、その競売申立を違法とする（大決昭和四・七・六民六三八頁（判民五九事件杉之原））。結論は正しいが、前提として、仮登記権者は滌除をすることができるという必要は少しもあるまい。なおこの事件では、仮登記権者は、通知を受けた後一ヵ月内に（おそらく仮登記のままで）滌除の手続をとり、滌除金額を供託したから抵当権が消滅したということも主張しているが、競売申立が違法であることの理由とするだけで、判旨も滌除の効果については明瞭な判断を与えていない。私の説によれば、仮登記のままでなされたのなら無効である。

〔五六八〕 （ロ）仮登記権者が滌除の手続をとったのに応戦して抵当権者が増価競売の申立をした場合に、増加競売を有効とする前提として、仮登記権者も滌除権を有すると判示するものも少なくない（以前は反対に増加競売を無効としたが（大決大正五・五・三〇民一〇七八頁）、後に有効とした（大決昭和四・八・三一新聞三〇四二号一六頁、大決昭和八・三・三裁判例（七）民三七頁））。しかし、増価競売については、その手続的要件を緩和して、開始決定の効力を維持しようとするのが判例の顕著な傾向であるから（〔五七一〕参照）、右の判例の結論は、前提の理論を承認しなくとも肯定しうるであろう。

〔五六九〕 (4)第三取得者となる時期との関係

(イ)競売申立後の第三取得者　第三取得者がないために抵当権者が実行通知をしないで競売申立をした後に第三取得者を生じても、これに対して抵当権実行の通知をする必要がないことは前述したが（〔四八九〕）、これらの第三者は滌除権をもたないことは当然であろう。

(ロ)通知後の第三取得者　第三取得者があるために、抵当権者がこれに実行通知をした後に新たに第三取得者を生じた場合には、抵当権者は改めてこれらの者に通知をする必要がないことは前述したが（〔四八八〕）、これらの者も右の通知後一ヵ月を経過しない間に第三取得者となったのであれば、滌除をすることはできる（大決昭和四・一一・二〇民八六六頁（判民八二事件杉之原）—傍論、一ヵ月以後の転得者に対して否定した事例）。

〔五七〇〕 三　滌除をなしうる時期と方法

(1)抵当権者が抵当権の実行通知（三八一条）をするまでは、何時でも滌除をすることができる（三八二条一項）。抵当権者が右の通知をしたときは、その時から一ヵ月内にしなければならない（同条二項）。この一ヵ月は、滌除権を有するすべての第三取得者について一律に計算する。すなわち一度通知がなされた後に第三取得者となった者についてもこれを延長しない（同条三項）。なおかような第三取得者には別に通知をする必要がないことは前段にも述べたとおりである。

〔五七一〕 (2)滌除の方法は、

(イ)まず第一に、第三取得者から、登記をした各債権者に対して、第三八三条に定める三通の書面を、前段に述べた時期に、送付することである。法文には「送達」するとあるが、民事訴訟法の定める送達の意味ではなく、送付するの意味である。登記をした債権者とは、抵当権者に限らず、先取特権者や不動産質権者を含む意味である。登記には仮登記も含まれる。

送付すべき書類は、

(a)滌除権者の権利取得に関する記載をした書面(同条一号)、

(b)不動産に関する登記簿の謄本(同条二号)、及び、

(c)債権者が一ヵ月内に増価競売の申立をしないときは一定の金額(「第一号ニ掲ゲタル代価又ハ特ニ指定シタル金額」)で滌除すべきことを記載した書面(同条三号)。この書面が実質的な意義を有するものであることはいうまでもないが、その一定の金額というのは、実際行なわれた売買代価とは関係なく、滌除をしようとする者が自由に定めるものであることを注意すべきである。

右の手続に瑕疵があったとき、ことに、債権者の一部に滌除の書類が送付されなかった者があるときは、滌除手続は無効である。すなわち、送付を受けた債権者にとっても何等の効力を生じない(大決昭和二・四・二新聞二六八六号一五頁、大決昭和五・七・二四新聞三一五五号七頁)。従って、抵当権者は、すでに実行の通知を出している場合には、滌除権者の右の送付を無視して、競売申立をすることができる。問題となるのは、送付を受けた抵当権者が増価競売を申立てた場合の効力である。他に送付されない抵当権者があるなどという事情はその抵当権者には知られないのが普通だから、右の申立を無効とすることは適当でない。判例は、動揺を重ねた末、この競売申立は有効であり(大決昭和六・七・二三民七四四頁)、従って競売開始決定は適法だが(大決昭和六・一二・二二評論二一巻民一四七頁)、手続は普通の競売手続によるべきもの、従って競落許可決定は違法(大決昭和六・一二・二二新聞三三六六号八頁(前者と同一事件の同一抗告人の二つの抗告))とするに至った(なお詳細は我妻・福島前掲「抵当権判例法」二九八頁以下参照)。

〔五七二〕　（ロ）債権者は、右の送付を受けた後一ヵ月内に増価競売の申立をしないときは、滌除の書面に示された第三取得者の指定する金額を承諾したものとみなされる（三八四条一項）。そして、その場合には、滌除の手続の第二段として、第三取得者は、この金額を債権の順位に従って弁済または供託しなければならない（三八三条三号参照）。そうすれば、その金額が債権者全員を満足させるに不足な場合にも、その不動産の上の抵当権その他の担保権はすべてこの第三取得者のために消滅する。滌除はその効を奏し、手続は終了する。

右の手続と関連して最も重要なことは、債権者が滌除権者の指定した金額を承諾したものとみなされた場合にも、滌除権者がその後遅滞なくこの指定した金額を弁済または供託しないときは、滌除は効力を生じないとするのが判例の確立した理論であることである（大決大正四・一一・二民一八一三頁、大判昭和二・六・一六新聞二七五〇号一一頁（一年三ヵ月遅延の事例）、大決昭和五・四・一八民三五八頁（すべての債権者にとって無効））。抵当権者の正当な保護をはかるものとして注目される。なお、弁済しようとして受領を拒絶されたときは、供託すべきことになる（大判大正八・六・五新聞一五九九号一六頁）。

興味ある問題は、滌除権者の弁済はその抵当権者に対して有する反対債権で相殺することができるかどうかである。判例は、抵当権者が滌除権者の指定した金額を承諾したものとみなされたときでも、抵当権者は滌除権者に対してその金額を請求する債権を取得するのではなく、滌除権者が支払わなければ滌除は効力を生じないだけだという前提をとりながら、債務と同視しても不都合なく、却って公平に適するという理由で、相殺を肯認する（大判昭和一四・一二・二一民一五九六頁（判民一〇〇事件福井））。相殺の理論としては反対する必要はないが、滌除の問題としては、むしろ滌除権者に支払の債務を負担させる方が適当なように思われる（福井前掲評釈はフランス民法の解釈を紹介しながら、債務を負担させるべしという）。

四　増価競売

〔五七三〕 (1)抵当権者が滌除による第三取得者の挑戦に応戦しようとすれば、増価競売をなすべきであるが、この競売は、滌除権者の指定した金額より一割以上高く競落する者がないときには、競売申立人がみずから一割高い代価で競落する義務を負う点に特色があるが、本質的には普通の競売と異なるものではない。

〔五七四〕 (2)増価競売の方法

(イ)まず第三取得者からの滌除の通知を受けてから一ヵ月以内に、右の通知をした第三取得者に対して、増価競売をする旨の通知をする(三八四条二項)。民法は、第三取得者に「請求」するといい、競売法第四〇条には「請求ヲ送達」するというが、増価競売をする旨の「書面による意思の通知」を意味するに過ぎない(大決大正一四・六・一五新聞二四二七号一六頁)。なお、右の抵当権者の通知について、判例は、最初に厳格な到達主義をとった(大決大正一四・七・一八民四五一頁(判民七三事件末弘)は第三取得者が故意に行方をくらまし、通知が到達しなかった事例)が、後に緩和し、滌除通知書の肩書地を宛てれば足りるとするに至った(大決昭和五・七・二六民七三九頁(判民七二事件杉之原))。

(ロ)ついで、三日以内に、管轄裁判所に競売の申立をなし、かつ競売代価及び費用について担保を供する(三八四条三項、競四〇条—四四条)。この競売申立には、第三八一条の要求する第三取得者への通知は必要ではない。けだし第三八一条は第三取得者に滌除の機会を与えようとする趣旨だからである(大決昭和一四・一・一四民一頁(抵当権者からの通知のない間に第三取得者が滌除通知をした事例))。なお、滌除の通知に瑕疵がある場合にも増価競売の申立が有効とされることは前述した(〔五七一〕)。担保は現実のものであり、かつ競売申立の期日たる三日内に裁判所の認可を受けることを要する(競四〇条、詳しくは我妻・福島前掲「抵当権判例法」二九六頁以下参照)。かような厳格な担保供与を必要とする意味を理解するに苦しむことは前述した(〔五五八〕)。

(ハ)なお、増価競売の通知期間内に、債務者及び抵当不動産の譲渡人に対しても、増価競売をする旨を通知すべきである(三八五条)。ただし、これを怠っても、手続の効力には関係がないと解すべきであろう。

〔五七五〕 (3)増価競売手続

(イ)増価競売を申立てた債権者は、登記をした他の債権者の承諾をえなければ、その申立を撤回することはできない(三八六条)。他の債権者が増価競売の申立をする時期を失するおそれがあるからである。

(ロ)最高価競買人の競売代金が滌除権者の指定した金額より一割以上高価であるときは、この者が競落人となり、滌除に応戦した債権者の目的は達せられたことになる。しかし、もしその競売代金が右の一割以上の額に達しないときは、その債権者が、みずから一割高い代価で競買人とならなければならない(三八四条二項、競四七条一項)。増価競売の増価競売たるゆえんはこのときに発揮される。

(ハ)以上の他の点では、増価競売の手続も普通の競売手続と差異はない。例えば、競落人が代金を支払わないときは再競売を行なう。申立人が直ちに一割高の価格で競落するのではない(大決昭和三・六・四新聞二八七九号一六頁)。

第五款　抵当権のその侵害に対する効力

〔五七六〕 一　抵当権は目的物の交換価値から優先弁済を受けることを内容とする物権であるから、この内容が侵害されたときは、すべての人に対してこれを排除させる物権的請求権を生じ(物権〔三一〕以下参照)、また侵害者に対して損害賠償を請求する権利を生ずる(七〇九条)。この根本理論にはさまで疑問はないが、実際の適用においては問題が多い。

元来、抵当不動産を滅失毀損した者に対する損害賠償の請求権は早くから認められたが、ドイツの普通法時代にその保護が次第に拡張され、本来の被担保債権の弁済期が到来しなくとも、抵当権の実行を可能ならしめ、さらに妨害行為の排除や予防の請求を認められるようになったものである(Enneccerus-Kipp-Wolff, Sachenrecht, 1957, § 138 II)。わが民法の解釈としても、ほぼ同様の結果を認めるべきだと思われるが、(i)抵当権には占有すべき権利がないこと、(ii)目的物が毀損されても、被担保債権を満足させるに充分な価値が残っておれば損害がないというべきであり、しかも果して充分かどうかは競売の結果によらなければ確定しない、というような事情が問題を複雑にしている。なお、(iii)いわゆる増担保の請求権を生ずるかどうかも問題である。

〔五七七〕 **二** 抵当権の侵害を生ずるとは、目的物の交換価値が減少しそのために被担保債権を担保する力に不足を生ずることである。問題となるのはつぎの諸点である。

(イ)抵当山林の不当な伐採が最もしばしば生ずる例であるが、抵当家屋を取壊すこと、抵当不動産の附加物や従物を不当に分離すること、目的物の自然的損傷を修理しないこと、なども抵当権の侵害となりうる(〔三九三〕参照)。物価の下落による抵当目的物の値下りは、それだけでは抵当権の侵害とはいえないが、抵当権実行手続の進行を故意に妨げその間に値下りを生じたような場合には侵害となりうる(大判昭和一一・四・一三民六三〇頁(判民三七事件川島)—第三取得者が不当な抗告を連発したため手続が進行しない間に値下りした事例(後の〔五八二〕ロ参照))。

(ロ)目的物をその経済的用途に従って用益することは、抵当権の侵害とはならない(〔四三六〕1参照)。附加物・従物の分離も、目的物の正当な利用の範囲と認められる限り、抵当権の侵害とはならない(〔三九三〕参照)。

(ハ)目的物を第三者に用益させることは、抵当権の侵害とはなりえない(〔四三六〕2参照)。第三者に用益させる法律関係が不適法な場合でも同様である。例えば、抵当権の設定されている鉱業権について不法な斤先掘契約（総則〔三〇一〕ハb参照）をなし、斤先人に採掘させても、その採掘方法の不当なことなどによって鉱山の価値を損傷しない限り、抵当権の侵害とはならない（大判大正四・六・一六民九七一頁など）。同一不動産上の無効な抵当権の実行による競落人が引渡命令をえることさえ、抵当権の侵害とはならない（大判昭和九・六・一五民一一六四頁（判民八七事件菊井）—抵当権者が執行停止の仮処分によって阻止することは不法行為となる）。抵当地の地目の変更などは、抵当権の効力に何の影響もないから、侵害とならないことはいうまでもない（大決大正七・四・一七民七〇七頁）。

三　抵当権に基づく物上請求権

〔五七八〕 (1)抵当権は物権であるから、物上請求権を認めるべきことは当然であろうが、その内容はどのようなものであろうか。

(イ)例えば、抵当山林の立木が債務者または第三者によって不当に伐採されるときに、そのすでに伐採した木材の搬出を禁止しかつさらに伐採することの禁止を請求することは、判例も認めていること前記のとおりである（競売開始決定の効力〔四九七〕c）としてだけでなく、抵当権そのものの効力として〔三九四〕以下）。占有すべき権利を含まない抵当権についてかような権利を認めることはいささか問題かもしれないが、これらの物にも抵当権の効力は及んでいるのであり、しかも分離・搬出することによってその効力が減殺されるのだから、これを阻止する効力を認めるのが至当であり、しかも、設定者に対してだけでなくすべての者に対してこれを認めるのが物権たる性質に適するであろう。抵当権の効力の及んでいる従物の不当な分離についても全く同様に解すべきである。

〔五七九〕 (ロ)分離・搬出された附加物・従物を抵当権者の占有に移すべき旨の返還請求権を認めるべきでないこ

とはいうまでもないが、一括して競売することの便宜のために、抵当不動産の所在場所に戻すように請求する権利は認めうるのではあるまいか（旧版の説を修正）。けだし、抵当権の本来の価値を回復する手段だからである。もっとも、これを認めても、その実現は別の訴によらなければならないことはいうまでもない。しかし、立法論としては、債務名義なしに抵当権に基づいて請求しうるとなすべきではあるまいか（〔四〇三〕参照）。

〔五八〇〕（ハ）抵当権の存在ないし行使に事実上障害となるものに対しても、その排除を請求することができる。

（a）事実上障害となる登記の抹消請求はその一例である。すなわち、解除された短期賃貸借の登記（大判明治四二・一二・一〇民録九三三頁）、無効な先取特権の登記（大判大正四・一二・二三民録二一七三頁）、消滅した先順位抵当権の登記（大判大正八・一〇・八民一八五九頁、大判昭和一五・五・一四民八四〇頁）などの抹消を請求することができる。

（b）抵当権の効力の及んでいる附加物・従物は、主たる工場土地または工場建物とともにするのでなければ差押えることはできない（工場抵当法七条二項）。これに違反してなされた差押に対し、抵当権者は、民訴第五四九条の異議によってこれを排除することができる（大決昭和三・一〇・三一民八八二頁（判民八四事件兼子）、大判昭和六・三・二三民一一六頁（判民一五事件我妻、民法判例評釈I所収））。工場抵当法の右の規定は、普通の抵当権にも類推して、同様に解するのが正当である。

（c）後順位抵当権者の競売申立は、目的物の価格が先順位抵当権を弁済して剰余のない場合にもなお有効とされるが（〔四八二〕参照）、後順位抵当権者が、先順位にある土地と建物の上の共同抵当権者の利益を害するために、債務者と共謀して、不当な内容の短期賃貸借を設定してその解除請求に忙殺させ、土地と建物を一括して競売することができない窮地においこむような、抵当権の濫用をもって目すべき行為をした場合には、先順位抵当権者はその後順位抵当権者の申立による競売手続を阻止することができるとしていることは、権利行使の一般理論ではあるが、抵当権としても注目に値する（大判昭和一七・一二・二〇民一〇九九頁（判民五五事件来栖））。

〔五八一〕 (2)抵当権に基づく物権的請求権は、いやしくも抵当不動産が損傷されている限り、その交換価値がなお被担保債権額に充分である場合にも生ずると解すべきである。けだし、抵当権不可分の原則は、抵当目的物の全部に効力を及ぼし、どの部分についてもこれをもって優先弁済に充てることができることを意味しているからである。

〔五八二〕

四　抵当権に基づく損害賠償請求権

抵当権の侵害によって不法行為が成立しうることも疑いない。

(イ)しかし、抵当目的物が損傷されても、残部の価格がなお被担保債権額を充分に担保する場合には、損害がないから、不法行為は成立しない（ほとんど異論なし。大判昭和三・八・一民六七一頁（傍論））。

(ロ)しからば、抵当権の侵害を理由として損害賠償の請求をなしうる時期は、抵当権を実行し損害額が確定した後でなければならないであろうか。学説は分かれているが、その必要なしと前提し、抵当権実行の時または賠償請求の訴提起の時であっても損害の発生を確定することができればよい、とする判例を正当と考える（大判昭和七・五・二七民一二八九頁、判民一〇三事件川島（立木を伐採した事例）、大判昭和一一・四・一三民六三〇頁、判民三七事件川島（競売手続の進行を故意に遅延させた事例））。けだし、抵当権の実行以前においても損害額の算定は必ずしも不可能ではなく、その可能なときは、一般原則に従って、不法行為が行なわれた後は損害賠償の請求をなしうると解しても支障がないからである（川島前掲二つの評釈は反対）。

〔五八三〕

五　債務者に対する効果

(1)期限の利益の喪失　抵当権の侵害が債務者の責に帰すべき事由に基づいて生じたときは、債務者は期限の利益を失ない（一三七条二号）、債権者は直ちに抵当権の実行をすることができる。しかし、抵当権の侵害がその他の事由に基づく場合には、特約がない限り、期限の利益を失なわない。もっとも、わが国の金融取引界では、その場合にも期限の利益を失なう旨の特約がほとんど例外なく行なわれている。

〔五八四〕

(2) 増担保請求権があるか　抵当権者は増担保を請求することができるであろうか。銀行その他の金融業者の貸付契約においては、抵当権者は、ほとんど例外なく、この権利を保留する。けだし、経済界の事情によっては、抵当権を実行して貸借関係を清算するよりも、増担保を確保して貸借関係を継続することを有利とする場合が多く、そのようなときには、抵当権の侵害を理由として期限の利益を失なわしめただけでは、抵当権者の利益は充分に保護されないからである。問題は特約のない場合にも抵当権者は抵当権の侵害を理由として増担保の提供を請求することができるかどうかである。明文でこれを認める立法例が少なくない。すなわち、フランス民法（二一三一条）は、抵当目的物が滅失毀損されたときは、常に増担保の請求をなしうるに至るものとする。またドイツ民法（一一三三条）は、目的物が損傷されたときは、増担保の提供その他担保の復旧を請求し、債務者がこれに応じないときに即時に弁済を請求しうるものと定める。旧民法も、債務者の責に帰すべき滅失毀損あるときは増担保を請求し、債務者がこれに応じないときは即時に弁済を請求しうるものと定めたが（旧民債担二〇一条二項・三項）、民法はこれを改めて、債務者の責に帰すべき抵当目的物の毀滅あるときは直ちに期限の利益を失なうものとした。その趣旨は、まず増担保を請求した後でなければ即時に弁済を請求しえないとすることは、増担保の当否に関する争いを生じ抵当権者にとって不利だというのである（民法修正案理由書の抵当権総則の説明参照）。しかし、この態度が抵当権者にとって決して有利なものでないことは前述のとおり

であるから、解釈によってこれを補充するのが適当である。しかるときは、

（a）侵害者が不法行為上の責任を負うべき場合には、抵当権者は、損害賠償を請求せずに増担保を請求することもできると解することができるであろう。けだし抵当権者としてはその権利の主張を差控えたことになり、賠償者にとっても、現実の賠償をなすに比して、より多くの不利益を強いられるものではない。のみならず、右の沿革にも適する。

（b）これに反し、抵当目的物の毀滅が何人の責にも帰すべからざるものであるときは、抵当権設定当時の当事者間の事情から、当該の債権について常に充分な担保を供与しておくべき趣旨の約定が成立しその実行としてその抵当権が設定されたとき、その他担保物の価値を維持する義務を負ったものと認められる場合にだけ、増担保の請求権を生ずるものといわねばならないであろう。

第四節　抵当権の処分

第一　序　説

〔五八五〕一　抵当権者は被担保債権の弁済または抵当権の実行によって資金の回収を受けることができる。しかし、被担保債権の弁済期が到来する前に投下した資本を流動化しようとするときは、弁済を請求することができずまた抵当権の実行もできないから、被担保債権を譲渡しまたは質入れする手段に訴えることになる。その場合には、抵当権は随伴性によって被担保債権とともに譲渡されまたは質権の目的となるから、抵当

権によって把握された担保価値は、間接に流動化されたとみることができる。ところが、民法は、さらに、抵当権を直接に担保とすること(転抵当)と抵当権の譲渡・放棄と抵当権の順位の譲渡・放棄という処分の形態を認めた(三七五条)。このうち、転抵当は、転質と同じく、直接に投下資本の流動化に役立つ(〔二一四〕以下参照)。これに対し、抵当権やその順位の放棄や譲渡は、密接な関係を有する多数の債権者の間で、把握した担保価値を交換・流用することを目的とする制度であるから、特定の抵当権者の投下資本の流動化というよりも、直接には、担保価値の利用に弾力性を与えて多数の債権者間の複雑な利害の調整をはかることに役立つように思われる。

〔五八六〕 **二** 右に挙げた抵当権の直接間接の処分の方法を数え上げると、**(イ)**被担保債権の処分を主とし、抵当権を随伴させるものとして、(i)被担保債権とともに譲渡すること、(ii)同じく被担保債権とともに質入れすることの二つは、民法に明文がないが、可能なことは疑いない。**(ロ)**つぎに、抵当権そのものの処分として民法第三七五条は、(iii)「抵当権ヲ以テ他ノ債権ノ担保」とすること、(iv)同一の債務者に対する他の無担保債権者の利益のために、抵当権を譲渡すること、(v)同様の関係の者の利益のために、抵当権を放棄すること、(vi)同一の債務者に対する他の後順位抵当権者の利益のために、抵当権の順位を譲渡すること、(vii)同様の関係の者の利益のために、抵当権の順位を放棄すること、を認めるから、合計して七つの態様がありうる。もっとも、右の**(ロ)**に掲げたもののうち(iii)は(ii)と法律的な性質が同一だとみる見解があることは転質におけると同様である(〔二一六〕・〔二一七〕)。

また(iii)ないし(vii)を多かれ少なかれ被担保債権から切離して抵当権を処分するものとする見解のうち

にも、その切離される程度の大小、裏からいえば、譲渡または放棄された抵当権またはその順位の独立性の大小、さらにいいかえれば、譲渡・放棄された抵当権・順位が、譲渡・放棄前の被担保債権について生ずる弁済その他の事由によってどの程度の影響を受けるかについての見解が分かれる。私は、従来、近代抵当権のあるべき姿に近づこうとして、できるだけ独立性を大きく解釈しようとしたが、解釈論として無理であり（とくに〔五九七〕・〔六一六〕参照）、実際にも債務者や物上保証人の利益を害し（とくに〔五九八〕・〔六一七〕・〔六一八〕参照）、後順位抵当権者にも不利益を強いる結果となることを考え、今は改めて、その程度を少なく理解しようとする（判例コンメンタール（清水）抵当権の処分の前註4（三六一頁）は二つの考え方の典型を示す。本書の考えはその第二説に近い）。その結果、抵当権の処分を認める範囲は拡大すること、後にそれぞれの個所に述べるとおりである（転抵当についての〔五九〇〕・〔六〇〇〕、順位譲渡についての〔六〇九〕・〔六一一〕など）。なお、根抵当に関する新法は、転抵当を除き、他の処分は許さないものとして、別個の処分の態様を新たに認めている（三九八条ノ一一—三九八条ノ一五（〔七七三〕以下参照））。

第二　転　抵　当

〔五八七〕　**一**　意義及び性質　第三七五条が「抵当権ヲ以テ他ノ債権ノ担保ト為シ」というのは、例えば、甲が乙に対して一〇〇万円の抵当権附債権を有する場合に、丙から八〇万円借りてこの抵当権をもってその担保とすることであって、あたかも転質に該当する。従って、その性質に関しても転質に関すると同様の争いがある。しかし、転質について述べたと同様に、抵当権を担保にすることは、第一の抵当権者甲の把握した担保価値を、転抵当権者丙をしてさらに優先的に把握せしめるものであって、この意味において目的物を再度抵当に入れること（転抵当）と解して妨げない（〔二一七〕参照）。しかるときは、転抵当の要件・効果などについても、根本においては転質について述べたところに従って定めることができる。

〔五八八〕

二　転抵当の要件

（イ）転抵当権の被担保債権額は原抵当権の被担保債権額を超過しないこと　もっとも、その意味は、甲が目的不動産について把握している担保価値以上のものを丙に与えることはできない、ということだから、甲が丙から例えば一二〇万円の融資を受けた場合でも転抵当が全然できないというのではなく、転抵当をしても丙は一〇〇万円の転抵当権を取得するに過ぎないと解すればよい。しかるときは、転抵当権の被担保債権額が原抵当権の被担保債権額を超過しないこと、というのは、厳密な意味では、転抵当権の成立要件ではないことになる（香川・(新版)担保三九〇頁はこれを主張し、登記の実務もそうであることを説く。鈴木・抵当制度の研究一九六頁も同旨を説くが、示唆するところがすこぶる多い）。なお、転抵当権の被担保債権額が原抵当権の被担保債権額を超過する場合には、転抵当権設定当事者甲丙間では、一種の一部抵当であるが、原抵当権設定者乙及びその他の第三者に対する関係では、原抵当権の被担保債権額の弁済によって消滅すると解すべきことは後に述べる（〔五九九〕・〔六〇二〕）。

〔五八九〕（ロ）転抵当の被担保債権の弁済期については、転質の場合のように原質権の存続期間内という制限は定められていない（三四八条（質権についての〔二一八〕ロ参照））。のみならず、後に述べるように、転抵当権は、原抵当権の被担保債権の弁済を禁じうるが供託は禁じえないと解するときは（〔六〇〇〕参照）、弁済期について転抵当の要件とすべきものはないことになる（香川・前掲三九二頁参照）。

〔五九〇〕（ハ）転抵当権の被担保債権は原抵当権者甲を債務者とするものに限るか。いいかえれば、甲は原抵当権によって自分の把握した担保価値を自分の債務のために利用しうるだけか、それとも第三者丁の債務のためにも利用しうるか。転質では、わが国の慣行からいっても、投下資本の流動化を直接の目的とすることからいっても、さらには、占有を公示方法とするために法律関係が充分に明瞭にされないことからいっても、前者に限るのが妥当であろう。これに対し、転抵当では、民法は、抵当権の処分をもって、密接な関係を有する多数の債権者間における担保価値の交換・流用をも目的とする制度としているのであり(〔五八五〕参照)、その法律関係は登記によって、充分に公示することができるのだから、「他ノ債権ノ担保ト為シ」といって、自分に対する債権(自分の債務)と限定しない第三七五条の文理のとおり、丙の丁に対する債権の担保とすることもできると解してよいであろう。しかるときは、あたかも、甲が、その乙に対する抵当権附債権をもって丙の丁に対する債権について物上保証人となったと類似した関係となるが、甲の把握した担保価値だけが物上保証の内容となり、甲の乙に対する債権は丙の担保権の客体とならない点に差異がある。

〔五九一〕

三　転抵当の対抗要件　二つの対抗要件を考えなければならない。

(1)登記　転抵当権の設定は、不動産物権の変動であるから、対抗要件として登記を必要とすることはいうまでもない。その登記は、附記登記によってなされるが、内容は、抵当権の設定登記と同じく、被担保債権の内容に及ぶ(不登一一九条ノ二)。そして、甲が数人の債権者のために転抵当権を設定したような場合には、それらの債権者の間の優劣は登記に附記をした前後による(三七五条)。

〔五九二〕

(2)原抵当権の被担保債権の債務者についての通知・承諾

(イ)甲の乙に対する債権のために設定された抵当権について、甲が丙から融資を受けた債務のために転抵当権を設定したときは、債権譲渡の対抗要件の規定に従って、甲から原抵当権の被担保債権の債務者乙に通知をするかまたはその承諾をえなければ、これをもってその債務者(「主タル債務者」ということに特別の意味はない(〔五六五〕イ参照))・保証人・

抵当権設定者及びその承継人に対抗しえないものとされる(三七六条一項)。転抵当権は、原抵当権の被担保債権そのものを担保とするものではないが、この債権は原抵当権の存立の基礎をなすものであるから、転抵当権は間接にこの上に拘束力を及ぼす。民法はこの理論に基づいて右のような対抗要件を定めたものである(〔二二二〕参照)。従って、債権そのものが担保の目的とされた場合(債権質)と同じく、弁済の他に、免除・相殺・更改などについても同様に解すべきである(〔二八三〕参照)。

〔五九三〕 (ロ)原抵当権の被担保債権の債務者に対する通知・承諾を必要とする理由が、右に述べたように、転抵当権の基礎となった原抵当権が被担保債権の弁済によって消滅することを防止することだとすると、

(a)その通知・承諾は、確定日附ある証書によることを必要としないと解すべきである。けだし、民法が債権譲渡の対抗要件たる通知・承諾について確定日附ある証書によることを要求しているのは、専ら債務者以外の第三者に対する関係で債権の帰属関係を決定しようとするためである(債総〔七六六〕以下参照)が、ここでは、その関係は、登記によって決せられるからである。

〔五九四〕 (b)また「債務者、保証人、抵当権設定者及ビ其承継人」に対しては、被担保債権について通知・承諾があれば、転抵当についての登記がなくとも、転抵当権の設定を対抗することができると解すべきである。すなわち、債務者について通知・承諾があれば、転抵当についての附記登記がなくとも、これらの者による原抵当権の被担保債権の弁済を有効と主張することはできない。もっとも、抵当権設定者(物上保証人)の「承継人」の中には、第三取得者を含むと解するときは、この者にとって不利益となるおそれがある。何故なら、転抵当権設定後に生ずる第三取得者に対しては、債務者または物上保証人から転抵当権の設定

を注意することを期待しうるとしても、転抵当権が設定される前に生じた第三取得者に対してこれを期待することは無理だからである。そこで、この条項の趣旨と登記の一般理論とから、この転抵当権設定前に生じた第三取得者に対してだけは、転抵当権の登記を対抗要件とすると解するのが妥当であろうと考える。

四　転抵当の効果

〔五九五〕 (1)転抵当権の実行　転抵当権を実行するためには、原抵当権の被担保債権についても弁済期の到来することを要する。その実行によってえた競売代金は、まず、転抵当権の成立している範囲内でその優先弁済に充て、残余を原抵当権者の優先弁済に充てるべきことは、転質権の実行と全く同様である(二二〇参照)。

〔五九六〕 (2)転抵当権の原抵当権に対する拘束　原抵当権者は、転抵当権を設定することによって転抵当権者に与えた担保価値を消滅させない拘束を受ける。その内容はつぎのように解すべきである。

(イ)原抵当権者の弁済受領権と競売権　判例は、原抵当権の被担保債権額が転抵当権のそれに超過する場合に限り、その超過額の範囲内において自分の債権の弁済を受けることができ、また、みずから競売をすることができるとする(大決昭和七・八・二九民一七二九頁(判民一三六事件我妻、民法判例評釈Ⅰ所収)、大決昭和一二・一二・二八新聞四二三七号一一頁)。

私は従来この判例理論を支持した。しかし、今は説を改め、右のような場合にも、原抵当権者甲は、差額の弁済を受けることも、競売をすることもできず(ただし、転抵当・原抵当の両方が競売の要件を備えたときは、競売権を認めてよい)、原抵当権の被担保債権の全額について供託を請求することができるだけだと解する(香川・前掲担保四〇〇頁、鈴木・前掲抵当制度の研究二〇三頁以下、ともにこのことを力説する)。その理由は、転抵当権の被担保債権(丙の債権)の額は、利息の発生によって増大し、右の差額は不確定であるのみならず、その額が原抵当権の被担保債権(甲の債権)の額より少ない場合にも、転抵当権は原抵当権の把握している担保価値の全額について拘束力をもつとすることが、むしろ抵当権の不可分性に適すると考えられるからである。なお、かように解することは、転抵当をもって抵当権附債権の質入れと解する説に一層近づくことになる。しかし、なお、転抵当権者丙は、原抵当権の被担保債権の債務者乙の一般財産に対して執行することができない点に、相当根本的な差異が存する。そして、取引界がかようなものを必要とするなら、これを可能とする理論を構成することが法律学の任務であろう。

〔五九七〕 (ロ)原抵当権の被担保債務の弁済　転抵当権が設定されたことを原抵当権の被担保債権の債務者に通知するかまたはその承諾をえれば、転抵当権者(「抵当権ノ処分ノ利益ヲ受クル者」)の「承諾ナクシテ為シタル弁済ハ之ヲ以テ其受益者(転抵当権者)ニ対抗スルコトヲ得ス」(三七六条二項)。

(a)この規定の趣旨が、転抵当権の設定は、原抵当権の基礎となる被担保債権に対しても一定の拘束力を及ぼすことを前提し、その不利益について債務者に警告しようとするものであること前述のとおりだとすると、原抵当権の債務者(乙)が転抵当権者(丙)の承諾をえて債権者(甲)に弁済すれば、甲の原抵当権は消滅し、従って丙の転抵当も消滅するに反し、承諾をえないで弁済しても、転抵当権に対する関係では、原抵当権は消滅せず、転抵当権者はなおその転抵当権を実行して優先弁済を受けることができる(乙から甲への不当利得返還請求権を生ずることはいうまでもない)と解さなければならない。そして、このことは、丙の転抵当権は、――一度成立した以上甲の原抵当権の被担保債権の存否とは無関係に存続しうるのではなく――甲が、抵当不動産の競売のときに、原抵当権によって優先弁済を受けることができることを前提し、それについてさらに優先的地位を取得するものとみるのが民法の理論的構想であることを意味するといわねばならないであろう。もっともこのことの影響は、転抵当についてよりも、抵当権またはその順位の譲渡・放棄について一層重要であるから、後に繰り返して述べる(〔六一六〕—〔六一八〕)。

〔五九八〕　(b)転抵当権についても重要なのは、原抵当権の債務者乙が、被担保債権の期限が到来し甲に弁済しようとするときに、転抵当権者丙が承諾を与えない場合である。民法は乙の立場について何等の規定をしていない。しかし、転抵当権は乙の意思に関係なく設定しうるものであるから、乙の立場は充分に保護されなければならない。すなわち、

(i)丙が承諾しない限り、甲から請求を受けても弁済を拒絶することができると解すべきである。甲は債権の行使を制限されていることからいって当然であろう。

〔五九九〕　(ii)乙は、甲が丙に対して負担する転抵当の被担保債権を、「弁済ヲ為スニ付正当ノ利益ヲ有スル」第三者(五〇〇条)として弁済して転抵当権を消滅させ、その弁済によって甲に対して取得する求償権と原抵当権の被担保債務と相殺して(不足ならば追加的に弁済して)、原抵当権をも消滅させることができる。転抵当権者丙の債権額が(例えば一二〇万円)、原抵当権者甲の債権額(例えば一〇〇万円)を超過する場合には、弁済すべき額がやや問題だが、原抵当権の被担保債権額(一〇〇万円)を弁済すれば足りると解すべきである。けだし、甲は本来原抵当権によって把握した担保価値以上のものを転抵当とする権限はないのだから、丙もまた、原抵当権を消滅させる関係では、それ以上の担保価値を把握していると主張することは許されないというべきだからである(〔五八八〕)。もっとも、次段に述べるように、乙に供託権を認めるときは、丙に直接弁済する実益はほとんどないことになろう。

〔六〇〇〕　(iii)乙は、丙の承諾をえられないときは、自分の債務を甲に弁済することはできないが、供託して原抵

当権を消滅させ、その結果として転抵当権も消滅し、転抵当権者丙はその供託金の上に優先弁済権を保留すると解することができないものであろうか。丙が債権質権を有する場合には、乙に対して供託を請求することは丙の権利として認められている（三六七条三項）が、乙の権利としても認めることが妥当であること前述のとおりである（〔二一八〕五b）。そうだとすると、転抵当においてもこの趣旨を類推することが、乙の立場を適当に保護するゆえんであろう。そして、さらに進んで、後順位抵当権者も右と同様の権利を有するものと解すれば、転抵当によって後順位抵当権者の利益も害されないことになる。

右の見解は、抵当権の処分の法的構造について被担保債権との結合を強く認めようとするものである。私は、かような前提の下に、一方では原抵当権の被担保債権の債務者や後順位抵当権者の地位を保護するとともに、他方では処分の範囲や態様を広く認めようとするものであること、前に述べたとおりである（〔五八六〕）。

〔六〇一〕 **五　転抵当権の消滅**

(1) 転抵当権が消滅するときは、原抵当権は、転抵当権による制限を脱して、以前の状態に復帰する。このことを説明するために抵当権の解除条件附移転という理論構成をしなければならないものでないことは、転質について述べたと同様である（〔二一七〕・〔二二三〕）。

(2) 転抵当の消滅のための被担保債権の弁済は、その債権の債務者（甲）によってなされるのが本則であり、その場合には、転抵当権の被担保債権額が原抵当権の被担保債権額より大きいときは、普通の一部抵当の場合と同じく（〔三六三〕参照）、転抵当権の被担保債権の全額を弁済しなければならないと解すべきである。なお、右の本則に対し、原抵当権の被担保債権の債務者（乙）も弁済をなしうること、その場合の弁済すべき額は原抵当権の被担保債権の額で足りること、弁済した乙は、甲に対する求償権をもって相殺することによって原抵当権を消滅させることができることなどは、前述のとおりである（〔五九九〕）。

(3)原抵当権が消滅すれば転抵当権も消滅するが、原抵当権の消滅を転抵当権者に対抗するための弁済には、転抵当権者の承諾を要する。しかし承諾がない場合にも供託して消滅させることができると解することは前述のとおりである（〔五九九〕・〔六〇〇〕）。

第三　抵当権の順位の譲渡

〔六〇二〕 **一　意義及び性質**　抵当権の譲渡・抵当権の放棄・抵当権の順位の譲渡・抵当権の順位の放棄の四つの態様の処分（〔五八六〕参照）のうちでは、抵当権の順位の譲渡が最も多く行なわれるから、まずこれについて述べ、他については、とくに注意すべき点を記述することにする。

(イ)抵当権の順位の譲渡は、前に一言したように、先順位の抵当権者から後順位の抵当権者に対して行なわれる。例えば、債務者Sに対する一番抵当権者甲（債権額四〇〇万円）、二番抵当権者乙（債権額二〇〇万円）、三番抵当権者丙（債権額七〇〇万円）とある場合に、甲から丙に対して行なわれる。その結果、競売代金を一〇〇〇万円とすれば、一番抵当権への配当額四〇〇万円と三番抵当権への配当額四〇〇万円のうち七〇〇万円を丙へ、残りの一〇〇万円を甲へ分配することになる。この結果については、ほとんど異論はないが、理論的にいかに理解すべきかについては、説が分かれている。思うに、

〔六〇三〕 (i)甲の一番抵当権としての内容たる四〇〇万円の最優先的担保価値を、その被担保債権から完全に切

離して、丙に譲渡するものと解することは、前に転抵当権について述べたように、甲の抵当権がその後に被担保債権の弁済によって消滅すれば丙の地位も覆えることを前提とする第三七六条第二項の趣旨に適合しない(〔五九七〕参照)。最高裁は、順位譲渡によって丙は一番抵当権者となり、甲は三番抵当権者となるから、その後に甲が弁済を受けることは丙の一番抵当権に影響なしという(最高判昭和三八・三・一民二六九頁)。第三七六条第二項を無視するものであって、賛成することはできない(右の判決につき後の〔六一六〕参照)。

〔六〇四〕 (ii) この条項の趣旨を尊重するときは、つぎのように解すべきである。抵当不動産の競売の際に甲がなお配当を受けうることができることを前提とし、これを、丙に、その被担保債権額を限度として、譲与するものであるが、その譲与は、甲丙間の債権関係として効力を生ずるに止まらず、第三者に対しても効力がある点で抵当権の特殊の形態における譲渡とされるのである。いいかえれば、丙は甲の一番抵当権を実行してその受ける配当金を自分の三番抵当権の被担保債権の弁済に充てる権利を取得するとみるべきである。従って、譲与された後に甲の被担保債権が弁済されれば、丙が順位の譲渡を受けた抵当権も消滅する(三番抵当権は残る)。甲への弁済に丙の承諾を必要とするのはそのためである(ただし供託はできると解する(〔六一六〕・〔六一七〕))。また、譲与であるから、譲与された後に、丙の債権が弁済されれば、転抵当のように甲の一番抵当権が復元するのではなく、一番抵当そのものが消滅する(〔六一八〕に詳述)。

なお、かようにみるときは、丙の本来受けるべき三番抵当への配当額については甲が優先すると解する余地を生ずるであろう(競売代金九〇〇万円とすると丙四〇〇万甲三〇〇万となる)。しかし、順位の譲渡は、甲丙間では——順位の相互譲渡(一番では丙が優先し、三番では甲が優先する)を生ずるのではなく、——両抵当権のいずれにおいても丙を優先させる趣旨とみるのが、順位の譲渡という呼称にも、一般の場合の当事者の意思にも、適すると考えられる。

〔六〇五〕 **(ロ)**なお、丙に第一順位を譲渡することを、丙が本来の被担保債権七〇〇万円をもって第一順位となることと解し、その債権額が甲の債権額を超過するときは中間順位者(設例では乙)の同意を要する(同意をえないときは、超過額については乙に対抗しえない)とする考え方もありうる。しかし、甲の譲渡する順位なるものは、単に一番という抽象的なものなのではなく、現実に把握している最優先的な担保価値なのだから、数額を離れて譲渡することはできない。もっとも、甲から順位の譲渡を受けた丙が、乙の同意をえて七〇〇万円の一番抵当権をもつことは可能である。しかし、それは先順位者が後順位者全員の同意を得れば被担保債権額を増すことができるという一般理論の適用であって、右の場合には甲からの順位の譲渡と同時にそれが行なわれたに過ぎない(〔三六三〕参照)。

〔六〇六〕 **(ハ)**順位の変更　例えば甲乙丙丁四人の債権者が一番から四番までの抵当権を有する場合に、その順位を丁甲乙丙とすること(その他、単に甲から丙への順位譲渡でなく、全員の順位を変更すること)も金融界で必要とされるが、民法に直接の規定がないので、順位譲渡の手続を繰り返すことによって行なわれた。その不便を除くために、根抵当権に関する立法(昭和四六年法九九号)の際、軽易な手続を認めた(三七三条に二項・三項の追加)。担保価値の優先順位の再配分である。

(a)順位変更の実質的な関係者(甲乙丙を丙乙甲とする場合の乙も)全員の合意でなしうるが(甲乙丙丁とある場合に、乙丙丁を変更するときの甲、甲乙丙を変更するときの丁は、ともに関係せず)、利害関係人(転抵当権者・差押債権者・質権者など)の承諾を要する(三七三条二項)。そして、登記をすることによって効力を生ずる(同条三項)。登記によって生じた順位の変更だからでもあり(同条一項参照)、また対抗要件として相対的な効果を生じさせては、収拾しえない紛糾した関係となるからでもある(根抵当権の内容については登記を効力発生要件とする場合の多いことにつき〔七三二〕ロ参照)。

(b)注意すべきは、抵当権の順位の変更に止まるから、他の権利者(例えば乙が地上権者のとき)の順位を改正規定によって変更することはできないことである（三七三条一項の順位の変更であって不登六条の順位の変更ではない）。もっとも、その場合にも、抵当権者だけでその者の間の順位の変更はできるが、その効果は他の権利者には及ばない（甲乙丙丁を丙乙甲丁としたときも、乙は甲の債権を弁済して、最先順位となれる）。

〔六〇七〕 **二**　順位の譲渡の要件

（イ）厳密な意味での要件としては、甲と丙それぞれの被担保債権額は問題とならない。順位譲渡人甲の被担保債権額（設例では四〇〇万円）の範囲内で、順位譲受人の債権額を限度として（設例では丙七〇〇万円から四〇〇万円全額で）譲渡の効果を生ずる。その関係は転抵当におけると同様である（〔五八八〕参照）。ただし、――効果の問題ではあるが――甲は丙の本来の抵当権（三番抵当権）を、丙の残額（三〇〇万円）とともに、これに劣後する関係で、取得することになる点を異にする。

〔六〇八〕 **（ロ）**順位譲渡人甲の債権の弁済期と順位譲受人丙の債権の弁済期の関係については、転抵当と同様に、効果の問題として考えれば足りる（〔五八九〕、なお〔六一四〕参照）。

〔六〇九〕 **（ハ）**順位譲渡の当事者については問題がある。

（a）債務者は同一人に限るかどうか問題とされる。第三七五条第一項は、転抵当については制限を設けていないのに反し、その他の処分については、「同一ノ債務者ニ対スル他ノ債権者ノ利益ノ為メ」と限定する。従って、甲は、Sに対する債権についての一番抵当権の順位を、同一不動産の上の三番抵当権者丙に譲渡しうるのは、丙の債務者もSである場合に限る。債務者がS以外のTである場合、すなわち三番抵当権はSがTの物上保証人である場合には、順位の譲渡ができない。同様に、S所有の不動産の上の甲乙丙の抵当権のうち、甲と乙の抵当権はTを債務者とするもの、すなわちSがTのための物上保証人であり、三番抵当権だけがS自身の債務のために設定されたものである場合にも、甲から丙への順位の譲渡はできない。多数の抵当債権者を有する債務者が、その意思に関係なく抵当権の順位に変更を生じては、いずれの債権者に対しても弁済する義務を負うのではあるが、弁済をする順序などについての予期が乱されて不利益を受けるおそれがある。いわんや、自分の利益のための抵当権の価値が他の債務者の利益のために低下させられては、その不利益は堪えられないであろう。民法がとくに同一の債務者に対する他の債権者と限定したことには、一応、合理的な理由があるといえる。

しかし、翻って考えると、抵当権の処分によって債務者の受ける不利益を最小限度に止めるために、債務者は常に本来の抵当権者に弁済供託をして抵当権の処分を受けた者の権利を供託金の上に移行させうるとすれば（〔六一七〕参照）、民法の文理に反して拡張解釈をして右のような場合の順位の譲渡を認めても、実際上の不都合は生じない、ともいえるように思われる。のみならず、右の説明の物上保証人を第三取得者と置き換えても——すなわち、Tが自分の債務のために一番・二番の抵当権を設定した後に、Sがその不動産を譲り受けて、自分の債務のために三番抵当権を設定した場合なども——なおこれを否定する必要もないようである（登記の実務ではいずれも認められている（昭和三〇年七月一一日民甲一四二七号民事局長通達））。

〔六一〇〕 (b)同一債権者の間での順位の譲渡も問題とされる。例えば、甲がSに対して二つの貸金債権を有し、それぞれ一番と三番の抵当権が設定されている例はすこぶる多いが、その場合に、一番から三番へ順位を譲渡することは可能かというのである。これは肯定して少しも支障はあるまい。被担保債権は同一人に帰属していても、つけられている抵当権の価値が異なるのだから、そのつけ換えを認める必要がある。債務者にとっても、前段の場合以上の不利益はない（登記の実務ではこれを認めている（昭和二九年三月二六日民甲六八六号民事局長回答））。

〔六一一〕　（c）同一順位の抵当権者間でも順位の譲渡は可能であろうか。例えば、一番抵当権四〇〇万円というのは、甲二〇〇万円、丙二〇〇万円の二つの同順位の抵当権である場合に、甲から丙へ順位を譲渡するということは、抽象的には意味をなさない。しかし、甲丙両抵当権が同順位だということは、競売価格が合算額に満たない場合（例えば三〇〇万円）に按分比例で配当する（甲丙一五〇万円ずつ）ことである。それを甲丙の合意で丙を優先させる（丙二〇〇万円、甲一〇〇万円）ということは、充分に意義のあることといわねばなるまい。しかも他の順位の抵当権者には何の影響も及ぼさない。債務者にとっての不利益も、他の順位譲渡に比してとくに大きいものはない。これを順位譲渡と呼ぶことは不適当であろう。しかし、実質的にみて、否定する理由はないように思われる（登記の実務では認めている（昭和二八年一一月六日民甲一九四〇号民事局長通達））。根抵当権の一部の譲渡はこの需要に答える（〔七八三〕b・c参照）。

〔六一二〕　**三**　順位の譲渡の対抗要件　二つの対抗要件を考えなければならないことは、転抵当と同じである。

(1)登記　抵当権の順位の譲渡も不動産物権の変動であるから、対抗要件として登記を必要とする。その登記は、転抵当の場合と異なり、被担保債権の内容に及ばない（不登一一九条ノ二の適用なし）。改めて登記する必要はないからである。しかし、甲が数人の後順位抵当権者のために順位を譲渡したような場合には、それらの権利者の間の優劣は、登記に附記をした前後によることは、転抵当におけると同一である（三七五条）。

〔六一三〕　(2)順位を譲渡した抵当権の被担保債権の債務者についての通知・承諾　甲がその一番抵当権の順位を丙に譲渡したときは、そのことを債務者Sに通知するか、そのことについてSの承諾をえなければ、これをもってその債務者S、保証人、抵当権設定者及びその承継人に対抗することができない。この点も転抵当と同一である（三七六条〔五九二〕参照）。その通知・承諾は、確定日附ある証書によることを必要としないこと（〔五九三〕参照）、さらに、通知・承諾があれば登記を必要としないと解すべきだが、第三取得者に対しては制限的に解するのが適当であること(〔五九四〕参照)なども、転抵当と同様である。なお、対抗することができない、という意味については後に述べる。

四　順位の譲渡の効果

〔六一四〕 (1)順位譲受人の競売　順位の譲渡は、前に述べたように、甲の抵当権による配当の可能性を前提とする特殊の形態における抵当権の譲渡だとすると(〔六〇四〕)、譲受人丙は一番抵当権を実行することもできる。しかし、そのためには、甲の一番抵当権についての実行の要件(主として期限の到来)も充たされていなければならない。ただし、競売申立の時に丙の被担保債権額が甲の被担保債権額より大きいときは、丙は三番抵当権をも有するから、これを実行することができ、その場合には、甲の抵当権の実行要件を充たす必要はない。しかも、その競売の効果として他のすべての抵当権は消滅し、かつ用益権者や仮登記権者の権利は一番抵当権の設定時を基準として消滅するのだから(〔五〇二〕参照)、右の場合には、一番抵当権の実行か三番抵当権の実行かをとりたてて問題にする実際上の意味は少ない。

〔六一五〕 (2)順位を譲渡した抵当権の被担保債権に対する拘束

(イ)順位を譲渡した抵当権者甲の弁済受領権と競売権　甲の抵当債権額が順位を譲受けた丙の抵当債権額より大きいときにも、その差額について、弁済を受けることはできないと解すべきことは、転抵当と同様であろう(〔五九六〕参照)。これに反し、競売は、被担保債権額の大小に拘わらず、申立てることができるというべきであろう。けだし、甲は、いずれの場合にも、三番抵当権を取得しているからである。

〔六一六〕 (ロ)順位を譲渡した抵当権の被担保債務の弁済

(a)甲(一番抵当権四〇〇万円)が丙(三番抵当権七〇〇万円)に順位を譲渡し、通知・承諾による対抗要件を備えた以上、債務者Sは、丙の承諾を得ずに甲に弁済しても、丙に対抗することができない(三七六条二項)。すなわち、丙はなお四〇〇万円の一番抵当権を有するものとして、競売をして最優先的弁済を受けることができる。これに反し、丙の承諾をえて弁済したときは、その範囲において丙の優先権も消滅する。第三七六条第二項は右のように解すべきことは、転抵当に関連してすでに述べた(〔五九七〕)。しかるに最高裁は、別異の見解をとるようである(前掲最高判昭和三八・三・一民二六九頁)。事案はこうである。債務者Sに対し、甲は一番抵当権(五〇万円)と、それと同時に登記された代物弁済予約の仮登記を有し、ついでSは乙に二番抵当権を設定して融資(三〇万円)を受け、これをもって甲への一部弁済をした後に、甲から乙へ順位譲渡がなされ、しかる後に甲の債権残額の不履行のために代物弁済予約の条件が充たされたとして、甲が本登記をした。そこで乙から甲に対して、抵当権の消滅を理由として損害賠償の請求をする。原審は、これを却けて、乙の一番抵当権は消滅せず、これを実行して甲の本登記を覆えすことができるから損害なしといい、最高裁もまたこれを肯定した。その理由として、順位の譲渡によって乙は第一順位抵当権者となり、甲は第二順位の抵当権者となるのであって、「既に第一順位となった抵当権者の抵当権は、第二順位となった抵当権者がその後債務者より自己の抵当権の弁済を受けたからといって影響を蒙るべきいわれはない」という。第三七六条第二項は順位譲渡には適用なし、とするのであろうか。右の代物弁済も甲への抵当債務の弁済であるから、受益者乙の承諾なしに行なわれたものである限り、乙の抵当権の消滅を主張しえない、という理由によってのみ同一の結論に達することができる、と私は考える。

右のように解することは、順位譲渡の作用をすこぶる小さいものにする。何故なら、順位を譲渡した抵当権の被担保債権を存続させないと、譲受けた抵当権の価値を維持しえないということは、負債の整理には利用しえないことを意味するからである。私は、かつて、「借り替え」にこの制度を利用することによって、所有者抵当権を認めずに順位の上昇を認めている民法の非近代性(〔三二四〕参照)を補修しようとしたことがある。すなわち、一番から五番までの抵当債務を負担する者が、一番の債務を、同一条件の債務で借り替えようとするときは、まず新債務のために六番抵当権を設定し、これに一番の順位を譲渡させ、ついで六番となった旧抵当債務を弁済するのである。ところが、弁済するには、一番となった受益者の承諾を要し、受益者がこれを承諾することは自分の取得した一番抵当権を失なうことだとすると、借り替えのための操作としては全く徒労に帰する。そこで、この困難を回避するために、第三七六条第二項は転抵当にだけ適用されて(転抵当については充分な合理性がある)、その他の処分には適用されないと解そうとした。しかし、解釈論として無理であるだけでなく、そう解釈しては、借り替えの場合は別として、一般的には債務者の利益を害し(〔六一八〕末段参照)、さらに、後順位抵当権者の順位上昇の期待を奪い、その利益を不当に害するおそれがある。

また、第三七六条第二項から生ずる右のような不利益を緩和するために、Sの甲に対する弁済についての受益者丙の承諾を、単に弁済することの諒承と、その結果自分の受益者たる地位が消滅することについての承諾との二段に分け、後者のみが第二項の効果を生ずると解する説もある。あまりにも技巧的であるだけでなく、少なくとも後順位抵当権者に順位上昇の期待を失なわせてその利益を害することは避けえないであろう。

さらには、第三七六条またはその第二項だけを削除すべしという立法論もある。しかし、その意味が債務者Sの甲に対する弁済は自由だとして、その範囲で丙の権利が失なわれるというのでは改正にはならない。もしまたその意味が、いかに弁済しても丙の地位に影響しないというのなら、後順位抵当権者の利益だけでなく、債務者の利益をも不当に害するおそれあることを否定しえないであろう。根抵当権に関する立法の際に、根抵当権については、第三七五条の処分を禁じ、別に、債務者の弁済とは全く無関係な、枠としての処分を認めた（三九八条ノ一一・三九八条ノ一三）。根抵当権について附従性を不要とする根本的な変更を前提する（〔七七三〕参照）。根抵当権が問題紛糾の根源であったから、その大部分は避けられるであろう。

〔六一七〕 （b）丙が弁済に承諾を与えないときは、Sは、甲からの請求を拒絶することができる（転抵当についての〔五九八〕参照）だけでなく、さらに、丙のために、甲に対する債務の弁済供託をすることができ、それによって丙の一番抵当は消滅すると解すべきものと思う。すなわち、供託金を不動産が競売された場合の一番抵当権への配当額と同視し、丙はこれを優先的に取得する権利をえるとともにその一番抵当権は消滅し、甲の被担保債権は、丙の一番抵当として弁済を受けえなかった残額（三〇〇万円）とともに、これに劣後しながら、三番抵当権をもつことになる。

〔六一八〕 （c）Sが丙に対して弁済した場合には、——転抵当の場合のように甲の抵当権が順位譲渡前の状態に復帰するのではなく——丙の順位譲渡を受けた一番抵当権そのものが消滅すると解すべきである。順位の譲渡が特殊の形態における抵当権の譲渡であることからいって、むしろ当然であろう。のみならず、この趣旨を徹底させるために、丙の被担保債権額が、譲受けた甲の被担保債権額より大きい場合には、Sは丙の債権のうちの一番抵当権によって担保される部分を指定して弁済することができ、これによって一番抵当権が消滅し、従って、丙の債権の残額（三〇〇万円）と甲の債権（四〇〇万円）とは、三番抵当に担保された状態で存続すると解し、さらに、かような効果をもつ弁済を後順位抵当権者もすることができると解するのが妥当と思う（〔六〇〇〕参照）。

右のような解釈は、抵当権によって担保される債権の一部を任意に弁済することの効果を普通の場合とは全く別異に解するものである。しかし、競売の場合と同様の結果となるのであるから、順位譲渡の当事者に不当な損害を与えるものとはいえない。却って債務者や後順位抵当権者の意思に無関係に行なわれる順位譲渡という制度の内容としては妥当なものと私は考えるのである。そうでなければ、Sは任意弁済によって一番抵当権を消滅させるには、少なくとも八〇〇万円（競売代金一〇〇〇万円として。あるいは七〇〇万円と四〇〇万円合計一一〇〇万円）支払わなければならなくなり、債務者及び後順位抵当権者を害するであろう。

五　順位を譲渡した抵当権と譲受けた抵当権の消滅

〔六一九〕　(1)順位を譲受けた丙の抵当権が債務者Sの弁済によって消滅すれば、順位を譲渡した甲の抵当権が譲渡以前の状態に復帰するのではなく、一番抵当権そのものが消滅すること前記のとおりである（〔六一八〕）。その点は転抵当と異なる（〔六〇一〕1参照）。しかし、転抵当では、原抵当権の被担保債務者は求償権を取得して相殺することによって原抵当権を消滅させることができるのだから、実質的には同一に帰着する（〔六〇一〕2参照）。

〔六二〇〕　(2)Sが順位を譲渡した甲に弁済することによって丙の抵当権を消滅させるためには丙の承諾を要するが、

承諾をえられないときは、丙のために供託することができ、それによって一番抵当権そのものが消滅することは前述した(〔六一七〕)。

第四　抵当権の順位の放棄

〔六二一〕 **一**　意義及び性質　**(イ)**抵当権の順位の放棄は、順位の譲渡と同じく、先順位の抵当権者から後順位の抵当権者に対して行なわれる。例えば、債務者Sに対し、一番抵当権者甲(債権額四〇〇万円)、二番抵当権者乙(債権額二〇〇万円)、三番抵当権者丙(債権額七〇〇万円)とある場合に、甲から丙に対して行なわれる。その結果、競売代金を一〇〇〇万円とすれば、一番抵当権への配当額四〇〇万円と三番抵当権への配当額四〇〇万円とを、それぞれ甲と丙とが平等の立場に立ち、その債権額に比例した額で分配することになる。

(ロ)その性質は、順位の譲渡に準じて考えればよい(〔六〇四〕参照)。すなわち、(a)甲が一番抵当権によって配当を受けうることを前提して、丙は一番抵当に配当される額の分配にあずかることができる。従って、甲の抵当債権が弁済によって消滅すれば、丙も分配にあずかることができなくなる。(b)Sが甲への抵当債権を弁済するには丙の承諾を必要とし、承諾のない弁済は丙に対抗しえない。ただし、Sは供託することはできる。(c)また、順位の放棄も特殊の形態における一番抵当権の譲渡である。従って、丙のその部分に該当する債権が消滅すれば、甲の割合が増すのではなく、一番抵当権そのものが消滅する。(d)丙は一番抵当権に基づいて競売することもできる。もっとも、丙は常に三番抵当権に基づいて競売することができるから、一番抵当権に基づいてする実益はない。

〔六二二〕 **二**　順位の放棄の要件

(イ)順位の放棄者甲の被担保債権額（設例では四〇〇万円）が、甲とその順位の放棄を受けた丙とに、債権額に比例して、分けられるのだから、丙の債権額は問題とならない。

(ロ)被担保債権の弁済期も、甲丙それぞれ自分の被担保債権の弁済期の到来したときに自分の抵当権を実行することができるのだから、とくに問題とする必要はない。

(ハ)順位放棄の当事者については、順位の譲渡と同じく、民法の文理を拡張して、物上保証人及び第三取得者に対する抵当権者の間でも行ないうると解してよいであろう（〔六〇九〕参照）。また、一人の債権者が、別個の債権のために順位を異にする抵当権を有する場合には、その間で順位の放棄をすることは、もとより妨げない（〔六一〇〕参照）が、同一順位の抵当権者の間では、順位の放棄は意味をもたないであろう（〔六一一〕参照）。

〔六二三〕 **三**　順位の放棄の対抗要件

登記と債務者に対する通知・承諾の二つがあることは、順位の譲渡と同様であり、その効力もこれと異なるところがない（〔六一二〕参照）。登記の方法もそうである。

〔六二四〕 **四**　順位の放棄の効果

(1)競売は、順位を放棄した甲も、放棄の利益を受ける丙も、することができる。債権額は問題とならない。順位の譲渡と少しく異なる（〔六一四〕・〔六一五〕参照）。

〔六二五〕 (2)順位を放棄した抵当権の被担保債権に対する拘束

順位を放棄した甲への弁済については、順位譲渡と同一である。すなわち、(a)債務者Sが甲に弁済するには、丙の承諾を要し、承諾をえないで弁済すれば、丙は一番抵当がなお存在するものとして、競売をなし、それに配当されるべき額（四〇〇万円）の全額を取得する（甲の債権に残額があればそれと比例的に）。これに反し、承諾をえて弁済すれば、それだけ一番抵当権そのものが消滅する（順位の譲渡についての〔六一六〕参照）。しかし、（b）丙が甲への弁済に承諾を与えないときは、Sは供託することができ、それによって一番抵当権そのものが消滅する（〔六一七〕参照）。（c）さらに、Sは、丙に、一番抵当の配当額から分配を受ける額を弁済することによっても、一番抵当の一部を消滅させることができる（丙への弁済だけで一番抵当権全部を消滅させることはできない点で順位の譲渡と少し異なる〔六一八〕参照）。

第五　抵当権の譲渡

〔六二六〕 一　意義及び性質　（イ）抵当権の譲渡は、抵当権者から、抵当権の伴なわない債権を有する者に対して行なわれる。例えば、債務者Sに対して、一番抵当権者甲（債権額四〇〇万円）、二番抵当権者乙（債権額二〇〇万円）、三番抵当権者丙（債権額七〇〇万円）とあり、別に丁がSに対して無担保債権（六〇〇万円）を有する場合に、甲から丁に対して行なわれる。その結果、競売代金を一〇〇〇万円とすれば、一番抵当権への配当額四〇〇万円は丁が独占する。甲はその不動産から弁済を受けることはできなくなる。

〔六二七〕 （ロ）その性質は、順位の譲渡に準じて考えればよい（〔六〇四〕参照）。すなわち、

（a）甲が一番抵当権によって配当を受けることができることを前提として、丁はその一番抵当権に配当される額を取得する。従って、甲の抵当債権が弁済によって消滅すれば、丁も配当を受けることはできなくなる。

（b）Sが甲の抵当債権を弁済するには丁の承諾を必要とし、承諾のない弁済は、丁に対抗しえない。ただし、Sは供託することができる。

(c)また、抵当権の譲渡は、一番抵当権の特殊の形態における譲渡だから、丁のその部分に該当する債権(四〇万円)が消滅すれば、甲の抵当権が復元するのではなく、一番抵当権そのものが消滅する。
(d)丁は、譲受けた抵当権に基づいて競売をすることができる。ただし、自分の債権についてだけでなく、甲の被担保債権についても期限が到来することを必要とする。

〔六二八〕 **二**　抵当権の譲渡の要件

(イ)抵当権を譲渡する甲の被担保債権額(四〇万円)を限度として、譲受ける丁の債権額の範囲内において譲渡の効果を生ずることは、順位の譲渡と同様である。ただし、——効果の問題ではあるが——甲はその範囲で無担保債権となる点で順位の譲渡と異なることは当然であろう(〔六〇七〕参照)。
(ロ)被担保債権の弁済期はとくに問題とする必要がない。丁が競売をするには、甲の抵当権についての実行要件をも備えねばならないことを注意すれば足りる(〔六〇八〕参照)。
(ハ)抵当権の譲渡の当事者についても、順位の譲渡・放棄と同様に、民法の文理を拡張して、他の債務者に対する無担保債権者の利益のためにも行ないうると解すべきである。すなわち、甲のSを債務者とする一番抵当権を丁のTに対する債権のために譲渡することもできる(〔六〇九〕・〔六一二〕八参照)。抵当権の順位の譲渡・放棄については、譲渡の相手方を広く解しても、同一不動産の上に抵当権を有する者という限界があったが、抵当権の譲渡について右のように解することは、譲渡の相手方を無制限に拡張することになる。しかし、譲渡される抵当権は、甲の債務者Sに対する債権から切離されてはいないのだから、あたかも、甲がSに対する抵当権附債権をもってTのために物上保証人となるのと差異はない。Sその他の第三者にとくに不利益を与えることにはならないであろう。

〔六二九〕 **三　抵当権の譲渡の対抗要件**　登記と債務者に対する通知・承諾の二つがあることは、他の処分と同様であり、その効力もこれと異なるところがない（〔六一二〕参照）。ただ登記の方法は、転抵当と同じく、譲渡を受ける債権の内容に及ぶ（不登一一九条ノ二）。

四　抵当権の譲渡の効果

〔六三〇〕 (1) 抵当権を譲受けた丁は競売を申立てることができるが、それには、甲の抵当権についての実行要件も充たされていなければならないことは、順位の譲渡と同様である。ただし、丁はこの方法以外に競売をする途がない（別に債務名義をもってする場合は度外視すること当然）ことは、順位の譲渡と異なる（〔六一四〕参照）。

〔六三一〕 (2) 譲渡された抵当権の被担保債権に対する拘束

(イ) 抵当権を譲渡した甲の被担保債権額が、丁の債権額を超過する場合にも、甲は競売をすることができず（順位の譲渡の場合にできたのは、後順位抵当権を取得するからであった〔六一五〕参照）、また、差額の弁済を受けることもできないと解すべきである（〔六一六〕参照）。

(ロ) 債務者Sが、(a) 抵当権を譲渡した甲に弁済するには、丁の承諾を必要とし、承諾なしに弁済しても丁に対抗することができないこと、(b) ただし、Sは甲の被担保債権額を供託することができ、それをすれば、一番抵当権が消滅すること、(c) さらに、Sは丁の債権のうち一番抵当によって担保されている部分を弁済して、一番抵当権そのものを消滅させることができると解すべきこと、いずれも順位の譲渡におけると同様である（〔六一六〕—〔六一八〕参照）。

第六　抵当権の放棄

〔六三一〕 一　意義及び性質　（イ）抵当権の放棄は、抵当権者から、抵当権の伴なわない債権を有する者に対して行なわれる。抵当権の譲渡について述べた例（〔六二六〕）についていえば、甲が丁に対して抵当権を放棄する。その結果、一番抵当権への配当額四〇〇万円は、甲と丁とが、平等の立場に立ち、その債権額と比例した額で分配することになる。

（ロ）その性質は、他の処分、とりわけ抵当権の譲渡（〔六二六〕）に準じて考えるべきである。なお、抵当権の放棄というときは、抵当権者が抵当権を消滅させることを意味するように思われる。実際にも、甲がSの希望を容れ、保証人を立てるか別に質権を設定するなどして、抵当不動産を解放する場合がある。その場合に登記を対抗要件とすることが、権利の消滅にも登記を必要とする例として挙げられる（物権〔一二〇〕参照）。しかし、ここにいう抵当権の放棄は、特定の債権者の利益のためになされるものであって、抵当権そのものの放棄ではない。このことを明らかにするために、抵当権の相対的放棄と呼ばれることがある。用語として適当であろう。ただし、放棄された抵当権が、放棄前の被担保債権（甲の債権）が弁済されて消滅してもなお効力をもつか、それともその債権の存続を前提として効力を保有するかを標準として、前者を絶対的（放棄）、後者を相対的（放棄）と呼ばれることもある。抵当権の譲渡や抵当権の順位の譲渡・放棄についてはことにそうである。この意味では、むしろ、絶対的効力と相対的効力と呼び、解釈論として、第三七五条はいずれの効果を認めるものかを問題とし（本書は相対的効力に徹している）、また、立法論として、いかなる要件の下にいずれの効果を認めることが適当かを吟味するのがよいであろう。いずれにしても、呼称の問題ではあるが、議論を紛糾させないために注意する必要がある。

〔六三三〕 **二　抵当権の放棄の要件**

抵当権を放棄する甲の被担保債権額を限度として放棄を生ずるが、甲丁はこれをその債権額に応じて分配するのだから、丁の債権額は問題にならない。順位の放棄と同様である。その他、弁済期も、譲渡の相手方も、他の処分と同一に解してよいであろう（〔六二八〕参照）。

〔六三四〕 **三　抵当権の放棄の対抗要件**

登記と債務者に対する通知・承諾の二つがあること、それらの効力、登記が放棄を受ける債権の内容に及ぶこと（不登一一九条ノ二）など、すべて抵当権の譲渡と同一である（〔六二九〕参照）。

〔六三五〕 **四　抵当権の放棄の効果**

抵当権の放棄を受けた丁は、競売することができるが、放棄した甲もできる。甲はなお抵当権者とみるべきだからである。また、一番抵当権への配当額を甲と丁で債権額に従って按分する。これらの点で抵当権の譲渡と異なるが、他はこれに準じて考えればよい（〔六三〇〕参照）。

第七　被担保債権の処分に伴なう抵当権の処分

〔六三六〕 **一　被担保債権とともにする移転**

(1)抵当権の被担保債権が譲渡されると、（ａ）抵当権は、当事者が反対の特約をしない限り、その随伴性によって、当然に移転するのが原則である（〔三三七〕参照）。被担保債権が転付命令によって移転するときも同様である（大判大正四・一〇・四民一五七八頁）。（ｂ）競売手続の進行中に被担保債権が譲渡されると、手続の承継が行なわれることは前述した(四七九)。(c)被担保債権の一部が譲渡されたときは、抵当権は、その不可分性から、両債権者によって、その債権額に比例する割合の持分で、準共有されると解するのが適当である(大判大正一〇・一二・二四民二一八二頁)。(d)なお、抵当証券が抵当権附債権の特殊な流通態様を認めるものであることは後に詳述する(八五七以下)。

〔六三七〕 (2)債権の移転とともに生ずる抵当権の移転も登記をもって対抗要件とすることはいうまでもない。そして、移転を生じたときは、元の抵当権者は新抵当権者に対して登記に協力すべき義務を負担する(右の大正四年の判決)。注意すべきことは、抵当権の移転についての登記が対抗要件として効力を生ずるのは、その被担保債権の譲渡が有効に成立し、かつ債権譲渡についての対抗要件を備えた上でのことだということである。なお次に詳説する。

〔六三八〕 (3)被担保債権とその移転についての瑕疵　右に一言したように、抵当権附債権の譲受人が抵当権を実行することができるためには、債権そのものについても、その移転についても、瑕疵のないことを前提要件とする。しかるにこの瑕疵は、登記のような客観的なものによって一般に公示される必要のないものであるから、抵当権に公示の原則が行なわれても、債権とともにする抵当権の移転は、結局において公示の原則によって保護されないことになり、抵当権の処分は甚しく不安となることは前述したが(五〇五―五〇九)、重ねて主要な事例をあげれば左のとおりである。

(イ)まず対抗要件の問題である。抵当権の移転について対抗要件(登記)を備えても、債権の譲渡について別に対抗要件(四六七条)を備えないときは、債務者その他の第三者に対しては、抵当権の移転を主張することはできない。もっとも、この債権譲渡の対抗要件は、抵当権の移転の登記の後にしてもよいのみならず、競売手続の完了するまでにすれば、手続は実質的にも瑕疵のないものとなるが、通知・承諾のないままに競売手続が完了したときは、競落人の権利取得の効果は覆えされると解釈されていること、前述のとおりである(〔五〇七〕)。

(ロ)被担保債権が弁済その他の事由で消滅しているときは、たとい抵当権の登記が抹消されないでいるためにこれを信頼して譲受けた場合でも、抵当権の移転を生じない。しかもその消滅は、競売手続中の弁済による場合でもよいこと、すでに詳述したとおりである(〔五〇六〕)。

〔六三九〕 (ハ)右に関連して問題となるのは、債権の譲渡について債務者が異議を留めない承諾をしたために、譲受人が抗弁権を伴なわない債権を取得する場合である(四六八条一項)。例えば、甲がSに対する債権のために、その所有不動産に抵当権を有し、すでに弁済を受けた後に、登記がそのままなので、その債権がなお存在するものとして乙に譲渡し、Sがその譲渡について異議を留めずに承諾すると、乙は完全な債権を取得するが(債総〔七五九〕a参照)、その場合には抵当権も復活するであろうか。判例の態度は必ずしも明瞭ではない(判例コンメンタール(清水)三七五条の前註3イc ii(三二五七頁)参照)。

(a)債務者に対する関係では(他に関係者がなければ)、抵当権は復活すると解しているようである。すなわち、譲受人の抵当権の実行に対して債務者からは異議を述べえないとする(大決昭和八・八・一八民二一〇五頁(判民一四一事件吾妻)。なお大決昭和六・一一・二一民一〇八一頁(傍論)参照)。もっとも、第四六八条第一項は債権関係に限り、物権関係に及ばないというものもある(大判昭和一五・一二・二四新聞四六七九号六頁(債権の一部の不成立と消滅の事例))。いずれにしても、これを肯定すると、他に抵当権者のない右の設例では、乙は抵当権をも取得することになる。

（b）後順位抵当権者があるとき――例えば、丙丁戊がそれぞれ二番、三番、四番の抵当権を有するとき――は、これらの者に対しては、抵当権の復活を主張しえない。この点についての判例は相当明瞭なようではあるが、丙丁戊の後順位抵当権の設定された時期を区別するかどうかは、必ずしも明白でない。おそらく区別しないものと推測される（大決昭和五・四・一一新聞三一八六号一三頁、前掲大決昭和六・一一・二一民一〇八一頁、大決昭和八・三・三一民五三三頁（判民四一事件菊井）、大決昭和九・一一・九民二〇六二頁（判民一四六事件我妻、民法判例評釈Ⅱ所収）など多数）。

これに対し、私は、従来、つぎのように解した。（a）債務者・抵当権設定者以外には当該抵当不動産に利害関係をもつ者が存在しないときは、乙は抵当権の復活を主張しうる。（b）後順位抵当権者については、（i）甲の一番抵当債権が弁済される前から存在したもの（丙の二番抵当権がこれに当るとしよう）、（ii）弁済された後、譲渡されるまでに生じたもの（丁の三番抵当権がこれに当るとしよう）、（iii）異議なき承諾による乙への譲渡の後に生じたもの（戊の四番抵当権がこれに当るとしよう）とを区別し、（ii）の丁に対しては復活を主張しえない（一番抵当権の登記がそのままでもそれは空虚なものだから）、（iii）の戊に対しては復活を主張しうる（空虚な一番抵当の登記が実質を備えた後だから）と解した。そして（i）の丙に対しては問題だが、同じく復活を主張しうるとした。けだし、後順位抵当権者の順位上昇の利益をそれほど強く保護する必要はないと考えたからである（債総〔七五九〕、なお前掲昭和九年の判決の評釈参照）。しかし、いまは、最後の点を改め、弁済によって順位の上昇した後順位抵当権者に対しても一番抵当権の復活を主張してその上昇を阻止することはできないと解する（乙は丙丁の後順位、戊の先順位となる）。要約すれば、乙が抵当権の復活を主張することができるのは、債務者・設定者以外に利害関係者がないときと、譲受けた後に抵当権を取得し、またはその他の利害関係を生じた者に限ることになる。この改説の理由は、抵当権の登記の流用について説を改めたのと全く同一であるからそこを参照されたい（〔三四八〕）。なお附加すれば、甲の債権が不成立のときは、抵当権は最初から成立しないから、債務者Sの異議なき承諾があっても、乙は、債権は取得しうるが抵当権は取得しえないというのが判例である（大判昭和一一・三・一三民四二三頁（違法原因による不成立））。しかし、不成立と消滅とを区別することには賛成しえない。他に利害関係人のないとき（aの場合）には抵当権も取得すると解して妨げない。

二　被担保債権とともにする質入れ

〔六四〇〕 (1)抵当権の被担保債権が質入れされると、抵当権もその質権の拘束に服することは、抵当権の随伴性から当然である。このことを理論的にいえば、抵当権によって把握された担保価値がさらに質権によって優先的に把握されるという意味において、抵当権の上に質権が成立するとみるのが至当である。占有を移転しない担保を質とすることは、質権の本来の性質には反するが、債権質の従としてこれに服するのだから、例外とみて妨げないであろう。

〔六四一〕 (2)被担保債権の質入れ契約は、原則として、当然に抵当権の質入れ契約を含むものであるが、抵当権の上に質権が成立するためには、抵当権に関する証書の交付を要件とすると解するのが適当であろう。けだし質権の要物性を貫こうとする民法の趣旨を尊重して、第三四四条・第三六三条を類推することになるからである。またその対抗要件としては、登記を必要とすることは転抵当と同様と解すべきである。

〔六四二〕 (3)抵当権附債権の質入れの効果

(イ)質権者は、質入れ債権の取立権を有するのは当然だが（三六七条）、その権能を実現するために、抵当権を実行することができる。ただし、質入れ債権についてだけでなく、自分の被担保債権についても実行の要件が備わることを必要とする。この点は転抵当と同様である(〔五九五〕参照)。

(ロ)質権を設定した債権者は、たといその抵当権の額が質権の額に超過する場合、例えば一〇〇万円の抵当債権を八〇万円の債権のために質入れしたような場合でも、質入れ債権を取立てる権能はないといわねばならない。けだし、質権者は、質権不可分の原則によって、質入れ債権の全部を拘束するからである。そして、そうだとすると、質権を設定した債権者は、質権の存在する限り、その抵当権を実行する権能もないといわねばならない。転抵当はこの点において異なる、とするのが判例であり、私は従来これを支持したが、今はその説を改めたことは前述した(〔五九六〕)。

(ハ)質権者は、前記のように、質権の目的たる債権を直接に取立てる権能を有するが、それに基づいて第三債務者の一般財産に対して執行することができることはいうまでもない。この点において、なお転質・転抵当と異なることも前述のとおりである(〔五九六〕末尾)。

第五節　抵当権の消滅

〔六四三〕　一　抵当権は、物権共通の消滅原因及び担保物権共通の消滅原因で消滅する他、代価弁済(〔五五九〕以下)・滌除(〔五六二〕以下)・競売などによって消滅することについては、説明の必要はあるまい。民法は、消滅に関し、別に三個の特則を設けている。(i)抵当権の時効消滅(三九六条)、(ii)目的物の時効取得による消滅(三九七条)、(iii)目的たる地上権・永小作権の放棄による消滅(三九八条)である。

なお、債権の消滅による抵当権の消滅は、登記の抹消をまたずに絶対的に効力を生ずることはすでにしばしば述べたが、抵当権だけの消滅、例えば抵当権者の放棄による消滅は、登記をしなければ第三者に対抗することができないのはもちろんである。例えば、抵当権附債権が転々譲渡される間に、一人の抵当権者が抵当権を放棄したという事実があっても、登記が抹消されない以上、譲受人は抵当権を取得する（大判大正一〇・三・四民四〇四頁はかような事例）。

〔六四四〕 **二　抵当権の時効消滅**（三九六条）

第三九六条は「抵当権ハ債務者及ビ抵当権設定者ニ対シテハ其担保スル債権ト同時ニ非ザレバ時効ニ因リテ消滅セズ」と定める。元来、抵当権は、被担保債権が時効で消滅したときにそれに伴なって消滅するだけで、これと別に単独で時効にかかるものではないというべきである（総則〔五〇〇〕3参照）。右の条文は、この当然の事理を、債務者及び抵当権設定者についての特則として規定したことになる。従って、それ以外の者――その最も主要なものは第三取得者と後順位抵当権者――に対しては、被担保債権が存続するにも拘らず抵当権だけが時効で消滅することを認めたものかどうかが問題となる。その上、次の第三九七条は、債務者または抵当権設定者以外の者が「抵当不動産ニ付キ取得時効ニ必要ナル条件ヲ具備セル占有ヲ為シタルトキハ抵当権ハ之ニ因リテ消滅ス」と定めるので、それとの関係も考えなければならない。

(イ)判例は、第三取得者について、(i)第三九六条の特則の適用はなく、消滅時効の原則に戻って二〇年の消滅時効にかかる（一六七条二項）という（大判昭和一五・一一・二六民二一〇〇頁（判民一一七事件来栖）―弁済期から二〇余年を経、債権も抵当権もそれぞれ消滅時効にかかったと認定された事例）。(ii)そしてその反面、第三取得者には第三九七条の適用はないという（大判昭和一五・八・一二民一三三八頁（判民七六事件来栖）―一五年の年賦償還債務の最後の弁済期到来前に一〇年の取得時効を主張する事例）。

(iii)後順位抵当権者については、直接の判決は見当らないが、同様に解するであろうと推測される。

〔六四五〕　(ロ)これに対し、抵当権が被担保債権から独立して時効消滅するのは、第三九七条の適用ある場合に限ると解し、その要件を備えずに単に抵当権の不行使だけで消滅時効にかかることはない、とする説がある(来栖前掲二つの評釈は示唆深くこの説を提唱する)。これによれば、抵当不動産が債務者または設定者の占有に留まる場合には第三九六条、それ以外の者の占有に移った場合には第三九七条が適用される。すなわち、前者は、被担保債権の時効消滅がない以上抵当権は消滅せず、後者は、被担保債権が消滅しなくとも、一定の占有の継続によって、抵当権が消滅する。この説は、主として、旧民法(債担二九五条—二九七条)の規定及びその範となったフランス民法(二一八〇条)からの沿革に即して構成されるものであるだけでなく、民法の体系としても合理性あることを理解しうる。けだし、民法は、制限物権の客体について第三者の一定の占有状態が継続する結果としてその制限物権が消滅することを消滅時効の一態様と考えたと推測されるからである(二八九条・二九〇条。物権〔五〇三〕参照)。

〔六四六〕　(ハ)しかし、私は、なお判例理論に従う。その方が簡明であり、必ずしも不当な結果ともならないと思われるからである。結論を要約すればつぎのようになる。

(a)債務者及び物上保証人は、被担保債権が消滅時効にかかった場合にだけ、抵当権の消滅を主張することができる。

(b)右の場合には、第三取得者及び後順位抵当権者も被担保債権の消滅時効を援用して、抵当権の消滅を主張することができる。判例は、第三取得者は援用権なしと解するようであるが、正当ではない(総則〔四四二〕ロb参照)。この援用権を認めれば、第三取得者にとっても、抵当権だけの消滅時効を主張する必要ある場合は極めて少ないと思われる（前掲大判昭和一五・一一・二六民二一〇〇頁もその必要のないことを示す一例）。

（ｃ）被担保債権の弁済期が到来して抵当権を実行しうる時期になってから、二〇年経過すると、被担保債権が中断されて時効にかからない場合でも、第三取得者及び後順位抵当権者などは、抵当権の時効消滅を主張することができる（一六七条二項）。

〔六四七〕 **三** 目的物の時効取得による消滅（三九七条）

第三九六条を前段に述べたように解釈し、第三取得者には第三九七条の適用なし、とすると、第三九七条が適用されるのは如何なる場合か疑問となる。しかし、抵当不動産の全部または一部について、外形上も取引行為がなく、ただ事実上、現実の占有と真実の所有関係とが食い違っている場合に、前者によって完全な所有権が時効取得されるときには、抵当権も消滅する。本条は、そのような稀な場合に適用されると解してよいであろう。

第三取得者には専ら第三九七条が適用されるとする前記の説（〔六四五〕参照）を採用する場合には、被担保債権の弁済期を考慮しなければなるまい。長期の年賦償還債務の抵当権について最後の弁済期の到来する前に、第三取得者について第三九七条の要件を充たす占有が完成することは不合理であろう（前掲大判昭和一五・八・一二民一三三八頁の事例を考えよ）。しかし、その根拠をどのように説明すべきか、また第三九七条は常に被担保債権の弁済期到来以後の占有であることを必要とすると解してよいかどうか。問題は必ずしも簡単ではない。簡明を期して判例を支持したゆえんである（〔六四六〕参照）。

〔六四八〕 **四** 目的たる地上権・永小作権の放棄による消滅（三九八条）

地上権または永小作権の上に抵当権を設定した場合には、地上権者または永小作権者がその権利を放棄しても、これをもって抵当権者に対抗しえない（三九八条）。従って、抵当権者は、なおその地上権・永小作権が存在するものとして、競売することができる。しかし、所有者に対する関係では、放棄は有効だから、被担保債権の弁済によって抵当権が消滅すれば、地上権・永小作権も絶対的に消滅する。権利の放棄も、これによって第三者の権利を害する場合には、許されないものであるから、むしろ当然の規定である（物権〔二四〇〕2参照）。ただ、判例がこの規定の趣旨を直接の根拠として、借地権（地上権または賃借権）の上に存する建物だけを抵当に入れた場合に、借地権を放棄しても（大判大正一一・一一・二四民七三八頁）、さらには、地主と借地人の間で合意解除をしても（大判大正一四・七・一八新聞二四六三号一四頁）、借地権の消滅を抵当権者に対抗しえないとしたことは、注目に値する。なお、立木法はこの趣旨を明定する（同法八条参照）。

第六節　特殊の抵当権

第一款　共同抵当権

第一　共同抵当の意義と作用

〔六四九〕 **一**　同一の債権の担保として数個の不動産の上に設定された抵当権を共同抵当権という。民法はこれについて配当に関する二個条（三九二条・三九三条）を設けただけである。それほど重要性のないむしろ例外的な現象とみたものであろう。しかし、実際には、共同抵当の例は極めて多い。ことに土地とその上の建物とは、一緒にして共同抵当とされるのがむしろ普通である。不動産登記法が大正二年に共同担保目録の制度を設けて（法一八号による一二二条ノ二以下数個条の追加による。ただし、その後不動産登記法の相当大きな改正(昭和三五年法一四号)の際に整理され、現行法では、一二二条以下となっている）共同担保の設定手続を容易にしかつその公示を完全にしようとしたことは、共同抵当がいかに多く利用されているかを物語るものである。

〔六五〇〕 **二** 共同抵当の作用は、二方面から観察することができるが、そのいずれに重点をおくかによって、立法の態度は異なる。

(1) 作用の一つは、いうまでもなく、一つ一つの不動産の価格が被担保債権額に満たない場合に、数個の不動産を一括して共同抵当の目的とすること（担保価値の集積）であり、もう一つは、不動産のうちに滅失・毀損・価格の下落などによって価値の減少するものがあったり、あるいは経済界の事情によって競売の困難なものを生じた場合に、他のものによって弁済を受けようとすること（危険の分散）である。この場合には、共同抵当の目的たる不動産の価格の合計が被担保債権額をはるかに上廻わることも稀ではない。

もっとも、右の二つの作用は、いわば理想型であって、実際には二つの作用を兼ねる場合が多いであろう。例えば、Aが三〇〇〇万円の債権のために、甲乙丙三個の不動産の上に共同抵当権を設定させた場合に、三個の不動産の価格が、それぞれ、一五〇〇万円、一〇〇〇万円、五〇〇万円を少しく上廻わるだけだとすると、明らかに右の第一の担保価値の集積を目的とするものであるが、三個の不動産の価格が、それぞれ、三〇〇〇万円、二〇〇〇万円、一〇〇〇万円を少しく上廻わる程度のものだとすると（この設例を以下「基準例」と呼ぶ）、右の作用の他に第二の危険の分散をも目的とする、ということができるであろう。

〔六五一〕　(2)共同抵当が、その二つの作用のうち、担保価値の集積に重きをおくときには、数個の不動産のそれぞれが負担すべき被担保債権額を割付けること――右の例では、甲一五〇万円、乙一〇〇万円、丙五〇万円とすること――が自然であり、それをなすことは、共同抵当権者にとってかくべつ不利益でもない。

これに反し、共同抵当が危険の分散の作用に重きをおくときには、割付けは共同抵当権者にとってすこぶる不利益であることは明らかである。この場合には、共同抵当権者は、抵当権の目的たる数個の不動産の任意のものから被担保債権の全額の優先弁済を受けうるものとしなければ、その作用を全うさせることはできない。

しかし、右の共同抵当権者にとって有利な点は、直ちに、各不動産の後順位抵当権者の不利益となる。共同抵当が危険の分散の作用を狙って設定される場合には、右に述べたように、共同抵当の目的たる不動産の価格の合計は、被担保債権額を超過するのが常である。従って、それぞれの不動産について後順位抵当権者を生ずる可能性が多い。右の基準例でいえば、甲不動産の上にBが一五〇万円の、乙不動産の上にCが一〇〇万円の、丙不動産の上にDが五〇万円の二番抵当権を設定したと仮定しても、ABCDそれぞれの被担保債権額の総計は六〇〇万円であり、甲乙丙それぞれの価格の総計も六〇〇万円だから、ABCD四人の債権者はすべて満足をえてしかるべきである。ところが、共同抵当権者Aは、甲乙丙不動産の任意のものから全額の弁済を受けることができるとすると、次順位抵当権者の地位は不安定になる。すなわち、Aが甲不動産を競売してこれから弁済を受けると、Bの二番抵当権はほとんど無価値となり、CとDのそれぞれ乙丙不動産の上の二番抵当権は一番抵当権に昇格して安全確実な担保を享受することになる。

これに反し、Aが丙と乙両不動産を競売してこれから弁済を受けると、CとDはほとんど弁済を受けることができず、Bだけが甲不動産の上の一番抵当権をもつことになる。しかも、その結果は、単にBCDの間に不公平を生ずるだけでなく、甲乙丙三個の不動産の担保価値を完全に利用することができないことになる。なぜなら、BCDは二番抵当権を設定する際に、万全を期すれば、甲乙丙それぞれが単独でAの三〇〇万円の被担保債権の全額を負担することがありうると予期しなければならなくなり、右の例では、甲乙丙三個の不動産のどれにも安全な二番抵当権が設定される余地はないことになるからである。そして、これに対して、割付け主義をとり、例えば、Aの三〇〇万円の被担保債権は、甲一五〇万円、乙一〇〇万円、丙五〇万円と割付ければ、BCDの地位は安全であり、不動産の担保価値の無用な固定を防ぎうることは、改めて説くまでもあるまい。

〔六五二〕 (3)民法は、共同抵当権者が目的たる数個の不動産の中の任意のものから全額の弁済を受けることができるという主義と割付け主義とのいわば一種の中間の主義をとって、両主義の長所をあわせて実現しようとした。

(イ)その方法を簡単にいえば、基準例で、(i)甲乙丙三個の不動産が全部競売されて同時に配当が行なわれる場合(同時配当)には、Aの共同抵当権の被担保債権三〇〇万円を各不動産の価額に按分して、甲一五〇万円、乙一〇〇万円、丙五〇万円と分担させる(三九二条一項)。かくて、BCDそれぞれの有する二番抵当権はすべて満足させられる。しかし、(ii)Aは任意の一つを競売してその代価から全額の弁済を受けることもできるが、その場合(異時配当)には、次順位の抵当権者は、そのまま無配当で消滅してしまうのではなく、同時配当の場合に他の不動産が負担すべき金額を限度として、これに代位する。基準例で、Aが甲不動産を競売して全額の弁済を受ければ、Bは、甲不動産からは配当を受けえないが、乙と丙両不動産それぞれについて、一〇〇万円と五〇万円だけ、Aの一番抵当権に代位する(三九二条二項)。これによって、同時配当と同一の結果に到達する。

〔六五三〕 (ロ)右に述べた民法の規定は、旧民法(債担二四二条)を承継したものであり、ドイツ民法第二草案(一〇四〇条)にも似ている(鈴木・抵当制度の研究の中の「共同抵当」はドイツの法制と比較しながら根本的な立法論に及ぶ極めて優れた論稿である)。一応巧妙な立法といいうるであろう。しかし、金融界の事情が複雑となるに従い、あるいは、数個の共同抵当権が目的不動産の範囲を異にして相互に錯綜し(Aは甲乙丙不動産の上に、Bは乙丙丁不動産の上に、それぞれ共同抵当権をもつ)、あるいは、共同抵当権の目的物を追加するためにその順位までが相互に錯綜し(Aは甲と乙に一番、丙に二番、Bは乙に二番、丙と丁に一番)、あるいは、担保する債権額を異にする共同抵当権を生じ(Aの三〇〇万円の被担保債権を甲は全額担保するが、乙は一〇〇万円、丙は、五〇万円、それぞれ一部抵当であり、しかも甲乙丙は共同抵当である関係)、さらに、共同抵当権の目的物のあるものが物上保証人または第三取得者の所有に属したり、共同抵当の一部のものに同順位の抵当権が存在したり、共同抵当の目的物の一部のものについて抵当権の処分(抵当権もしくは順位の譲渡または放棄)が行なわれるなど、共同抵当をめぐる法律関係の複雑さは限りなく拡大している。その結果、民法の理想は望ましいものであり、その主義は巧妙なものであることは否定しえないとしても、その実現の道は決して簡明なものではなくなっている。わが国の金融界は、個々の場合の便宜に駆られて、あまりにも複雑な関係を作り、学者や実務家はその解明のために知能を傾けている有様である。かような状態は、大局から見れば、金融法律関係として決して望ましいものではない。立法によって簡明な軌道を作ることに努めるべきである。そしてその際に最も考慮すべき手段は、ある程度まで割付け主義を導くことによって——共同抵当権者の利益を多少犠牲にしながらも——簡明な軌道を作ることであろうと考えられる(〔六六四〕参照)。

第二　共同抵当権の設定と公示

〔六五四〕　一　共同抵当権の設定

(1) 共同抵当権は「同一ノ債権」の担保として「数個ノ不動産ノ上ニ」設定されるものである。

(イ) 同一の債権とは、発生原因の同一のものをいう。特定の消費貸借契約から生じた貸金債権、特定の売買契約から生じた代金債権などは同一の債権である(〔三六二〕以下参照)。ただし、共同抵当権の目的たるすべての不動産がこの同一の債権全額を負担するのではなく、一部負担——前掲の基準例でいえば、Aの三〇〇万円の被担保債権について、甲不動産は全額、乙不動産は二〇〇万円まで、丙不動産は一〇〇万円までしか負担しない(たとい乙丙の価格が騰貴した場合でも)——という共同抵当もありうるとされる(根抵当では極度額は同一である(〔七九五〕参照))。

(ロ) 数個の不動産とは、土地及び建物の他、一個の不動産とみなされる工場財団・鉱業財団・漁業財団などである。これらの財団の相互の間でも、土地・建物とこれらの財団の間でも、共同抵当関係が成立する。また、抵当権の目的となりうる不動産物権(地上権・永小作権)(三六九条二項)、抵当権の規定が一般的に準用される不動産質(三六一条)などについても同様である。

なお、建設機械の上の抵当権のように共同抵当についての独自の規定のあるものについては、民法と同様にとり扱われることになるのはいうまでもない(建設機械抵当法二一条は民法三九二条・三九三条と同様の規定である)。

以上に反し、不動産とみなされず、抵当権の規定の一般的な準用もなく、独自の規定もない、鉄道財団の上の抵当権や、自動車抵当権については、共同抵当関係は成立しない。すなわち、同一の債権について数個の鉄道財団や自動車の上に抵当権が設定された場合には、債権者はそのどれからでも被担保債権全額の弁済を受けることができ、後順位抵当権者が存在しても特別の保護を受けない。

(ハ)共同抵当権は追加的に設定することもできる。不動産登記法はこの場合についての手続を定めている(不登一二三条・一二七条)。すなわち、Aは三〇〇万円の貸金債権のために甲不動産の上に抵当権を設定した後に乙不動産を追加すれば、三〇〇万円の被担保債権は共同抵当権によって担保されることになり、さらに丙不動産を追加すれば、共同抵当権の目的不動産は三個となる。

〔六五五〕 (2)民法の共同抵当に関する第三九二条の規定は、いやしくも同一の債権の担保として数個の不動産の上に抵当権が設定されたときは、それは共同抵当とならざるをえない、という前提に立つ。従って、同一の債権の担保としての抵当権の目的物に他の不動産が追加される場合には、従来目的不動産が一つであったときは共同抵当となり、すでに共同抵当であったときはその中に取り込まれるとするものである。けだし、三〇〇万円の被担保債権のために甲乙丙三個の不動産のそれぞれの上に抵当権が設定されるということは、甲乙丙いずれからでも三〇〇万円の弁済を受けうるということでなければならないからである。

しかし、このことは、被担保債権の額を当事者の意思によって数個の不動産の抵当権に割付けることを禁ずる趣旨とみるべきかどうかは疑問である。例えば、Aが三〇〇万円の被担保債権額を甲一五〇万円、乙一〇〇万円、丙五〇万円と割付けた場合には、各不動産はそれぞれ割付けられた額を独立して負担する――Aは甲を競売した場合にも一五〇万円以上の弁済を受けることができない――と解して妨げないのではあるまいか。けだし、当事者の合意によって同一の債権を数個の給付に分割しそれぞれについて別々の抵当権を設定することを認めても、理論に反するというほどのこともなく、また何人にも損害を与えるおそれはないからである。

もっとも、右のように、当事者の合意による割付けを認めるとしても、債権の一部抵当との差異は問題である。例えば、Aは、甲不動産から三〇〇万円全額の弁済を受けうると予期しながらも、なお安全のために乙丙二つの不動産を添加し、ただし、乙からは一〇〇万円、丙からは五〇〇万円を限度とする趣旨であるとする。この場合には、割付けではなく、普通の共同抵当の変形とみなければなるまい。そうだとすると、共同抵当の目的たる数個の不動産のそれぞれに指示された負担額の総計が被担保債権額に等しいかそれより少額であるときには、割付けであり、数個の不動産のうちに被担保債権の全額を負担するものがあるか、そうでなくとも、指示された負担額の総計が被担保債権額を越えるときは普通の共同抵当とみることになろうと考えられる。

〔六五六〕

二　共同抵当権の公示

(1)共同抵当権は、目的たるそれぞれの不動産の登記に、これと共同抵当関係に立つ他の不動産が存する旨が記載される（追加的に共同抵当となった場合には附記登記によって示される）。のみならず、その登記を管轄する登記所に共同担保目録を備え附けて、これに共同抵当の目的となっているすべての不動産の権利関係を記載する（不登一二二条—一二八条）。従って、共同抵当の目的物たる不動産中のあるものについて後順位抵当権を設定しようとする第三者や、この不動産を譲り受けようとする第三者は、当該不動産の負担する被担保債権額を——目的不動産のそれぞれについての登記簿を点検することなしに――比較的容易に知ることができる。

〔六五七〕 (2)共同抵当について目的不動産のそれぞれの登記に共同抵当である旨の記載がなされかつその所轄登記所に共同担保目録(登記簿の一部とみなされ、その記載は登記とみなされる(不登一二六条二項))が備え付けられることは、共同抵当権の公示としてどのような効力をもつものか、すこぶる疑問である(〔六五〇〕の「基準例」を対象として説明する)。

(イ)まず共同抵当権者について考える。Aが三〇〇万円の貸金債権のために甲乙丙三個の不動産に共同抵当権を設定させた場合に、各不動産の登記に被担保債権が三〇〇万円である旨の登記をしただけで、他に共同に担保となっている不動産がある旨の登記をせず、従って共同担保目録も備え付けられていなかったとする。共同抵当たる旨の登記がないから抵当権として無効だ、ということはできまい(全部はもとよりのこと、被担保債権額が目的物の価格を超過する部分は無効、というわけにもいかないであろう)。そこで抵当権として有効だが共同抵当権である旨の主張――甲乙丙のいずれからでも全額の弁済を受けうることの主張――はできない、と解してみても、右の例のように、甲乙丙それぞれについて被担保債権全額が登記されているときには、Aにとっては、共同抵当である旨の主張をする実益はない。僅かに考えられることは、甲からは三〇〇万円、乙と丙からはそれぞれ一〇〇万円、五〇万円を負担の限度として、しかも甲乙丙は共同抵当関係に立つという比較的稀な例をとれば、これを共同抵当とすれば、乙または丙がまず競売された場合にもAは全額の弁済を受けうるのに反し、そうでなければその不動産の抵当権として表示された額の弁済しか受けえないことになるから、共同抵当の登記が実益をもつ。……と私は解したが、それは誤りであって、その場合にもAは乙丙からはそれぞれの表示された額までの弁済を受けうるに過ぎない。従って共同抵当である旨の登記の実益はない(結局、共同抵当の登記は次順位抵当権者の利益となるに過ぎないであろう)。

〔六五八〕　（ロ）つぎに、共同抵当権の目的不動産の上の次順位抵当権者について考える。Aの甲乙丙三個の不動産の上の抵当権が共同抵当として民法第三九二条の適用を受けるものであることは、甲乙丙それぞれの不動産の次順位抵当権者BCDにとって極めて重要な意義を有する。けだし、甲乙丙三個の不動産の同時配当の場合には、Aの三〇〇万円の被担保債権が三個の不動産の価格に応じて割付けられ（三九二条一項）、異時配当の場合には、これを基準として、残存不動産の上のAの一番抵当権に代位することができる（三九二条二項）というのは、甲乙丙三個の不動産の上の抵当権が共同抵当であることを前提としてのことだからである。しかし、甲乙丙三個の不動産の上のAの三〇〇万円の被担保債権のための抵当権が共同抵当権である旨の登記は、次順位抵当権者BCDがなすものではないから、これをもって次順位抵当権者が右の利益を主張するための対抗要件とみることはできない。次順位抵当権者は、実体関係に基づき、共同抵当である旨の登記がなくとも、共同抵当である旨の主張をしその利益を受けることができると解さなければならない。すなわち、同時配当の場合には、不動産の価格に応じた按分を主張し、異時配当の場合には、代位権の存在を主張することができる。

ただ、後に述べるように、後順位抵当権者BCDが代位する権利を取得した後にその代位される不動産について後順位抵当権を取得した第三者に対しては、代位の附記登記がなければ対抗しえない（〔六七一〕）。従って、共同抵当であることの登記を欠くときは、代位の附記登記をする前提として、Aに対して共同抵当であることの登記をなすべき旨を請求することができると解すべきであろう。

第三　後順位抵当権者との関係

〔六五九〕 一　民法は、共同抵当権とその目的たるそれぞれの不動産の上の後順位抵当権との利害の調節をはかるために、同時配当における負担の按分と異時配当における代位という巧妙な手段を用意したことは前記の如くである（〔六五二〕・〔六五三〕）が、その適用にはすこぶる複雑な場合を生ずる。重要な事項について、簡単な数額を想定しながら（原則的には〔六五〇〕の「基準例」によって）、一応の考察をする。

〔六六〇〕 二　同時配当の場合

Aが三〇〇万円の貸金債権のために、甲乙丙三個の不動産の上に共同抵当権を有する場合に、「同時ニ其代価ヲ配当スベキトキハ其各不動産ノ価額ニ準ジテ其債権ノ負担ヲ分ツ」（三九二条一項）。

(1)「同時ニ其代価ヲ配当スベキトキ」とは、

(イ)共同抵当の目的たる不動産全部について競売が行なわれ、それぞれについての競売代金の総額が関係債権者に配当される場合である。全部の不動産について同時に競売申立がなされる必要はなく、別々に申立てられた場合でも、手続が併合して進行させられ、すべての不動産の競売代金が同時に配当されるときは、同時配当である。しかし、同時配当の行なわれる可能性は、実際にはあまり多くないように思われる。けだし、Aが共同抵当の目的物の一部について競売の申立をすることは自由であり、そのときは同時配当とならないことはいうまでもないが、Aが甲乙丙全部について競売を申立てた場合でも、一部のものについて競落許可決定が与えられ、その競売代金がAの被担保債権額全額を満足させるに足るものである場合には、たとい残りのものに後順位抵当権者があっても、民訴第六七五条を準用して、残りの不動産の競売手続は中止すべきものとされるからである（大決大正一三・八・二民四〇五頁（判民八三事件菊井）―残りのものの競売手続を続行して競落許可決定をした原審に対する債務者の抗告を認める。なお〔四八一〕参照）。

なお、数個の不動産を競売する場合に、経済的に緊密な関係にあり、一括して競売することが有利なもの、例えば建物と敷地などについては、一括競売と呼ばれる手続が認められている。これはその数個の不動産を一括して評価して最低競売価額を定め、競落代金もそれぞれの不動産について割当てないものである。そして、共同抵当権者が目的不動産のうちの数個のもの（例えば甲乙両不動産）について一括競売を申立てた場合に、その評価額（最低競売価額）も実際の競売価格も共同抵当権者（及びそれに優先する債権者）の被担保債権額に満たないとき（例えば二五〇万円）は、それぞれの不動産に後順位抵当権が存在していても、一括競売は許される（大決昭和七・二・五民三八七頁、判民三四事件菊井（同旨の原審決定に対し債務者からの抗告。被担保債権額を越すときは改めて別々に競売すべしという））。手続を簡易にし、競売代価を高め、共同抵当権者に有利なものであることは疑いないが、一括競売された数個の不動産のそれぞれの上に存する後順位抵当権者（甲の上のBと乙の上のC）が共同抵当権の残された目的不動産（丙不動産）の上に代位する場合（丙不動産の価格が八〇万円でAの債権残額五〇万円を弁済して余りがあるとき）には、その代位する額を決定することができなくなるであろう。従って、共同抵当権の目的不動産のうちの数個のものについて一括競売が許されるのは、目的不動産のうちの残りのものの価格を加えても共同抵当の被担保債権額に満たないとき（丙不動産の価格は三〇万円に過ぎず、従って、BCD誰も配当を受けえないとき）、または、一括競売される数個の不動産の後順位抵当権者が同一人であるとき（甲乙両不動産の後順位抵当権者はともにBのとき）に限定するのが正当のように思われる（前掲昭和七年の決定の事案は、次順位抵当権者は同一人ではないが、同決定もその菊井評釈もこの点に触れていない）。

右に反し、共同抵当権の目的不動産のうちの一部の不動産の上に共同抵当権より先順位の抵当権がある場合には、一括競落は許されず、先順位抵当権のあるものは別に競売しなければならない（大決昭和六・五・一新聞三二六九号四頁）。この原則は、共同抵当権の目的不動産の価格の総和が共同抵当の被担保債権額に満たない場合にも適用されるであろう。ただし、先順位抵当権のある不動産の価格がその抵当権の被担保債権を弁済して余りあることが一見極めて明瞭なときは、これを含めて一括競売を許しても妨げないと解してよいのではあるまいか。

〔六六一〕 (ロ)共同抵当の目的たる不動産のうちの数個のもの(前例で甲乙両不動産)の競売代価が同時に配当されるときは、その数個の不動産の間では同時配当の理論によって債権全額に按分し(甲一八〇万円、乙一二〇万円の割合)、残りの不動産に対する関係では異時配当の理論によって代位を生ずると考えるべきである(丙の上にB三〇万円、C二〇万円の割合)。

〔六六二〕 (2)「不動産ノ価額ニ準ジテ」負担を配分する。

(イ)各不動産に負担を配分する基準となる各不動産の価額は、(a)すでに現実に明瞭となった競売代価を基準とすべきであって、その点には問題はない。ただ、共同抵当権に先順位抵当権や同順位抵当権が存在するときに問題となる。

(b)例えば、基準例の甲不動産の上にBが一〇〇万円の一番抵当権を有し、その上のAの共同抵当権が二番抵当権だとする。その場合には、甲不動産の競売代価三〇〇万円から一〇〇万円を控除した残り二〇〇万円がAにとっての甲不動産の価額とみなければならない。従ってAの三〇〇万円を甲(二〇〇万円)、乙(二〇〇万円)、丙(一〇〇万円)に按分して甲一二〇万円、乙一二〇万円、丙六〇万円と配分することになる。その結果、甲の上のAの共同抵当権が一番抵当である場合に比較して、乙丙それぞれの不動産の負担額が増加する。しかし乙丙それぞれの後順位抵当権者CDにとっては、それは予期しうることであって、とくに不都合なことはない。

(c)また、前例でBの甲不動産の上の一〇〇万円の抵当権がAの共同抵当権と同順位だとする。その場合には、甲不動産の競売代価三〇〇万円をAの三〇〇万円とBの一〇〇万円とに按分し、その按分額二二五万円(三〇〇万円の四分の三)がAにとっての甲不動産の価額として、それを基準として、三〇〇万円を甲乙丙三不動産に配分することになる。

〔六六三〕 (ロ)複雑な問題を提供するのは、右に問題とした甲不動産の上のAの共同抵当権に優先するBの先順位抵当権、またはこのAの共同抵当権と同順位のBの抵当権が他の丁不動産を目的とする共同抵当である場合である。かような場合には、丁不動産はまだ競売されていないから、その価額はわからないが、評価して定める他はない(六〇〇万円とする)。そして、Bの被担保債権額(三〇〇万円とする)を丁と甲両不動産に按分する(丁二〇〇万円 甲一〇〇万円)。しかる上で、Aの甲不動産の上の共同抵当権の価額を算出する(Bが先順位なら二〇〇万円)。そしてAの共同抵当権三〇〇万円は甲乙丙にそれぞれ一二〇万円、一二〇万円、六〇万円に配分する。しかし、甲乙両不動産の競売代金を現実に配当する際には、Bは甲不動産から三〇〇万円全額の弁済を受けることはいうまでもあるまい。そこで、問題はAの立場である。乙と丙からそれぞれ右の割付けられた負担額(合計一八〇万円)を受けるだけで甲不動産から受けられなかった額(一二〇万円)はBの丁の上の共同抵当権に代位するとみるべきではなく、乙と丙から全額の弁済を受けうるとみるべきであろう。けだし、同時配当の場合に不動産の価額に按分するというのは、共同抵当権者が任意の不動産の競落代金から弁済を受けるのに比して少しも不利益でないからであって、右の例のように不利益な結果となる場合にまで負担の配分を強いる趣旨ではないからである。

そうだとすると、そのために配当を受けえなかった乙丙不動産の上のCとDをいかに保護するかが問題となるが、Bの丁不動産の上の共同抵当権に代位すると解して妨げあるまい。けだし、乙丙不動産から負担額を超える額の弁済を受けた者はAであるが、Aがそのような弁済を受けることになったのは、甲不動産の上に共同抵当権を有するBがそこから負担額を越える弁済を受けて丁不動産の負担をなくしてしまったことによるものであって、第三九二条第二項の趣旨をそこまで拡張するのが適当だからである。これを別の方からみれば、右に挙げた例は、Aの共同抵当権についてみれば同時配当であるが、その一部に先順位を有するBの共同抵当権からみれば、正に異時配当である。従って、その一つに後順位抵当権を有する者が丁不動産の上の抵当権に代位するのは当然であるが、その後順位抵当権がたまたま共同抵当であるために、影響する範囲が拡大したと解釈すべきである。

なお、Bの甲と丁を目的とする共同抵当権が、甲の上にAと同順位として存在する場合も、右と同様の取扱いをすればよいであろう。

〔六六四〕　(八)さらに複雑な例として挙げられるのは、二つの共同抵当権の順位が錯綜する場合である。最も簡単な事例として、Aが甲乙両不動産に一番の共同抵当権を設定した後に、Bが乙不動産に二番、丙不動産に一番の共同抵当権を設定し、しかる後にAが丙不動産の上に二番抵当権を追加的に取得した場合が考えられる。このような事例に以上述べてきた理論を適用すると、丙不動産がAにとって有する価額を決定すべきことになるが、それは、乙不動産のBにとって有する価額に関連する。しかるにこの乙不動産のBにとって有する価額は、甲乙両不動産の他に丙不動産がAにとって有する価額にも関連する。複雑な数式でこれを算出することは不可能ではあるまい。しかし、それまでする必要があるかどうかすこぶる疑問である。

立法論としては、ある一定の状態以上に複雑な関係を生じさせる場合には、被担保債権額を各不動産に割付ける――右の例でいえば、丙の上に共同抵当権を追加する場合には、甲乙丙それぞれ一五〇万円、一〇〇万円、五〇万円まで担保するとしてしまう――のが適当と思われる。もっとも、共同抵当権の追加的設定は、被担保債権額の確定している普通の抵当権ではあまり重要でなく、取引の拡大する根抵当に重要なものだから、この度の改正でその点を規定した以上、複雑な関係を生ずることは防止されるであろう(〔七九四〕参照)。

〔六六五〕 (二) おわりに、Aの甲乙丙不動産の上の共同抵当権がすべて被担保債権の全額を負担するのではなく、その全部または一部が一部抵当であるために負担する額に差異がある場合が問題とされる。例えば、甲不動産は三〇〇万円全額の抵当権だが、乙不動産は一〇〇万円、丙不動産は五〇万円を限度とする一部抵当の場合がその例である。かような場合には、すべての不動産に共通の数額、すなわち、五〇万円については、甲乙丙が共同抵当の関係にあるものとして三個の不動産の価額に準じて配分し、ついで甲乙両不動産に共通の五〇万円については甲乙両不動産が共同抵当の関係にあるものとして甲乙両不動産に配分し、最後に二〇〇万円は甲不動産単独の負担とし、甲と乙の不動産については、右の計算による配分額の和をもって負担総額とする。

〔六六六〕 (3) 「負担ヲ分ツ」とは、被担保債権額を按分して、それぞれの不動産の競売代価からその不動産の負担額をとってこれを共同抵当権者に交付することである。

(イ) かような方法をとっても、共同抵当権の目的たる不動産の競売代価の総額が被担保債権額に満つるときは、共同抵当権者は完全に満足をえる。どの不動産の競売代金から弁済を受けるかによって何等の差異をも生じないことはいうまでもない。これが同時配当の場合には、共同抵当権者の恣意を制限して不動産の価額に準じた配分を行ない、それぞれの不動産についての後順位抵当権者間の公平をはかろうとした理由である（〔六五二〕参照）。

〔六六七〕　(ロ)甲乙丙各不動産の競売代価からそれぞれの負担額をAに配当した残余は、それぞれの不動産の後順位抵当権者に配当し、なお残余があるときは、不動産所有者（債務者）に交付する。

前に挙げた基準例（〔六五〇〕）では、甲乙丙各不動産の競売代金はそれぞれ三〇〇万円、二〇〇万円、一〇〇万円であって、Aは三〇〇万円の共同抵当被担保債権のために、三個の不動産からそれぞれ一五〇万円、一〇〇万円、五〇万円の配当を受け、甲不動産の競売代金の残余は、その不動産の二番抵当権者B（被担保債権一五〇万円）、乙不動産のそれは、その不動産の二番抵当権者C（同一〇〇万円）、丙不動産のそれはその不動産の二番抵当権者D（同五〇万円）に配当して、関係者全員を満足させるというのであったが、例を変じて、甲不動産のBの二番抵当権の被担保債権が仮りに二〇〇万円だとすると、Bは五〇万円については弁済を受けることができない。たとい、乙不動産と丙不動産とに後順位抵当権者がないために残余が差押えている一般債権者または不動産所有者（債務者）に配当・交付される場合でも――B自身が一般債権者としてこれらの残余に対して権利を行使する策を講ずるのは別として――それについて優先権を主張することはできない（大判昭和一〇・四・二三民六〇一頁（判民四二事件我妻、民法判例評釈I所収）―共同抵当権者の申立によって全部を競売し、総代価から共同抵当権者に全額を支払い、残額の全部を甲乙両不動産の上の二番抵当権者に配当したので、丙不動産を差押えていた一般債権者からこれに対し不当利得の返還請求）。

右の設例の場合に、Aがまず乙丙両不動産について競売してこれから弁済を受けると仮定すると、Aはそれによって債権全額の配当をえて満足するが、乙丙両不動産には後順位抵当権は存在しないと仮定したのだから甲不動産の上のAの共同抵当権は消滅し、甲の上のBの抵当権は順位が上昇して一番抵当権となり、完全に弁済を受けられることになる。しかし、このことと比較して右の同時配当の場合を不当と考えるべきではない。けだし、Bが甲不動産について二番抵当権を設定する際には、Aの共同抵当権についての甲不動産の負担額(一五〇万円)を覚悟したはずであり、それを覚悟した上での予期、すなわち、甲不動産には競売代金から一五〇万円の負担を控除した残額の担保価値が残存すると予期したことは保護されるのだから、Aが乙丙をまず競売したとか、乙丙に後順位抵当権者が存在しない、というような事情によってBが右の予期以上の利益を受けることがあっても、それはむしろ偶然の利益であって、すべての場合にこれと同一の結果を求めることはできない。同じようなことは、Aが任意弁済を受けることによっても生じうるであろう。

〔六六八〕 **三** 異時配当の場合

Aが三〇〇万円の貸金債権のために、甲乙丙三個の不動産の上に共同抵当権を有する場合に、「或不動産ノ代価ノミヲ配当スベキトキハ抵当権者ハ其代価ニ付キ債権ノ全部ノ弁済ヲ受クルコトヲ得。此場合ニ於テハ次ノ順位ニ在ル抵当権者ハ前項ノ規定ニ従ヒ右ノ抵当権者ガ他ノ不動産ニ付キ弁済ヲ受クベキ金額ニ満ツルマデ之ニ代位シテ抵当権ヲ行フコトヲ得。」(三九二条二項)。

(1)異時配当とはいかなる場合か。「或不動産ノ代価ノミヲ配当スベキトキ」とは、要するに共同抵当の目的たる数個の不動産のうちのある一個の競売代価を配当する場合である(〔六六〇〕参照)。この場合に、共同抵当権者は被担保債権の全額の弁済を受けることができる。基準例（〔六五〇〕）についていえば、甲不動産が競売されてその競売代金が三〇〇万円だとすると、Aはそれから被担保債権全額の弁済を受けることができる。共同抵当権者にとって有利であり、抵当権不可分の原則にも適するものであることは、しばしば述べてきたとおりである。

なおまた、乙丙二つの不動産が競売されてその代金を同時に配当すべきときは、Aはその競売代金の合計から被担保債権の全額の弁済を受けることができる。基準例についていえば、甲は三〇〇万円の支払を受ける（もし代金の合計額がAの被担保債権額を越えるときは、両不動産の代金額に準じて配分する）。そして、この場合に乙または丙のいずれかについて後順位抵当権を有し、甲が三〇〇万円を先取することによって、全額の弁済を受けることができなくなる者（基準例のCD）だけでなく、乙丙両不動産の上に後順位の共同抵当権を有する者も甲不動産に代位することはいうまでもない（大判大正六・一〇・二三民一五九六頁（Aが目的不動産全部によって弁済を受けたときは、一部にだけ二番の共同抵当権を有するBは代位せずとの主張（〔六七二〕）の判例変更前）を却ける））。もっとも、この者の共同抵当権が甲不動産をも目的とするとき――いいかえれば、甲乙丙三個の不動産を目的として、A一番、B二番の共同抵当権が存在する場合――には、Bのために代位を認める必要はあるまい。けだし、この場合には、Aの債権が乙丙両不動産によって満足させられることは、甲不動産の上のAの共同抵当権を消滅させ、Bの共同抵当権は順位の上昇によって代位と同一の利益を受けるからである。

〔六六九〕　(2)代位するのは次順位抵当権者には限らない。共同抵当権者が目的たる数個の不動産のうちの一個の競売代金から被担保債権全額の弁済を受けると、同時配当の場合に配当を受けることのできたその不動産の後順位抵当権者は配当を受けえなくなる。その者に代位権を与えて保護しようとするのが第三九二条第二

項の趣旨である。従って、

(イ)法文には、全部の弁済を受けた共同抵当権者の「次ノ順位ニ在ル抵当権者」といっているが、後順位の抵当権者と解すべきである（大判大正一一・二・一三新聞一九六九号二〇頁（三番抵当権者も附記登記をなしうる））。基準例でAが甲不動産の競売代金三〇〇万円から全部の弁済を受けると代位権によって保護される抵当権者はBだけだが、仮りに甲不動産の上にBが一〇〇万円の二番抵当権、Eが同じく一〇〇万円の三番抵当権をもっていたとすると、同時配当の場合にはBは一〇〇万円全額、Eは五〇万円だけ弁済を受けることができたのだから、両人とも乙丙両不動産の上に、同時配当の場合に両不動産が負担すべきそれぞれ一〇〇万円、五〇万円だけ、――BとEの間では、それぞれの代位しうる金額を乙丙それぞれの価額に按分した上で、一番・二番の順序で――代位することになる。

(ロ)甲不動産の上にBがAの共同抵当権と同順位の抵当権を有する場合に、甲不動産について競売・配当が行なわれるときにも――同時配当ならAの被担保債権は乙丙によって分担されるはずなのに、それがないためにBへの配当額が減少するだけ――Bは乙丙不動産の上の甲の一番抵当権に代位することになる。

〔六七〇〕 (3)代位を生ずるのは、共同抵当権者が被担保債権の全額の弁済を受けた場合に限るか。いいかえれば、共同抵当の目的たる不動産のうちの一つの競売・配当によって、共同抵当権者が競売代金の全部の弁済を受けてもなお被担保債権全額の満足をえない場合にも代位を生ずるであろうか。

(イ)基準例でAが乙不動産をまず競売すると、二〇〇万円しか弁済を受けることができず、従って甲丙両不動産の上のAの共同抵当権は消滅しない。その場合でも乙不動産の次順位抵当権者Cは甲丙両不動産の上に代位するかという問題である。(i)第一に、法文に「此場合ニ於テハ」というのを「全部ノ弁済ヲ受けた場合と読む必要はない。被担保債権額に満つるまで競売代金の全部を優先的に取得することができる、というのが第二項前段の趣旨であり、それを受けて、この場合といっているだけだから、競売代金が被担保債権に満たない場合を排斥するのは適当ではない。また、(ii)第二に、Aが甲不動産から被担保債権全額の満足をえる場合には、乙丙両不動産の上の共同抵当権は消滅するわけだが、それを消滅させずに後順位抵当権者Bに移転させる、というのが「代位シテ抵当権ヲ行フコトヲ得」という意味であろう。しかし、乙不動産が最初に競売・配当された場合にも、甲丙両不動産の上のAの共同抵当権が、Aが後に被担保債権の残額の弁済を受けることによって消滅したときには、甲丙それぞれの不動産の負担額の残額をCに配当しても、少しも不都合がないだけでなく、かえって第三九二条の立法趣旨に適切であろう。

〔六七一〕

(ロ)判例は、最初は、代位を生ずるのは、Aが甲不動産の競売・配当によって被担保債権全額の弁済を受けた場合に限ると解し、Aが乙不動産の競売・配当によって一部の弁済しか受けえなかった場合にCが代位に基づいて甲丙両不動産の競売を申し立てたのを却けた(大判明治四一・二・二六民一三〇頁。もっとも、条件附に代位すると解しても、Cが競売を申し立てうるかどうかは問題であるが、それは後に述べる(〔六七九〕))。また、同様の場合に、Cが甲不動産に代位の附記登記をしたのに対しAからその抹消を請求するのを認めた(大判明治四一・一二・一九民一三一五頁)。これに対し、梅博士をはじめとして多くの学者が反対したが、なお容易に改められなかった(大判大正五・一一・一一民二〇八三頁(Cから甲不動産についての代位の附記登記申請を却ける))。

だが、それから約一〇年の後、大正一五年四月八日の連合部判決(大連判大正一五・四・八民五七五頁)でその態度を改めることになった。事案を簡単にいえば、Sは甲乙丙三個の不動産を有し、A(農工銀行)のために、甲と乙の上に一番抵当権を設定し（債権額一九〇〇円）、ついでBのために、乙の上に二番、丙の上に一番ないし三番の抵当権を設定した（債権総額一万六〇〇〇円）。それから後に、Bは乙と丙両不動産の競売をしたが、乙の競売代金（一七〇〇余円）は、Aが全部取得してなお一〇〇余円の債権残額を生じ、丙の競売代金（一万七〇〇〇余円）はBが全部取得してなお二一〇〇余円の債権残額を生じた。そこでBは甲不動産の上に代位の附記登記をした。その後債務者Sは、Aの抵当債権の残額一〇〇余円を弁済して甲の上の抵当権を消滅させ、これを第三者Cに譲渡した。そしてCからBに対して代位の附記登記の抹消を請求したのであった。原審はこれを認めたが（CはAと同一の立場にあるはずだから、原審は右の大判明治四一・一二・一九民一三一五頁に従ったわけである）、大審院は連合部判決でこれを破棄したのである（我妻・聯合部判決巡歴第二七話参照）。

右の連合部判決の理論は、前段に述べたところと異ならないが、つぎの二つの点を明らかにしたことは、後順位抵当権者の代位を生ずる要件として注意する必要がある。前に述べたことからおのずからわかることではあるが、他の部分にも関係する点を含むから、基準例（〔六五〇〕）によりながら、少しく詳細に述べておこう。

（a）共同抵当権が競売された一個の不動産乙の競売代価から被担保債権の全額の弁済を受けえなくとも、「苟モ其ノ弁済ヲ得タル額（二〇〇万円）ガ其不動産ノ分担額（一〇〇万円）ヲ超過スル以上ハ、其超過部分ノ範囲内ニ於テ」代位を生ずる。すなわち、「其ノ超過部分ノ範囲内ニ於テハ他ノ抵当不動産ニ付其ノ抵当権ヲ消滅セシムルコトナク、後順位抵当権者ヲシテ之ニ代位シテ抵当権ヲ行フコトヲ得セシムル趣旨」である。

（b）もっとも、共同抵当権者Aが一個の不動産の競売代価から被担保債権の全額の弁済を受けえた場合（甲をまず競売したとき）と受けえなかった場合（乙をまず競売したとき）との間には、「多少ノ差異」がある。前の場合には、乙と丙の上のＡの共同抵当権は消滅すべきものだが、第三九二条二項後段の規定で「後順位抵当権者（Ｂ）ヲシテ直ニ之ヲ代位セシメ即抵当権ノ法定移転ヲ認メタルモノ」である。これに対し、後の場合には、甲と丙の上のＡの共同抵当権は消滅せずに依然としてＡに帰属しているのだから、Ｂに移転させることはできない。従って、この場合には、「後順位抵当権者（Ｂ）ハ先順位抵当権者（Ａ）ガ将来他ノ抵当不動産ノ代価ニ付其ノ残額債権ノ完済ヲ受ケタル場合其ノ他其ノ抵当権ノ消滅スベキ場合ニ於テ始メテ其抵当権ノ代位ヲ為シ得ベキモノニシテ、従テ先順位抵当権ガ未ダ消滅スベキ場合ニ非ザル間ニ於テハ、後順位抵当権者ハ将来ニ於テ代位シテ抵当権ヲ行使シ得ベキ地位ヲ有スルニ過ギザル」ものといわねばならない。ただし、かような地位にある者も「将来ニ於テ確定スベキ権利移転ノ請求権」を有するものとして、不動産登記法第二条二によって、「代位附記ノ仮登記ヲ為シ以テ其ノ権利ヲ保全スルコトヲ得ルモノト解セザルベカラズ。」

右の判例理論において、「代位シテ抵当権ヲ行フコトヲ得」という規定（三九二条二項末尾）について、一方を「抵当権ノ法定移転」、他方を「将来ニ於テ代位シテ抵当権ヲ行使シ得ベキ地位」と区別することは、理解しえないわけではないが、その結果後者の効力を弱いものにしていることについては疑いがある（後の〔六七九〕に詳説する）。

〔六七二〕

(4) 異時配当の場合の目的不動産の価額

(イ) 異時配当の場合にも、競売・配当される不動産の負担額を定めなければならず、そのためには競売されない不動産の価額を知らなければならない。それはいかにして定められるのであろうか。共同抵当の目的たる不動産の一個について配当が行なわれる時に他の不動産について評価して定める他はないであろう。けだし、それぞれの不動産が現実に競売される時を待って決定することは、後順位抵当権者の代位しうる額を不確定にすることであって、実際界の要請に反するはずだからである。

なお、評価額によるものとすれば、関係する共同抵当の目的物についての評価額を基準として同時配当の場合と同様の計算をすればよいことになるから、とくに問題とすべきことはない(同時配当の場合の〔六六二〕―〔六六五〕参照)。

〔六七三〕(ロ)右のように共同抵当の目的たる不動産の一個の競売・配当の時に評価して他の不動産の価額を定めると、その後の経済界の事情によって不動産の価額に変動を生じ、関係者に不公平な結果となることがありうる。ことに値下りのときの影響が大きい。しかし、各不動産が現実に競売される時に評価のやり直しをすることは、法律関係をすこぶる複雑にするだけでなく、最初に代位すべき価額が定められた後にその不動産について利害関係をもった者の利益を害することになりかねない。

(a)例えば、基準例において、まず乙不動産が競売・配当され、その時に、競売代金二〇〇万円、甲と丙の評価額それぞれ三〇〇万円、一〇〇万円とすると、乙の上の二番抵当権者Cは、甲丙両不動産の上のAの共同抵当権の上に、債権残額一〇〇万円の消滅を前提として――甲一五〇万円、丙五〇万円を限度に――代位することになる。従って、その後甲または丙が競売されるときに評価額のとおりに売れるものとすると、民法の予想する理想が実現される。すなわち、その後に甲不動産が三〇〇万円で競売され、Aが債権残額一〇〇万円の弁済を受ければ、Cはそれから五〇万円の配当を受け(Bには影響なし)、残額五〇万円は丙不動産の代位で満足をうることになる。また丙不動産が甲より先に一〇〇万円で競売されれば、Aが競売代金の全部を取得して債権残額の満足をえ、Cは甲不動産の代位で満足し、Dは新たに甲不動産に代位し、甲不動産が評価額三〇〇万円で競売されることによって関係当事者の全員が満足する。

(b)これに反し、不動産の値下りを生じ、評価額の半額となったと仮定する。そしてまず、甲が一五〇万円で競売されたとすると、Aが一〇〇万円の弁済を受け、代位していたCは競売代金の残額五〇万円を取得し、Bは配当を受けえない。のみならずCの丙不動産の上の代位も効力を発揮し、競売代金の全額を取得することができ、Dの抵当権は零となる。また丙が先に五〇万円で競売されたとすると、Aはその競売代金全額を取得し、ついで甲が一五〇万円で競売されると、競売代金一五〇万円から、甲は残額五〇万円を取得し、一〇〇万円はCが取得する。丙不動産の上の二番抵当権者Dは甲の上のAの一番抵当権に代位するはずだが、Cが先に代位しているから、これに劣後すると考えねばならないであろう。かような結果は、不公平であろうか。

以上の結果を別の方面からみると、甲乙丙三個の不動産の価格合計は、評価六〇〇万円であったのが、現実には四〇〇万円となり、それを一番の共同抵当権者(A)と評価の当時競売された不動産の上の後順位抵当権者(C)が取得し、値下りを生じた不動産の上の後順位者(BとD)だけが値下りの不利益を受けることになる。かように理解すると、止むをえないといえないこともあるまい。

(c)反対に、乙不動産が競売・配当された後に甲丙両不動産が値上りして評価額の二倍の価格で競売することができたとすると、評価のやり直しをすれば、Aの共同抵当権についての乙不動産の分担額が減ずるはずだから、その上に二番抵当権を有したCの被担保債権額が一五〇万円であったとしても、全部について代位することができるようになることもありうるであろう。しかし、かような場合にも、乙不動産の競売・配当の時に定まった甲丙両不動産の上のCの代位額は変更されないとして、簡明に処理するのが適当であろう。ことにこの場合には、負担額の計算をやり直して、甲不動産の上のAの一番抵当にCの代位すべき金額を増すことは、二番抵当権を有するBの利益を害するおそれもあるであろう。

(5) 代位の性質・効果・公示

〔六七四〕 (イ) 代位の性質は、一番抵当権の移転と解してよいであろう。法文は「代位シテ抵当権ヲ行フコトヲ得」と定め(三九二条二項末尾)、弁済者の代位に関する規定が「当然債権者ニ代位ス」(五〇〇条)と定めるのとやや異なる。しかし、違った意味に解する必要はあるまい。ただ、共同抵当権の目的不動産の一部の競売によって、共同抵当権者が全額の弁済をえた場合と、えない場合とでは、移転の態様と効力に差を認むべきかどうかは問題となる。つぎに基準例に基づいて、分説する。

〔六七五〕 (ロ) 共同抵当権者Aが甲不動産の競売・配当によって被担保債権全額三〇〇万円の弁済を受けた場合

(a) Bが乙丙両不動産の上のAの一番抵当権に、それぞれ一〇〇万円、五〇万円を限度として代位するのは、消滅すべきAの抵当権のBへの、現実の、法律上当然の、移転である(〔六七一〕b参照)。

〔六七六〕 (b) 従って、Bはそれに基づいて、乙または丙不動産の競売をすることができることは疑いない。その他、Bが乙丙両不動産の上に一番抵当権を取得したのと少しも異なるところはない。ただその場合の登記をいかにとり扱うべきかはすこぶる疑問である。

民法第三九三条は「抵当権ノ登記ニ其代位ヲ附記スルコトヲ得」と定める(なお不登一一九条ノ三参照)。従って、Bが甲不動産の競売後直ちに乙丙両不動産の甲の抵当権に代位の附記登記をすれば(Bが登記権利者、Aが登記義務者である(大決大正一二・一〇・二民七三五頁))、関係はすこぶる明瞭となるが、附記登記が怠られる場合もあり、しかもAの抵当権が抹消される場合もないではあるまい。かような場合につき、判例は、Bは附記登記をしなくとも競売を申し立てかつ代位による優先権を主張することができるという（大決大正八・八・二八民一五二四頁）。結論は正しい。しかし、その理由として、代位は法律上当然の移転であるということと、関係者の予期すべきところであることの他に、法文に「代位ヲ附記スルコトヲ得」とあることを挙げる（一七七条の例外という）のは正当ではあるまい。けだし、法文の「附記スルコトヲ得」というのは、附記登記を認めるという趣旨であって、登記をしてもしなくとも効果に差異なしという趣旨に解すべきではない。のみならず、附記登記にはつぎのような一定の範囲における対抗力を認めるべきである。従って右の判例の結論を導く理由としては、むしろ、共同抵当権の目的不動産の一つが実行されることによって、代位すなわち法律上の移転を生ずる時における目的不動産の上の権利関係者（設定者・後順位抵当権者・抵当不動産の所有者・第三取得者など）は、いずれも、その状態の下に共同抵当権の目的物の一つについて競売・配当があれば代位を生ずることを予期すべきもの――いいかえれば、代位によって生ずる抵当権の移転の当事者とみるべきもの――であることに求めるのが正しいと考えられる。

そして、右の理をさらに推及するときは、Bによって代位される共同抵当権、すなわち乙及び丙の上のAの抵当権が抹消されても、Bは代位によってこれを取得して実行することができるといわねばならないことになる。

〔六七七〕（c）しかしBがAの抵当権を代位によって取得した後、その附記登記をする前に、乙または丙の上に後順位抵当権者（EまたはF）を生じたときは、Bはこれに対しては対抗しえないと解すべきであろう（従前からのCDには対抗しえてEFには対抗しえなくなる）。従って、Bが附記登記をする前に、Aが、所有者と協同して、乙丙両不動産の上の一番抵当権を抹消し第三者の抵当権を設定させ、Bの代位した抵当権の対抗力を失なわせることは、Bに対する不法行為となりうる（大判昭和五・九・二三新聞三一九三号一三頁はかような事例である）。そして、BがAの抵当権が消滅した後に代位の附記登記をしないでいる間に設定された抵当権者（右のEF）に対抗しえなくなることは、Aの抵当権が抹消されずに残っている場合でも同様だといわねばなるまい。けだし、弁済によって消滅した抵当権の登記は、代位によってBに移転した旨の（附記）登記を受けない以上、EFからみれば空虚な登記に過ぎないからである。以上の理論は、弁済者の法定代位に関する保証人と第三取得者の関係についての代位の附記登記（五〇一条一号）の効力と類似の理論を含むとみるものである（債総〔三七一〕参照）。

〔六七八〕（d）代位する後順位抵当権者が数名ある場合の相互の順位は、競売・配当された不動産における順位による。基準例の甲不動産に二番抵当権者Bが一〇〇万円で、Eが同じく一〇〇万円の三番抵当権を有すると仮定すると、BEともに乙丙両不動産のAの一番抵当権に代位する。その場合におけるBとEの順位は、甲不動産についての順位であって、附記をした順序によるものでないことは明らかであろう。代位はそれを生ずる際における関係当事者に対しては登記なしに対抗しうることの当然の結果だからである。ただし、Eが代位の附記登記をし、Bがこれを怠っている間に後順位抵当権が設定されたときは、Eはこれに対抗しうるがBは対抗しえないこととなり（〔六七七〕参照）、その結果EがBに優先するようになることは別問題である。

〔六七九〕（ハ）共同抵当権者Aが乙不動産を競売・配当して被担保債権額三〇〇万円の一部二〇〇万円の弁済しか受けなかった場合

（a）かような場合にも、甲丙両不動産の上のAの共同抵当権にCが代位することは大正一五年の連合部判決（〔六七二〕参照）以来認められているが、その場合のCの代位の性質は、Aの抵当権が将来消滅したときに「代位シテ抵当権ヲ行使シ得ベキ地位」に過ぎない、と説かれる（〔六七一〕b参照）。私は、従来、この停止条件附移転の理論に別段の疑問を抱かなかった（本書の旧版〔九〇〕二3、我妻・聯合部判決巡歴第二七話参照）。しかし、今は、疑問に思う。むしろ、Cは甲丙両不動産の上のAの一番抵当権を——同時配当の場合におけるそれぞれの不動産の負担額（甲一五〇万円・丙五〇万円）を限度として——Aにつぐ順位のものとして、直ちに、現実に（停止条件附でなく）取得する、と解するのが適当ではあるまいかと考える。

かように解するときは、乙のつぎに甲が競売されたときは、Aが一〇〇万円の配当を受け、Cが五〇万円の配当を受ける関係を、Aが配当を受けることを条件としてCがはじめて抵当権を取得するから、と説く必要はない（判例理論ではそう説くことになろう）。また、乙のつぎに丙が競売され、Aが一〇〇万円全額の弁済を受ければ、甲の上のCが代位して取得している抵当権は、順位が上昇して、残額についての抵当権は、Cの場合と同様の態様で、Dに移転する。

さらに、かように解すれば、Cは甲または丙不動産の競売を申立ててAに残額の優先弁済を与え、みずからもまた弁済を受ける途を講ずることができると解することができ、それが適当であろうと思われる。もっとも、丙不動産を競売してもCには配当されないが、ついで甲不動産を競売して全額の弁済を受けうるようになる。そもそも、基準例におけるBCDのような立場にある者——先順位たる共同抵当権者に競売代金の全額を取得されて自分は他の不動産に代位することができるだけの者——が競売申立ができるかどうかは一個の問題とする余地があるかもしれない。しかし、肯定して妨げないように思う。けだし、先順位抵当権が普通の抵当権であって、その者の被担保債権額が不動産の競売価額の全額に及び、自分に配当される剰余のない後順位抵当権者の競売申立は許されないとしても(判例は民訴六五六条の準用なしとしてこれを許すが、私は疑問を述べた〔四八二〕参照)、先順位抵当権が共同抵当権である場合には、後順位抵当権はその競売によって無条件に消滅するのではなく、いわば他の不動産に転移するのであるから、その競売申立を認めてもさしつかえないであろう。そうだとすると、いわゆる条件附に代位した者Cが甲丙両不動産について競売申立をなしうることはむしろ当然の事理となろう。ちなみに、一部弁済者の一部代位(五〇二条一項)については、代位者に独立の競売権を与えることは不当だとされる(債総〔三六九〕参照)。ここではそれと反対に解することになるが、共同抵当権制度に含まれる不動産の担保価値の合理的な利用の理想からいってそうあるべきものと考えるのである。

〔六八〇〕 (b)右のような意味での代位を生じたときにも、Cは甲丙両不動産の上に附記登記をすることができるが、判例はこれを附記の仮登記とする。共同抵当権が将来消滅したときに確定的に移転するからだというのである(〔六七二〕b末尾参照)。しかし、私はむしろ附記の本登記をすべきものと思う。けだし、右のようにみずから競売を実行する権能を含むと解するのに適するからである(もっとも、現行法の解釈としては、技術的に相当の困難を伴なうであろう)。

〔六八一〕 (c)Cが判例のいわゆる条件附に代位した場合の附記登記の効力は、無条件に代位した場合について前に述べたことと異ならない。すなわち、この形態の代位を生ずる際の状態における関係者は当事者とみられ、これに対しては登記なしに対抗しうるが、その後に新たに利害関係を取得した第三者には対抗しえない(〔六七六〕・〔六七七〕参照)。また、かような態様で代位する後順位抵当権者が数名ある場合には、それらの者の間の順位は、実体的に定まり、附記登記の先後によるのではない(〔六七八〕参照)。このことは、判例のように、この場合の代位は条件附の移転であって、条件の成就するまでは競売権がないと解しても、同様の結果を認めることになるであろう。

〔六八二〕（d）共同抵当権者Aが、右のような態様でCの代位を生じた甲不動産の上の自分の共同抵当権を放棄するときは、いかなる効果を生ずるであろうか。代位の附記登記がなされているときは（附記の仮登記でも）、放棄しても対抗力を生じないと解すべきことには、おそらく疑問はあるまい（のみならず、放棄して抹消するには附記登記をした者の同意を要する）。問題は、附記登記のなされていない場合である。第一に、附記登記なしに代位を対抗しうる者に対する関係では、放棄は効力を生じない、Aの登記が抹消されても差異はない、というべきであろう。そして、第二に、新たに後順位抵当権者を生じCがこれに対抗しえなくなったときは（〔六七七〕参照）、A及び所有者Sの行為はCの代位権を侵害したものとして不法行為となりうる（前掲大正一五年の連合部判決はAが債権残額の任意弁済を受けて放棄したのだが右の理論を含むといえる）。

〔六八三〕（e）共同抵当権者AがCのいわゆる条件附代位を生じている甲不動産の所有権を取得した場合には、混同の理論はいかに適用されるであろうか。Aの抵当権はCの権利の目的となっているものとして、Aの取得した所有権に吸収されずに存続すると解すべきこと（一七九条一項但書前段の適用）は、判例の条件附移転の理論によっても、ほとんど疑いがないであろう。

〔六八四〕(二) 共同抵当権についてまだ競売が行なわれない場合

（a）基準例で示すように、甲（評価額三〇〇万円）・乙（同二〇〇万円）・丙（同一〇〇万円）三個の不動産にAが一番の共同抵当権（債権額三〇〇万円）を有し、B（同一五〇万円）・C（同一〇〇万円）・D（同五〇万円）が、それぞれ甲乙丙の上に、二番抵当権を有する状態のときには、BCDはまだいかなる意味においても代位していないから、競売権の有無は問題とならない。しかし、A

の共同抵当権について異時配当が行なわれ、自分が後順位抵当権を有する不動産が競売されれば代位しうる期待を有する。従って、この期待をいかに保護すべきかが問題となる。

〔六八五〕 （b）まず、少なくとも立法論として、代位の附記登記は認めてよいように思われる。けだし、法律関係を明瞭ならしめるだけでなく、異時配当が行なわれ（甲が競売され）、代位が現実に生じた後に、競売されなかった不動産の上の代位された抵当権の登記（乙丙両不動産の上の甲の共同抵当権の登記）が抹消され新たな後順位抵当権者が生じたり、つぎに述べるように放棄や混同について問題を生ずることを予め防ぐ作用をするからである。

〔六八六〕 （c）さらに問題となるのは、共同抵当権者が共同抵当の目的不動産のうちの一部のものの上の共同抵当権を放棄した場合である。例えば、Aが――不動産の値上り、一部の任意弁済を受けたことなどにより――甲不動産だけで充分満足をえると考えて、乙丙両不動産の上の共同抵当権を放棄し、しかる後に甲不動産を競売し、その結果Bは充分な弁済を受けることができないにもかかわらず、代位する目的たる乙丙両不動産の上の抵当権は存在しなくなった場合に、Bはいかなる保護を受けるであろうか。判例は、大正一五年の連合部判決の後にも、Bは「代位権ヲ取得スルニ至ルベキ希望ヲ有スルニ過ギザル」ものであるから、Aの責任を生じないと判示する（大判昭和七・一一・二九民二二九七頁。判民一八一事件戒能評釈は、Bに少なくとも損害賠償請求権を与えるべしという）。もっとも、その後、右のような場合には、Aは、乙丙両不動産の上の抵当権を放棄しなかったらBが代位することのできた限度において、甲不動産の競売代価の配当に際してBに優先しえない、と判示するものがある（大判昭和一一・七・一四民一四〇九頁（判民九四事件山田）――ただし傍論。CからAに対する不法行為を理由とする損害賠償請求につき、右の理由でCに損害を生じないという）。

思うに、右に掲げた二つの判決のうち、前の判決がBの代位しうる地位を単なる希望に過ぎないとして保護を与えないのは不当である。少なくも損害賠償請求権を認めるべきである。しかし、さらに進んで——傍論ではあるが——後の判決の趣旨を支持しようと思う。けだし、この場合の後順位抵当権者の地位は、債務者の所有不動産とともに共同抵当権を設定した物上保証人に類似するので、第五〇四条を類推するのが適当だからである。共同抵当権の目的たる甲不動産が物上保証人Lの所有、乙丙不動産は債務者Sの所有として、Aが丙の上の共同抵当権を放棄して甲を競売すれば、Lは丙の負担すべき額一〇〇万円について責を免れ、Aは甲から二〇〇万円の弁済を受けるだけとなる（五〇四条、債総〔三八五〕参照）。次順位抵当権者Bについても、丙不動産の負担すべき額はBに帰属すべき点においては、Lの立場と同一だといえるであろう。

〔六八七〕　(d)共同抵当権者Aが、Bの代位を生ずる期待が持たれている乙不動産を取得した場合はどうであろうか。判例は混同の例外とみることを拒否し、共同抵当権は消滅しBの期待は空に帰しても止むをえないとする（大判大正一一・一二・二八民八六五頁（判民一二四事件末弘評釈は強く反対する））。しかし、第一七九条一項但書を類推して共同抵当権を存在させるのが妥当であろう。なお、そのように解釈すれば、その後に当該不動産について利害関係を取得する第三者との関係は、代位の附記仮登記によって決することになる。

第四　物上保証人との関係

〔六八八〕　一　物上保証人は、自分の所有する不動産の上の抵当権の実行によって債権者が弁済を受けたときは、求償権の範囲内において、債権者に代位する（五〇〇条。任意弁済に限らず競売による場合にも代位を生ずることにつき債総〔三六三〕参照）。従って、共同抵当権の目的の一部についての物上保証人は、債務者の所有に属する不動産の上の抵当権に代位してその求償権を確実ならしめることができる。また、物上保証人が数人あるときは、それらの者の間で、一定の限度と比率において、相互に代位して負担を分けることになる（五〇一条、債総〔三六六〕・〔三六七〕・〔三七三〕・〔三七四〕参照）。しかるに、共同抵当権の目的たる不動産の一部について後順位抵当権を有する者もまた他の不動産の抵当権に代位する。従って、両者の間に衝突を生ずる。いかに調整すべきであろうか。

最も単純な例を挙げれば――基準例（〔六五〇〕）を少しく変更して――Aの三〇〇万円の債権の担保として甲（三〇〇万円）・乙（三〇〇万円）両不動産の上に一番抵当権が設定されたが、甲は債務者Sの所有に属し、乙は物上保証人Lの所有に属する。その後、甲の上にBの債権（一五〇万円）のために二番抵当権が設定された（乙には後順位抵当権者なし）。Aが乙不動産から弁済を受け、Lが第五〇〇条によって（三〇〇万円について）甲不動産に代位すれば、Bは配当を受けえない。これに反し、Lの代位権を第三九二条第二項によって（一五〇万円に）限定すれば、Bは保護されるが、Lの求償権の保護に欠けることになる。いかに調整すべきかという問題である。

判例は、物上保証人の立場を優先させる。物上保証人Lは、債務者S所有の甲不動産（三〇〇万円）が共同担保となっていることによって求償権は確実に効果を収めうると期待したのだから、Sが後に後順位抵当権を設定することによってその期待を空に帰せしめるべきではないとし、最高裁も同調する。私はこれに反対の見解をとった（旧版〔九〇五〕3参照）。物上保証人は、提供する不動産の価額に準じた負担額は自分の損失に帰するもやむをえずと覚悟すべきものとして、共同抵当の目的となる不動産の担保価値を充分に利用するのが適当だと考えたからである。しかし、今は改めて判例を支持する。けだし、物上保証人の期待を保護し、乙不動産の担保価値の利用はLをしてなさしめることが一層妥当だと考えるようになったからである。主要な場合について考察する。

〔六八九〕 **二**　物上保証人の代位権と後順位抵当権者の代位権との関係

(1) 物上保証人の不動産についてまず競売・配当が行なわれた場合

(イ) 右に最も単純な例として掲げたような事例で、まず物上保証人L所有の乙不動産が競売されたときは、Aは三〇〇万円の弁済を受け、Lは三〇〇万円について甲不動産の上のAの抵当権の全額について代位すること、右に述べたとおりである。もしまた、乙不動産の競売代金が二〇〇万円だとすると、Aはその全額を取得し、Lは二〇〇万円について一部代位をし、甲不動産の上の三〇〇万円の一番抵当権はA一〇〇万円、L二〇〇万円の割合でALに共同的に帰属することになる（債総〔三六九〕参照）。いずれの場合にも、Lは甲不動産の上の二番抵当権者Bに優先する（大判昭和四・一・三〇新聞二九四五号一二頁（一部代位における後順位抵当権者との争いである））。

〔六九〇〕 **(ロ)** 右の例を変じて、共同抵当権の目的たる甲乙両不動産に債務者S所有の丙不動産を加えて三個とした場合はどうであろうか。判例の理論によるも、甲と丙との間では第三九二条の適用を認めることになるであろう。すなわち、右の例で甲不動産から配当を受けえなかったBは、三〇〇万円の共同抵当権を甲丙両不動産の価額に準じて配分し、丙不動産が負担すべき金額だけは、丙の上のAの抵当権に代位することになる。けだし、判例の趣旨は、共同抵当権の目的たる不動産のうちに物上保証人に属するものがある場合には、債務者所有の不動産について後順位抵当権を設定しようとするものは、物上保証人に属する不動産を除外し、債務者の所有に属する不動産だけで被担保債権を分担するものと考えて残存担保価値を測定せよ、ということに帰すると解すべきだからである。

〔六九一〕 (2)債務者の不動産についてまず競売・配当が行なわれた場合

(イ)右に最も単純な例として挙げた事例のように債務者と物上保証人のそれぞれに属する二個の不動産の上に共同抵当権が設定された場合に、債務者の所有に属する甲についてまず競売・配当が行なわれたときは、競売代金をAに弁済して、残額があれば二番抵当権者Bに配当されるが、Bの債権が満足しなくとも、物上保証人に帰属する乙不動産の上の共同抵当権は消滅し、Bはこれに代位しえない。従って、Aが乙の上の共同抵当権を放棄して甲のみから弁済を受けても、Bは何らの保護を受けえない（最高判昭和四四・七・三民一二九七頁）。また、甲不動産の競売代金だけではAの被担保債権に満たないときは、Aは残額について乙不動産を競売してその代金から弁済を受けることになり、物上保証人Lの求償権は代位によって確保されないことになる。

〔六九二〕 (ロ)右の場合にも、Aの共同抵当権がS所有の丙不動産をも目的とするときは、右に述べたように、Bはこの上に代位することになろう。なおまた、右の例で甲不動産の競売代金だけではAの被担保債権に満たないためにAが残額についてL所有の乙不動産から弁済を受けたときは、Lはその額について丙不動産に代位し、B（甲不動産の第二順位者）・D（丙不動産の第二順位者）に優先する。

〔六九三〕 三　物上保証人の設定した後順位抵当権者の地位

(1)右には、共同抵当権の目的たる債務者所有の甲、物上保証人L所有の乙、二個の不動産のうちの甲にだけ二番抵当権が存在する例を挙げたが、Lが乙不動産の上に自分の債権者（Cの二）のために二〇〇万円の二番抵当権を設定したとすると、この者はいかなる地位を有するであろうか。

(イ)債務者所有の不動産甲が先に競売・配当されてAが全額の弁済を受ければ、前記のように乙不動産の上の共同抵当権は消滅するから、Cの二の抵当権は昇格して一番抵当権となり、完全に弁済を受けうることになる。もっとも、甲不動産の競売代金だけではAの被担保債権に満たないために、Aが残額について乙不動産の上の一番抵当権を保留するときは、Cの二の抵当権は二番に止まるけれども、一番抵当権の被担保債権額が甲不動産によって弁済された額だけは価値を増すことになる。

〔六九四〕（ロ）右に反し、物上保証人Lの所有に属する乙不動産が先に競売・配当される場合はいささか複雑である。前記のように、Lは、Aが乙不動産から弁済を受けた全額について甲不動産の上の抵当権に代位するとすると、Cの二はどうなるであろうか。元来、Lの所有に属する乙不動産における債権者Aの一番抵当権と債権者Cの二の二番抵当権の実質を考察すると、Aの一番抵当権は、共同抵当権でありかつ物上保証人の所有に属する不動産の上に存するものであることから、共同抵当の目的たる他の不動産で債務者の所有に属するものがあれば、全部その負担となるべき建前のものである。これに対し、Cの二の二番抵当権は、乙不動産の上の共同抵当権が債務者所有の他の不動産の負担によって消滅する前提の下に、乙不動産の担保価値を最優先的に把握するものである。甲不動産が先に競売・配当されれば、それによってAの取得する額がそのまま乙不動産におけるCの二の抵当権の価値を増大するのはそのためである。そうだとすると、乙不動産が先に競売・配当されて、Lが求償権に基づいて甲不動産に代位して甲不動産から取得するものは、Cの二が乙不動産において把握している担保価値に代るものということができる。のみならず、さらに進んで、Cの二はLが甲不動産の上に代位する抵当権についてさらにその上に優先的に代位すると考えてよいことになるであろう。判例は、次に述べる物上保証人相互の間についてではあるが、右の趣旨を判示した(大判昭和一一・一二・九民二一七二頁(判民一五〇事件我妻、民法判例評釈Ⅱ所収)。なお次の〔六九五〕末段参照)。

〔六九五〕 (2) 物上保証人が数人ある場合

Aの共同抵当権(債権額三〇〇万円)が、甲乙二個の不動産(いずれも価額三〇〇万円)を目的とする場合に、甲乙ともに、それぞれ物上保証人MとLの所有に属し、乙の上にLがCの二のために二〇〇万円の二番抵当権を設定したとする。Cの二の地位はどのようなものであろうか。

まずMとLとの関係をみれば、両者は、三〇〇万円を、各自の提供した不動産の価格に応じて代位する(五〇一条四号)。すなわち、甲がまず競売・配当されれば、Mが乙不動産に一五〇万円だけ代位し、反対に、乙がまず競売・配当されれば、Lが甲不動産に同一の額で代位する。かような前提の下に、乙不動産の上のCの二の二番抵当権の地位を考えれば、前の場合には、一五〇万円だけ代位するMに優先されて、Cの二は一五〇万円だけ配当を受けることには疑問の余地はない。問題は、後の場合だが、前記の昭和一一年の判決は、そこに述べたような理論で、Cの二はLが甲の上に代位する抵当権について優先的に弁済を受けると判示した(前掲大判昭和一一・一二・九民二一七二頁(〔六九四〕末段)―事案は、Cの二が甲に代位の附記登記をしようとしたのを却けて附記しうるのはLという)。私はこれに反対した(右の判決に対する評釈(判民一五〇事件我妻、民法判例評釈Ⅱ所収))。しかし、今は改めて判例を支持する(物上保証人を保護しようとして改説したことの結果である(〔六八八〕後段参照))。

第五　第三取得者との関係

〔六九六〕 一　共同抵当権の目的たる不動産が第三取得者の所有に帰しても、その時の状態において第三九二条が適用されることについては疑問はあるまい。例えば、基準例(〔六五〇〕)のように、Aの共同抵当権の目的たる甲乙丙三個の不動産のそれぞれにBCD三人の債権者のために二番抵当権が設定された後に甲不動産がMに譲渡され、しかる後にAが乙丙両不動産を競売して満足をえたときは、CとDは甲不動産のAの抵当権に代位する。Bの二番抵当権が存続することはいうまでもないから、甲不動産は取得した後に値上りしない限り、Mにとっては依然として無価値である。しかし、これは、Mが譲り受ける際に予期すべきことである。

〔六九七〕 **二**　問題となるのは、右の乙丙両不動産の上の二番抵当権が、Mが甲不動産を取得した後に生じたものである場合である。この場合には、甲不動産の上のAの抵当権はCDによって代位されずに消滅する。従ってまた、Aがまず甲不動産を競売して弁済を受けたときは、Mは求償権の全額について乙丙両不動産に代位してCDに優先する。要するに、共同抵当権の目的たる不動産の一部が第三取得者の所有に帰した後に債務者所有の不動産について後順位抵当権を取得しようとする場合には、第三取得者の所有に帰した不動産はもはや共同抵当の負担を分担しないものと考えて担保価値を評価すべきことになる（旧版の説を改める）。

〔六九八〕 **三**　第三取得者が数人ある場合に、さらに物上保証人もあるときには、第三取得者相互間の代位（五〇一条三号）と第三取得者と物上保証人の間の代位（前者は後者に代位せず、後者は予め附記登記をして後者に代位する（五〇一条二号・三五一条・三七二条、債総〔三七一〕・〔三七二〕参照））とを組み合わせて、物上保証人について述べたことを適用すれば問題を解決しうると思う。

第二款　根　抵　当

第一　根抵当の意義・作用及び特質

根抵当について、昭和四六年（法九九号）に、民法に、新たに規定が設けられた（抵当権の章に「第四節根抵当」の追加）。従来の判例学説を認め、必要な規整を加えたものであるから、その理解のために、判例学説の進展を述べる（民法の修正を新法・新規定という）。

一　根抵当の意義と作用

〔六九九〕 (1)銀行その他の金融機関と商人、メーカーと卸商、卸商と小売商などのように、継続的に取引が行なわれ債権債務も増減する当事者の間では、それらの不特定・多数の債権を一括して担保するために、普通のものとは少しく違った担保を設定することを必要とする。その普通のものとは違う必要な点とは、正確には後に述べるが、一言にしていえば、被担保債権が消滅しても担保権は消滅しないことである。普通の抵当権や質権は、ある特定の債権を担保する性質を有し、従って、その債権が消滅すると担保権も消滅し、同一の取引関係から新たに発生する債権のために流用することができないから（〔三四七〕—〔三四九〕参照）、右のような継続的な関係から生ずる信用の授受を担保する目的を達することができない。そこで、担保される債権を特定のものに限定せず、増減変動する数多の債権を一括して、予め定めた一定の限度額まで担保する性質のものを必要とする。これが金融界で根担保を必要とする根本の理由である。

なおかような担保は、抵当権を普通とするが、質権の場合もあり、保証も稀ではない。それぞれ根抵当、根質（〔一八七〕参照）、根保証と呼ばれ、根担保と総称される。ここには根抵当を主として説くが、根質にも共通の理論が多い（根保証については債総〔六五三〕をみよ）。

〔七〇〇〕 (2)右の説明からおのずから明らかなように、

(イ)取引界が根抵当を必要とする合理的な経済的根拠としては、(i)第一には、金融取引ないし信用授受の関係が、特定の当事者間において継続的となったこと、(ii)第二には、その関係から生ずる債権の担保は、――特定の債権の満足を目的とし弁済その他の事由でその債権が消滅すれば担保権もその目的を終って消滅するというのではなく――発生する多くの債権は任意に弁済されることを予期し、担保はいわばその背後にあって最後の守りとして存在するものであること、(iii)第三には、根抵当によって担保される信用取引関係の当事者の間には継続的な緊密な関係を生じ、企業の運営が円滑に行なわれること、などを挙げることができる。

〔七〇一〕 (ロ)しかし、他面からみれば、このような制度にも弊害を伴なわないではない。(i)第一に、信用を与える者(根担保権者)が不必要に多額の担保価値を独占するおそれがあること、(ii)第二に、そのことは、金融を通じての不合理な経済的支配関係を生ずるおそれがあること、(iii)第三に、多額の担保価値を独占した根担保権者が現実に信用を与えないときは、担保価値の不当な拘束を生じ、債務者のためにも、社会的にも、望ましくない状態となること、などを数えることができるであろう(新法の対策につき、確定請求権(〔八〇二〕)・確定後の極度額減額請求権(〔八〇六〕)、同じく根抵当権消滅請求権(〔八〇六ノ二〕以下)など参照)。

二　根抵当の特質

〔七〇二〕 (1)判例理論の出発点　根抵当は、わが国の取引界では、民法施行前から慣行として行なわれたといわれるが、民法はこれについて有効である旨を明言しなかったので、民法施行の後まもなく、下級審の一判決はこれを無効と判示し(東京控判明治三四・六・二八新聞四六号六頁(手形割引によって生ずる債務一〇〇〇円までを担保する趣旨の抵当権を無効とする))、取引界に脅威を与えたが、大審院は、翌年、同様の事例について有効と判示した別の下級審判決を支持し(大判明治三四・一〇・二五民九巻一三七頁)、さらに、右の無効判決を破棄して、その有効性を確認した(大判明治三五・一・二七民一巻七二頁)。これらの判決が根抵当を有効とした根拠は、これを将来の債権のための抵当権と解し、民法の条文の中にも、そのような債権のために担保を設定する例は存在する（例えば六一九条二項（将来の賃借料のため）・六二九条二項（身元保証として）・旧九三三条（後見人の任務懈怠に対し）など）から、民法の体系を乱すものではない、というのである。

〔七〇三〕　(2) 含まれる二つの問題とその影響　根抵当の特質を右のように、将来の債権ないしは条件附債権のための抵当権と理解することは、民法制定の際の委員の思想でもあった（法典調査会・民法議事速記録一六巻三八丁以下、梅要義三六九条の註参照）が、今日からみると、そこには二つの問題が含まれている。

(i) 一つは、根抵当も、その設定に当っては、被担保債権を必要とする、という思想である。もっとも、その被担保債権は――必要を生じたら一定額の建築資金を交付するというように――将来成立する一個の特定のものではなく（それが真の意味の条件附ないし将来の債権のための抵当権であることにつき〔一六七〕参照）、後見人の職務懈怠とか、労務者の契約違反などという、いわば包括的な発生原因から生ずる数多の債権が考えられているのではあるが、しかもなお、これらの被担保債権を発生させる原因たる法律要件の存在が考えられている。その点において、抵当権の成立における附従性（〔一六五〕―〔一六八〕参照）は棄てられていない。

(ii) もう一つは、成立における要件に注意が奪われて、一度担保される状態になった債権が消滅しても担保権は消滅も減少もしないで存続し、その後に生ずる債権を担保するという特色が見失なわれていることである。その意味で、抵当権の消滅における附従性（〔一七〇〕参照）が充分に意識されていない。

そして、この二点、すなわち、根抵当の附従性の問題と根抵当によって担保される債権の態様の問題とは、その後の根抵当理論の発展に大きな影響を与えることになった。前者は、根抵当の成立要件としていかなる法律関係を必要とするかの議論であって、いわゆる包括根抵当の効力に連なるものである。また後者は、根抵当権を設定しうる被担保債権の範囲の問題であって、一方では、発生することが不確定であり、数額も確定しえない債権のための抵当権はすべて根抵当権かどうかが問題とされ、他方では、現に発生している債権を根抵当の中に繰り入れられるかどうかが疑問とされたのである。以下二つの問題について少しく詳説する。

〔七〇四〕 (3)附従性の問題　経済界における根抵当設定の事情をみると、根抵当によって担保される債権の範囲は次第に拡張されてきた。

(イ)その態様は、およそ次の三つに区別することができる。

(a)第一は、根抵当権者甲と設定者(債務者)乙との間に、当座貸越契約、手形割引及び手形貸付契約、A商品の継続的供給契約などという具体的な契約(「基本契約」と呼ばれる)がすでに締結されており――もしくは、数日後に締結されることを予定し――それから生ずる債権のために根抵当権が設定される場合。かような場合にも、この継続的契約に基づいて個々的な取引行為が行なわれなければ被担保債権は発生しないことはいうまでもないが、それに関して、さらに二つの区別がありうる。(i)一つは、継続的契約の債権者となる当事者が一定の条件の下に信用を与える(個々的な取引行為をする)法律的義務を負うものであり、(ii)他は、事実上厚意をもって与えるというだけのものである。銀行その他の金融機関との間に今日行なわれるものはほとんど例外なく後者である。

〔七〇五〕 (b)第二は、甲と乙との間に具体的な継続的契約(基本契約)が締結されることを前提せず、単に、その根抵当は甲乙間の手形取引から生ずる債権、または甲の生産する商品の供給から生ずる債権を担保するものとして設定される場合。かような場合にも、当事者の間では手形取引または商品供給についての、少なくとも事実上の諒解が成立していることは、ほとんど例外ない事情であろう。それだけではなく、銀行取引をした場合について、債務履行の方法、違約金の額と清算方法、その他債務者のなすべきこと、ないしは甘受すべき事項を詳細に記入した約定書を債務者から銀行に差入れる例も少なくない。しかし、この場合にも、両当事者の署名した契約書を作成するまでにはいたらない。

〔七〇六〕　(c)第三は、甲と乙との間に存在する一切の債権を担保するものとして設定される場合。この場合にも、甲と乙との間には、右の第二の場合と同じような、事実上の、少なくとも暗黙の、諒解が存在するのがむしろ普通であろう。何の諒解もなしに根抵当だけが設定されるとは考えられないからである。また根抵当の担保する債権としても、例えば、甲と乙との間の銀行取引によって生ずる債権というような特定の範囲のものが中心であって、それに準ずる、あるいはそれに関連する一切の債権を担保するという趣旨であると見るべき場合が多いであろう。何故なら、甲乙間に将来の取引に関して事実上何等かの諒解があるとすれば、そこから生ずる債権の範囲もおのずから定まるはずであるが、その範囲を指示する表現の仕方によって当事者の予期する種類の債権が担保されなくなることをおそれて、「その他一切」という句をつけ、あるいは何等具体的の表示をせずに「一切の債権」という表現を用いるのだと解することが、当事者の意思の合理的解釈だからである。しかしいずれにしても、この形態では、被担保債権の発生原因については、表面上は何の限定もされていないのである。

〔七〇七〕　(ロ)判例が根抵当を有効とする根拠が、前記のように、この抵当権にも成立における附従性がある、という理論だとすると、右の三つの形態にこれを適用すれば、いかなる結論となるであろうか。

（a）最も厳格に解すれば、第一型のうちでも根抵当権者が信用を与える法律上の義務を負う場合（〔七〇四〕a i）は有効であることは疑いないが、その義務を負わない場合（同a ii）には効力を認めえない、というべきかもしれない。しかし、近時においてはそのような説はない（〔一六八〕参照）。後の場合にも、債権を生ずる原因たる契約が存在するから、債権成立の法律的可能性があるといって満足するのである。

〔七〇八〕（b）第二の型（〔七〇五〕）は、右の標準からいえば、附従性を備えるとみることはすこぶる困難である。強いて附従性ありといおうとすれば、（i）甲乙間で根抵当権を設定する際になされた、いかなる原因に基づく債権を担保するかについての契約（合意）に附従するというか、あるいは、（ii）根抵当の設定に関連して事実上なされた諒解に附従するということになろう。そして、附従性の基本として、事実上のものではなく、何らかの意味で法律的なものを必要とするという考えを固執すれば、（i）の考えの下に辛うじて附従性を肯認しうることになろう。しかし、正確にいえば、その合意は、根抵当の内容であって、根抵当の外にあってこれを附従させているものではない。

〔七〇九〕（c）第三の型（〔七〇六〕）では、もはや法律的な附従性を否定する他はないように思われる。いわゆる包括根抵当は無効とする他なしとの理論である。法務省は、――以前にはこれを有効としたのだが――先年これを無効とし、その登記を認めない旨の通達を出して、金融界を混乱させた。しかし、その後、その態度が幾分とも緩和されたようである。もっとも、包括根抵当が設定される場合にも、当事者間に将来の取引について事実上の諒解があること――いいかえれば被担保債権発生の事実上の可能性のあること――をもって附従性の基本とすることは、なおこれを否定する。しかし、両当事者間に「現に預金関係があるとか、貸付関係があるとかによって取引関係がある以上、将来においても、貸付関係の発生することは十分予想される」からいわゆる附従性として充分だという（金融機関・登記実務総覧四七三頁参照。なお関係する通達は、香川・（新版）担保六六九頁以下に掲げてある）。そうだとすると、事実上の可能性を否定し、法律上の可能性だけを肯定するということの実質的な意味はほとんど見出しえなくなろう。事実上の諒解に少々の預金が加わればよいことに帰着するからである（新法ではこの附従性を不要とする〔一七一九〕参照）。

〔七一〇〕 (4) 被担保債権の態様の問題

(イ) 根抵当は条件附債権を担保するものだという理論は、根抵当を設定する際にすでに現実に発生している債権をも担保することにしてよいかどうかを問題とした。もっとも、これを否定する説はほとんどなかったが、これを肯定するために、根抵当は増減変動する不特定の債権を一括して担保するものだという最も常識的な定義では不充分だとされた。

しかし、例えば甲と乙との間に、A商品の供給を目的とする取引がすでに行なわれ二〇〇万円の債務が生じた後に、甲乙間で継続的供給契約が締結され、それによって生ずる債権のために極度一〇〇〇万円の根抵当が設定されたとする。すでに発生した二〇〇万円を根抵当に繰入れる合意は有効であるが、それならこの根抵当は特定の債権をも担保するといわなければならないのであろうか。その必要はないというべきである。普通の抵当権が特定の債権を担保するというのは、その債権だけのために存在し、その債権が消滅すれば目的を失なって消滅するという意味である。ところが、右の場合には、すでに発生した二〇〇万円の債権も一〇〇〇万円の根抵当の枠の中に入れられることによって、担保されるだけでなく、その後その債務が弁済されても一〇〇〇万円の枠は減少しない。後に生ずる他の債権で埋められる。一〇〇〇万円の枠によって最終的に担保されるのはどの債権か特定していない。根抵当は不特定の債権を一括して担保するというのはその意味である。特定・不特定の意味を混同すべきではない（なお〔七二七〕参照）。

〔七一一〕 (ロ)条件附債権は発生するかどうか不確実であるだけでなく、その数額も不確定な場合が多い。その結果、被担保債権の額が法律上または事実上不確定なもの、例えば保証人の求償権、占有保全のための損害賠償請求権（一九九条）、などに基づく抵当権はすべて根抵当かという問題を生ずる。

しかし、根抵当で担保される債権の額が設定当時に不確定だというのは、どの債権が終局的に担保されるか特定していないために生ずることである。これに反し、右の諸例の場合には、担保される債権としては特定しているのであって、ただその数額が不明なだけである。例えば、特定物の引渡請求権のために抵当権を設定するときは「債権ノ価格」を登記すべきであり（不登一二〇条）、被担保債権の額が外国の通貨で指定されているときは「日本ノ通貨ヲ以テ表示シタル担保限度額」を登記する（不登一二一条）。これを根抵当とすべきでないことはいうまでもあるまい（〔三五六〕・〔三五七〕参照）。このことは、ドイツ民法が普通の抵当権について条件附債権または期限附債権のためにも設定しうることを明言しながら（同法一一一三条二項）、別に極度額抵当権（Höchstbetrags-hypothek）について規定している（同法一一九〇条）ことからも明らかであろう。もっとも、根抵当を設定すべき場合とそうでない場合の具体的な区別は、新規定に従っても、相当に微妙である（設定についての〔七三三〕以下に述べる）。

〔七一二〕 (5)私見　今日において、事態を直視するときは、根抵当は、根抵当権者と設定者との間で、特定の不動産の担保価値の一定量（極度額）を優先的に把握する旨の合意によって成立する特殊の抵当権であって、普通の抵当権における附従性のうちの、成立における附従性、存続における附従性、消滅における附従性の三個の附従性を失ない、ただ優先弁済を受けるについての附従性だけを保有するものと解すべきである。そして、この根拠を慣習法に求め、民法の規定に必要な修正を加えるとともに、右のような性格を与えることによって生ずる不都合を、できるだけ除去することに努めるべきである。前に述べた理論の推移(〔七〇七〕―〔七〇九〕)を承けて少しく詳説する。

〔七一三〕 (イ)成立における附従性は不要である。

(a)根抵当を有効とする根拠を成立における附従性の緩和に求めようとする以上、前記のような理論の進展はむしろ当然である。民法や登記法の規定の予定する限界を守ろうとすれば、何等か法律的な合意ないし法律関係が存在することを最小限度の要件としようとする法務当局の態度にも一応の理由がある。しかし、金融界の需要に応じようとすれば、「事実上存在する諒解」だけで附従性の要件を充たすという他はあるまい。のみならず、理論としてみるときは、この考え方も、それ自体としては、必ずしも不合理なものではない(何の諒解もなければ錯誤となりうる、という理論となるにしても)。

(b)しかし、翻って考えると、根抵当を有効とするために、成立に当っての附従性の基本となるものをそれほどまでに探し求めなければならない理由がどこにあるのか、疑問となる。なるほど、民法や登記法の規定は附従性を前提とするものであろう。しかし、その適用を満足させるためなら、根抵当においても厳格な附従性を要求し、それを欠くものは無効とすべきであって、前記のようにこれを緩和したのでは、その目的は達せられない。なおまた、根抵当の作用には警戒すべきものを含むことは前記のとおりである

〔七〇二〕。しかし、これを合理的な範囲に止めることは、附従性を厳格に解することによって達しうるものではない。むしろその存続中に生ずる事情に基づいて根抵当権の確定または消滅を請求しうるものとするのが適切な方法であろう。

(c)そうだとすると、根抵当は根抵当権を取得する者(根抵当権者)と根抵当の負担を生じさせる者(設定者)との間の、根抵当を設定させる旨の物権的な合意だけで成立する、とみることになる。被担保債権の債務者となる者が自分の所有不動産の上に設定する場合が多いであろうが、その場合にも、債務者の資格で設定するのではなく、所有者の資格で設定すると見て、両者を区別することが事理を明瞭にする。

〔七一四〕 **(ロ)被担保債権の範囲の決定は設定当事者の自由である。**

(a)根抵当を設定する当事者の間に具体的な継続的取引契約が締結され、それから生ずる債権のための根抵当とされている事例(具体的決定基準)は、今日でも決して少なくはあるまい。そのような場合には、その根抵当によって担保される債権はその契約から生ずる債権に限ることはいうまでもない。同様に、被担保債権の種類が抽象的に定められている場合(抽象的決定基準)や、さらに広く、一切の債権を担保するとされる場合(包括的決定基準)も少なくないことは前記のとおりであるが、それらの場合には、その根抵当によって担保される債権の範囲はそれぞれ定められた基準によって決定される。要するに、根抵当の設定に際して附従性を肯認するための根拠とされた基本契約ないしは基本的関係は、法律的なものも事実上のものも、すべて根抵当によって担保される債権の範囲を決定する基準として肯定すべきである。もっとも、新法は、最後の基準を認めていないが、立法政策上の考慮に基づくものである(〔七二八〕参照)。

（b）以上述べたことによれば、根抵当は、根抵当権者と設定者の合意によって一定の担保価値の枠を設定するものであり、いかなる債権がこの枠の中に入るかは被担保債権の範囲を決定する基準によって定まる、というのであるから、その債権の債務者が誰であるかもまた、被担保債権の範囲の問題となるというべきである。もっとも、債務者が自分の所有不動産の上に設定する場合には、とくに明示しなくとも、自分を債務者とする根抵当権者の債権であることは明らかであろう。しかし、理論としては、所有者として設定し、被担保債権が自分を債務者とするものであることは被担保債権の範囲を決定する基準として定められることになる。また、物上根保証人が設定する場合には、債務者の委託を受けてするのが普通であろうが、必ずしもその必要はないというべきことになろう。これらのことは、単に理論を明瞭にするだけでなく、関係当事者の死亡の場合や、根抵当権の処分や変更の場合には、実際上も意味をもつことになる。新法もかような立場である。それぞれの個所に述べる（〔七四九〕・〔七六六〕・〔七六七〕など）。

〔七一五〕 （八）当事者間の取引状態は根抵当の存続に影響を及ぼす。いわゆる基本契約や継続的な取引関係は根抵当の成立要件でない、ということは、これらの事情が根抵当の態様や効力に何の影響をも及ぼさない、という意味ではない。いな、これらの事情は根抵当の存続に大きな影響を及ぼす。繰り返し述べたように、何の取引関係の成立も予期されない者の間に根抵当が設定されることは実際上ありえない。また設定された後は、被担保債権を発生させるために数多くの取引が行なわれ、多かれ少なかれ一定の色彩のある取引関係が、おのずから当事者間を結びつけるようになることも実情であろう。そうだとすると、この予期され、築き上げられる取引関係がたとい事実上のものだとしても、根抵当の法律的効力に影響を及ぼさないはずはない。何故なら、根抵当は被担保債権が発生しなければその目的を達しえないものであり、この取引関係こそ根抵当の経済的存立を支えるものといわねばならないからである。いいかえれば、根抵当の成立にはいかなる契約も法律的な関係も不要だということは、根抵当をもって社会的・事実的関係から隔離した存在とするのではない。その反対に、事実上その存立を支えている取引関係の変更は、直接・間接に根抵当関係に反映して、その法律的効果の変動を生じさせるのである。このことは、いかに無因の物権的出捐行為とされるものでも、それに実質的な意義を与える債権的または社会的な基礎(causa)の消滅や変更があれば——不当利得の返還その他何等かの法的手段によって——その消滅・復元の措置が講じられるのを原則とすることからも理解しうるであろう。

かように考えると、従来根抵当成立の要件とされた事情の多くのものは、根抵当の成立要件たる地位からは却けられるが、なおその存立を支える要因として、ほとんど同様の効果をもつといってもよいことになる。その効果がどのようなものか、関係個所に詳説するが、主要なものは、根抵当関係の一般及び特定の承継(〔七五六〕以下・〔七六四〕以下・〔七七七〕)、根抵当権の確定の諸事由(とりわけ〔八〇三〕ロ)などである。

〔七一六〕 (二) 存続における附従性は不要である。

普通の抵当権の存続における附従性とは、抵当権の存続中にその抵当権を被担保債権から切離して処分することができるかどうかの問題である(〔一六九〕参照)。そして、転抵当はもとよりのこと、抵当権もしくはその順位の譲渡または放棄においても、完全に切離すことは許されないと説いた(〔五八六〕及びそこに指示する個所参照)。しかし、根抵当においては、この意味での附従性を不要としなければならない。けだし、根抵当にあっては、担保される債権は変更することを本則とし、根抵当権の処分された時に存在する債権の存続する場合にだけその処分の効力を認めるというのは無意味だからである。根抵当権の処分を認めようとするなら、枠の処分としてでなければならない。新法の処分に関する規定はこの理論に基づく(三九八条ノ一一以下〔一七七三〕以下)。

〔七一七〕 **(ホ)**消滅における附従性は不要である。

(a)根抵当によって一度担保されることになった債権が消滅しても、根抵当権は消滅することなく、またその枠(極度額)が縮限することもなく、依然として効力を持続する。この点に根抵当権の最も基本的な特質を認めるべきことは、すでに繰り返して述べたとおりである。

(b)根抵当権について消滅における附従性(〔一七〇〕参照)を不要とすることに関連して問題となることがある。すなわち普通の抵当権にあっては、被担保債権が消滅すれば抵当権も消滅するが、根抵当は、被担保債権が零になっても、それだけでは消滅せず、被担保債権の発生する可能性もなくなったときに消滅する(〔八〇七〕及び同所引用の個所)。

〔七一八〕 **(ヘ)**優先弁済を受けるについての附従性は、根抵当に伴なう唯一の附従性である。

根抵当権が実行されて優先弁済を受ける際に根抵当権者が取得するものは、――いつの時点で集計するかはしばらくおき――配当の時に存在する被担保債権によって定まる。その意味では根抵当権は物的担保であり、民法の定める抵当権の一種とみて妨げない。

〔七一九〕 **三　新立法**　以上のような金融取引界における事情の推移と判例学説の進展を基礎として、私は、根抵当権の特質を慣習法に求めるべきものと説いた。しかし、立法によって関係を明瞭にすることの望ましいのはいうまでもない。前記のように、昭和四六年に民法の抵当権の章に、第四節として、「根抵当」に関する規定(三九八条ノ二―三九八条ノ二二)が挿入されることになった(昭和四七年四月一日施行)のは、極めて適切なことである。

新法の基本的な態度は、従来の学説判例の明らかにした理論に一歩を進めて、成立における附従性を不要としながらも、その設定をあまりに自由にすることによって生ずるおそれのある点に歯止めを設け(被担保債権の範囲に一定の制限を加えたこと〔七二二〕以下・〔七四五〕以下)、さらに、債務者ないし設定者の不利益を救うための特別の措置を講じ(確定請求〔八〇二〕、確定後の減額請求〔八〇六〕)、さらに根抵当権の目的不動産の用益的利用との調整を図ること(確定後の消滅請求〔八〇六ノ二〕)によって適当な規制を加えようとするものである(〔七〇〇〕・〔七〇二〕参照)。

なお、新法が根抵当権を民法の抵当権の一種とみていることは、「抵当権ハ……担保スル為メニモ之ヲ設定スルコトヲ得」(三九八条ノ二)と定めることからも明らかである。従って、抵当権の規定は、補充的に適用される(三七〇条(不登一一九条ノ六参照)・三七二条による三〇四条の準用(三九八条ノ二〇第一項二号参照)・三七三条(〔四四一〕参照)などが主要なもの)。

ちなみに、抵当権の目的となる財団のうち、一個の不動産とみなされるもの(不動産財団)は、当然に、根抵当についての新規定の適用を受けるが、一個の物とみなされるもの(物財団)については、そうはならないから、根抵当権を設定しうること、及びこれについては民法の新規定を準用される旨が附則に規定された(附則一七条による鉄道抵当法の一部改正。なお後の〔八一六〕・〔八一七〕参照)。また、自動車・航空機・建設機械についても、同様の趣旨が、それぞれの抵当法によって規定された(附則二二条―二七条)。

おわりに、新法による根抵当権の性質を一言で示せば、根抵当権は、根抵当権者と不動産所有者との合意で、その不動産の担保価値の一定量を優先的に把握し、同じくその合意で定められる基準の範囲に属する不特定の債権の担保として、これを利用するものである。

第二　根抵当権の設定

根抵当権は、(i)根抵当権を取得する者と根抵当権の負担を設定する者との合意によって設定される。(ii)その合意では、担保される債権の範囲を定めなければならないが、担保される特定の(現在または将来の)債権が存在することやこれを生ずる契約関係の存在することは、合意の成立する要件ではない。

〔七三〇〕 **一　根抵当権設定契約の当事者**　根抵当権を取得する者と根抵当権の負担を設定する者とが合意の当事者である。

(1)普通の抵当権では、特定の被担保債権のために設定されるのだから、その債権者が一方の当事者となる(〔三四〇〕参照)。これに反し、根抵当権では、特定の不動産の上の一定量の担保価値すなわち根抵当権を取得する者が一方の当事者となる。そして、それによって担保される債権の債権者は、その根抵当権によって担保される債権の範囲を決定する一標準として定められる。

(a)もっとも、実際には、根抵当権者は自分の取得する債権の担保に利用するのが普通であるから、設定契約でとくにそのことが明示されないであろう。しかし、とくに明示することによって、第三者を自分と共同して、またはその者だけを、被担保債権の債権者と定めることも可能だといわねばなるまい。その場合の第三者の地位は疑問だが根抵当権者となると解すべきであろう(かような設定契約は、第三者のためにする契約を含むことになる)。

(b)数人の者が共同して当事者となることもできる。その場合には、根抵当権の共有者となる。新法は、根抵当権の一部譲渡は根抵当権の共有を生ずるものとして、その効力について規定する(三九八条ノ一三・三九八条ノ一四)。しかし、一部譲渡が必然的に共有となるからそれに関連して規定したのであって、最初から共有の根抵当権を設定することを認めない趣旨ではない（ただし、共有の内容・効力などについては、本書でも、一部譲渡の個所に説く〔七八三〕以下・〔七八九〕以下）。

〔七二一〕 (2)他方の当事者（設定者）は、不動産に根抵当権の負担を設定する者である。

（a）債務者が自分の負担する債務のために設定する場合が多いであろうが、第三者（物上根保証人）が設定して他人の債務のために利用させることも少なくあるまい。いずれにしても、債務者は根抵当権によって担保される債権の範囲を決定する基準の一つである。このことは、債権者の地位に比して一層明瞭である（〔七一三〕c参照）。

ちなみにいえば、設定者たる債務者と物上根保証人とさらに根抵当の負担のある不動産の第三取得者とを含めて「根抵当負担者」と呼び、共通の権限を明らかにすることが便宜のように考えるから、この呼称は熟していないが、必要な場合には用いることにする。

（b）債務者は数人あっても妨げない。例えば甲のS及びSの二、Sの三に対する債権を担保することにしてよい。物上保証人が設定する場合には、すべて被担保債権の範囲を決定する基準となる。債務者が設定するときは、自分及び第三者を債務者とする債権と定めることになり、第三者に対する関係では物上保証人の地位に立つ。

〔七二二〕 **二　根抵当権設定契約で合意すべき内容**

根抵当権は「設定行為ヲ以テ定ムル所ニ依リ一定ノ範囲ニ属スル不特定ノ債権ヲ極度額ノ限度ニ於テ担保スル」ものである（三九八条ノ二第一項）から、根抵当権を設定する合意は、まず、（i）担保される不特定の債権の範囲を限定しなければならない。これが最も重要なものであって、(ii)被担保債権の債権者及び債務者もこの範囲を決定する一標準とみるのが適当である。つぎに、(iii)合意によって極度額を定めることも不可欠である。おわりに、(iv)元本の確定すべき期日(確定期日)を定めることもできるが、設定行為で定めなければならないものではない(三九八条ノ六参照)。

〔七二三〕 (1)被担保債権の範囲の限定(被担保債権の範囲決定基準の設定)

根抵当権の担保すべきものは、(i)不特定の債権であって、(ii)債務者との間の取引によって生ずるものについてさらに一定の限定をすることを原則とするが、(iii)債務者との取引という点でも、取引を原因とすることについても、例外が認められている。(iv)なお具体的な債権をとくに指定して被担保債権に加えることは妨げない。

〔七二四〕 (イ)根抵当によって担保される債権は「不特定ノ債権」である(三九八条ノ二第一項)。その意味は、現実にまたは条件附に発生していない、というのではなく、担保される債権として特定していない、ということである。いいかえれば、抵当権がその債権を但保することを目的としてこれに附従し、その債権が消滅すれば抵当権も消滅するというのではなく、その債権が消滅すれば、標準に適する他の債権が担保される、という意味で不特定なのである(〔七一〇〕参照)。

〔七二五〕 (ロ)担保される不特定の債権の範囲を限定する原則的基準は二つある。

(a)一つは「債務者トノ特定ノ継続的取引契約ニ因リテ生ズルモノ」に限定することである(三九八条ノ二第二項前段)。甲銀行と商人Sの間で当座貸越契約を締結しその契約に基づいて生ずる債権と限定し、または、メーカー甲と卸売商Sとの間で甲の一定の製品を継続的に供給する契約を締結し、その契約に基づいて生ずる債権と限定するなどがその例であって、いわゆる具体的な基本契約を基準とすること（具体的決定基準）である（〔七〇四〕・〔七一四〕参照）。借地人または借家人が、敷金の代りに、数ヵ月分の地代額または家賃額に相当する額を極度額として根抵当権を設定することができるのもこの例である（〔七三五〕参照）。

（b）もう一つは、「債務者ト一定ノ種類ノ取引ニ因リテ生ズルモノ」に限定することである（同条同項後段）。甲銀行と商人Sとの間の銀行取引から生ずる債権と限定し、またはメーカー甲と卸売商Sとの間の甲の製品の供給から生ずる債権というのがその例であって、債権発生の原因たる取引の種類によって被担保債権の範囲を限定すること（抽象的決定基準）である（〔七〇五〕・〔七一四〕参照）。「一定の種類の取引」とは、取引界において、他から区別する特色のある取引と認められるものであればよい。右に例示した銀行取引はよい（「商取引」は不可であろう）。電機製品取引、鋼材取引などのように商品の種類を限定するのもよいが、特定のメーカーの製品のすべてとするのも妨げない。

〔七二六〕　（ハ）例外として認められる限定基準は二つある。

（a）一つは「特定ノ原因ニ基キ債務者トノ間ニ継続シテ生ズル債権」を被担保債権として根抵当を設定することである（三九八条ノ二第三項前段）。S工場の操業によって継続的に生ずる可能性のある甲の損害賠償請求権を担保する目的で根抵当権を設定する場合などがその例である（〔七三六〕参照）。

なお、例えば酒造業者が酒類を製造場から移出する場合には、移出する量に応じて、そのつど酒税債権が発生するが（酒税法六条・二二条）、——もとより取引によって生ずる債権とはいえないが、なお——これを担保するために根抵当権を設定することができる（同法三一条）。

（b）他の一つは、「手形上若クハ小切手上ノ請求権」である（三九八条ノ二第三項後段）。Sの振出し、裏書きまたは保証した手形・小切手が転々流通して丁の所持となり、甲銀行がこれを割引き、その手形・小切手が不渡となったために甲銀行がSに対して手形上の債権を取得した場合には、甲のSに対する債権は甲S間の取引によって生じたものでないが、設定契約に明示することによって、なお根抵当の被担保債権とすることができる。いわゆる廻り手形を根抵当の枠の中に入れることを認めたものである（立法論として賛否両論のあることにつき〔七三八〕参照）。なお、廻り手形は、債務者の資産状態の悪化したことを示す一定の時点以後に債権者の取得したものは担保されないことは後に述べる（〔七四五〕・〔七四六〕）。

〔七三七〕（三）根抵当権によって担保される債権の範囲を具体的な契約か抽象的な取引の種類によって限定すべし、といっても、根抵当権者と設定者の契約で、現に発生している具体的な債権をとくに被担保債権に加えることを禁ずる趣旨ではない。例えば、甲銀行とS商人の間で「銀行取引」を被担保債権の範囲決定基準として根抵当権を設定した場合には――その時までに発生している甲S間の銀行取引による債権は当然に担保されるが――甲銀行が乙銀行から譲受けたSに対する債権などは当然には担保されない。しかし、甲S間の設定契約でとくにその債権を指示して被担保債権にとり込むことは差支えない。包括根抵当（これを設定すれば右の譲受債権も担保される）を禁じたのは、つぎに述べるように、あまりに広汎な担保権によって不当な金融的支配関係の生ずることを防ごうとするものであるが、具体的な債権をとくに指示して被担保債権の範囲に加えることを認めても、その趣旨を乱すことにはならないからである。ただし、具体的な債権を被担保債権に加えたときは、「担保スベキ債権ノ範囲」としてその旨を登記しなければならない(不登一一七条二項)。同様のことは、債務引受についてもいえる。例えば債務者Sの営業を譲受けたTが、S所有の根抵当不動産を譲受けてSと甲銀行の間の根抵当関係を承継しようとする場合には、債務者を変更するとともに、既に発生している営業上の債務については、これを引受けた上で、とくに指定して被担保債権とする措置を講ずればよい(〔七四九〕ロ参照)。

〔七二八〕 (ホ)以上によってみるときは、債権者甲と債務者Sとの間に生ずる一切の債権を担保するという無限定(包括的決定基準)の、いわゆる包括根抵当は認められない。政策的考慮に基づくものである。けだし、これを認めるときは、安易にこの型を合意し、その結果おのずから不必要に多額の極度額を定め、不合理な経済的支配関係を生ずるおそれがあるからである(〔七〇一〕・〔七〇六〕参照)。

比喩的にいえば、根抵当権は函である。設定者は、根抵当権者と協力して所有不動産の担保価値を入れた函を造り、これを根抵当権者に与える。つぎに述べる極度額は函の大きさであり、被担保債権の範囲を決定する基準は函の入口である。形状・大小は設定者の自由だが、何等の制限を設けないもの(包括根抵当)は許されない。そして、被担保債権の債務者はもとより、債権者も、入口の形状で定まる。設定者は誰を債権者とし誰を債務者とする債権がこの函に入れるかを決定する。おわりに、具体的な債権を指示してなら、入口の形状・大小に関係なく、いわば裏口から入れる。

〔七二九〕 (2)極度額 増減変動する不特定の債権を担保する限度額である(三九八条ノ二第一項)。被担保債権を決定する基準に適合する債権があっても、極度額を越えている額は、優先的には担保されない。また極度額を充たすだけの債権がなければ、配当を受けることはできない。これは自明のことだが、一部譲渡の場合などには、その適用に注意を要する（〔七八三〕参照）。なお、従来の判例は、極度額に債権極度額と元本極度額の二つの場合があるとしていたが、新法は債権極度額一本とした（三九八条ノ三第一項〔七四二〕以下）。

〔七三〇〕 (3)元本確定期日　根抵当権によって担保される債権の元本の確定すべき期日とは、その期日以後に発生した元本債権は担保されないことになる期日である。根抵当権がいわば流動性を失なうことである（確定の効果は〔八〇五〕以下）。当事者は設定行為でこの期日を定めることができる。ただし、五年以内でなければならない（三九八条ノ六第一項・第三項）。あまりに長い期間にわたる拘束を避ける趣旨である。なお確定期日は、設定行為で定めなくとも、設定後に定めることもできるし（〔七五三〕以下参照）、全然定めなくとも、一定の場合には、確定するから（〔八〇二〕以下参照）、根抵当の機能に支障はない。

三　根抵当の公示

〔七三一〕 (1)根抵当権の設定も登記によって公示される。その登記すべき内容は、普通の抵当権より簡単である。(i)「担保スベキ債権ノ範囲」と、(ii)「極度額」だけが必要事項で、その他に、(iii)元本確定期日を定めたときはその期日、(iv)目的物について第三七〇条但書の定めをしたときはその定めである（不登一一七条二項）。最後の(iv)は、普通の抵当権におけると同一であるが、普通の抵当権における利息や損害賠償に関する規定がないことと「登記原因」が「担保スベキ債権ノ範囲」となっている点は注目に値する（〔三四五〕参照）。前者は、債権極度額主義をとる当然の結果であり（〔七四二〕以下参照）、後者は特定の被担保債権の存在を前提としないことの現われである。

〔七三二〕 (2)根抵当権の登記の効力も、

(イ)対抗力を生ずることを原則とする。例えば、一般債権者に対する関係においても、目的不動産の第三取得者に対する関係においても、登記をしなければ、対抗することができない(一七七条)。また、同一の不動産に数個の抵当権や根抵当権が設定されたときは、その抵当権の順位は登記の順位によること(三七三条一項)も右の理論の現われといえる。なお、登記にとくに根抵当権である旨の記載がないと普通抵当権としての効力しか対抗することができない。すなわち、設定の時に存在した被担保債権が消滅すれば、抵当権も消滅し、その後に発生する債権を担保しないとされた。その理論は、新法の下でも変らない。しかし、新法では根抵当権は別個の形式で登記されるのだから、実際上、そうした問題は、おそらく生じないであろう。

なお、廻り手形上の債権を被担保債権とすることが合意されても、その旨の登記がないとき、被担保債権の決定基準に入らない具体的な債権を被担保債権に入れる合意をしても、その登記がなかったときなどには、これらの合意は——つぎの(ロ)に述べるように——効力を生じない。

(ロ)注意すべきは、根抵当権の内容の変更などについて、登記を効力発生の要件とするものが多いことである。(a)被担保債権の範囲決定基準の変更(三九八条ノ四第三項〔七四八〕ニ参照)、(b)元本確定期日の変更(三九八条ノ六第四項〔七五五〕参照)、(c)根抵当関係の相続による承継(三九八条ノ九第四項〔七六八〕ロ参照)、(d)純粋共同根抵当権の成立及びその内容の変更(三九八条ノ一六・三九八条ノ一七第一項〔七九五〕ハ参照)、などがその例であるが、極度額の変更も同様である(〔七五二〕参照)。これらの場合に登記をもって対抗要件とするときは、根抵当権の効力が相手によって区々となり(変更の当事者と第三者、登記なしに効力の発生を承認する者と承認しない者との間に差を生ずる)、収拾すべからざる紛糾を生ずるからとくに効力発生要件とされたのである。しかし、さらに一歩を進めて考えると、対抗力のない担保物権(登記のない抵当権)の成立を認めることが適当かどうか、反省すべき根本的な契機が含まれているように思われる。

〔七三三〕 **四　根抵当権によって担保される債権の態様とその限界**

根抵当権によって担保される債権はいかなる態様のものであるべきか、またいかなる種類のものであるべきかについては、新法の制定まで、あるいは理論の問題として、あるいは政策の問題として、多くの議論がなされた。いわゆる包括根抵当を認めるときは、そのうちの多くのものは解消するのであるが、新法はこれを認めないことにしたので（〔七二七〕）、なおいくつかの問題は、新法の下でも、論議の余地を残している。もっとも、普通の抵当権の被担保債権の態様として、すでに相当詳しく述べたが（〔三五八〕以下）、根抵当権設定の要件という立場から、主要なものについて再説する。

〔七三四〕 **(イ)保証人の求償権**　特定の債権の保証人の求償権は、一種の条件附債権であって、そのために設定される抵当権は普通の抵当権であり、債務者が第三者から繰り返し融資を受け、そのつど保証人となることを合意し、それによって取得する求償権の一定額を担保するために設定される抵当権は根抵当権であることは前述した（〔三五九〕・〔七一二〕）。第三九八条ノ二に即してみるときは、

(a)甲銀行と商人Sとの間で被担保債権の範囲を「銀行取引」として根抵当権を設定した場合には、Sが他の銀行その他の第三者から融資を受け、甲銀行がその保証人となって取得する求償権は、その根抵当権によって担保される。甲の求償権を生ずる直接の具体的な原因は、Sに融資する第三者と甲銀行との保証契約であるが、甲銀行がかような保証人となるのは、広い意味での融資の一手段であり、Sが甲に対して、個別的にまたは一般的に、保証人となることを委託することは、甲とSとの間の「銀行取引」のうち

に含まれると解して妨げないからである。

(b)さらに、例えば保証を業務とする甲が、Sが第三者から繰り返して信用を受ける度毎に保証人となり、よって生ずる求償権を担保することだけを被担保債権の範囲として根抵当を設定することもできる。けだし、この場合にも、Sが任意に求償に応ずることを前提し、抵当権は、いわば最後の不履行に備える目的であって、Sの任意の弁済があっても消滅せず、つぎに生ずる求償権のために存続する枠として設定されるのだからである。第三九八条ノ二の解釈としては、一定の場合に繰り返し保証を委託するという「特定ノ継続的取引契約ニ因リテ生ズル」債権(同条第二項前段)とみることもできようが、むしろ、甲はSのために保証をする、という「特定ノ原因ニ基キ」Sとの間に「継続シテ生ズル」債権(同条第三項前段)とみるのが適当であろう。いずれにしても、有効に成立することは疑いない。

〔七三五〕 **(ロ)**地代・家賃などの継続的に発生する債権　これらの債権は、これについて普通の抵当権が設定された場合には、定期金として、二年分しか担保されないのではあるが(三七四条)、権利の存続期間中の地代・家賃の合計額について抵当権を設定することもできると解すべきであり、しかもそれは根抵当でないことはすでに述べた(〔三二七〕[五])。

しかし、さらにもう一つの方法がありうる。それは、不履行となる数ヵ月分に相当する地代・家賃および解約後立退くまでの損害賠償を担保する目的で、いわば敷金の代りとして、設定することである。その場合には、各期に発生する地代・家賃を担保し、任意に弁済されても抵当権は縮減することなく、最後に残る債務を担保する。すなわち根抵当である。第三九八条ノ二の解釈としては、「特定ノ継続的取引契約ニ因リテ生ズル」不特定の債権となすべきである。

〔七三六〕 (ハ)予約に基づく損害賠償請求権　右と同様のことは、将来生ずることあるべき事故による損害賠償の予約についてもありうる。例えば、堰堤の崩壊という事故の生ずることに備え、その賠償額を予定し、これを担保するために設定されるのは、普通の抵当権であり、工場の排水に一定量以上の有毒液が混入する度毎に一定額の賠償をすることを契約し、その何回分かに相当する額を担保するために設定されるのは、根抵当である。前者では、その事故の発生によって担保は目的を終り、任意弁済があっても消滅するのに反し、後者は、各回の賠償が任意弁済されても消滅せずに存続する。第三九八条ノ二第三項前段がかような場合を予想するものであることはすでに述べた(〔七二六〕a)。

〔七三七〕 (ニ)譲受債権　包括根抵当を認めれば、問題とならない。政策的な理由からこれを認めまいとし、債務者との間の直接の取引行為によって生じたものに限ろうとする場合に、とくに問題とされたのは、債権者が第三者から譲受けた債権である。根抵当権者甲と債務者Sとの間の債権を担保する根抵当は、甲とSとの取引によって生ずる債権だけを担保すべきであって、第三者乙がSに対して有する債権を甲が譲受けても被担保債権とはならない、というのである。債権者間の公平を乱し、後順位抵当権者の利益を害することに対する配慮が主たる理由である。すなわち、債務者Sの資産状態が悪化した場合に、Sに対する第三者の債権を譲受けて根抵当権の枠の空いている部分を埋めることは、Sに対して新たに信用を与えるのではなく、また譲受債権を甲の恣意で決定することになるから、右のような弊害を生ずるという。債務者との取引によって生ずる債権に限った第三九八条ノ二は、譲受債権を否定したことになる。ただし、現実に譲受けられた特定の債権を根抵当の枠の中に入れる合意は有効に行なわれる（〔七二七〕参照）。

〔七二八〕 **（ホ）**廻り手形　いわゆる廻り手形は、最も論議された問題の一つである。（i）Sの振出しまたは裏書した手形が、転々して丁の手に渡り、甲がそれを割引いた場合に、Sが支払わなかったときに、甲のSに対して取得する手形上の請求権は、甲丁間の取引（手形割引）によって生じたものであって、甲S間の取引によるものではない。しかも、甲が丁に手形を割引いてやるためには、ほとんど例外なく、丁をして根抵当権を設定させている。甲がその手形を割引いたのは丁の設定した根抵当権に信頼したからであって、Sの根抵当権に信頼したからではないはずである。にもかかわらず、甲の右のような手形上の請求権のためにSの根抵当権を利用しうるとすることは、甲に対して予期以上の担保を与えるものであり、またSと丁のいずれの根抵当権を利用するかの選択を許して関係債権者間の公平を乱す。これが否定論者の説である。（ii）これに対し、肯定論者は、今日の手形取引は右の論よりもはるかに複雑な利害関係のからみ合いの上に行なわれるものであって、右の場合に甲が二つの根抵当権を選択的に利用することは、予期以上のものでもなく、不当な恣意によって取引界を混乱させるものでもない、という。（iii）私は、否定説が合理的だと思うし、取引界もはじめからそのつもりなら、それに順応した態度をとってもそれほど不便ではなかったと考えるのだが、肯定説が当然のこととして金融取引界を支配しているように見える今日となっては、立法をもってしてもこれを改めることはすこぶる困難ではないかと案じられる。……といったのだが、新法は、（ii）の説を容れて妥協したことになる。金融取引界がこの制度を合理的に利用して弊害を生じさせないことを期待する。

第三　根抵当権による優先弁済の限度

〔七三九〕 一　根抵当権によって担保される債権は、増減変動する不特定のものだが、一定の事実が生ずると、根抵当権はいわばその流動性を失ない、その時に存在する元本債権だけが担保され、それから後に発生する元本債権は、被担保債権の範囲に属する性質のものでも、担保されない状態となる。これを根抵当権の確定という。

確定事由とそれぞれについて確定の効力を生ずる時期――それは、確定事由を生じた時点であることを原則とするが、確定事由の特別のものについては、確定事由が発生してから一定の猶予期間を経た時点で確定の効力を生ずるものもある――については後に詳述する(〔八〇二〕以下)。また、被担保債権の性質やそれと抵当権との結合状態などは、確定の前後によって大いに異なるが、そのことも後述する(〔八〇五〕以下)。

ここには、優先弁済を受けうる限度(三九八条ノ三第一項)についてだけ述べる。なお、廻り手形による債権については、主として債務者の資産状態の悪化を示す一定の事実を生じた後に取得したものに基づいて根抵当権を行なうことは制限される(三九八条ノ三第二項)。そのことについては、ここに述べる。

〔七四〇〕 二　「根抵当権者ハ確定シタル元本並ニ利息其他ノ定期金及ビ債務ノ不履行ニ因リテ生ジタル損害ノ賠償ノ全部ニ付キ極度額ヲ限度トシテ其根抵当権ヲ行フコトヲ得」(三九八条ノ三第一項)。

(1) 元本は、「確定シタル」もの、すなわち、確定の効力を生ずる時期に存在したものだけが優先弁済を受けることができる。

(イ) 確定の効力を生ずると、元本債権は、その時に存在したものだけが、根抵当権によって担保され、その後に発生するものは担保されない状態になる。確定の効力を生じた時に存在した元本債権は、その後に任意に弁済されても、それによって生じた枠の空き間を新しく発生する元本債権によって埋めることはできない。その意味でその債権は流動性のない「確定シタル元本」となる。

(ロ)確定の時に存在するないし発生している元本とは、現実の債権である必要はなく、将来の債権でも、条件附債権でも、それを生ずる原因たる事実がすでに生じているものであればよい。例えば、保証人の求償権は、保証契約が締結されておれば充分であって、代って弁済する必要はない(〔七三四〕参照)。また、根抵当権者たる銀行が債務者に割引いた手形を第三者に裏書した場合には、裏書の事実で充分であって、その第三者からすでに遡及権を行使される必要はない(銀行の債務者に対する再遡求の請求権は担保される)。さらに、いわゆる買戻の特約附きで手形を割引いたときは、確定の効力発生後に買戻請求権を行使した場合にも買戻代金請求権は担保される。

(ハ)延滞利息を元本に組み入れること(四〇五条)は、実質的には利率を増すことに過ぎないから、確定の後にも、これをすることができる。

〔七四一〕 (2)利息・遅延賠償は、確定の効力を生ずる時に存在するものが担保されることはいうまでもないが、その時以後に発生するものも担保される。のみならず、その利息だけでなくその時に存在する元本債権の弁済によって生ずる枠の空き間も、利息・遅延賠償で埋めることができる。従って、例えば、極度額一〇〇〇万円の根抵当権で確定の効力を生じた時に、元本九〇〇万円、利息五〇〇万円であったものが、配当の時に、元本が、それまでの任意弁済の結果四〇〇万円となり、利息・遅延賠償が六〇〇万円であるとすると、全額が配当を受けることができる。また、確定の効力を生じた時の元本債権が少額でも、その後取引をなさずに放置して、利息・遅延賠償を累積させて極度額までの優先権を保留することができる（極度額減額請求権〔三九八条ノ二一〕がかような場合に対処するものであることにつき〔八〇六〕参照）。

〔七四二〕 **三** 極度額を限度とする（債権極度額）。

(1)極度額に達するまでは、何年分の利息でもよく、また極度額を越えては、二年分の利息でも担保されない。すなわち第三七四条の適用はない。根抵当権は、極度額を枠として、それを越しては優先権がない代り、その枠内では利息その他の取り極めを自由に行ないうる、というのがその特質だからである。

〔七四三〕 (2)新法の制定までは、学説判例は分かれていた。(i)極度額以内でも最後の二年分の利息しか優先弁済を受けることができないとする説、(ii)利息の登記があれば、極度額を越えて二年分の利息について優先権があるとする説（元本極度額）、(iii)元利合計して極度額を限りとすべきであって、利息の登記があっても、さらに二年分極度額を越えて優先弁済を受けうるものではないとする説（債権極度額）、(iv)極度額に二つの場合があり、債権極度額であるときは(iii)となり、元本極度額であるときは(ii)となるとの説、などがあった（判例は大体においてivというべきであろうか）。新法は明文で解決したのである。

〔七四四〕 (3)担保される債権の額が極度額を越える場合に、競売代金の配当をなすべき債権をいかにして決定するかは、弁済充当の規定（四八八条―四九一条）に従うと解すべきである。なお確定後に元本についての一部弁済があれば、それは極度額を越える部分についての弁済とみるべきことは、普通の抵当権についての一部抵当の場合と同様である（〔三六三〕参照）。

四 廻り手形による請求権についての優先弁済権の制限 「債務者トノ取引ニ因ラズシテ取得スル」手

形または小切手、すなわちいわゆる廻り手形上の請求権を根抵当権によって担保される債権の範囲に含まれることにした場合にも、一定の事実を生じた後に取得した廻り手形・小切手に基づく請求権については、原則として、その根抵当権を行なうことができない(三九八条ノ三第二項)。その事実には、(i)債務者について生ずるものと、(ii)抵当不動産について生ずるものとがある。

〔七四五〕　(1)債務者が、(i)支払を停止した場合(債務者が支払不能に陥ったことをみずから表示すること)、または、債務者について、(ii)破産(破一二四条)、(iii)和議開始(和議法一二条以下)、(iv)更生手続開始(会社更生法三〇条以下)、(v)整理開始(株式会社が支払不能または債務超過に陥るおそれのあるときに、一定の要件を備える申立により、裁判所の監督の下に行なわれる会社の整理更生を目的とする手続の開始(商三八一条以下))、(vi)特別清算開始(解散した株式会社の清算の遂行に著しい支障をきたす事情があるか、債務超過の疑あるときに、一定の者の申立により、裁判所の命令で開始される特殊の清算手続の開始(商四三一条以下))の申立があった場合には、原則として、その前に取得した廻り手形に限り、その後に取得したものは、例外として、その事実を知らずに取得したものだけについて、根抵当権を行なうことができる。

(イ)債務者について右のような事由を生ずることは、債務者の信用状態が悪化したことを意味するから、これについて制限を加えないと、債務者が振出し、裏書きまたは保証した手形をその後になって不当に廉価に買い集めて根抵当権の枠の中に入れる不公正な取引を生ずるおそれがある。これが制限の主たる理由である。

(ロ)債務者の支払停止が解除された場合には、右の制限は消滅する。すなわち、支払停止の後に取得した廻り手形も根抵当権によって担保される。

また、破産、和議、更生手続開始、整理開始もしくは特別清算開始の申立が取下げられた場合、またはこれらの申立によって破産の宣告、和議開始の決定、更生手続開始の決定、整理開始の命令、特別清算開始の命令がなされたときでも、その決定が取消された場合には、同じく制限も消滅する。

(ハ)債務者について前記の諸事実が生じた場合には、その事実の生ずる前に取得したものであること、または生じた後に取得したものだがその事実を知らずに取得したものであることは、根抵当権者において挙証しなければならない。けだし、その事実の前に取得したものまたはその後でも善意で取得したものであることが、担保されることの積極的な要件だからである。

〔七四六〕 (2)根抵当不動産に対して、(i)強制競買の申立(民訴六四二条)、(ii)任意競買の申立(競売法二四条)、または、(iii)滞納処分による差押(国税徴収法四七条以下・六八条以下)があった場合にも、その事実の生ずる前に取得した廻り手形であることを原則とし、その後に取得したものは、その事実を知らずに取得したものに限る。

(イ)この制限は、抵当不動産が債務者以外の者(物上保証人または第三取得者)に属する場合を含むから、これらの事実は、常に債務者の信用状態の悪化を示すものとはいえない。しかし、その根抵当権の後順位の抵当権者や一般債権者は、優先する根抵当権が存在していても、その枠を埋めるだけの被担保債権が発生していなければ、根抵当権の優先弁済力は働かないことを予期しているものであるが、その不動産について右の諸事実を生じ、その不動産の担保価値を配分すべき時期に立ち至った後に取得する廻り手形による請求権を根抵当権の枠に含ませることは、右の予期を不当に裏切ることになる。これがこの制限の主たる理由である。

(ロ)強制競売の申立もしくは任意競売の申立が取下げられた場合(民訴六五〇条、競売法二三条)、または申立に基づいて強制競売手続の開始決定もしくは任意競売手続の開始決定がなされても、それらの決定が取消された場合には、廻り手形についての制限もなかったことになる。滞納処分による差押が取消されまたは解除された場合（国税徴収法七九条以下）も同様である。

（ハ）抵当不動産について前記の諸事実が生じた場合には、その事実の生ずる前に取得した廻り手形であること、または生じた後に取得したものだがその事実を知らずに取得したものであることは、根抵当権者が挙証しなければならないことは、前段（〔七四五〕ハ）と同様である。

第四　根抵当権の内容の変更

根抵当権の設定契約で定めた内容は、確定前において、これを変更することができる。新法は、（i）担保すべき債権の範囲（三九八条ノ四）、（ii）極度額（三九八条ノ五）、及び、（iii）確定期日（三九八条ノ六）について定める。変更する合意の当事者については、規定はないが、設定契約の当事者に準じて考えればよい。

新法が右の三つの内容についてとくに規定したのは、実際上重要な意義をもち、その条件を明らかにする必要があることによる。

〔七四七〕　一　変更の当事者

根抵当権の設定について述べた理論によれば、根抵当権の内容を変更する合意の当事者は、根抵当権者（多くの場合、被担保債権の債権者であるが、理論的には別の資格者である（〔七二〇〕参照））と根抵当負担者（所有不動産に根抵当権が設定されている債務者・物上保証人・第三取得者（〔七二一〕参照））である。設定当時の者と同一人であることを必要としないことはいうまでもない。

〔七四八〕　二　被担保債権の範囲（被担保債権決定基準）の変更（三九八条ノ四第一項前段）

(1) 担保される債権の範囲（種類）を決定する基準の変更

(イ)例えば、メーカー甲の製品の継続的供給契約によって生ずる債権と定めてあったのを、甲の製品と同種の商品を甲が他から購入して供給することによる債権を追加する場合、廻り手形による債権を追加する場合などが多いであろうが、取引の種類を全く変更して、電機製品取引を鋼材取引とするような場合もあろう。最後の事例は電機製品供給業者から鋼材供給業者に根抵当権の譲渡を行なう場合などに機能を発揮するであろう(〔七七七〕参照)。

(ロ)範囲を決定する基準が追加・拡大された場合には、新たな基準に適する債権は、変更後に発生するものだけでなく、それまでに発生していたものも担保されることになる。これに反し、基準の変更・縮減を含む場合には、基準に適合しない債権は、それ以後に発生するものが担保されないだけでなく、それまでに発生したものも担保されなくなる(比喩的にいえばすでに函に入っているものも追い出される〔七二八〕参照)。もっとも、すでに発生しているものは、担保されるものと定めることはさしつかえない。特定の債権をとくに被担保債権に加えることに該当するからである(〔七二七〕参照)。

(ハ)被担保債権の範囲を決定する基準を変更するには、後順位の抵当権者その他の第三者の承諾をえる必要はない(三九八条ノ四第二項)。

範囲決定の基準を変更することは(函の入口の大小・形状を変更することだから〔七二八〕参照)、被担保債権の量に変化を与えるから、後順位抵当権者、転抵当権者、その根抵当権に順位を譲渡している先順位抵当権者などは影響を受ける。しかし、一方、だからといってこれらの者の承諾を必要とするときは、根抵当権の処分をすこぶる困難とし、それを避けるために、設定に当って不必要に広い範囲の基準を定める弊害を生じないとも限らない。のみならず、他方、これらの第三者をして、根抵当権は枠を限度として、その内容は当事者の自由な決定に委ねられるものと最初から覚悟させることは、必ずしも不当ではあるまい。ただし、右のことは、変更の一方の当事者が債務者でない者、すなわち物上保証人または第三取得者である場合には、いささか事情を異にする。被担保債権の範囲の変更は、債務者の取引自体に影響を及ぼすからである。しかし新法は債務者も被担保債権の範囲を決定する基準に過ぎない、という理論を貫いたのである（つぎの〔七四九〕参照）。

(二)被担保債権の範囲を決定する基準を変更したときは、その根抵当権の確定前に登記をしなければならない。それをしないときは、その「変更ハ之ヲ為サザリシモノト看做」される（三九八条ノ四第三項）。

根抵当権の被担保債権の範囲を決定する基準は、設定に当って登記される。従って、その変更も登記すべきものとしなければならない。しかし、その登記を普通の登記のように対抗要件とするときは、変更の効果が、当事者間と第三者に対する関係とで被担保債権が異なるというすこぶる紛糾した望ましくない法律関係となるので、登記をすることによって効力を生ずるもの、すなわち登記を効力発生要件としたのである。従って、変更の合意が成立しても、登記されないうちに確定すれば、変更されない基準によって被担保債権が定められる（〔七三二〕ロ参照）。

〔七四九〕(2)被担保債権の債務者の変更

(イ)例えば、根抵当権者甲と物上保証人乙との設定契約で、甲のSに対する一定の商品供給取引によって生ずる債権を担保することに定めた後に、同じく甲乙の契約で、その根抵当権が甲とTとの同様の取引または別種の取引によって生ずる債権を担保することに変更することも、被担保債権の範囲を決定する基準の変更と同様にできる（三九八条ノ四第一項後段）。TがSの営業上の地位を承継した場合などに機能するであろう。のみならず甲とSとの債権を担保することをそのままにして、甲とTとの取引によって生ずる債権を追加することも妨げない（債務者が複数になる〔七二一〕b参照）。TがSの新設子会社である場合などに機能するであろう。

（ロ）債務者Tが追加された場合には、甲とTの追加後の取引によって生ずる債権だけでなく、追加前の甲T間の取引によってすでに生じている基準に適合する債権も当然に担保される。また、債務者がSからTに変更された場合には、甲とSとの取引から生じて担保されている債権も担保されないことになる。もっとも、すでに発生しているSの債務をTが引受けた上で、これをとくに担保されるものとすることはできる（〔七二七〕・〔七六一〕参照）。

（ハ）債務者を変更するにも、後順位の抵当権者その他の第三者の承諾を必要としない。債務者みずから変更の当事者である場合には問題はない（債務者は物上根保証人となる）。これに反し、物上根保証人の場合には問題となる。乙が物上根保証人となったのは、Sの委託によることが多いであろう。その場合には、Sの意思に反して債務者をTに変更することは、委託違反として乙の責任を生ずる。この債権関係を根抵当の効力に影響させなくともよいかどうかは少しく疑問だが、根抵当としては変更の効力を生ずるとして、乙の責任は別に定めるのが適当であろう。けだし、Sの委託がなくとも物上根保証人の設定する根抵当権は有効に成立するのであり、また委託の有無に関係なく、甲がSとの取引を継続しSをして根抵当の利益を享受させるかどうかは甲の意思にかかるのであって、その甲が債務者の変更を合意する以上、Sとしては、変更の効力を争うことはできない、というべきであろう。

(二)債務者の変更も、根抵当権の確定するまでに登記しなければ効力を生じない(三九八条ノ四第三項（〔七三二〕ロ参照）)。

三　極度額の変更

〔七五〇〕 (1)根抵当権の極度額を変更することも、被担保債権の範囲の変更と同一の当事者(〔七四七〕参照)でできるが、額の拡大も縮小も、ともに利害関係人の承諾を要する(三九八条ノ五)。利害関係人全員の承諾がなければ、変更は効力を生じない。承諾をした者に対してだけ変更の効果を主張しうるとすることは、収拾すべからざる紛糾した関係となるから、全員の承諾を要件として画一的に決定することとしたのである。

〔七五一〕 (2)利害関係人とは、極度額の拡大または縮小によって法律的な影響を受ける者である。

(イ)極度額を拡大する場合の利害関係人としては、後順位抵当権者を最も主要なものとするが、根抵当不動産を差押えた債権者なども含まれる。

(ロ)極度額を縮小する場合の利害関係人としては、その根抵当権の転抵当権者を最も主要なものとするが、その根抵当権によって担保されている個々の債権を差押えている債権者なども含まれる。何故なら、極度額が縮小されると被担保債権の総額が枠をはみ出し、充分に担保されないものを生ずる可能性があるからである。

〔七五二〕 (3)極度額の変更も登記をしなければならない。必要な利害関係人の承諾書を添付して申請し(不登三五条一項四号)、附記登記によってなされる。

法文には明記してないが、確定するまでに登記がなければ、登記されている極度額を基準としてその根抵当権の効力を定めなければならない。従ってまた、利害関係人とは、変更の登記をする時の利害関係人というべきである。いいかえれば、承諾と登記を切り離し、登記される前に承諾した者に対して特別の効果を認めるべきではない。そうだとすると、利害関係人全員の承諾をえて登記をすることが効力発生の要件といってよいことになる（〔七三二〕ロ参照）。

〔七五三〕 **四**　元本確定期日の変更

(1)元本確定期日は、設定の際に定めることもでき、その後に定めることもできる。また一度定めたものを変更することもできる（三九八条ノ六第一項）。ただし、その期日は、定める場合にも、変更するにも、その時から五年以内でなければならない（同条第三項（〔七三〇〕参照））。

〔七五四〕 (2)元本確定期日を、設定後に新しく定めるにも、変更するにも、廃止するにも、すべて後順位抵当権者その他の第三者の承諾を必要としない（同条第二項による三九八条ノ四第二項の準用）。被担保債権の範囲の変更と同様の理由に基づく（〔七四八〕ハ参照）。

〔七五五〕 (3)元本確定期日も、これを定めたときは、登記するのだから（〔七三二〕参照）、変更したときは、それについて登記すべきことになる。しかし、登記した確定期日を変更する合意をしただけで登記をしないうちに登記した確定期日が到来した場合には、その期日に確定する（同条第四項）。そしてその後に発生した債権は担保されない。登記によって画一的に効果を生ずるのだから、他の変更と同様に、登記を効力発生要件とみてよい（〔七三二〕ロ参照）。

第五　確定前における被担保債権の個別的処分

〔七五六〕 一　根抵当権によって担保されている個々の債権について、その根抵当権の確定する前に、譲渡などによって債権者を変更し、または債務引受などによって債務者を変更した場合には、その債権に基づいて根抵当権を行なうことができなくなる（三九八条ノ七・三九八条ノ八）。

（a）根抵当権によって担保される債権が継続的な取引によって増減変動する場合にも、それぞれの債権が個別性を失なって一本の債権となるのではない。被担保債権は、すべて個別に独立し、利率や弁済期を異にし、それだけについて連帯債務者や保証人を伴なうことも稀ではない。従って、個別債権について、譲渡、質入れ、差押、弁済による代位、債務引受などをすることは、理論的には可能である。しかし、確定する前の被担保債権は根抵当の枠の中に入っているだけで、その根抵当権によって終局的に担保されることに定まったものではない。従って、それについて右のような変動があった場合に、根抵当権も当然にこれに随伴するものとなすべきかどうかは、政策的に考慮すべきことである。

（b）新法は、右に述べたように、債権譲渡、代位弁済、債務引受、債権者または債務者の交替による更改について、根抵当権の随伴性を否定し、根抵当権を行使しうる債権を、基準に適合する状態で確定の時に存在するものに限ることにして、法律関係を簡明にした。比喩的にいえば、確定するまでに債権者または債務者が変更すれば、その債権は根抵当権の函を出る。確定の時に函の中に入っている債権だけが根抵当権を行使しうるとした。

（c）もっとも、当事者がとくに随伴させたいと希望するときは、特別の措置を講じてその目的を達することができる。すなわち、被担保債権の範囲（債務者）を変更するか（三九八条ノ四第一項〔七二七〕参照）、債権の譲受人に根抵当権の一部譲渡を行なうことである（三九八条ノ一三〔七八二〕以下参照）。ただし、随伴性を認めた場合には、債権譲渡・債務引受の当事者間の合意だけで効力を生じ、設定者の承諾を必要としないのに反し、これらの変更や一部譲渡には、根抵当権設定者の承諾を要するから、そこに重要な差がある。そして、この承諾が要件とされることによって、随伴性を認める場合に生ずるおそれのある法律関係の紛糾を避けうるとするのが新法の狙いとみてよいであろう。

〔七五七〕 **二**　被担保債権の個別的な移転

(1)「元本ノ確定前ニ根抵当権者ヨリ債権ヲ取得シタル者」、すなわち、譲受人は、「其債権ニ付キ根抵当権ヲ行フコトヲ得ズ」（三九八条ノ七第一項前段）。根抵当権を行なうことをえないとは、その債務に基づいて競売することも優先弁済を受けることもできない趣旨である。

〔七五八〕 (2)「元本ノ確定前ニ債務者ノ為メニ又ハ債務者ニ代ハリテ弁済ヲ為シタル者」、すなわち、第三者として債務者のために弁済した者や保証人として債務者に代って弁済した者は、債権者に代位して根抵当権を行なうことができるはずだが（四九九条—五〇一条）、根抵当権についてはこれを否定したわけである（三九八条ノ七第一項後段）。保証人については、例外的にこれを認めるべしとする説もありうる。しかし、保証人が債務者と継続的な関係にあるときは、変動する不特定の求償権のために根抵当権を設定することも可能であり（〔七三四〕b参照）、そうでなくとも、特定の求償権のために根抵当権の一部譲渡を受けることも可能だから（〔七八一〕以下参照）、それらの制度の利用を期待して、例外的取扱いをしないことにしたと理解すべきである。

〔七五九〕 (3)債権者の交替による更改の場合には、旧債務の担保を新債務に移すことが認められるのだが（五一八条）、根抵当権についてはできない（三九八条ノ八）。債権譲渡の場合と均衡を保ったものである。

〔七六〇〕 ⑷被担保債権を根抵当権者が質入れし、または根抵当権者の債権者が差押えた場合はどうであろうか。これらのうち、差押債権者が転付命令を取得したときは――「根抵当権者ヨリ債権ヲ取得シタル者」というべきだから――債権の譲受人と同視し、根抵当権を行使しえないと解すべきことは疑いあるまい。問題は、質権者及び差押えて取立てる債権者である。これらの者は、被担保債権の主体となるのではないから、譲受人と同視することはできない。しかし、これらの者がその債権を行使する際に根抵当権に基づいて競売することまでを認めるのは、第三九八条ノ七の趣旨に反するであろう。従って、根抵当不動産の競売代価が配当される際に優先的に弁済を受けうるだけで、それ以上根抵当権の主体たる力をもたないと解するのが正当と思う。ただし、債務者の弁済が制限されることは、普通の債権の質入れ、差押と同様であり、極度額の縮小には、その承諾を要する（〔七五一〕ロ参照）、と解すべきであろう（なお、共同根抵当において配当を受けるべき抵当権については〔八〇〇〕参照）。

三　被担保債権の個別的な債務者の変更

〔七六一〕 ⑴「元本ノ確定前ニ債務ノ引受アリタルトキハ根抵当権者ハ引受人ノ債務ニ付キ其根抵当権ヲ行フコトヲ得ズ」（三九八条ノ七第二項）。債務引受は、免責的引受だけでなく、添加的（重畳的）引受も含まれる。もっとも、後の場合には、本来の債務者に対する債権の効力として根抵当権を行使することはできるのだから、とくに問題とする必要はあるまい。

根抵当権の債務者の営業を譲受けた者が、根抵当権の当事者たる地位をも承継する場合には、その根抵当権の債務者を自分に変更する措置を講ずべきだ、といったが、その際に、旧債務者の債務をも根抵当権によって担保されるものとして承継しようとするときは、それらの債務を引受けるとともに、これを被担保債権の範囲に含ませる措置を講ずるべきである(〔七二七〕・〔七四九〕イ・ロ参照)。

〔七六二〕 (2)債務者の交替による更改の場合には、旧債務の担保を新債務に移すことが認められるのだが(五一八条)、根抵当権についてはできない(三九八条ノ八)。債務引受の場合と均衡を保ったのである。

〔七六三〕 **四** 確定後における被担保債権の処分

根抵当権が確定した後の被担保債権の処分については、規定はない。しかし、確定によって、その時に存在する債権は流動性を失ない、終局的に担保されることになるのだから、附従性を取得し、それについて債権の譲渡があれば、根抵当権は随伴し、また保証人もしくは第三者が弁済すれば根抵当権者に代位する。同じく、確定後に債務の引受があれば、根抵当権は、一般の原則によって、引受債務に随伴し、根抵当権者はこの債務者に対する債権に基づいて根抵当権を実行することができる。その結果、根抵当権によって担保される多数の特定した債権のうちに、債権者や債務者を異にするものが混在することになる。その場合の法律関係は、普通の抵当権について被担保債権の一部移転や債務の一部についての移転を生じた場合の関係に準じて取扱われるべきであろう。

第六 根抵当関係の包括承継

〔七六四〕 **一** 新法は、根抵当権者または債務者の相続と合併について規定する(三九八条ノ九・三九八条ノ一〇)。

(1)根抵当権者甲または被担保債権の債務者Sが死亡した場合に、根抵当関係の相続ないし一般承継はどのように行なわれるであろうか。取引界の実状を見ると、根抵当権者甲が死亡した場合に、その共同相続人の中に甲の営業を承継する者（一人または数人）があり、しかもその者が債務者Sと従前の取引を継続しようとするときは、根抵当権を流動する状態で継続させる。これに反し、被相続人甲の営業を承継する相続人がないか、あってもその者が従前の債務者Sと取引を継続することを欲しない場合には、根抵当権は確定し、担保される債権は共同相続人全員によって相続される。

これに対し、債務者Sが死亡した場合に、その共同相続人の中にSの営業を承継する者（一人または数人）があり、債権者甲と従前の取引を継続したいと思うときは、甲に懇請して、根抵当権を流動する状態で継続させる。これに反し、被相続人Sの営業を承継する相続人がないか、あってもその者が従前の債権者甲の承諾をえられないために甲との取引を継続することができないときは、根抵当権は確定し、被担保債務は相続人全員によって相続される。

右の事情は――金融取引界の実状に適した合理的なものであるから――新法が施行されても、根本的に変わることはないと予想されるが、これをどのような理論に構成すべきであろうか。

（a）根抵当権の存立のために基本的な法律関係を必要とするとなす従来の理論では、その基本的な、主として契約的な関係における甲またはSの地位が相続によって承継されるかどうかがまず吟味され、それが承継される場合には、根抵当権も流動的な状態で継続し、承継されない場合には、根抵当権は確定する、と解することによって説明することができた。

（b）ところが、根抵当権をもって、根抵当権者と設定者との物権的な合意による一定量の担保価値の優先的把握となし、被担保債権の債権者及び債務者は被担保債権の範囲を定める基準の一つに過ぎないとなす新法の下では、右の理論は通用しない（〔七二〇〕・〔七二一〕参照）。この理論の下では、右の債権者甲の相続については、根抵当権者すなわち一定額の担保価値の優先的把握者たる地位の相続と被担保債権の範囲を決定する基準としての債権者たる地位の承継とを区別し、また右の債務者Sの相続については、根抵当負担者たる地位の相続と被担保債権の範囲を決定する基準としての債務者たる地位の承継とを区別し、それぞれについてその承継を吟味するのが適当である。新法の規定（三九八条ノ九）は、この理論を前提するものと考えられる。

〔七六五〕 (2)新法は、根抵当権者または債務者が会社（法人）であり、合併によって一般承継が行なわれた場合についても規定する（三九八条ノ一〇）。相続の場合と内容を異にしているが、それは、合併にあっては、相続の場合に吟味すべき四つの地位のすべてが当然に承継されることを原則とするからであって、基本的な理論には差異はない。

二　相続による承継

〔七六六〕 (1)根抵当権者の相続　元本債権の確定前に根抵当権者甲が死亡し、乙丙丁が共同相続をした場合には、

(イ)相続開始の時に存在する甲の債権は、根抵当権によって担保される状態において共同相続人乙丙丁全員によって相続される。第三九八条ノ九第一項が「根抵当権ハ相続開始ノ時ニ存スル債権……ヲ担保ス」というのはその意味である。理論的にいえば、前々段（〔七六四〕b）に述べた根抵当権（優先的に把握された担保価値）の相続である。この承継は相続法の理論によるから（乙丙丁の共有となり）、遺産分割の方法で、共同相続人の一部の者（例えば乙一人）に承継させることも可能である（九〇六条・九〇九条）。

(ロ)つぎに、甲の根抵当権が「相続人ト根抵当権設定者トノ合意ニ依リ定メタル相続人ガ相続ノ開始後

ニ取得スル債権ヲ担保ス」(三九八条ノ九第一項後段)というのは、甲の根抵当権を相続する者と根抵当権設定者との合意で、甲の共同相続人のうちから、根抵当権の被担保債権の範囲決定基準たる甲の地位を承継する者(実際には、甲の営業を承継する者、例えば乙)を選定して、根抵当を流動性あるものとして存在させることができる旨を定めたものと解すべきである。

元来、根抵当権の被担保債権の範囲決定基準たる甲の地位は、厳密にいえば、相続性なく、根抵当権は甲の死亡によって基準の一要素を失ない、当然に確定するとも解すべきであるが、相続の特殊性にかんがみて、合意によって承継させることができるものとしたのである。従って、選定される者は相続人でなければならず、またその者を債権者として成立する債権が根抵当権によって担保されるのは、相続開始以後のものに限るといわねばならない。もっとも、かような制限の下に、根抵当権が流動性をもって存続することになった後に、根抵当権に関する一般の原則によって、被担保債権の範囲を変更すること(例えば分割的に共同相続された債権を、営業を承継する相続人に集めること)ができるのはいうまでもない。

〔七六七〕　(2)債務者の相続　元本債権の確定前に根抵当権の被担保債権の債務者Sが死亡し、TUVが共同相続をした場合には、

(イ)相続開始の時に存在するSの債務は、根抵当権によって担保される状態において、共同相続人TUVによって相続される。第三九八条ノ九第二項が「根抵当権ハ相続開始ノ時ニ存スル債務……ヲ担保ス」というのは、その意味である。理論的にいえば、前に述べた(〔七六四〕b)根抵当債務の相続である。相続法の理論によることは、根抵当権者についての相続と同様であるが、ここでは一人の債務とすることはできない

（〔七六六〕イ参照）。

（ロ）つぎに、Ｓの債務を担保した根抵当権が「根抵当権者ト根抵当権設定者トノ合意ニ依リ定メタル相続人ガ相続ノ開始後ニ負担スル債務ヲ担保ス」（三九八条ノ九第二項後段）というのは、根抵当権者甲とＳの所有に属し根抵当権を負担する不動産を共同相続したＴＵＶ（根抵当負担者）との合意で、Ｓの共同相続人のうちから、根抵当権の被担保債権の範囲決定基準たるＳの地位を承継する者（実際には、Ｓの営業を承継する者、例えばＴ）を選定して、根抵当権を流動性あるものとして、存続させることができる旨を定めたものと解すべきである。

右のことは、その根抵当権が甲と物上保証人Ｌとで設定されたものである場合には、極めて明瞭である。すなわち、甲とＬとの合意で、Ｓの相続人であって、Ｓの営業を承継するＴの懇請を容れて根抵当権の存続を認めることができるとするのである。

元来、根抵当権の被担保債権の範囲決定基準たるＳの地位は、相続性なく、根抵当権はＳの死亡によって当然に確定するとも解すべきである。とりわけ、物上保証人が設定した場合には、原則として確定するものとなすことが実際的かもしれない。しかし、関係当事者が根抵当権をその順位や極度額を維持しながら存続させようとするなら、これを認めることが適当であろう。これが立法の態度である。従って、選定される者は相続人でなければならず、またその者を債務者として成立する債権が根抵当権によって担保されるのは、相続開始以後のものに限る。もっとも、かような制限の下に根抵当権が流動性をもって存続することになった後に、被担保債権の範囲を変更すること（例えば、共同相続された債務を営業を承継する相続人が引受け、かつ根抵当権によって担保されるものとすること）は、根抵当権に関する一般原則によって行なうことができる（〔七二七〕・〔七五六〕c・〔七六一〕参照）。

〔七六八〕 (3)合意の要件と期限

(イ)債権者及び債務者たる地位の承継人を選定する合意には、被担保債権の範囲の変更の場合と同じく、後順位抵当権者その他の第三者の承諾を必要としない(三九八条ノ九第三項による三九八条ノ四第二項の準用)。第三者に影響するところは少ないからである。

(ロ)根抵当権を流動性あるものとして存続させる合意は、相続開始の後六ヵ月内に登記をしなければならない。これをしないときは、「元本ハ相続開始ノ時ニ於テ確定シタルモノト看做」される(三九八条ノ九第四項)。合意による継続は、根抵当権の順位や極度額を維持するものであって、速かに決定して公示しないと第三者の取引を害するからである。なお、六ヵ月の間に登記しなかったときは、その後に登記するのは新たな設定となるから、順位は後となる。

三　合併による承継

〔七六九〕 (1)根抵当権者たる法人(会社)または被担保債権の債務者たる法人(会社)が合併した場合には、前に一言したように(〔七六五〕)、死亡による相続の場合に分析した四つの地位はすべて承継されることを原則とし、ただ設定者(債務者を除く)から元本の確定を請求することができるものとされる。相続の場合といわば原則と例外が反対になる。合併はすべての関係が同一性を失なわずに承継されるとみられるのが取引界の実状であるのみならず、相続の場合と違って、数人の承継者のうちの誰が被相続人の営業上の地位を承継するか当然には定まらない、というような事情はないからである。

〔七七〇〕 (2)根抵当権者の合併　「元本ノ確定前ニ根抵当権者ニ付キ合併アリタルトキハ根抵当権ハ合併ノ時ニ存

スル債権」を担保するだけでなく、「合併後存続スル法人又ハ合併ニ因リテ設立シタル法人ガ合併後ニ取得スル債権ヲ担保ス」(三九八条ノ一〇第一項)。すなわち、根抵当権は、合併法人と従前の債務者との間に流動性をもって存続する。

もっとも、根抵当権者でなかった法人が従前有した債権は、当然には被担保債権とはならない。被担保債権とするためには、被担保債権の範囲を変更する措置を講じなければならない。その関係は相続の場合に類似する(〔七六六〕ロ参照)。

〔七七一〕 (3)債務者の合併　「元本ノ確定前ニ債務者ニ付キ合併アリタルトキハ根抵当権ハ合併ノ時ニ存スル債務」を担保するだけでなく、「合併後存続スル法人又ハ合併ニ因リテ設立シタル法人ガ合併後ニ負担スル債務ヲ担保ス」(三九八条ノ一〇第二項)。すなわち、根抵当権は、合併法人と従前の根抵当権者との間に流動性をもって存続する。

もっとも、根抵当権の債務者でなかった法人の従前の債務を被担保債権とするためには、被担保債権の範囲を変更する措置を講じなければならないことは、根抵当権者たる法人の合併の場合と同様である(〔七七〇〕参照)。

〔七七二〕 (4)合併の際の確定請求

(イ)合併によって成立する法人との間に根抵当権が存続する場合には、根抵当権設定者は、元本の確定を請求することができる。ただし債務者が設定者であり、それについて合併があったときは、確定請求はできない(三九八条ノ一〇第三項)。結局、物上保証人及び第三取得者は常に、設定者たる債務者は債権者が合併したときに、確定請求ができることになる。設定者たる債務者が自分の合併した場合に確定請求権を認められないのは、自分が合併しながら確定請求をするのは穏当でないからである。また債権者に確定を請求する権利を認めないのは、債権者が従前の取引を継続することを欲しないなら、事実上取引をしないか、または別に適切な措置を講ずればよいからである（第四刷で訂正）。

（ロ）確定請求があれば、合併の時に確定したものと看做される（三九八条ノ一〇第四項）。なお、この確定請求は、根抵当権設定者が合併のあったことを知った日から二週間を経過したとき、または合併の日から一ヵ月を経過したときは、することができない（同条第五項）。根抵当権当事者の予期を裏切ることになるからである。

第七　根抵当権の処分

〔七七三〕　**一**　第三七五条・第三七六条の認める抵当権の処分——転抵当、抵当権の譲渡・放棄、抵当権の順位の譲渡・放棄——は、処分をする抵当権者が、競売による配当の時まで弁済を受けずに、被担保債権を有することを前提する（〔五八六〕・〔五九七〕・〔六一六〕参照）。従って、被担保債権が弁済によって消滅することを常態とする根抵当権についてこれを認めることは全く不合理である。そこで、新法は、転抵当権を除く他の四つの形態の処分を認めないことにし（三九八条ノ一一第一項）、これに代わる新たな処分形態を認めた。それは根抵当権の（全部）譲渡・分割譲渡（三九八条ノ一二）、及び根抵当権の一部譲渡（三九八条ノ一三）である。

（i）転抵当についても、設定当時に存在した被担保債権の弁済を禁ずることはできない。しかし弁済されても、普通の抵当権と異なって、新たに元本債権を生ずる可能性があるから、転抵当権の価値は零にはならない。のみならず、新たな処分形態で転抵当と同様の効果を収めることは困難なので、これを認めることにしたのである。

(ii)根抵当権の(全部)譲渡は、いわば枠の譲渡である。譲渡した者の債権はその時に存在するものも、その後に発生するものも、一切担保されず、譲受人の債権だけが担保される。比喩的にいえば、譲渡人が、根抵当権の函を空にして立退き、代わって譲受人が入る。

(iii)根抵当の分割譲渡にあっては、譲渡人の債権は、分割して保留された一部によって担保され、譲受人の債権は譲渡を受けた一部によって担保されることになる。比喩的にいえば、根抵当権の函を二つにして、譲渡人は一方に局限されて残り、空にされた他方には譲受人が入る。

(iv)根抵当権の一部譲渡は、根抵当権を譲渡人と譲受人とで共有することになる。比喩的にいえば、根抵当権の函の中に譲渡人と譲受人とが同居するが、内部の利用関係――一方が優先的に、または両者平等に、などの点――は、両者の合意でどのようにでも定めることができる。新法の新たに認めた最も特色ある制度であって、第三七五条を根抵当権に適用して生じた紛糾した関係を断切り、遙かに簡明な方法で金融界の需要に応ずることができると思われる。

〔七七四〕

二 根抵当権の転抵当

(1)甲が債務者Sの不動産の上に有する一〇〇〇万円の根抵当権を、その確定前に、自分の丙に対する八〇〇万円の債務の担保とすること(転抵当)はできる(三九八条ノ一一第一項但書)。丙の取得する転抵当権は、普通の抵当権でも、根抵当権でもよい。設定者Sの同意は必要でない。設定者が物上保証人Lであっても同様である。設定者に特別の不利益を与えないことは、普通の抵当権の場合と同様だからである。なお、甲は第三者丁の丙に対する債務のために転抵当権を設定することができるのも、普通の抵当権の場合と同様である(〔五九〇〕参照)。

〔七七五〕(2)根抵当権に転抵当権を設定した場合の対抗要件は、

(イ)登記については問題はない。数人のために転抵当権が設定された場合の数人の間の順位は附記登記の前後による(三七五条二項が適用される)。

(ロ)普通の抵当権に転抵当権を設定した場合には、債務者・保証人・抵当権設定者及びその承継人に対抗するためには、第四六七条の規定に従って、債務者に通知するか、その承諾を受けなければならない。根抵当権の転抵当ではどうであろうか。その必要はない、と解すべきものと思う。けだし、普通の抵当権に転抵当権を設定する場合について、第三七六条第一項が右の対抗要件を必要とした理由は、Sが、転抵当権者丙の承諾なしに原抵当権者甲へ弁済しても、その弁済を丙に対抗しえないとする同条第二項の適用をするためである(〔五九二〕参照)。そうだとすると、同条第二項の適用を排斥している根抵当権の転抵当の場合には、債務者への通知またはその承諾は不要と解すべきだからである。いいかえれば、債務者は通知を受けても受けなくとも、弁済して被担保債権が消滅したことをすべての人に対して主張しうる。もっとも、原抵当権が確定するとその時から第三七六条第二項は適用されるのだから、確定前に予めSに通知しまたはその承諾を得ておけば、確定後の自由な弁済を阻止することができるであろう。

〔七七六〕(3)根抵当権の転抵当の効果

(イ)転抵当権が設定されても、債務者Sの債権者甲に対する弁済は拘束を受けない。すなわち、転抵当権者丙の承諾をえないで弁済しても、その債務は消滅する（三九八条ノ一一第二項）。そして、丙が甲の抵当権によって優先弁済を受けうるのは、競売の時に甲が被担保債権を有しそれについて配当を受けうる限度においてであることは疑いない。だから、丙の転抵当権は空虚な枠だけを把握していることになりかねない。それにも拘わらず、実際にかなりしばしば転抵当権が設定されるのは、系列金融機関の下位のものから上位のものにする場合が多く、そこにおのずから合理的な内容をもつ慣行が行なわれているためだといわれる。

(ロ) 転抵当権が設定されると、原抵当権そのものは多少の拘束を受ける。すなわち、被担保債権の範囲決定基準の変更（三九八条ノ四第二項）や確定期日の設定・変更（三九八条ノ六第二項）は自由だが、極度額を縮減することは、転抵当権者の承諾を要する（三九八条ノ五（〔七五一〕ロ参照））。また原抵当権の全部譲渡または一部譲渡は自由だが、転抵当権は追及力を失なわない。それに反し、分割譲渡は、譲渡される部分には追及せず、極度額の縮減となるから、転抵当権者の承諾を要する（〔七八〇〕八参照）。

(ハ) 原抵当権が確定すれば、前に一言したように、Sの甲に対する弁済は、丙の承諾を受けなければ効力を生じない。ただし、そのためには、転抵当権のあることについて、Sに通知するかSの承諾をえなければならない。なお、確定の時に甲の被担保債権が極度額を越しているときは、その超過部分の弁済は拘束を受けないと解すべきである。けだし、丙の転抵当権は原抵当権の極度額を限度としてこれを把握しているものだからである。

三　根抵当権の（全部）譲渡・分割譲渡

〔七七七〕 (1) 根抵当権の（全部）譲渡

(イ)甲は、債務者Sの不動産の上に極度額一〇〇〇万円の根抵当権を有する場合に、設定者(根抵当負担者)Sの承諾を得て、これを乙に譲渡し、乙をして一〇〇〇万円の根抵当権の枠として取得させることができる(三九八条ノ一二第一項)。譲渡は譲渡人と譲受人の合意でなされることはいうまでもない。

新法における根抵当権は、一定量の担保価値を優先的に把握したものだから、譲受人の自由に利用しうるものとして譲渡することができるのである。ただし、設定者(根抵当負担者)にとっては重要な利害関係を有することだから、その承諾が必要とされる。普通の抵当権では、被担保債権が譲渡されると抵当権は随伴性によって移転する。根抵当にあっても、譲渡人甲が当該根抵当権を機能させていた継続的な契約関係または営業関係が乙に移転することに伴なって根抵当権の譲渡がなされる場合も少なくあるまい。しかし、かような場合にも、二つの関係の移転には、法律的な主従の関係その他の結びつきはない。譲受人乙は、根抵当権を枠として譲受け、これとは別に甲から承継した契約関係ないしは営業関係における自分の債権のために利用するのである。従ってまた、乙は、甲が根抵当権を機能させていた契約関係ないしは営業関係とは全く無関係に、枠としての根抵当権を譲受けることができることも言を俟たない。否、それが新法の根抵当権の譲渡の本来の姿である。

〔七七八〕 (ロ)対抗要件　根抵当権の全部譲渡は、不動産に関する物権の移転だから、対抗要件として登記を必要とする(一七七条)。最初の譲受人に移転して登記をしないうちに二重に譲渡して登記するときは、後の譲受人が優先する。また、譲渡の合意をしても登記をしないうちに確定事由を生じた場合には、譲渡がなかったものとして被担保債権の確定その他の効果を生ずる。

〔七七九〕(ハ)効果　(a)譲渡人甲の債権は譲渡の当時に存在したものも担保されなくなる。

(b)譲受人乙の債権は、譲受けた根抵当権の被担保債権の範囲決定基準に適するものは、譲受けた当時にすでに存在していたものも当然に担保されることになる。しかし、右の基準に適さない債権のために利用するには、被担保債権の範囲を変更する措置を講じなければならない(三九八条ノ四)。注意すべきは、譲受人乙が、譲渡人甲のそれまで当該根抵当権によって担保されていた債権を譲受けた場合にも——債務者との取引によって生じたものではないから(〔七三七〕参照)——当然には担保されないことである。とくにこれを被担保債権に含ませるためには、そのために特別の措置を講じなければならない。もっとも、右のことは、根抵当権の譲渡という観念が、被担保債権の範囲を決定する基準をそのままにして——比喩的にいえば根抵当権の函の中は空にするが入口の形状・大小はそのままにして——移転することだからそうなるのである。実際には、譲渡と被担保債権の範囲の変更が同時に行なわれることも少なくあるまい。譲渡には、前記のように、設定者(根抵当負担者)の承諾を要し、変更は、前に述べたように、根抵当権者と設定者(根抵当負担者)とで行なわれるからである(〔七四七〕参照)。

〔七八〇〕(2)根抵当権の分割譲渡

(イ)甲は、債務者Sの不動産の上に極度額一〇〇〇万円の根抵当権を有する場合に、設定者(根抵当負担者)Sの承諾を得て、六〇〇万円と四〇〇万円のHＩ二つの根抵当権に分割して、一方Ｉを乙に譲渡することができる。そして、この場合には、その根抵当権を目的とする権利、例えば、転抵当権は、譲渡される方のＩ根抵当権については消滅する(三九八条ノ一二第二項)。ただし、分割譲渡には、その根抵当権を目的とする権利を有する者（転抵当権者など）の承諾を得なければならない（同条第三項）。甲とSとの間の取引が縮小して一〇〇〇万円の根抵当権が常に空き間を有する場合などに利用されるであろう。比喩的にいえば、根抵当権の函を二つに分割し、自分はその一方に移り、他方を負担も拘束もないものとして、乙を入れるのである。

(ロ)対抗要件　全部の譲渡と同様に解してよい（〔七七八〕参照）。すなわち数人に対して分割譲渡が行なわれた場合などには、登記を備えた者が優先する（登記の内容はすこぶる複雑である（不登一一九条ノ六））。また、登記をしない間に確定した場合には、分割譲渡がなかったものとして法律関係が定められる。

(ハ)効果　分割譲渡の結果生じた二つの根抵当権は、同順位となる。極度額の合計が分割前の極度額に等しいことはいうまでもないから、後順位抵当権者には影響を及ぼさない。なお、根抵当権の分割は、一部を譲渡するために認められることだから、譲渡と切り離して分割し、甲が同順位の二つの根抵当権を有する状態を作ることは認められない。法律関係を複雑にするだけで、格別実益のないことだからである。もっとも、甲乙共有の根抵当権を甲乙それぞれ単有の根抵当権とすることは妨げない。実質的には、甲乙相互の権利の移転を含むからである。

四　根抵当権の一部譲渡

〔七八一〕　(1)根抵当権者甲は、債務者Sの不動産の上に有する一〇〇〇万円の根抵当権を、根抵当権設定者（根抵当負担者）Sの承諾をえて、乙に一部譲渡することができるが、その結果、一〇〇〇万円の根抵当権は甲乙の共有となる（三九八条ノ一三）。だから、一部譲渡というが、枠ないし極度額そのものの一部を分離して譲渡するのではなく、いわば枠ないし極度額の作用——その限度までは優先弁済を受けうるという作用——を分与して共同に利用する関係となることである。全部譲渡及び分割譲渡では、譲渡人は譲渡されたものについて何等の権利を留保せず、譲受人の被担保債権が枠に充たない場合にも、譲渡人の利益とはならず、後順位抵当権者や設定者の利益に帰する。これに反し、一部譲渡では、譲渡人は、常に右の権利を留保する点に特色がある。なお、一部譲渡は、右のように、譲渡人がなお優先弁済を受ける権利を留保する点で、第三七五条の定める処分に類似するけれども、譲受人は、新たに譲渡人の枠を共同に利用する権利を取得するのだから、譲受人がすでに同一不動産の上に抵当権をもっているかどうかとは全く無関係である。いいかえれば、根抵当権の一部譲渡は、順位譲渡のように他の抵当権者との間の関係ではない。

〔七八二〕 (2)対抗要件　根抵当権の一部譲渡も登記を対抗要件とすることは、全部譲渡及び分割譲渡と同様である（〔七七八〕・〔七八〇〕ロ参照）。また、一部譲渡のあったことだけ登記され、弁済を受ける割合について登記がないときは、原則どおり債権額に応じて弁済を受けることになる（三九八条ノ一四第一項参照）。

〔七八三〕 (3)効果　譲渡人と譲受人とは根抵当権を共有することになる。その一般的な効果はつぎに述べる（〔七八九〕以下）。ここには、譲渡に関連する点だけを略述する。

(イ)優先弁済を受ける割合　譲渡人の債権と譲受人の債権は、共同して、極度額まで優先弁済を受けうるが、両者の割合は、

(a)原則として、配当の時における両者の有する債権額に比例する（三九八条ノ一四第一項本文）。例えば、確定の時の甲の有する被担保債権額九〇〇万円、乙の有するそれが六〇〇万円として、その根抵当権に極度額一〇〇〇万円だけの配当がなされるときは、これを甲と乙とで三対二の割合で、すなわちそれぞれ六〇〇万円と四

○○万円の弁済を受ける。先順位の抵当権があるか競売価格が少ないために、当該根抵当権に対して九○○万円しか配当されない場合には、これを三対二、すなわち、甲五四○万円、乙三六○万円と分けられる。この場合には、甲乙両者の有する債権の合計額が当該根抵当権に配当される額に満たない場合にだけ後順位抵当権者の利益となることは明らかであろう。

(b)右の原則に対して別段の定めをすることができる。確定の時に存する甲乙の債権額と無関係に、例えば、三対二の割合と定めるのがその一場合であろう(三九八条ノ一四第一項但書前段参照)。甲が五分の二だけの一部譲渡を行なったことになる。そのときは、確定の時の甲乙それぞれの有する債権額がいくら多くとも、右(a)に挙げたと同一の結果になる。

しかし、この場合にも、甲乙いずれかの債権額が当該根抵当権に配当される金額の三対二の割合に満たないとき、例えば一○○○万円配当される場合に、甲の債権額が五○○万円しかないとき、または九○○万円配当される場合に乙の債権額が三○○万円しかないときは、その残額は――もちろんその者が被担保債権を有する限り――他方に配当される(前の場合には、甲五○○万円、乙五○○万円、後の場合には、甲六○○万円、乙三○○万円)。甲乙共同して当該根抵当権に配当される全額を取得し、両者が別に定める割合は、その内部的な分配率に過ぎないからである。

(c)甲乙いずれかが他方に先だって弁済を受けるべきことを定める場合もあろう(三九八条ノ一四第一項但書後段参照)。この種の別段の定めは、さらに極めて種々の内容をもちうるが、当該根抵当権に配当される額の一定率(五分の二)もしくは一定額(四○○万円)まで、または被担保債権の全額につき、乙が優先する(優先的地位を保証した一部譲渡)とし、または反対に、一定率もしくは一定額まで、または被担保債権の全額につき甲が優先する（優先的地位を留保した一部譲渡）、とする例などが考えられる。

〔七八四〕　（ロ）なお、右の別段の定めは、一部譲渡の際に定めることができるだけでなく、その後に定めることもできる。ただし、これは根抵当の共有における弁済の割合の変更である（〔七九二〕ロ参照）。同様のことは、一部譲渡を受ける者の被担保債権の範囲についてもいえる。すなわち、一部譲渡そのものは、被担保債権の範囲決定基準をそのままにして優先弁済を受ける効力を共有する観念であるが、譲渡と同時にまたはその後にこれを変更することはできる（〔七九一〕ロ参照）。

〔七八五〕　(4)第三七五条の処分のうち、転抵当を除く四つのものは、抵当権の一部譲渡によってほとんど同様の効果を収めることができる。甲一番の根抵当権、乙二番の普通抵当権、丙三番の根抵当権、丁無担保債権者として概略を吟味する。

（イ）抵当権の譲渡は、甲から丁に対して、その利益のために行なわれ、甲への配当額を丁が甲に優先して取得するのであるが（〔六二六〕参照）、一部譲渡を利用する場合には、甲から丁へ一部譲渡をして、丁が被担保債権の全額について優先する旨の別段の定めをすればよい。

（ロ）右の例で、甲が丁の利益のために抵当権を放棄するときは、甲への配当額を甲と丁の債権額に比例して分配するのであるが（〔六三二〕参照）、一部譲渡を利用する場合には、甲から丁に対して一部譲渡をすれば、原則に従って、債権額に比例して分配されるから、同一の結果となる。

（ハ）一番抵当権者甲が、三番抵当権者丙に対して、その利益のために順位を譲渡するときは、甲への配当額と丙への配当額の合計につき、丙が優先して弁済を受け、甲がその残額を取得するのであるが（〔六三〇〕）、一部譲渡を利用する場合には、甲から丙へ一部譲渡を行なって、丙が全額について甲に優先する旨の別段の定めをなし、さらに丙から甲への一部譲渡を行なって、ここでも丙が全額について甲に優先する旨の別段の定めをすれば、右と同一の効果を収めることができる。

丙の三番抵当権が普通抵当権である場合には、丙から甲に対し、その利益のために三番抵当権を譲渡すればよい。例えば、目的不動産の価値がほぼ一三〇〇万円、甲(極度額)乙(被担保債権額)両抵当権の合計額一二〇〇万円だと仮定して、丙銀行がさらにSに三〇〇万円の設備資金を貸し二年間に割賦弁済を受けることにしたとしよう。甲が丙に一部譲渡をしかつこれを優先的に弁済する別段の定めをすれば、丙の債権は、甲の根抵当権の枠を三〇〇万円だけ埋めるけれども、弁済されるに従って枠が空き、二年後には、甲は再び根抵当権の枠全部を利用しうるようになる。丙の三番抵当権は効果を発揮しないですむ。甲は、おそらくかような結果を予期して、一部譲渡を行なうのであろう。ところが二年経過せず丙の融資債権がなお二〇〇万円残っているときに、乙の申立てによって抵当不動産が一三〇〇万円で競売されたとする。丙の三番抵当権にも一〇〇万円だけは配当されるわけだが、それを甲に取得させるためには、丙から甲へ三番抵当権を譲渡しておけばよい。かような譲渡は、先順位の抵当権を有する者への抵当権の譲渡であって、民法の認めないものではないか、甲に二重に抵当権を与えるものであって不公平ではないか、などの理由で、その効力について疑義を生ずるかもしれない。しかし、甲が丙の抵当権の利益を受けるのは、一〇〇〇万円の枠を越えて存在する債権のためであるが、それは、実質的には無担保債権である。また、その取得する額は配当の際に丙の三番抵当権に配当されるべき額である。普通の抵当権の順位の譲渡において、一番の甲への配当を取得する三番の丙の抵当権になお配当があるものとしてこれを甲に取得させるのと何等異なるところはあるまい。右の疑義は問題にする必要はない。

(二) 一番抵当権者甲が三番抵当権者丙に対し、その利益のために順位を放棄すれば、甲への配当額と丙への配当額の合計額を甲と丙の債権額に比例して分配することになる(〔六一二〕参照)。根抵当権の一部譲渡を利用する場合には、甲から丙に一部譲渡するとともに、丙から甲に一部譲渡をすれば、同一の効果を収めることができる。丙の抵当権が普通抵当権の場合にも甲の利益のために譲渡しておけばよい。

〔七八六〕

五 順位の譲渡・放棄を受けた根抵当権者の処分の効果

(1)「抵当権ノ順位ノ譲渡又ハ抛棄ヲ受ケタル根抵当権者ガ其根抵当権ノ譲渡又ハ一部譲渡ヲ為シタルトキハ譲受人ハ其順位ノ譲渡又ハ抛棄ノ利益ヲ受ク」(三九八条ノ一五)。

根抵当権については、その順位の譲渡または放棄は——根抵当権者のためにも、普通抵当権者のためにも、一切——認められないが、普通の抵当権については、根抵当権者の利益のために順位の譲渡・放棄をすることもできる。例えば、一番の甲は一〇〇〇万円の普通抵当権で、三番の丙は五〇〇万円の根抵当権だとすると、甲から丙に一番の順位の譲渡・放棄ができる。その結果、甲に配当される金額(例えば一〇〇〇万円)と丙の根抵当権に配当される金額(例えば二〇〇万円)との合計額(一二〇〇万円)が、まず丙に配当され(被担保債権が五〇〇万円あるとすればその額)、残額(七〇〇万円)が甲に配当されるか(順位譲渡の場合)、または、甲と丙の債権額に応じて(二対一の割合で一二〇〇万円が)分配される(順位放棄の場合)。

問題は、甲から処分を受けた丙がその三番の根抵当権を丁に譲渡した場合に、丁は、丙が甲から受けた順位の譲渡・放棄の利益を受けるかどうかである。甲の処分が、丙の根抵当権の枠のためになされるものとみれば、丁は利益を受けることになり（丙の現実に存在する債権類に無関係）、丙の被担保債権のためになされるものとみれば、丁は全然利益を受けないことになろう。ところが第三七五条は「同一ノ債務者ニ対スル他ノ債権者ノ利益ノ為メ……」といっているので、――甲の債権者としての地位の承継という観念を排斥している新法の下では――丁は利益を受けないと解釈される可能性が多い。そこで新法は枠のための譲渡である旨を明らかにした。それが右の条文である。

民法の規定は根抵当権の枠という観念を知らない時のものであり、新法によってこの観念が明らかにされた以上、根抵当権者の利益のためというのは根抵当権の枠のためと解釈するのがむしろ合理的であり、利害関係を有する者に不利益を及ぼすこともない。甲に対してそのこと（丙以外の自分の関知しない者の利益となりうること）を予期すべしと要求しても不当ではあるまい。

〔七八七〕 (2)丙が根抵当権の分割譲渡をした場合にも譲受人は丙の受けた順位の譲渡・放棄の利益に均霑する。すなわち、甲の処分の利益は、分割された枠の大きさに比例してそれぞれの枠のために効果を生ずる（五〇〇万円を三〇〇万円と二〇〇万円に分割すると、甲の一番の利益は三対二の割合で二つの枠の利益となる）。

〔七八八〕 (3)問題となるのは、順位ではなく、抵当権の譲渡・放棄の場合である。もっとも、無担保債権者の利益のためにする普通の場合は、根抵当権の問題ではない。問題は、普通抵当権者から根抵当権者の利益のためにする場合である。

(イ)下の順位の普通抵当権者から上の順位の根抵当権者に対して譲渡される場合――前に例示した三番の普通抵当権者丙が一番の根抵当権者甲から一部譲渡を受けるとともに、甲に自分の三番抵当権を譲渡する場合など（〔七八五〕八後段）――には正に問題となりうる。思うに、かような場合には、債権者甲個人の利益のための譲渡だから、後に甲がその根抵当権を第三者に譲渡しても、譲受人は甲の受けた処分の利益を受けず、丙は無担保債権者甲のために抵当権を譲渡した関係となる（丙自身の一番根抵当権の利益も消滅することはいうまでもない）と解するのが、第三九八条ノ一五がとくに順位の譲渡と放棄について規定した趣旨に適するであろう。この結果が丙の予期に適するかどうかは疑問だが、一番の根抵当権の譲渡には丙も（共有者として）当事者となるのだから、不都合はあるまい。そうだとすると、丙が甲のために抵当権の放棄をした場合も同様に解してよいであろう。すなわち、甲がその根抵当権を第三者に譲渡した場合には、丙は無担保債権者甲の利益のために抵当権を放棄したことになり、丙への配当額を甲と丙とで平等の割合で分配することになる。

（ロ）後順位の普通抵当権者から先順位の根抵当権者への抵当権の譲渡・放棄を右のように解するときは、丙が先順位の普通抵当権者であり、甲が後順位の根抵当権者であるときに、丙から甲への抵当権の譲渡・放棄が行なわれた場合についても、同様の理論を認めるべきことになろう。すなわち、かような場合には、多くは、先順位の普通抵当権者からの順位の譲渡・放棄が行なわれるのであろうが、とくに抵当権そのものの譲渡・放棄を行なうことも可能であり、その場合には、その根抵当権が譲渡されても、譲受人は、甲の受けた抵当権処分の利益を受けない。一部譲渡が行なわれても、甲だけが利益を受け、甲と共有になった根抵当権者はその利益に均霑しない（共有の定めに従って配分し、甲の不足部分について丙の抵当権の譲渡・放棄の利益を甲に与える）。

第八　根抵当権の共有

〔七八九〕　一　成立　新法は、根抵当権の一部譲渡があると、譲渡人と譲受人とはその根抵当権を共有するものと定めているが、根抵当権の共有は、その場合にだけ生ずるものではなく、根抵当権という財産権（物権）を数人で有する状態（準共有）である（二六四条）。

(1)共有根抵当権として設定　数人が共同して、設定者と根抵当権の設定契約をするときは、共有を生ずる。なお、契約当事者以外の第三者に根抵当権を取得させることができると解するときは、契約当事者がその第三者との共有を成立させることができるというべきである（〔七二〇〕参照）。

(2)単独有として成立した根抵当権について、一部譲渡をするときは（設定者の承諾必要）、譲渡人と譲受人の共有となる（三九八条ノ一三）。しかし、一部譲渡の方式によらずに、単独所有者と共有者となろうとする者と設定者の三面契約で共有に移行させうることはいうまでもない。

〔七九〇〕(3)注意すべきは、甲乙の共有を甲乙丙丁その他多数の者の共有に移行させる場合である。

(イ)甲乙それぞれの持分について、自由処分を認めれば、それぞれの持分の一部を譲渡することによって共有者の数が増す。しかし、かような持分処分の自由を認めると、甲乙いずれかから持分の一部を譲受けた者（例えば乙から二分の一を譲受けた丙）と他の共有者（甲）との間の弁済の割合・優劣などの関係が不明瞭かつすこぶる複雑になりうる。そこで、第三九八条ノ一四第二項は、根抵当権の共有者（乙）は他の共有者（甲）の同意を得、かつ第三九八条ノ一二第一項の規定によって設定者の承諾を得て、その持分権を譲渡することができるものと定めた。その趣旨は、乙が丙を共有者の一人としようとするときは、甲の同意と設定者の承諾をえなければならないもの、いいかえれば、甲乙の共有状態を甲乙丙の共有状態に変更する実質をもつ手続によらなければならないものとし、その際に甲乙丙の間の弁済を受ける割合やその優劣についても必要な合意が行なわれることを期待したのである。従って、右の規定は、根抵当権の共有者の持分の自由処分を禁ずる意味をもつ。法制審議会の答申による要綱第一三には「根抵当権の各共有者の権利については、第十一及び第十二による譲渡又は一部譲渡(三九八条ノ一二及び三九八条ノ一三の定めるもの)は、することができないものとすること」とあった。第三九八条ノ一四第二項は、この趣旨を含んだ上で、積極的な面から規定したものである。

(ロ)右に関連して問題となるのは、相続の場合である。共有者の一人が死亡して共同相続人のうちの一人または数人が流動状態において承継すべきことが相続人全員と設定者の合意で定められた場合(三九八条ノ九第一項)に、他の共有者が承諾しないときは効果を生じないであろうか。共有者の変更ではあるが、相続の特殊性からみて、被相続人が共有者としてもっていた地位をそのまま承継するには他の共有者の承諾は不要と解するのが妥当と考える。ただしその共有持分権によって担保される債権の範囲を変更するには、共有者全員の承諾を要する(〔七九一〕ロ参照)。

二　根抵当権の共有の効果

〔七九一〕 (1)共有者全員で極度額までを利用することができる。

(イ)その被担保債権の範囲を決定する基準は違ってもよい。債務者を異にしてもさしつかえない。比喩的にいえば、同一の函の内に、各共有者それぞれ独自の居住をする。

(ロ)しかし被担保債権の範囲を決定する基準は、各共有者ごとに独立しているのではなく、当該根抵当権として定められている。比喩的にいえば、函の入口は一つしかなく、どの共有者の基準に適合するものもそこから入れるような形状・大小でなければならない。従ってまた、共有者の一人についての基準の変更も根抵当権そのものの変更として、共有者全員共同して設定者と合意する必要がある。

(ハ)共有者間の弁済を受ける割合や優劣についての別段の定め(三九八条ノ一四第一項但書)は、共有者全員の合意によるべきことはいうまでもない。

〔七九二〕 **(2)**根抵当権の共有持分の処分についての第三九八条ノ一四第二項の規定は、根抵当権の共有の特殊性を明らかにしたものであって、ここに示される理論は、なお多くの特殊性を導く。

(イ)持分処分の自由はなく、(a)譲渡の目的を達するには、共有者の変更の手段によるべきことは前述したが(〔七九〇〕イ)、(b)分割請求権もないと解すべきは当然であろう。(c)競売申立も共有者全員が共同してなすべきである。(d)共有者の一人だけのために、普通の抵当権の譲渡・放棄をすることはできるが、普通抵当権の順位の譲渡・放棄をすることはできない。けだし根抵当権への順位の譲渡は枠の利益のための処分とされるからである(三九八条ノ一五〔七八七〕・〔七八八〕参照)。

(ロ)担保される債権の範囲(割合・優劣)及び債務者の変更は、根抵当権そのものの変更であるから、共有者全員の合意を要する。確定期日の変更も同様である。

(ハ)共有に属する根抵当権の確定は、根抵当権そのものにつき、全共有者のために生ずべきである。(a)従って、確定請求(三九八条ノ一九)は、共有者全員に対してなすべきである。請求の到達に遅速があったときは、全員に到達したときから二週間を経過した時に効力を生ずる(〔八〇二〕参照)。(b)また、取引の終了その他によって担保すべき債権が生じないこととなったために共有根抵当権が確定する場合(三九八条ノ二〇第一項一号〔八〇三〕ロ参照)にも、それらの事情が全共有者に生じたときに確定する。それまでは、右の事情を生じた共有者の根抵当権だけが流動性を失なって、特定の債権として担保されている状態となる。

(c)しかし、共有根抵当権の目的たる不動産が差押えられた場合(三九八条ノ二〇第一項二号・三号〔八〇四〕・〔八〇四ノ二〕参照)には、共有者の一人に対する関係でなされた場合にも、全員について確定の効果を生ずるというべきであろう。

〔七九三〕(3)以上の如く、特殊の理論に従う結果、民法の共有の規定の準用されるものはほとんどない。もっとも共有者の一人が持分を放棄し、または相続人なしに死亡した場合にはその者の持分は他の共有者に帰属する規定(二五五条)などは準用されるであろう。

第九　共同根抵当権

〔七九四〕一　民法は、共同抵当権、すなわち「同一ノ債権ノ担保トシテ数個ノ不動産ノ上ニ抵当権」が設定されている場合について、後順位抵当権者の間の公平と担保価値の合理的利用をはかる目的で、一種独特の主義をとった(三九二条・三九三条)が、金融取引が複雑となるに及び、極めて錯綜した関係を生じ、必ずしもその長所を発揮しえない状態となっていることは前述した〔六五三〕。かような事情は、共同根抵当において一層顕著となっている。例えば、AB間の取引について、甲乙丙三個の不動産の上にそれぞれ極度額一〇〇〇万円の共同根抵当権が設定されている場合に、Aが甲不動産から一〇〇〇万円の弁済を受けると乙と丙の上の根抵当権も消滅するとなすことは、金融取引の実情に適さない。何故なら、普通の共同抵当は「同一ノ債権ノ担保トシテ」数個の不動産の上に抵当権が設定されるのであるから、被担保債権の額は、利息を別にすれば、最初から確定している。従って、多数の抵当不動産の共通の負担として、いわゆる累積主義をとらないことにも充分の理由がある。これに対し、根抵当権では、被担保債権の範囲を決定する基準としてＡＢ間に具体的な継続的契約が締結されている場合でも、それから生ずる債権の額は無制限に拡大する可能性をもっている。従って、これについて多数の不動産に根抵当権が設定された場合には、たとい極度額が同一であっても、共通の負担（三つの不動産で結局一〇〇〇万円しか負担しない）とするのではなく、累積的な負担（合計三〇〇〇万円負担する）とするのが合理的である。いいかえれば、共同抵当の要件たる「同一ノ債権」（三九二条）というのを「特定ノ継続的取引契約」と書きかえてみても、前者はその数額が確定しており、後者は無制限に拡大する可能性をもつことに留意すれば、後者においては累積主義が合理的であることを理解しうる。とりわけ、取引関係の拡大に応じて追加的に根抵当権が設定され（最初は甲と乙に設定され、後に丙に設定されたとき）、しかも極度額が異なる場合（甲は一〇〇〇万円、乙は八〇〇万円、丙は五〇〇万円などと（現在かような例は稀でない））などには、累積的にとり扱わないことは、極めて複雑な、しかも甚しく不合理な結果となる。

むろん、累積主義をとると、根抵当権者は、共同根抵当権の目的不動産の価格の割合に関係なく、任意のものからその極度額までの弁済を受けることができ、その不動産の後順位抵当権者は、他の不動産の上の共同根抵当権に代位する権利を取得しない。そのために、不公平な結果となる場合があることは否定しえない。しかし、根抵当権の後順位抵当権者は極度額の枠だけは覚悟すべしという主義を徹底させれば、右の結果は必ずしも後順位抵当権者の予期に反するとはいえないであろう。新法は、これらの事情を考慮して、累積主義を原則とする立場をとった。

しかし、数個の不動産が、建物と敷地、同一の敷地内の数筆の土地などのように、法律的には数個の不動産であっても社会経済的には一個の財産として評価されているものについて、各不動産ごとに評価して極度額を定めて累積式とすることは、経済取引の実情に適せず、不動産の適正な担保価値を把握する障害ともなる。そこで、新法も、被担保債権の範囲を決定する基準、債務者及び極度額が同一な場合には、累積式とせず、民法第三九二条・三九三条に従う共同抵当権とすることもできるものとした(三九八条ノ一六―三九八条ノ一八)。前者を累積共同根抵当権と呼び、後者を純粋共同根抵当権と呼ぶことにする。

二　純粋共同根抵当権

〔七九五〕 (1) 設定と変更

(イ)「其設定ト同時ニ同一ノ債権ノ担保トシテ数個ノ不動産ノ上ニ根抵当権ガ設定セラレタル旨ヲ登記シタル場合」には、普通抵当権の共同抵当権に関する第三九二条・第三九三条が適用される(三九八条ノ一六)。

右にいう、数個の不動産の上の根抵当権が「同一ノ債権ノ担保トシテ」設定されているとは、担保される債権は、どの時点においても、どの一つをとってみても、すべての根抵当権によって担保されているという意味である。いいかえれば、増減変動する不特定の被担保債権を一括してみると、同一のものが、常にすべての根抵当権によって担保されている状態である。従って、被担保債権の範囲決定の基準も、債務者も、極度額も、すべての根抵当権について同一でなければならない(要綱第一五の1にはそのことが明示されていたが、「同一ノ債権ノ担保」でわかるというので、規定ではこれを削った)。債務者が異なればもちろんのこと、基準が異なれば、たとい共通の部分があっても、違う部分の債権はすべての根抵当権によって担保されることにならない。また極度額が異なれば、共通の額を超過する額に該当する債権は、額の大きな根抵当権だけで担保されることになる。ただし、数個の不動産が同一の所有者に属することは必要でない。

（ロ）「設定ト同時ニ」、とくに純粋共同根抵当権（第三九八条ノ一六の共同根抵当権）である旨の登記をしなければならない。この登記がないと、右（イ）の要件を備えているものでも累積根抵当権となる。

「設定ト同時ニ」とは、追加的にはできないという意味ではない。最初に甲不動産だけの上に根抵当権を設定し、後に乙不動産の上に根抵当権を設定する場合にも、その時に甲乙両不動産について登記をすることによって、甲と乙とを純粋共同根抵当権とすることができる。「設定ト同時ニ」とは、共同根抵当権となるものを設定する時の意味である。従って、累積共同根抵当権として設定された甲乙両不動産の上の根抵当権を合併して純粋共同根抵当権とすることはできない。丙不動産の上の根抵当権を追加して、累積共同根抵当権甲乙それぞれと純粋共同根抵当権の関係（片面的共同根抵当権）に立たせることもできない（甲か乙かいずれか一方だけとならできる）。甲と丙にだけ担保されて乙に担保されない債権が存在することになるからである（片面的共同根抵当権は、最初からでも設定しえない）。

（ハ）被担保債権の範囲を決定する基準、債務者及び極度額は、変更しえないものではないが、すべての不動産について同一に変更し、かつすべての不動産についてその登記をしなければ変更の効力を生じない（三九八条ノ一七第一項）。同一に変更すべきことは当然であるが、すべての者に対する関係で同一の効果を生じさせるために、すべての不動産について登記をすることを効力発生の要件としたのである。従って一部の不動産についてだけ登記されても、その効力を生じない。このことは、利害関係を有する者を害するおそれがないでもない。しかし、だからといって変更を禁ずることも妥当でないとすれば、止むをえないであろう（〔七三〕ロ参照）。

〔七九六〕 (2)純粋共同根抵当権の効力

(イ)純粋共同根抵当権について、(全部)譲渡または一部譲渡をすることもできる。しかし、これもすべての不動産について一様にこれを行ない、かつその登記をしなければ効力を生じない（三九八条ノ一七第一項後段）。極度額などの変更と同一の趣旨である（〔七九五〕八参照）。

(ロ)担保される債権の元本の確定はすべての不動産について一様に生ずる（同条第二項）。すなわち、一つの不動産について確定事由を生ずると、すべての不動産について確定する。けだし、すべての債権が常にすべての不動産によって担保されるべきことの当然の結果だからである。従ってまた、一の根抵当権について確定請求（三九八条ノ一〇第三項・三九八条ノ一九）があれば、すべての根抵当権について効力を生ずる。また、元本の確定後における極度額の減額請求（三九八条ノ二一）及び同様の根抵当権の消滅請求（三九八条ノ二二）は、一つの不動産について行なわれれば全部について効力を生ずる（法文の規定（右両条の第二項）はむしろ当然のこととともいえる〔八〇六〕ロ・〔八〇六ノ八〕参照）。

〔七九七〕 三 累積共同根抵当権

(1)設定 同一の当事者の間で数個の不動産の上に設定された根抵当権でも、被担保債権の範囲を決定する基準、債務者または極度額のいずれかに少しでも違う点があれば、すべて累積共同根抵当権である。三つのものが完全に一致する場合――例えば、A銀行とS商人の間の銀行取引によって生ずるSの債務を担保するために甲乙丙三個の不動産（所有者は同一でなくてよい）のそれぞれに極度額一〇〇〇万円の根抵当権が設定された場合――には、特別の登記をすれば、純粋共同根抵当権とすることもできるのだが（三九八条ノ一六）、その登記をしなかったときは、累積共同根抵当権となる（三九八条ノ一八）。

〔七九八〕 (2)累積共同根抵当権の効力

(イ)優先弁済を受けうる債権と額 (a)数個の根抵当権の被担保債権の範囲が全く異なるとき――例えば、メーカーBと卸商Sの間で設定された甲不動産の上の根抵当権(極度額一〇〇〇万円)はBの製造するX商品の、乙不動産の上の根抵当権(極度額は同じく一〇〇〇万円)は同じくY商品の、継続的供給契約から生ずるSの債務を担保するとき――は、Bは、それぞれの債権につき、それぞれの不動産の上の根抵当権によって優先弁済を受けうることはいうまでもない。この場合には、共同根抵当権という観念は入ってこない。

(b)被担保債権の範囲が一部分くい違っているとき――右の例で、乙不動産は、BからSに供給するすべての商品(他のメーカーから仕入れて供給するものを含み)について生ずるSに対する債権を担保するとき――は、甲乙両根抵当権について重複している範囲(Bの製造する商品の供給)の債権については、Bは甲乙両根抵当権のいずれからでも優先弁済を受けることができる。その限りで共同的な根抵当権といえる。しかし、一方から優先弁済を受けても、純粋共同根抵当権の場合のように他方の根抵当権がそれだけ縮減するのではなく、別の被担保債権の優先弁済にあてることができる。そしてBは甲乙両根抵当権によって二〇〇〇万円まで優先弁済を受けることができる。甲乙のいずれの根抵当権からも優先弁済を受けることのできる債権について、最終的にいずれの根抵当権によってこれをするかは、つぎに述べる。

(c)甲乙丙三個の不動産の上の根抵当権の被担保債権の範囲も極度額もすべて全く同一の場合――前に挙げたAS間の銀行取引の例(〔七九七〕)――には、A銀行は、銀行取引によってSに対して取得するすべての債権について、合計三〇〇〇万円まで優先弁済を受けることができることはいうまでもない。

〔七九九〕　(ロ)優先弁済を受ける債権の配分　根抵当権者が、ある債権について、数個の不動産のどれからでも優先弁済を受けることができる場合でも、競売によって現実に弁済を受けるには、その競売代金によってどの債権の優先弁済を受けるかを定めなければならない。その選択決定権は、原則として根抵当権者がもつと解すべきである。

(a)甲不動産が、例えば後順位抵当権者の申立によって競売された場合には、A銀行(〔七九七〕の例によって)は、Sに対する債権のうちの任意のものを選んで一〇〇〇万円までの優先弁済を受け、残りの債権は、乙または丙へ廻すことができる。のみならず、AがSに対する一つの債権に基づいて、みずから甲不動産の競売を申立てた場合にも、同時に弁済を受けたい債権を選んで、一〇〇〇万円までその競売代金から弁済を受けることができる。

AS間の取引がそれほど多くないために、乙不動産か丙不動産のために残される被担保債権が結局一〇〇〇万円に満たなかった場合には、AS間の銀行取引から生ずる、実質的には一括して取扱われる債権についての甲乙丙三個の不動産の負担が不平等になり、それぞれの不動産の上の後順位抵当権者の間に不公平を生ずる(甲の次順位抵当権者は弁済を受けえず、代位もせず、乙、丙の次順位抵当権者は充分に弁済を受ける)。その点に累積式の欠点が存するのだが、それは止むをえない。

(b)ただ考慮すべきは、すべての不動産の上の根抵当権が同一の時に確定し、全部について配当される場合でしかもAの被担保債権総額が累積根抵当権の極度額の和三〇〇〇万円に満たないときである。このときには、Aの恣意を認めず、第三九二条第一項を類推して、各不動産の価額に応じて債権を配分するのが妥当であろう。けだし、確定の時までどの根抵当権によってでも弁済を受けうるという点では、純粋共同根抵当権の同時配当の場合と共通のものを含んでいるからである。

なお、右のことは、数個の根抵当権の担保する債権の範囲が一部重複する場合の重複部分――前掲のメーカーと卸商の間の契約でBの製品供給から生ずる債権（〔七九八〕b参照）――についても同様である。

〔八〇〇〕　**(ハ)** 被担保債権の質入れと差押

数個の根抵当権のいずれによっても担保される債権（右の例でメーカーが自分の製造商品を供給した大口の債権）を根抵当権者が質入れし、または根抵当権者の債権者が差押えた場合にも、いずれの根抵当権によって担保されるものとなすべきかが問題となりうる。

質入れの場合には、質権設定契約の当事者の合意で、弁済を受けるべき不動産の順序を定めることができ、合意されなかった場合には、配当の行なわれる順序で、そこから配当を受けることができ、根抵当権者は、いずれの場合にも、質権者を害するような被担保債権の配分を行なうことができない、と解するのが妥当であろう。そして、差押の場合には、質入れに当って不動産の順序を合意しなかった場合と同様に取扱うのが妥当であろうと考える。

〔八〇〇ノ二〕　**(ニ)** 確定は、いうまでもなく、各根抵当権について別々に生ずる。数個の根抵当権に共通する確定事由を生じたとき――例えば「銀行取引」を被担保債権の範囲決定基準とする累積根抵当権において、一個の被担保債権について債務不履行を生じたとき――に、どの根抵当権を確定させるかは、原則として、根抵当権者が選択する。

第一〇 根抵当権の確定

根抵当権の確定については、関係各所に述べてきたが、ここに総合的に考察する。

〔八〇一〕 一 確定事由と確定の時

(1)確定期日の到来　根抵当権について確定すべき期日を定めた場合には、その期日の到来した時に確定する。変更の合意をしても、登記された期日が到来する前に変更の登記をしないと登記された期日に確定する（三九八条ノ六（〔一七五五〕参照））。

〔八〇二〕 (2)確定請求

(イ)根抵当権設定者は――確定期日を定めなかった場合には――根抵当権設定の時から三年を経過した後に、確定を請求することができる。そして、請求したときは、その請求の時から二週間を経過した時に確定する（三九八条ノ一九）。

(a)根抵当権が長期に及び、設定者がその拘束によって不当な不利益を受けることを救済するものである。主として、設定者が債務者でない場合（物上保証人・第三取得者）に機能を発揮するであろう。債務者が設定者である場合には、極度額に余裕があるのに根抵当権者が融資を渋るときに問題となりうるが、そのようなときには、つぎに述べる取引関係の終了を理由として確定しているとみるべき場合が多いであろう（三九八条ノ二〇第一項一号）。また根抵当権者は、融資をするとしないとの自由を有するのみならず、債務不履行があれば競売もできるのだから、確定請求権を与える必要は全く存在しない。

(b)二週間の期間経過後に確定するとしたのは、根抵当権者に対して、確定に対する心構えをし、適当な措置を講ずる余裕を与えるためである。

(c)確定請求は、根抵当権者に対する意思表示でなされ、到達してから二週間経過して効力を生ずる。(i)根抵当権が共有状態にある場合には、共有者全員に対してなすべきである(〔七九二〕八参照)。(ii)根抵当権の目的たる不動産が数人の物上保証人の共有に属する場合には、全員共同してなすべきものと解するのが正当である。けだし、全員に対して共同に確定すべきであるが、一人の意思表示で全員について効力を生じさせるのは、影響が大き過ぎて、共有の性質に適さないからである(二五一条・二五二条参照)。(iii)これに対し、純粋共同根抵当権の設定されている各不動産の所有者からの確定請求は、その所有者が同一人でない場合にも、一人の確定請求によって全根抵当権は確定する。この形態の共同根抵当権は、それぞれの不動産について独立に生ずる効果を共通に受けることを特色とするからである(〔七九六〕ロ参照)。

〔八〇二ノ二〕 (ロ)確定請求権は、確定期日の定めのない場合に生ずるのが原則だが、その期日の到来する前につぎに述べる取引の終了などの事由が生ずればその時に確定することはいうまでもない。のみならず、著しい事情の変更があれば、確定期日の定めがあってもなお確定請求権を生ずること(事情変更の原則の一適用)を認めねばならない。根抵当権者と債務者との取引状態が物上保証人の予期を不当に裏切る場合などが適例である。最高裁は、かつてこの理論を認めた(最高判昭和四二・一・三一民四三頁)。この判例理論は、新法の下でも維持される。もっとも判例は確定期日の定めのない場合、といっている。しかし、事情のいかんによっては、確定期日の定めがあってもなお認められる場合も絶無とはいえまい。

〔八〇三〕 (3)「担保スベキ債権ノ範囲ノ変更、取引ノ終了其他ノ事由ニ因リ担保スベキ元本ノ生ゼザルコトト為リタルトキ」（三九八条ノ二〇第一項一号）。根抵当権としての流動性が存続しなくなるからである。

（イ）「担保スベキ債権ノ範囲ノ変更」による場合　根抵当権の被担保債権の範囲決定基準を変更して、ある特定の債権だけが担保されるものとしたとき、例えば、甲の債務者をSとする根抵当権を譲受けた乙が、特定の債権の担保として利用するとき——いいかえれば、乙がSに対する特定の債権を担保するために第一順位の根抵当権を譲受けたとき——などがその例であろう（〔七七七〕・〔七七九〕b参照）。

（ロ）「取引ノ終了」による場合　根抵当権者と債務者との間の被担保債権を発生させる原因たる取引関係が終了した場合。被担保債権の範囲が「特定ノ継続的取引契約ニ因リテ生ズルモノ」に限られている場合に、その契約が解約・解除などで終了した場合は典型的な例だが、被担保債権がもっと広い基準で定められているときにその基準に適する債権を生ずる取引が事実上終了する場合もあろう。銀行取引によって生ずる債権を被担保債権とすると定められている場合に、設定者が営業を廃止したときなどが考えられる。なお、根抵当権者または債務者の死亡によって相続が開始した場合に、根抵当権を流動状態で承継させる者を定めなかった場合には、相続開始の時に確定するものと定められているが（三九八条ノ九第四項）、実質的には、被担保債権を決定する基準に適合する債権を生ずる可能性のなくなったことを意味する（〔七六六〕ロ・〔七六七〕ロ参照）。

旧法の下では、根抵当権は債権的取引関係に附従するものと考えられたから、根抵当権が消滅したかどうかを判定するには、まずこの取引関係が終了したかどうかが吟味され、それが終了した上で残存債務が完済されたときに消滅するものとされた（大判昭和八・一二・一二新聞三六六四号一一頁（当座貸越契約の解約と残存債務の不存在）、大判昭和八・一二・二民二八〇五頁（父の死亡と残存債務の完済、判民一九六事件我妻、民法判例評釈I所収））。新法の下では、当事者間に特定の被担保債権の存在する必要のないことはもとよりのこと、被担保債権を発生する契約関係の存在することも根抵当権存立の要件ではない。しかし、根抵当権は反覆・継続して発生する不特定の債権を担保することを終局的な存在目的とするものであるから、かような債権を発生する事実上の可能性も存在しないのに根抵当権が設定されたら、おそらく錯誤によって無効とされるであろう。それと同時に、設定当時に実際に存在したかような関係がその後に消滅したときは、根抵当権は、機能する可能性を失なって消滅しなければならない。「取引ノ終了」によって確定するのは、その前提というべきである(〔七一五〕参照)。

(ハ)「其他ノ事由」による場合　根抵当権の被担保債権の範囲を「特定ノ原因ニ基キ債務者トノ間ニ継続シテ生ズル債権」と定められている場合に、その特定の原因が消滅したとき、例えばS工場の操業による有毒排水によって継続的に生ずる損害賠償請求権を担保するものと定められた場合に、S工場が操業を終止したときなどがその例であろう(〔七二六〕a参照)。

〔八〇四〕 (4)根抵当権者が、根抵当不動産について、「競売」の申立、または、第三七二条で準用される第三〇四条の規定によって「差押」の申立をしたとき。ただし競売手続の開始または差押があったときに限る(三九八条ノ二〇第一項二号)。

(イ)根抵当権者自身が競売申立をしたときとは、その根抵当権に基づく場合に限らない。別の債権で強制競売の申立をした場合を含む。第三〇四条の規定による差押は、物上代位権による差押である。いずれの場合にも、根抵当権者が根抵当の実行――取引の終了――を欲するのだから、流動性を失なわせるのが当然である。

（ロ）ただし、申立があっても、取下げその他の理由で、競売手続が開始されず、または差押がなされずに済んだときは、確定しない。いいかえれば、競売の開始または差押を条件として申立の時に確定する。もっとも、競売手続開始決定または差押があれば、その効力が消滅しても確定の効力は残る。根抵当権者が取引を打切る意思を示したものだからである。第三者がした場合と異なる（三九八条ノ二〇第二項）（〔八〇四ノ三〕(ハ)参照）。

〔八〇四ノ二〕 (5)根抵当権者が抵当不動産に対し「滞納処分ニ因ル差押」をした場合（同条同項三号）。徴税主体が根抵当権者である場合（〔七二六〕a参照）に限るが、その根抵当権によって差押える場合に限らず他の租税債権によって差押をした場合を含むこと、これを確定事由とする理由、差押の効力が消滅しても確定の効力は維持されることなどは、前段(4)と同一である。

〔八〇四ノ三〕 (6)根抵当権者が、第三者による「抵当不動産ニ対スル競売手続ノ開始又ハ滞納処分ニ因ル差押アリタルコトヲ知リタル時ヨリ二週間ヲ経過シタルトキ」（同条同項四号）。

（イ）右の(4)と(5)は根抵当権者自身がやる場合なのに対し、これは根抵当権者以外の者、すなわち、当該不動産の他の抵当権者または一般債権者などがなす場合である。根抵当権者の把握した枠の効力を強く認めようとするときは、後順位抵当権者や一般債権者の競売によっては根抵当権は消滅せずに、競落人によって負担される（引受主義）とするか、極度額を供託すべきものとする制度が考えられる（民訴六四九条や六五六条の適用には枠を基準に計算する）。そうでないと、根抵当権を設定して日が浅く極度額に空き間の多い時期に競売を申立てられ、その時に存在する被担保債権額で清算させられることは、根抵当権者にとって不利である。しかし、他面からみると、果して利用されるかどうか不確定な根抵当権の枠を充実したものとみることになるから、右の取扱いは、他の抵当権者や一般債権者にとってはすこぶる不利益となる。わが国の金融取引の実際でも、根抵当権をそこまで強力なものとすることは、必ずしも望まれてはいないようである。そこで根抵当権の設定されている不動産を清算すべき場合には、第三者のイニシァティヴによるときでも、全部的に清算することにしたのである。

問題となるのは、国税徴収法が、国税に優先する根抵当権の国税に優先して弁済を受けうる債権元本額を、国税に基づく差押または交付要求の通知を受けた時における額を限度と定めることである（国税徴収法一八条一項（一四六〇）参照）。右は、根抵当不動産が差押えられた場合に、その根抵当権は何時確定するか、いいかえると何時を基準として優先弁済を受けうるかについて、学説・判例の確立しない時に規定されたものである（競売手続の実務上では配当の時まで増加した全債権額に優先権を認める例も少なくなかった）。新法によって二週間の後に確定するものと規定された以上、国税徴収法もこれと歩調を合わせるべきである。

(ロ)第三者による競売手続の開始または滞納処分による差押を知った時から二週間を経過した後に確定することにしたのは、根抵当権者に対し、懸案中の取引の結了その他の善後措置を講ずる余裕を与えるためである。なお、滞納処分の差押がなされたときは、税務署長は根抵当権者に通知すべきものとされる（国税徴収法五五条）。すこぶる適切な措置である。競売手続の開始決定または強制競売による差押についても、新法の制定に関連して、同旨の規定が設けられた（民訴六五三条ノ二、競二七条）。

(ハ)確定の遡及的消滅　(ａ)第三者の申立による競売開始決定または差押がなされた後でも、申立の取下げその他の理由によって、その効力が消滅した場合には、根抵当権は確定しなかったものとみなされる

（三九八条ノ二〇第二項本文）。この確定事由は、右に述べたように、根抵当権者が取引の打切りを欲した場合でないこと、確定の効力を遡及的に失なわさせないと根抵当権者から債務者に救済融資をして競売申立を取下げさせる――金融取引界にしばしば行なわれる――途を閉ざすべきでないこと、などを考慮したものである。

(b)ただし、元本が確定したものとして、その根抵当権を取得した者、例えば被担保債権を譲受けた者、被担保債権を弁済して代位した保証人（〔八〇五ノ五〕b参照）、または、その根抵当権を目的とする権利を取得した者、例えば転抵当権を取得した者、順位の譲渡を受けた者（〔八〇五ノ六〕参照）などがあるときは、一度生じた確定の効力は消滅しない。これらの第三者の利益を害するか、法律関係が紛糾するからである（同条同項但書）。

〔八〇四ノ四〕 (7)債務者または根抵当権設定者が破産の宣告を受けたとき（同条第一項五号）。

(イ)債務者が破産の宣告を受けた場合にも、また債務者でない設定者が破産の宣告を受けた場合にも、根抵当権の流動性を失なわせてその時に存在する元本によって清算するのが妥当だからである。

(ロ)破産宣告の効力が消滅したときは、元本が確定したものとしてその根抵当権またはこれを目的とする権利を取得した者がない限り、確定しなかったものとみなされることは、第三者の申立による競売手続開始の場合と同じである（同条第二項但書）が、競売手続と異なり、破産宣告が根抵当権者の申立によってなされた場合を除かないのは、破産は申立債権者の利益だけでなく、総債権者の利益のためになされるものだからである。

二 確定の効力

〔八〇五〕 (1)確定の効力はすでに詳述した（〔七四〇〕以下）。要約すれば、その基本的な効力は、根抵当権の流動性の喪失である。すなわち、担保される元本債権は、その時に存在したものに限る。その後に取得されたものは、担保されない。その時に存在した元本債権が確定後に任意に弁済されて枠の空き間を生じても、新たな元本債権で埋めることはできない。その意味で確定の時に存在した被担保債権は特定性をもつことになる。だが、確定の時に存在した空き間、及びその後に元本または利息の任意弁済によって生ずる空き間は、利息によって極度額まで埋めることができる。その意味では、普通の抵当権に転化したとはいえない。なお、根抵当権の特色を保有する。

要するに、根抵当権の確定によって、その時に存在した被担保債権は、その根抵当権によって終局的に担保されることになり、その意味で附従性を取得する。その結果、確定前と確定後とで適用される理論を異にし、(i)確定前にはなしうるが、確定後にはなしえないことと、反対に、(ii)確定前にはなしえないが確定してはじめてなしうること、ないしは、普通抵当権の規定が適用されることとを生ずる。主要な事項を列記する。

〔八〇五ノ二〕　(2)確定前にはなしうるが、確定後にはなしえないこと

(イ)根抵当権の内容の変更、すなわち、(a)被担保債権の範囲の変更・債務者の変更は、確定前に登記をすることによってなしうる(三九八条ノ四(〔七四八〕二・〔七四九〕二参照))。確定後に特定の債権について債務者を変更することは、債務引受その他一般の原則によって可能であるが、ここにいう債務者の変更とは全く意味が異なる。

(b)極度額の変更も確定前に登記をすることによってなしうる(三九八条ノ五(〔七五二〕参照))。確定の後に利害関係人の承諾をえて被担保債権額を増すことは可能であろうが、流動性のあるもの――弁済してもその空き間を埋

めうるという効力をもつもの——としては、もはやすることはできない。

(c)確定期日の変更は確定前にしなければならないことはいうまでもあるまい(三九八条ノ六第四項〔一七五五〕参照)。

〔八〇五ノ三〕 **(ロ)相続・合併による包括承継** (a)根抵当権者または債務者の死亡に際し、その地位を承継して根抵当権を流動性を失なわない状態で承継する者を定めることも、確定前に相続が開始した場合にだけなしうることである(三九八条ノ九〔一七六四〕以下参照)。

根抵当権が確定した後に、相続が開始した場合には、一般の理論によって解決される。すなわち、根抵当権者が死亡した場合には、根抵当権によって担保されるすべての特定した債権は、共同相続人の全員によって合有的に承継され、遺産の分割の理論に従って処理される。また債務者が死亡した場合には、被相続人が負担し、根抵当権によって担保されていたすべての特定の債務は、共同相続人に合有的に帰属する。なお、根抵当不動産が債務者たる被相続人の所有に属していたときは、共同相続人の合有となり、債務の承継とは別の理論で処理されることはいうまでもない。要するに確定後の相続は、右に述べたことに関する限り、普通の抵当権附債権における債権者または債務者の相続と異なるところはない。

(b)根抵当権が確定した後に、債権者たる法人または債務者たる法人が合併したときは、それぞれ、合併後存続する法人または合併によって設立した法人がその債権を承継し、または債務を負担する。流動性のあるものとして承継されるのは、確定前に合併があった場合に限る(三九八条ノ一〇〔一七六九〕参照)。

〔八〇五ノ四〕 **(ハ)根抵当権としての処分(譲渡・一部譲渡)** (a)根抵当権の譲渡(譲渡・分割譲渡)及び一部譲渡は、確定前にだけできる(三九八条ノ一二・一三)。これらの処分は、根抵当権がその成立及び存続について債権に附従する性質をもたないことに基づいて、一定量の担保価値(枠)として処分することを認められたものである。ところが、根抵当権が確定すると、担保される元本債権は確定の時に存在するものに特定され、前に一言したように、根抵当権はこれに附従し、その運命は被担保債権によって決せられることになる。従って新法の認めた譲渡・分割譲渡及び一部譲渡は確定前にだけ認められる制度となる。

(b)新法の認める根抵当権の処分のうち、転抵当だけは確定前にすることができる(三九八条ノ一一第一項但書・第二項)。しかも原抵当権の被担保債権が零のときは、転抵当権も無価値となる。被担保債権に密着しているように思われないでもない。しかし、根抵当権の転抵当権は原根抵当権の被担保債権を拘束する力を有せず、事実上枠の中に入ってくる債権を基礎とするに過ぎない(〔七七六〕参照)。その意味では、債権に附従するものとはいえない。要するに、転抵当は、確定前にもすることができるが、確定後のもの(普通抵当権の転抵当と同一理論に従う(〔七七六〕ハ参照))とは本質的な差がある。

〔八〇五ノ五〕　(3)確定してはじめてなしうること

(イ)個別債権についての随伴性ある変更　(a)根抵当権が確定する前には、根抵当権によって担保される個々の債権について、債権の譲渡、代位弁済、債権者の交替による更改などによって債権者が変更しても、また債務の引受や債務者の交替による更改などによって債務者が変更しても、根抵当権は随伴しない。もっとも、とくに随伴させようと欲する場合には、被担保債権の範囲の中に入れるか根抵当権の一部譲渡を行なうことによって目的を達することができるが、それには根抵当権設定者の承諾を要する(〔七五六〕参照)。

(b)右に対し、根抵当権が確定すると、個々の被担保債権についての譲渡、代位弁済または債権者もしくは債務者の交替による更改があれば、普通抵当権の被担保債権の一部についてこれらの事由が生じた場合と同様に、一般の原則に従って、被担保債権の移転に随伴する（〔七六三〕参照）。

〔八〇五ノ六〕　**（ロ）根抵当権についての譲渡・放棄、順位の譲渡・放棄**

（ａ）根抵当権について、その確定前に、他の抵当権者の利益のために、第三七五条の定める根抵当権の譲渡・放棄、根抵当権の順位の譲渡・放棄は、いずれもこれをすることができない（三九八条ノ一一第一項本文）。右に対し、根抵当権が確定すると、第三七五条によって、その根抵当権またはその順位を譲渡・放棄することができるようになる。その処分の効果は、普通の抵当権の処分と異なるところはない。すなわち、その根抵当権に配当される金額について、処分の利益を受ける無担保債権者または後順位抵当権者が、根抵当権者に優先して、またはこれと平等の割合で弁済を受ける。

注意すべきことは、第三七六条も適用されるようになることである。すなわち、債務者にその処分の通知をするか債務者の承諾をえなければ、債務者、保証人、根抵当権設定者及びその承継人にその処分を対抗することができない。そしてこの対抗要件が備えられると、処分の利益を受ける債権者の承諾なしには有効な弁済はできなくなる。根抵当権が確定すると担保される債権が特定するから、これについて右のような拘束を加えることが可能となることは、容易に理解されるであろう。

（ｂ）普通の抵当権の順位を根抵当権者の利益のために譲渡・放棄をすることは妨げない。それは根抵当権の枠に対しての譲渡・放棄として、その根抵当権の譲渡・一部譲渡を受けた者はその利益に均霑する（三九八条ノ一五（〔七八六〕・〔七八七〕参照））。これに対し、根抵当権が確定した後に普通の抵当権者から順位の譲渡・放棄があれば、枠に対しての譲渡・放棄という観念はありえなくなるから、普通の抵当権者の利益のために処分された場合と同様の効果を認めるべきことになる。なお、おわりに、確定前の根抵当権のために、普通抵当権の譲渡・放棄があった場合には、枠に対する譲渡・放棄とはみない（三九八条ノ一五の適用をしない）と解釈したのであるが（〔七八八〕参照）、根抵当権の確定後に、その根抵当権者の利益のために、普通抵当権の譲渡・放棄があった場合には、普通抵当権者への同様の処分と同一の取扱いをなすべきことには疑問はないであろう。

三　確定後に認められる特別の制度（極度額減額請求権・根抵当権消滅請求権）　根抵当権が不当に利用されることを規制するために、新法は二つの制度を設けた。極度額の減額請求権と根抵当権の消滅請求権とである。いずれも確定後に行使しうるものだが、確定請求と併せて行使することによって効果を高めることができるであろう。

〔八〇六〕 (1)極度額減額請求権

(イ)意義　根抵当権が確定した時に被担保債権の合計額が極度額を下廻り空き間が多い場合でも、根抵当権者はこれを放置して利息によって極度額まで優先弁済権を確保することができる。その存在は、後順位の抵当権の設定やその不動産の処分の支障となる。もっとも、確定した被担保債権の元利全額を弁済すれば、根抵当権は消滅するが、実際問題としては容易でないことが多かろう。そもそも継続的取引を円滑ならしめることを使命とする根抵当権が取引の絶止後に利息のために存続すること自体合理的とはいえない。かような状態を救済しようとするのがこの制度の趣旨である。

(ロ)要件（三九八条ノ二一）　(a)確定後に、減額請求をする時に存在する元本と延滞利息・遅延賠償金の和に、それから二年間にその元本から生ずる利息・遅延賠償金を加えた額が極度額に満たないこと。実際問題としては、満たない額（極度額の空き間）が相当に大きいときに利用されるであろうが、法律的な要件としてはその必要はない。なお、二年間の利息は、請求のときの元利を合計した額についてではない。だから、請求しないで二年間経過したときの元利となる。

（b）根抵当権設定者（債務者・物上保証人・第三取得者）が根抵当権者に対して請求すること。純粋共同根抵当権の目的たる不動産の所有者が異なるときは、一の不動産の所有者がこれを行なえば、全部について確定の効果を生ずる（同条第二項（一七）九六〇ロ）参照）。

（ハ）効果　（a）この請求権は形成権だから、請求によって当然に減額の効力を生ずる。

（b）転抵当権者、確定後に順位の譲渡を受けた後順位抵当権者などの第三者に対しても効力を生ずる。これらの者も、確定した根抵当権について減額請求権があることを予期すべきは当然であろう。

（c）減額の効果は登記をしなくともすべての者に対して主張しうると解すべきである。減額の効果はすべての者に対して画一的に生ずることが必要である（とりわけ純粋共同根抵当権について）のみならず、もともと被担保債権の発生を打ち切る制度だから、その点にも、登記なしに効力を生ずる根拠を求めうるであろう。

〔八〇六ノ二〕　(2)根抵当権消滅請求権

（イ）意義　根抵当権が確定したときに、被担保債権の合計額が極度額を越える場合には、根抵当権者は極度額までの優先権を主張しうるだけだが、目的不動産が競売される前に任意弁済を受ければ、それを極度額を越える部分に充当し、結局、被担保債権全部の弁済を確保することもできる。そのことは一部抵当の場合と同様である（〔三六三〕参照）。この理論は、債務者に対する関係では合理的といえるであろうが、物上保証人や目的不動産の第三取得者その他の用益権者にとっては、必ずしも合理的ではない。なぜなら、普通抵当権にあっては、一部抵当の場合でも、第三者に被担保債権の全額を予期させることができるのに反し、根抵当権にあっては、それができないだけでなく、無限に拡大する可能性を含み、根抵当権の目的となっている不動産の用益的利用を阻害するからである。そこで新法は、物上保証人及び第三取得者その他の用益権者に極度額だけを支払うことによって根抵当権を消滅させる権利を与え、根抵当権による担保的利用と、その不動産の用益的利用の調節をはかった。それが確定後における根抵当権消滅請求権である（三九八条ノ二二）。

〔八〇六ノ三〕　（a）この根抵当権消滅請求権は滌除に類似するものを含む。しかし、（i）滌除は目的不動産の価格を基準として抵当権の消除をはかるのに対し、消滅請求権は極度額を基準とする。前者は、目的不動産の値上りを待つ抵当権者の意思を無視するに反し（〔五五八〕参照）、後者は、極度額を定めた根抵当権者の意思を無視したことにはならない。（ii）消滅請求権を有する者の範囲は、滌除権者の範囲（三七八条）より広い。賃借権を取得した者が加えられたのは、今日において用益権との調節をはかる場合には、地上権と永小作権だけを捉えたのではほとんど意味をなさないからである。なお、先順位の抵当権と後順位の抵当権の中間にある用益権者は――後順位抵当権者の競売によってもその地位を失なうのだが（〔五〇二〕参照）、――この制度によって、自分より先順位の抵当権を消滅させて抵当権に脅かされない地位を確立することができる。

(iii)物上保証人は滌除はできないが(三七八条に入らない)、消滅請求はできる。元来物上保証人は、物的有限責任を負担した者だから、根抵当権者としても、これで満足するのが適当である。最高裁は、物上保証人が確定後の根抵当権を弁済によって消滅させるにも現存被担保債権全額の弁済を必要とすると判示している(最高判昭和四二・一二・八民二五六一頁(競売を実行する根抵当権者に対し、物上保証人が極度額を弁済供託して手続を阻止しようとした事例))。旧法の解釈としては正当である。従って、新法はこれを修正するものである(ただし弁済として認めるものでないことはつぎに述べる)。

〔八〇六ノ四〕 (b)物上保証人や第三取得者が消滅請求権を行使するためには、極度額に相当する金額の払渡または供託をしなければならない。しかしこれは物上保証人または第三者として弁済をするのではない。従って、――債務者との関係で求償権を生ずることはあるが――代位弁済による根抵当権の移転は生じない。その点は滌除に似ている。

〔八〇六ノ五〕 (ロ)要件(三九八条の二二第一項) (a)根抵当権が確定した後に「現ニ存スル債務ノ額」が極度額を越えること。現に存する債務とは、確定以後に増減しても、請求権を行使する時に存する元利の合計である。

〔八〇六ノ六〕 (b)請求権を取得する者は、(α)「他人ノ債務ヲ担保スル為メ其根抵当権ヲ設定シタル者」、すなわち物上保証人(これを加えた理由は前述した〔八〇六ノ三〕末段)。

(β)根抵当権が設定されている不動産について、(i)所有権、(ii)地上権、(iii)永小作権、または、(iv)「第三者ニ対抗スルコトヲ得ベキ賃借権」を取得した者。(i)(ii)(iii)は滌除権者と同じ(三七八条)。(iv)は新法の特色であって、現在の社会状態からいってこの権利の効果を高めるであろう。第三者に対抗することのできる賃借権とは、要するに、第三者に対抗する要件、すなわち、登記、引渡などを備えている賃借権の意味である。根抵当権設定後の賃借人だから、これらの対抗要件を備えても根抵当権に対抗しえないことはいうまでもないが（〔四三五〕・〔四三六〕参照）、これを要件としたのは、その存在が公示され、それから後に設定された抵当権には対抗しうるものであることを必要とする趣旨である。

（γ）なお、第三九八条ノ二二は第三項で滌除についての第三七九条と第三八〇条を準用しているので、右の（b）に挙げた第三取得者であっても、「主タル債務者、保証人及ヒ其承継人」は除外される（〔五六五〕イ参照）。また、停止条件附に取得しただけの者は消滅請求権を行使しえない（〔五六五〕ロ参照）。

〔八〇六ノ七〕　（c）極度額に相当する金額を払渡しまたは供託すること。根抵当権者が受領すれば払渡せるが、受領しなければ供託する他はない。ところが、この払渡・供託は、本来の意味での第三者の弁済ではなく、新法の認めた消滅請求の要件なのだから（前述〔八〇六ノ四〕参照）、厳格にいえば、根抵当権者はその趣旨のものとして受領することを要するはずである。しかし、新法がこの請求権を認めた以上、物上保証人や第三取得者の弁済としての提供は、特段の事情のない限り、この請求権を行使する要件としての払渡の提供と解すべきであろう。従ってまた、根抵当権者の預金口座への振込みなど確実な方法による払渡は、その額その他に誤りがなければ、消滅請求の要件を充たすと解すべきことになる。なお、供託は、一般の場合のような供託原因の存在（四九四条）を必要としないことはいうまでもないが、実際には、根抵当権者が数人あって各自に払渡すべき額が不明な場合などを救済することになるであろう。

〔八〇六ノ八〕　（d）消滅を請求すること。この請求権は形成権である。根抵当権者への意思表示で効力を生ずる。なお、純粋共同根抵当権にあっては、数個の目的不動産の一つについて消滅請求があれば、共同根抵当権自体が消滅する（三九八条ノ二二第二項）。前条に定める極度額減額請求権におけると同様の趣旨である（〔七九六〕ロ参照）。

〔八〇六ノ九〕 **(ハ)効果**　(a)消滅請求によって、請求者のために根抵当権は消滅する。消滅を請求しうる者が数人あり（例えば賃借権者と第三取得者または物上保証人がある場合など）、そのうちの一人の出捐によって消滅した場合には、他の者も利益を受けることになる。そのときの当事者間の出捐の調整は、各場合の事情に基づき、事務管理、不当利得その他の一般理論によって定められるべきである。

(b)すでに述べたように、消滅請求のための払渡または供託は、第三者の弁済ではない。従って代位を生じない。だが、被担保債権はその額だけ消滅することは弁済と同様である。その意味で「払渡又ハ供託ハ弁済ノ効力ヲ有ス」（三九八条ノ二二第一項後段）というべきである。なお、払渡または供託が被担保債権のいずれのものを消滅させるかは、弁済充当の規定を類推して決定すべきである。また、払渡しまたは供託した者は債務者に対して求償権を取得することはいうまでもない。

純粋共同根抵当権にあっては、各不動産の所有者が異なる場合にも、一人の払渡・供託による消滅請求によって全不動産の上の根抵当権は消滅するが（〔八〇六ノ八〕）、その場合に利益を受ける抵当不動産の所有者間の求償関係も代位者相互間の関係を定める第五〇一条三号ないし五号の趣旨に従って負担を分かつべきであろう。

第一一　根抵当権の消滅

〔八〇七〕 **一**　根抵当権の消滅として注意すべきことは、被担保債権が存在しなくなっても、それによっては消滅せず、さらに被担保債権の発生する可能性もなくなったときに消滅することである。いいかえると、確定すれば、被担保債権となる元本の新しく発生する可能性はなくなるから、その時に被担保債権が全然存在しなければ確定と同時に消滅する。また、被担保債権が存在すれば、弁済その他の事由でその債権が消滅したときに根抵当権も消滅する。この意味で確定は根抵当権消滅の前提である（〔八〇三〕ロ参照）。

〔八〇七ノ二〕二　なお、物上保証人及び一定の第三取得者が確定後に極度額を払渡・供託して根抵当権を消滅させる特殊の制度が認められたことは前述のとおりである（三九八条ノ二二〔八〇六ノ二〕以下参照）。

第三款　立木抵当

第一　立木抵当の意義及び作用

〔八〇八〕一　立木、すなわち樹木の集団は、わが国では、土地に生育したままで、しかも地盤と離して、取引の目的とする慣行が行なわれていた。民法はこれを独立性のない土地の定着物としたが、取引界の慣行は改められなかった。そこで、明治四二年にいわゆる立木法（「立木ニ関スル法律」法二二号）を制定し、立木のために特別の登記をすることにして、独立の不動産たる地位を与えた（総則〔二五〇〕4参照）。従って、この法律の適用を受ける立木は、地盤と離して抵当権の目的となしうるだけでなく、地盤を保留して立木の所有権だけを移転することも可能である。しかし、実際には、立木を抵当として融資を受けるために利用されている。すなわち、伐採を目的とする所有権の移転にはいわゆる明認方法を利用し、抵当権の設定には立木法の登記をする例が多いのである（物権〔一八四〕参照）。

〔八〇九〕二　立木法による立木の上の抵当権は、民法の定める抵当権と種類の異なるものではない。しかし、立木法は抵当権に関し二、三の重要な特別規定を設けている。そしてその中には、民法の抵当権の一般理論について反省させるものを含んでいる。(i)その一は、立木を土地から離れた独立の抵当権の客体となりうるものとするための法律技術であって、建物以外の建造物の取扱いの参考となる。(ii)その二は、抵当権の目的たる立木の伐採に関し詳細な規定を設けたことであって、抵当権の目的物に対する拘束力と、抵当権の侵害に関する理論を反省させる。(iii)その三は、立木の競落人は立木運搬のために必要な土地または水の使用権を承継するものと定めることであって、抵当の目的物が権利を含む場合に関し暗示するところが多い。

〔八一〇〕 **第二** 立木の独立性

立木をして土地から離れた独立の不動産たらしめるための規定は左の如くである。

(イ)立木について独立の登記制度を創設し(立木法一条)、これを一の不動産とみなし(二条一項)、生育する土地の所有権または地上権から離して処分することができるものとするとともに、生育する土地の所有権または地上権の処分の効力は立木には及ばないものとする(二条二項・三項)。これらは立木の独立性一般に関することであるが、独立に抵当権の目的となりうることの基盤となる。

(ロ)土地と立木とが同一の所有者に属する場合に、土地または立木だけが抵当の目的となるときは法定地上権を生ずるものと定めたことは(同法五条)、民法の一般理論(三八八条)の適用に過ぎないが、地上権者または転貸することのできる賃借人が立木を有する場合にまでこれを拡張して法定賃借権の成立を認めたこと(六条・七条)は注目に値する。

(ハ)地上権または賃借権の上の立木に抵当権が設定された場合には、抵当権者の承諾なしにその地上権または賃借権を放棄しまたは契約の合意解除をすることができない旨を定めたことは(同法八条)、第三九八条の拡張であって、建物について判例が同様の趣旨を認めたことを想起させる(〔一六四八〕参照)。

第三　立木の伐採

抵当権の目的となっている立木の伐採に関する規定は左の如くである。

〔八一〕 **(イ)**当事者の協定した施業方法によって樹木を採取することは妨げない(同法三条)。その範囲内で採取した樹木には抵当権は及ばない(四条一項参照)。抵当権は目的物の収益を拘束しないものであることを明言するものである(〔四三五〕参照)。

〔八二〕 **(ロ)**当事者の協定した施業方法によらずに立木を伐採することは、抵当権の侵害となるものであって、不法行為を成立させることは疑いないが、伐採された樹木(木材)の上に抵当権の効力を追求させるべきものかどうかは困難な問題であること前述のとおりである(〔三九五〕以下)。立木法はこれに関して詳細な規定を設けた。すなわち、

(a)立木の上の抵当権は、伐採木材の上に追及力を有し(同法四条一項)、第三者は即時取得の規定によって保護されるだけである(同条五項)。

(b)一方、抵当権者は、被担保債権の期限到来前にも伐採木材を競売に付することができるが、その競売代金は供託すべきであって、直ちに弁済に充当することはできない(同条二項)。他方、樹木の所有者は相当の担保を供して競売を免かれることができる(同条三項)。

（c）抵当権者が伐採木材を直ちに競売に付さない場合には、木材の所有者は一ヵ月以上の期間を定めて競売を催告することができ、抵当権者はその期間を徒過すると抵当権は効力を失なう（同条四項）。

以上の規定は、抵当権の追及力を木材所有者に対する関係においても相当に制限する点で、当事者の利害を極めて妥当に調和せしめるものである。しかし、山林（地盤を伴なった）の上の普通の抵当権については解釈によってかような制限を認めることはできないから、その伐採木材について無制限に抵当権の追及力を認めるときは、山林の上の抵当権の効力が立木の上の抵当権より強大となり、権衡を失することになる。かような理由で、そこでは伐採木材が地盤から搬出されることによって抵当権の追及力は対抗力を失なうと解したのである（〔三九七〕参照）。

〔八一三〕 **第四** 伐採木材運搬のための権利の承継

立木の所有者が木材の運搬のために土地または水を使用する権利を有していたときは、立木の競落人は、相当の対価を支払って、その権利を行使することができる（同法九条）。抵当権の目的物が一の企業としてその運営のための権利を包含するときは抵当権はこれを一体として把握すべきものであることを暗示する点において、重要な理論を含む。

第四款　財団抵当

第一　財団抵当の意義と作用

〔八一四〕 **一** 一つの企業の経営のための土地・建物・機械・器具・材料などの物的設備及びその企業に関する免

許・特許その他の特権などは、結合して有機的な一体、すなわち財団を構成する（総則〔二三九〕・〔二四〇〕参照）。そして、この財団を一括してその担保価値を把握する制度が財団抵当である。その有する重要な作用はすでに詳述した（〔二四二〕・〔二五〇〕・〔三一三〕）。ここには、特別法に認められる財団抵当の大綱を述べる。

現行の特別法で認められている財団抵当は、前に述べたが、重ねて列記すると、工場財団抵当（工場抵当法（明治三八年法五四号））・鉱業財団抵当（鉱業抵当法（明治三八年法五五号））・鉄道財団抵当（鉄道抵当法（明治三八年法五三号））・軌道財団抵当（軌道抵当法（明治四二年法二八号））・運河財団抵当（運河法（大正二年法一六号））・漁業財団抵当（同法（大正一四年法九号））・港湾運送事業財団抵当（港湾運送事業法（昭和二六年法一六一号））・道路交通事業財団抵当（道路交通事業抵当法（昭和二七年法二〇四号））・観光施設財団抵当（同法昭和四三年法九一号）の九種である。

〔八一五〕 **二**　右の九種の財団抵当は、明治三八年に、まず工場財団・鉱業財団及び鉄道財団について、担保附社債の制度とともに認められた。日露戦争を契機とするわが国資本主義の勃興期に際し、企業資金の獲得に便宜を与えようとする意図で行なわれたものである。そしてその後、いろいろの経過をたどり、現在九種のものを数えるのだが、九種の財団抵当の今日における作用は同一ではない。

(イ)鉄道財団抵当制度の創設は、当時なお全国の幹線がすべて私営であった時であり、鉄道経営のために外資を誘致しようとする目的を兼ねたといわれている。すなわち当時は、私設鉄道法と軽便鉄道法とがあり、鉄道財団は前者にだけ適用され、後者のためには軽便鉄道財団を認めて軌道財団に準じたのであった。ところがその後まもなく、鉄道国有主義が実現されたので、鉄道財団は最初から、あまり大きな作用を営まず、ことに今日では、もっぱら支線の経営に当る私営の地方鉄道企業のために作用する。

(ロ)右に反し、工場財団抵当は、最初からすこぶる重要な作用を営み、その後も新たな企業の生ずるのに応じて適用範囲を拡張され、今日でも大規模な企業への融資の手段として欠くことのできない制度となっている。ただ、その企業施設が巨大かつ複雑になるに従って、財団の構成物を目録に記載することが甚しく煩瑣となり、軽易な担保方法が要請されている。それが企業担保制度が生まれた動機の一つである。しかし、企業担保は目的物の担保価値を排他的に独占する力が弱いので、工場財団抵当の地位を奪うには至っていない（それらのことは後述する〔八二二〕・〔八三六〕）。

なお、工場抵当法は、工場財団を組成しないで、単に、工場に属する土地または建物とそれに附属する機械・器具などを抵当の目的とする場合（財団を組成しない工場抵当）について規定を設けている。後に述べるように、工場として機能している不動産の上の抵当権はすべてその適用を受けるものであって、すこぶる重要な意義を有する（〔八三〇〕以下にやや詳細に述べる）。

（八）明治三八年に誕生した三種の財団抵当の思想は、その後、漸次重要な企業に拡張されたのだが、戦後に登場した港湾運送事業財団抵当・道路交通事業財団抵当・観光施設財団抵当の三つのうち、第二のものは戦前のものの進展である。すなわち、昭和六年の自動車交通事業法（法五二号）によって自動車交通事業財団抵当が認められたが、戦後に自動車交通事業法にかえて（旧）道路運送法（昭和二二年法一九一号）が制定され、これには自動車交通事業財団抵当の規定を設けなかったが、しばらくして道路交通事業抵当法（昭和二七年法二〇四号）によって広く交通事業施設の財団抵当が認められることになった。すなわち、道路運送法（昭和二六年法一八三号）による「一般自動車運送事業」、「自動車道事業」、自動車ターミナル法（昭和三四年法一三六号）による「自動車ターミナル事業」、通運事業法（昭和二四年法二四一号）による「通運事業」であって、独立して運営されかつ適当な事業規模を有するもの（主務大臣の認定による）の企業施設を一括して担保化するものであって、その点では鉄道財団抵当に近い性質を兼ねるものである。また、最後の観光施設財団抵当は、観光旅行者の利用に供される施設のうち遊園地、動物園、スキー場その他の遊戯または運動のための施設であって政令で定めるものをもって、事業者（観光施設を観光旅行者の利用に供する事業を営む者）によって組成された財団を対象とする。

〔八一六〕 **三**　九種の財団抵当は二つの類型に分かれる。

(1) 二つの類型の一は、工場財団抵当を主とし、鉱業財団抵当・漁業財団抵当・港湾運送事業財団抵当及び観光施設財団抵当を含む一群である。不動産財団と呼ばれる。工場抵当法に詳細な規定を設けこれを他に準用する。二は、鉄道財団抵当を主とし、軌道財団抵当及び運河財団抵当を含む一群である。物財団と呼ばれる。鉄道抵当法に詳細な規定を設けてこれを他に全般的に準用する。そして、道路交通事業財団抵当は、工場抵当法の規定の大部分が準用されるが、右に一言したように、鉄道財団抵当に類似するところもあり、正確にいえば両種の中間的な性質のものというべきである。

〔八一七〕 (2) 二つの類型の差異

(イ) 右の二つの類型のうち、工場財団を主とする一群は、「一個ノ不動産」とみなされ（工場抵一四条一項）、鉄道財団を主とする一群は、「一個ノ物」とみなされる（鉄道抵二条三項）。前者は、工場に属する不動産を中心としてそれに附属するものをその不動産に結びつけることによって財団が組成されるという趣旨によるものであり、後者は、当該企業施設全体を抵当権の客体となしうる単一的存在とするという趣旨によるものであろう（道路交通事業財団はこの点でも鉄道財団に近い。ただし、一定の不動産を構成要素としている（道路交通事業抵当法五条））。それはともかくとして、かような立法技術の結果として、前者については民法その他の法律の不動産に関する規定がすべて準用されることになり、その財団の上の抵当権の一般的な効力はすべてそれらの法律に譲ることができるのに反し、後者については――物一般についての抵当権は認められていないから――その財団の上の抵当権の一般的な効力についても、規定を設けなければならないことになる。なお不動産財団の公示は登記であり、物財団の公示は登録と呼ばれるが、ともに国の管理する帳簿の記載であって、実質的な差異はない。

(ロ)両類型の根本的な対立は、前に一言したように、つぎの点にある。前者にあっては、企業に含まれる個々の不動産を設定者が選択し、それを中心として、それに附属するものの範囲も主として設定者の選択によって定めながら、財団を組成するのであるから、財団は必ずしも当該企業施設の全部を包含するに至らない。これに反し、後者にあっては、企業施設全体を一括して財団を組成するものであるから、財団は常に当該企業施設の全部を包含し、客観的意義における企業自体の抵当化の思想に近い。後者の利用される企業の有する公共性にかんがみ、企業施設の分解を阻止しようとする立法の趣旨である。

そもそも財団抵当制度に関する法律技術的問題として二つの重要なものがある。一つは、財団の構成要素、すなわち、企業の経営に奉仕しその経営に従って増減変動する諸種のものを法律的に一体として把握する方法の問題であり、二つは、この把握されたものを公示する方法の問題である。両類型に分けてこれを略述する。もっともわが国の両類型の右に述べた対立は、この二つの重要問題の第一のものに関する対立である。第二のものに関しては、それほどの対立はない。

第二 不動産財団抵当(工場財団抵当・鉱業財団抵当・漁業財団抵当・港湾運送事業財団抵当・道路交

通事業財団抵当・観光施設財団抵当）

〔八一八〕　一　財団の構成物の単一的把握

(1) 財団を構成するもの　(イ) この類型の財団は、当該企業の経営のための物的設備、他人の物の使用権及び企業のための特権（工業所有権・鉱業権・漁業権）などをもって構成されるのであるが、その内容となしうるものは法律に詳細に規定されている（工場抵一一条・一二条・一三条ノ二、鉱業抵二条・二条ノ二、漁業抵二条、港湾運送事業法二四条、道路抵四条、観光抵四条など）。試みに工場財団について示せば、「(一)工場ニ属スル土地及工作物、(二)機械、器具、電柱、電線、配置諸管、軌条其ノ他ノ附属物、(三)地上権、(四)賃貸人ノ承諾アルトキハ物ノ賃借権、(五)工業所有権、(六)ダム使用権」である。そして、法律に定めるこれらのもの以外のものは、財団目録に記載されても、財団の構成物とはならない。注意すべきは、これらの財団は財団設定者の指示する不動産を中心として構成され、必ずしも当該企業の物的設備の全部を包含する必要がないことである（工場抵一一条・一六条・二条、ただし漁業抵三条一項は多少の例外）。もっとも、道路交通事業財団は、一個の企業に属する施設の全体が一括して財団の構成物とされる点においては、次に述べる物財団と同一である（財団所有権の保存登記によって、その事業単位に属する施設はすべて財団にとり込まれる旨の規定（道路抵六条）は鉄道抵当法一一条と同旨である）。前に道路交通事業財団は二つの類型の中間に位するといったのはこの点に基づく（〔八一五〕ハ・〔八一六〕参照）。

〔八一九〕　(ロ) 財団を組成しようとする者は、右に示した財団の構成物とすることのできるものの全部または一部で財団を組成し、これを財団目録に記載し、これを提出するとともに、それぞれの財団登記簿（工場財団登記簿・鉱業財団登記簿・漁業財団登記簿・港湾運送事業財団登記簿・道路交通事業財団登記簿・観光施設財団登記簿）に財団所有権の保存登記をする。しかるときは、この記載されたものを構成要素として財団が成立する（工場抵二一条・二二条参照）。この意味で、財団の保存登記は財団の成立要件である。従って、登記をしない前に、財団を組成して財団抵当権を設定する合意をしても、財団抵当権は効力を生じない。のみならず、一個の不動産とみなされる財団の成立が認められるのは、専ら抵当権の目的とするためであるから、右の保存登記の後六ヵ月内に抵当権設定の登記を受けないときは、保存登記は効力を失なう（工場抵一〇条）。ただし、抵当権が消滅して抵当権の登記が抹消された場合には、――財団が直ちに分解するのではなく――その後六ヵ月内に新たに抵当権設定の登記を受けることによって、財団を存続させることができる（同法八条三項）。財団の分割・合併を可能にしたこと（同法四二条ノ二―四二条ノ七）とともに、昭和二七年（法一九二号）の改正によって取引界の要請に答えたものである。なお、工場財団以外の財団の組成は、当該事業を監督する官庁の認可またはその官庁への届出を必要とするものがあることを注意すべきである。

〔八二〇〕

(2) 他人の物または権利の存在　(イ) 財団の構成物としようとするものの中に他人の権利または執行の目的となっている物を含むときは、財団は単一性を破壊されるおそれがある。そこで、これを防止するために、法律は、多少の強制手段を用いている。すなわち、財団所有権保存登記の申請があるときは、登記官吏は、公告をして第三者の申出を促がすなど、相当に慎重な手続を採ってその存否を調査し、その存在することが明瞭なときは、原則として財団の設定を許さないが、存在しないものとして財団の設定を許した後は、既存の第三者の権利を否認する（同法二三条一項・二三条―三三条参照）。その結果、競落人は財団にとりこまれた第三者の所有物についても所有権を取得する。ただし、財団抵当権が消滅し、工場財団が解消すれば所有権を主張することができるようになる（大判大正二・三・一二民一五一頁（製材機械の貸主から財団組成者に対する返還請求を否認する））。組成者の善意悪意を問わない（ただし抵当権者が悪意のときは効力は及ばないというべきであろう（右の大正二年の判決はそのようにいう））。組成者が不当利得の返還または不法行為の賠償責任を負うことは当然であろう。

（ロ）「他人ノ権利ノ目的タルモノ」は工場財団に属さしめることができない（同法一三条一項）という規定に関して問題となるのは、賃貸中の土地である。例えば、工場敷地内の一区画が他人に賃貸されている場合に、この土地を財団の中に組み入れることは許されないものであろうか。下級審の判例は財団成立後の組成物の賃貸（抵当権者の同意をえてすることができる（一三条二項但書））と同視して、抵当権者の同意があれば財団に組み入れることができる——従って財団抵当権の実行による競落人はその土地を取得しうる——といっているようである。しかし、不動産、とりわけ工場内の土地の賃貸などは、「他人ノ権利ノ目的タルモノ」に入らない（財団に組み入れるのに抵当権者の同意を要しない）と解するのが正当と思う。けだし、財団を組成する際にすでに賃貸されていることは企業の経営を維持する妨げとならないものであって、財団が組成されて後に賃貸するのとは、財団の価値に対する意義を異にするからである。

〔八二一〕

(3)財団の単一性　（イ）工場財団の上の抵当権は、財団を一個の不動産としてその上に成立するのだから、その効力がその財団を組成するすべてのものに及ぶことはいうまでもない。ただし、右に述べたように、組成物の範囲は、組成者が財団目録に記載することによって任意に選択するものであるから、記載漏れの場合にいかなる効果を生ずるかが問題となる。しかし、この問題は、工場財団を組成しない工場抵当における目録の記載漏れと同一の理論で解釈されるべきことであり（同法三条二項・三五条参照）、それに関してしばしば問題となることであるから、後に述べる（〔八三二〕ロ参照）。

（ロ）財団が設定されたときは、財団全体としてその所有権を移転することはもとより可能であるが（大判昭和八・三・一八民九八七頁（先順位財団抵当権者が財団を譲受け、みずから滌除をして後順位抵当権の消滅を主張する事例））、財団の中に包含されるものは個々的の処分を許されず、また第三者の個々のものの上の執行も禁止される（同法一三条二項・四九条・五〇条）。のみならず、抵当権者の同意をえて財団から分離したときにだけ、抵当権の拘束を脱する。ただし、抵当権者は、正当の事由がなければ同意を拒むことはできない（同法一五条）。いいかえれば、抵当権者の同意なしに、または正当な拒絶にもかかわらず、財団設定者が財団から分離しても、抵当権の効力はこれに追及する。しかし、この追及力を無制限に認めることは取引の安全を害する。財団を組成しない工場抵当については、第三者の即時取得を認める旨の規定があるが（同法五条二項）、財団を組成する場合については規定がない。しかし、財団は一個の不動産とみなされても、それに包含される動産の独自性が全然否定されるのではない。最高裁がかような動産についても右の規定を準用したのは正当である（最高判昭和三六・九・一五民二一七二頁（日本光音KKの工場備附けの顕微鏡（略称UMM）一台（二〇三万円）を購入し発送引渡を受けた事例だが、購入の際の事情は買主の善意無過失を信じさせる））。なお、財団設定の後に備附けられるもののうち、財団の基本たる不動産に附属するものは当然財団に包含されるが、それ以外のもの、例えば新たに建設された工場などは、包含されない（同法一六条一項、ただし漁業抵三条参照）。

（ハ）この類型の財団抵当権の実行に当っては、抵当権者は必ずしも財団を一体として競売する必要はない（同法四六条）。このことは、財団の組成に当って選択を許すこととあいまって、財団の単一性を維持しようとする趣旨を弱くする。つぎに述べる型のものとの差異である。

（ニ）この類型の財団は、前記のように、一個の不動産とみなされる（同法一四条一項など）。しかし、これは、不動産の規定を準用することの他には、単に法律的取扱いとしての形式的意義があるに止まる（〔三三二〕）。

二　財団の公示

〔八三二〕 (1)公示の方法　(イ)この類型の財団は、すでに述べたように、いずれも特別の登記簿の記載によって公示される。登記の取扱いは大体において不動産登記と異ならない(同法一七条一二一条)。しかし、あまたの構成要素を悉く登記簿に記載することは困難であるから、財団目録を作成させてこれに財団を構成するものを詳細に記載させる(同法二二条)。財団目録は登記簿の一部とみなされる(同法三五条)。財団を構成するものが変更するときは、登記簿または目録の記載を変更すべきことはいうまでもない(同法三八条一四三条)。

(ロ)財団を構成する物を登記簿に記載する代りに財団目録に記載させることは、登記手続を簡易にする。しかし、財団を組成しようとする企業者の労は軽減されない。複雑な内容をもつ大きな企業施設の財団の組成は、ぼう大な目録の作成を必要とし、煩に堪えないといわれる。このことは企業担保法の制定の一つの動機であるが、そこでは反対に、担保権の個々の物に対する拘束はすこぶる不充分である(〔八三九〕参照)。

〔八三三〕 (2)公示の効力　(イ)財団自体の上の権利の変動は、財団登記簿の登記がなければ第三者に対抗しえないことは、財団が一個の不動産とみなされることから当然である(一七条)。のみならず、財団の組成者が財団に包含させようとした個々の物または権利についても、財団に包含されたことを第三者に対抗するためには、財団目録に記載すべきであるが、後に述べるように、あまり厳格な要求をなすべきではない(〔八三二〕ロ参照)。

(ロ)財団に包含され財団目録に記載されている個々の動産について、不当に譲渡その他の処分がなされた場合に、相手方たる第三者がいかなる保護を受けるかについて、最高裁が即時取得の規定で保護すべきものとしていることはすでに述べた。不動産その他の権利については公信的保護はない。法律はこの欠陥を補充するために、財団の保存登記をした場合には、それに包含された不動産についてその登記簿に財団に属した旨を職権をもって記載することにしているが（同法三四条）、充分なものではない。

第三　物財団抵当（鉄道財団抵当・軌道財団抵当・運河財団抵当）

〔八二四〕　一　財団の構成物の単一的把握

(1) 財団を構成するもの　(イ) この類型の財団は、当該運輸交通企業の経営のための物的設備及び他人の物の使用権などをもって構成されることは、工場財団などの不動産財団抵当と同様である。その内容となしうるものは、法律に詳細に定めてある（鉄道抵三条、軌道抵二条、運河法一四条）。試みに鉄道財団について示せば、「(一)鉄道線路、其ノ他ノ鉄道用地及其ノ上ニ存スル工作物並之ニ属スル器具機械、(二)工場、倉庫、発電所、変電所、配電所、事務所、舎宅其ノ他工事又ハ運輸ニ要スル建物及其ノ敷地並之ニ属スル器具機械、(三)用水ニ関スル工作物及其ノ敷地並之ニ属スル器具機械、(四)鉄道用通信、信号又ハ送電ニ用スル工作物及其ノ敷地並之ニ属スル器具機械、(五)前四号ニ掲ゲタル工作物ヲ所有シ又ハ使用スル為他人ノ不動産ノ上ニ存スル地上権、登記シタル賃借権及前四号ニ掲ゲタル土地ノ為ニ存スル地役権、(六)車輛及之ニ属スル器具機械、(七)保線其ノ他ノ修繕ニ要スル材料及器具機械」である。不動産財団抵当と異なる重要な点は、この種の財団は必ず当該企業の全部または一部（例えば支線の経営）に属する物的設備の全部を包含することである。いいかえれば、地方鉄道株式会社（地方鉄道法（大正八年法五二号））は「抵当権ノ目的ト為ス為鉄道ノ全部又ハ一部ニ付鉄道財団ヲ設クルコトヲ得」るものとされ（鉄道抵二条一項）、かつその構成物は右に示した鉄道企業設備の全部であると定められる（同法三条）のに反し、工場財団については「工場ノ所有者ハ抵当権ノ目的ト為ス為一箇又ハ数箇ノ工場ニ付工場財団ヲ設クルコトヲ得」るものとされ（工場抵八条一項）、かつその構成物は前に示した工場設備の全部または一部にも組成することができると定められている（同法一一条）のである。その立法の趣旨は、鉄道・軌道・運河の企業の公共性にかんがみ、これを担保化するに当っても、企業施設の単一性を毀損することのないようにしようとする配慮である。

〔八二五〕　（ロ）設定の方法も工場財団と少しく異なる。すなわち、財団抵当権を設定しようとする者（地方鉄道株式会社）は、抵当証書または信託証書（担保附社債発行の場合）と財団目録とを提出して、監督官庁の認可を受けなければならない（鉄道抵五条―七条）。そして、認可されれば、財団と抵当権とは成立し、前記の法律の規定によって財団に属すべきものは、財団目録の記載の有無を問わず、すべて財団に包含される（同法一一条一項）。ただし、右の認可のあった後二ヵ月内に、鉄道抵当原簿（軌道抵当原簿・運河抵当原簿）の登録を申請しないと認可は効力を失なう（同法一三条）。なお抵当権の消滅した後にも六ヵ月内に新たに抵当権設定の登録がなされれば財団は存続することは工場財団におけると同様である（同法二条ノ二の二項一号）。

〔八二六〕　(2)他人の物または権利の存在　財団の構成物の中に他人の権利または執行の目的となっているものを含みえないことは工場財団などと同様である（同法四条三項）。しかし、第三者の権利の存否を調査するために公告をして第三者の申出を促がすだけで、登記所に通知して財団に包含された旨の登記をすることもしない。しかも、第三者の申出があっても、監督官庁は自由裁量によって財団抵当権の成立を認可することができ、認可があるときは、第三者の権利は否定され、第三者は一定の条件の下に損害賠償を請求しうるに止まる（同法八条―一二条）。事業の公共性にかんがみ財団設定の可能性を極度に増大したものであることは注目に値する。

〔八二七〕 (3)財団の単一性　(イ)鉄道財団の上の抵当権は、財団を一個の物とみなしてその上に成立するのだから、その効力がその財団を組成するすべてのものに及ぶことはいうまでもない。しかも、その財団は鉄道企業を標準とし、その全部または一部を構成する施設のすべてを当然に包含し、工場財団の場合のように組成者の選択を許さないものであるから、財団目録に記載されないものの上にも抵当権の効力は及ぶと解さなければならない。

(ロ)財団が設定されたときは、財団全体としてその所有権を移転することはもとより可能であるが、財団の中に包含されるものは個々的の処分を許されず、また第三者の個々のものの上の執行も禁止されること、及び抵当権者の同意をえて財団から分離したときにだけ抵当権の拘束を脱することは、工場財団抵当などと同一である(同法四条二項・二〇条・九二条三号〔八二二〕ロ参照)。ただし財団設定の後に企業設備の中に加えられるものは悉く当然に財団の中に包含されることは工場財団抵当などと異なる(同法一一条一項・二項)。この点もまた、この種の企業財団の単一性をより多く尊重する思想の一表現である。

(ハ)この類型の財団抵当権の実行に当っては、原則として財団を一体として競売すべきものとされることも工場財団抵当などと異なる(同法七〇条)。単一性尊重の思想はここでも貫かれている。

(ニ)この類型の財団はいずれも一個の物とみなされる(同法二条三項)。工場財団などは不動産中心であるのに対し、これは企業中心であることにその合理的根拠を求めることもできるであろう。ただし抵当権の目的として、格別の実質的意義のないものであることは前述のとおりである(〔三三一〕)。

二　財団の公示

〔八二八〕(1)公示の方法　(イ)この類型の財団は、すでに述べたように、いずれも特別の登録簿(鉄道抵当原簿・軌道抵当原簿・運河抵当原簿)の記載によって公示される(鉄道抵一五条・二七条以下)。しかし、登録は大体において登記と同一の取扱いを受ける。また各財団について財団目録を作成させ、これを抵当原簿の一部とみなすことも工場財団などにおけると同様である(同法三三条)。

(ロ)鉄道財団などにおいては、財団目録に記載されなくとも抵当権の効力が及ぶから、その意味では、目録の記載は必ずしも網羅的でなくともよいといえないこともない。しかし、つぎに述べるように、第三者に対抗するためには目録の記載を要すると解するときは、財団組成者の煩は軽減されないであろう。

〔八二九〕(2)公示の効力　(イ)財団自体の上の権利の変動は抵当原簿の登録がなければ第三者に対抗しえない(同法一五条)。工場財団のように不動産に関する民法の規定(一七七条)を準用しえないから、特別に規定したのであって、その趣旨と効力は全然同一に解してよい。また、財団に包含するものについても——これらのものは目録に記載されなくとも当然包含されるのではあるが——抵当権の効力が及んでいることを第三者に対抗するためには、財団目録に記載されていることを要すると解すべきであろう。

(ロ)財団に包含されたものの不当な処分の効力も工場財団抵当におけると同一に解すべきである。すなわち、動産について即時取得の規定を適用してよいであろう。しかし、不動産については、その登記に財団に属する旨の記入もしないから、——鉄道線路用地の筆数はおびただしいものであり、それに通知・記入する煩に堪えないという理由は一応首肯しうるものではあるが——第三者の地位は相当に不安である。

第四　財団を組成しない工場抵当

〔八三〇〕 **一　意義と作用**　工場抵当法は、工場の所有者が、財団を組成しないで、工場に属する土地または建物の上に抵当権を設定した場合の抵当権の効力について規定する(同法二条一七条)。その内容は、一言にしていえば、その抵当権の効力が、抵当権の目的とされた土地または建物の附加物のみならず従物にも及ぶことである。元来、工場の抵当権の効力が、その工場の経済的作用を営ませるために附加された物はもとよりのこと、備附けられた機械・器具その他の物に及ぶのは当然のことである。しかるに、わが民法の従物の規定(八七条)も抵当権のこれに関する規定(三七〇条)も、不充分なものであったために、右の当然の事理が認められないおそれがあったのであろう。工場抵当法は、その冒頭の数個条でこれに関する規定をした(〔三八〇〕、なお総則〔二〕〔三九〕・〔二五三〕参照)。そのことは、民法の従物理論の対象とされるものを主として畳・建具に限り、その内容をいよいよ乏しいものとするという皮肉な結果をもたらしたようである。しかし、それはともかくとして、工場の上の抵当権にはすべて工場抵当法の右の規定が適用され、その作用はすこぶる重要である。

二　工場抵当権の効力の及ぶ範囲

〔八三一〕 (1)実体的関係　(イ)原則　工場に属する土地の上の抵当権は、建物を除き、その「土地ニ附加シテ之ト一体ヲ成シタル物」(附加物件)及び「其ノ土地ニ備附ケタル機械、器具其ノ他工場ノ用ニ供スル物」(供用物件)に及ぶ(同法二条一項本文)。工場に属する建物の上の抵当権は、右と同様に、その建物の附加物件及び供用物件に及ぶ(同法二条二項)。附加物件に及ぶことは第三七〇条と同様だが、供用物件に及ぶことは、第三七〇条と従物の関係について立法的解決をしたものとも見ることができる。判例も、その適用に当っては、抵当権が設定された後に備附けられた供用物件も含まれるとしている(大判大正九・一二・三民一九二八頁(抵当権設定後に備附けた従物たる汽罐で目録に記載されないものも競落人は所有権を取得するとして、設定者からの返還請求を否認)。なお、供用物件は、従物と同一の理論に従うべきだから、その土地または建物と同一の所有者に属するものに限ると解すべきである。もっとも、工場備附けの機械を譲渡担保にした後に工場の上に抵当権を設定した場合には、——伝統的な理論からいえば、抵当権の効力は機械には及ばないが(大決昭和三・一〇・三一民八八二頁(判民八四事件兼子)—譲渡担保権者からの返還請求についてなされた仮処分に対する抵当権者の異議であるが、争いは専ら仮処分の方法の適否に関する)、占有を設定者の許に留める動産の譲渡担保の効力を制限する新理論からいえば——抵当権の実行に当っては、譲渡担保の被担保債権者に弁済すれば、競落人はその動産を取得すると解すべきである(一般債権者の差押以上の効力を認めるべきだから(後の〔九三二〕参照))。なお、他人の所有物でも、その所有者の同意をえているときは、抵当権の効力が及ぶことはいうまでもあるまい(最高判昭和三七・五・一〇訟務月報八巻五号九五六頁(会社所有の機械器具を担保に入れる目的で、それらが備附けられている、代表取締役個人所有の建物に工場抵当権を設定した事例))。

(ロ)例外 設定行為で除外されたもの及び附加ないしは備附けが他の債権者を詐害する場合には、例外として、抵当権の効力は及ばない(同法二条一項但書・二項)。第三七〇条但書と同旨の制限である(〔三八九〕—〔三九二〕参照)。

〔八三二〕 (2) 附加物件及び供用物件の公示 (イ)土地または建物の附加物件については公示は必要でないが(ただし、設定行為ではずす場合には登記を要する(〔三九一〕参照))、供用物件については、抵当権の登記を申請する際に、抵当権の効力の及ぶ物の目録を提出し(同法三条一項)、土地または建物の登記には目録がある旨を記載し(工場抵当登記取扱手続二五条)、備附物件が変更したときはそれに応じて目録を変更する(同法三条二項による三八条—四二条の準用)。そして、この目録は登記簿の一部とみなされ、その記載は登記とみなされる(同法三条二項による三五条の準用)。

(ロ)右の手続は、工場抵当の効力の及ぶ範囲を公示して第三者の保護をはかる目的を有するものであることは疑いない。しかし、工場として機能している土地や建物の上の抵当権が、その機能を発揮させるための供用物件の上に効力を及ぼすことは当然であって、それを認めることによって取引の安全を害するというべきではない。目録の記載にあまりに強い効力を認めることは、工場抵当法が従物について示した妥当な理論を不当に制限するおそれがある。かような見地からすれば、その土地または建物の抵当権について目録が存在する旨が、登記官吏の過誤によって、登記簿に記載されなかった場合にも、抵当権の効力が目録に表示された物に及ぶとするのは正当であるが(大判昭和一三・五・二八民一一四三頁(判民七二事件我妻、民法判例評釈I所収参照))、――軽微なものと認められない附属物(事案では二馬力モーター附二機筒水圧ポンプ)は「建物内に在る機械器具其他工具一切」という表示では不充分だとして(工場抵当登記取扱手続二六条・九条三項参照)――具体的に目録に記載されない供用物件の上の抵当権の効力は第三者に対抗しえないとする(最高判昭和三二・一二・二七民二五二四頁(競売申立後に右の附属物を買受けて引渡を受けた者に対する競落人からの主張否認))のはすこぶる疑問である。備附けられている状態においては(即時取得の要件を備える場合を除き(〔八二一〕ロ参照))、一般債権者のみならず、後順位抵当権者にも(たといこの者の目録にだけ記載されていても)対抗して、競売による優先弁済権を主張し、また第三者の差押を排斥することができ、ただ備附けられている状態から不法に分離された場合の追及力は目録の具体的な記載がなければ対抗力を失なうと解すべきものと思う。そうでないと、抵当権設定後に備附けられた供用物件については、とりわけ不当な結果となろう。

〔八三三〕 **三　附加物件及び供用物件への追及力**

(1)工場の所有者が抵当の目的たる土地または建物の附加物件を分離し、または供用物件の備附けを止めようとするときは、抵当権者の同意を求めることができる。そして、それが、抵当権者のために差押・仮差押・仮処分がなされる前であり、かつ工場の経営に必要であるかその他正当の事由に基づくものであるときは、抵当権者は同意を拒むことができない(同法六条三項)。抵当権者の同意をえて分離された附加物件及び備附けを止められた供用物件については、抵当権は消滅する（同法六条一項・二項）。

〔八三四〕 (2)附加物件または供用物件が抵当権者の同意をえないで分離されまたは備附けを止められたときは、抵当権は効力を失なわず、第三者に引渡されてもその物の上に追及する（同法五条一項）。すなわち、抵当権者はこれについて競売を申立てることができる。ただし、第三者が即時取得の要件を満たすときは抵当権は消滅する（同法五条二項、なお前記〔八二二〕・〔八三二〕参照）。なお罰則の適用を受ける（同法四九条）。

〔八三五〕 **四**　工場に属する土地・建物と附加物件・供用物件との一体性　工場に属する土地・建物がその附加物件や供用物件と一体をなして経済的機能を発揮するものであるという思想は、単にその上の抵当権の効力を全体の上に及ぼさせるだけでなく、さらに両面の進展をみせている。

(イ)一面、その土地または建物の差押・仮差押・仮処分は、当然に附加物件及び供用物件に及ぶ（同法七条一項）。

(ロ)他面、抵当権の効力の及んでいる附加物件または供用物件は、その土地または建物とともにするのでなければ、差押・仮差押または仮処分の目的とすることができない（同法七条二項）。これをした者があるときは、抵当権者は、第三者異議の訴（民訴五四九条）を提起することができる（大判昭和六・三・二三民一一六頁（判民一五事件我妻、民法判例評釈I所収））。

以上の二つの進展のうち、前者は執行する債権者の意思に適するであろうが、後者はその意思を制限して工場に属する土地・建物の一体性を保持しようとするものであって、重要な理論を含んでいる（総則〔二五六〕3参照）。

第五　企業担保

一　企業担保の意義・作用・性質

〔八三六〕 (1)意義と作用　企業担保は、企業担保法（昭和三三年法一〇六号）によって認められるものであって、株式会社の社債を担保するために設定されるその会社の「総財産」の上の物的担保である。

かような制度が認められた理由として、担保制度における二つの系統の進展を挙げることができる。一つは財団抵当の進展であり、一つは債務者の総財産の上の一般的な優先権の進展である。

(a)財団抵当は、客観的な企業そのものの担保化を目指して進展を重ねているが、最も主要な工場財団抵当では、なお企業施設中の個々の不動産を中心とするので、企業そのものを担保化したとはいえない。例えば「のれん」などは、その企業の価値を維持する重要な要素であるにもかかわらず、財団の構成物とはされない。従って、財団の競落人は企業そのものの承継者として同様の営業を続ける可能性を保障されない。のみならず、工場財団が個々の不動産を中心にして組成されることは、その附加物や供用物について詳細な目録の作成を要求することになり、企業施設の拡大、とりわけ戦後のわが国の経済の一大飛躍に伴なって、その作成には厖大な労力と費用とを必要とするようになった。工場財団抵当制度は、この実質と形式における欠陥を克服しようとした。そして、その際、イギリス法における浮動担保(floating charge)にならった制度を認めることが要望された。

〔八三七〕 (b)わが国の戦時経済体制が進んだ昭和一六年頃から、重要な国策的目的を担当する特殊会社その他の法人について、その社債や特殊金融機関からの融資債権のために、その法人の総財産の上に一般的な優先権を認めることが、特別法によって認められた。そして、終戦とともにこれらの特殊法人は解散されたが、広い意味での戦後の復興のための特殊会社・公団・公庫・事業団などについて、右のような一般的優先権を認めることはいよいよ顕著な状態となった(〔六二〕b参照)。そこで、さらに一歩を進め、特別法による特別法人に限らず、広く株式会社のためにこの制度を一般化すべき要望が強くなった。

〔八三八〕 (c)企業担保制度は、右の二つの要望のいわば交叉点に生まれたものである。その構想を簡単にいえばこうである。株式会社が事業を経営するときは、必要に応じて財産を売却し、購入するのはもとよりのこと、あるいは賃貸し、賃借し、担保をとって信用を与えもする。また、個々の財産の上に抵当権や質権を設定して融資を受けもするであろうし、個々の財産に執行されることもないではあるまい。総財産は不断に変動するが、しかもこれらのプラスとマイナスを含んだ総体は、なお一個の価値を有するに相違ない。これがその企業の価値であり、これから優先弁済を受ける権利を社債権者に与えるのが企業担保である。企業担保権の換価(競売)によって企業を承継する者は、あたかも会社の承継者として企業の経営を続けてゆけることになろう。その意味で客観的意味における企業の担保化といえよう。しかし、会社の経営が困難となるときは、マイナスが多くなり、「総財産」は悪化することを免かれまい。もっとも、企業担保権者は、競売を申立て、会社の総財産に対する「差押宣言」をえて、総財産のそれ以上の悪化を阻止することはできる。しかし、時機を失せずによくその目的を達成しうるか、疑問がないでもない。かような制度が果してわが国の経済界に根を張るかどうか。審判を下すのは時機なお尚早であろう。

〔八三九〕 (2)性質　(a)企業担保の目的物は、「現に会社に属する総財産」である(企業担保法二条)。変動する総財産が一体として不断に――会社の財産から去るものは追わず、入るものは拒まず、その時々の状態で――企業担保権の目的になっている。一般先取特権も債務者の「総財産」の上に成立しているが(三〇六条参照)、個々の財産の総合の意味であるから(〔九〇〕参照)、これとは異なる。近代抵当権の特質の一つとされる特定性が止揚されている(〔三二二〕参照)。

(b)その会社の総財産の上に企業担保権が設定されていることは、後に述べるように、特殊の登記によって公示されるが、財産の一つ一つについては、不動産であっても、公示はされない。財産目録も不要である。会社の財産から離脱するのを止めもせず追及もしないのだから、当然のことではあるが、近代抵当権の特質の一つとされる公示の原則は著しい変容を遂げている(〔三二二〕参照)。

(c)企業担保権が二重に設定された場合には、登記の前後によって優先権の順序が定まる。「企業担保権は、物権とする」(同法一条二項)といわれる理由はここにある。しかし、企業担保権が設定された後に、個々の財産が売却されれば企業担保権の拘束を脱するのはもとよりのこと、個々の財産の上に抵当権や質権が設定されれば、これらの抵当権や質権は、その個々の目的物については、なお企業担保権に優先する(同法六条は当然の規定)。企業担保権は企業の経営によって増減変動する会社の財産を常にその時の状態で把握しているに過ぎないことからいって当然のことだが、物権の排他性から導かれる担保物権の優先権という観念も修正を受けている。

(d)企業担保権は、前記のように「物権」とされる。抵当権とされるのではない。しかし、物権としての担保権であることは疑いなく、また目的物の占有を移さず、債務者が用益を続ける点では、抵当権に近い。抵当権の規定で準用されているものもある(同法九条―不可分性(二九六条)・利息(三七四条)・抵当権の順位の譲渡・放棄(三七五条・三七六条の該当部分)・時効消滅(三九六条)など)。財団抵当に関連して大綱を述べることにする。

〔八四〇〕 **二　企業担保権の設定**

(1)企業担保権の設定契約は、公正証書によってしなければならない（企業担保法三条）。設定の当事者は、株式会社と企業担保権者であり、被担保債権はその会社の社債権に限る（同法一条）。

(2)企業担保権の公示方法は、設定会社の本店所在地で、株式会社登記簿にその登記をすることである。登記は企業担保権の得喪変更の効力発生要件である（同法四条）。目的物の所在地でなく会社の本店所在地に登記すること（いわゆる人的編成主義となる（物権〔九三〕参照））は、事柄の性質上当然だが（会社の財産の所在地は分散している）、他の担保物権と異なる点だから、注意すべきである。

三　企業担保権の効力

〔八四一〕 (1)実行手続開始前の効力　（イ）目的物は、前記のように、会社の「総財産」、すなわち変動するもののその時々におけるすべてである（同法二条一項）。会社の所有となったもの、その他会社に帰属した財産（対抗要件を必要とすることはいうまでもない）は、当然に目的物の中にとりこまれる。会社が合併されると、合併会社の総財産に及ぶ。両会社に企業担保権があったときは、合併前に順位を協定しなければならない（同法八条）。また、会社の所有を去ったものは、当然に目的物から離脱し、会社の財産に対して取得された担保物権その他の権利は、当然に企業担保権者に優先する（ただし競売申立による差押宣言の前に対抗要件を備えることを必要とする）。企業担保権は、これを差止める力も、追及する力もない。

（ロ）会社の個々の財産について一般債権者が強制執行をしたり、担保権を実行するときは、企業担保権者は、その執行手続や競売手続を阻止しえないだけでなく、その財産について優先弁済権を主張することはできない（同法二条二項）。ただし、右の手続の完結前に企業担保権の実行が開始すると、後に述べるように、右の手続は中止される（二八条、後の〔八四四〕・〔八四五〕参照）。

〔八四二〕
(2) 実行手続開始後の効力

(イ) 実行手続の開始とその公示　企業担保権の実行手続は、企業担保権者の申立による、裁判所の開始決定によって開始される（同法一一条以下・一九条）。注意すべきことは、右の決定は、同時に、「企業担保権者のために会社の総財産を差し押える旨を宣言」（差押宣言）することである（二〇条）。なお、裁判所は、右の決定と同時に、管財人を選任し、開始決定・差押宣言・管財人の選任の他、会社債務者の弁済の禁止、優先権・特別担保権を有する債権者の届出などについて公告をする（二一条・二二条）。なお、右の公告の他、管財人によって、設定会社の本店の所在地において、実行手続の開始の登記と管財人の登記がなされる（二三条）。さらに、会社財産で登記または登録をすることができるものについて、管財人は、遅滞なく、実行手続開始の登記または登録をする（二四条）。また、会社の債務者に対しては、その債権が差押えられた旨を通知する（二五条）。

〔八四三〕(ロ) 実行手続の開始による差押宣言の効力

(a) この差押宣言は、企業担保権の存在意義の中核をなすものといえるが、第三者に対する対抗力は一律ではない。右に述べたように、この宣言は、(i) まず開始決定と同時になされて設定会社に送達され（決定はこれによって効力を生ずる（同法二〇条二項））、(ii) ただちに、裁判所によって公告され（二二条一項）、(iii) 遅滞なく、管財人によって本店所在地で登記され（二三条一項）、(iv) おわりに、遅滞なく、個々の財産についての登記・登録（二四条）、債権についての差押の通知（二六条）がなされるが、第三の登記がなされるまでは善意の第三者に対抗しえないのみならず、その後も、正当の事由によって差押を知らなかった者には対抗しえない。すべての第三者に対抗しうるのは、最後の手続が済んだ後である（同法二七条）。

(b)実行手続の開始決定と差押宣言の効力は、抽象的にいえば、企業担保権の目的たる設定会社の総財産は、流動性を失ない、その時の状態で確定することである。そして、その差押の効力は、差押の一般的な効力、すなわち相対的な処分禁止であると解してよい。

〔八四四〕 (3)実行手続の内容　主要な点を列記すると、

(イ)実行手続の開始決定により、会社の財産に対してなされている強制執行、仮差押、仮処分、任意競売、国税徴収法もしくはその例による滞納処分は、すべて実行手続に対する関係で効力を失なう(同法二八条)。この法律の換価手続によって総財産を換価しようとするのである。なお、会社の財産に特別担保権を有する債権者は、つぎに述べるように、優先的配当を受けるが、一般債権者は、すでに差押をしている者も、企業担保権者に劣後する。そこに企業担保権の優先的効力が存在することは、前に述べたとおりである。

(ロ)管財人は、会社の総財産を管理・保全し(同法三〇条―三六条(商券・有価証券の売却、債権の取立を含む))、換価につとめる。方法には「一括競売」と「任意売却」の二つがある(同法三七条)。

〔八四五〕 (a)一括競売が原則である。総財産を一括してせり売または入札によって行なう。鑑定人をして、総財産の一括評価(これが最低競売価額)と特別担保の目的となっている財産の個別的評価とをさせ、個別財産の代価(その評価額と競売価額との比率で算出する)については、特別担保権者に優先的に配当する(同法七条・三七条―四四条・五二条・五三条)。

(b)任意売却は、例外的に、企業担保権者、会社財産の上の特別担保権者などの同意がありかつ裁判所が認可したときに、総財産を一括して、または個別的に、管財人が適宜の方法で行なう。この場合には、特別担保の目的となっている財産は、各別に売却しなければならない。そしてその代価からその特別担保権者に優先的に配当する（同法三七条・四五条一五〇条・五三条）。

〔八四六〕 (4) 破産手続・会社更生手続との関係　これらの手続による会社の財産の総清算と企業担保権の実行手続との関係は――これらの総清算の有する意義は同一ではないが、結局――あまり違わないものとなっている。

(イ) 破産手続が開始すれば、企業担保権の実行手続はもはや独立存在の意義を失なう。別除権を与えられず（破九二条参照）、「一般ノ優先権」として、破産財団から優先的に弁済される（破三九条参照）。

(ロ) 会社更生手続は、企業担保権の実行手続に優先して行なわれる（すでに開始しているものは中止する（会社更生法三六条・三七条三項・六七条））。そして、その手続では更生担保権としては認められず（会社更生法一二三条参照）、一般の更生債権としてとり扱われる。

第五款　動産抵当

第一　動産抵当制度の意義と作用

〔八四七〕 一　動産の占有を移さないでこれを担保に供すること、すなわち動産抵当制度は、民法の認めないものだが、企業施設の担保化の必要がいよいよ大きくなるに従って、わが国においても昭和八年の農業動産信用法（法三〇号）によって、農業用動産の上の抵当権が認められるに至ったこと、さらに、戦後になって、自動車抵当法（昭和二六年法一八七号）、航空機抵当法（昭和二八年法六六号）、建設機械抵当法（昭和二九年法九七号）によって、それぞれ、自動車、航空機、建設機械の上の抵当権が認められるようになったことなどは前述した（〔二四一〕・〔二五〇〕）。ここには動産抵当制度の一般理論と、各種の動産抵当権の概略を述べる。

動産抵当制度が大陸法において一般に認められないことには、三個の理由が考えられる。(i)一は、動産の担保化は留置的効力に訴える質権で充分だという事情。(ii)二は、動産の抵当には適当な公示の方法がないこと。(iii)三は、企業用具としての動産までも担保化することを認めるときは、弱小企業者を債権者の餌食とするおそれがあること。しかし、第一の理由については、不動産を所有せず、動産的な施設だけで経営する中小の農工商業者がその経営資金を調達する必要から動産抵当制度を要望する近時の事情は、これを無意味にした。また、第三の理由が意味のある場合には、例えば動産抵当を利用することのできる金融施設に対して国家的監督を加えるなどの方法をもってこれを抑制する途を考えれば、防止することができる。ただ第二の理由だけが動産抵当制度の創設を軽々に許しえない根拠となる。各国において、改めてこの制度を認めるために、いずれも特殊の登記・登録または公正証書の官庁による保管などの制度を創設してその公示を完全ならしめようとし(登録質)、またはその抵当権の追及力に一定の制限を認めて第三者を保護しようとしている。しかし、統一的な方法はまだ完成していないようである(我妻「集合動産の譲渡担保に関するエルトマンの提案」(民法研究IV所収)は集合動産の登録質制度に関する。この論文は以下「エルトマンの提案」として引用する)。

〔八四八〕　二　わが国で認められる動産抵当制度は、戦前からの農業用動産の上の抵当権と戦後に認められた自動車、航空機、建設機械の上の抵当権であるが、中小商工業金融のためにそれらの企業者の営業用動産の抵当化がなお研究問題とされていることは前に一言したとおりである。諸外国にも、動産抵当制度はあまり多くない。イギリスの動産のmortgage(Bills of Sale Act(一八五四年の立法、数次の改正あり。主要なのは一八七八年))の制度が在庫商品または企業用具の動産抵当を認めることは最も顕著である(ただし権利移転の形式を採ること前述のとおりである(〔七〕))。つぎに、フランスの営業財産(fonds de commerce)の上の質権(nantissement)が大陸法における異彩である(判例法によってまず認められ、一八九八年・一九〇九年の法律によって規律された)。その他には、スイスが、僅かに家畜群についてのみではあるが、民法中にこれを認めることは注意をひく(八八五条、草案は広く認めようとした)。ドイツ、オーストリアは民法に規定はなく、特別法によって認めるものがあるだけである。前者は、小作財団(Pachtinventar)の上の登録質であり(一九二六年の法律―我妻「ドイツにおける小作財団の上の登録質制度の創設」(民法研究IV所収)参照)、後者は工場内に存する加工材料の上の物的担保権(一九二〇年、所有権留保の形式を採る)である。なお、デンマークが一九二六年の登記法によって、すべての種類の動産の上に抵当権の設定を可能にしたことは注目に値する(我妻「デンマークの動産抵当制度」(同上所収))。おわりに、アメリカ合衆国が、商品や有価証券についてではあるが、占有の移転を伴なわない動産担保制度を有することも、やや観点を異にするが、参考に値する(アメリカの「統一商事法典」―この研究が漸く盛んになっていることは注目に値する。譲渡担保の章で再説する(一九八三))。

〔八四九〕 三 思うに、動産をその占有を移さずに担保に供する制度の要請はいよいよ強くなり、立法を必要とするであろう。その際に注意をすべきことは、(i)企業用具、営業施設、商品、有価証券など動産のそれぞれの種類によって公示の方法は異ならなければなるまい。(ii)しかし、どのような公示方法を案出しても、不動産について従来考えられたような意味で完全な公示方法はありえないように思われる。(iii)例えば、信用調査制度のような補充的制度の発達を待ち、それとの協力の下に公示の目的を達することが期待されるのではあるまいか。(iv)そして、取引の安全の要請も、従来よりはやや緩和されたものとなるのではあるまいか。(v)おわりに、注意すべきことは、その種類の動産はすべて一律に特殊の公示方法をもつものとされるかどうかが、動産抵当制度の公示にとって重要な意味をもつことである。日本の国籍を有する航空機、運行の用に供されている自動車は、すべて登録されている。その取引はすべてその登録によって公示されることにするのに、ほとんど障害はない。それに反し、建設機械は、抵当権を設定するためにだけ登録される。同一種類の建設機械でも登録によらずに取引されるものが少なくない。農業用動産に至っては、登記して抵当権が設定されているものはむしろ稀である。こうした事情が登記・登録の制度の応用の難易とそれに認めうる効力の大小に影響する。

第二　農業用動産の抵当権

〔八五〇〕 **一　農業用動産抵当権の設定**　(1)この抵当権を設定しうる者は、農業をなす者、または農業実行組合・養蚕実行組合その他勅令をもって定める法人に限り（農業動産信用法一二条一項・施行令四条）、この抵当権を取得しうる者は、信用組合または勅令をもって定める金融施設（同法一二条一項・施行令二条）に限り、ともに、法律によって一定されている。特殊の金融の媒介たらしめようとする趣旨である。

(2)抵当の目的となしうる農業用動産は、法律に一定されている（施行令一条）。石油発動機・電動機の類、揚水機・製茶機・孵卵機・乾繭機の類、原動機によって運転する脱穀機・麦摺機の類、牛・馬、小漁船など、個々のものとして相当価値あるものに限り、鋤・鍬・リヤカー・鎌・伝馬船などは含まれない。もとより、個々の動産が抵当の目的となるのであって、一体をなした企業用財団と考えられてはいない。わが国の農業はまだその物的設備が有機的結合たる一体をなすには至っていないというのであろう。しかし、酪農の発達、農業法人の普及などによって、事情の変更することも予期されるであろう。

〔八五一〕 **二　農業用動産抵当権の公示とその対抗力**　抵当権の公示方法は、特別の登記（農業用動産抵当登記簿の記載）である（同法一三条一項・三項、昭和八年勅三〇八号農業用動産抵当登記令）。この登記は、一個の動産について一用紙を備えるものであるから

(登記令三条)、あたかも個々の動産が個々の不動産のような取扱いを受けるわけである。しかし、登記の公示力は一般の場合と大いに異なる。すなわち農業用動産の抵当権は、一面においては、登記がなくとも、悪意の第三者には対抗しうると同時に、他面においては、登記をした後でも、第三者の即時取得を妨げることができない(同法一三条一項・二項)。なお、法律は、目的動産が善意の第三者に取得されることを防ぐために、所有者がこれを譲渡しまたは他の債務の担保に供する場合には、相手方に抵当権の目的であることを告知すべき義務があるものとし(一四条)、罰則をもってこれを強制する(一九条)。そして、目的動産を譲渡しまたは担保に供したとき及びこれに対して第三者が執行をしたときは、所有者は遅滞なくその旨を抵当権者に告知すべきものとする(一五条)。個々の動産について登記が存在しても一般取引界はこれに注意を払わないことを予想し、所有者の信義に訴え(故意に損傷隠匿した場合にも罰則がある(同法一八条))、かつ各場合の善意悪意によって問題を決しようとしたものである。そこにこの制度が多分に人的信用の色彩を帯びていることを示す。そしてこのことは、信用組合と農民との間の金融関係を規律する支障とはならないのであろう。後述する抵当証券制度よりははるかに多く利用されている。

〔八五二〕　**三**　農業用動産抵当権の効力　この抵当権と先取特権が競合するときは、抵当権は民法第三三〇条の第一順位の先取特権と同一の効力を有する(同法一六条)。その他の点においては、不動産の抵当権に関する規定(ただし滌除に関する三七八条―三八七条を除く)が一般に準用される(一二条二項)。ただし、抵当権の実行は特別法(昭和八年勅三〇九号農業用動産抵当権実行令)に定める二、三の特則の他、競売法の動産の競売に関する規定に従う(一七条、実行令一条)。

第三　自動車抵当権・航空機抵当権・建設機械抵当権

〔八五三〕　一　自動車抵当権　(1)自動車（軽自動車と二輪の小型自動車及び建設機械にあたる特殊自動車を除く）は、道路運送車両法（昭和二六年法一八五号）によって、運輸省陸運局に設けられる自動車登録原簿に登録しなければ、運行の用に供することはできない（道路運送車両法四条・六条）。そして、登録の後は、所有権の移転も（同法五条）、抵当権の設定も（自動車抵当法四条・五条）、登録をもって第三者に対する対抗要件とする。だから、およそ運行の用に供されている自動車は登録されており、抵当権の設定は登録によるのだから、公示としては完全である。

(2)自動車抵当権は、この抵当権の効力について、民法の多少の規定を準用する他、被担保債権の範囲（同法一二条）、抵当権の効力の及ぶ範囲（同法六条・八条）、その他について規定をしているが、大体において、民法の規定と差がない（ただし滌除は認めない）。なお、自動車に質権を設定することはできない（同法二〇条〔一四一〕参照）。

(3)自動車抵当権の実行は、自動車及び建設機械競売規則（昭和二三年最高裁規則六号）によるが、大体において、競売法の不動産競売の規定の準用によって行なわれる。

〔八五四〕　二　航空機抵当権　(1)飛行機または回転翼飛行機は、航空法（昭和二七年法二三一号）によって、運輸省航空局に設けられる航空機登録原簿に登録されることによって日本の国籍を取得する（航空法三条の二）。日本の国籍を有するものは「登録記号を表示する打刻」がなされる（同法八条の三）。そして、日本の国籍を有する航空機の所有権の移転も（同法三条の三）、抵当権の設定も（航空機抵当法三条・五条）、登録をもって対抗要件とする。公示として完全であることは自動車抵当権と同様である。

(2)航空機抵当法は、この抵当権の効力について規定を設けているが、その内容は自動車抵当法とほとんど同一である。質権の設定は許されない（同法二三条）。

(3)航空機抵当権の実行は、航空機競売規則（昭和二八年最高裁規則一七号）によるが、自動車の競売とほとんど同一である。

〔八五五〕 **三**　建設機械抵当権　(1)建設機械は、一般に動産であって、質権の設定もできるが、建設業者（建設業法二条参照）が一定の建設工事（同法に定める土木建築工事）に使用する機械類（掘削機械、基礎工事機械、トラクターその他相当に大規模のもので建設機械抵当法施行令に定められるもの）は、所有者がこれについて建設機械登記簿に所有権保存の登記をして抵当権を設定することができる（建設機械抵当法二条・三条）。そしてこの登記がされると、その建設機械についての抵当権だけでなく所有権の得喪変更も登記をもって対抗要件とすることになる（同法七条）。質権を設定することはできなくなる（二五条）。なお、登記をするためには、建設大臣の行なう「記号の打刻」がなされることになっている（四条）。

(2)建設機械抵当法は、この抵当権の効力について規定しているが、自動車抵当法とほとんど差がない。

(3)建設機械抵当権の実行は、自動車と同一の最高裁規則によってなされる（同法二六条〔八五三〕(3)参照）。

第六款　証券抵当

〔八五六〕 **第一**　証券抵当制度の意義と作用

近代抵当権は、その流通性を確保しようとする要請から、抵当権を証券化する途を開き、わが抵当証券法もまたこの趨勢に従ったものであることは、すでに述べたとおりである（〔三二九〕以下）。

なおわが担保附社債の制度も、間接に抵当権の証券化の作用をなすものであることも、すでに一言したことであるが、この制度は、主として社債に関するものであり、その担保としても、抵当権に限るものではない。動産質、証書ある債権質をも認めている。もっとも、実際上は抵当権、ことに財団抵当が最も普通である（担保附社債信託法四条参照）。そのために、社債との関連で商法に説かれるのが適当だから、詳説を避け、その担保権の有する二大特質を指摘するに止める。

（イ）その一は、担保物権は法律上受託会社に帰属し、担保の経済的利益を受ける社債権者に帰属しないことである。社債権者は債券を購入することによって債権を取得するものであるから、その数は多数に上り、みずから担保物権を保存・実行することはできない。そこで受託会社に帰属させ、この会社をして、総社債権者の利益のために、公平かつ誠実にその保存と実行をなさしめる（同法六八条一七一条参照）。この信託法理の応用にこの制度の骨子が存する。

（ロ）その二は、一定額の社債を数回に分けて発行する場合にも、その各回の社債権者の担保権を同順位とすることができることである。普通にオープン・エンド・モルゲージの一形態といわれるものであって、昭和八年の改正によって新たに認められたものである（同法一九条ノ二一一九条ノ五参照）。これによって社債発行の利便は大いに増進した。けだしこの制度がなければ、担保を分割して各回の社債を発行するか、各回の社債の担保権に順位をつける他はないからである。ただしアメリカのオープン・エンド・モルゲージには、社債総額も担保の目的もともに不確定のものもあるが、わが国の制度はそこまではいっていない。

第二　抵当証券

〔八五七〕　一　意義・作用・性質　　(1)抵当証券法（昭和六年法一五号）の認める抵当証券は、当事者間に特約のある場合に、抵当権者の申請によって、登記所が発行する有価証券であって、抵当権と被担保債権とを合体してこれを化現し、裏書によって転々流通される。証券の正当な取得者は、債権とこれを担保する抵当権を取得するだけでなく、抵当権によって満足をえない部分は裏書譲渡における前者に対する償還請求によってさらに保証される。この最後の点は、抵当証券の価値を物的・人的両担保の上におくものであって、極めて特異な点である。

抵当証券は市に存する土地・建物または地上権の上の抵当権であって（抵当証券法一条、抵当証券法ノ施行期日及施行地域ニ関スル件（昭和六年勅一八三号・一八四号）参照）、当事者間にとくに抵当証券発行の特約のあるものについてだけ（同法二条五号参照）、抵当権者の申請によって、管轄登記所が（同法一条参照）これを発行する。ドイツなどの制度のように抵当目的物の所有者がみずからまず抵当証券の発行を受け（所有者抵当権となる）、これを売却することによって金融をうるものとは大いに異なる。

〔八五八〕

(2) 抵当証券は、抵当権と被担保債権とを合体してこれを化現する。

(イ) 抵当権は登記簿に表示されるものであるから、これを抵当証券に化現するためには、登記簿の記載を証券の上に転記し、証券を登記簿の一頁のような体裁とする（同法一二条に証券の記載事項を定める）。しかし、登記簿は閉鎖しないで、その後の抵当権に関する変動は、証券と登記簿の両者に記載する（同法一六条―二〇条参照）。

(ロ) 被担保債権を化現するためには、一方、証券に債権を表示するとともに、他方、証券の発行に当って、債権に関する証書（手形を含む）を提出させ、これに抵当証券を発行した旨を記載する。被担保債権について手形があるときは、手形は右の手続によって効力を失なう（同法三条一項三号・一三条）。

(ハ) かようにして、抵当証券が発行されたときは、抵当権と債権とは分離して処分することができず、また必ず証券をもって処分すべきものとなる（同法一四条）。証券を喪失したときは、除権判決によって再交付を受けうる（同法二一条・二二条）。

〔八五九〕　(3)抵当証券は、抵当証券法の施行の当時から、関係者の予想に反して、あまり利用されなかった。その理由としていろいろの点が挙げられた。抵当権者はすでに設定されている抵当権について設定者の同意をえて証券の発行を求めることを躊躇する事情があること、証券の交付を求めても後述する異議申立の制度で簡単に交付を受けられないこと、裏書人の責任を生ずることが証券の譲渡を困難にすること、さらには、わが国の経済事情はいまだ不動産金融を証券化するほどに至っていないこと、などが主要なものである。

ところが近時に至って、この制度が再認識されようとしているように見える。戦後わが国の経済の復興はまことに目をみはらせるものがあり、担保制度も著しい発達をしたが、それは主として工業部門であり、工場抵当を主とするいわゆる産業金融体制についてであった。これに比すれば、住宅を中心とする宅地造成、都市開発、公害対策施設、生活環境整備などの部門とこれに伴なう不動産金融体制は、すこぶる立遅れを示している。そこで、近時この領域における国家の積極的施策を要望する声が高くなりつつある。それはもちろん抵当権の証券化だけを問題としているのではない。右のような不動産金融は、利廻りにおいても、資金の回収においても、甚しく不利な面をもつことを認識し、その金融にあたる特殊の金融機関（不動産銀行）の設立を認めて、あるいは特殊の長期債券の発行を許し、あるいは国家による利子の補給を考慮するなど――一言にしていえば、戦前の日本勧業銀行を頂点とする一連の半官半民的な不動産金融機関の営んだ機能を今日の経済的・社会的情勢に適した形で営ませること――が考慮されている。そして、抵当証券はこの特殊な金融機関を中心とする施策の一環を担うものとしてその改善・活用が望まれているのである（〔二三〇〕参照）。

二　抵当証券の効力

〔八六〇〕　(1)証券の公信力　抵当証券の効力を確保するためには、これに化現された抵当権及び債権の存在を確実なものとしなければならない。

(イ)しかし、登記簿には公信力がないので、その記載を転記した抵当証券もその記載されたことについて公信力を持つことができないわけである。そこで抵当証券法は、この欠点を補充するために、特殊の制度を創案している。それは、証券の発行前に、抵当権設定者・第三取得者・債務者・抵当権またはその順位の譲渡人及び先順位を放棄した者に対して、証券の発行について異議があれば一定の期間内に申出るように催告をなし、その期間内に異議を申出ないときは、異議を申出るべきであった事由をもって証券の善意の取得者に対抗することをえないものとしたことである（同法六条・一〇条一項）。ちなみに、異議があると、まず非訟事件として簡易迅速に裁判し、異議の理由がないときは、証券を発行し、異議を却けられた者は別に二ヵ月内に訴を提起することができるものとする（同法八条・一〇条二項・三項・一一条参照）。かような措置がとられることによって、証券に記載された抵当権はある程度の公信力をもつことになる。しかし、右の催告を受ける者も、異議を申出ることのできる事由も、ともに制限されているから、これ以外の者、例えば登記簿に記載されていないでしかも対抗力を有する所有者などは、常に証券の効力を覆えすことができ、また催告を受けた者も、異議を申出るべきものとされる事由以外の事由、例えば抵当権の設定行為に瑕疵があることなどを理由として、証券の効力を覆えすことができる。かように抵当証券の公信力はなお限られたものなのである。

〔八六一〕　(ロ)証券の表示する債権の公信力についてもほぼ同様である。すなわち、債権について質入れ、差押、相殺の抗弁などの事由が存在することは、異議を申出ないことによって、証券の善意の取得者に対抗しえなくなるが（同法七条一一一条参照）、その他の事由、例えば債権の不存在または債務負担行為に瑕疵があることなどは、これを主張することができる。もっとも、手形理論の準用によって、裏書人は証券面に表示された債務を負担することになるから（同法四〇条により手形法七条を準用）、この点は抵当権についてよりも確実ではある。

〔八六二〕　(2)　証券の流通の安全性　証券の流通は有価証券理論によって容易かつ安全にされる。

(イ)　譲渡は裏書による（同法一五条・四〇条、手形一六条一一八条）。ただし無記名裏書を認めない（手形一三条・一四条の準用なし）。注意すべきは、手形法第一一条第三項が準用されない結果、抵当権設定者が証券を取得するときは、混同によって消滅し、さらに転々譲渡することはできないと解されていることである。証券の独立性を無視するものであって、解釈としてもその当否は疑問である（物権〔五〇〕参照）。

(ロ)　債務者の抗弁権は制限される（同法四〇条により民四七二条、手形一七条・三九条一項の準用、なお同法二五条参照）。

(ハ)　転々流通する間に無権利者の手に入っても、公信力は手形におけると同一である（同法四〇条による手形一六条の準用）。

(ニ)　以上の理論によって、抵当証券が有効に成立した後は、公示されない債権の消滅などによって証券に化現された抵当権の効力が失なわれることはない。なお、抵当証券が発行されたときは、その抵当権について滌除をなしえないことも（同法二四条）、抵当証券の効力の存続を確実にする。

〔八六三〕　(3)　抵当証券による弁済の確保　抵当証券の正当な取得者は、証券によって弁済を求め、抵当権の実行をなしうることはもちろんであるが、抵当権の実行によって満足をえない部分は、証券の裏書をした者に対して償還を請求することができる（同法三一条）。そして償還に応じた者は、さらに前者に対して償還を請求することができる（同法三八条）。この点に関し、抵当証券は全く手形と同一の効力を有する。そして、法律は、この関係を妥当に規律するために、利息の延滞が二年以上になったときは、元本の弁済期が到来するものとなし（同法二六条）、元本の弁済期が到来したときは一ヵ月内に支払を請求すべきものとなし（同法二七条）、さらに、弁済のないときは、弁済期から三ヵ月内に原則として競売を申立てるべきものとする（同法三〇条・三三条）。前者の責任を制限するためにはやむをえない態度であろうが、抵当証券の発行によって債務者が甚しい不利益を受けることは否定しえない。

第六章　譲渡担保

第一節　総説

第一　譲渡担保の意義とその社会的作用

〔八六四〕 一　譲渡担保の意義

(1)広義の譲渡担保　譲渡担保という呼称を広い意味に用いるときは、担保の目的となる財産を移転することによって信用授受の目的を達する制度を意味する(〔七〕参照)。従ってこれには二つの形態がある。その一は、売買の形式によって信用の授受を行ない、信用を与えた者は、代金の返還を請求する権利を有せず、ただ信用を受けた者がそれを返還して目的物を取戻しうるものであり、その二は、信用の授受を債権の形式で存続させ、信用を与えた者がその返還を請求する権利を有し、信用を受けた者がこれに応じない場合に目的物によって満足をえようとするものである。つまり、前者は債権と関連なく信用の授受を行なうものであり、後者は債権を基礎として信用の授受を行なうものである。「担保」という名称からみて、後者が一層よくこれに該当するだけでなく、信用の授受という経済的目的からみても、後者が一層合理的である(〔一〇〕・〔一一〕参照)。従って、そのいずれの契約をなすかは当事者の自由であるが、一般には、後者の契約がなされたものと推定すべきである。

〔八六五〕 (2)売渡担保と譲渡担保　権利移転の方法による担保は、経済界の必要によって、ずい分以前から行なわれたものであるが、その法律的構成がはっきりしないために、売買の形式をとる場合が多く、またその呼称も売渡担保もしくは売渡抵当といわれるのが常であった。だがその場合にも、当事者の目的からいえば、その代金の支払なるものは、融資(貸金)の交付を意味し、買戻なるものは、債務を弁済して担保物を受け戻すことを意味するのがむしろ普通であった。ところがその後、権利移転の方法による担保も一つの独立した制度としてわが法制の中にその存在を認められるべきだとする理論が確認され、目的物の移転も「売買による移転」といわずに「担保のための移転」として通用するようになるに及び、従来用いられた「売渡」という形容詞は債権と関連のない——その限りでは真に売買を手段とする——ものだけに用いて、これを「売渡担保」(Sicherungskauf)と呼び、債権と関連のある——消費貸借を締結し、その債務を担保するために担保物を移転する——ものは「譲渡担保」(Sicherungsübereignung)と呼ぶべきだと主張されるようになった(前田直之助「売渡担保―附信託行為」(法曹八巻七号一頁)、我妻「売渡担保と譲渡担保という名称について」(法協五二巻昭和九年、民法研究Ⅳ所収)参照)。その提案は正しい。本書でもそう区別する(判例コンメンタール(四宮)譲渡担保の章は、判例の事案とその理論の当否の判断に当って厳密に使い分ける。示唆するところが多い)。

しかし、注意すべきことは、取引界においては、この区別が必ずしも徹底していないことである。今日でも、当事者の意思は右の意味での譲渡担保であるにも拘わらず、売渡担保ないし売渡抵当と称する例は少なくない。従って、各場合の法律関係を判断するに当っては、当事者の用いた用語に捉われることなく、真意を判定することに努めなければならない。

さらに、担保の目的物の占有を担保権者(債権者)に移転するものと、担保権設定者(債務者)の許に留めるものとを区別することもできる。この区別は、経済的な作用が異なるだけでなく、法律的にも、ある程度の差異を認めるべき場合がある。そしてまた、この区別は、売渡担保と譲渡担保の二つの型のいずれについてもありうる。すなわち、譲渡担保は、譲渡質と譲渡抵当とに分け、売渡担保は売渡質と売渡抵当に分けることができる。だが、この呼称は、判例でも、学説でも、まだ統一的に用いられるには至っていない。

この章では、譲渡担保について説く(売渡担保については債各(中一)〔四九六〕以下に一応の説明がある)。譲渡質と譲渡抵当の区別はしないが、とくに一方だけを対象とするときには、その旨を指示することにする。

〔八六六〕 (3) 代物弁済の予約　債権者と債務者の間で特定の財産を指定しておいて、債務が履行されなかったときは、その財産を移転してそれを弁済に充てるという合意をすることがある。普通にこれを代物弁済の予約という。かような方法も、債務不履行があればその財産によって弁済を受けるという債権者の権利(代物弁済予約完結権)が、他の債権者その他の第三者に対抗することができる場合には、債権者はその財産によって優先弁済を受けうることになり、担保の目的を達することができる。従って、これもまた物的担保の一つの類型とみるべきである(抵当権の設定と結合して行なわれる場合については前述した〔四四四〕以下)。この類型と譲渡担保との法律的構成の上の差異は、譲渡担保では被担保債権成立の時――少なくとも債務不履行を生ずる前――に目的財産が担保権者に譲渡されるのに反し、代物弁済の予約の形式をとるものにあっては、債務不履行を生じ弁済に充当する時までは目的財産は担保権者に移転されない点に存する。

〔八六七〕 二　譲渡担保の社会的作用　各所に述べてきたこと（とりわけ〔七〕・〔一五六〕・〔八四七〕以下など）を左に要約する。

（イ）動産を債権者に引渡さずに担保化することができる。企業用動産の抵当化の要望が強いにも拘わらず、民法はこれを許さない。特別法も僅少な範囲で認めるに過ぎない。その欠点はこの制度によって補充される。これが最も重要な作用である。

〔八六八〕 （ロ）形成の途上にある財産権であってこれを担保化する確実な制度が考案されないものも、譲渡担保の形式で担保化することができる。けだし、新たに形成される財産権については、一般に、その譲渡の法律的手段の方がその担保の法律的手段より早く完備するのが常だからである。電話加入権の担保が多く譲渡担保の形式を採ったのはその適例であった。すなわち、電話加入権の譲渡が認められたときにも、これを担保化する法律的手段は不明瞭であった。そこで、加入権を担保のために譲渡しながら、電話の設置場所を譲渡人の住所または店舗とすることによって、電話を利用しながらこれを担保化する方法が行なわれたのである。いうまでもなく、電話は加入を申込んでも容易に設置されず、加入権が事実上高価に売買される（交換価値を有する）ことから生ずる現象である。もし、電話が、電灯と同じように、申込めば直ちに、特別の対価を支払うことなしに設置されるものならば、電話加入権が交換価値をもつことはなく、担保の手段ともなりえない。それはともかくとして、電話加入権の譲渡を放任することの弊害と、担保の必要性とを考慮して、法制の整備が行なわれたことは前述した（〔一七九〕）。

電話加入権は、かようにして取引界に生成し、担保化する正当な法律的手段を与えられた例であるが、その他にも、老舗権（のれん）、造作、営業（下級審の判決には、陸運局長の認可によって譲渡しうる自動車運送事業を譲渡担保とした事例がみられる）などについても、譲渡担保が利用されている。

〔八六九〕（ハ）民法の質権及び抵当権においては、優先弁済を受けるための換価手続が煩雑に過ぎ、高価に換価しえないのが常である。制度に欠陥があるものとしてその改善が要望されているが、容易に実現されそうもない。ところが譲渡担保にあっては、債務額と担保目的物の価額とを精算すべき場合にも、目的物の換価方法は当事者が任意に定めることができるために、目的物の有する担保価値を充分に高く評価して信用の授受を行ないうる。いいかえれば、競売手続の不備がこの制度によって補正されていることも否定することはできない。もっとも、譲渡担保のこの作用は、暴利行為に利用され易い。質権・抵当権に基づく換価方法を改め、合理的な価格で軽易に換価される制度を確立するとともに、この途を潜脱するための譲渡担保を認めないことが理想である。いいかえれば、立法論としては、譲渡担保は、動産の占有を設定者の許に留める類型（動産の譲渡抵当）についてだけ効力を認め、動産の占有を担保権者に移す類型は、換価方法の整備された質権に統一し（ただし証券についてはやや趣きを異にすることは後に述べる〔一〇〇六〕）、不動産は、同じく換価方法の整備された抵当権か質権に限ることが適当と考えられる。

〔八七〇〕**三**　譲渡担保の有効性　判例は、早くから譲渡担保を有効と認め、その法律構成に努力してきた。学説には、かつてはこれを無効とするものもあったが、今日ではそのような説はなく、判例に協力して適切な法律構成を与えるためにいろいろの提案を行なっている。

（イ）すべての譲渡担保を虚偽表示だから無効だとする説は、かつて存在したが、その採るにたらないものであることは、今日では詳論を必要としないであろう（総則〔三一三〕2参照）。

（ロ）占有を移転しない動産の譲渡担保は脱法行為だから無効だという説は、比較的後まで、少数の学者が主張した。動産質の設定要件として、占有改定が禁じられ（三四五条）、またその効力として流質契約が禁じられているが（三四九条）、譲渡担保はこれを潜脱するものだというのである。しかし、強行法規も民法の全体系中における意義とその社会的作用とによって、その適用の範囲を限定せられねばならない。しかるときは、質権の設定について占有改定を禁ずることは、所有権の譲渡についてこれを許すことと調和せず、動産物権の公示として民法の体系中に一貫した意義をもたない（〔一三九〕・物権〔一七二〕参照）。また流質契約を禁ずることは、債務者保護の理想を実現する方法としてはあまりにも形式的であって、実情に適切でない。むしろ各個の場合に、債務者の窮状に乗ずる暴利行為であるかどうかを審査して、その効力を判定するのが妥当である（〔二一〇〕参照）。しかも他方、譲渡担保の社会的要請は決して無視しえない重要性と合理性とをもつ。動産質に関する右の二個条は、その意義を限定して解釈すべきである。すなわち、動産を質権の形式において担保化するに当っては強行規定として遵守しなければならないものであるが、およそ動産を担保化するに当って遵守しなければならないほどの意義をもたないものと解し、譲渡担保は脱法行為ではないというべきである（総則〔三〇三〕2参照。同旨を説く典型的な判決として大判大正三・一一・二民八六五頁、大判大正八・七・九民一三七三頁など参照）。

〔八七一〕 **四** しかし、譲渡担保は民法が正面からは認めていない制度、いわば間道である。そこには多くの危険が存在する。（i）債権者が債務者の不誠実によって担保を喪失するおそれがある。もっともこれは担保の目的物を債務者の占有に留める場合のことだから、ある程度までは、抵当制度一般に通ずることであって、やむをえないともいえる。（ii）見逃しえないのは、債務者が債権者の不誠実によって目的物を喪失し、またその元利の支払に関して苛酷な条件を強いられ易いことである。さらに、(iii)第三者、ことに一般債権者を害する危険も決して少ないものではない。解釈において、暴利行為の手段に用いられることを防止し、譲渡担保契約に対し、担保制度として必要にして充分な法律的内容を与えることに努めるべきことはいうまでもないが、後に、それぞれの個所に述べるように、解釈によっては容易に理想に達することはできないようである。速かに立法的解決を図るべきである(なお総則〔三〇三〕3参照)。

第二　譲渡担保の法律的構成

〔八七二〕 **一**　譲渡担保の法律的構成を考えるに当っては、まず、以上に述べた譲渡担保に含まれる諸事項を認識する必要がある。重ねてそれを要約すれば、つぎのようなものである。

(イ)担保される債権が存在する。いわゆる売渡担保との差である(〔八六五〕)。

(ロ)担保の目的たる財産が担保権者(債権者)に移転される。代物弁済の予約と異なる点である(〔八六六〕)。

〔八七三〕 **(ハ)**目的物の占有の所在は要件ではない(〔八六五〕後段)。しかし、実際に最も重要な作用を営むものは、占有を債務者(設定者)に留めるもの、すなわち設定者がこれを利用する場合である。そして、その場合には、(i)その利用関係の法律的性質(賃貸借か使用貸借か)、(ii)利用の対価(賃借料)と利息との関係、(iii)利用関係の告知と弁済期との関係、などが重要な問題となる。

〔八七四〕 **(ニ)**債務者の履行遅滞を生じ担保権者がその目的物によって弁済を受ける場合に、目的物の価額と被担保債権額の関係をどのように決済するか。(i)目的物をそのまま元利に充当して精算する必要がないのか(流担保型)(流質・流抵当にあたる)、(ii)それとも、精算する必要があるのか(精算型)。精算する必要があるとすれば、いかにして目的物の価額を算出するのか、任意に売却するのか、評価しただけでよいのか、評価は誰がするのか、など一連の事項が問題となる。

さらに右の問題とは角度の違うものとして、債務不履行が生じたときに、(a)目的物は、当然に、確定的に、担保権者の所有となるのか(当然帰属型)、それとも、(b)担保権者の方で目的物によって弁済を受ける旨の意思表示をすることによってはじめて右の効果を生ずるのか(請求帰属型)も重要な問題である。そしてこの二つの類型は、少なくとも理論的には、右に述べた流担保型・精算型のいずれとも結びつきうる。すなわち、債務不履行によって当然に目的物の確定的帰属を生ずる場合には、精算する必要がない(ⅰaの)のが常態といえるであろうが、担保権者に帰属した目的物を評価した上で精算する、すなわち、残余があれば返還すべきもの(ⅱaの)もないとはいえないであろう。また、債務不履行があれば、担保権者が目的物によって弁済を受けるためには、債務不履行の生じた後に何等かの意思表示をなすべき場合にも、その意思表示によって流担保の効果を生ずるもの(ⅰbの)と、精算すべきことになるもの(ⅱbの)とがありうることは明らかであろう。

〔八七五〕 (ホ)担保権者は、目的物の所有権を取得しているけれども、実質的に把握しているのは被担保債権の額だけである。精算型にあってはもとよりのこと、流担保型にあっても、債務不履行の生ずるまでは、担保権者はそれ以上の価値を把握していない。その反面、債務者(設定者)は、目的物の所有権を移転した後にも、その譲渡が担保のためであることの結果として、目的物の価値の被担保債権の価額を越える部分は、なおこれを保留している。要するに、目的物の所有権は担保権者に帰属し、設定者の許ではゼロになっているが、その目的物の有する価値は、担保権者と設定者とに分属しているといわなければならない。いわば、所有権の価値的分属である。

そうだとすると、譲渡担保権者から目的物を譲り受ける者は、目的物そのものを取得するのではなく、譲渡担保権者が把握している価値しか取得しえないはずであり、また、譲渡担保権者の債権者は、譲渡担保の目的物を差押えても、その物の価値全部を自分の債権の弁済に充てうるのではなく、譲渡担保権者がその物について把握している限度においてその価値を自分の債権の弁済に充てうるに過ぎないはずである。そして、また、譲渡担保権者が破産したときは、設定者は、譲渡担保によって担保される債務を弁済すれば目的物を取り戻せるはずである。

また、譲渡担保権設定者についていえば、かれはなお目的物について一定の価値を保留するのだから、その債権者はこの保留された価値から自分の債権の弁済を受けうるはずであり、譲渡担保権者もこれを妨げることはできないはずである。

右は目的物の有する価値について述べたことであるが、それがそのまま、第三者に対する関係でも、法律的に効力をもちうるかどうか、もちうるとすればいかなる要件の下に、またもちえないとすれば、当事者間にいかなる責任を生ずるか、一連の重要困難な問題を生ずることは、改めていうまでもあるまい。

〔八七六〕　二　譲渡担保の法律的構成は、要するに、譲渡担保という制度に含まれる右の諸事項に合理的な解決を与えるような法律的な理論構成を考案することに他ならない。

(1)判例は、権利の関係的移転という観念によって法律的構成を試みた。すなわち、譲渡担保には、担保の目的とされる権利(財産)が「外部的にのみ移転」するものと「内外部ともに移転」するものとがあるとして、すべての譲渡担保をこの二類型に分けて右に掲げた諸事項を解明しようとした。その内容を略言すれば、

〔八七七〕 **(イ)**譲渡担保にあっては、目的たる権利は、少なくとも外部的には(第三者に対する関係では)移転している(外部的にも移転しない場合には譲渡担保ではない)という。その意味は、右に挙げた最後の問題(〔八七五〕の問題)、すなわち所有権の価値的分属について、物権的な法律効果を認めることを断念し、第三者に対する関係では、専ら所有権の形式的帰属に従って、譲渡担保権者を所有権者とする。そして、その実質的に把握するものが目的物の有する価値の一部に過ぎないことは、譲渡担保権者の設定者に対して負担する債務によって実現されることを期待する。重要な点についてもう少し具体的にいえば、(a)譲渡担保権者は、目的物を担保のためだけに利用すべき債務を負担するから、弁済期前に処分(譲渡)することは義務違反となり、設定者に対して損害賠償の責任を負うが、(b)譲受けた第三者は、譲渡担保の目的物であることを知っていても、所有権を取得する。また、(c)譲渡担保権者の債権者は目的物を差押えてその有する価値の全部を自分の債権の弁済にあてることができ、譲渡担保権者が破産するときは、設定者は取戻権を有しない、とする。そして、その反対の面として、(d)目的物が設定者の占有にある場合にも、設定者に対する他の債権者はこれを差押えることができず、(e)第三者が設定者から譲受けても、——即時取得の規定の適用を受けるときは別だが——所有権を取得することはできず、また設定者が破産すれば、譲渡担保権者は取戻権を有する。

〔八七八〕 **(ロ)**しかし、譲渡担保権者と設定者との間の関係では、所有権はなお設定者の許に保留される場合(「外

部的にのみ移転」）と、この関係においても譲渡担保権者に移転する場合（「内外部ともに移転」）とがあるという。その意味は、前に挙げた目的物の利用関係や、弁済に充当するに当っての精算か流担保かの関係（〔八七三〕・〔八七四〕の問題）について生ずる諸問題を――特約による例外的場合を認めながらも――この二つの型のいずれに属するかによって統一的に解明しようとすることである。主要な点について略言すれば、

（a）「外部的にのみ移転」の場合における、設定者の目的物の利用は、その保留された所有権に基づくものであるから、賃貸借の形式をとってもそれは無効であり、賃料（利息）の不払によって解除されることはない。これに対し、「内外部ともに移転」の場合には、右の賃貸借もその解除も有効である。また、

（b）「外部的にのみ移転」の場合には、設定者に保留される所有権の効力として、多くは精算型となるのに反し、「内外部ともに移転」の場合には、原則として、流担保型となる。さらに、

（c）譲渡担保権者が目的物を不当に処分した場合の責任は、「内外部ともに移転」の場合には、債務不履行となり（内部的にも自分のものだから）、「外部的にのみ移転」の場合には、不法行為となる（内部的には設定者のものだから）。

〔八七九〕 **（ハ）**そして、判例は、大体において、「外部的にのみ移転」するのが原則であって、「内外部ともに移転」するのは例外的だとした。けだし、「外部的にのみ移転」する型が担保の目的を達するに必要にして充分なものだというのである。ところがその後、大正一三年に連合部判決（大連判大正一三・一二・二四民五五五頁）によって、原則と例外とを顛倒した。権利が外部的にだけ移転するということは理論的に常態ではない、という理由である。

〔八八〇〕 **(2)**判例の右のような関係的所有権の理論ないしは権利の関係的帰属の理論に対しては、反対する学説が多かった。しかし、思うに、この観念は、ドイツの学者が譲渡担保の法律的構成を説くに当って用いたも

のであるが、そこでは、この観念によって譲渡担保の目的たる権利の価値的分属について物権的な効力を認めようとしたものであった（古く岡松参太郎（内外論叢一巻九号一八頁）の紹介があるが、近く植林「譲渡担保の法律構成に関する若干の疑問」（法学雑誌六巻四号・七巻一号）はドイツの理論についての周到な論述である）。これに対し、判例の認めた理論は、右に述べたように、譲渡担保権者と譲渡担保設定者との間の関係、すなわち両者の契約によっていかようにでも定めうる事項を説くにあたり、設定者に有利な類型を所有権は内部的にはなお設定者に保留される（「外部的にのみ移転」）といい、反対に、譲渡担保権者に有利な類型を所有権は内部的にも移転された（「内外部ともに移転」）といったに過ぎない。そうだとすると、結局は契約によって定まるといえば足りる事項について、その約旨の中に二つの大きな類型のあることを認めて、これを説明するための手段として用いられた観念であって、比喩的な表現ともみることのできるものである。かように理解すると、判例の関係的所有権の理論ないしは権利の関係的帰属の理論は、理論そのものとしてはあえて排斥するには当らない。問題は、それによって説明された二つの類型が、制度の目的からみて、果して適当かどうかである。

この点についていえば、判例は、右に述べたように、最初は、担保の目的からみて必要にして充分な権利を譲渡担保権者に与える「外部的にのみ移転」を原則とし、それ以上の権利を与える「内外部ともに移転」はとくにその旨が約定された場合にのみ成立する例外的なものだとした。私はこの態度をすこぶる妥当なものとしてこれを支持した。ところが、判例は、後に、権利の帰属は画一的であるのが原則で、内部的には甲に帰属し、外部的には乙に帰属する、などということは例外だという理由で、原則と例外とをひっくり返した。しかし、これは本末を顚倒するものである。ある制度のもつ二つの類型のいずれが原則的に行なわれ、いずれが例外的に行なわれるかは、その制度の経済的・社会的目的からみていずれが一層合目的的であるかによって決せられるべきであって、その類型を説明するために用いられた法律的構成の理論からみていずれが常態であるかによって決せられるべきではない。もっとも連合部判決の事案では、譲渡担保権者が目的建物を不当に取り毀したことは不法行為か債務不履行かが争われたのであって、判決が原則として内外部ともに移転するから債務不履行だといった結論だけは、後に述べるように正当である。だが、「内外部ともに移転」するのが原則だという理論を他の事項にも適用すると、譲渡担保は、原則として、流担保型となり、また設定者の利用関係は賃貸借として賃料の不払によって解除されることになろう。そのような結果は、決して是認しうることではない。大正一三年の連合部判決（前掲大連判大正一三・一二・二四民五五五頁）に対して、私は、かような批判を加えて、「内外部ともに移転」を原則とする理論を無批判に適用すべきでないことを警告するとともに、判例の認めてきた二類型の対立を維持しようとするなら、「外部的にのみ移転」を「弱い譲渡担保」、「内外部ともに移転」を「強い譲渡担保」と呼び、前者を原則的な類型とするのが適当であろうと提言した（我妻「判例売渡抵当法」（松波先生論文集所掲、民法研究Ⅳ所収）、我妻・聯合部判決巡歴第二八話参照）。

〔八八一〕　(3)私の警告は、その後の判例で大体において容れられたが（前掲聯合部判決巡歴三五一頁以下に主要な判決を挙げている）、詳細に検討すると、必ずしもそう断言することもできない（四宮・譲渡担保（総合判例研究叢書）五八頁以下は、連合部判決の影響の及んだ範囲を克明に検討している）。また、「弱い譲渡担保」と「強い譲渡担保」という呼称もある程度使用されるようになった（例えば最高判昭和三八・一・一八民二五頁にも「いわゆる弱い譲渡担保」という表現がみえる。後の〔八九八〕参照）。しかし、近時の学説はさらにその水準を高めようとしているように見える。すなわち、

〔八八二〕　(イ)譲渡担保権者と設定者の内部関係、すなわち、(ⅰ)設定者の目的物利用の関係は、賃貸借か使用貸

借か、対価は利息か賃料か、その支払の遅延によって使用関係を告知しうるかなどの問題(〔八七三〕の問題)、(ii)優先弁済を受ける方法に関しては、担保権者が目的物を確定的に取得する効果は、債務不履行によって当然生ずるか、何等かの条件が加わることを必要とするか、さらにまた、流担保の効果を生ずるか、精算すべきか、などの問題(〔八七四〕の問題)、(iii)譲渡担保権者または設定者が目的物を不当に処分・毀損する責任の性質は、債務不履行か不法行為か、横領か背任かなどの問題(〔八七八〕c参照)は、必ずしも画一的には決定しえない。一つの事項について設定者に有利、すなわち「弱い譲渡担保」・「外部的にのみ移転」というべき場合でも、他の事項については、担保権者に有利、すなわち「強い譲渡担保」・「内外部ともに移転」というべき場合もある。従って、譲渡担保に含まれるそれぞれの事項について、いかなる効果を生ずるのが原則であり、いかなる特約によっていかにそれが修正されるかは、さらに一層詳細に検討し、具体的場合に即して決定すべきである。これが近時の学説の一般的な立場である。

かような態度は、それ自体としては正しい。むろん各場合のあまりに細かい特殊事情にまどわされて、原則的に維持すべき基準を見失なってはならないことはいうまでもないが、その用意を怠らない限り、「弱い譲渡担保」・「強い譲渡担保」というような粗大な類型の区別は不要でもあり、不適当でもあろう。

〔八八三〕 (ロ)近時の学者の関心はさらに、譲渡担保における目的物の価値的分属を物権的に(第三者に対する関係でも)認めようとすることである(〔八七五〕の問題)。すなわち、この点に関する前記の判例理論(〔八七七〕)は、物権と債権を区別するわが法制の下では、伝統的な理論というべきであるが、これを何等かの新しい理論によって克服しようとすることが近時の学者の関心事である。いろいろの提案がみられる。小異を無視して大綱をみると、(i)譲渡担保では、目的物の有する価値が担保権者と設定者とに分属するという状態が制度の本質であり、しかもその状態はある程度の期間にわたって継続し、それに基づいて当事者間になお多くの実質的な関係を生じ、一つの定型化された制度となっている。そうだとすると、例えば物を贈与する際に他人に売らないという債務を負担させる場合のような、物権に対する、一時的・外面的・偶発的な債権的拘束と同視して、物権と債権とを峻別する伝統的な理論を無批判に適用すべきではない。(ii)しかるときは、公示の原則を実質的に吟味して、悪意の第三者に対する関係では、譲渡担保関係を主張しうるものと解しても、必ずしも民法の体系を破壊することにはなるまい。これが近時の多くの学説の主張する思想である。

譲渡担保関係を悪意の第三者に対して主張しうるものと解そうとする説はずっと以前から存在した(末弘二四一頁、近藤一一三頁など)。しかし、近時の学説は譲渡担保権者と設定者との間に価値の分属を生ずる実体に一層重点をおき、悪意の第三者に対抗しうる基礎をそこに求めようとしているように見える(四宮前掲「譲渡担保」(総合判例研究叢書)二〇〇頁以下及び同所引用の諸論稿、同「信託行為と信託」法協五九巻七号一一二一頁など参照。なお鈴木「譲渡担保」(経営法学全集9)も極めて優れた論稿である。善意悪意の区別には依拠しないが、内部の実質的関係に物権的効力を与えようとする理論は示唆に富む(二八九頁以下))。

私は、目的物を設定者の許に留める動産の譲渡担保については、担保権者からの譲受人は、指図による占有移転を受けなければ所有権の取得を設定者に対抗しえないとの前提をとり、しかもその指図による占有移転の性質上、譲受人は譲渡担保の制限を伴なった所有権を取得するだけだと論じたことがある(我妻前掲「エルトマンの提案」(民法研究IV所収)二六(法協四八巻四号、昭和五年))。しかし、その後は、その理論を譲渡担保について発展させることを怠っている。

判例は、譲渡担保関係を悪意の第三者に対抗しうるという理論は、まだ採用していないというべきであろう。しかし、譲渡担保権者または設定者の債権者に対する関係では、相当の程度まで、伝統的な理論

（〔八七七〕c・dの理論）の動揺を見せているようである。

〔八八四〕 (4)近時の学者の努力と判例の動向を総合し、私は、つぎのように解釈することが適当と考える。詳細を後に譲り、結論のみを列記する。

(イ)譲渡担保は、判例と慣習法とによって構成されつつある特殊の物的担保である。

(ロ)その設定は、「担保のための」目的物の移転である。不動産について認める場合の登記原因は「担保のため」として、被担保債権についても登記すべきである（設定に関して述べる〔八八九〕b参照）。

(ハ)譲渡担保権者が優先弁済を受ける方法については、理論的に多くの組み合わせがあること前記のとおりだが（〔八七四〕）、原則的な効果としては、

(a)占有を設定者の許に留める動産譲渡担保にあっては、請求帰属型で精算型を原則とし、よほど明瞭な事情がなければ、当然帰属型も流担保型も認めるべきではない（〔九二〇〕以下）。

(b)占有を担保権者に移転する動産譲渡担保にあっては、流担保型を原則とし、当然帰属型も稀ではないといってよい（〔九二〇〕c）。

(c)不動産の譲渡担保は、占有を移転する場合にも、右のaと同じく、請求帰属型で精算型を原則とみるべきである（〔九二〇〕b）。

(ニ)第三者に対する関係では、伝統的理論を大幅に修正して、

(a)占有を設定者に留める動産の譲渡担保にあっては、(i)譲渡担保権者は、設定者の一般債権者に対する関係では、優先的に弁済を受けることで満足すべきである（無条件な異議を認めない（〔九三二〕）。更生手続の開始（〔九三四〕）・破産（〔九三五〕）、ともに無条件な取戻権を認めない）。

(ii)設定者は、譲渡担保権者の一般債権者に対する関係では、被担保債権を弁済することによって目的物を取戻すことができる（〔九四二〕－〔九四四〕）。(iii)譲渡担保権者が弁済期の到来前に目的物を処分した場合に、相手方が悪意であれば、設定者は、これに対し、譲渡担保関係を対抗することができる（〔九四九〕－〔九五二〕）。

(b)占有を担保権者に移転する動産の譲渡担保にあっては、できるだけ、右と同様に解することを努める（〔九三六〕－〔九三八〕・〔九四五〕・〔九五二〕・〔九五六〕）。

(c)右に反し、不動産の譲渡担保では、占有を移す場合にも、移さない場合にも、登記の有無――移転登記があるか、不履行の場合の移転請求権についての仮登記があるだけか、何らの登記がないか――を重要な基準としなければならないので、動産の譲渡担保と同様の解釈はできない（設定者の一般債権との関係につき〔九三九〕－〔九四一〕、担保権者の一般債権者との関係につき〔九四六〕、期限前の処分につき〔九五三〕）。

第二節　譲渡担保の設定

〔八八五〕 **第一**　譲渡担保設定契約の当事者

譲渡担保は設定者と譲渡担保権者との間の、担保のために権利を移転する契約で設定される。

(イ)設定契約の一方の当事者は、担保を提供する者（設定者）である。債務者である場合が多いが、それに限らず、第三者（物上保証人）でもよいことは、質権・抵当権と同様である。

(ロ)他方の当事者は担保権を取得する者（譲渡担保権者）である。被担保債権者自身であるのが普通だが、とくに三者の合意で第三者を担保権者とする場合もないではない。判例はこれを一種の信託的行為であり、契約自由の原則からみて有効とすべしという（大判大正七・一一・五民二一二二頁（債権者のために供託して抹消登記を請求するのに対し、登記名義を取得した者が債権者は自分だと争う））。質権及び抵当権にあっては、担保権者は債権者でなければならず、担保附社債信託法は例外をなすものとされているが（〔一七七〕・〔三〕・〔四〇〕参照）、これを理由として右のような譲渡担保を無効とすべきものとは考えられない。しかし、譲渡担保の作用を債務不履行があれば設定者は目的物の権利を確定的に失なうという点だけに求めるのではなく、その継続中における債権者と債務者の間の関係を合理的に処理するのみならず、債務不履行を生じた場合にも原則として精算すべきものとなし、債権の担保という経済的目的に適合する法律的構成を与えようと努力する場合には、譲渡担保権者と債権者と債務者（設定者）の三者間の関係については、普通の譲渡担保と異なる関係を認めなければならないことに留意しなければならないであろう（信託行為の性質に関係することだから詳説を避ける。四宮「譲渡担保法要綱（改訂第二試案）解説」（立教法学二・三・五・六）第一節第四参照。この論文は、以下「譲渡担保法要綱解説」として引用する）。

第二　譲渡担保設定契約の内容

〔八八六〕　一　譲渡担保の設定契約は、担保の目的となる権利自体を移転する。

(1)目的物（目的となりうる財産的な権利）には制限がない。財産的価値のある権利で譲渡することのできるものは、すべて譲渡担保の目的とすることができる。そこに譲渡担保が金融取引の広い分野にわたって作用しうる根拠がある。しかし、個々の動産、とりわけ生産設備たる動産が最も重要な作用を営むものであり、また不動産についてはその法律的関係は比較的明瞭だから、ここには、個々の動産と不動産を主たる対象として考察し、集合動産と債権については、後に問題となる点を補充的に考察することにする。

〔八八七〕 (2)目的たる権利そのものが移転されるとは、質権や抵当権のように、目的たる権利(所有権・債権・地上権・無体財産権など)とは異なる一面的な権利(制限物権)が(設定的に)移転されるのではなく、権利そのものが移転される意味である。ただし、権利そのものが移転されるのは、法律的な形式においてであって、実質的には、目的たる権利の有する価値の一部が移転されるだけであり、それについて物権的な効果を認めるように、立法としても、解釈においても、努力されていることはすでに繰り返して述べたとおりである。なお、実質的に価値の一部が移転されるものであることは「担保のために」移転する、ということからおのずから理解される。

〔八八八〕 (3)譲渡担保は、その設定に当って権利が譲渡されなければならない。

(イ)設定に当って権利を移転せず、債務不履行があれば譲渡するという契約は譲渡担保と区別すべきこと前記のとおりである(〔八七二〕ロ)。ただし、権利の移転について対抗要件がなくともなお譲渡担保と認めてさしつかえない。例えば不動産について、登記をすることなく、権利証や移転登記に必要な書類を交付するだけでも譲渡担保は成立する。もっとも、かような場合には、当事者が所有権を譲渡し移転登記だけを保留しているのか、債務不履行があれば移転することを約しこれを確保するために右のような手段を講じたのか、その判定が困難な場合があろう。そのいずれであるかは、各場合の事情によって決すべきことはいうまでもないが、一般的には、譲渡された(譲渡担保が成立した)とみるのが適当であろうと思われる。同様の疑問は、担保権者が不履行の場合に所有権の移転を求めうるものとしてその請求権保全の仮登記だけをしている場合にも生ずる。けだし、譲渡担保においても、債務不履行の場合に担保権者が優先弁済を受ける方法として取得する権利について仮登記をしてこれを保全することは、譲渡担保の性質に反するものではないからである。しかし、右のような手段が講じられたときは、一般的には、むしろ譲渡担保ではないとみるのが適当であろう。

〔八八九〕 (ロ)譲渡担保の目的たる権利の譲渡について対抗要件を備えないときは、譲渡担保権者は、目的物の取得を第三者に対抗することができないから、優先弁済を受けることはできない。したがって、譲渡担保設定契約は原則として目的物の移転について対抗要件を備える旨の合意を含むものというべきである。

(a)目的物が動産であり、設定者がその占有を保留して使用収益する場合には、その用益関係の設定は、とりもなおさず占有改定関係の成立であり、譲渡担保権者は占有を取得して対抗要件を備えると解すべきである(一七八条・一八三条、物権〔一七二〕・〔五八三〕参照)。判例は、関係的所有権という構成によって説明していた時代には、「外部的にのみ移転」の場合にも(賃貸借は無効だが)、内部的には、設定者は、一面自分のために占有しているが、他面――債務不履行があれば担保権者に交付するために――担保権者の代理人として占有するから、担保権者は占有改定による占有権の移転を受けると説いた(大判大正五・七・一二民一五〇七頁など多数)。しかし、右のような法律的構成に固執しなくなった後は、別段の理由を説くことなく、占有改定を生ずるのは当然であると説いている(最高判昭和三〇・六・二民八五五頁(債務者が受戻す権利を失なった後に委任を受けて経営する者に対する引渡請求、原審が占有改定はなかったというのを破棄))。

(b)不動産については、いうまでもなく登記である。登記原因は「担保のため」として認めるべきである。もっとも、登記取扱いの実務の上では、譲渡担保契約を登記原因として移転登記をすべきものとするだけで、被担保債権についても、弁済によって設定者に移転することについても、登記することを認めない（香川編・登記実務総覧七六一頁以下）。結局、譲渡担保は外部的には権利の移転を生ずるという外形に従ったものである。譲渡担保を独立の担保制度とするためには、この壁を破り被担保債権について必要な事項を登記することを認める必要がある。

〔八九〇〕 二　担保される債権が存在しなければならない。

（イ）譲渡担保契約は、消費貸借をして金銭の融通を受け、同時にその債務を担保するために目的物を譲渡するか、または、すでに債務を負担する者がその債務を担保するために目的物を譲渡するのが典型的な形である。ところが、単に「担保のために譲渡する」という取引がともするとその有効性に疑問をもたれたためでもあろうか、実際には、「売買として移転する」という形式がとられることがすこぶる多い。しかし、これを文字どおりに売買と解するときは、融資者は融資した金額の返還を請求する債権を取得せず、融資を受けた者が、約定期限までに元利に相当する金額を提供して目的物の返還を請求する（買戻す）ことができるだけである。これは、前記のように、多くの場合の当事者の意図に反する（〔八六四〕〔八六五〕）。

金融取引界に対しては、つぎのように要望したい。譲渡担保を設定する際には、融資についての債権的な関係——元本額・利息・弁済期・目的物による弁済充当の方法など——に関して充分な約定をして、担保については、「その債務の担保として譲渡する」という表現を用い、それ以上に、売渡すとか買戻すとかいう表現を用いることを避けるべきである。しかし、解釈に当っては、右の事情を考慮して、当事者の真に意図するところに適応した法律構成を与えることに努めなければならない。

〔八九一〕 （ロ）判例は、前に述べたように、権利の移転によって担保ないしは金融の目的を達する制度には、売渡担保と譲渡担保の二類型があることを明らかにし、担保の目的からみれば、後者が一層合理的であるから、当事者の用いた表現に捉われずに当事者の真意を探求すべしという正しい基準を示した後にも、なおその認定に疑問を抱かせる場合が少なくない。

例えば、金九百円を月一分二厘の利息で弁済期を六ヵ月後の八月三一日として特定の不動産を売渡担保とした事例で、売主(債務者)が期限に返還することができず賃料名義の利息を支払い続け、数年の後に延滞賃料額と元本とを提供して目的物の返還を求めた事案について、真の意味の売渡担保と認定し、しかもなお、買戻の期限徒過によって直ちに買戻権を失なうとは限らない、という理由で、売主の主張(受戻し)を認めたことがある(大判昭和八・四・二六民七六七頁(判民五八事件我妻、民法判例評釈I所収)—期限徒過を理由に原告の請求を棄却した原審を破毀差戻)。しかし、売渡担保においては、期限を徒過すれば買戻権を失なうのが本則であって(五八三条参照)、暴利行為などに例外を生ずるに過ぎないものとなし、譲渡担保では、後に述べるように、債権者が目的物を処分するまでは、元本と延滞利息を支払うことによって目的物の返還を求めうる(九二二参照)のと対立する、というのが、法律関係を明瞭にし、当事者の合理的な意思にも適するであろう。のみならず、右の事案では、当事者が「利息」や、「弁済期」を定めているのであるから、その用いた「売渡」担保という文字に拘泥せずに「譲渡」担保と認定すべきであったと思われる(この判決に対する右の我妻評釈は売渡担保と認定することにはそれほど強く反対していない。ここにその説を改める)。

さらにまた、譲渡担保の目的たる家屋が焼失して、譲渡担保権者が火災保険金を取得したときに、すでに融資額の半額近くを目的家屋の賃料名義で弁済した債務者から、精算して残額を返還すべき旨の請求をした事案においても、売渡担保と認定し、しかも売渡担保にも精算すべき場合が少なくないことを理由として原告の請求を認める余地があるものと判示した（大判昭和八・一二・一九民二六八〇頁（判民一八五事件我妻、民法判例評釈Ⅰ所収）―原審は認めなかった）。しかし、目的家屋の火災保険金と精算されるのは譲渡担保の場合であり、これに反し、売渡担保にあっては、原則として精算されないとするのが両者の性質をはっきり区別することになろう（〔九〇六〕a参照）。そして、事案のように、融資額を分割して何回かに支払えば目的物を返還するという契約は、譲渡担保であると認定するのが正しいと考える（我妻前掲評釈は、売渡担保でも原則として精算すべきだと説くが、今は、これを改める）。

〔八九二〕（ハ）最も注意すべきは、既存の債務のために譲渡担保を設定する場合である。当事者は、この場合にも、売買という表現を用いることが少なくない。そして論理の辻褄を合わせるために、売買代金と既存債務とを相殺するという。その結果、この形では、被担保債権の存在するものがありえないようになる（大判昭和九・八・三民一五三六頁（判民一一〇事件末弘）にこの趣旨が見受けられる）。しかし、かような場合の当事者の趣旨は、売買といいながらも、すでに債務があるから改めて代金を交付することはしない、というに過ぎず、既存の債務を消滅させるまでの意思はないのがむしろ普通であろう。

〔八九三〕（ニ）要するに、広く目的たる権利自体を譲渡することによって担保の目的を達しようとする契約にあっては、既存の債務があってそのために担保を設定する場合はもとよりのこと、売買・買戻という表現を用いている場合でも、利息を計算し、または割賦の償還を意図しているときは、これを譲渡担保とみるべきである。いや、もう一歩進んで、債権関係を残さない真の意味の売渡担保は、とくにそれを認定すべき事情があった場合にのみ例外的に認めるのが、少なくとも今日における譲渡担保関係を正しく規律する出発であろうと信ずる。

譲渡担保の目的物の利用関係について何らかの合意がなされるのが常である。

〔八九四〕 **三 目的物の利用関係**

（イ）譲渡担保の目的物の利用を設定者に許す場合には、目的物の占有を設定者の許に留め（担保権者は占有改定による引渡を受けるだけ）、その利用を許さないときは、その占有を担保権者に移転する。この差異は、経済的に重要なものであるだけでなく、法律的にも両者の間に差異を認めるべきこと後述のとおりである。なお、占有を設定者の許に留めるものだけを譲渡担保とするのではなく、両者は譲渡担保の中の二つの類型であるから（〔八六五〕後段参照）、目的物の利用関係ないし占有状態についての合意は譲渡担保設定契約の要件ではないといわれる。理論的には正当である。だが、具体的な譲渡担保設定契約についてこの点に関する合意が明瞭でないときは、解釈によって明らかにしなければならない。そして、目的物が動産でも不動産でも、一般的には、占有を移さない趣旨と解すべきである。けだし、譲渡担保を設定する当事者の合理的な意思からみて、それを常態とするからである（効力として再説する（〔九〇八〕・〔九〇九〕））。

（ロ）目的物の利用を設定者に許す場合には、しばしば賃貸借の形式が利用される。しかし、右に述べたように、消費貸借契約を別に締結すれば、それについて利息を支払い、目的物の利用は——あたかも抵当権設定者が目的物を利用すると同じ立場で——無償でなすことにするのが適当である。従って、それについての法律関係を判定するに当っては、賃料名義で支払われるものは、実質的には利息に該当するものであることを銘記しなければならない（効力として再説する（〔九一〇〕以下））。

（ハ）目的物の占有を譲渡担保権者に移転するものを「譲渡質」、移さないものを「譲渡抵当」と呼ぼうという提案があり、適当なものと思われるが、まだ一般に用いられるようにはなっていないことは、前に述べたとおりである（〔八六五〕後段）。

〔八九五〕　**四**　優先弁済を受ける方法

債務不履行を生じた場合に、担保権者はいかにして目的物によって優先的な弁済を受けるかについても合意があるはずだが、実際には、必ずしもはっきりしない場合が多い。理論的に考えると、当然帰属型と請求帰属型とがあり、両者について、さらに流担保型と精算型とがありうること（〔八七四〕参照）、原則としていずれを推定すべきかの結論（〔八八四〕ハ参照）は、すでに述べたが、詳細は効力の問題として後に述べる。

第三　譲渡担保設定契約に伴なう諸問題

〔八九六〕　**一**　被担保債権の不存在の影響　譲渡担保は被担保債権の存在することが要件である（〔八七二〕イ・〔八九〇〕参照）。従って、被担保債権を成立させる行為（消費貸借、商品の売買など）と譲渡担保の設定行為とが同時に行なわれた場合に前者が無効で被担保債権が成立しないときは、原則として、後者の権利移転の効力も生じないというべきであろう。それに反し、既存の債務のために譲渡担保を設定した場合に、その債務が存在しなかったときは、原則として、権利移転の効果を生じ、不当利得として返還すべきことになるであろう。もっとも、これらは、物権変動に関する民法の一般理論であって、譲渡担保に特有のことではない（物権〔八六〕・〔八七〕参照）。

〔八九七〕　**二**　権利移転の効果を生じなかった場合の救済　譲渡担保設定契約において、被担保債権が成立したにも拘わらず目的たる権利についてその移転の効果を生じなかったときは、担保権者は目的たる権利の移転を請求することができることはいうまでもない。けだし、譲渡担保は、権利の移転を生ずることが要件であるにしても、目的たる権利を担保のために移転する債務を負担することをも含めて譲渡担保設定契約とみて妨げないからである。さらに、原則として、対抗要件を備えるための協力をなすべきことを請求することもできる（〔八八九〕参照）。しかし、設定すべき者がこれに応じないときは、担保を供する義務を履行しないものとして、債権者は、期限の利益を失なわせて（一三七条三号）、直ちに返還を請求することができる。これに対し、債権を伴なわない売渡担保において融資を受ける者（売主）が融資を受けた（代金を受領した）だけで担保の目的たる権利を移転しないときは、融資した者（買主）は、売渡担保契約を解除して代金の返還を請求することになる。もっとも、判例は、前者（譲渡担保）においても、解除して、原状回復の請求として、融資金額の返還を請求してもさしつかえないという（大判大正一〇・六・一四民一一六三頁（判民一〇〇事件平野）―原審は、貸金の返還請求をなすべしとして訴を棄却する）。融資のための消費貸借契約と担保のための権利移転のすべてを包括した一個の契約の不履行とみる趣旨であろう。しかし、今日においては、被担保債権の有無によって右のように区別することが法律関係を明瞭にするゆえんであろうと思う（この考えの根底には、消費貸借を解除するということは無意味だという思想も存在する）。

〔八九八〕　三　暴利行為との関係　譲渡担保は往々にして暴利行為の手段に用いられる。とりわけ、（i）弁済期に弁済しないときは元利総額をはるかに越える価額の目的物が、確定的に、しかも遅滞を生ずると同時に当然に、債権者に帰属して精算する必要なしと定めること、（ii）利息制限法の制限をはるかに越える高利を目的物の賃借料の名目で収受すること、（iii）その賃借料の延滞によって目的物を担保権者に引渡すべきことを特約すること、などが顕著な手段である。それぞれについての詳細は後に述べるが（iについては、かような約款の効力は容易に認めるべきではないとする〔九二二〕・〔九二五〕、iiについては、〔九〇〇〕以下、iiiについては〔九一二〕など）、ここには全体に通じる解釈の指針として、最高裁の述べるところに注目しよう。元利金七万七〇〇〇円の債務（六万円の元金に一万七〇〇〇円の延滞利息を加えた額）のためにその約八倍の価格の不動産を譲渡担保として差入れさせ、債務不履行のときは債権者において担保物を債務の弁済に代えることができ、債務者はその返還を請求できない旨を約させたという事例で、債務者からの、暴利行為による無効を理由とする所有権移転登記の抹消請求を認めた原審を破棄差戻すにあたり、最高裁はつぎのように判示した（最高判昭和三八・一・一八民二五頁）。公序良俗に反することは原審のいうとおりだが、そのために「無効となるべきものは、本件不動産による代物弁済の約定のみであって、それがために本件譲渡担保契約全部を無効とし、全然無担保の貸借とすることは寧ろ当事者の意思に副わざるものであるやも知れず、当事者としては、全然無担保の貸借となるよりは、少なくとも担保物を他に売却して、売得金中より本件債務の弁済を受けるというが如き方法によっても本件譲渡担保契約を有効として維持せんとする意思がないとは断言し難いのであり、かかるいわゆる弱い譲渡担保の効力まで否定することは却って当事者の意思に反する結果となる場合なしとしないのである。」原審は具体的な事情について一層慎重な審理をなすべきである。判旨が専ら当事者の意思に依存している点に多少の批判はあるが（総則〔二九三〕参照）、全体として、すこぶる適切な態度である。

第三節　譲渡担保の効力

第一款　譲渡担保の対内的効力

第一　譲渡担保で担保される債権の範囲

〔八九九〕 一　譲渡担保によって担保される債権の態様や範囲には――次段に述べる利息制限法との関係の他には――制限はない。

(イ)将来の債権、条件附債権などのために設定しうることは、抵当権・質権と同様である。また増減変動する不特定の債権を一括して、そのために設定すること(根担保としての譲渡担保)も可能である。さらに、金銭債権に限る必要もない。しかし、多くの場合は、債務不履行によって金銭債権に変更したときにこれを担保するものと解するのが当事者の合理的な意思に適するであろう。

(ロ)元本の他、利息、違約金に及ぶのみならず、実質的に設定者の負担に帰すべき費用を担保権者が支出したときは、その償還請求権をも担保すると解すべきである。要するに、被担保債権の範囲は、当事者間の契約によって定まるのであるが、第三者に対する関係でも、抵当権についてのような制限を加える必要はない(三七四条〔三三六〕以下参照)。けだし、権利自体の移転という、経済的目的を超過する法律的手段を利用しているのだから、経済的目的に必要な範囲のすべてに及ぶと解しても不都合はない、といえるからである。

〔九〇〇〕 二　利息制限法との関係　　利息制限法の趣旨を徹底させるために、つぎのように解すべきである(債総〔六〇〕以下参照)。

(イ)譲渡担保の目的物の使用収益を設定者に許す場合には、その対価として賃料の支払が約定されることが少なくない。しかし、この場合の賃料は、すでにしばしば述べたように、実質的には利息であるから、譲渡担保権者は、利息制限法の制限を超過する部分は、賃料名義でも、請求することはできない(大判昭和七・六・二九裁判例〔六〕民二〇〇頁は制限の範囲内だけで強制執行が許されるという）。この点については、流担保型と精算型との間に差はない。

〔九〇一〕（ロ）債務者（設定者）が、賃料名義で、利息制限法の制限を越える額を任意に弁済した場合には、一方、債務者はその返還を請求しえないが、他方、譲渡担保権者は、元本を請求する場合にも、すでに受領した超過部分を元本に充当する計算をした上で、その残額を訴求することができるだけだと解釈すべきである（最高裁昭和三九・一一・一八の大法廷判決（民一八六八頁）が債総〔六五〕に述べる従前の態度を改めた結果は当然このようになると思う（ジュリスト三一四号のこの判決に対する我妻解説参照））。

〔九〇二〕（ハ）譲渡担保権者が目的物の価格と被担保債権額とを精算して残額を返還すべき場合（精算型）には、利息制限法の制限を超過する額について充当することは許されない。設定者は超過額の返還を請求することができる（大判大正一〇・三・五民四七五頁（判民三三事件末弘））。

〔九〇三〕（ニ）問題となるのは、利息制限法の制限を超過する高利を約束した上に、債務不履行があれば目的物は全部的に担保権者に帰属して精算する必要なしと定めた場合（流担保型）である。

（a）暴利行為となる場合には、原則として、流担保の特約だけを無効とし、制限内の利息を計上して元利に充て残額を設定者に返還すべきものとして合理的な解決をはかるべきことは、前掲最高裁判決の暗示するとおりである（〔八九八〕所掲の最高判昭和三八・一・一八民二五頁参照）。

（b）これに反し、利息制限法には違反するが、暴利行為とまではいえない、という場合はどうであろうか。（i）第一に、精算型では制限外の利息に充当しえないことは前段に述べたとおりである。（ii）第二に、元利の総額を改めて代物弁済契約によって消滅させることは、制限外の利息を含む場合にも――暴利行為とならない限り――有効とみるべきであろう。（iii）問題は、右の二つの中間にあって、債務不履行の場合には代物弁済的効果を生ずることを予め特約する流担保型の譲渡担保契約である。利息の「超過部分を任意に支払った」とはいえないものとして、なお精算して返還すべきことを請求することができると解しうるように思うが、疑問を免れない（債総〔六八〕の記述を少しく改めることになる）。

第二　譲渡担保の効力の及ぶ目的物の範囲

〔九〇四〕 **一**　目的物につけ加えられた附加物や従物に譲渡担保の効力が及ぶかどうかは、結局は、各場合の当事者間の契約の趣旨によって定められる。もっとも、その施設の一部が取り替えられた場合や当初に予期された以上に拡張された場合などには、当事者の合意の内容を決定することは困難であろう。しかし、企業施設を単一の経済的価値あるものとして担保の目的とされている場合には、企業施設として有用な物は広くこれを含むと解するのが妥当であろう。なお、そのような場合には、設定の時の対抗要件が新たに加えられた物にも及ぶかどうかが問題となるが、それについては集合物の譲渡担保に関して後に述べるところと同様に解してよいであろう（〔九七五〕以下・〔九八五〕以下参照）。

〔九〇五〕 **二**　担保物権についての物上代位（三〇四条）の趣旨は、譲渡担保にも適用される。最も重要なものは損害保険金である。

(1) 実質的にみれば、譲渡担保の目的物の有する価値は、担保権者と設定者に分属するものであることは、しばしば述べたとおりである（一〇〇〇万円の財産が六〇〇万円の被担保債権のために譲渡担保となっているときは、担保権者は六〇〇万円、設定者は四〇〇万円）。そうだとすると、目的物の全価格（所有者利益）についての損害保険契約は、担保権者と設定者とが共同して締結すべきであり（保険料の実質的な負担者は両者の協定で定めてよい。また両者のもつ割合は被担保債権額の増減に応じて変更することはいうまでもない）、保険事故発生のときは、両者は、その有する割合に応じて保険金請求権を取得するものとなすのが合理的である。のみならず、厳密にいえば、目的物の所有者利益を被保険利益として損害保険契約を締結することは、譲渡担保権者または設定者のいずれが単独でやっても、超過保険となろう（商六三一条）。もっとも、譲渡担保権者は、担保目的物が滅失することによって弁済を受けることができなくなって被る損害について、単独に、損害保険契約（債権損失保険）を締結することはできる。また、設定者は、担保目的物の滅失によって、弁済してもその物を受け戻しえないことによる損害、もしくは自分の一般財産によって弁済しなければならなくなる損害などについて、保険契約を締結することも、単独でできるであろう。しかし、これらは、右にいっている保険とは異なる。右にいっているのは、譲渡担保の目的物の所有者利益を塡補する保険である。だが、譲渡担保の目的物についての右のように共同してなす損害保険はわが国にはまだ行なわれていない（四宮前掲「譲渡担保法要綱解説」第三節第一項第九は譲渡担保権者と設定者が共同して被保険者となるものとして詳細な規定を設けている）。

〔九〇六〕 (2)現行法の解釈論としては、場合を分けて考察すべきである。

(イ)譲渡担保設定後になされる保険契約の効力は、担保権者と設定者のいずれが締結するかによって異なる。

(a)譲渡担保権者が所有者利益について損害保険契約を締結することは有効と解すべきである。けだし、形式的・画一的にとり扱うべき損害保険契約にあっては、所有権移転の形式に従うのが妥当だからである。そして、保険金全額を担保権者に保有せしめるべきでない事情があるときは、設定者からその返還を請求しうるものとして解決する（大判昭和一二・六・一八民九四〇頁（判民六六事件豊崎）―移転登記はなかったが、保険会社は所有権を認めて締結したものと判示）。すなわち、弁済期前に保険事故が生じたときは、設定者は、元利を弁済して保険金の返還を請求しうる（流担保型でも差異はない）。判例は、売渡担保でも同様と解しているが、売渡担保ではむしろ反対に解すべきことは前述した(〔八九一〕末段)。

(b)設定者が所有者利益について損害保険を締結することはどうであろうか。不動産(家屋)を目的とし、移転登記のすんでいる事案について、これを無効とする下級審判決がある(岐阜地判昭和三四・三・二三下民五二八頁)。論議を生じた点であるが、正当として支持すべきであろう(南出「不動産を譲渡担保に供した債務者が所有者として締結した火災保険契約の被保険利益」(損害保険研究二二巻二号)。右の岐阜地判の批評の一つだが、他に多くの批判がなされた(四宮前掲「譲渡担保法要綱解説」第三節第一項第九参照))。

〔九〇七〕 もっとも、動産の占有を設定者に保留する譲渡担保については、これを無効とすることはすこぶる疑問であるが、次段に述べる場合に準じ、その保険金請求権を譲渡担保権者に譲渡するか、その者のために質権を設定したときに限り有効となる、と解すべきものと思う。

(ロ)すでに損害保険に付されている物を譲渡担保の目的としたときは、商法の規定によって、保険契約による損害塡補請求権を譲渡担保権者に譲渡したものと推定される(商六五〇条参照)から、原則として問題を生じない。例外的に右の請求権を譲渡しないときは、保険契約は効力を失なうと解する他はないであろう。

第三　担保目的物の利用関係

〔九〇八〕 **一**　譲渡担保の目的物を設定者または担保権者のいずれが利用するか(目的物の占有を移転すべきかどうか)は、各場合の契約によって定まる。

(1)判例は、「外部的にのみ移転」と「内外部ともに移転」という二つの類型に分ける理論構成をとっていた時には、前者にあっては、設定者は、内部関係において自己に保留する所有権に基づいて使用収益するのに対し、後者にあっては、設定者は、担保権者との間に特別に賃貸借契約を締結しなければ目的物を使用収益する権限を有しないとした。そして、後者を原則と改めた連合部判決以後は、特別の事情のない限り設定者は目的物を占有する権限をも有しないとする傾向がないでもなかった（例えば大判昭和九・一〇・五新聞三七六六号九頁（山林の払下げを受けた者がその代金調達のために当該山林を譲渡担保にした事例、〔九〇九〕末段参照））。しかし、目的物の利用関係は、譲渡担保権者と設定者との間の各場合の契約によるべきものであって、譲渡担保の他の類型、例えば「精算型」か「流担保型」かによって一律に定められるものではない。いいかえれば、譲渡担保の目的物の利用・保管すなわち占有の所在による「譲渡抵当」・「譲渡質」の区別は、それ自体独立のもので、他の類型のいずれとも結合しうるものである。

〔九〇九〕 (2)譲渡担保の類型にとらわれることなく、各場合の事情に従って解釈するときは、

(イ)設定者が利用している動産的な企業設備の譲渡担保にあっては、設定者が引続き利用することが当然に予定されているというべきである。商品についても、設定者がその販売を継続するものである場合には、右と同様であるが、ただ、担保権者の方でその商品を保管する特別の設備を有するような場合にだけ、例外となるというべきであろう（例えば繭を農協の倉庫に保管させて譲渡担保にする場合など）。なおまた、普通の動産を占有を移して担保とするのは、質権の設定を原則的な姿とするとみるのが合理的である。要するに、動産の譲渡担保は、特別の合意ないし事情がない限り、設定者が占有するものと解して妨げないと考える。

(ロ)不動産の譲渡担保においても右と同様に解すべきである。すなわち、設定者の居住する家屋などは、特別の事情のない限り居住を継続することが予定されているというべきはもちろんだが（大判昭和六・一〇・一六新聞三三三〇号一六頁は、「内外部ともに移転」の原則的場合でも、設定者の居住する家屋については、利用権限は設定者に保留されるとして原審判決を破棄する）、その他の不動産でも、特別の合意ないし事情がなければ占有は移さない趣旨とみるのが適当である（前段〔九〇八〕引用の大判昭和九・一〇・五新聞三七六六号九頁は、結論自体に疑問があるが、結論が仮りに正しいとすれば、特殊の事情を認定すべき場合といわねばならない）。

けだし、不動産質権がすでに機能を失っていることからみても当然だからである。

〔九一〇〕 **二**　目的物の利用関係の法律的性質とその効果

(1)譲渡担保は目的物の所有権を――たとい法律の形式においてであるにしても――譲渡担保権者に譲渡するものであるから、抵当権設定者が目的物を所有権に基づいて用益するのとは異なり、担保権者との間に利用関係を正当ならしめる法律関係を設定しなければならない。そして、その関係は、すでにしばしば述べたように、無償すなわち使用貸借として、融資(消費貸借)の方を利息づきとすべきである。再言すれば、譲渡担保を設定して融資する場合には、利息附消費貸借をなし、担保目的物は担保のために移転し、かつそれについて使用貸借をなすべきである。しかるに、実際には、融資を売買代金の支払という形式をとる関係上、目的物の利用関係を賃貸借とし、利息に相当する対価を賃料の名目で授受する例は、今日でも少なくない。その名目にとらわれることなく、その実体に即して合理的な解釈をすることにつとめなければならない(設定契約の内容として述べるところ〔八九四〕ロ参照)。

〔九一一〕 (2)そこで問題は設定者が目的物を使用収益するための賃貸借にどの程度の独自性を認めるべきかである。

(イ)設定者の賃料の不払によって担保権者は賃貸借を解除して目的物の引渡を請求しうるか。

判例は、前に一言したように、目的物の権利が「外部的にのみ移転」している場合には、担保権者との関係では設定者は所有者であるから、賃貸借は、仮装(虚偽表示)であり、解除は無効、従ってそれによる目的物の引渡請求も認めえないと判示した(大判大正四・一一・二五民四五頁、大判大正八・六・二四民一一三四頁など〔八七八〕a参照)。この理論によれば、「内外部ともに移転」している場合には、賃貸借は有効であり、従って、賃料不払を理由とする解除は効力を生じ、担保権者は目的物の引渡を請求しうることになる。判例はそうした理論を認めていた（大判大正五・九・二〇民一八二一頁、大判大正六・一一・一五民一七八〇頁など）。しかし、「外部的にのみ移転」の取扱いは、理論において不当であり、「内外部ともに移転」の取扱いは、結果において是認しえない。

いかなる類型においても、当事者が賃貸借契約を締結したら、これを有効と認め、しかる上で、その賃料は実質上は利息であることに着眼し、――利息の延滞によって担保物を処分する権利を認むべきではないから――賃料の不払を理由とする解除は効力を生じないと解すべきである。近時この方向に向って努力する下級審判決を見ることは注目に値する（判例コンメンタール（四宮）譲渡担保の章５３ロｅ（五五五頁）参照）。ただし、賃借料の滞納によって元本の期限の利益を失なわせ担保物の処分ができる旨の特約がある場合には、賃借料が利息制限法に違反しないものであり（違反する場合の効力につき〔九〇〇〕以下参照）、滞納の期間などについて暴利行為と認めえないものであるときは、特約を有効とすることができるであろう（ただし精算しなければならない）。

〔九一三〕（ロ）賃貸借に期間の定めがあるときはどうであろうか。元本について弁済期の定めがあるときは、さらに賃貸借について期間の定めがあることは独立の意味がない。賃料すなわち利率の改訂をする時期の特約としての意味を認めうる場合があるに過ぎないであろう。これに対し、元本について弁済期の定めのないときは、賃貸借の期間は元本についての期限を定めたものと解すべき場合が多いであろう。そして、この場合には、期間満了前に賃貸人（譲渡担保権者）が更新拒絶の意思表示をしなくとも、借家法の規定で当然に更新されるのではなく、同一期間の期限の猶予を与えたと見られる場合を除き、一般には、被担保債権についての履行期到来の状態が続くものと解すべきである。

〔九一三〕 (ハ)譲渡担保設定者が賃借人として目的物を使用収益するための費用は、設定者の負担と解するのが至当である。けだし、目的物の使用価値を設定者の許に留めて担保化する場合における普通の観念だからである。目的物の公租・公課や保険料も同じく設定者の負担と解すべきである。従って債権者が立て替えて支払ったときは、立替金返還請求権はその譲渡担保権の被担保債権となる(〔八九九〕ロ参照)。

〔九一四〕 (3)譲渡担保権者が目的物を使用収益する権利を有する場合も絶無ではないこと前記のとおりであるが、その場合には、原則として、使用収益に必要な費用を負担すべきのみならず、収益はまず利息に充当し、残額があれば元本に充当すべきである。けだし、一種の収益質だからである(大判昭和二・二・二八新聞二六八二号九頁はかような趣旨を説く)。

第四　優先弁済を受ける権利

〔九一五〕 **一**　譲渡担保権者が担保の目的物によって被担保債権の優先弁済を受けることができるのは、目的物について所有権その他の権利の譲渡を受け、みずからその権利者となっていることに基づく。その優先弁済として取得しうる額が、目的物の有する価値の全部であるか、それとも被担保債権額に相当する部分に止まるかは、つぎに述べるように、流担保型か精算型かによって異なる。しかし、いずれにしても、優先的に弁済を受けうることには変りはない。

〔九一六〕 **二**　優先弁済を受ける要件としては、被担保債権について債務者の遅滞を生ずることを要する。質権や抵当権を実行して優先弁済を受ける場合と異なるところはない。なお、融資の返還について期限を定めず、目的物を設定者に使用収益させるための賃貸借契約を締結し、それについて期間を定めるときは、被担保債権について弁済期を定めたものと解すべき場合が多いことは前述した(〔九一二〕)。

〔九一七〕 三　優先弁済を受ける方法

(1)精算型・流担保型及び当然帰属型・請求帰属型の対立とその作用

(イ)譲渡担保権者が目的物によって優先弁済を受ける方法に関して種々の態様があるが、大別すると、精算型・流担保型及び当然帰属型・請求帰属型という、やや観点を異にする対立があり、理論的には四つの組み合わせを生ずることはすでに述べた(〔八七四〕)。要約して再説すればつぎのようになる。

(a)当然帰属型は、債務不履行があれば、目的物は、当然に、確定的に、譲渡担保権者に帰属する。その中で、

(i)流担保型は、精算する必要がない。

(ii)精算型は、精算して差額を返還しなければならない。不足なときは請求することができる。

(b)請求帰属型は、債務不履行があれば、譲渡担保権者が目的物の引渡を請求するか(主として設定者が占有するとき)、少なくとも目的物をもって弁済に充てる旨の意思表示をすること(主として担保権者が占有するとき)によって、目的物は確定的に担保権者に帰属する。その中で、

(i)流担保型は、精算する必要はない。

(ii)精算型は、精算して差額を返還しなければならない。不足なときは請求することができる。

〔九一八〕 (ロ)右の対立のうち、当然帰属型か請求帰属型かは、譲渡担保権者が優先弁済の実を挙げる権能を取得する態様についての対立であり、流担保型か精算型かは、いわばその権能の内容についての対立である。だから、四つの組み合わせを生ずることは、理論的にも実際的にも、ありうることは疑いない。しかし、

これを実際の作用からみるときは、(i)当然帰属型・請求帰属型の区別は、債務者は何時まで元利を提供して目的物の返還を請求しうるかの問題を決定する基準であり、(ii)流担保型・精算型の区別は、目的物の価格が元利を超過する場合に、譲渡担保権者は差額を返還すべきかどうかを決定する基準である。そうだとすると、実際の場合にいずれの型を推定すべきかは、この作用を中心として考えなければならない。

〔九一九〕 (2)判例の基準　判例は、はじめ、「内外部ともに移転」の場合には流担保型であり、「外部的にのみ移転」の場合には精算型であるとなし、最初は後者を原則とした(大判大正八・七・九民一三七三頁、大判大正九・六・二一民一〇二八頁、大判大正一〇・三・五民四七五頁、大判大正一〇・三・二三民五七〇頁など)。そして、前記大正一三年の連合部判決が、権利移転の態様についての理論を理由として、前者を原則としたときは、担保権者が優先弁済を受ける方法についても前者すなわち流担保型を原則とする可能性をつくった(〔八七八〕b参照)。しかし、譲渡担保制度の目的からみて、その結果は、すこぶる不当なので、連合部判決の後にも、その理論を無制限に拡張することなく、流担保的な効果を生ずるためには、その旨の特約を要するものとした(大判昭和二・五・一〇新聞二七一〇号一一頁、大判昭和六・四・二四民六八五頁など)。そして、この理論は現在でも維持されていると解してよいようである(これを明言する下級審判決が少なくない。我妻・前掲聯合部判決巡歴第二八話(三五一頁以下)、判例コンメンタール(四宮)譲渡担保の章5 5 ロ(五六二頁以下)参照)。すこぶる正当な態度であって、「内外部ともに移転」・「外部的にのみ移転」という類型の区別を棄てつつある現在では、当然のことともいえるであろう。

〔九二〇〕 (3)作用からみた原則と例外(その一)——原則的な内容

(イ)譲渡担保による優先弁済を受ける方法については、精算型でかつ請求帰属型であるのを原則的な態様となし、特別の意思表示ないし特段の事情がある場合にだけ、流担保型であったり、当然帰属型であっ

たりすると解すべきである。けだし、

（a）目的物の占有を移さない動産譲渡担保にあっては、わが法制が動産抵当制度を認めない欠陥を補充することがその主要な目的なのであるから、その効力としては、担保として必要にして充分なものに限るのが合理的である。

（b）不動産の譲渡担保は、占有を移す場合も、移さない場合も、これを利用する合理的な目的は、競売手続による換価の不便を避けようとすることにあると見なければならない。そうだとすると、目的物の自由な換価ないし評価を認めれば充分であって、それ以上に流担保の効果を認めることは、特別の場合に限るべきである。

（c）目的物の占有を移転する動産譲渡担保はやや事情を異にする。この制度を利用する目的は、専ら競売法による煩雑な換価方法を避けようとするにあることはいうまでもないが、動産質権では、流質の方法で決済することは、軽易・適切な手段として、慣行的に親しまれてきたものであり、民法がこれを禁じたことについても立法論として批判の余地があるものだから（〔二一〇〕参照）、単に換価・評価の自由を認めるだけでなく、精算を省略して流担保とすることが当事者の意思に適しかつ制度の合理的運用となる場合が少なくないと思われる。いいかえれば、ここでは、暴利行為とならない限り（暴利行為となるときは、原則として精算を要求して解決すべきであることにつき〔八九八〕の最高裁判決参照）、右の特別の意思表示ないし特段の事情の存在は比較的軽易に認定してよいと考えられる。

〔九二一〕（ロ）原則的な類型では、履行遅滞を生ずると、譲渡担保権者は、目的物を換価または評価して、被担保債権に充てる権利を取得する。

(a)その点について特別の合意がなければ、換価、評価いずれでもよい。換価は、直接に第三者に譲渡(売却)することであり、評価は、価格を決定して、一応自分に確定的に帰属させること(それから後は第三者に譲渡するのはもちろん自由)である。換価、評価いずれも客観的に公正な価格をもってなすべきであって、不公正なときは、債務者(設定者)は公正な価格を算出しこれを基準として精算を要求することができる。

(b)換価または評価に必要なときは、債務者の許にある目的物の引渡を請求することができる(大判大正四・二・二二民一七四頁、大判昭和二・一二・二四新聞二八一八号一四頁)。目的物が不動産の場合には、登記の移転が行なわれていても、なおその上に明渡を請求しうることは疑いない(大判昭和八・九・二〇新聞三六一三号一四頁、最高判昭和三六・八・八民一九九三頁)。かような権利の根拠について、判例は、譲渡担保契約によって移転された所有権の効力と説くのが常である。しかし、正確にいえば、その所有権が優先弁済のために目的物を処分しうる権能を現実に取得するに至った効果というべきであろう。

(c)換価または評価の結果、被担保債権に充当して剰余があれば、返還することを要し、不足なときは、債務者に対して請求することができることはいうまでもない。その際、利息制限法と関連を生ずることは前述した(〔九〇〇〕以下)。なお、担保物によって弁済を受けた後でなければ不足額について請求しえないか、担保物をさしおいて被担保債権全額について請求しうるかは、場合によって異なるであろうが、原則としては、いずれでも債権者の自由といってよいであろう。けだし、当事者の意思は、質権や抵当権を設定した場合と別異に推測する必要はないからである。判例もその趣旨のように推測される(大判昭和八・一一・七新聞三六六四号一七頁、大判昭和一〇・三・二七新聞三八二七号一六頁など参照)。

〔九二三〕(八)債務者が元利を弁済して目的物を受戻す権利を失なうのはどの時点であろうか。

（a）弁済期が到来した後に、譲渡担保権者が第三者に譲渡（換価）したときは、受戻権を失ない、差額の償還を請求することができるだけとなることは疑いない。

（b）譲渡担保権者が、単に、評価または換価の便利のために引渡を請求したときはどうであろうか。自分に確定的に帰属させて精算する旨の意思がはっきり表示されない限り、債務者は受戻権を失なわないと解すべきである。

（c）精算型にも当然帰属の特約がありうることは前述した（九一七参照）。しかし、かような特約があっても、債務者の受戻権については、右と同様に解し、その点についての特別の意思表示ないし特段の事情がない限り、履行遅滞を生ずると同時に受戻権を失なうものではない、とすることが妥当であろうと思う。けだし、この場合には、文字どおりに解すれば、履行遅滞を生ずると同時に、目的物は、当然に、確定的に、担保権者に帰属し、しかる上で担保権者は評価して差額を返還すべきことになるはずだが、公正な価格に従って精算する以上、目的物自体を譲渡担保権者に帰属させることには、原則として合理性を見出し難いからである。

なお、履行遅滞を生じたときに、譲渡担保権者が、当然に、または何らかの請求をした上で、目的物を確定的に取得するというのは、目的物を処分して弁済に充てうる権利を取得する意味であって、目的物そのものを自分の所有にする権利を取得する趣旨ではないとする理論が、学説及び下級審判決に見られるようである（判例コンメンタール（四宮）譲渡担保の章5 5ロeiii（五七一頁）参照）。一律に流担保型と呼ばれるものをさらに分析して、担保の実質に適切ならしめようとするものであって、注目すべき理論である。この理論が適用される場合には、右に述べることは当然の結論となるであろう。

〔九二三〕 (4)作用からみた原則と例外(その二)——例外的な内容

(イ)原則的なものが精算型であり、かつ請求帰属型であるのに対し、例外的な場合は、流担保型となり、また当然帰属型となる。ただし、そのいずれの効果も、それぞれについて特別の意思表示または特段の事情のある場合にだけ生ずる。当然帰属についての特約があれば流担保となるのを原則とするのでもなく、反対に、流担保の特約があれば当然帰属の効果を生ずるのを原則とするのでもない。なお、この例外的類型は、占有を移転する動産譲渡担保では比較的多く生ずることに注意すべきことは前述した(〔九二〇〕c)。

〔九二四〕 (ロ)例外的な場合には、履行遅滞を生ずると、譲渡担保権者は、目的物そのものをもって被担保債権の弁済に充てることができ、精算する必要がない。

(a)右の関係は、抵当権の実行方法として、抵当直流の特約ないし代物弁済の予約が行なわれるのと同様である。従って、不動産を目的として、流担保の効力をもつ譲渡担保を設定し、その効力を確保するために債務不履行を条件とする目的物の移転請求権保全の仮登記がなされる場合もあるであろう(〔四四四〕以下参照)。なお、履行遅滞によって担保権者が(当然に、または何等かの請求をした上で)、目的物自体を確定的に取得する、という場合にも、目的物自体を取得するのではなく、弁済に充当するための処分権を取得するに過ぎない趣旨と見るべき場合もありうることは、前述のとおりである(〔九二二〕c後段)。かような場合は、正確な意味では、流担保特約を伴なうものとなすべきではない。

(b)目的物をもって被担保債権の弁済に充てる実効を収めるために、譲渡担保権者は、目的物の引渡、登記の移転などを請求しうることは、精算型の譲渡担保と同様である（大判大正五・七・一二民一五〇七頁）。もっとも、理論的にいえば、これらの請求権の基礎は、精算型にあっては、前記のように、譲渡担保の目的たる権利が、目的物を換価または評価して精算する権能を取得した効果であると説くべきである（〔九二一〕b参照）のに対し、流担保型にあっては、遅滞によって、当然に、あるいは、さらに譲渡担保権者が流担保的効果を発生させるための行為をなすことによって、譲渡担保権者に終局的に帰属することになった所有権の効果であると説き、両者の間に区別を設けるのが正確かもしれない。しかし、実際上は格別の差異を生ずるとは思われない。流担保型にあっても、右の請求の基礎については同様に理解して妨げないと思う。

〔九二五〕　（八）債務者が元利を弁済して目的物を受戻す権利を失なうのは、原則的な場合（精算すべき場合）には、たとい弁済期の到来とともに、目的物は、当然に、確定的に、担保権者に帰属する特約であっても、なお弁済期の到来だけでは受戻権を失なわない、と解すべきだといった（〔九二二〕c）。これに対し、例外的な場合には、期限の到来と同時に債務者は受戻権を失なうのであるが、かような効果を生ずるのは、これについての特約または特段の事情のあることを必要とする。この点についてとくに注意すべきことは、流担保の特約があっても必ずしも右の効果を生ずるとは限らないことである。いいかえれば、流担保、すなわち、精算する必要がない旨の特約がある場合にも、その効果は、履行遅滞によって当然に生ずるのではなく、担保権者がとくにその効果を生ぜしめる旨の意思表示をしてはじめてその効果を生ずるのがむしろ原則とみるべきである。それは代物弁済の予約を考えれば容易に理解されることであろう（〔四四五〕参照）。

第五　譲渡担保権者及び設定者の目的物保管の責任

〔九二六〕　一　譲渡担保権者は、担保物の所有権その他目的物そのものを取得するが、設定者に対して、担保の目的以上にはその権利を行使しない義務を負う。

(1)従って、弁済期の到来する前に目的物を第三者に譲渡すれば――その処分の効果は、対外的効力の問題として、次款に述べるが――譲渡担保権者の責任を生ずる。担保目的物が担保権者の占有にある場合に、これを滅失・毀損その他事実上の処分をしたときも同様である。

(イ)その責任の性質は何か。判例は前に略説したように、「内外部ともに移転」の場合には債務不履行（設定者に対する関係でも自分のものだから）、「外部的にのみ移転」の場合には不法行為（内部的には設定者のものだから）となし、はじめは後者を原則としたが、大正一三年の連合部判決で、前者を原則とするようになった（前掲大連判大正一三・一二・二四民五五五頁〔一八七九〕）。そして連合部判決以後もその理論は大体において踏襲されているといえる（大判昭和四・一二・二三彙報四一巻下民八三頁、大判昭和六・四・二四民六八五頁（判民七一事件末延）など参照）。しかし、譲渡担保は一種の信託行為であり、担保権者の右のような行為は、信託違反だから、いかなる類型においても、つねに債務不履行とするのが正当であろう。近時の多数説であり（ただし四宮「信託法における信託違反受託者の賠償責任の性質」（我妻還暦論文集（上）所収）が信託の研究に基づいて債務不履行と不法行為の競合を認めようとすることは示唆に富む）、最高裁もかような理論をとるものと解してよいようである（最高判昭和三五・一二・一五民三〇六〇頁は譲渡担保権者が目的たる山林を弁済期前に伐採した事案につき、債務が弁済された場合に返還することを不能にした責任という）。もっとも、後に述べるように、占有を移転しない動産譲渡担保において、目的物の価値的分属について物権的効力を認める説を採るときは、その場合の譲渡担保権者の責任は、不法行為と債務不履行の競合と解すべきことになろう（前掲四宮論文はこの理論を主張することになる）。

〔九二七〕　(ロ)損害賠償の額は何を標準とすべきであろうか。判例は、「外部的にのみ移転」の場合の不法行為責任においては、目的物に対する侵害行為の時を標準とし、かつ目的物の全価格を算定すべしとする（大判大正一三・三・

二六新聞二二五四号一八頁など)のに対し、「内外部ともに移転」の場合の債務不履行責任においては、弁済期における目的物の価格から被担保債務額を控除した残額とするようにみえる(前掲大判昭和六・四・二四民六八五頁など)。

しかし、両者の間に右のような区別をする合理的根拠は見出されない。のみならず、債務不履行の責任と解しても、被担保債務額と差引計算をしなければならない理由も、弁済期を待たなければならない理由もないであろう。侵害の時を標準として目的物の全価格を直ちに請求しうるものとし、差引計算をするかどうかは債務者の意思にまかせるのが至当であろう。最高裁は、担保権者が弁済期前に不当に処分して得た金額は被担保債務に当然に充当されるものではないといい(最高判昭二三・四・二〇判例タイムズ四輯二九頁)、また損害額は不当な処分をした時の目的物の価格を標準として算定すべしという(最高判昭和三五・一一・一五民三〇六〇頁)。右に述べたところと趣旨を同じくするものと解してよいであろう。

〔九二八〕 (2)弁済期が到来して後は、担保権者は目的物を処分する権限を取得する。流担保的充当の権限を有する特別の場合はもとよりのこと、精算して差額を返還すべき場合にも、目的物を処分すること自体は違法な行為ではない。もっとも、弁済期到来の後さらに一定の期間を定めて催告すべき旨が特約されているような場合には、これに従うべきことはいうまでもないが、実際上は稀な例であろう。また、弁済期後に担保権者が何等かの行為を要する旨の特約があっても、多くは、流担保的効果ないしは債務者の弁済して目的物の返還を請求する権利を失なわせる効果を生ずる趣旨であって、担保権者の処分権の発生を留めるものではないと解すべきである。

〔九二九〕 **二**　譲渡担保設定者は、目的物を占有しそれを用益する場合にも、担保権者をして担保の目的を達せしめるように保管する義務を負うことはもちろんである。

(1)譲渡担保設定者が右の義務に違反し、目的物を処分しもしくは滅失・毀損し、またはその管理を怠って価値を減少させたような場合には、損害賠償責任を負う。その責任の性質は、弁済期前と弁済期後を区別せず、常に、不法行為と債務不履行（担保権者との間の賃貸借・使用貸借などの契約に基づく）の競合と解してよい。ちなみに、刑事上は横領罪が成立するものと思う（判例は、「外部的にのみ移転」の場合は背任罪とするようであるが、必ずしも一貫していない。大刑判昭和六・一一・一五評論二一巻刑二四頁（背任）、大刑判昭和一一・四・六新聞四〇〇四号一四頁（横領））。

〔九三〇〕 (2)損害賠償の額は、担保権者の不当処分とは異なり、原則として、被担保債務額を限度とし、債務者はそれを支払うことによって被担保債務を免れると解すべきである。けだし、担保権者はそれについてだけ実質的な利益を把握しているのだからである。ただし、とくに流担保の特約を有効と認めるべき場合には、目的物の全価格を賠償して被担保債務を免れるというべきであろう。

第二款　譲渡担保の対外的効力

第一　設定者及び担保権者とそれぞれの一般債権者との関係

〔九三一〕 一　設定者の一般債権者と譲渡担保権者との関係

結論を端的にいえば、動産については譲渡担保権者は原則として被担保債権の現実の弁済を受けることで満足すべきだが、不動産については登記によるというのであるが、場合を分けて考察する。

(1)占有を譲渡担保設定者の許に留める動産の譲渡担保

(イ)一般債権者の差押　(a)この態様の動産譲渡担保においては、設定者の一般債権者が、譲渡担保の目的物を設定者の所有物として差押える事例は、しばしば生ずる。伝統的な理論によれば、譲渡担保権者は、その少なくとも外部関係においては取得している所有権に基づいて、第三者異議の訴（民訴五四九条）を提起することができる（大判大正三・一一・二民八六五頁（原審は動産の譲渡担保は無効として異議を認めなかったが、破棄差戻）など）。

〔九三二〕（b）しかし、この結論は、譲渡担保権者に過ぎたる利益を与えるものである。けだし、（i）譲渡担保権者は被担保債権について優先弁済を受けることを保障されればそれで満足すべきであって、目的物の有するそれ以上の価値が他の一般債権者に帰属することを妨げる権利はない、というべきだからである。近時、このことを理由として、目的物の価格が被担保債権額に比して過大である場合に、目的物全部について異議を主張することは権利濫用であるとして、これを制限しようとする下級審判決が現われていることは注目に値する（判例コンメンタール（四宮）譲渡担保6 2イ（五八三頁）参照）。（ii）さらに、この態様の譲渡担保においては、目的物は依然として設定者に用益され、その営業ないし生活を支えて一般債権者の信用の基礎となっていることを考えなければならない。（iii）もとより、一般的にいえば、動産の譲受人が占有改定の方法で引渡を受けた場合にも、対抗要件として充分なものといわねばならない（物権〔一七一〕参照）。しかし、この態様の譲渡担保は、いまや独立の制度としてその存在が認められつつある。これについて対外的効力を認めても、必ずしも民法の理論体系を乱すものとはいえないであろう（近時の学説の努力として述べた〔八八三〕参照）。以上の理由により、譲渡担保権者が異議を主張したときは、差押債権者は被担保債権を弁済してこれをしりぞけることができると解してよいと思う。なお、工場備附けの機械を譲渡担保とした後に工場に抵当権を設定した場合の競落人の立場については前述した（〔八三一〕）。

ちなみにいえば、譲渡担保権者の処分行為については、後に述べるように、相手方の悪意を要件とするのが適当と考えるが(〔九四七〕以下)、一般債権者の差押などについては、その善意悪意を問題とすることは不適当であるから、これを要件としない(譲渡禁止の特約ある債権の差押(四六六条二項)についても同様の問題がある(債総〔七三四〕参照))。また、譲渡担保についての国税徴収法の規定(同法二四条)も、譲渡担保の対外的効力について伝統的理論を修正したものとして、しばしば引用される。この規定が私法関係についても示唆するところの多いのはもちろんであるが、これによって私法関係も修正されたものとみることはできない。すでに詳論したとおりである(〔四六九〕—〔四七二〕)。

〔九三三〕 (c)なお、譲渡担保権者が、異議を主張することなく、みずから進んで配当における優先弁済を求める場合に、これを認むべきかどうかについては、下級審の判決は分かれているが、右のように解するときは、これを認めてさまたげないことになる。

〔九三四〕 **(ロ)譲渡担保設定者について会社更生手続の開始**

設定者が会社であって、これについて会社更生法による更生手続が開始された場合に、譲渡担保権者が、目的物を「会社に属しない財産」として取戻すことができる(同法六二条)と解することは、会社の財産の上に抵当権その他の担保権を有する者(これらの者は更生担保権者として更生手続の中で優先的取扱いを受ける)との権衡を失するだけでなく、会社の運営に必要な物を取去ることになって、会社の更生を妨げるおそれがある。この点に着目して、譲渡担保権者の取戻権を制限しようとする下級審裁判所の貴重な努力が注目されたが(前掲判例コンメンタール(四宮)譲渡担保62ハ(五八五頁))、最高裁は、過般、「会社更生手続開始当時において、譲渡担保契約に基づいて債権者に取得された物件の所有権の帰属が確定的でなく、両者間になお債権関係が存続している場合には、当該譲渡担保権者は、物件の所有権を主張して、その取戻を請求することはできない。……更生担保権者に準じて、その権利の届出をし、更生手続によってのみ権利行使をすべきである。」と判示した（最高判昭和四一・四・二八民九〇〇頁（木材株式会社の工場備附けの機械器具に関する））。すこぶる適切な理論として学者の支持をえている。

〔九三五〕 **(ハ)　譲渡担保設定者の破産**

伝統的理論によれば、譲渡担保権者は取戻権を有するはずである（破八七条。これを認めた下級審判決は少なくない）。のみならず、この場合には、設定者の財産の終局的な清算をするのだから、会社更生手続と異なり、設定会社をして目的物を用益させてその更生をはかる必要もない。しかし、終局的清算なればこそ、譲渡担保権者は、被担保債権の優先的弁済を受けるだけで満足し、目的物の有する残余の価値を他の債権者の弁済に充てることが公平であり、破産的清算の目的に適するといわねばならない。すなわち、管財人は、譲渡担保権者に被担保債権を弁済して目的物を取戻すことができると解すべきである。最高裁は、過般、譲渡担保権者が、設定者の支払停止後に、目的物を評価して代物弁済によって清算した事案（譲渡担保の目的物は借室権（予め賃貸人の承諾あり）だが、その他に備附けの什器と電話加入権二口を新たに加えて代物弁済をする）について、原審が否認権の行使（破七二条二号）を認めたのを破棄差戻し、被担保債権額の範囲内では代物弁済は有効であって否認権の対象とはならないと判示した（最高判昭和三九・六・二六民八八七頁（借室権の正当な評価額だけで被担保債権を少しくオーバーするので、その部分と什器・電話加入権の部分の否認を認める））。この判決は、取戻権を否定したものではない。しかし、原審が代物弁済が譲渡担保権の実行手段としてなされたものであることを忘れた（しかも否認の結果、被担保債権は復活しないという）のに対し、担保としての実質を肯認したものであるから、その点で右の解釈に資することができるであろう。

〔九三六〕 **(2)　譲渡担保権者に占有を移す動産の譲渡担保**

(イ)　一般債権者の差押

譲渡担保設定者の一般債権者が、担保権者の占有する譲渡担保の目的たる動産を差押えるという事例は稀であろう。けだし、質物である場合には――質入れ主(債務者)の所有物であるから――質入れ主の一般債権者が差押えることは、もとより可能なはずだが、第三者の占有する動産の差押として、煩雑な関係を生ずること前述のとおりである(〔五一〕・〔二〇〇〕参照)。いわんや、譲渡担保の場合には、少なくとも第三者に対する関係では、設定者の所有ではなくなるとされるのだから、理論的にも、実際的にも、差押は困難であろう。のみならず、目的物は設定者の占有を離れるのだから、一般債権者の信用の基礎となるという事情も存在しない。また、この態様の譲渡担保は、独立の制度としての存在を取得したものでもない。これらの事情を考慮すると、――質入れの場合と権衡を失することはいささか遺憾だが――設定者の一般債権者は差押えることはできないと解すべきであろう。もっとも、被担保債権を弁済して返還を受けるという請求権を差押えることの可能性は残る。疑問として保留する(立法論として質権に統一すれば差はなくなる(〔八六九〕参照))。

〔九三七〕 (ロ)譲渡担保設定者について会社更生手続の開始

目的物を譲渡担保設定者が占有する場合と異なり、設定会社の更生のために必要だという理由は存在しないが、多くの債権者の共同の犠牲と協力によって企業の再建をはかる更生手続の目的からみて、被担保債権を弁済して目的物を取戻し、差額を更生資金とすることを認める余地があるのではなかろうか。

〔九三八〕 (ハ)譲渡担保設定者の破産

破産は総債権者の利益のために最終的な整理をするのだから、破産管財人は被担保債務を弁済して目的物を取戻し、差額を総債権者への配当に充てることができるというべきであろう。

〔九三九〕 (3) 不動産を目的とする譲渡担保

(イ) 譲渡担保権者のために移転登記がある場合　不動産の譲渡担保では、占有を移す場合も、移さない場合も、登記の公示力を尊重しなければならない。従って、

(a) 譲渡担保について、「担保のために」という登記原因を認め、被担保債権についても登記をする取扱いをなすときは、設定者の一般債権者の差押を認めることができる。しかし、この取扱いを認めず、単純な所有権移転の登記をする現在では、登記の移転された目的不動産を設定者の一般債権者は差押えることはできない、といわねばならないであろう。

(b) もっとも、設定者について会社更生手続や破産手続が開始された場合に、それらの手続の特殊の目的のために、被担保債権を弁済して取戻す権利を認める余地があるとも考えられるが、いまは疑問としておく。

〔九四〇〕 (ロ) 譲渡担保権者が、不履行の場合のために仮登記をしているだけのときは、設定者の一般債権者は、差押えることができ、競落人は、被担保債権を弁済して譲渡担保権を消滅させることができるというべきである。判例も同旨と解してよいであろう(大判大正九・六・二民八三九頁は、仮登記の後に設定された抵当権に基づく競落人について、右の理論を認める。差押も同様に解すると推測される)。

〔九四一〕 (ハ) 譲渡担保権者が、権利証や白紙委任状を交付させただけで、何等の登記をしなかったときは、設定者の一般債権者は、差押えることができるだけでなく、譲渡担保権者は優先権を主張することもできないと解すべきことは当然であろう。

〔九四二〕 ## 二　譲渡担保権者の一般債権者と設定者との関係

結論を端的にいえば、ここでも、動産については、譲渡担保権者の一般債権者は、譲渡担保権者がその被担保債権によって弁済を受けうる価値をもって満足すべきであり、さらに、不動産についてもほぼ同様に解する、というのであるが、場合を分けて考察する。

(1) 占有を譲渡担保設定者の許に留める動産の譲渡担保

(イ) 一般債権者の差押

〔九四三〕 譲渡担保権者の一般債権者が、設定者の占有する譲渡担保の目的たる動産を差押えたという事例は見当らない。第三者の占有する動産の差押として煩雑だからであろう。実質的に考察しても、かような動産は担保権者の一般財産として債権者の信用の基礎となる実体を有するものではなく、また譲渡担保当事者の信頼関係を第三者が破壊する結果を認めることも妥当ではないから、担保権者の一般債権者の差押は許さない、とすることが適当と考えられる。しかし、他の場合との権衡からすれば、第三者の占有する動産の返還請求権の差押としてこれを許すが、その返還請求権は、譲渡担保の被担保債権と同一の期限附であり、かつ被担保債権を弁済することによって差押をしりぞけうるものと解するのが至当であろう。

(ロ) 譲渡担保権者について会社更生手続の開始

破産手続におけると同様に(破八八条参照)、設定者は取戻しえないものと定められている(会社更生法六三条)。しかし、右の破産法の規定については、つぎに述べるような解釈が認められているので、会社更生手続の場合にも、同様に、被担保債権を弁済して取戻しうると解してよいであろう。

〔九四四〕 (ハ) 譲渡担保権者の破産

破産法は、破産宣告前に破産者に財産を譲渡した者は「担保ノ目的ヲ以テシタルコトヲ理由トシテ」その返還を請求しえないものと定める（破八八条）。ところが、判例は、証券取引員に有価証券の短期清算取引を委託し、証拠金代用として白紙委任状附株券を交付したが、証券取引員が破産する前に、委託契約が終了して五三円余の被担保債務が残ったので、破産宣告後にそれを供託して株券の返還を求める事案につき、譲渡担保であるとしても返還請求を認めるべきだと判示し、その根拠として、被担保債務が消滅すれば担保目的物を保有するのは不当利得となると説いた（大判昭和一三・一〇・一二民二一一五頁（判民一二九事件、加藤正治評釈は、有価証券質と認定して賛成する））。元来、私は、破産法第八八条は、動産については目的物の占有を移転した場合にだけ適用すべきもの（外形上破産者の一般財産を構成し、設定者は文字どおり「取戻ス」ことになるから）と考えていた。しかし、判例は、右のように、占有を移転した場合について取戻を認めている。第八八条を空文に終わらせることになるこの判決は、有価証券の特殊性によると考える余地もないではないが、破産財団としては、被担保債権以上のものを要求すべきではないのだから、判旨を正当というべきであろう。判旨は、結局、質入れと同様に解したことになる（加藤正治評釈は、仮りに譲渡担保だとしても、破産宣告前に委託関係は終了して、弁済すれば返還を請求する権利を取得したという。だが、弁済ならともかく、委託関係の終了だけにそれほどの効果を認めうるとは考えられない）。

〔九四五〕 (2) 譲渡担保権者に占有を移す動産の譲渡担保

(イ) 一般債権者の差押　譲渡担保の目的物を譲渡担保権者が占有する場合には、その一般債権者が差押えることはしばしばありうるであろう。そして、伝統的な理論によれば、設定者は異議を主張することはできない。しかし、譲渡担保権者が破産した場合には、設定者は被担保債権を弁済して取戻すことができるという判例理論は、目的物を担保権者の占有に移した場合にも認められているのだから（〔九四四〕参照）、一般債権者の差押の場合にも、被担保債権を弁済して差押の効力を失なわせることができると解してよい。

(ロ)譲渡担保権者の会社更生手続開始　つぎに述べる破産と同様に、被担保債権を弁済して取戻すことができると解すべきであろう。

(ハ)譲渡担保権者の破産　前段〔九四四〕に述べたように、判例の理論を尊重して、設定者は被担保債権を弁済して取戻すことができると解する。

〔九四六〕 (3)不動産を目的とする譲渡担保

(イ)譲渡担保権者のために移転登記がある場合

単純な所有権移転の登記がされている場合に譲渡担保権者の一般債権者が差押えた場合にも、設定者は、被担保債権を弁済して差押の効力を失なわせることができると解することができるであろう。けだし、譲渡担保の目的物は、たとい登記の上では完全に譲渡担保権者の所有になっていても、実質的には被担保債権額だけがその一般財産に帰属しているのであるから、一般債権者はそれ以上のものを自分の債権の弁済に充てることはできない、という理論は、登記を公示方法とする場合にも認めてさしつかえがないからである。

(ロ)譲渡担保権者が不履行の場合のために仮登記をしているだけのときは、一般債権者は、その仮登記附権利を差押えることができても、不動産そのものを差押えることはできない。そして、前の場合には、設定者が差押債権者に仮登記附権利の被担保債務を差押債権者に弁済し、差押の効力を失なわせることができると解してよいであろう。

ない。

(八)譲渡担保権者が何等の登記をしなかったときは、一般債権者は差押えることはできないから問題はない。

第二　弁済期到来前の処分

〔九四七〕 一　弁済期到来前の譲渡担保権者の処分

(1)譲渡担保権者は、弁済期が到来したときは、目的物を処分することができるようになる。当然帰属型においてはもちろん、請求帰属型においても、そうである。従って、その処分は、設定者に対する関係でも正当な権能に基づくことになる。設定者は、現実に処分されるまでは、原則として、元利を弁済して目的物を受戻すことができると解されるのだが(〔九二二〕以下参照)、そのことは、担保権者の右の権限と矛盾するものでないことは明らかであろう。

問題となるのは、弁済期到来前の譲渡担保権者の処分の効力である。伝統的な理論によれば、この処分は、相手方が悪意の場合にも効力を生じ、譲渡担保権者の設定者に対する責任を生ずるに止まると解される。判例に現われる事例では、あるいは、譲受人の対抗要件の取得が問題とされ(大判大正一〇・三・二五民六六〇頁(判民五三事件末弘)―設定者居住のままの建物の譲渡担保で、譲受人からの建具の引渡請求に対し、設定者が、譲渡人からの引渡のないことを抗弁。後の〔九四九〕・〔九五三〕a参照)、あるいは、虚偽表示だから悪意の第三者は権利を取得しえないはずだと主張された(大刑判大正二・一〇・九刑九五五頁、大判大正九・二五民一三八九頁(いずれも不動産に関する))のだが、判例は、一貫して、譲渡担保は有効であり、すべての類型において、少なくとも外部関係では、目的物は譲渡担保権者に移転しているのだから、譲受人は、善意悪意に拘わらず、目的物を取得するという(大判大正一一・六・三民二七六頁(判民三九事件平野)は電話加入権に関するが、この理を明言する)。

〔九四八〕 (2)しかし、私は、近時の学者の努力に同調して、悪意の第三者に対しては、譲渡担保関係を主張しうるものと解そうと思う。ただし、不動産についてはいささか趣きを異にする。場合を分けて考察する。

（イ）占有を譲渡担保設定者の許に留める動産の譲渡担保

〔九四九〕（a）譲渡担保権者がこの目的物を第三者に譲渡した場合に、第三者が目的物の取得を設定者に対抗するには引渡（指図による占有移転）を必要とするかどうかは、問題とされている。判例は、寄託物の譲渡には引渡は不要、賃貸物の譲渡には引渡が必要となし、これを支持する学説がむしろ多数だが、私は、前者も引渡を必要と解する（物権〔一七九〕参照）。譲渡担保の目的物を設定者が利用する関係を使用貸借とするときは、判例は対抗要件は不要とするのかもしれない（もっとも、前掲大判大正一〇・三・二五民六六〇頁は、動産・不動産ともに、設定者は取得者の対抗要件の欠缺を主張する正当の利益なしという）。しかし、私はそれを必要と解することはいうまでもない（物権〔一八〇〕参照）。

〔九五〇〕（b）右の対抗要件を必要とするということは、しかしながら、譲渡人との間の賃貸借その他の譲渡担保関係を譲受人に対抗しうるということではない。無条件で返還しなければならないが、ただその相手方が果して所有権取得者であるかどうかを確実にするために対抗要件を必要とするというに止まる。譲渡人との間の債権的な関係を譲受人に対抗しうるというためには、指図による占有移転の特殊性に基づいて、いわゆる「売買は動産賃貸借を破らず」という理論を認めなければならない。そして私はこれを認めるべしと主張するのであり（物権〔一七二〕a・〔一七九〕参照）、これを認めるときは、占有を設定者の許に留める動産の譲渡担保においては、設定者は、譲受人に対して、譲渡担保関係を主張しうるものと解することは、それほど困難ではない。しかし、私のこの見解は、同調する学者をほとんど見出さないようである（なお、私が譲渡担保を中心としてこの点の研究を進めることを怠っていることにつき〔八八三〕末段参照）。

〔九五一〕（c）そこで、一歩譲って、譲受人が悪意であるときは、譲渡担保関係を主張して、弁済期の到来しない限り引渡請求を拒絶しうるだけでなく、——あたかも質物の第三取得者に対すると同様に——譲渡担保権者に弁済することによって、目的物を受戻すことができると解そうと思う。その根拠は、この態様における譲渡担保権者の一般債権者の差押について述べたところと根本的には同一である。ただ、一般債権者との関係では、善意悪意を問題としないのに対し、処分についてはこれを問題にするのは、前者では、差押に差押債権者の善意悪意を問題にすることは不合理であり、かつ、一般債権者は債務者の実質的な一般財産だけを自分の債権の弁済に充てることができると見るべきであるのに対し、後者では、個々的の処分における相手方の意思を問題にするのが適当だからである（〔九三二〕参照）。

〔九五二〕（ロ）譲渡担保権者に占有を移す動産の譲渡担保

この類型の譲渡担保は、すでにしばしば述べたように、まだ独立の制度となるには至っていないが、質入れの場合と対比して、悪意の第三者に対抗する効力を認めてもさしつかえないであろうと思われる。しかるときは、担保権者の占有が、質権者としてであれば、相手方は即時取得の要件を充たすときにだけ負担の伴なわない目的物を取得するに反し、譲渡担保権者としてであれば、相手方は善意であれば、負担の伴なわない目的物を取得することになる。担保のために動産の占有を債権者に移転する場合に、質か譲渡担保かによって、微妙な差異を生ずるであろう（〔八六九〕参照）。

〔九五三〕（ハ）不動産を目的とする譲渡担保

（a）譲渡担保権者が移転登記を取得し、これを第三者に譲渡したときは、第三者は、移転登記をしなければ、設定者に対して所有権の取得を対抗しえない、というべきは明らかであろう。判例には反対の趣旨のものがある（前掲大判大正一〇・三・二五民六六〇頁は、傍論として、不動産についても登記不要という（〔九四七〕・〔九四九〕参照））が、登記の一般理論からいって、移転登記を必要とするというべきである。

（ｂ）しかし、右の場合に、設定者は譲受人に対して譲渡担保関係を主張しうるかどうかは別問題であって、これは否定すべきであろう。けだし、登記の対抗力は第三者の善意悪意を問わずとする一般理論（物権〔一五三〕参照）に対して、ここでだけ例外を認めることは、根拠が乏しいからである。担保のための移転である旨の登記を認める途を開く他はないであろう（〔八八九〕ｂ・〔九三九〕参照）。

〔九五四〕 **二　譲渡担保設定者の処分**

(1)譲渡担保設定者が有効に元利を弁済して譲渡担保権を消滅させた（目的物を受戻した）後は、完全に自分のものとして第三者に処分することができることはいうまでもない。もっとも、その第三者が対抗要件を備えないうちに譲渡担保権者が処分し、その相手方が先に対抗要件を備えるときは、その方が優先する場合もあるであろう。だが、それは物権変動の一般理論で解決すべき問題であって、譲渡担保に特別の問題ではない。

〔九五五〕 (2)設定者が債務を弁済して譲渡担保権を消滅させる前に処分した場合は問題である。

（イ）占有を譲渡担保設定者の許に留める動産の譲渡担保

（ａ）設定者が目的物を処分し、相手方に現実に引渡したときは、設定者を占有代理人とする譲渡担保権者の間接占有関係は消滅するから、相手方は善意悪意を問わず負担のない権利を取得するとも考えられないではないが、譲渡担保権者の、抵当権より強力な担保権が、所有権の名目で成立したのだから、相手方は、即時取得の適用を受けない限り、譲渡担保権は追及力をもつと解するのが妥当であろう。

（b）設定者が、占有を継続しながら処分し、占有改定で引渡をしたとき――二重の譲渡担保はこれに当る――にも、理論としては、右と同様であるが、この場合には、占有改定によって即時取得が成立するかどうかの問題を生ずる（物権〔二〇八〕参照）。

（c）設定者から処分を受けた者は、右の二つの対抗要件のいずれの方法をとった場合にも、譲渡担保関係の存在を認め、被担保債務を弁済したときは、法定代位（五〇〇条）を生ずると解すべきである。けだし、譲受人は担保目的物の第三取得者と同一の地位を有すると見るべきだからである。

〔九五六〕（ロ）譲渡担保権者に占有を移す動産の譲渡担保

（a）設定者が、元利を弁済する前に、譲渡担保権者が占有するままの状態で第三者に譲渡し、指図による占有移転によって引渡し、この者が即時取得によって負担のない権利を取得するという事例は、実際上は稀だと思われるが、理論的にはありうるであろう。

（b）右のような場合に、譲受人が、負担のない権利の取得を主張せずに、質物の第三取得者と同様の立場に立ち、譲渡担保による被担保債務を弁済して代位することは認めてよいであろう。

〔九五七〕（ハ）不動産を目的とする譲渡担保

（a）譲渡担保の目的不動産の所有名義が担保権者に移転されている場合には、占有がいずれにあっても、設定者は、目的不動産を第三者に譲渡して対抗力のある権利取得をさせることはできない。ただし、この場合でも、設定者からの譲受人は、法定代位弁済をすることはできると解する余地はあると思う。

(b)譲渡担保権者が、不履行の場合の弁済充当のため仮登記を有するに過ぎないときは、設定者は、目的不動産を譲渡しうることはいうまでもなく、譲受人が代位弁済をなしうることも疑問の余地はない。

(c)さらに、譲渡担保権者が何らの登記をしていないときは、譲受人は、常に、負担のない権利を取得することも当然であろう。

第三　第三者による侵害

〔九五八〕 **一**　譲渡担保の目的物を第三者が不法に占有する場合その他不法な侵害を加えている場合に、これに対する返還請求権その他の所有権に基づく物権的請求権は、譲渡担保権者が取得すると解すべきであろう。けだし、外形的な所有権の所在に従って解しても不都合は生じないからである。もっとも、設定者の占有する譲渡担保において、担保権者は、第三者に対し、設定者に返還すべきことを請求しうるだけか、自分に引渡すべきことを請求しうるかについては説が分かれている。私は前者と解するが、判例は反対である(物権〔一五九〕ロ末尾参照)。なお、設定者が占有する場合には、占有訴権を取得することはいうまでもない。

〔九五九〕 **二**　第三者が不法に侵害し、または滅失・毀損した場合には、譲渡担保権者と設定者の両者が損害賠償請求権を取得すると解すべきである。そして、その賠償額は、譲渡担保権者にあっては、被担保債権額を限度とし(大判大正一二・七・一一新聞二一七一号一七頁はこの趣旨を判示する)、設定者にあっては、譲渡担保権者が直接に請求して賠償をえたときは、その額だけ被担保債務を免かれ、目的物の価額の残額だけを請求することになるが、そうでない場合には、全額を請求し、その中から被担保債務を弁済するものと解するのが事態を公平に処理することになるであろうと思われる。

第四節　譲渡担保の消滅

第一　被担保債権の消滅

〔九六〇〕 一　被担保債権の弁済による消滅

被担保債権が有効な弁済によって消滅すると、譲渡担保も消滅することは当然だが、担保権者の所有に移っていた目的物が設定者に復帰する理論構成には多少の問題がある。まず判例理論から推論し、ついで自説を述べる。

(1)判例理論によると、「外部的にのみ移転」と「内外部ともに移転」とで、理論構成が異なることになるであろう。

(イ)「外部的にのみ移転」の場合には、

(a)設定者が担保権者に対する関係で保有する所有権に伴なっていた譲渡担保による拘束が消滅するから、設定者は、その所有権に基づいて返還を請求することになる。

〔九六一〕 (b)その返還請求の形式を考えると、(i)占有を設定者の許に留める動産の譲渡担保では、設定者は改めて返還を請求する必要はなく、被担保債権の消滅とともに目的物は設定者の自主占有に変更する。(ii)占有を担保権者に移転する動産の譲渡担保では、占有の移転を請求することになる。

(iii)不動産を目的とする譲渡担保では、登記名義の返還を請求することになるが、その方法は――つぎに述べる「内外部ともに移転」では移転登記であるのに対し、これは――抹消登記であるのが正しいというべきように思われる。事実、判例もこれを問題としたことがある(大判大正四・六・二新聞一〇三一号二七頁、大判大正五・一一・八民二一一九三頁など)。しかし、後に、「外部的にのみ移転」か「内外部ともに移転」かを区別せずに、抹消登記、移転登記のいずれでも請求しうるものとした(大判大正七・四・四民四六五頁、大判大正七・七・一六新聞一四六九号一八頁など(登記理論による))。

〔九六二〕 (c)設定者が長く放置しておくと、「弁済して返還を請求する権利」が消滅時効にかかるか、という問題は、つぎに述べる「内外部ともに移転」とは異なり、否定すべきことになろう。けだし、内部的に保有する所有権が、譲渡担保権者に対する関係で時効消滅することはありえないからである(大判大正一四・七・二五新聞二四七五号一三頁(不動産に関する)は返還請求権の性質は場合によって異なることを説くが、右の趣旨を認めるもののようである)。のみならず、被担保債権が時効で消滅すると、弁済しなくとも、目的物を占有する担保権者から返還を請求しうることになる(大判昭和二・一二・一七新聞二八〇四号一六頁にこの趣旨がうかがわれる)。

〔九六三〕 (d)弁済して譲渡担保が消滅したにも拘わらず、設定者がそのままに放置すると、返還請求権は消滅時効にかかるか。所有権に基づく返還請求権は消滅時効にかからないという判例理論からは、当然、否定すべきことになろう。

〔九六四〕 (ロ)「内外部ともに移転」の場合には、

(a)さらに二つの態様を分け、(i)弁済によって所有権が当然に復帰する場合には、この復帰した所有権に基づいて返還を請求し、(ii)弁済によって、設定者が所有権の移転を請求することができるようになる場合には、その移転と(占有の)返還を請求することになるであろう。

〔九六五〕 (b)その返還請求の形式は、(i)占有を設定者の許に留める動産の譲渡担保においても、(ii)担保権者に移転する動産の譲渡担保においても、理論的にいえば、所有権の移転と占有の返還をともに請求すべき場合と占有の返還のみを請求すべき場合とがあるというべきだが、実際的には問題となるまい。(iii)不動産の譲渡担保においては、当然復帰の場合にも、復帰を請求すべき場合にも、登記は移転登記というべきように思われるが、判例がいずれを請求するも妨げない、としていることは前述した(〔九六一〕iii)。

〔九六六〕 (c)「弁済して返還を請求する権利」については、時効消滅を認めることになろう。けだし、この場合には、担保権者は、弁済があれば返還する、という債務を負担するだけであり、設定者の立場は「解除して返還(原状回復)を請求する権利者」の立場に酷似するからである(大判大正一五・八・三新聞二六一六号一一頁にこの趣旨がうかがわれる。明治二五年に設定し(不動産)、大正九年に弁済(供託)して返還を請求する事例)。

〔九六七〕 (d)被担保債務を弁済して譲渡担保が消滅したにも拘わらず、設定者が放置するときは、返還請求権も消滅時効にかかるというべきことになろう。もっとも、占有を設定者の許に留める動産の譲渡担保にあっては、設定者の所有権の移転(返還)を請求する権利が消滅時効にかかるとは、担保権者が所有権が自分にあることを理由として返還を請求することを認めることになる。しかし、そのような主張を認めえないことは明らかであろう(総則〔四九九〕ハ末段(抗弁権の永久性と関連するもので、理論的には厄介な問題である))。

〔九六八〕 (2)自説　判例理論を推及した以上の理論は、譲渡担保の有する経済的目的からみて、合理性を認めることができない。けだし、「内外部ともに移転」か「外部的にのみ移転」かという類型的区別は、主として担保権者と設定者との間の優先弁済を受ける方法や目的物の利用関係を規律するための区別であって、譲渡担保の消滅した後の関係を処理する基準としても合理性をもつとはいえないのみならず、右のような推論の結果は、形式論理の満足を与えるだけで、制度としての説得力をもちえないからである。

〔九六九〕 譲渡担保の経済的目的から考察するときは、

(イ)有効な弁済があれば、目的物は、原則として、当然に、確定的に、そして全部的に、設定者に帰属する。請求してはじめて権利が復帰する、という類型は、特別の理由のある場合に認めうるに過ぎない。けだし、それで充分だからである。なお、右の区別は、履行遅滞の場合に、目的物は、当然に、確定的に、担保権者に帰属するか(当然帰属型)、担保権者の何らかの意思表示を待ってそのような効果を生ずるか(請求帰属型)の類型的区別とそれぞれ当然に結びついているものでないことはいうまでもあるまい。

(ロ)被担保債権が消滅した場合に、(i)占有を設定者の許に留める動産の譲渡担保では、占有の返還を問題とする余地はない。(ii)占有を担保権者に移転する動産の譲渡担保では、設定者に復帰した権利(所有権)を根拠として返還を請求することになる。(iii)不動産を目的とする譲渡担保における登記の回復については判例理論を支持してよい(〔九六一〕iii)。

(ハ)設定者の「弁済して返還を請求する権利」は消滅時効にはかからないと解すべきである。けだし、担保の性質からみて、そう解するのが合理的だからである。右のように解するときは、譲渡担保の目的物について、第三者が善意取得または取得時効によって、譲渡担保の拘束のない権利を取得するまでは、設定者の右の権利は存続することになる。

(ニ)占有を担保権者に移転する動産の譲渡担保にあって、譲渡担保が消滅した後に、設定者が放置する場合に、その返還請求権が時効で消滅するかどうかは、所有権に基づく返還請求権が消滅時効にかかるかどうかという一般理論の適用である（総則〔四八〕参照）。不動産の譲渡担保についての登記請求権についても同様である（物権〔一二九〕以下参照）。

〔九七〇〕 **二 被担保債権の時効消滅**

(1)判例は、前記のように、被担保債権が時効で消滅した場合に、「外部的にのみ移転」の類型では、設定者は目的物の返還を請求しうるとなすが（〔九六二〕参照）、「内外部ともに移転」の類型でどう解するかは明らかでない。しかし、この類型では、設定者の「弁済して返還を請求する権利」が時効で消滅することがありうるとなすのであるから（〔九六六〕参照）、その反面として、担保権者の目的物を返還する債務が消滅することを認めることになるであろう。しかるときは、この類型では、被担保債権の時効消滅と同時にこの返還債務も消滅し、目的物は確定的に担保権者に帰属するに至るといわねばならないことになろう。

〔九七一〕 (2)しかしながら、制度の目的からみるときは、いかなる類型においても、被担保債権が時効で消滅すれば、譲渡担保は消滅し、設定者はその返還を請求しうるに至ると解するのが正当であろう。設定者の「弁済して目的物の返還を請求する権利」が消滅時効にかからないことは前述した（〔九六八〕）。なお、譲渡担保権者が目的物によって弁済を受けるためにその引渡を訴求することは、被担保債権の消滅時効中断の事由となる（大判昭和二・九・三〇新聞二七七一号一四頁は反対だが正当でない（総則〔四五五〕iv参照））。

〔九七二〕 **三 弁済者の代位**

保証人が代位弁済をなしうることはいうまでもない（最高判昭和三〇・九・二七民一四三五頁（設定者の占有する譲渡担保目的物が公売処分にされ、五〇四条の適用が争われた事案だが、担保権者がその処分手続に対して相当に争ったので過失なしとされた）が、譲渡担保の目的物を取得した第三者も、被担保債権を弁済して代位することができる（五〇〇条）ことは、前にそれぞれの個所に述べたとおりである（〔九五五〕c・〔九五七〕aなど）。

〔九七三〕 **第二** 譲渡担保目的物の滅失

(**イ**)譲渡担保目的物が滅失・毀損すれば、譲渡担保はその限度で消滅するが、被担保債権は消滅しない。そこに売渡担保との差異があることは、しばしば述べたとおりである（〔八六五〕参照）。

(**ロ**)なお、その場合に、譲渡担保権者または設定者がその滅失・毀損について賠償責任を負うべき場合の両者の関係（〔九二六〕・〔九二九〕）及び第三者が賠償責任を負うべき場合の請求権者（〔九五九〕）などについてはすでに述べた。

第五節 集合物の譲渡担保

第一 序的考察

〔九七四〕 **一** 集合動産の諸典型

動産を設定者の占有に留めながら担保することを可能にすべし、という経済界の要請は、当然に、動産の集合体を全体として担保する可能性の要請へと進展する。けだし、設定者の手許にある動産は、個々の物としてよりも、その統一ある独立の集合体として、一層大きい担保価値をもつからである。ただし、それについて生ずる法律的な問題は、集合物の種類によって必ずしも同一ではない。つぎにその種類と問題の所在を略述する。はじめに注意しておきたいことは、つぎに述べることは、集合物の典型であって、実際には、さらにその幾つかのものが結合して譲渡担保の目的とされ、やがては客観的意味における企業そのものの担保化へと進もうとするものだということである（集合物、客観的意味での企業などにつき、総則〔一二三九〕・〔一二四〇〕に簡単な説明があるが、詳しくは、我妻・近代法における債権の優越的地位（有斐閣学術選書）三七以下・五一以下参照（この書は以下「債権論」として引用する））。

〔九七五〕 (1)工場備附けの機械器具その他の動産

本章で動産の譲渡担保として述べてきたこと、とりわけ目的物の占有を設定者の許に留める類型として述べたことは、この種の動産を主とする。ただ、そこでは、個々の動産（多少の附属を伴なう場合を含めて）を考察の中心とした。しかし、特定の工場内のすべての動産的施設は、独立性をもち、集合物を構成する。従って、これを目的とする譲渡担保の例も少なくない。しかし、これについては、それほど特別の理論はない。つぎに述べる他の集合物と合せて譲渡担保の目的とされたときに、相互の関係がとくに問題となるだけである。

〔九七六〕 (2)内容の変動しない集合物

一つの図書館の蔵書全部、一つのホテルやレストランなどの家具・食器その他の備品全部、一つの小作農場経営の動産的設備の全部（我妻「ドイツにおける小作財団の上の登録質制度の創設」（民法研究Ⅳ所収）参照）、なども集合物として譲渡担保の目的とされる。

〔九七七〕 (3)内容の変動する集合物

在庫商品の全部（Warenlager）が典型的なものだが、その中にさらに二つの類型がある。（a）一つは、専ら分割して売却する目的で、設定者の占有する倉庫に入れられているものであり、（b）もう一つは、設定者が営業を継続するに従って、一方で売却し、他方で新たに仕入れるものである。

商人が商品を担保化する場合を見ると、（i）すでに商品を売却し、代金に換えたときは、商品を陸上または海上の運送に託し、運送証券(貨物引換証・船荷証券)を取得し、これを担保権者に交付することによって担保化することができる。荷為替である(二四一以下参照)。また、(ii)売却する前でも、銘柄・品質などが均一で大量的に取引される商品は、倉庫業者に寄託し、倉荷証券を取得し、これを担保権者に交付すれば足りる。右に述べた(a)はこれに近いものだが、商品の性質や数量の関係で、商人が、倉庫業者に寄託せず、自分の占有に留めながら担保化しようとする場合である。しかし、この(a)については、それほど特別の問題を生じない(倉庫の鍵を担保権者に与えて占有を移す質権が設定されることもあろうが、ここでは問題にしない)。(iii)困難な問題を含むのは、多くの客を相手として販売する、多少とも種類の異なる在庫商品であって、右の(b)がこれにあたる。ここでは、そもそもこれを一個の独立した「集合物」とみることができるかどうか、という問題から、設定者が営業を続けるに従って、集合物から出る物と集合物に入る物に対する譲渡担保権の拘束力、さらに第三者に対する効力まで、集合物の譲渡担保に関するあらゆる難問が生ずる。他の類型はここで生ずる問題の一部の適用として解決される場合が多い。本書では、これについて一応の考察をする(我妻前掲「エルトマンの提案」(民法研究Ⅳ所収)はこの類型を対象とする記述である。なお我妻前掲「債権論」は、各種の類型について一応の考察をしている)。

〔九七八〕 (4) 加工材料

一つの工場の特定の商品生産のための加工材料を、その工場での生産工程を経て完成品となるまでを一括して担保とすることである。おそらく、その工場の(動産的)設備全体と一緒にして譲渡担保の目的とされることが多いであろうが、そうとも限らず、典型としては存在する(我妻前掲「債権論」四五・四六はこの類型(Veredelungskredit)をのべ、第一次世界大戦後のオーストリアの立法に及んでいる)。

〔九七九〕　## 二　指名債権群及び証券的債権と株式

近代経済取引においては、債権は独立した財貨として交換価値をもつ。従って担保の目的とされることはいうまでもない。もっとも、譲渡可能なすべての債権は質権の目的とすることができ、その設定方法と対抗要件については、特別の規定がある。すなわち、民法はすべての債権に通ずる要物性の原則(三六三条)、指名債権、記名社債、指図債権についての対抗要件を規定し(三六四条—三六六条)、商法は、記名の社債(商三〇七条(民法の定める譲渡に関する規定))、手形(手形法一九条・七七条(質入れ裏書))、倉荷証券(商六〇三条・六〇六条(質入れ裏書))、——純粋の債権ではないが——株式(商二〇七条(記名株式の略式質)・二〇九条(同じく登録質))などについての設定及び対抗要件について定めている。しかし、実際には、譲渡担保と推測すべき場合がむしろ多いといわれる。それは正しいであろう。だが、この債権の譲渡担保のもつ作用は二つの系統に分かれる。

〔九八〇〕　(1)有価証券化しない金銭債権を、(i)個々的に担保化する場合には、譲渡担保の手段をとる必要はほとんど絶無であろう。換価方法さえ必ずしも煩瑣とはいえないからである(三六七条参照)。従って特殊な金銭債権に限って譲渡担保としての効力を認め、その他は質としてとり扱うべきである。これに反し、(ii)一つの商店、一つの工場、一つのデパートの一区画、一つの製造会社の一部門などの取得する売却代金債権群——営業の経営に従って取立てられて消滅し、取引によって新たに発生するもの——を一括して担保とする場合には、債権質の規定では目的を達しええない(対抗要件を備ええないから)。そこで譲渡担保が利用されることになる(ドイツではDiskontierung der Buchforderung と呼ばれる。我妻前掲「債権論」四九参照)。もちろん、この類型も、前に述べた在庫商品や加工材料の譲渡担保と一緒にして、これらの商品・製品の上の譲渡担保のいわば延長として、利用される場合もあろう。またかつて刑事事件となった富山の薬品行商人の帳簿(売薬掛場帳)のように、得意先と、その間の種々の人的・物的の関係を含めた企業そのものの担保化の一環とみるべきものもあろう(行商人が帳簿を引渡さずに担保として借金した後に、第三者にその帳簿を売ったことを詐欺とした原審判決を破棄し、担保が対抗力をもつかどうか審理せよという(大刑判大正一四・一一・二四評論一五巻刑一一〇頁)。しかし、いずれにしても、一つの典型と考えることができる。そして、その法律関係は内容の変動する集合物の譲渡担保に似ている。

〔九八一〕 (2)右に対し、証券化した債権(有価証券)の譲渡担保はまた趣を異にする。ここでは、設定者の占有に留める必要は極めて稀である(証券会社の店舗内にあるものについて、僅かに考えられるのみ)。また少額の証券、ことに少額の手形は、多数まとめて担保に供せられるのが普通であるが、その場合にも、とくに一群の証券として独立の意味をもつのではない。にも拘わらず、これらの証券の担保の性質について、質か譲渡担保かが問題とされる。

三　集合財産の譲渡担保の意義

〔九八二〕 (1)集合財産の担保化について、私が特別の興味を感じたのは、客観的な企業という観念の成立過程における重要な一環を占めるからである。「金銭債権があらゆる財産を担保化して投資の客体とする進展の過程のゆきつくところは、いわゆる『客観的意義における企業』、すなわち、人的・物的のあらゆる施設を含む『企業』そのものである」(我妻・民法研究Ⅳの「はしがき」から)。かような立場から、経営しつつある企業財産の一つの典型として、集合動産や債権群の担保化を考察することが、「近代法における債権の優越的地位」と題する研究の重要な一部となったのであった(我妻前掲「債権論」の第三章「財産の債権化」中の第三節「動産の債権化」と第四節「債権的財産の増加」の一部がこれにあたる)。もっとも、私がこの問題を研究したのは、これらの制度の内容を明らかにするためではない。「企業」は、たとい「客観的意義における企業」であっても、「社会のあらゆる階層の生活関係が依存」するものであるから、企業そのものは「担保権の客体たる地位から、漸次に、法律関係の主体たる地位を取得するに相違ない」。そして、「資本主義の発達と私法の変遷」というテーマの「第二部の債権論から第三部の企業論へ転換する契機をそこに見出すことができると憶測し」たからであった（前掲「はしがき」から）。そのために、集合動産や債権群についての研究は、問題の中心点を指摘したに止まる。その後、私は、機会を捉えて、この研究を進めた。前に引用したものはいずれもそうであるが、「集合動産の譲渡担保に関するエルトマンの提案」（法協四八巻四号（昭和五年）に掲載）を除いては、解釈論にはほとんど入っていない。当時においても、集合動産の譲渡担保制度は、中小企業の融資手段として、その立法が要望されていた。しかし、ヨーロッパ諸国に比べると、裁判の争いも学者の研究もそれほどではなかった。

〔九八三〕 (2)ところが、近時に至って、学者の研究はすこぶる活発となり、ヨーロッパ諸国の立法例から、さらに、アメリカの「統一商事法典」（UCC―その研究会の翻訳は法協八三巻に載せられている）の研究へと進んでいる。とりわけ、松本財団「財産立法研究会」の譲渡担保班の一〇年に近い共同研究の成果は注目される（四宮前掲「譲渡担保法要綱解説」は、この研究成果のとりまとめでもあるが、精緻な分析で、学説についても総合的な研究である。ただし、集合物その他の特殊の目的についての解説は、最近に公刊され、未完了である（立教法学一〇号））。しかし、もちろんその他にも、個々の学者の解釈論的研究はすこぶる目覚ましいものがある（鈴木前掲「譲渡担保」（経営法学全集9）を代表的なものとして挙げておこう）。なお、株式については、担保権の内容に特有の問題があるだけでなく、株券の譲渡方法が昭和一三年以来幾度も変更されたので（〔二九六〕参照）、それとの関係でも問題があり、商法学者の注意を引いている（竹内「株式担保法の立法論的考察」（「裁判と法」所収）。なおこの論稿も右の松本財団の研究会の討議を資料に利用している）。

〔九八四〕 (3)また、下級審の判決にも、注目すべきものが現われている。一つの例は、乙出版会社が、甲銀行に対する債務につき、自社の発行する出版物の全部とその出版物の元卸先（日本出版販売株式会社・東京出版販売株式会社）に対する代金債権を一括して担保に供する契約をなし、甲は代金債権の取立などもやったが、乙の業績が悪化し支払停止をする直前になって、甲が、乙の出版物で現に在庫するものを特定して、重ねて譲渡担保にした。争いは後になされた契約が否認権の対象となるかどうかであった（破七二条一号参照）。東京地裁は、前になされた包括的な譲渡担保を有効とし、後の合意は、その具体化に過ぎないから否認権の対象にならないとした（東京地判昭和三二・三・一九下民集八巻三号五一二頁。なおこの判決については、関係する個所で再説する）。

もう一つの例は、債務者乙（電気設備器具類の卸商）が、債権者甲（鉄鋼二次製品の卸商）からの融資のために、在庫商品を一括して譲渡担保に供し、乙は在庫商品を処分する権限を与えられて営業を継続したが、乙が弁済期を徒過して債務不履行となったので、甲から乙に対し、現に存する在庫品の引渡を請求するものである。大阪地裁は在庫商品を一括した集合物の譲渡担保の有効性を確認して甲の請求を認めた（大阪地判昭和三〇・一二・六下民集六巻一二号二五五九頁。なおこの判決についても、関係する個所で再説する）。

第二　内容の変動する集合物

一　譲渡担保権の設定

〔九八五〕 (1)目的物　広く集合物といえば、「継続的な共同目的によって客観的に結合させられているために、一般取引観念上単一のものとしてとり扱われる、多数の物の集合」であるが（ギールケの定義（我妻前掲「エルトマンの提案」一一五参照））、内容の変動する集合物は、設定者の売却を目的とする在庫商品のように、それを構成する個々の物が、企業の経営に従って、分離して処分されたり仕入れて加えられたりしながら、しかもなお全体として一個独立の存在が認められるものである（〔九七七〕参照）。もっとも、独立の存在を認められるためには、純粋に客観的な事情だけに依存せず、例えばある倉庫の東側の棚にある商品全部というように、人為的な表示ないし標識を加えることによって独立存在を認められるものでもよいであろう。ただし、この場合にも、外部的・場所的な独立存在を必要とし、単に数量で指示されるだけ(例えば在庫商品の二分の一)では足りない。

〔九八六〕(2)契約の内容　目的物の範囲や管理についての設定者の権利義務に関しては当事者間でも争いを生じ易い。設定契約証書は、できれば、公正証書によって、それらの関係を明瞭にしておくことが望ましい。なお、目的物の評価額が記載されれば一層便利であろう。

〔九八七〕(3)対抗要件　譲渡担保権者が集合物の上に担保のための所有権を取得することは、個々の動産の占有を設定者の許に留める譲渡担保と同様である。すなわち、一個の合意によって集合物の所有権が移転し、設定者に管理させる法律関係の設定は、譲渡担保権者に、集合物についての代理占有を取得させる(占有改定)。

二　譲渡担保権の効力

〔九八八〕(1)目的物に対する拘束力

(イ)集合物は一個のものとして譲渡担保権の支配に服する。集合物という観念を認めない立場では、集合物を構成する個々の物について、処分されて出てゆくものについては、担保権者との間に処分権限の授与があり(その行使によって設定者の所有に戻る)、仕入れなどによって入ってくるものについては、予め、所有権の移転と占有改定(ただし、予めなされる占有改定は効力なしとする説が多い)が行なわれていると説くことになろう。しかし、集合物の観念を認めるときは、それを構成する個々の物の変動にもかかわらず、集合物は一個のものとして同一性を失なわず、譲渡担保権の支配に服する。設定者が個々の物を処分するときにそのものが譲渡担保の拘束を脱し、設定者が個々の物を集合物の中に入れるときにそのものが譲渡担保権者に帰属するのは、その個々の物は、集合物を構成する限りにおいて、そしてその限りにおいてのみ、集合物としての拘束に服するからである。それ以上の分析的説明は必要でない（我妻前掲「エルトマンの提案」一二五参照）。

〔九八九〕（ロ）集合物から出入する個々の物が、集合物を構成する性質を失ない、またそれを取得する要件は、その集合物の取引上の性質（在庫商品という中にも販売・仕入れのやり方に差異がありうる）と当事者間の契約によって定まる。

そして、それはまた、内容の変動する集合物にあっては、設定者の集合物を管理・処分する権限と表裏をなす（設定契約で明らかにしておくことが望ましいといった事項の一つである（〔九八六〕））。

（a）設定者が管理・処分の権限外で処分した場合の処分行為の効力は問題だが、場所的関係を失なえば、集合物を構成する性質を失なうから、処分行為は常に有効であって、設定者の責任を生ずるだけと解するのが正当であろう。

（b）集合物に入れられるものが第三者の所有である場合に、譲渡担保権者が善意取得をするかどうかも問題である。所有権の留保がある場合など（委託販売品などもその例であろう）に問題となる。民法第三一九条の定める場合に類似するが、これを類推することは、少なくとも解釈論としては、無理であろう（第三一九条の定める場合ほど個別的信頼関係がない）。

（c）集合物の中の個々の物の売却代金に対して、譲渡担保権の効力が及ぶであろうか。原則的には否定すべきである。けだし、この種の譲渡担保は、設定者が売却代金を収受して、仕入れと経営にあてることを予定するものだからである（前掲昭和三〇年の大阪地判の事例では、一割を譲渡担保権者に支払うべき特約がある（〔九八四〕））。

〔九九〇〕 (2)設定者の管理・処分権限

(イ)処分権　設定者は、集合物を構成する個々の物を、自分の名で処分(売却)することができる。代金債権は自分の名で取得し、これを取立てて、原則として全部を(その何割かを譲渡担保権者に支払う特約がなければ(〔九八九〕c参照))、経営資金に使用しうる。この処分権は、実は、集合物の管理権の一内容に過ぎないことは、以上に述べたことから明らかであろう。なお、設定者が、集合物の性質と特約とによって定まる管理権限外の処分をしたときは、処分行為は有効であって、設定者の責任を生ずるに止まると解すべきことは前述した(〔九八九〕a)。

〔九九一〕 (ロ)保管義務　契約の趣旨に従って、目的物を他のものから場所的に区別し、必要な表示ないし標識をなすなど、識別保管義務がある。さらに、個々の物の出入に関して、例えば在庫品台帳への記入によって、これを明らかにし、担保権者の必要な範囲での点検・調査に応ずることも、譲渡担保設定契約の合理的な内容といいうるであろう。

〔九九二〕 (ハ)集合物の価値の著しい増減の場合　経営に従って内容の変動する集合物に譲渡担保権を設定する当事者は、経営が順調に行なわれること、すなわち集合物の価値が著しく増減しないことを予想する。従って、

(a)設定者は、処分(売却)に見合うだけの仕入れをして、集合物の価値を保持する義務がある。商品の値下りで価値の減少を生じたときは問題だが、集合物の種類と経営の態様によっては、この場合にも、適当な補充(増担保)の義務を負担する暗黙の特約の存することが稀でないと思われる。

(b)経営の拡大によって集合物の価格が著しく増大したときは、設定者は、被担保債権額と対比し、相

当の数量まで、譲渡担保権による拘束の解放を請求することができると解すべきである。商品の値上りの場合にも、市場の状況（値上りが一時的なものであるかどうかなど）によっては、解放請求権を生ずるとなすべき場合もあるであろう。

〔九九三〕 (3)対外的効力　目的物の占有を設定者に留める動産の譲渡担保の対外的効力と大体において同じである。すなわち、

(イ)設定者の一般債権者の差押に対しては、譲渡担保権者は、無条件の異議権があるのではなく、優先的に弁済を受ければそれで満足すべきである（〔九三二〕）。ただし、右の一般債権者が集合物を構成する個々の物を差押えたときは、譲渡担保権者は、異議権によって、集合物の中に留めるべきことを主張しうると解すべきである。けだし、集合物としての担保価値を維持するための対外的効力だからである。なお、設定者の会社更生手続の開始や破産も、普通の動産を目的とする場合と同様にとり扱ってよい（〔九三七〕・〔九三八〕）。

〔九九四〕 (ロ)譲渡担保権者が弁済期前に処分した場合には、相手方が悪意である限り設定者はこれに対し譲渡担保関係を主張しうるという理論（〔九五二〕参照）は、集合物全体としての処分についてのみ適用する。個々の物の処分は、相手方が即時取得の要件を備えるときにだけ、譲渡担保関係を主張しえなくなる。けだし、譲渡担保権者は、個々の物を個々の物として処分することについては、無権限だからである。

(ハ)譲渡担保権者の一般債権者と設定者の関係では、差押は、ほとんどその例はあるまいが、会社更生手続の開始や破産は問題となる。普通の動産の場合と同様にとり扱ってよい（〔九四二〕—〔九四四〕）。

(ニ)設定者の受戻し前の処分は、普通の動産の場合と差異がない（〔九五五〕参照）。

〔九九五〕 (4)優先弁済を受ける効力　特別の問題は少ない。

(イ)請求帰属型であり、かつ精算型を原則とすることは、普通の動産におけると同一である。集合物を評価して精算することを省略する必要も、一般的には認められず、また、設定者の受戻権限を早く打切る合理性のある場合も、一般的には考えられないからである。のみならず、評価は、原則として集合物としてなすべきであって、個々の物としてなすべきではない。

(ロ)譲渡担保権者は、評価または処分のために必要な場合には、引渡を請求しうることはいうまでもない(〔九八四〕所掲の大阪地判は引渡請求である)。

(ハ)弁済期が到来し、譲渡担保権者が担保権の実行に着手するときは、設定者の処分権限は停止されなければならない(引渡請求に基づく仮処分の方法によることになろう)。のみならず、設定者は、集合物の中の個々の物の売却代金の取立権能を失ない、譲渡担保権の効力はこの上に及ぶと解すべきである。けだし、右の売却代金は、新たな仕入れの資金となるために設定者の処分に委ねられていたのであって、潜在的にはなおその拘束の下にあったともみることができるものだからである。ただし、払渡される前に差押えられなければならない。そのために、譲渡担保権に基づいて差押えることができる(三〇四条によればそれはできる(〔四三一〕イ参照))といいたいが、解釈論としては無理であろうか。

第三　加工材料の譲渡担保

〔九九六〕 一　譲渡担保権の設定

(1)目的物　製造工場における原材料だが、例えば鉄鋼、綿花、パルプ、小麦、印刷用紙(出版会社の在庫紙)などのように、特定の物の製造工程において主要な地位を占めるもの——その物に加工するという観念が成立するもの――に限る。補助的な原材料、例えば、燃料（電気・石炭・重油など）、化学的処理のための薬品などは、譲渡担保の目的とするのに適当でない。

右のような原材料は、それを供給する業者が金融を与える場合には、所有権留保契約が利用され、これに対し、銀行その他の金融業者が金融を与えるときは、譲渡担保が利用されるであろう。

〔九九七〕 (2)契約の内容については、内容の変動する集合物の場合以上に、明確にすることが望ましいが（〔九八六〕参照）、設定者が原材料に加工する全工程を通じて譲渡担保権者が第三者に対抗しうる所有権を保有することは、かれにおけると同一である（〔九八七〕）。なお、実際問題としては、譲渡担保の目的となった原材料を出発点として、加工作業の各工程におけるその変形を追って同一性を明らかにすることは容易でないかもしれない。しかし、さればといって、一定の期間における工場の原材料から製品までの各工程における物の何分の一と数量で定めることは、先取特権を契約で創設することに帰着する（種苗・肥料供給の先取特権に類似する（三二三条参照））から、許されない。物について外部的に特定する方法を講ずることが必要である。

〔九九八〕 **二　譲渡担保の効力**

(1)目的物に対する拘束力

(イ)原材料が設定者によって加工されて著しく価値を増しても、設定者の所有に帰属すると解すべきでないこと（二四六条の排斥）は、改めていうまでもあるまい（物権〔三二八〕、我妻前掲「債権論」四五参照）。そして、設定者が譲渡担保目的物に加える加工作業の全工程を通じて、一個の集合物と観念して妨げない（〔九八八〕参照）。もっとも、主要な原材料が別々に数人の債権者のために譲渡担保とされた場合や、一部の原材料が前に一言した所有権留保の形式で担保とされていずれの原材料の変形かを識別しえなくなった場合などには、両担保権者の共有となると解すべきであろう。

(ロ)設定者が譲渡担保設定契約で与えられている加工の工程と違った物を製作した場合などは、内容の変動する集合物の譲渡担保と同様に解してよい(〔九八九〕参照)。問題は、譲渡担保権の効力が製品の売却代金に及ぶかどうかである。内容の変動する集合物の場合(〔九八九〕c参照)に比して、これに及ぶ旨の特約のある場合が多いと推測されるが、特約がなければ及ばないという原則を維持してよいであろう。

〔九九九〕 (2)設定者の管理・処分権限

内容の変動する集合物の譲渡担保におけると大体において同様に解してよい(〔九九〇〕・〔九九一〕参照)。やや問題となるのは、製品の価格が原材料の価格より増大することである。この類型では、価格が著しく増大するのが普通であり、当事者もそれを予期しているとみるべきだから、原則として、製品の全部について譲渡担保権の効力が及ぶ(解放請求は特別の場合にだけできる)と解すべきである。

〔一〇〇〇〕 (3)対外的効力・優先弁済を受ける効力　とくに問題とする点はない。内容の変動する集合物の譲渡担保についての理論に従って解すれば足りる(〔九九三〕—〔九九五〕参照)。ただ、問題となるのは、優先弁済を受けるに当って、製品の売却代金債権に効力を及ぼすかどうかであるが、右に述べたように、内容の変動する集合物と違って、製品の売却代金について担保権の効力が及ぶとする特約がある場合が多いとすると、その特約の効力として、製品の未払代金債権に効力を及ぼす場合が多いことになる。

第四　個々の指名債権と特定の原因に基づく指名債権群

〔一〇〇一〕 一　個々の指名債権

(イ)単純な金銭債権、例えば、銀行預金、貸金債権、損害保険金請求権などは、譲渡担保の目的とされることもあるが、前にも述べたように、債権質を避けて譲渡担保となすべき合理的な根拠は見出しえない(〔九八〇〕)。解釈論としては、優先弁済を受ける方法についても(被担保債権の遅滞によって目的たる債権を取立てる権能を取得する)、第三者に対する効力(対外的効力)についても、質権に準じ、大体においてこれと同一に解するのが適当であろうと思う。詳論を省略する。

(ロ)右に反し、結局は金銭を目的とする債権となるものであっても、特別の複雑な条件の附いているもの、例えば、無尽講の持口債権などは、譲渡担保として特別の効力を認めてよいであろう。ただし、その場合にも、原則として、請求帰属型であり、精算型と解すべきである(かような債権の上の質権についても流質禁止の規定が適用されることにつき〔一八六〕参照)。また、対外的効力は、大体において動産の譲渡担保におけると同様に解してよいであろう。

〔一〇〇二〕 二　特定の原因に基づく指名債権群

(1) 譲渡担保権設定の可能性

(イ)前に一言したように、一つの商店、一つの工場、一つのデパートの一区画、一つの製造会社の一部門などが、その経営に従って取得する売却代金債権群は、取引観念上、ある程度まで、一個の独立した存在と価値とが認められるから、なお、これを一括して、譲渡担保の目的とすることができる(〔九八〇〕)。

〔一〇〇三〕 (ロ)これらの債権群は、内容の変動する集合動産の譲渡担保と結合する場合が多いであろう。すなわち、一つの商店の在庫商品の全部とその売掛代金債権とを一緒にして、または、一つの製造工場の製品とその売却代金債権とを一緒にして（ときには、さらに加工原材料も一緒にして）、譲渡担保とされるのである（〔一九八四〕所掲の昭和三二年の東京地判は、ある出版会社の出版する図書の全部とその卸売代金とを目的とする）。そして、この類型は、あたかも、商品の卸売商が、代金債権を確保するために、所有権留保約款をつける（委託販売に類した関係となる）と同時に、留保された所有権の効力がその商品の売掛代金に及ぶものとする、いわゆる「延長された所有権留保約款」に類似したものである（ドイツでは Verlängerter Eigentumsvorbehalt と呼ばれる。我妻「シャンツ著・延長せられたる所有権留保約款」（民法研究Ⅳ所収）参照）。だが、ここには、一つの典型として、債権群だけの譲渡担保を中心に考察する。

〔一〇〇四〕　（ハ）右のような指名債権群を一括した担保は、譲渡担保とみるべきか、なお一種の質とみるべきかは、疑問である。ドイツでは、債権質の設定には、第三債務者に対する通知を要件とする（同法一二八〇条）。しかるに、債権の譲渡にはこれを必要としない（対抗要件はともに不必要）。従って、右の指名債権群の担保（Diskontierung der Buchforderungen）は、専ら譲渡担保によることになる。ところが、わが民法では、指名債権の質入れ、譲渡、ともに通知・承諾を対抗要件とする（三六四条）。従って、とくに譲渡担保を利用することによって手続を軽易にすることにはならないように思われる。しかし、質とすると、売掛代金帳を債権者に交付しなければならないであろう（三六三条）。その限りでは、譲渡担保の手段をとることが便宜であり、当事者の意思にも適するように推測される。

〔一〇〇五〕　(2)この種の譲渡担保の設定契約については、とくにいうべきことはないが（〔一九八六〕参照）、問題は対抗要件である。

（イ）企業の経営に従って変動する、個々的には少額の債権の債務者に対して通知しまたはその承諾を求めることは不可能であろう。しかし、この譲渡担保の設定は、何等外形に現われることなく、また対抗要件を不要とするほど慣行が一般化しているとも思われない。対抗要件を欠くままでできるだけの効力を認める他はあるまい。

(ロ) ただし、特定の大口の顧客がある場合に、その者について、予め、通知するか承諾をえることができれば、その者を債務者とする債権については、対外的な効力を生ずると解してよいであろう。けだし、その場合の通知・承諾は対抗力をもつと解することができ(債総〔七四五〕iii・〔七四八〕参照)、また、債権群のうちの主要なものだけが対抗力をもつ状態となっても、かくべつ不都合はないからである。例えば、ある出版会社の出版物在庫品全部とその売却代金債権を譲渡担保とし、大口の取次店に対する代金債権について予め対抗要件を備えることなどが考えられる。もっとも、同様の目的は、設定者と譲渡担保権者(金融業者)に大口取次店を加えた三面契約で、大口取次店は譲渡担保権者を通じて支払うべき旨を約することによっても達成される(〔九八四〕所掲の昭和三二年の東京地判の事例ではかような趣旨がうかがわれる)。しかし、製品・商品の譲渡担保の延長として、譲渡担保設定の通知または承諾によることも可能というべきである。

(ハ) ちなみにいえば、債務者の特定している将来の債権を担保化する手段として、債務者は必ず担保権者に支払うべき旨を約する方法は、譲渡担保とは無関係に、相当広く行なわれている。例えば、甲メーカーが、高価な物を乙の注文によって製造する場合に、原材料購入資金の融資者丙銀行を加えた三面契約で、乙は代金を必ず丙銀行を通じて支払う旨を約するのである。この種の契約の効力について多少の問題があるが、いまは詳論を避け、右の出版会社の契約は譲渡担保とこの方法による債権の担保化とを結合したものであることを指摘するに止める。

(3)この類型の譲渡担保の効力について、(イ)設定者が誠実に、従来どおりの経営を続けるべきこと、目的たる債権群についてその変動を明瞭にしておくべきこと、などは当然であるが、

(ロ)やや問題となるのは、設定者の取立権である。原則的な場合としては、設定者は、自分の名で取立てることができ、かつその金銭を経営のために利用しうると解すべきである。けだし、企業の経営を継続することを前提とするからである。もっとも、前記のように、大口の債権について予め対抗要件を備える場合には、取立を制限することになるが、その場合でも、取立てた金銭を全部被担保債権の弁済に充当するのではなく、一定率で設定者に返還する特約があるのが普通であろう(前記の出版社の事例では、支払停止の直前という特殊事情がある)。

(ハ)対抗要件を具備しない普通の場合には、第三者には対抗しえない、と解する他はない。すなわち、第三債務者が設定者に弁済することを阻止しえず、また設定者の処分の効力や設定者の一般債権者の地位を制限することはできない、というべきである。

(ニ)被担保債権が遅滞となり、譲渡担保権者が優先弁済を受けうるようになったときには、取立権を取得し、それに基づいて、現に存在する債権を差押えることができる。譲渡担保権に基づいてこの差押ができると解しうると思うが、その方法は、個々の債権についてなすべきであって、債権群を一括して差押えることはできないといわねばならないであろう(申立はできるであろうが、第三債務者に対する命令(民訴五九八条)は個別的になすべきである)。

右のように解することは、前に略説した(八三六以下)企業担保において、担保権は、存在するだけでは、企業を構成する個々の財産に対する拘束力はすこぶる弱く、ただ担保権実行の段階に入ると、差押宣言によって、その時点のいわば横断面における個々の財産を特定し、これによって優先弁済を受けるのと類似す

る。債権群の譲渡担保が対抗力を欠くときにも、担保としての作用は認められるであろう。

第五　有価証券の譲渡担保

〔一〇〇六〕 一　有価証券担保の性質　株券・手形・社債・倉庫証券・貨物引換証・船荷証券などの有価証券は、前に一言したように（〔九七九〕）、その質入れについて特別の方式（質入れ裏書・質権設定の登録など）が定められている場合にも、これを利用する例は極めて少ない。多くは、その証券の譲渡の方式が利用される。ところがこの方式はまた、質入れの方式としても、少なくとも最小限度の効力（略式質・隠れたる質入れ裏書など）をもつものとされる。その結果、有価証券が担保のために交付される場合に、――単純な譲渡でないことはわかるとしても――質入れか、譲渡担保かを識別することは、すこぶる困難である。もっとも、両者の効果に差異を認める伝統的な理論の下では、当事者がいずれの効果を意図したかによって、区別することはある程度まで可能となろう。しかるに、本章に述べてきたように、譲渡担保の効力を、その対外的関係においても担保の目的によって制限すべしとすることは、簡単にいえば、質権の設定と大体において同一の効果を認めようとするものといっても、必ずしも過言ではない。かようにして、有価証券の担保を、各場合について、質権か譲渡担保の区別をすることは、不可能に近く、また大して意味のないことになる。

そこで、私は、有価証券の担保は、立法論としては、譲渡担保に統一すべきであり、解釈論としても、法律の定める質入れ特有の方式を備える場合の他は、譲渡担保とみるべきものと考える。動産の占有を担保権者に移転する動産担保については、質権に統一すべしといった（〔八六九〕参照）のに対し、ここで反対の態度をとるのは――前に述べたことをも含めて再言すれば――、（i）動産では留置的効力が作用するのに反し、有価証券では、ほとんどその作用がないこと、(ii)その裏として、有価証券担保においては、担保権者は最初から譲受人と同一の権限(取立権・評価処分権など)を有し、弁済期の到来までその行使が止められているとみるのがむしろ適当であるのに反し、動産の担保では、弁済期の到来によってはじめて優先弁済のための権限を取得するとみるのが適当であること、(iii)動産の占有を移す担保を質とするのは伝統的な観念であるのに反し、有価証券の担保は、民法制定の当時から、白紙委任状附で譲渡の形式が行なわれたこと、などによる。

〔一〇〇七〕 二　有価証券の譲渡担保に伴なう共通の問題

(1)設定は、担保のために譲渡する旨の合意と証券の交付(占有の移転)を最小限度の要件とする(商二〇七条一項(株式)参照)。裏書によって譲渡する証券(引渡証券・手形など)は、裏書をするか、処分の権限を与えて、交付すべきである。

〔一〇〇八〕 (2)対抗要件は、譲渡担保権者が継続して占有することである(三五二条・三六二条二項(動産質)、商二〇七条二項(株式質)参照)。問題とされるのは、譲渡担保権者が証券を一時設定者に返還する必要がある場合の措置である。例えば、荷為替取引において、船積商品が到着しても、輸入業者は、直ちに為替手形を支払って船荷証券を入手する資金を有せず、まず、荷卸・加工・売却などのために船荷証券の入手を必要とすることがある。取引銀行がその求めに応じて証券を引渡すときは、その有する譲渡担保権は対抗力を失なうのであろうか。株券や社債などの譲渡担保においても、名義書換・呈示・取立などのために設定者が証券の占有を必要とする場合に同様の問題を生ずる。そして、アメリカの「統一商事法典」は、三週間の短期に限って、占有を設定者に戻しても対抗力を失なわないと規定している(同法九―三〇四(五))ので、わが国でも同様の立法が要望されている。

類似の問題は動産質についても生ずる。動産質権者が目的物を修繕その他の必要のために、修理に出しまたは設定者に一時返還した場合に、質権は対抗力を失なうか(三五二条参照)、さらに進んで、質権は消滅するか(三四五条)、問題となる。返還したと認められる場合には消滅すると解して妨げないと思う(〔一八〇〕・〔一八三〕参照)。

ところが、動産質について設定者に返還する必要を生ずるのは、偶発的・例外的であるが、有価証券の場合には、その証券の種類によって、ある程度まで、金融取引界の要請するノルマルな状態である。取引慣行上必要とされる期間内は対抗力を失なわないと解するのが正当であろう。ただし画一的な立法が望ましいことはいうまでもない。

〔一〇〇九〕 (3)有価証券の譲渡担保の対外的効力、すなわち主として、譲渡担保権者の一般債権者と設定者の関係、譲渡担保権者の弁済期前の処分の効力、などについては、有価証券の質入れに準じて考えればよいであろう。

〔一〇一〇〕 (4)多数の有価証券を一括して譲渡担保の目的とされた場合にも、設定者には、その価値を維持すべき義務はない。けだし、その場合にも、一括された集合体が独立の価値をもつものではなく、当事者は数量的な集積としてとり扱っているのだからである。設定者はまた、個々の証券を差換える権利も当然には有しないと解すべきである。もっとも、その有価証券の集合が、価値の均質なものの一定量としてとり扱われたときには、その総価格を維持する義務があり、また差換えを許されるとみるべき場合もあるであろう。場合によっては、さらに解放請求権も生ずる余地があろう。

〔一〇一一〕 (5)優先弁済を受ける方法としては、当然帰属型とみるのが適当な場合も少なくないと思われるが、その場合にも、精算型を原則とすべきである。とりわけ、取引所の相場のあるものや、金銭の交付を請求しうるものについては、精算型に徹すべきであって、流質の特約は容易に認定すべきではない。

〔一〇三〕 (6)有価証券の担保は、目的たる証券の種類に応じて、担保権者と設定者に種々の権利義務を与え、複雑な関係を生ずる。しかし、それは、すべて当該有価証券の性質と効力についての商法上の議論を前提とするものであって、ここに述べる範囲を逸脱する。ただ一言したいことは、商法においても、各種の有価証券は、それぞれの関係領域で研究され、担保という観念から統一的に研究されることが不充分なように見受けられることである。金融取引界の需要と慣行に即して、一層の研究と統一的な立法が望まれる。

■岩波オンデマンドブックス■

新訂 担保物権法 (民法講義Ⅲ)

1936年 2月5日 第1刷発行
1968年11月15日 新訂第1刷発行
2014年 4月4日 第37刷発行
2019年 4月10日 オンデマンド版発行

著 者 我《わが》妻《つま》 栄《さかえ》

発行者 岡本 厚

発行所 株式会社 岩波書店
〒101-8002 東京都千代田区一ツ橋2-5-5
電話案内 03-5210-4000
http://www.iwanami.co.jp/

印刷/製本・法令印刷

ISBN 978-4-00-730864-2 Printed in Japan

条文索引

左方の数字は条数，右方の〔　〕内は本書の通し番号．

民法

民法施行法

旧民法債権担保編

運 河 法

恩 給 法

会社更生法

観光施設財団抵当法

企業担保法

軌道ノ抵当ニ関スル法律

漁業財団抵当法

競　売　法

建設機械抵当法

公益質屋法

鉱業抵当法

航空機抵当法

工場抵当法

港湾運送事業法

小切手法

国税徴収法

採石法

自作農創設
特別措置法

質屋営業法

自動車損害
賠償保障法

自動車抵当法

借　地　法

借　家　法

社債等登録法

証券取引法

商　　法

信託業法

滞納処分と強制執行等との手続の調整に関する法律

建物の区分所有等に関する法律

担保附社債信託法

地方税法

抵当証券法

手　形　法

鉄道抵当法

電話加入権質に関する臨時特例法

電話至急開通規則

道路交通事業抵当法

土地収用法

農業動産信用法

破 産 法

不動産登記法

民事訴訟法

有限会社法

罹災都市借地借家臨時処理法

利息制限法

立木ニ関スル法律

事 項 索 引

配列は五十音順．〔 〕内の数字は本書の通し番号．説明が継続して数段に及ぶものは頭初の番号だけを挙げる．

あ

い

う

え

お

か

き

し

ち

つ

て

と

な

に

ね

の

は

ひ

ほ

ま

む

や

ゆ

よ

り

わ